KB058723

구글 인사 책임자가 직접 공개하는
인재 등용의 비밀

구글의
아침은
자유가
시작된다

WORK RULES!

구글 인사 책임자가 직접 공개하는
인재 등용의 비밀

라즐로 복 지음
이경식 옮김 | 유정식 감수

구글의
아침은
자유가
시작된다

WORK RULES!

RHK
알에이치코리아

위대한 혁신의 나라

2013년 11월 한국에 간 적이 있다. 여름이 끝나고 공기가 차가워질 무렵이었다. 짧은 시간 동안 그렇게나 많은 것들이 갑자기 바뀌는 한국의 풍경이 매우 인상적이었다.

당시 나는 출장차 서울 강남에 있는 구글 사무실을 방문했다. 에릭 슈미트Eric Schmidt 회장도 한국에 출장 갔다가 운 좋게 가수 싸이에게 춤을 배우는 특별한 경험을 한 적이 있는데, 그로부터 1년 뒤에 내가 구글 한국 지사를 찾은 것이다. 아쉽게도 내게는 춤을 배울 기회는 없었다. 하지만 한국의 구글 직원들을 만났고, 인사동 구경도 갔다. 인사동은 외국 관광객이 주로 찾는데, 사실 나는 그때 관광객이었으므로 인사동을 찾은 건 당연했다. 그리고 한국의 기업가와 중간관리자 수백 명을 청중으로 모시고 한 차례 강연도 했다. 강연 주제는 '문샷, 문화를 통한 리더십Moonshots: Leadership through Culture'이었다.

당시 나는 한국의 한 경제신문으로부터 문화를 리더십에 활용하는 것과 관련해 구글의 사례를 들려달라는 요청을 받은 터였다.

그때 있었던 두 가지 일은 지금도 또렷하게 기억 속에 살아 있다. 하나는 열두어 살쯤 되는 남자아이가 학교 신문에 실을 기사를 준비한다면서 인터뷰를 청했던 일이다. 30여 분간 대화를 나누면서 나는 그 아이에게 호기심, 총명함, 용기 그리고 인간적인 매력을 느꼈으며 한국에 오길 잘했다고 생각했다. 다른 하나는 강연을 할 때 있었던 일이다. 강연에서 나는, 어떤 회사가 직원을 채용하는 것은 날마다 상대방에게 사랑을 받아야 한다는 점에서 결혼 생활을 하는 것이나 다름없다고 말했다. 일견 궤변을 늘어놓은 것처럼 보이는 그 대목에서 뜻밖에도 청중은 열렬하게 박수를 쳤다.

나는 또한 자기가 하는 일이 단순한 돈벌이 이상이 되기를 원하는 사람들도 많이 만났다. 그들은 자기 일이 의미 있는 어떤 것이 되기를 바랐다. 이 책은 '사람은 본래 선하다'는 믿음이 얼마나 강력한 힘을 발휘하는지 밝히는 책이다. 직원에게 자유를 줄 때 얼마나 큰 힘이 발휘되는지 보여주는 책이다. 본능에 의존하지 않고 과학적인 방법론에 입각해 의사 결정을 할 때 얼마나 굉장하고도 올바른 선택이 가능한지 알려주는 책이다.

구글과 전 세계에서 내가 배운 여러 교훈을 한국 독자들도 흔쾌히 받아들일 거라고 생각한다. 멀게는 무려 7,000년 전에 이미 온돌 난방을 사용했고 측우기를 발명했으며 최근에는 레티나 디스플레이를 개발한 위대한 혁신의 나라, 한국이야말로 인간의 창의성이 무한하게 펼쳐질 비옥한 문화 환경을 갖춘 나라다.

그렇기에 내가 한국 독자에게 '공자 앞에서 문자 쓴다'는 속담이 경계하는 짓을 하고 있는 건 아닌지 두렵다. 나는 그저 잠깐 동안 한국을 방문했을 뿐이며, 따라서 한국이라는 나라나 한국인에 대해 많이 아는 척할 생각이 없다. 다만 이 책을 겸허한 마음으로 한국 독자와 함께 나누고 싶을 뿐이다. 한국 독자가 이 책을 재미있게 읽고 유익하게 활용했으면 하는 바람이다.

관심을 가져준 한국 독자에게 깊은 감사를 드린다.

라즐로 복

완벽한
구글 이력서 만들기

내가 처음으로 일을 하고 봉급을 받은 건 1987년 여름, 열네 살 때의 일이다. 가장 친한 친구 제이슨 콜리와 함께 여름학교 토론반에 등록해 달라는 학교의 초대를 받고, 9학년(중학교 3학년)이 되기 한 해 전부터 다음 해까지 나와 제이슨은 이 토론반에서 아이들을 가르쳤다. 그리고 각각 420달러를 벌었다.

그 뒤 28년간 다양한 이력을 쌓았다. 식품점과 식당에서 일했고, 도서관에서도 일했다. 캘리포니아에서는 고등학생 과외 교사를 했고, 일본에서는 초등학생들에게 영어를 가르쳤다. 대학을 다닐 때는 학교 수영장에서 인명구조원으로 일했고, TV 드라마〈SOS 해상 구조대Baywatch〉에 직접 출연해 1960년대에 인명구조원으로 활동했던 사람의 회상 장면에서 과거의 자기 모습을 연기했으며, 이 사람의 등 뒤를 걸어가는 단역으로도 출연했다. 10대 비행 청소년을 돕는 비영리단체를 설립하는 일에 관여하기도 했으며, 건축 기자재를 생산하는 공장에서 일하기도 했다.

우연히 기업 임원 대상의 연봉 관련 컨설팅을 하면서 스물네 살 청년이 가진 모든 지혜를 동원했고, 그때 인적자원Human Resource 분야야말로 정체되어 있지만 장래가 밝은 분야임을 확인하고는 MBA 과정에 도전했다. 2년 뒤에는 컨설팅회사 맥킨지McKinsey & Company에 들어갔는데 여기에서는 될 수 있으면 사람과 관련한 문제에 관심을 갖지 않으려 노력했다. 2000년 초까지 이어졌던 닷컴 붐 시기에는 기술 기업을 상대로 매출 증대와 사용자 확대 그리고 사세 확장과 관련된 컨설팅을 했다. 닷컴 거품이 꺼지고 난 다음에는 역시 기술 기업을 상대로 비용 절감과 효율적인 운영 그리고 신사업 진출 등과 관련된 컨설팅을 했다.

하지만 2003년에 나는 이미 좌절의 늪에 빠져 있었다. 내가 좌절감에 휩싸인 이유는, 아무리 훌륭하게 설계된 사업 계획이라 해도 사람들이 믿어주지 않으면 말짱 도루묵이라는 사실 때문이었다. 또한 관리자와 고위 간부들은 언제나 입으로는 사람이 최고라고 말하면서 실제로는 직원을 얼마든지 교체 가능한 부품쯤으로 대한다는 사실 때문이었다(내가 관여했던 첫 번째 프로젝트는 낮은 점수를 받았다. 이 일로 상사에게 직무와 관련해 조언을 구한 적이 있는데, 그 상사의 대답이 충격이었다. "화살통 안에 화살들이 잔뜩 들어 있어. 이 화살들이 바로 사람이야. 어느 놈이나 다 똑같단 말이지").

나는 블루칼라 일도 여러 가지 해봤고 화이트칼라 일도 해봤다. 그야말로 쥐꼬리 봉급도 받아봤고 여섯 자릿수 연봉도 받아봤다. 고등학교도 졸업하지 못한 사람들과 함께 땀을 흘려봤고, 세계에서 몇 손가락 안에 드는 어마어마한 대학에서 박사학위를 받은 사람들과도 함께 일해봤다. 물론 이 두 부류의 사람들로부터 지시를 받아 일을 해보기도 했다. 세상을 보다 나은 곳으로 바꾸겠다는 순수한 의도만이 유일한 목적인 세상에서도 일해봤고, 오로지 소유주의 이익이 최우선인 세상에서도 일해봤다.

어디를 가든 사람들은 자기가 하는 일과 관련해 정당한 처우를 받지 못했는데, 나는 이런 사실을 도무지 이해할 수 없었다. 사람들은 인생을 살면서 다른 어떤 것보다 일하는 데 더 많은 시간을 들인다.[1] 일을 해본 경험이 오히려 일하고 싶은 마음을 사라지게 만들고 사람을 비인간적으로 만드는 것은 결코 옳은 일이 아니다. 그때 나는 내 앞에 두 개의 길이 놓여 있으며 그중 하나를 선택해야 한다는 사실을 깨달았다. 하나의 길은 내 팀과 동료를 더 잘 대우해주고 그들의 성과를 개선하면서, 시간이 흐르면 다른 사람들도 나를 따를 거라고 기대하는 것이었다. 다른 하나의 길은 세상의 모든 기업이 직원을 대하는 방식에 영향을 미칠 수 있는 방안을 찾는 것이었다. 이 둘 중 나는 두 번째를 선택했으며, 이 길을 가면 언젠가 내가 대부분의 사람들에게 영향력을 행사할 기회가 생길 거라고 믿었다. 그래서 나는 인적자원 분야의 일을 찾기로 마음먹었다. 컨설팅업계의 동료들은 스스로 내 경력을 죽이는 행위라며 말렸다. 하지만 그때 나는 이미 숙제를 끝낸 상태였다.

당시에 맥킨지에는 5,000명이 넘는 직원이 있었는데, 그중 인적자원 분야를 전문으로 하는 사람은 100명 남짓이었다. 이들은 사실상 모두 기업이나 리크루터recruiters의 의뢰를 받아 일하고 있었다. 때문에 나는 내가 공부하고 경험한 내용만 있으면 인적자원 분야에서 얼마든지 탄탄하게 자리 잡을 수 있으며, 사람들이 떠안고 있는 문제에 기발한 해결책을 제시할 수 있을 거라고 판단했다. 그리고 어쩌면 이 길이 기업의 고위직으로 이어지는 사다리를 이삼십 년에 걸쳐 힘겹게 올라가는 것보다 훨씬 더 빠르게 출세의 길로 이어질지도 모른다고 생각했다. 더 많은 사람에게 영향력을 행사할 수 있는 자리에 더 빠르게 도달할 수 있다고 생각했던 것이다.

나는 인적자원에 대해 될 수 있으면 많은 것을 배울 수 있는 회사에서 일하고 싶었다. 당시에 펩시와 제너럴일렉트릭GE이 이 분야에서는 최고로 인정을 받고 있었다. 나는 이 두 회사의 인적자원 담당 임원 여덟 명에게 전화를 했다. 그중 딱 한 명만 회신을 해왔다. GE의 앤 아바야Anne Abaya였다. 하와이 출신으로 일본어를 유창하게 구사하는 그녀는 늘 바쁜 시간을 쪼개 여기저기서 다른 사람들을 도왔는데, 그녀가 내 이력을 흥미롭게 여기고는 GE에 나를 소개했다. 그리고 6주 후에 나는 GE에 취직했다. GE 계열사인 GE캐피털의 상용장비파이낸싱 사업부의 보상 및 수익 담당 상무VP가 내 직함이었다. 나는 GE에서 직함을 가졌다는 사실에 전율을 느꼈다. 그러나 친구들은 내가 건넨 새 명함을 보고는 내가 미쳤다고 생각했다.

GE에서 만난 첫 번째 상사인 마이클 에번스Michael Evans는 내가 GE를 구석구석까지 탐구하며 GE가 인재에 어떤 방식으로 접근하는지 이해할 수 있도록 도와줬다. 1981년부터 2001년까지 GE 회장이자 CEO였던 잭 웰치는 사람을 중요하게 여겼다. 그는 자기에게 주어진 시간의 절반 이상을 사람과 관련된 문제들을 붙잡고 씨름하는 데 썼다.[2] 휘하의 최고인적자원책임자_{CHRO}였던 빌 코너티_{Bill Conaty}와 함께 개인별 성과를 기반으로 엄격한 등급 구분을 갖춘 인사관리 체계를 마련했고, 고위직 간부들을 대상으로 12개월에서 18개월마다 직무를 바꾸는 제도를 진두지휘했다. 또 뉴욕의 크로톤빌에 글로벌 연수원(GE 크로톤빌 연수원)을 지었다. 그런 다음에는 GE의 경영권을 제프리 이멀트_{Jeffrey Immelt}에게 넘겼다. 이멀트가 GE의 CEO가 된 것은 내가 GE에 들어가기 2년 전이었다. 때문에 웰치가 어떤 일을 이뤘으며 또 이멀트의 초점이 기존의 사람에서 벗어나 다른 영역으로 이동했던 2년간 어떤 일이 일어났는지 쉽게 파악할 수 있었다.

웰치와 코너티는 '20-70-10'이라는 성과급 제도를 도입했었다. 직원들에게 상중하 성과 평가 등급을 매기되, 각각을 전체 직원의 20퍼센트와 70퍼센트 그리고 10퍼센트로 분류하는 것이었다. 상위 20퍼센트는 업무 선택, 리더십 훈련 프로그램, 스톡옵션 등으로 보상을 받고 공개적으로 칭찬을 받았다. 이에 반해 하위 10퍼센트는 해고됐다. 그러나 이멀트가 CEO가 된 뒤부터는 '20-70-10'이라는 이 철저한 분류가 점차 느슨해졌으며, '상위 20퍼센트'와 '중위 70퍼센트' 그리고 '하위 10퍼센트'라는 용어도 '최고의 인재'와 '매우 가치 있는 인재' 그리고 '개선이 필요한 인재'로 바뀌었다. GE 동료들은 그 대단했던 '세션 C 프로세스'도 "잭이 쏟았던 집중력이 사라지자 이가 뽑히고 예전 같지 않다"고 했다.[3]

나는 이들 두 CEO 아래서 일해보지 않았지만, CEO의 개성과 초점이 기업에 얼마나 큰 영향을 미치는지 충분히 알 수 있었다. 대부분의 CEO는 여러 면에서 훌륭하지만, 이들이 CEO가 된 것은 특별히 한두 가지 점에서 탁월했기 때문이다. 그 한두 가지 점이 당시 기업이 절실하게 필요로 하는 것과 맞아떨어질 때 그 기업은 성공가도를 달린다. 예컨대 웰치는 품질 개선과 효율성 제고를 위한 일련의 도구인 이른바 '식스 시그마Six Sigma' 및 사람에 초점을 맞추는 접근법으로 잘 알려져 있는 반면, 이멀트는 매출과 마케팅을 강조했다. 이멀트의 이런 노력은 '에코매지네이션(Ecomagination: Ecology와 Imagination의 합성어로 환경 관련 사업을 의미한다─옮긴이)'이라는 브랜드와 녹색 제품 생산자로서의 GE 이미지로 귀결됐다.

GE에 들어간 지 3년이 지난 2006년에 나는 피플오퍼레이션People Operations 부서의 최고책임자로 구글에 합류했다. 당시 리크루터였던 마사 조지프슨Martha Josephson은 내게 절대 면접장에 정장을 입고 가지 말라고 당부했다. "거기서는 아무도 정장을 입지 않아요. 만일 지원자가 정장을 입고 나타나면, 면접관들은 그 사람이 구글의 문화를 이해하지 못한다고 생각하거든요."

나는 그녀의 조언을 따르기로 했지만 혹시 필요할까 싶어 넥타이를 재킷 주머니에 쑤셔넣고 갔다. 그리고 여러 해가 지난 뒤 이번에는 내가 면접관이 됐다. 한번은 (면접을 위해 최근에 산 게 분명한) 가느다란 세로줄무늬의 멋진 정장을 입은 지원자가 내 앞에 섰다. 이 사람은 능력이 워낙 출중해 정장을 입었다는 사실 말고는 채용하지 않을 이유가 전혀 없었다. 나는 면접을 끝내면서 이렇게 말했다. "브라이언, 좋은 소식 하나와 나쁜 소식 하나를 알려드릴게요. 좋은 소식은 앞으로도 여러 차례의 면접을 더 거쳐야겠지만 결국은 회사가 당신에게 어떤 직책을 제안할 거라는 사실이고, 나쁜 소식은 이제 다시는 그 멋진 정장을 입지 못하게 될 거라는 사실입니다."

내가 구글에 입사한 시기는 구글이 기업공개IPO를 한 지 2년이 지난 뒤였다. 매출은 연 73퍼센트 수준으로 증가하고 있었고 지메일Gmail은 이제껏 유례를 찾기 힘든 무제한 용량 서비스를 막 출시한 때였다(지메일의 서비스 용량은 기존 웹메일 서비스 용량의 500배였다. 그래서 사람들은 지메일이 만우절 농담을 하는 거라고 생각했다).[4] 당시에 구글 직원은 이미 6,000명이나 됐지만 구글은 직원 수를 해마다 두 배씩 늘려 나갈 계획이었다. 뿐만 아니라 구글은 문자 그대로 '세상의 모든 정보'를 조직해 전 세계에서 이 정보에 쉽게 접근해 활용할 수 있도록 만들겠다는 야심찬 계획을 갖고 있었다.

구글의 이런 계획은 특히 나를 한층 더 흥미진진하게 한 부분이었다. 나는 1972년에 공산당 정권 치하의 루마니아에서 태어났다. 독재자 니콜라에 차우셰스쿠Nicolae Ceausescu가 지배하던 시절이었으며 세상은 음모와 거짓말 그리고 공포로 가득 차 있었다. 지금은 상상도 할 수 없지만 당시의 루마니아는 현재의 북한과 비슷한 독재 사회였다. 정부를 비판했다는 이유로 가족이나 친지가 쥐도 새도 모르게 사라지는 일이 비일비재했다. 오로지 공산당원만이 서방에서 생산되는 좋은 옷과 생필품 그리고 과일과 채소를 접할 수 있었다. 우리 부모도 30대가 되어서야 비로소 바나나를 처음 먹었을 정도였으니……. 아이들은 부모를 밀고하는 게 애국적인 훌륭한 행동이라고 교육받았으며, 신문과 방송은 루마니아 정부가 얼마나 위대하고 미국이 얼마나 사악하고 압제적인 나라인지 쉬지 않고 거짓말을 해댔다. 결국 우리 가족은 자유를 찾아 루마니아를 탈출했다. 어디든 자기가 가고 싶은 곳으로 갈 수 있는 자유, 하고 싶은 말을 할 수 있고 또 하고 싶은 생각을 할 수 있는 자유, 어울리고 싶은 사람과 어울릴 수 있는 자유를 찾아 압제에서 탈출한 것이다.

모든 사람이 정보를 공유할 수 있도록 만드는 것을 목표로 삼는 회사의 일원이 된다는 것은 정말이지 짜릿한 경험이다. 자유로운 상태는 자유로운 의사 표현을 전제로 하는데, 이 자유로운 의사 표현은 다시 정보와 진실에 대한 접근을 전제로 하기 때문이다. 나는 다양한 환경에서 살아봤으며 원활하게 돌아가지 않는 사회의 수많은 사례를 이미 경험했다. 만일 구글이라는 회사가 정말 그런 목적을 갖고 있고 실제로 그렇게 움직인다면, 구글이야말로 내게는 최상의 직장이 될 수 있을 것 같았다.

내가 구글에 입사한 후 구글 직원은 6,000명에서 5만 명 가까이로 늘어났고 전 세계 40여 개국에 70개가 넘는 지사를 두게 됐다. 경제 전문지 〈포춘Fortune〉은 유례없이 구글을 미국에서 '가장 일하기 좋은 회사'로 여섯 번이나 선정했다. 아르헨티나, 오스트레일리아, 브라질, 캐나다, 프랑스, 인도, 아일랜드, 이탈리아, 일본, 한국, 네덜란드, 폴란드, 러시아, 스위스, 영국 등 전 세계 많은 나라들에서도 구글은 이런 높은 평가를 받았다. 비즈니스 인맥 관리 사이트인 링크드인LinkedIn에 따르면, 구글은 전 세계 구직자에게 가장 인기가 높은 회사며,[5] 구글의 문을 두드리는 지원자는 한 해에만 약 200만 명이나 된다고 한다. 물론 지원자들의 성장 환경과 교육 배경은 천차만별이다. 수많은 지원자들 가운데 구글은 한 해에 수천 명만 고용할 뿐이다.[6] 이런 이유로 구글은 하버드대학[7]과 예일대학[8] 그리고 프린스턴대학[9]에 비해 25배나 들어가기 어렵다.

처음에 내가 인적자원 분야에 집중하기로 했을 때 사람들은 나보고 자살 행위라며 말리고 쑤군댔지만, 구글에 입사한 뒤로 나는 실험과 창조의 급류를 타며 내달렸다. 그 급류는 때로 힘들고 좌절감을 안겨주기도 했지만, 목적과 자유 그리고 창의성을 위한 실험을 하는 방향으로 언제나 바쁘게 흘러갔다. 이 책은 구글이 직원을 어떻게 생각하는지, 지난 15년간 그들이 무엇을 배웠는지, 사람을 우선으로 생각하기 위해, 일하고 살아가는 방식을 바꾸기 위해 우리가 지금 무엇을 할 수 있는지 알려줄 것이다.

일러두기

저자의 주는 *를 붙여 본문 중에 각주로 넣거나
번호를 붙여 책의 맨 끝에 후주로 실었으며,
역자의 주는 괄호로 묶어 본문 속에 풀어 썼다.

구글 법칙이
유용한 이유

우리처럼 놀랄 만큼
성공적인 회사들

"Why Google's Rules Will Work
for You"

The surprising (and surprisingly successful)
places that work just as we do

10억 시간 전에 오늘날의 호모 사피엔스가 나타났다.

10억 분 전에 기독교가 시작됐다.

10억 초 전에 IBM 개인용 컴퓨터가 시판됐다.

10억 건의 구글 검색이 있기 전은……바로 오늘 아침이었다.

— 할 배리언Hal Varian, 구글 수석경제분석가, 2013년

1998년에 창립한 구글은 이미 오래전부터 우리 생활의 기본적인 한 부분이 됐다. 구글이라는 회사 이름이 '인터넷 검색을 하다'라는 뜻의 동사가 된 지 오래다. 100시간이 넘는 동영상이 전 세계에서 1분에 한 편씩 유튜브에 올라온다. 대부분의 휴대전화와 태블릿은 구글의 무료 오픈소스open-source* 운영체제인 안드로이드를 채택하고 있는데, 안드로이드는 2007년 이전에는 시장에 아예 존재하지 않았다.

사람들은 500억 개가 넘는 앱을 구글 플레이스토어에서 내려받았다. 보다 안전하고 보다 빠르며 무료인 오픈소스 웹 브라우저로 2008년에 등장한 크롬Chrome 사용자는 이미 7억 5,000만 명을 넘어섰으며, 구글이 2011년 5월에 발표한 노트북 크롬북을 구동하는 운영체제로 성장했다.[10]

지금 구글은 무인자동차에서 공유기를 매단 풍선을 성층권에 띄워 지구촌 어느 곳에서나 인터넷이 되도록 만들겠다는 룬 프로젝트Project Loon에 이르기까지 현실적으로 가능한 것이 무엇인지 탐색하는 여정을 막 시작했을 뿐이다. 구글 글라스 같은 착용식 컴퓨터 제품들에서부터 당뇨병 환자들을 위한 혈당 검사 장치 콘택트렌즈인 구글 스마트 콘택트렌즈에 이르기까지 구글의 탐색 분야는 다양하다. 왼손잡이를 위한 버전을 연구 중인 구글 글라스는 사람의 오른쪽 눈 위에 올려놓는 렌즈 속에서 웹과 현실 세계를 하나로 만든다.

해마다 10만 명이 넘는 방문자가 전 세계 구글 건물을 찾아온다. 개중에는 사회적 기업가나 창업가도 있고, 고등학생과 대학생도 있으며, CEO나 유명인사 그리고 국가수반도 있다. 물론 직원의 친구나 가족도 회사를 찾아오는데, 이들은 언제나 회사에서 제공하는 무료 점심을 먹을 수 있다. 구글을 찾는 사람들은 한결같이 어떻게 이런 회사를 운영할 수 있는지 궁금해한다. 구글이 어떤 식으로 운영되느냐는 것이다. 기업문화 전반, 다시 말해 이런 산만한 환경에서

---

* 무료로 쓸 수 있고 얼마든지 수정할 수 있는 소프트웨어. 예를 들어 아마존 전자책인 킨들은 안드로이드 운영체제의 수정 버전을 기반으로 구동된다.

과연 직원들이 일을 제대로 할 수 있는지, 혁신이 어디서 비롯되는지, 직원이 실제로 근무시간의 20퍼센트를 자기가 하고 싶은 일을 하면서 보내도 되는지 묻는다. 심지어 우리 직원들조차도(직원들은 스스로를 '구글러Googler'라고 부른다) 때로 우리가 무슨 일을 할 때 그 일을 어떤 식으로 하는지 궁금해한다. 왜 우리가 직원을 채용하는 데 그토록 많은 시간을 들이는지, 어떤 직원에게는 특전을 주고 또 어떤 직원에게는 주지 않는지를 알고 싶어 한다.

'업무 규칙Work Rules'은 바로 이런 질문들에 답하기 위해 내가 만든 용어다. 구글 내부에는 규칙을 문서로 정리한 문건이나 정책 매뉴얼이 많지 않다. '업무 규칙'이라는 말도 공식적인 용어가 아니다. 구글이 어떻게 그리고 왜 그렇게 운영되는지 설명하려고 내가 만든 용어고 해석일 뿐이다. 내가 진실이라고 믿는 어떤 것 그리고 행동경제학과 심리학 분야에서 최근에 밝혀진 연구 결과를 통해 바라본 인간 성정에 대한 해석일 뿐이다. 피플오퍼레이션 부서의 최고책임자인 나로서는, 구글 직원이 개인 생활을 꾸려가면서 주어진 업무를 주도적으로 이끌어나가도록 하는 일에 나름의 역할을 한다는 것은 명예로운 일이기도 하거니와 기쁜 일이기도 하다.

구글이 최초로 미국에서 가장 일하기 좋은 회사로 선정된 때는 내가 구글에 입사한 다음 해였다. 그 경사가 내 덕은 아니었지만, 어쨌거나 나의 입사 타이밍이 매우 좋았다고 할 수 있다. 언젠가 나는 이 상을 제정한 〈포춘〉과 '일하기 좋은 직장 연구소Great Place to Work Institute'의 초대를 받아 웨그먼스Wegmans의 매장 운영 담당 전무SVP였던 잭 디페터스Jack DePeters와 패널 석에 나란히 앉은 적이 있었다. 슈퍼

마켓 체인업체인 웨그먼스는 17년 연속 일하기 좋은 회사로 선정됐으며, 2005년에 1위를 차지한 후 거의 해마다 5위권 안에 든 회사였다.[11] 우리 두 사람이 그 자리에 앉게 된 목적은 뚜렷하게 구별된 두 회사의 경영 철학을 소개함으로써 훌륭한 고용주가 되는 길이 단 하나만이 아님을 밝히기 위해서였다. 웨그먼스는 개인 소유의 기업으로 연평균 1퍼센트의 이익률을 유지하는 지역 소매업체고, 이 회사 직원은 대부분 고졸 출신이다. 이 체인점은 1916년부터 있었고 주로 가족이 운영해왔다. 이에 비해 당시 구글은 기업공개를 한 지 9년 된 회사로 이익률이 30퍼센트 가까이 되는 세계적인 기술 기업이었다. 구글의 전 세계 리크루터들은 굉장한 학력 소지자들을 마치 희귀 카드를 수집하듯 쓸어 모으고 있었다. 구글과 웨그먼스는 이처럼 달라도 너무 달랐다. 하지만 이 두 회사가 사실은 차이점보다 공통점이 더 많다는 사실을 알고 나는 깜짝 놀랐다. 잭은 웨그먼스가 구글과 동일한 원칙을 고집한다고 설명했다. "우리 회사의 CEO 대니 웨그먼Danny Wegman은 '마음으로 하는 것이 성공적인 사업이 된다'고 말합니다. 우리 직원들은 이런 경영 철학에 따라 최선을 다하며 어떤 고객이든 행복하게 만족시킵니다. 우리는 비용에 상관없이 이 철학을 고집하며, 올바른 결정을 내리려고 노력하고 또 실제로 그렇게 합니다."

웨그먼스는 고객 응대에 관한 한 직원들에게 완전한 재량권을 부여하며, 2013년에는 직원들에게 510만 달러나 되는 돈을 직원과 직원 자녀 장학금으로 지급했다.[12] 심지어 어떤 여직원에게는 그녀가 직접 만든 쿠키가 맛있다는 이유로 매장 내에 개인 소유의 빵집을 열어 영업하도록 했다. 시간이 지난 뒤에 나는 웨그먼스의 접근법과 구글의 접근법이 별반 다르지 않음을 깨달았다.

브랜딕스그룹Brandix Group은 스리랑카의 의류업체로 스리랑카에만 마흔 개가 넘는 공장을 갖고 있으며 인도와 방글라데시에도 지사를 두고 있다. 이 회사의 최고인적자원책임자인 이산 단타나라야나Ishan Dantanarayana는 "있는 그대로의 모습으로 와서 자신의 가능성을 최대한 발휘하라"고 직원들에게 말함으로써 많은 여직원들을 격려하는 것이 회사의 목표라고 했다. CEO를 포함한 이사회 임원들이 어떤 직원이든 그들에게 스스럼없이 다가설 수 있게 할 뿐 아니라, 임신한 여직원에게는 영양을 보충할 수 있는 음식과 약품을 제공하고, 직원들이 일을 하면서 공부도 할 수 있도록 교육 프로그램을 제공하며, 더 나아가 창업할 수 있도록 직원들을 훈련시키기까지 했다. 모든 공장에 직원협의체를 개설해 회사에 영향력을 행사할 수 있도록 하며, 직원 자녀에게 장학금을 지급하기도 했다. 이 회사는 지역 사회에도 기여하고 있는데, 예를 들어 '물과 여성'이라는 사업 프로그램을 통해 직원들이 사는 마을에 우물을 만들어주기도 했다. "이렇게 함으로써 마을 공동체에서 우리 직원들의 위상이 높아지고, 더불어 구하기 어려운 깨끗한 물을 마실 수 있습니다."

이런 노력들 덕분에 브랜딕스그룹은 스리랑카 제1의 수출업체가 될 수 있었으며 만족스러운 직원 복지와 사회 공헌 및 환경 실천으로 수많은 상을 받았다. 이산은 이런 일이 일어나게 된 과정을 다음과 같이 자세하게 설명했다. "직원들이 경영자의 리더십을 신뢰할 때 회사 브랜드의 적극적인 홍보자가 되어 가족과 사회 그리고 주

27

변 환경에 적극적인 변화를 이끌어냅니다. 그 결과로 기업 수익률은 자동으로 개선될 수밖에 없습니다. 생산성이 높아지고 기업은 더욱 빠르게 성장하며 고객은 만족합니다.”

브랜딕스그룹의 접근법을 2013년 4월 24일에 일어났던 방글라데시의 라나플라자Rana Plaza 빌딩 붕괴 사건과 비교해보자. 의류업체 다섯 개, 은행 한 곳 그리고 여러 개의 상점들이 이 8층 빌딩에 입주해 있었다. 빌딩이 무너지기 하루 전에 건물 벽체 곳곳에 금이 갔고 사람들은 긴급하게 대피했다. 다음 날 은행과 상점들은 직원들에게 건물에 들어가지 말라고 지시했지만 의류업체들은 직원들에게 정상 출근을 지시했다. 결국 1,100명이 넘는 사람들이 목숨을 잃었으며, 이 회사들이 운영하는 어린이집에 있던 아이들도 많이 사망했다.[13]

1999년 영화인 〈뛰는 백수, 나는 건달Office Space〉에는 정곡을 찌르는 내용이 나온다. 기술 기업의 관료주의와 의미 없는 의례적 행위들을 진지하게 꼬집는 이 코미디 영화는 마니아층을 형성하며 큰 환호를 받았다. 이 영화에서 프로그래머로 늘 똑같은 업무와 스트레스에 찌든 피터 기븐즈는 최면치료사를 찾아가 자기의 상태를 다음과 같이 묘사한다.

피터 오늘 아침에 가만히 생각해보니, 일을 시작한 뒤로 하루하루 내 인생이 점점 더 나빠지더라 이겁니다. 그러니까 선생님이 나를 계속 봐왔지만 그때마다 그날은 늘 내 인생에서 최악의 날이었다 이겁니다.

최면치료사 오늘은 어떻습니까? 당신 인생에서 최악의 날입니까?

피터 예.

최면치료사 와우, 그건 좀 아닌데요.[14]

나는 CNN 인터내셔널CNN International 기자가 미래의 업무와 관련해 기삿거리를 요청할 때마다 이런 매우 다른 사례들을 생각하곤 했다. 이 기자는 구글에서 구현되는 모델(내가 '높은 수준의 자유' 접근법이라고 부르는 것, 즉 직원들에게 엄청난 재량권이 주어지는 것)이 미래의 방식일 거라고 주장했다. 또한 지시와 통제로 이뤄지는 하향식의 ('낮은 수준의 자유'가 허용되는) 위계적인 관리 모델은 곧 사라질 거라고 주장했다. 언젠가는 그럴지도 모르겠지만 장담컨대 가까운 미래는 아닐 것이다. 자유 수준이 낮은 지시와 통제 중심의 관리가 흔하긴 하지만, 이 방식이 수익성이 높고 노력을 덜 들여도 되며 또 대부분의 경영자가 다른 대안들을 끔찍하게 여기기 때문이다. 지시를 받은 대로 충실하게 따르는 팀을 운영하기는 쉽다. 그러나 어떤 팀의 구성원들에게 왜 그들이 그 업무를 해야 하는지 설명해야 한다면? 또 그것이 과연 올바른 선택인지 토론을 벌어야 한다면? 그 팀원들이 관리자의 지시 내용에 동의하지 않는다면? 관리자가 지시한 사항을 팀원들이 썩 내켜하지 않는다면? 만일 관리자가 틀렸다면 팀원들은 관리자를 멍청이로 보지 않을까? 이런 여러 가지 점들을 고려할 때 팀과 팀원들에게 무엇을 할지 단순히 지시하고 그들이 그 지시를 충실하게 이행하도록 단속하는 게 훨씬 빠르고 효율적이다. 그렇지 않은가? (이 책에서 '관리자manager'는 일반적인 의미의 관리 및 경영을 담당하는 사람이라는 뜻과 평사원을 관리하며 '감독자director'의 관리를 받는 구체적인 직급 그렇지 않다. 세상에서 가장 재능이 있는 사람들은 물리적으로 점점 더 쉽고 빠르게 직장을 옮길 수 있으며, 기술을 통해 점점 더 많이 연결되고 또 (매우 중요한 사실인데) 점점 더 찾아내기 어려워지고 있다. 전 세계 인재 군단은 자유로움의 정도가 높은 기업에 취직하기를 바라며, 따라서 유능한 인재는 그런 기업으로 흘러들어가게 마련이다. 올바른 기업 환경을 조성하는 기업의 리더들은 당연히 세계에서 가장 유능한 인재를 가장 신속하고도 정확하게 흡수한다. 하지만 이런 공간을 마련하기란 어려울 수밖에 없다. 경영 역학의 핵심부에서는 될 수 있으면 자유를 멀리하려는 기제가 작동하기 때문이다. 직원은 경영자에 매여 있으며 경영자를 즐겁게 해주려 한다. 그러나 경영자를 즐겁게 해준다는 측면에서 보면, 경영자와 속마음을 터놓고 논의를 하는 게 위험할 수 있다. 경영자를 즐겁게 해주지 못할 경우 그 직원은 앞으로 자기에게 닥칠 불이익을 걱정하며 후회할 수 있다. 그와 동시에 경영자는 그 직원이 내는 성과에 대해 자기가 책임을 져야 한다.

어떤 직원이든 이런 복잡하게 얽힌 문제들 속에서, 즉 명시적일 수도 있고 그렇지 않을 수도 있는 온갖 규정과 감정 속에서 자신의 잠재력을 최대한 발휘해 최상의 성과를 낼 수는 없다. 구글의 접근법은 복잡하게 얽힌 이런 문제들의 매듭을 풀어내는 것이다. 우리는 관리자가 갖고 있는 권위와 권한을 의도적으로 떼어내 직원에게 부여한다. 구글에서 의사 결정자가 일방적으로 결정할 수 없는 사항들은 다음과 같다.

- 누구를 고용할 것인가?

- 누구를 해고할 것인가?

- 직원의 성과를 어떻게 평가할 것인가?

- 어떤 직원의 연봉 인상과 상여금 혹은 스톡그랜트(성과 연동 주식 무상 지급권)의 수준을 어떻게 결정할 것인가?

- 누구를 팀 관리 우수자로 선정할 것인가?

- 누구를 승진시킬 것인가?

- 코드의 품질이 어느 정도 완성됐을 때 이 코드를 소프트웨어에 탑재할 것인가?

- 어떤 제품을 출시할 때 이 제품의 최종 디자인을 무엇으로 결정할 것인가?

이와 관련된 사항들의 결정은 동료 집단이나 특별한 위원회 혹은 독립적이면서도 헌신적인 팀이 내린다. 그런데 새로 입사한 많은 관리자들은 이런 체계를 증오한다. 설령 고용과 승진이 이뤄지는 원리를 이해했다 해도, 자기가 보기에 최고의 직원이라 해도 마음대로 승진시킬 수 없다는 사실에 깜짝 놀란다. 문제는 사람마다 최고의 직원을 다르게 규정할 수 있다는 점이다. 심지어 당신이 최악의 직원으로 꼽은 직원이 내가 꼽은 최상의 직원보다 더 나을 수도 있다. 이런 경우 당신은 모든 직원을 승진시켜야 하고 나는 그 어떤 직원도 승진시키지 말아야 한다. 전사적으로 가장 공정하게 문제를 해결하고자 한다면, 관리자는 자기에게 주어진 일방적인 권한을 포기해야 하며 또 각각의 직원이 낸 모든 결과와 성과에 대한 등급을 전체 집단과 대조해 수정될 수 있도록 해야 한다.

이런 전통적인 당근과 채찍이라는 수단이 없을 때 과연 경영자 혹은 관리자가 조직을 제대로 관리할 수 있을까? 이것이 유일한 문제다. 구글 회장 에릭 슈미트에 따르면 "관리자는 팀을 섬긴다"고 했다. 다른 회사들과 마찬가지로 우리에게도 물론 예외가 있고 실패가 있다. 그러나 구글의 초기 단계 리더십 스타일은 관리자가 기본적으로 처벌이나 보상이 아니라 장애물을 제거하고 팀을 격려하는 데 초점을 맞춘다는 사실이 다르다. 우리 회사 소속인 어떤 변호사는 자기 상사인 테리 첸Terri Chen을 다음과 같이 묘사했다. "영화 〈이보다 더 좋을 순 없다As Good As It Gets〉에서 잭 니콜슨이 헬렌 헌트에게 '당신은 내가 좀 더 나은 인간이 되고 싶도록 만든다'라고 말한다. 이것이 바로 상사인 테리에게 내가 느끼는 감정이다. 테리는 내가 좀 더 나은 구글러이자 좀 더 나은 특허 전문 변호사 및 인간이 되도록 또 그렇게 노력하도록 만든다."

아이러니한 것은, 위대한 경영의 핵심에 이르려면 경영이 가장 크게 의존하는 모든 도구를 던져버려야 한다는 점이다. 하지만 좋은 소식이 있다. 어떤 팀이든 어떤 회사든 구글이 활용하는 원리를 기반으로 운영될 수 있다는 점이다. 심지어 의류업계에서조차 이런 유형의 접근법이 썩 잘 먹힌다는 사실을 매사추세츠공과대학MIT 교수인 리처드 로크Richard Locke가 확인한 바 있다.[15]

그는 멕시코에 있는 나이키 티셔츠 공장 두 곳을 비교했다. A 공장은 직원들에게 보다 많은 자유를 주어 생산 목표량을 스스로 정하도록 했으며 직원들을 여러 개의 팀으로 조직했다. 이 공장은 직원들에게 일을 마치는 시간까지 스스로 정하도록 했으며, 생산 공정에서 문제가 발생할 때 생산 라인을 중단시킬 수 있는 권한까지 부여했다. 한편 B 공장은 작업 현장을 빡빡하게 통제해 각각의 직원에게 할당된 업무에 철저하게 집중하도록 하는 한편 일을 언제 어떻게 시작하고 마칠지도 철저하게 통제했다. 그 결과 A 공장에서는 하루 평균 80장이던 생산량이 150장으로 늘어나며 생산성이 두 배 가까이 올라 직원들이 보다 많은 임금을 받아갔고, 티셔츠 한 장당 비용도 0.18달러에서 0.11달러로 40퍼센트 줄어들었다.

셰필드대학 교수인 카말 버디Kamal Birdi와 여섯 명의 연구원들은 22년에 걸쳐 308개 회사의 생산성을 연구한 끝에 로크가 내린 결론과 비슷한 결론에 도달했다. 이 회사들은 모두 전사적 품질경영TQM이나 적시생산방식JIT과 같은 전통적인 경영 도구들을 채택했다. 이런 도구들은 때로 몇몇 기업의 생산성을 높이기도 했지만 총체적인 관점에서 보면 '전반적인 생산성 향상 효과'를 유발하지는 않았다. 다시 말해 이런 경영 도구들이 지속적이고도 안정적으로 생산성을 개선한다는 어떤 증거도 확인할 수 없었던 것이다.

그렇다면 해결책은 무엇일까? 회사가 직원들에게 권한을 부여하는 이런저런 프로그램을 실행할 때(예를 들면 관리자가 갖고 있던 의사 결정권을 말단 사원이나 휘하에 있는 팀에 부여할 때), 현재 업무를 하는 데 필요한 외부 학습 기회를 직원들에게 제공할 때, 팀에게 보다 많은 재량권을 부여해 스스로 조직할 수 있도록 함으로써 팀이 보다 끈끈하게 뭉치도록 할 때 혹은 이런 여러 경우가 합쳐졌을 때 비로소 회사가 원하던 결과가 나왔다. "우리 연구를 바탕으로 볼 때, 이런 요인들 덕분에 직원 개인별로 추가로 9퍼센트의 부가가치를 올릴 수 있게 됐다." 요컨대 기업이 직원에게 보다 많은 자유를 부여하는 쪽으로 경영의 방침을 바꿀 때 비로소 성과가 개선됐다는 말이다.[16]

그렇다고 구글의 접근법이 완벽하다는 말은 아니다. 13장에서 밝히겠지만, 우리도 그간 뼈아픈 실패를 여러 차례 경험하면서 지금의 모습으로 성장했으니만큼, 내가 제시하는 이런저런 사례들이나 논쟁들이 당신이 갖고 있는 회의적인 생각들을 건강하게 물리치는 데 도움이 되기를 바란다. 나는 내가 제시하는 접근법이 유익하다고 자신하며, 이 접근법이 적어도 구글에서는 정말 멋지게 들어맞았고 또 내가 직접 운용하고 있다고 말해주고 싶다. 이런 유형의 접근법이 브랜딕스그룹과 웨그먼스 그리고 수십 개의 다른 기업과 팀에 규모가 크든 작든 상관없이 잘 들어맞았다는 사실도 참고하기 바란다.

시카고 지역의 최고인적자원책임자들이 모인 자리에서 구글의 기업문화를 주제로 연설을 한 적이 있다. 기조연설을 마치고 나자 어떤 사람이 자리에서 일어나 무척이나 냉소적인 태도로 말했다. "그런 건 구글에서나 잘 먹히고 유익하겠죠. 엄청난 이윤을 남기는 회사이니만큼 직원들에게 그렇게 베풀 여유가 당연히 있겠죠. 그러나 우리는 그럴 만한 여유가 없습니다."

나는 그에게 우리가 여기에 들이는 비용은 미미하거나 거의 없는 것이나 마찬가지라고 설명할 참이었다. 연봉을 올려주지 않고도 얼마든지 생산성을 높일 수 있고 직원에게 보다 큰 만족과 행복을 안겨줄 수 있다는 말도 할 참이었다. 직원을 잘 대하는 게 가장 중요한 시기가 회사가 어려울 때이기 때문이다. 내가 이런 말을 하려던 찰

나에 다른 사람이 반박하고 나섰다. "그게 무슨 말입니까? 직원에게 자유를 주는 데 돈은 들지 않잖아요. 사실 이건 여기 있는 분들 누구나 다 할 수 있는 거 아닙니까?"

이 사람의 말이 옳다. 사람은 본래 선하다는 믿음 그리고 직원을 기계가 아니라 회사의 주인처럼 대할 용기만 있으면 된다. 기계는 입력된 일만 하지만 회사의 주인은 회사나 팀이 성공하는 데 필요한 일이면 무엇이든 하기 때문이다. 사람들은 대부분의 삶을 직장에서 보내지만 일이란 것은 대부분의 사람들에게 몸과 마음을 갈아넣는 경험이다. 목적을 위한 수단이다. 그럴 필요는 없다.

우리가 모든 해법을 갖고 있지는 않다. 하지만 우리는 인재를 발굴하고 성장시키며 이들을 자유와 창의성과 놀이로 충만한 환경에 머물도록 하는 최상의 방법과 관련된 멋진 발견들을 했다.

구글 직원들의 성공 비결은 다른 기업이나 조직에서도 얼마든지 응용될 수 있다. 일개 직원이든 CEO든 얼마든지 이 비결을 응용할 수 있다. 모든 회사가 무료 식사를 제공할 수는 없겠지만 구글을 위대하게 만든 원리를 복제해 자기 것으로 활용하는 일은 누구나 할 수 있다. 그렇게 하라고 권하는 게 이 책의 의도다.

1장

창업자가
된다는 것

래리와 세르게이처럼
당신 팀이 일하고
살아가는 방식을 고민하라.

"Becoming a Founder"

Just as Larry and Sergey laid the foundation for how Google treats its people, you can lay the foundation for how your team works and lives

모든 위대한 이야기는 기원 설화를 갖고 있다.

로물루스와 레무스는 테베레 강가에 버려졌는데, 이 아이들에게 늑대가 젖을 먹이고 딱따구리가 음식을 구해다 먹였으며, 나중에는 목동들이 데려다 키웠다. 청년이 된 로물루스는 로마를 건국했다.

무분별한 자원 개발로 멸망 위기에 처한 크립톤 행성에서 과학자의 아들로 태어난 아기 칼엘은 우주선에 태워져 지구로 보내진다. 캔자스 스몰빌에 떨어져 친절한 켄트 부부의 슬하에서 클라크 켄트란 이름으로 자란 칼엘은 메트로폴리스로 옮겨간 뒤에 슈퍼맨 망토를 입는다.

토머스 에디슨은 1876년에 뉴저지의 멘로파크에 실험실을 열었다. 그는 미국인 수학자 한 명, 영국인 기계공학자 한 명, 독일인 유리공 한 명 그리고 스위스인 시계공 한 명을 데리고 무려 열세 시간 넘게 불을 밝히는 백열등을 개발하고,[17] 에디슨제너럴일렉트릭Edison General Electric을 설립했다. 이 네 사람은 프랜시스 업턴Francis Upton, 찰스 배철러Charles Batchelor, 루트비히 뵘Ludwig Boehm 존 크루에시John Kruesi였다.

오프라 윈프리는 가난한 10대 어머니의 딸로 태어나 어린 시절 숱한 학대를 받으며 이 집 저 집 전전했다. 그러나 자라서 장학금을 받는 학생이 됐으며, 내슈빌에 있는 WLAC TV 방송국에서 최연소 앵커이자 최초의 흑인 앵커가 됐다. 현재 그녀는 세계에서 가장 성공했으며 또한 가장 영감을 주는 방송 진행자이기도 하다.[18]

이 이야기들은 모두 다르지만 놀랍도록 비슷한 점이 있다. 신화학자 조지프 캠벨Joseph Campbell은 전 세계에 존재하는 거의 모든 신화를 구성하는 이야기의 원형은 불과 몇 개밖에 되지 않는다고 주장했다. 주인공이 어떤 계시를 받고 모험에 나서서 일련의 시련을 겪은 뒤 지혜를 얻어 마침내 바라던 성공을 하거나 평화를 얻는다는 것이다. 우리 인간은 줄거리가 있는 이야기를 통해 살아간다. 우리 자신에 대해 말하는 이야기의 렌즈를 통해 역사를 바라본다. 사람들이 다른 사람의 이야기 속에서 자기 이야기와 공통적인 어떤 요소를 쉽게 찾아낼 수 있다는 사실은 전혀 놀라운 게 아니다.

구글 역시 원형적인 이야기를 갖고 있다. 사람들은 대부분 구글의 창업자 래리 페이지Larry Page와 세르게이 브린Sergey Brin이 스탠퍼드대학 신입생 교정 안내 프로그램에서 처음 만나 구글이 시작됐다고 생각한다. 하지만 구글의 이야기는 그보다 훨씬 이전에 시작됐다.

세상과 사물을 바라보는 래리의 눈은 그의 가족이 살아온 역사 속에서 형성됐다. "할아버지는 자동차 공장의 노동자였다. 나는 할 아버지가 출근할 때마다 회사의 폭력으로부터 스스로를 지키려고 직접 만들어 갖고 가던 무기를 지금도 보관하고 있다. 커다란 쇠파이프인데, 끝에 뭉툭한 납덩어리가 달려 있다."[19] 이 쇠파이프에 대해 래리는 다음과 같이 설명했다. "노동자들은 연좌 파업을 하는 동안 스스로를 보호하기 위한 방책으로 그런 쇠파이프를 만들었다."[20]

세르게이의 부모는 두 분 다 수학자였는데, 1979년에 자식의 미래와 자유를 위해 반反유대주의 공산주의 정권인 소련을 탈출했다. 이에 대해 세르게이는 다음과 같이 말했다. "나의 반골 기질은 모스크바에서 태어났다는 사실에서 비롯되지 않았나 생각한다. 이 반골 기질은 성인이 된 뒤에도 계속 나의 기질로 남은 것 같다."[21]

'일이 도대체 어떻게 돌아가야 하는가'에 대한 래리와 세르게이의 생각 역시 어린 시절에 받은 교육을 통해 형성됐다. 이와 관련해 세르게이는 다음과 같이 말한 적이 있다. "나는 몬테소리 교육으로 큰 덕을 보지 않았나 싶다. 몬테소리 교육은 자기 진도에 맞춰 스스로 공부를 해나갈 수 있도록 아이들에게 많은 자율성을 준다."

당시 야후 CEO였던 머리사 메이어Marissa Mayer는 구글 부사장 시절에 스티븐 레비Steven Levy에게 다음과 같이 말했다(이에 대한 내용은 스티븐 레비의 책《0과 1로 세상을 바꾸는 구글 그 모든 이야기In the Plex》에 실려 있다). "래리와 세르게이 두 사람이 모두 몬테소리 교육을 받고 자랐다는 사실을 알지 못한다면 절대 구글을 이해할 수 없다."[22] 몬테소리 교육법은 개별 아동의 학습 욕구와 개성에 맞춤화되어, 아이들이 궁금한 것은 무엇이든 물어보고 생각한 대로 행동하고 또 무언가를 만들어내도록 권한다.

1995년 3월에 스물두 살의 래리는 캘리포니아 팰로앨토에 있는 스탠퍼드대학을 찾아갔다. 당시 그는 미시간대학 학부 과정을 거의 끝마친 시점이었고 스탠퍼드대학 대학원 과정에 들어갈지 고민하고 있었다. 한편 그보다 2년 앞서 메릴랜드대학을 졸업한 스물한 살의 세르게이는 이미 스탠퍼드대학 대학원 과정에 다니고 있었다.[*] 세르게이는 입학 지원자들에게 교정을 안내하는 자원봉사자였는데, 그가 인솔한 조에 래리가 있었다.[23] 두 사람은 곧바로 친해졌고, 몇 달 뒤에 래리는 스탠퍼드대학 대학원 신입생이 됐다. 래리는 월드와이드웹, 특히 웹페이지들이 서로 연결되는 방식에 매료됐다.

1996년 당시에 웹은 한마디로 무질서 그 자체였다. 간단히 말하면 이랬다. 검색엔진들은 검색어와 가장 관련성이 높고 유용한 웹페이지들을 찾으려 했지만 주로 검색어와 웹페이지 본문 내용을 비교하는 방식으로 웹페이지들을 차례대로 제시했다. 그러다 보니 여기저기서 허점이 자주 발생했다. 웹페이지 소유자들이 인기 검색어를 (이 검색어가 자기 웹페이지 내용과 무관함에도 불구하고) 자기 웹페이지에 사람 눈에 식별되지 않는 문자로 심어놓는 방식으로 검색엔진에 쉽게 포착되도록 한 것이다. 예를 들어 애완동물 사이트 운영자가 사람들을 자기 사이트로 불러들이려고, 파란색 바탕화면에 파란색 글자로 '애완동물 사료'라는 단어를 수백 개씩 써놓아 검색 결과에서 상위 순위에 오르도록 할 수 있다. 또 웹페이지의 소스코드에 '애완동물 사료'라는 단어를 여러 차례 사용하는 방법도 있다. 어차피 소

---

[*] 세르게이는 고등학교를 1년 일찍 졸업했고 학부 과정도 3년 만에 끝냈다.

스코드는 사람 눈에 보이지 않기 때문이다.

래리는 이런 방식이 중요한 신호를 무시한다고 생각했다. 그 신호는 사용자가 웹페이지에 대해 생각하는 어떤 것이었다. 그는 다른 사이트들과 수많은 연결점(링크)을 갖는 웹페이지가 가장 유용한 웹페이지라고 생각했다. 사람들은 가장 유용한 웹페이지에만 접속하기 때문이었다. 이 신호가 그 웹페이지가 담고 있는 단어들보다 훨씬 더 강력한 것으로 판명될 것으로 보았다. 그러나 웹의 모든 링크들을 파악할 수 있고 또 모든 웹사이트들 사이의 관계에서 각각의 웹사이트가 가진 힘의 크기를 동시에 나타낼 수 있는 프로그램을 만드는 일은 사람의 힘으로는 도저히 불가능할 정도로 복잡한 문제였다. 래리와 세르게이는 '백럽BackRub'이라는 것을 만들었는데 '백럽BackRub'은 당신이 보았던 사이트에서 당신이 방금 전에 있었던 사이트로 돌아가는 백링크에 대한 참조를 말한다.

1998년 8월에 선 마이크로시스템스의 공동창업자 앤디 벡톨샤임Andy Bechtolsheim이 구글이라는 회사가 창립되기도 전에 구글에 10만 달러를 투자한 사실은 유명한 일화로 남아 있다. 이보다는 덜 유명한 이야기지만, 그로부터 얼마 뒤에는 스탠퍼드대학 교수인 데이비드 체리턴David Cheriton도 래리와 세르게이가 사업 설명을 하려고 방문한 바로 그날 그 자리에서 10만 달러를 투자했다.[24] 학업을 중단하면서까지 창업하기 싫었던 터라 래리와 세르게이는 구글을 다른 사람에게 팔려고 했지만 끝내 뜻을 이루지 못했다. 100만 달러를 받고 알타비스타에 매각을 제안했지만 거절당했다. 선 마이크로시스템스의 공동창업자이자 벤처캐피털회사 클라이너 퍼킨스 코필드 앤 바이어스Kleiner Perkins Caufield & Byers의 공동소유자(파트너)였던 비노드 코슬라Vinod Khosla의 강력한 조언을 받아 가격을 75만 달러로 낮춰 익사이트에 팔려고 했지만 역시 거절당했다.[*]

이 일이 있고 난 뒤인 2000년에 구글의 첫 번째 광고 시스템인 애드워즈AdWords가 출시됐다. 뒤를 이어 구글 그룹스(2001년), 이미지(2001년), 북스(2003년), 지메일(2004년), 도메인만 있으면 지메일·구글 문서도구·구글 캘린더·구글 사이트 도구·구글 그룹스 등을 통합적으로 엮어서 이용할 수 있는 앱(2006년), 스트리트뷰(2007년) 그리고 현재 우리가 매일 사용하는 수십 개의 제품들이 나왔다. 구글 검색은 이미 전 세계 150여 개 언어로 서비스하고 있었으며, 2001년 최초의 해외 지사가 도쿄에 문을 열었다. 이제 탑승할 비행기가 지연되면 안드로이드 운영체제의 스마트폰이 미리 알려주고, 안경처럼 착용한 구글 글라스에 "오케이 글라스, 사진을 찍어서 크리스에게 보내줘"라고 말하기만 하면 크리스가 당신이 바라보는 시선으로 사물을 볼 수 있다.

래리와 세르게이는 위대한 검색엔진을 개발한 것뿐 아니라 이것을 뛰어넘는 훨씬 더 큰 야망을 갖고 있었다. 두 사람은 직원이 회사

---

[*] 구글의 역사에서 배울 수 있는 가장 큰 교훈 가운데 하나는 성공을 하는 데는 뛰어난 발상, 적절한 타이밍, 비범한 사람이 필요하지만 또 하나 운도 필요하다는 것이다. 당시에는 전혀 알지 못했지만 래리와 세르게이가 구글을 팔지 못했던 것은 두 사람이 대학 교정 안내 프로그램에서 만났다거나 혹은 그 뒤에 일어났던 수십 건의 다른 일들과 마찬가지로 엄청난 행운이었다. 구글의 성공이 우리 직원들이 더 똑똑하고 더 열심히 일한 덕분이라고 말하는 건 쉽겠지만, 정확하게 말하면 이런 진술은 사실이 아니다. 직원들이 똑똑해야 하고 일을 열심히 하는 게 성공의 필요조건이긴 하지만 충분조건은 아니다. 구글의 성공에는 분명 운이 따랐다. 그런 까닭에 구글 홈페이지 검색에서 1순위 검색 결과의 웹페이지로 직접 이동할 때 'I'm Feeling Lucky(어쩐지 운이 좋을 것 같아)' 버튼을 누르고 시작할 수 있는데, 이런 설정은 완전히 새로운 의미를 띤다.

에서 어떻게 대접받기를 원하는지 알아봤다. 터무니없는 발상으로 들리겠지만 두 사람 모두 일하는 게 보람되고 직원이 각자 자기가 가진 열정을 자유롭게 추구하며 또 직원과 이들의 가족을 진심으로 걱정하고 돌보는 회사를 만들고 싶어 했다. 예컨대 래리는 이렇게 말했다. "아직 대학원 과정에 있는 학생이라면 자기가 원하는 일을 무엇이든 할 수 있다. 진정으로 좋은 사업은 많은 사람이 진정으로 매달리고 싶어 하는 일이다. 우리는 이 교훈을 구글에 적용했고, 이런 시도는 지금까지 우리 회사에 정말 엄청난 도움이 됐다. 만일 당신이 세상을 바꾸고자 한다면, 당신은 정말 중요한 일을 하고 있다. 당신은 아침마다 들뜬 마음으로 자리에서 일어날 것이다. 의미가 있고 큰 영향을 미치는 일에 종사하고 싶은 것, 사실 이것이 우리가 사는 세상에서 정말 필요하지만 부족한 일이다. 하지만 구글에서 우리는 이렇게 하고 있다고 나는 생각한다."

구글에서 가장 의미 있고 사랑을 받으며 또 효과적인 인사 관련 정책들 가운데 많은 것들이 래리와 세르게이가 뿌린 씨앗에서 비롯됐다. 우리가 한 주에 한 번씩 갖는 전체 직원회의는 모든 직원이라고 해야 몇 명 되지 않던 시절에 시작됐지만 구글의 규모가 웬만한 도시만큼 커진 지금까지도 계속되고 있다. 래리와 세르게이는, 어떤 직원을 채용할 것인가 하는 결정은 한 사람의 관리자가 아니라 여러 집단이 함께 내리는 게 옳다는 생각을 늘 고집했다. 자기가 현재하고 있는 일을 공유할 목적으로 시작했던 직원 소집 회의는 현재 한 달에 한 번씩 수백 명이 참가하는 테크톡스Tech Talks로 발전했다.

두 창업자가 창업 초기에 가졌던 관대한 마음 덕분에 직원이 회사의 지분을 나눠 갖고 있는 비율이 유례없이 높다. 보다 많은 여성을 컴퓨터학 분야로 이끌고자 하는 구글의 노력은 직원이 채 서른 명도 되지 않을 때부터 세르게이의 직접적인 요청에 의해 시작됐다. 또 직장에 개를 데리고 오는 것을 환영하는 정책도 직원이 열 명이던 시절에 처음 도입되어 지금까지 유지되고 있다. 고양이에 비해 개를 특별히 좋아하는 구글의 분위기는 근무규정집에도 반영되어 있는데, 여기에는 "고양이를 좋아하긴 하지만 우리는 개 회사다. 그러므로 우리 회사를 방문하는 고양이는 상당한 스트레스를 받을 것이다"라고 명시되어 있다.[25] 구글의 유명한 무료 식사 전통은 처음에 시리얼과 엠앤엠 초콜릿을 공짜로 제공한 데서 비롯됐다.

2004년 8월 19일 구글이 기업공개를 했을 때 세르게이는 투자 안내서에 편지 한 통을 동봉했는데, 이 편지에는 공동창업자인 자기와 래리가 1,907명의 직원을 어떻게 생각하고 대하는지 자세하게 묘사되어 있다. 우사체 부분이 세르게이가 쓴 대목이다.

스스로를 '구글러'라고 칭하는 우리 직원들이 바로 우리 회사의 전 재산입니다. 구글은, 탁월한 과학기술자들과 사업가들이 가진 재능을 모으는 능력 그리고 이 재능을 지렛대로 삼을 줄 아는 능력을 바탕으로 조직되어 있습니다. 우리는 운 좋게 창의적이고 원칙에 충실하며 열심히 일하는 수많은 빛나는 별들을 우리 회사에 불러들였습니다. 앞으로 더 많은 별들을 불러들일 생각입니다. 우리는 모든 직원에게 훌륭하게 보상하고 또 그렇게 대우할 것입니다.

우리는 직원들에게 평범하지 않은 혜택을 많이 제공합니다. 무료 식사와 무료 검진 그리고 세탁기 등이 그런 것들입니다. 직원에게 제공하는 이런 혜택이 장기적으로 회사에 커다란 이익으로 돌아올 것임을 알기에 이런 부분을 늘 세심하게 신경 씁니다. 이런 혜택의 폭이 앞으로 점점 더 커질 거라고 기대해도 좋습니다. 우리는 적은 돈을 아끼려고 큰돈을 잃는 어리석음을 저지르지 않을 것입니다. 직원이 상당한 시간을 아낄 수 있고 또 직원의 건강과 생산성을 높일 수 있는 혜택을 중시하는 이유도 여기에 있습니다. 우리 직원이 소유하고 있는 구글의 지분 규모는 상당합니다. 바로 이런 점이 지금의 우리를 만들었습니다. 우리 직원이 갖고 있는 재능 덕분에 구글은 컴퓨터와 관련된 거의 모든 분야에서 현재 흥미진진한 일들을 해나가고 있습니다. 제품의 품질이 다른 어떤 요소보다 중요한 까닭에 우리는 다른 어떤 분야보다 경쟁이 치열한 산업군에 속해 있습니다. 그런데 재능이 넘치는 인재가 구글로 모여듭니다. 우리가 이들에게 세상을 바꿀 힘을 주기 때문입니다. 구글이 직원 한 사람 한 사람이 모두 뚜렷한 성과를 낼 수 있도록 뒷받침하는 컴퓨터 자원 및 배급망을 갖고 있기 때문입니다.

우리가 갖고 있는 기본적인 강점은 바로 업무 현장입니다. 직원이 기여를 하고 이 과정에서 성장할 수 있는 현장, 중요한 프로젝트들이 진행되는 현장입니다. 우리는 재능이 넘치고 열심히 일하려는 인재가 회사에 기여한 만큼 그리고 세상을 보다 나은 곳으로 바꾼 만큼 충분히 보상받는 환경을 제공하는 일이 무엇보다 중요하다고 여기고, 이를 구현하는 데 초점을 맞추고 있습니다.

창업자들이 자기가 만들고자 했던 회사에 대해 이런 강한 믿음을 갖고 있었다는 사실 자체가 구글로서는 대단한 행운이었다. 그러나 이런 믿음을 가졌던 것이 래리와 세르게이가 처음은 아니었다.

헨리 포드Henry Ford는 조립라인을 전격 도입한 경영자로 널리 알려져 있다. 그러나 직원에게 제공하는 인정과 칭찬 그리고 보상과 관련해 당시로서는 파격적일 정도로 진보적인 생각을 갖고 있었다는 사실은 그리 많이 알려져 있지 않다. 그는 자서전《나의 삶과 나의 일My Life and Work》에서 다음과 같이 썼다.

> 회사를 위해 자기 안에 있는 최상의 것을 제공하는 직원이 회사로서는 최고의 직원이다. 하지만 어떤 직원이든 회사가 자기 능력을 인정해주지 않으면 최상의 것을 무한히 내놓을 수 없다. ……만일 어떤 직원이 하루 종일 일한 대가로, 자신에게는 기본적으로 필요한 것을 회사로부터 제공받을 뿐 아니라 위안과 위로를 받고, 또 이렇게 해서 아이들에게는 더 나은 삶을 살아갈 수 있는 기회를 주고, 아내에게는 삶의 기쁨을 줄 수 있다면, 이 직원은 자기가 하는 일에 긍지를 갖고 자기 안에 있는 최상의 것을 회사를 위해 기꺼이 내놓으려 할 것이다. 이는 그 직원에게도 좋은 일이고 회사도 좋은 일이다. 자기가 하루 동안 일을 하고 받은 대가에 만족하지 않는 사람은 자기가 마땅히 받아야 할 연봉의 많은 부분을 받지 못한 사람이다. [26]

포드의 이런 발상은 비록 그가 이 글을 90년도 더 전인 1922년에 썼음에도 불구하고 구글의 견해와 완전히 일치한다. 그는 말에 그치지 않고 실천했는데, 1914년에 자기 공장에서 일하는 노동자의 임금을 두 배로 올려 하루 5달러로 책정했다.

이보다 앞선 1903년에 밀턴 허쉬 Milton Hershey는 장차 세계적인 초콜릿 회사가 될 허쉬 Hershey Company뿐 아니라 펜실베이니아의 어엿한 한 마을이 될 허쉬타운의 기초를 다졌다. 19세기 말과 20세기 초에 미국은 2,500개가 넘는 기업도시(company town: 한 기업에 의존하는 도시-옮긴이)가 있었는데 절정기에는 전체 인구의 3퍼센트를 수용했다.[27] 그러나 허쉬타운은 대부분의 다른 기업도시와 달랐다. 허쉬는 똑같이 생긴 집단 주택들이 줄지어 늘어서서 특색이라곤 찾아볼 수 없는 그저 그런 마을을 지을 생각은 애초부터 하지 않았다. 그는 나무가 늘어선 거리, 벽돌로 만든 단독 주택과 두 가구 주택, 그리고 깔끔하게 손질된 잔디밭이 있는 '진짜 고향 마을'을 원했다.

> 밀턴 허쉬의 성공으로 기업가의 도덕적 책임과 선행에 대한 확고한 인식이 뒤따랐다. 그의 야망은 초콜릿을 생산하는 데 그치지 않았다. 허쉬는 자기 공장을 중심으로 완전히 새로운 공동체가 생겨나는 것을 상상했다. 그리고 직원들이 거주할 마을의 모범적인 전형을 만들었다. 안락한 집이 있고 값싼 대중교통 체계가 있으며, 수준 높은 공교육 체계가 있고 여가 활동과 문화적인 기회가 다양하게 갖춰진 그런 마을이었다.[28]

그렇다고 포드와 허쉬의 모든 생각이 다 옳고 훌륭했다는 뜻은 아니다. 완전히 잘못된 것들도 많았다. 포드는 반反유대주의 저작들을 발표해 여러 계층으로부터 비판을 받았으며 나중에는 이 일을 공개적으로 사과했다.[29] 허쉬 역시 자기 영향력이 절대적으로 발휘되는 허쉬타운 신문에 인종차별적인 발언들이 게재되는 것을 허용했다.[30] 그러나 이 두 사람은 (적어도 사람에 관해서는) 자기 직원을 제품을 만드는 데 투입되는 원료 이상의 존재로 보았다.

좀 더 최근 사례로 도덕적으로 덜 모호한 인물을 꼽자면 머빈 켈리Mervin Kelly가 있는데, 그는 1925년에 벨연구소에 들어가 1951년부터 1959년까지 연구소 책임자로 일했다.[31] 그가 대표로 있는 동안 벨연구소는 레이저와 태양전지에 투자했으며, 최초의 대서양 횡단 전화선을 설치했고, 마이크로칩 개발을 가능하게 했던 결정적인 여러 기술들을 개발했으며, 이진법 코드 체계를 기반으로 한 정보 이론의 토대를 닦았다. 이런 성과들은 (1947년의 트랜지스터 발명 등을 포함한) 벨연구소의 이전 작업들을 토대로 이뤄졌다.

켈리는 벨연구소 소장이 되자마자 전통적인 경영 전략과 거리가 먼 전략을 펼쳐나갔다. 첫째, 뉴저지의 머리 힐에 있던 연구소 건물의 물리적인 공간 배치를 완전히 바꿨다. 예전에는 연구소 건물의 각 층이 각각의 전문적인 연구 분야별로 철저하게 구분되어 있었는데, 그런 관행을 깨고 모든 부서들을 서로 뒤섞는 공간 배치를 주장했던 것이다. 그리하여 어떤 부서 직원이든 자기 자리를 찾아가려면, 전체 층을 세분하여 연결된 통로를 걸어가면서 다른 부서 사람들과 마주칠 수 있도록 했고 또 서로 어떤 일을 하는지 쉽게 알 수 있도록 했다. 둘째, 켈리는 '생각하는 사람들과 실행하는 사람들'을 결합해 이른바 '변형적인 팀' 체계를 구축했다. 팀을 전혀 다른 분야에 속한 전문가들로 구성했던 것이다. 저술가 존 거트너Jon Gertner는 《벨연구소 이야기The Idea Factory》에서 이런 팀 하나를 다음과 같이 묘사했다. "트랜지스터 프로젝트에 계획적으로 투입된 이질적인 분야의 인재들로는 물리학자들, 금속공학자들, 전기공학자들이 있었다. 말하자면 이론과 실험 그리고 제조 분야 전문가들이 한 데 뒤섞여 팀을 구성했던 것이다."[32]

셋째, 켈리는 직원들에게 자유를 주었다. 이와 관련해 거트너는 계속해서 다음과 같이 서술했다.

> 켈리는 자유가 결정적인 요소라고 믿었다. 특히 연구 분야에서는 더욱 그렇다고 믿었다. 그의 휘하에 있는 과학자들은 얼마나 많은 자율성을 누렸던지, 심지어 그가 과학자들에게 어떤 연구를 해도 좋다고 승인하고 여러 해가 지나도록 그 연구가 어느 정도까지 진전됐는지 전혀 알지 못할 정도였다. 예를 들어 그가 장차 트랜지스터라고 불릴 발명품을 연구할 팀을 구성할 때도 그랬다. 이 팀이 활동을 시작한 지 2년 이상 지나서야 비로소 그 발명품이 탄생했다. 나중에 이 발명품의 대량생산 문제를 다룰 팀을 구성할 때도 마찬가지였다. 그는 이 명령서를 어떤 기술자의 무릎에 툭 던지면서 계획을 세워오라고 했다. 그러면서 이렇게 덧붙였다. 자기는 한동안 유럽에 가 있을 거라고.

켈리의 경우가 특히 매력적인 이유는 그가 벨연구소의 창업자가 아니었기 때문이다. 심지어 그는 빠르게 떠오르는 스타도 아니었다. 오히려 그 반대였다. 그는 두 번이나 직장을 그만뒀다. 자기가 추진하는 사업이 적절한 예산 지원을 받지 못한다고 생각했기 때문이다 (그리고 두 경우 모두 보다 많은 예산 지원을 약속받고 복귀했다). 그는 변덕스러웠고 성미도 고약했다. 벨연구소의 초창기 책임자였던 해럴드 아놀드Harold Arnold는 켈리의 판단을 신뢰하지 않은 나머지 아주 오랜 기간 그를 낮은 직급의 관리직에 둔 채로 승진을 시키지 않았다.[33] 그래서 켈리는 승진이 매우 늦었다. 물리학자로 12년간 일한 뒤에야 비로소 진공관 개발 부서의 책임자가 됐고, 다시 6년이 지난 뒤에야 연구 책임자가 됐다. 그가 벨연구소의 최고 수장이 되기까지는 26년이 걸렸다.

내가 켈리의 인생사에서 특히 흥미를 느낀 부분은 그가 마치 기업 창업자 혹은 기업 소유자처럼 행동했다는 점이다. 그는 벨연구소의 성과에만 관심을 가진 게 아니었다. 연구소 자체에 관심을 가졌다. 그는 관리자의 감시에서 벗어나 자유롭게 일할 수 있는 총명함을 원했다. 연구소에 있던 천재들에게 끊임없이 치이고 떠밀리기도 했지만 개의치 않았다. 빌딩 디자인과 사람들 동선에 신경을 쓰는 것이 그의 일은 아니었지만, 그렇게 함으로써 그는 역사상 가장 혁신적인 조직의 정신적 창시자가 되었다.*

다시 구글로 돌아가, 래리와 세르게이는 의도적으로 다른 사람들이 창업자처럼 행동할 수 있는 공간을 만들었다. 미래에 대한 어떤 전망을 갖고 있는 사람들에게는 자기만의 구글을 창조할 기회를 제

---

* 기존에 있던 곳과 다른 놀이터를 찾아내고 만드는 것은 남자아이들만 하는 일이 아니었다. 패션 디자이너이자 기업가인 마들렌 비오네(Madeleine Vionnet)는 열한 살 때 파리에서 견습 재봉사가 됐다. 서른여섯 살이던 1912년에는 자기 이름을 내건 패션하우스를 열고 그 뒤 10년간 바이어스 재단 방식을 도입했으며 코르셋을 폭이 좁으면서도 몸을 꽉 조여주는 직물로 대체했다. 노스웨스턴대학 교수인 데보라 코엔에 따르면, 심지어 대공황이 한창이던 시기에도 그녀는 직원들에게 무료 의료 및 치과 진료 서비스, 무료 아이 돌보기 서비스, 유급 휴일 등의 복지 혜택을 제공했다.

공했다. 여러 해 동안 수전 워치츠키Susan Wojcicki, 살라 카만가Salar Ka-mangar, 머리사 메이어 3인방은 스리드하르 라마스와미Sridhar Ra-maswamy, 에릭 비치Eric Veach, 아밋 싱할Amit Singhal, 우디 맨버Udi Manber 등과 같은 탁월한 컴퓨터 공학자들과 손잡고 구글의 광고, 유튜브 그리고 검색 방법들을 만들고 이끄는 구글의 '미니 창업자'로 불렸다. 타고난 재능의 소유자인 크레이그 네빌-매닝Craig Nevill-Manning은 뉴욕에 구글 지사를 개설했는데, 이는 그가 실리콘밸리라는 도시 근교보다는 대도시를 더 좋아했기 때문이다. 넷스케이프에서 영업 책임자로 일하다 구글에 스카우트된 오미드 코데스타니Omid Kordestani는 구글의 '경영 기반 창업자'로 일컬어지며 래리, 세르게이 그리고 에릭과 어깨를 나란히 하기도 했다.

좀 더 최근의 상황을 살펴보더라도 구글 직원들은 여전히 소유자처럼 행동하고 있다. 크레이그 코닐리어스Craig Cornelius와 리시 카이탄Rishi Khaitan은 소멸 위기에 처한 언어를 보존하기 위한 소박한 방법의 하나로 체로키어를 구글 인터페이스에 적용하기로 결정했다.[34] 2011년 초 이집트에 혁명 분위기가 무르익자 이집트 정부가 인터넷을 차단했는데 우지왈 싱Ujjwal Singh과 압델카림 마르디니AbdelKarim Mar-dini는 트위터 기술진과 손잡고, 음성 메일함의 메시지를 트윗으로 번역해 전 세계에 음성으로 전하는 제품인 스피크투트윗Speak2Tweet을 개발했다.[35] 그 덕분에 이집트 사람들은 전 세계와 통신할 수 있었고, 음성 메일함에 전화를 걸어 메일을 음성으로 들을 수 있었다.

» 당신이 바로 창업자다

뛰어난 팀이나 회사는 창업자 한 사람에 의해 시작된다. 그러나 창업자가 된다는 것이 회사를 창업한다는 뜻은 아니다. 창업자가 되고 또 자기가 속한 팀의 문화 창조자가 된다는 것은 모든 사람에게 영향력을 행사할 수 있는 위치에 서야 한다는 뜻이다.

우리는 구글에서 사람들이 거둘 수 있는 성공의 유일한 모델을 발견했다고 생각하지 않는다. 우리가 모든 정답을 갖고 있지 않다는 것은 분명한 사실이다. 그래서 예상했던 것보다 훨씬 더 많이 그리고 자주 좌절했다. 그 결과, 우리는 래리와 세르게이가 가졌던 원초적 본능의 많은 부분이 옳았음을 입증했고, 기존의 경영 지혜들이 잘못된 것임을 밝혀냈으며 그 과정에서 놀라운 사실들을 발견했다. 우리는 우리가 깨달은 교훈들을 다른 사람들과 나눌 때 전 세계 사람들이 일을 경험하는 방식이 크게 개선될 거라고 믿었다.

톨스토이는 소설《안나 카레니나》에서 "행복한 가정들은 모두 서로 닮았다"고 썼다. 이 문구의 대구로 그는 "불행한 가정들은 제각각 다른 방식으로 불행하다"라고 썼다. 톨스토이의 말에 빗대면, 성공한 기업들은 모두 서로 닮았다. 성공한 기업들은 단지 자기가 생산하는 것뿐 아니라 자기가 어떤 기업인지 그리고 어떤 기업이 되고자 하는지에 대해서도 동일한 인식을 가진다. 그들의 관점에서 보면 (어쩌면 오만해 보일 수도 있지만) 그들은 자기의 기원뿐 아니라 운명에 대해서도 숙고해왔다.

이 책을 쓰면서 내가 기대하는 여러 가지 것들 중 하나는, 이 책을 읽는 모든 사람이 스스로를 창업자라고 생각하면 좋겠다는 점이다. 회사 전체의 창업자가 아니더라도 팀, 가정, 문화의 창업자는 될 수 있지 않겠는가. 구글의 경험에서 얻을 수 있는 가장 중요한 교훈은, 가장 먼저 할 일은 자기가 창업자가 되기를 원하는지 아니면 누군가의 직원이 되기를 원하는지를 선택하는 일이라는 것이다. 이것은 법률적인 소유권 차원의 문제가 아니라 태도의 문제다.

래리의 표현을 빌리면 다음과 같다. "나는 이런 생각을 해본다. 노동자가 회사로부터 스스로를 지키려고 무기를 만들어야 했던 시절에 비하면 오늘날은 얼마나 많이 좋아졌는가 하는 생각……리더로서 내가 할 일은 우리 회사의 모든 직원이 커다란 기회를 갖도록 하는 것 그리고 직원이 각자 가치 있는 영향을 미치고 있으며 사회를 좀 더 낫게 만드는 데 기여하고 있다고 느끼도록 하는 것이다. 세계적으로 우리는 이 일을 잘해나가고 있다. 하지만 내 목적은 구글이 다른 기업을 따라가도록 하는 게 아니라 세상을 선도하도록 만드는 일이다."[36]

이것이 바로 창업자의 사고방식이다. 학생이든 기업 임원이든 자신과 주변 사람들이 번영하고 성장하는 어떤 환경의 일부분이 되기 위해서는 먼저 그 환경에 대한 책임감을 가져야 한다. 이는 직무기술서(직무분석 결과를 인사관리의 특정한 목적에 맞도록 세분화시켜 구체적으로 기술한 문서-옮긴이)에서든 아니든 혹은 허락을 받은 일에 대해서든 아니든 상관없이 모두 해당되는 말이다.

위대한 창업자는 다른 창업자와 어깨를 나란히 할 수 있는 공간을 만들어낸다. 언젠가 당신의 회사와 팀은 고대 로마나 오프라 윈

프리나 혹은 구글과 마찬가지로 신화를 갖게 될 것이다. 그 신화가 어떤 내용이 되길 바라는지 생각하라. 당신이 대표하고자 하는 것이 무엇인지 생각하라. 사람들이 당신과 당신이 한 일 그리고 당신의 회사와 팀에 대해 하게 될 이야기를 생각하라. 지금 당신에게는 그 이야기의 설계자가 될 기회가 주어져 있다. 창업자가 될 것인지 아니면 직원이 될 것인지 선택하라.

나는 내가 어느 쪽을 선택할 것인지 알고 있다.

업무 규칙 **창업자가 되려면**

- 스스로 창업자라고 생각하라.
- 자, 이제부터 창업자처럼 행동하라.

2장

조직 문화 앞에서
전략은 아무것도
아니다

사람들에게 자유를 주면
깜짝 놀랄 일이 생길 것이다.

"Culture Eats Strategy for
Breakfast"

If you give people freedom,
they will amaze you

회사에서 나는 특이한 우편물을 자주 받는다. 보통은 구글에서 일하고 싶어 하는 사람들이 보낸 것이다. 이력서가 실크스크린 인쇄된 티셔츠를 받기도 했고, 그림 퍼즐을 받기도 했으며, 심지어 '회사에 발을 들여놓고 싶다'는 간절한 바람을 담은 운동화를 받기도 했다. 나는 이런 다양한 물건들을 사무실 벽에 걸어두거나 붙여둔다. 이 중에는 "조직 문화 앞에서 전략은 아무것도 아니다"는 구절이 들어 있는 편지도 있다. 한 번도 들어본 적이 없는 말이긴 하지만 경영과 관련된 횡설수설의 사례로 이 편지를 보관하긴 해도 어쩐지 조금은 우스꽝스럽다고 생각했다.

'구글 문화'라는 검색어로 구글 이미지 검색을 하면 다음과 같은 화면이 나온다. 이 이미지들은 구글을 처음 방문한 사람들이 구글 문화를 어떻게 생각하는지 잘 보여주고 있다. 화려한 색깔의 미끄럼

검색어 '구글 문화' 검색의 전형적인 이미지 결과들 © Google, Inc.

틀, 빈백 의자(커다란 자루 같은 천 안에 작은 플라스틱 조각들을 채워 의자처럼 쓰는 것–옮긴이), 맛깔스러운 무료 식사, 비정상적인 사무실 풍경(그렇다, 사무실에서 누군가는 자전거를 타고 달리고 있다) 그리고 함께 일을 하거나 무언가 신나는 일을 하면서 행복해하는 사람들 등을 묘사한 이 이미지들은 구글의 사무실 공간은 일이 놀이처럼 펼쳐지는 장소임을 보여준다. 물론 이런 점은 일정 부분 사실이다. 그러나 구글 문화의 뿌리는 이보다 훨씬 더 깊다.

　지금은 은퇴한 전 MIT 경영대학원 교수인 에드거 샤인Edgar Schein은 집단 문화를 세 가지 방식으로 연구할 수 있다고 했다. 첫째는 물리적인 공간이나 행동 등과 같은 '인공물'을 살펴보는 것이고, 둘째는 집단 구성원이 채택하고 있는 믿음이나 가치관을 조사하는 것이며, 마지막 셋째는 그런 가치관 뒤에 깊숙하게 숨어 있는 이런저런 추정을 파헤치는 것이다.[37] 구글을 보면서 잠깐 낮잠 잘 수 있는 공간이나 위층에서 아래층으로 이어지는 미끄럼틀 등과 같은 물리적인 공간에 초점을 맞추는 것은 당연한 일이다. 펜실베이니아대학 와튼스쿨 교수인 애덤 그랜트Adam Grant는 내게 이런 말을 했다. "사람들은 강력한 문화를 해석할 때 보통 인공물을 바탕으로 접근합니다. 이런 것들이 가장 시각적이기 때문이죠. 그러나 그런 것들 바탕에 내재돼 있는 여러 가지 가치관들과 가정들이 훨씬 더 중요합니다."

백 번 옳은 말이다.

'재미fun'는 사실 구글 직원들이 구글 문화를 묘사할 때 가장 많이 사용하는 단어다.[38] 일반적으로 나는 우리 직원이 자기가 회사를 얼마나 많이 사랑하는지 모른다고 회사에 대놓고 말할 때 그 말을 곧이곧대로 받아들이지 않는 편이다. 그러나 '재미'와 관련된 이런 여러 조사 결과들은 익명이고, 또 굳이 호의와 악의 가운데 어느 편인가를 따지면 이런 발언의 동기가 결코 구글에 호의적인 것만은 아니다. 일찍이 우리는 "정장을 입지 않고서도 얼마든지 진지할 수 있다"는 판단을 내렸으며, '우리가 진실이라고 믿고 있는 열 가지', 즉 우리가 구글을 운영할 때 지침으로 삼는 열 가지 믿음 속에도 이 발상을 소중하게 간직했다.*

---

* 열 가지 믿음은 다음과 같다. 1. 사용자에 초점을 맞추면 나머지는 저절로 따라온다. 2. 한 분야에서 최고가 되는 것이 최선의 방법이다. 3. 느린 것보다 빠른 것이 낫다. 4. 인터넷은 민주주의가 통하는 세상이다. 5. 책상 앞에서만 검색이 가능한 것은 아니다. 6. 부정한 방법을 쓰지 않고도 돈을 벌 수 있다. 7. 세상에는 무한한 정보가 존재한다. 8. 정보의 필요성에는 국경이 없다. 9. 정장을 입지 않아도 업무를 훌륭히 수행할 수 있다. 10. 최고라는 것에 만족할 수 없다.

대다수 기업은 자기 브랜드를 신성시 하여 로고로 장난칠 생각을 하지 않지만 우리는 그렇지 않다. 우리 웹사이트에는 정식 로고 대신 구글 두들(Doodle: 해당 날짜에 해당하는 역사적 사건이나 기념일 등을 고려하여 변형시킨 구글 로고 – 옮긴이)이 빈번하게 등장한다. 1998년 8월 30일에 최초의 구글 두들이 등장했는데, 이 로고에는 창업자 래리와 세르게이가 휴가 중임을 사용자에게 알리는 내용이 담겨 있었다.

구글 두들은 버닝맨Burning Man으로까지 발전해나갔다. 버닝맨은 미국 네바다 사막에서 한 해 한 번 8월에 한 주간 열리는 예술 축제인데, 두 번째 O에 두 팔을 하늘로 뻗고 선 인물이 바로 '버닝맨'이다

버닝맨 구글 두들 © Google, Inc.

2011년 6월 9일에는 쌍방향 두들을 동원해 솔리드 전자기타의 개척자들 중 한 사람인 레스 폴을 기념했다. 사용자가 손가락이나 마우스로 기타 줄을 건드려 작곡할 수 있게 만들었던 것이다. 심지어 붉은색 버튼을 눌러 연주한 음악을 녹음하고 그것을 다른 사람에게 보낼 수도 있었다. 몇몇 추정에 따르면 그날 우리 사이트 방문자들이 음악을 작곡하느라 보낸 시간은 530만 시간이 넘었다고 한다.[39]

우리는 해마다 만우절을 기념하는데, 2013년 4월 1일에는 유튜브

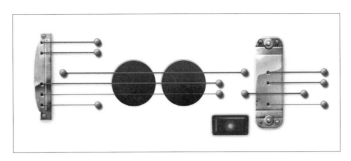

가 지난 8년간 만들어진 동영상 가운데 최고의 동영상을 선정하는
행사를 진행해왔으며 마침내 최후의 우승자를 결정할 거라고 발표
했다. 하지만 내가 제일 좋아하는 장난은 동물이 내는 소리를 영어
로 번역하는 안드로이드용 앱인 구글 동물 번역기Translate for Animals다.
이 앱은 구글 번역기가 실제로 번역하는 언어들(예를 들면 〈머펫 쇼The
Muppet Show〉에 나오는 스웨덴 요리사가 내는 '보크! 보크! 보크!'나 해적이 내는 '아
아아!')과 혼동되지 않도록 설계됐다.

　2012년 4월 1일에는 구글 플레이스토어에서 음악을 검색하는 모
든 사람은 미국 가수 카녜이 웨스트의 팝업이 튀어나와 "비욘세를
찾습니까?"라고 말하는 것을 볼 수 있었다. 재미있는 장난이었다.

　우리는 또한 서비스를 제공하고 있는 기존 제품들에도 재미를 추
구했다. 예를 들어 해마다 산타 추적기Santa Tracker를 내놓아 어린이들
이 전 세계를 여행하는 산타가 지금 어디쯤 가고 있는지 추적할 수
있도록 했다. 크롬 브라우저에서는 검색창에 'Do a Barrel Roll'이라
고 입력하고 엔터키를 치면 브라우저가 360도 회전한다('배럴 롤'은
비행기가 가상의 원통 안을 타고 크게 회전하며 비행하는 것을 뜻한다－옮긴이).

이 모든 장난은 재미를 추구하는 시시한 것이기에 진지하게 받아들일 필요는 없을 것 같지만 사실은 그렇지 않다. 재미는 구글의 중요한 요소며, 무작정 시도해보는 탐험의 출발점이 되는 한편 중요한 발견의 기회를 열어준다. 재미는 규정으로 정해져 있는 우리의 특성이 아니라 지금 현재의 구글이라는 존재의 결과물이다. 이것은 구글이 현재 어떻게 돌아가고 있다거나 혹은 현재 구글이 돌아가는 방식을 우리가 선택한 이유를 설명하지는 않는다. 이것을 제대로 이해하려면 구글의 기업문화를 규정하는 세 가지 측면을 알아야 한다. 그것은 사명 mission, 투명성 transparency 그리고 목소리 voice 다.

» 일에 의미를 부여하라

구글의 사명은 구글 문화의 시금석이 된다. 그 사명은 '전 세계의 정보를 조직해 누구나 쉽게 접근하고 사용할 수 있도록 하는 것'이다.[40] 그렇다면 우리의 사명과 다른 회사들의 사명을 비교해보는 것은 어떨까? 몇몇 기업이 2013년에 발표한 사명을 소개하면 다음과 같다. 내용 중 강조는 내가 한 것이다.

> IBM "우리는 컴퓨터 운영체제, 소프트웨어, 저장체계, 마이크로 전자공학 등에서 업계의 선도적인 정보 기술을 발명하고 개발하고 제조하는 데서 선도적인 역할을 추구한다. 전문적인 솔루션과 서비스 그리고 전 세계 컨설팅 사업을 통해 우리는 이런 앞서가는 기술들을 고객들의 가치

로 변환시킨다."[41]

맥도날드 "맥도날드의 브랜드 과제는 고객이 우리 식품을 먹고 마시기에 편리한 방식과 공간을 만드는 것이다. 전 세계의 우리 매장은 '이기는 전략Plan to Win'이라는 글로벌 전략 아래 일사불란하게 정렬되어 있다. 사람, 제품, 장소, 가격 그리고 판촉을 강조하는 이 전략은 탁월한 고객 경험에 초점을 맞춘다. 우리는 매장을 개선하고 고객 경험의 질과 수준을 높이는 일에 계속 노력을 경주해야 한다."[42]

프록터 앤드 갬블 "우리는 전 세계의 현재 고객과 미래 세대의 삶을 개선해주는, 탁월한 품질과 가치를 가진 우리 브랜드의 제품과 서비스를 제공할 것이다. 그 결과 고객은 우리에게 선도적인 매출과 수익 그리고 가치 창조로서 보답해줄 것이며, 우리 임직원과 주주 그리고 우리가 속해 일하며 살아가는 공동체는 번영을 구가할 것이다."[43]

　

이런 사명들은 모두 확실히 일리가 있고 또 신뢰할 수 있다. 그러나 우선 두 가지 사실을 분명히 밝혀둬야 할 것 같다. 첫째, 독자에게 어쩌면 인간이 알고 있는 최악의 문서 유형일 수도 있는 기업 강령의 갖가지 내용들 속으로 진흙탕을 걷듯 질척거리며 걸어가도록 한 점을 미안하게 생각한다. 둘째, 구글의 사명은 단순하고 명료하다는 점이다. 여기서는 수익이니 시장이니 하는 따위를 전혀 언급하지 않는다. 고객이니 주주니 사용자니 하는 단어도 등장하지 않는다. 왜 이것이 우리의 사명인지 혹은 이런 목표를 추구하는 우리의 궁극적인 목적이 무엇인지도 언급하지 않는다. 그러나 정보를 조직해 누구나 쉽게 접근하고 사용할 수 있도록 하는 것이 좋은 일이라는 사실을 저절로 분명히 알 수 있도록 되어 있다.

이런 사명은 직원 개개인이 수행하는 일에 의미를 부여한다. 그 사명은 기업의 목표라기보다는 도덕적인 차원의 문제이기 때문이다. 역사를 돌이켜보면 가장 강력한 사회운동들은, 예컨대 독립을 추구하는 운동이든 평등권을 요구하는 운동이든 언제나 도덕적인 동기를 갖고 있었다. 이런 발상을 너무 멀리까지 끌고나갈 생각은 없지만, 어쨌거나 혁명이라는 것은 생각에 관한 것이지 수익이나 시장점유율을 따지는 게 아님은 분명하다. 보다 결정적인 사실은 구글은 결코 사명을 최종적으로 달성하지 못한다는 데 있다. 정리해야 할 정보는 언제나 우리 역량에 비해 훨씬 더 많을 테고 이 정보를 유용하게 만들 방법 역시 언제나 우리 역량을 크게 넘어설 것이기 때문이다. 바로 이런 사실이 끊임없이 혁신하고 새로운 영역을 찾는 동기가 된다.

'시장 지배자'가 되겠다는 사명은 이것이 일단 달성되고 나면 추가로 영감을 제공할 일은 거의 없다. 구글이 설정한 사명은 광대하므로 구글은 나침반을 갖고 끊임없이 앞으로 나아갈 수 있다(속도계가 아니다! 속도계는 필요 없다). 이견은 언제나 있게 마련이지만, 이 사명에 대한 깊은 공감이 대부분의 구글 직원을 하나로 묶어준다(이런 이견들 가운데 몇 가지는 13장에서 다룰 것이다). 즉 구글의 사명은 구글의 기업문화를 강건하게 유지하는 데 든든한 버팀목이 된다. 구글이 수십 명 규모의 구멍가게에서 수만 명 규모의 거대한 회사로 성장한다 해도 이런 사실은 바뀌지 않을 것이다.

우리가 설정한 사명이 우리 자신조차 전혀 예상하지 못한 영역으로 우리를 떠밀어넣은 사례가 있다. 바로 2007년에 출시한 구글 스트리트뷰Street View다.[44] 스트리트뷰의 목적은 단순하면서도 매우 거대했다. 우리가 사는 전체 세상이 보행자의 시선에는 어떻게 보이는지 기록해 역사적인 기록물을 만들자는 것이었다. 이것은 구글 맵스Maps의 성공을 바탕으로 한 서비스였다. 구글 맵스는 2001년에 키홀Keyhole이라는 회사를 창업한 존 행크John Hanke와 브라이언 매클렌던Brian McClendon이 다져놓은 기반에서 파생된 서비스였다. 오랜 세월 항공지도만 보아왔던 래리는 사람이 실제로 거리를 걸어가면서 바라보는 시각 이미지를 포착해 지도로 만들고 싶다는 생각에 이르렀다. 이런 유형의 이미지 역시 하나의 정보며, 따라서 이것들이 모이면 전 세계의 마을과 도시, 즉 공동체가 세월이 흐름에 따라 어떻게 성장하고 변화하는지 볼 수 있지 않겠느냐는 생각이었다. 그리고 어쩌면 신나고 흥미로운 일들이 일어날지도 모른다고 생각했다.

실제로 그랬다. 프랑스 파리의 개선문을 보자!

프랑스 파리의 개선문, 구글 스트리트뷰 © Google, Inc.

1806년에 짓기 시작해 30년 만에 완공된 개선문은 프랑스를 위해 싸우고 죽은 사람들을 기념하는 건축물이다. 지구에 사는 대다수 사람들은 파리에 가본 적이 없고, 따라서 개선문 광장을 걸어본 적도 없으며 무명용사 기념비 앞에 놓인 꺼지지 않는 불꽃을 본 적이 없다. 그러나 인터넷에 접속할 수 있는 20억 명은 개선문을 언제라도 볼 수 있다. 에베레스트산의 베이스캠프를 방문할 수도 있고[45] 바다사자와 나란히 갈라파고스 제도의 해안을 헤엄칠 수도 있다.[46]

우리가 정한 과제의 범위가 광범위한 만큼 놀라울 정도로 실용적

에베레스트산의
베이스캠프,
네팔 쿰중마을
© Google, Inc.

갈라파고스
바다사자들,
갈라파고스
제도
© Google, Inc.

인 이득이 발생했다. MIT 미디어랩의 필립 세일제스Philip Salesses, 카챠 쉐트너Katja Schechtner 그리고 세자르 히댈고César Hidalgo가 미국 보스턴과 뉴욕의 이미지들을 오스트리아의 리츠와 잘츠버그 이미지들과 비교했다. 예를 들어 거리가 깨끗하거나 더럽다거나 가로등이 많다거나 적다거나 하는 어떤 특징들 때문에 그 지역에 사는 사람들이 부유한 사람으로 보이거나 아니면 가난한 사람으로 보이는지, 또 경제적·계층적 지표들이 안전과 어떤 상관성이 있는지 알아보기 위함이었다.[47] 나중에 이들이 동원했던 접근법은 도시 당국이 희소한 자원을 어떻게 하면 가장 효율적으로 배분할지 결정하는 데 도움이 됐다. 예를 들면 마을이 이런저런 위험으로부터 좀 더 안전하다는 느낌을 주기 위해서는 가로수를 더 많이 심어야 할지 아니면 도로를 보수해야 할지 결정하는 것을 들 수 있다.

구글의 지도 제품들은 100만 개가 넘는 사이트와 앱 개발자들이 에어비앤비Airbnb에서 우버Uber에 이르기까지 그리고 사용자 참여형

---

* 구글 스트리트뷰가 제공하는 이미지는 사생활 침해의 소지가 있고, 여기에 대한 우려가 존재한다. 우리는 이런 문제에 민감하게 대응하려고 노력한다. 사람 얼굴이나 자동차 번호판 등은 모자이크 처리를 하도록 스트리트뷰의 기본 설정을 설계했다.

타지마할, 인도 아그라
© Google, Inc.

사생활 보호를 위해 개를 데리고 나온 남자의 얼굴을 모자이크 처리했다.
뉴욕 센트럴파크. 구글 스트리트뷰
© Google, Inc.

내비게이션 앱 웨이즈Waze에서 식당 리뷰 사이트 엘프Yelp에 이르기까지[48] 온갖 종류의 사업을 새로 시작하는 데 필요한 플랫폼이 되어일주일에 10억 명 이상에게 서비스를 제공한다.[*49]

우리가 고객 가치를 창조한다거나 수익을 높인다는 식의 전통적인 사명을 내걸었다면 절대로 스트리트뷰와 같은 제품을 만들지 못했을 것이다. 우리의 과제는 웹사이트 순위를 높이기 위해 백링크(backlinks: 현재 사용하고 있는 페이지로 오기 직전의 페이지로 되돌아가는 링크-옮긴이) 횟수를 세는 것과는 전혀 다른 것이다. 우리가 정한 광범위한 사명은 구글 직원들과 그 밖의 다른 사람들이 정말 멋진 것들을 창조할 수 있는 공간을 제공했다. 이런 창조와 성취가 봇물 터지듯 나타나는 것은, 구글이 상상할 수 있는 어떤 경계선 너머를 향해계속 나아가도록 하는 것을 사명으로 설정함으로써 나온 직접적인결과물이다.

세상에서 가장 재능이 넘치는 사람들은 야망을 자극하는 어떤 영감을 원한다. 관리자 혹은 리더가 해야 할 일은 조직에 이런 목표를만드는 것이다. 구글에서도 모든 직원이 개인 생활과 회사 업무에똑같을 정도로 긴밀한 관련성을 느끼는 것은 아니다. 예를 들어2013년에 구글 직원을 대상으로 실시한 설문조사에서 구글 영업 팀의 86퍼센트는 "나는 내가 하는 일과 구글의 목표 사이에 분명한 연관성이 있음을 잘 알고 있다"라고 대답했는데, 이 비율은 구글의 다른 부서들 평균인 91퍼센트에 못 미친다. 같은 사명에 같은 회사임에도 이런 결과가 나타난 것이다. 연관성 및 동기부여 수준이 다른것이다. 이런 현상을 어떻게 설명해야 할까? 애덤 그랜트가 그에 대한 정답을 말해준다. 그는 저서 《기브 앤 테이크Give and Take》에서 단지 행복뿐 아니라 생산성을 높이기 위한 목적이 갖는 힘에 대해 서술했다.[50] 그가 제시한 정답은 다른 많은 통찰들이 그렇듯 알고 보면 너무도 단순하고 명확했다. 하지만 그 정답이 주는 충격이 어마어마하다는 사실은 놀랍다.

애덤은 어떤 대학의 기금 모집 콜센터에서 근무하는 유급 직원들을 관찰했다. 이들이 하는 일은 잠재 기부자들에게 전화를 걸어 기부를 요청하는 일이었다. 애덤은 이 직원들을 세 집단으로 나눴다. A 집단에게는 주어진 일을 원래대로 하게 했고, B 집단에게는 그 일을 함으로써 얻을 수 있는 개인적인 편익(즉 학습과 돈)과 관련해 다른 직원들이 어떤 이야기를 했는지 알려줬다. C 집단에게는 장학금을 받은 사람들이 이 장학금 덕분에 인생이 어떻게 바뀌었는지 소개한 이야기들을 읽게 했다. 결과를 보면 A 집단과 B 집단이 거둔 성과는 별 차이가 없었지만, C 집단이 거둔 성과는 크게 향상됐다. C 집단은 한 주에 아홉 건에 그치던 기부 약속을 무려 스물세 건이나 받아냈다. 성과를 155퍼센트나 개선한 것이다. 그리고 기부금 액수도 1,288달러에서 3,130달러로 143퍼센트 늘어났다. 이런 결과를 확인한 애덤은, 장학금을 받아 크게 성공한 사람에 대한 이야기를 읽는 것만으로도 성과에서 차이가 나타난다면, 실제로 그런 사람을 만나고 나면 그 차이가 더 커지지 않을까 생각했다. 그래서 기금 모집 콜센터 직원들 가운데 한 집단을 선정해 장학금 수혜자며 크게 성공한 사람을 만나 5분간 질문을 하는 자리를 마련했다. 결과는 놀라웠다. 그다음 달에 이 사람들의 기금 모집 성과가 무려 네 배 이상 늘어났다.

애덤은 이런 효과가 다른 업무에서도 나타난다는 사실을 확인했다. 물에 빠진 사람을 구한 선배 인명구조원의 이야기를 읽은 사람은 업무 집중도 및 적극성이 21퍼센트나 더 높았다. 다른 학생들이 쓴 편지를 손보는 일을 하는 학생들은 편지를 쓴 사람을 직접 만나본 다음에는 그렇지 않은 경우보다 같은 일을 하는 데 20퍼센트나 더 많은 시간을 들였다.[51] 그렇다면 애덤이 얻은 통찰은 무엇일까? 직원들에게 자기가 돕는 사람을 직접 만나게 하는 것이야말로 가장 큰 동기부여 요소라는 사실이다. 단 몇 분을 만난다 해도 이보다 더 좋은 동기부여 방법은 없다. 그들이 하는 일에 돈을 벌고 경력을 쌓는 것을 초월하는 엄청난 의미가 생기기 때문이다.

사람은 누구나 마음속으로 자기가 하는 일에서 의미를 찾고자 한다. 극단적인 예를 들어보자. 생선을 손질하는 일이 의미가 있을까? 의미가 있다. 적어도 전직 셰르파인 피나샤는 그렇게 생각했다. 이 사람은 맨해튼에서 훈제 생선과 베이글 등을 판매하는 음식점에서 일하는데, 마흔 살인 이 남자가 여기서 일한 지 벌써 10년이 넘었다. 사실 그는 히말라야산맥 동쪽의 산촌 마을에서 태어나 그곳 오두막 집에서 자랐다. 4남매의 막내인 그는 열다섯 살 때부터 셰르파 일을 했다. 에베레스트산을 오르는 등반대의 짐꾼으로 40킬로그램이 넘는 짐을 산맥을 가로질러 베이스캠프로 날랐다. 그렇다면 그가 지금 하는 일은 지구에서 가장 높은 봉우리를 정복하려는 등반대를 돕는 일보다 덜 중요할까? 이 질문을 한 〈뉴욕타임스_The New York Times_〉 기자 코리 킬개넌_Corey Kilgannon_에게 피나샤는 다음과 같이 대답했다. "그

두 가지 일은 사실상 다르지 않습니다. 둘 다 다른 사람에게 도움을 주는 일이거든요."[52]

비록 사람들은 피나샤가 하는 일을 '그저' 훈제 연어를 써는 일로밖에 보지 않지만 그는 자기가 하는 일이 갖는 보다 깊은 의미, 다시 말해 심층적인 사명을 알고 있는 것이다. 사람은 누구나 자기가 하는 일이 가치 있고 중요한 것이길 바란다. 자기가 하는 일이 이 세상에서 오직 자기만이 할 수 있는 가치 있는 일임을 깨닫는 것보다 더 강력한 동기부여는 없다.

예일대학의 심리학자인 에이미 브제스니예프스키Amy Wrzesniewski를 만난 적이 있는데, 그녀는 사람들이 각자 자기가 하는 일을 바라보는 방식에는 세 가지가 있다고 말했다. 하나는 그저 하나의 '일(자기 인생에서 그다지 중요하지 않지만 해야 할 필요가 있는 어떤 것)'로 바라볼 수도 있고, '경력(성취를 하거나 성장을 하기 위한 어떤 것)'으로 바라볼 수도 있고, 또 '천직(사회에 도움이 되는 일을 함으로써 얻을 수 있는 기쁨과 충족감의 원천)'으로 볼 수도 있다고 했다. 쉽게 생각하면 어떤 직종이 다른 직종에 비해 더 자기에게 맞는 천직이라고 생각할 수 있다. 그러나 모든 것은 자기가 하는 일을 어떻게 생각하느냐에 달려 있다는 점은 이미 입증된 바 있다. 에이미는 의사와 간호사, 교사와 사서, 공학자와 경제학자 그리고 관리자와 비서를 관찰했다. 이 모든 직종에서 조사 대상자의 3분의 1가량은 자기가 하는 일을 천직이라고 여겼다. 그리고 이렇게 생각한 사람들은 단지 더 행복하기만 한 게 아니라 더 건강하기까지 했다.[53]

설명을 듣고 나면 너무도 자명한 사실이다. 하지만 현실에서 우리는 자기가 하는 일에 담긴 보다 깊은 의미를 찾으려 하지 않는다. 그 의미를 찾는 사람이 과연 몇이나 될까? 또 모든 직원에게, 특히 수 뇌부가 모여 있는 본부에서 멀리 떨어져 있는 지사에 근무하는 직원에게, 고객에게 가깝게 다가가 자기가 하는 일에 담긴 인본주의적인 효과를 체감할 수 있도록 하는 기업은 과연 몇이나 될까? 그런데 정말 이게 그렇게도 힘든 일일까? 구글에서는 모든 직원이 우리가 정한 사명에 직접적으로 연결되게 하기 위한 하나의 방편으로 이런 개인적인 접촉들을 활용하는 실험을 시작했다. 최근에 나는, 하루종일 인터넷으로 소상공인들이 제품을 온라인으로 광고하는 일을 돕는 직원 300명과 대화를 나눈 적이 있다. 구글 직원에게는 이 일이 변방의 업무일 수 있다. 하지만 나는 이 직원들에게 그 소상공인들이 혼자 하기에는 힘들지만 우리에게는 그다지 어렵지 않은, 바로 그 일에 대한 도움을 받고자 한다는 얘기를 했다. 당신들은 수백 개의 광고를 다뤄봤겠지만 그 사람들은 그 일이 처음이라고 했다.

애리조나 노갈레스에 있는 카우보이 부츠 주문 제작업체인 폴 본드 부츠Paul Bond Boot Company가 입소문 광고를 넘어서서 보다 적극적인 광고를 하고자 구글의 문을 두드렸다. 우리의 도움을 받아 광고를 시행한 결과 이 회사의 매출은 20퍼센트 가까이 늘어났다. 이 회사는 갑작스럽게 예전보다 훨씬 더 큰 세상과 연결된 것이다. 구글 직원들은 이 회사의 이야기를 담은 영상을 처음 접했을 때 전율을 느끼며 고무됐다. 당시 국제사업부의 전무였던 니케시 아로라Nikesh Arora는 이 현상을 '마법의 순간'이라고 불렀다. 이런 순간들을 경험하게 하고 공유하게 하는 것이야말로 구글 직원이 구글이라는 회사의 사명에 보다 단단하게 연결되도록 만드는 과정이다. 이런 연관성을 만드는 데서 비롯되는 편익이 설령 애덤이 발견했던 효과의 절반밖에 되지 않는다 해도 이런 노력은 매우 훌륭한 투자다.

» 정보 공유를 두려워하지 마라

　구글의 투명성은 구글 문화의 두 번째 시금석이다. '공개성 원칙default to open'은 오픈소스 기술업계 커뮤니티 안에서는 종종 듣는 말이다. 구글의 오픈소스 분야를 이끌던 크리스 디보나Chris DiBona는 이를 다음과 같이 정의했다. "모든 정보를, 공유할 수 없다가 아니라 공유할 수 있다고 가정해보라. 정보를 제한하는 것은 의식적인 노력이 필요하며 또 거기에는 마땅히 그래야만 하는 이유가 전제되어야 한다. 오픈소스에서는 정보를 숨기는 것 자체가 반反문화적이다."

　이런 발상이 구글에서 최초로 시작되지는 않았지만 구글은 이런 발상을 기본 전제로 운영된다. 예를 들어 구글의 코드베이스code base를 보자. 코드베이스는 모든 소스코드 혹은 컴퓨터 프로그램의 집합체로 이것이 있어야 제품이 작동한다. 여기에는 구글 검색기, 유튜브, 애드워즈 그리고 인터넷에서 보는 파란색의 작은 광고인 애드센스Adsense 등을 포함한 거의 모든 제품에 들어가는 코드도 포함되어 있다. 우리의 코드베이스에는 구글 알고리즘들과 제품들이 작동하는 비밀이 담겨 있다. 어떤 소프트웨어 제작회사든, 그 회사의 어떤 신입 기술자든 자기 회사 제품에 우리 코드베이스의 어떤 부분을 유용하게 사용할 수 있는지 금방 알아볼 수 있다. 구글의 신입 소프트웨어 개발자는 출근 첫날에 구글의 거의 모든 코드에 접근할 수 있다. 구글의 사내 인트라넷에는 제품 로드맵, 제품 출시 계획 그리고 직원 및 팀의 분기별 목표(이른바 'OKR Objectives and Key Results'인데, 이에 대해서는 7장에서 자세히 다루겠다)와 함께 직원별 주간 활동 현황이 모두 담겨 있다. 그래서 누구나 다른 직원들이 현재 무슨 일에 매달려 있는지 훤히 알 수 있다. 새 분기가 시작되고 몇 주만 지나면 에릭은 이사회에서 불과 며칠 전에 선보인 프레젠테이션과 똑같은 프레젠테이션을 회사 전체 직원을 대상으로 실시한다. 우리는 회사 안에서 모든 것을 공유하며 구글 직원들이 비밀을 잘 지킬 것임을 믿는다.

구글에서는 한 주에 한 번씩 전 직원이 참석하는 TGIF 미팅(금요일에 찰리스 카페에 모여 CEO가 전 직원과 함께 대화하는 시간 – 옮긴이)을 하는데, 여기서는 래리와 세르게이가 전 직원을 불러 지난주에 진행된 일들을 업데이트하고, 제품 시연회를 열며, 신입 직원 환영식을 한다(수천 명이 영상 화면으로 참가하며 수만 명이 온라인 재방송을 본다). 그리고 무엇보다 중요한 과정으로 회사 직원이면 누구나 할 수 있고 또 무슨 주제로든 할 수 있는 질의응답 시간을 30분간 갖는다.

여기서 가장 중요한 부분이 바로 이 질의응답이다. 모든 것이 질문과 토론의 대상이 될 수 있다. "래리, 당신은 이제 CEO니까 정장을 입어야 하지 않나요?"라는 사소한 질문부터 (이 질문에 래리는 단호하게 그럴 생각이 없다고 대답했다) "크롬캐스트(TV 온라인 스트리밍 디바이스 – 옮긴이)의 생산 원가는 얼마입니까?"와 같은 사업과 관련된 질문, "〈가디언 The Guardian〉과 〈뉴욕타임스〉가 오늘 미국 국가안보국 NSA

의 내부 문건이 암호화 제품들을 자기들이 쉽게 들여다볼 수 있도록 은밀하게 영향을 미치고 있다고 주장한다고 폭로했는데, 우리 제품 사용자들과 관련된 보안 사항들을 암호화해야 하는 기술자인 저로서는 어떻게 해야 합니까?"와 같은 기술적인 문제와 관련된 질문 그리고 "나는 개인적으로 사생활 보호는 온라인에서 실명을 밝히지 않은 채 무슨 말이든 할 수 있는 권리까지 포함하는 것으로 생각합니다. 예컨대 내가 알코올중독자임을 밝히지 않고 유튜브에 올라온 알코올중독자갱생회AA 동영상에 대해 댓글을 달 권리 같은 거 말입니다. 그런데 구글이 이런 식의 사생활 보호를 여전히 지지합니까?"와 같은 윤리적인 문제와 관련된 질문에 이르기까지 어떤 질문이든 할 수 있다.* 또 어떤 질문에 대해서도 동일한 비중으로 답변을 해준다. 심지어 TGIF 미팅에서 제기될 질문의 선택도 행아웃온에어 Q&A를 통해 투명하게 진행된다. 사용자들은 질문을 제출할 수 있을 뿐 아니라 이 질문들을 놓고 토론을 벌이고 투표를 할 수 있다. 이와 같이 크라우드소싱crowdsourcing을 매개로 하는 질문 선정 방식은 대중이 관심을 갖고 있는 여러 질문의 순위를 매기는 데까지 나아갔다.

2008년에는 버락 오바마 미 대통령 당선자의 인수위원회가 이 도구를 공개 질문 행사에 사용했다. 인수위원회가 미국 국민이면 누구나 대통령에게 질문을 하고 답변을 들을 수 있도록 하는 장치를 마

---

* 사용자들이 보내주는 후기뿐 아니라 이런 질문들이 2014년에 구글 플러스에서 실명 대신에 가명을 쓸 수 있도록 한 정책 결정을 가능하게 만들었다.

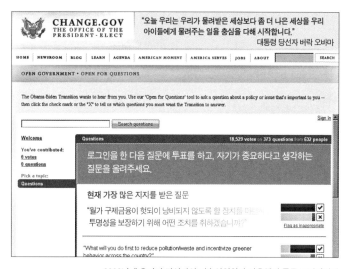

2008년에 오바마 당선자의 인수위원회가 사용했던 구글 모더레이터

련했던 것이다. 이때 미국 국민이 던진 질문은 1만 개가 넘었으며,
이것을 놓고 100만 명이 넘는 사람이 투표를 해서 어떤 질문들이 가
장 중요한지 결정했다.

이렇게 투명하게 공개함으로써 얻을 수 있는 이득은 회사의 모든
직원이 현재 무슨 일이 어떻게 진행되고 있는지 알게 된다는 것이
다. 어쩌면 별것 아닌 것처럼 들릴 수도 있지만 전혀 그렇지 않다.
덩치가 큰 조직에서는 흔히 여러 하부 조직들이 쓸데없는 일을 하
면서 자원을 낭비한다. 그러나 정보가 공유될 때 전 직원은 다른 부
서나 팀의 목표가 제각기 다르다는 사실을 충분히 이해하고 내부의
소모적인 경쟁을 피한다. 내부 경쟁을 강화하고 정보 공유가 원활하
게 이뤄지지 않는 회사에서는 이와 정반대 현상이 일어난다. 앨프리
드 슬론Alfred Sloan이 제너럴모터스GM의 CEO로 있으면서 이런 유형

의 기업문화를 조성했는데, 당시 GM이 갖고 있던 다섯 개의 주요 브랜드가 서로 경쟁하면서 제 살 깎아먹기를 했다. 예를 들어 도요타는 중형 세단 범주에서 캠리라는 단일 모델을 생산했다. 하지만 이 범주에서 GM은 뷰익에서 알뤼르와 루선 두 종류, 캐딜락에서 CTS 한 종류, 쉐보레에서 임팔라와 말리부 두 종류, 폰티악에서 G8 한 종류 그리고 새턴에서 아우라 한 종류 등 모두 일곱 개의 모델을 생산했다.[54] 상황이 이렇다 보니 GM으로서는 어떤 사업부에서 성공을 거둔다 해도 나머지 네 사업부는 실패를 하는 꼴이었다.

구글에서도 때로 비슷한 제품들을 내놓는다. 우리는 구글 직원들이 스스로를 잘 알게 함으로써 그리고 왜 사내 경쟁을 허용하는지 설명함으로써 건강하지 않은 경쟁을 최소화한다. 때로 이것은 이른바 '레이트 바인딩late binding'의 이점을 노리기 위해 활용되기도 한다. 레이트 바인딩은 어떤 결정을 내리기 위해서 기다리는 것이 오히려 더 가치가 있을 수 있음을 가리킬 때 구글이 사용하는 용어로, 프로그래밍 관련 용어의 의미를 확대해 사용한 표현이다. 예를 들어 우리는 크롬과 안드로이드라는 두 개의 운영체제를 생산한다. 크롬은 노트북과 웹 브라우저에 주로 사용되고 안드로이드는 스마트폰과 태블릿에 많이 사용된다. 소비자에게 크롬을 노트북에서 사용할 때와 안드로이드를 스마트폰에서 사용할 때의 경험을 비교하라는 요구는 성립되지 않는다. 둘 다 구글에서 만들긴 하지만, 그렇다고 두 개가 동일해야 한다는 논리가 성립하지 않기 때문이다. 그러나 각각의 팀은 서로 다른 역량을 갖고 있으며 각자가 갖고 있는 기술들을 새로운 방향으로 밀고나간다. 크롬은 부팅 속도가 상대적으로 빠르며 보다 튼튼한 근거리 통신망(와이파이)을 갖고 있는 반면에 안드로이드는 플레이스토어에서 보다 폭넓은 앱 생태계를 개발해왔다. 그러므로 두 개의 운영체제를 보유함으로써 얻을 수 있는 학습과 혁신의 편익은 둘 중 하나를 결정해야 하는 것에 들어가는 비용보다 더 크다고 할 수 있다.

기술 기업에서는 '개밥 먹기_{Dogfooding}'라는 아름답지 못한 용어를 사용하기도 한다. 이 말은 자기가 만든 소프트웨어를 직접 사용해본다는 뜻이다.* 구글 직원도 직접 자기가 만든 제품을 사용하고 평가한다. 구글의 '개밥을 먹는 사람들'은 무인자동차의 최초 시승자가 되어 이 자동차가 실제 주행 상황에서 어떻게 작동하는지 평가하는 소중한 자료를 제공했다. 이런 식으로 구글 직원은 현재 회사 안에서 무슨 일이 진행되고 있는지 배우며 각각의 팀은 실제 사용자로부터 소중한 평가 내용을 신속하게 전달받는다.

투명성이 가져다주는 뜻하지 않은 이득 가운데 하나는 단지 자료를 공유하는 것만으로도 생산성이 향상된다는 점이다. 존스홉킨스병원의 의사인 마티 마카리_{Marty Makary}는 뉴욕 주정부가 관상동맥 우회 수술의 사망률을 공시하라고 요구했던 시기를 언급하면서, 그런

---

* 이 표현은 1988년에 마이크로소프트의 폴 마리츠(Paul Maritz)가 내부 이메일 망을 통해 직원들에게 자사의 서버 제품 사용을 강요한 뒤로 대중화됐다. 애완견 사료 칼칸 제조업체인 마스(Mars)의 경영진은 실제로 이미 오래전부터 자기들이 생산하는 개 사료를 먹었다. 영국 일간지 〈인디펜던트The Independent〉는 1992년 7월 26일에 "마스에서 살아간다는 것(Life on Mars)"이라는 기사에서 다음과 같이 말했다. "우리는 캘리포니아 버논에 있는 마스의 애완견 사료 사업부의 이른바 '편집실'에 서 있다. 판매 담당 부사장인 존 머리는 아무런 망설임 없이 깨끗한 자기 두 손으로 개밥그릇에 담긴 축축한 개 사료를 움켜쥐었다. 그러고는 자기 입안에 털어넣으면서 이렇게 말했다. "동물의 입맛에 아주 딱 맞고 또 먹기도 좋습니다." 1990년대 중반에 나도 바로 그 장소에서 똑같은 장면을 목격했다.

공시가 제도적으로 마련되고 4년간 심장 수술에 따른 사망률이 41퍼센트 줄었다고 했다.[55] 단순히 성과를 투명하게 밝히는 일만으로도 수술 결과가 놀라울 만큼 개선된 것이다.

우리보다 내부 투명성을 한층 더 높은 수준으로 추진한 기업의 사례는 매우 많다. 자산 규모가 1,450억 달러에 이르는 세계 최대의 헤지펀드회사 브리지워터 어소시에이츠Bridgewater Associates가 대표적인 사례인데,[56] 이 회사는 모든 회의를 녹음해 전 직원이 언제든 들을 수 있도록 했다. 이 회사의 창업자이자 CEO인 레이 달리오Ray Dalio는 이 제도를 다음과 같이 설명했다. "내가 생각하는 가장 중요한 원칙은 진실에 충실하는 것이다. 이것이야말로 개선에 필요한 본질적인 요소다. 우리가 저지른 실수와 개인의 약점을 꼼꼼하게 따져 우리가 조금이라도 더 나은 상태로 바뀌고 개선되기 위해서는 고도의 투명성을 추구하면서 개인적인 자아를 조금 옆으로 밀쳐놓아야 한다. 이럴 때 우리는 비로소 진실에 도달할 수 있다."[57]

이런 녹음 기록은 의사소통의 도구로 쓰일 뿐 아니라 학습의 도구로도 활용됐다. 관리자들은 최근에 일어난 여러 가지 일들과 관련한 중요한 업데이트 사항을 제공하고, 의사 결정이 어떻게 이뤄지는지 예시하며, 아무리 높은 지위에 있는 사람이라 해도 여전히 학습을 하고 또 그렇게 해서 성장을 이어나가는 방법을 알려주는 문서를 정기적으로 받아본다. 녹음 기록은 보다 정확한 사고와 의사소통을 장려하는 데도 쓰인다. 실제로 녹음된 내용이 공개되는 상황에서 "나는 그런 말을 한 적이 없다"거나 "내가 한 말은 그런 뜻이 아니다"라는 얘기는 통하지 않는다. 보다 민감한 목적은 정치 공작을 줄이는 것이기도 하다. 자기가 회의 자리에서 한 말을 나중에 다른 직원들이 모두 듣게 될 게 분명한 만큼 겉 다르고 속 다른 말을 하기 어려워지기 때문이다.

투명성의 가치는 브리지워터에게 더할 나위 없이 중요하다. 이 회사에서 투명성은 직원의 철학과 실천의 기초이기 때문이다. 투명성은 또한 성과로도 직결된다. 브리지워터가 지닌 정직성과 강력한 문화 그리고 수십 년간 지속된 압도적인 시장 지배력은 투명성을 제외하고는 도무지 설명할 길이 없다.

브리지워터가 갖고 있는 이런 높은 수준의 투명성은 구글보다 한참 앞서 있다. 구글이 브리지워터에 뒤처질 수밖에 없는 이유 가운데 하나는 구글에서 사생활은 개인의 권리라는 인식이 강하게 지배한다는 점을 들 수 있다. 예를 들어 구글에서 사용자와 관련된 자료는 철저하게 보호된다. 심지어 관련 당국이나 검찰로부터 사용자 정보를 제공하라는 적법한 요구를 받은 경우에도 우리는 이런 요구가 부당하다고 판단할 때는 이의를 제기하며, 그 모든 요구 내용을 담아 한 해에 한 번씩 투명성 보고서transparency report를 발표한다(구글은 2009년부터 이 보고서를 내고 있다 – 옮긴이). 그리고 어떤 실수를 저지를 때 우리는 이런 실수들이 두 번 다시 일어나지 않도록 철저한 조치를 취한다. 예를 들어 2010년에 스트리트뷰 이미지를 촬영하던 몇몇 자동차들이 별다른 의도 없이 불특정 와이파이 네트워크들로부터 통신 데이터를 수집한 일이 드러났을 때처럼 말이다.

구글에는 브리지워터가 강력하게 대응하고자 하는 문제와 동일한 문제를 해결하기 위한 자기만의 방식이 있다. 예를 들어 이른바

'없는 사람 험담하기'와 같은 문제를 해결하는 방식은 특별하다. 만일 당신이 어떤 사람을 험담하는 이메일을 누군가에게 보낸다면 이 이메일을 받은 사람은 곧바로 그 내용을 당사자에게 전달한다. 한번은 내가 이메일로 어떤 사람에 대한 불평을 했는데, 그 이메일을 받은 내 상사가 곧바로 이것을 당사자에게 전달하는 바람에 억지로라도 우리는 서로의 껄끄러운 문제를 해결해야 했다. 개인적으로 이 일은 내게 동료들과 직접적인 대화를 나누는 게 얼마나 중요한지 깨닫는 통렬한 계기가 됐다.

투명성에도 다양한 수준이 있다. 대다수 회사는 이 분야에 관한 한 거의 위험에 노출되지 않기에, 얻을 게 없기도 하지만 잃을 것도 없다. 본질적으로 당신이 "직원은 우리의 가장 큰 자산이다"라고 말하는 회사의 CEO라면(사실 대부분의 CEO가 이렇게 말을 하긴 한다), 또 이렇게 말하는 게 당신의 진심이라면, 회사의 모든 것을 공개하는 것을 원칙으로 해야 한다. 그렇지 않다면 당신은 자기 자신과 직원에게 거짓말을 하는 셈이 된다. 입으로는 직원이 소중하다고 말하면서 실제로는 그렇게 대하지 않기 때문이다. 개방과 공개는 당신이 직원이 올바른 판단을 내린다고 믿으며 그들을 신뢰한다고 공표하는 일이다. 현재 진행되고 있는 일들 그리고 이런 일들의 진행 방식 및 근거와 관련해 직원에게 보다 많은 재량권을 줄 때, 이들은 자기 일을 보다 효과적으로 또 하향식 관리 방식으로는 도저히 상상도 하지 못할 창의적인 방식으로 해낼 것이다.

» 누구나 스스로 운명을 결정하려 한다

구글의 목소리는 구글 문화의 세 번째 시금석이다. 목소리는 직원에게 회사 운영 방식을 실제로 얘기해주는 것을 뜻한다. 당신은 직원이 선하며 각자 최선을 다한다고 믿을 수도 있고 그렇지 않을 수도 있다. 많은 기업이 이런 문제를 까다롭게 여긴다. 하지만 자기가 옳다고 믿는 가치를 고수하는 것 말고는 다른 방법이 없다.

구글의 실천 관행들 가운데 많은 것들이 직원에게서 비롯됐다. 예를 들어 미국 세법상 동성 파트너를 동거인으로 둔 근로자는 회사 측으로부터 동거인 건강보험 혜택을 받을 경우 이를 과세소득으로 인정받아 소득세를 내야 한다. 반면에 이성 파트너를 동거인으로 둔 근로자는 이 세금을 물지 않아도 된다. 이런 상황에서 실제로 구글 직원 한 사람이 미국 세법이 동성애자 부부에게 공정하지 않다는 내용으로 구글의 복지 담당 상무인 이본 아제이Yvonne Agyei에게 이메일을 보냈다. 이본은 곧바로 "당신 말이 맞다"라고 답신을 보냈다.[58] 그리고 구글에서는 동성애자 부부가 추가로 부담해야 하는 소득세를 보전해주는 정책이 마련됐다. 주요 기업으로는 세계적으로 처음 있는 일이었다.

군이 구글의 사례를 들지 않더라도 직원의 목소리에 귀를 기울일 때 나타나는 긍정적인 효과는 이미 입증됐는데, 텍사스대학 교수인 이선 버리스Ethan Burris도 다음과 같은 사실을 발견했다. "직원의 목소리를 이끌어내는 것은 정확한 판단과 조직에 효율성을 더하는 핵심 요인이라는 사실을 사람들은 오래전부터 알고 있었다. 직원의 목소리를 주제로 한 여러 연구조사는 직원의 목소리가 의사 결정의 질, 팀의 성과 그리고 회사의 성과에 긍정적인 효과를 발휘한다는 사실을 꾸준히 확인시켜준다."[59]

2009년에 구글 직원들은 구글의 연례적인 설문조사를 통해 회사의 상황이 점점 어려워지고 있다고 경영진에게 말했다. 이들의 판단은 전적으로 옳았다. 구글의 규모는 직원 수가 2006년 말에 1만 674명에서 2008년 말에 2만 222명으로 두 배쯤 늘었다. 매출도 같은 기간 106억 달러에서 218억 달러로 늘어났다. 그러나 구글의 최고재무책임자 패트릭 피체트Patrick Pichette는 하향식 의사소통 전략을 채택하지 않고 오히려 직원들에게 권한을 이양했다. 이른바 '관료제 파괴자Bureaucracy Busters'라는 제도를 실시한 것이다. 이 제도를 통해 구글 직원들에게 관료제의 문제점을 최소화할 수 있는 아이디어를 낼 것을 독려했다. 첫 번째 시도에서 구글 직원들은 570개의 아이디어를 내놓았고 5만 5,000번 이상 투표를 했다. 그 결과, 직원들이 가장 크게 좌절감을 느낀 문제들은 사소하면서도 쉽게 고칠 수 있는 것들이었다. 예컨대 달력 앱에 그룹들이 추가되는 걸 허용하지 않는 바람에 규모가 큰 회의의 일정을 잡을 수 없다든가, 예산 승인 절차가 까다로워 관리자들이 매우 사소한 비용까지도 꼼꼼하게 검토해야 한다든가, 시간을 절감하는 도구들을 찾기가 몹시 어렵다든가(얼마나 역설적인가!) 하는 것들을 사례로 들 수 있다. 구글은 직원들이 요청한 변화를 수행했고 직원들은 한층 더 만족했으며, 그 결과 직원들이 일하기가 더욱 쉽고 편한 환경이 만들어졌다.

개인적으로 나는 이와 뚜렷하게 대비되는 경험을 한 적이 있다.

미국에서 열 손가락 안에 꼽히는 거대 기업의 최고인적자원책임자와 토론을 한 적이 있는데, 이 사람이 내게 다음과 같이 말했다(이 사람은 여성이었다). "우리 CEO는 우리가 좀 더 혁신적이기를 바랍니다. 구글이 혁신적인 문화를 갖고 있다고 알려져 있다는 이유만으로 그분은 당신에게 전화를 하라고 지시했거든요. 그분이 갖고 있는 여러 아이디어 가운데 하나는 '창의성의 방'을 마련하는 것입니다. 푸즈 볼 테이블과 빈백 의자가 놓여 있고 라바 램프가 있으며, 다양한 과자가 비치되어 있는 방이죠. 사람들이 온갖 기발한 아이디어를 떠올릴 수 있도록 말이에요. 어떻게 생각하세요? 구글은 어떻게 운영합니까?"

나는 구글의 문화가 실제로 어떻게 작동하는지 짤막하게 얘기한 다음에 그 회사의 CEO가 각 분야 책임자들과 하는 회의를 녹화해 직원들에게 보여주는 게 어떻겠냐고 제의했다. 그러면 직원들도 회사에서 어떤 일들이 진행되고 있으며, CEO 이하 경영진이 어떤 것을 중시하는지 알게 되지 않겠느냐고 했다. 나는 그저 생각나는 대로 얘기했지만, 의사 결정이 이뤄지는 방식을 직원들과 공유하는 것이야말로 매우 유용한 도구가 될 수 있다고 생각했다. 당시에 나는 브리지워터가 한층 더 규모가 크게, 그야말로 회사에서 진행되는 모든 회의를 녹화한다는 사실은 전혀 알지 못했다.

"안 돼요, 우리 회사는 그렇게 하기 힘들 거예요."

나는 다시 경력이 짧은 직원들을 고위 간부들이 하는 회의에 참석시켜 회의록을 작성하게 하면 어떻겠느냐고 제의했다. 이 직원들이 회사 전체에 자기가 보고 들은 사실과 정보를 전파하게 될 거라고 생각했던 것이다. 실제로 제품 담당 상무였던 조너선 로젠버그 Jonathan Rosenberg가 구글에서 이런 관행을 개척했다. 하지만 이번에도 그 사람의 대답은 다르지 않았다.

"안 돼요. 그 자리에서는 고급 정보까지 다 나올 텐데 그런 정보를 신참 직원들까지 공유하게 할 수는 없거든요."

"그래요? 흠, 그렇다면……."

나는 화제를 바꿔 다른 제의를 했다. 임직원 회의를 할 때 직원들이 CEO가 두려운 나머지 감히 꿈도 꿀 수 없던 도발적인 질문을 하도록 유도하는 건 어떻겠느냐고 말이다. 혹은 직원들이 직접 CEO에게 이메일로 질문을 하게 할 수도 있지 않겠느냐고도 했다.

"그건 안 돼요. 그분은 절대로 그런 걸 용납하지 않습니다. 분별없는 직원이 이상한 소리를 할 수도 있잖아요."

건의함을 마련할 것도 제의했는데(이 제의는 그 사람도 가망이 있겠다고 말했다), 자율적으로 구성된 직원 집단 하나가 분기마다 수많은 제안들 가운데 하나를 선택해 실행하기로 한다면 어떻겠느냐는 제안이었다.

"아, 그러긴 힘들 거예요. 직원들이 뭘 안다고 경영진이 그런 선택을 맡기겠습니까?"

다른 분야에서는 놀라울 정도로 훌륭한 이 회사는 직원들이 자기의사를 직접 표현하거나 혹은 CEO와 대화를 나눌 아주 작은 기회를 갖는 것조차 두려워했다. 어느 시점에선가 나는 더 얘기해봐야 가망이 없음을 깨달았으며, 마음속으로 그 회사가 도입하고자 하는 빈백 의자와 라바 램프가 마법의 행운을 가져다주길 기원했다. 내가 해줄 수 있는 건 그게 전부였다.

» 문화는 검증받을 때 가장 중요하다

우리는 2010년에 중국에서 어떤 식으로 사업할 것인가 하는 주제로 토론을 벌였다. 이 토론에서 사명과 투명성 그리고 목소리라는 세 가지 기업문화의 시금석은 가장 중요한 요소였다. 중국과 관련된 법률적·정책적 세부 사항들은 복잡하지만, 결국 문제가 되는 건 특정 검색어에 따른 결과를 검색 결과 목록에 올리지 못한다는 사실이었다. 예를 들어 '천안문 광장'을 검색하면 오직 중국 정부가 승인한 사이트들만 제시됐다. 이것은 누구나 평등하게 정보에 접근할 수 있도록 하는 일이 아니었다! 검색 결과를 우리가 스스로 검열한다면, 과연 우리는 투명성과 목소리라는 원칙에 충실할 수 있을까?

2002년 이후 구글의 전 세계 웹사이트인 google.com이 중국에서는 주기적으로 사용 불가 상태가 됐다.[60] 우리는 색다른 시도를 할 목적으로 2006년에 google.cn을 출시했다. 그런데 중국에서 관리되는 우리 사이트는 중국 현지 법을 따라야 했다. 중국에서 서비스를 제공할 생각이라면 달리 방법이 없었고 이는 다른 검색 포털사이트도 마찬가지였다. 대신 우리는 검색 화면 하단에 "지역 국가의 법률과 규제 및 정책에 따라야 하므로 몇몇 검색 결과는 제시되지 않았습니다"라는 안내문을 넣었다. 때로는 이처럼 정보가 존재하지 않는다는 사실 자체가 정보가 되기도 한다. 중국의 인터넷 사용자들은 똑똑했다. 우리가 게시한 이 작은 안내문이 보내는 신호를 포착하고는, 인터넷 검색 결과가 검열되어 온전한 정보가 제시되지 않음을 깨닫고 다른 경로를 찾았다.

순진하게도 우리는 앞장서서 이런 시도를 하면 다른 회사들도 비슷한 안내문을 내걸 것이며, 그러다 보면 결국 검색 결과에 대한 검열이 불필요해질 거라고 생각했다. 그러나 실제로는 정반대의 일이 벌어졌다. 우리가 중국 사용자에게 검색 결과가 검열에 의해 걸러진다는 사실을 알려주기 시작한 바로 그 무렵부터 우리가 제공하는 서비스의 속도가 비정상적으로 느려지는 일이 자주 일어났다. 100분의 1초 만에 낼 수 있는, 전혀 정치적이지 않은 검색 결과를 내는 데도 몇 분씩 걸리곤 했다. 심지어 사용자가 접속할 수 없도록 구글 웹사이트가 먹통이 되는 일도 빈번하게 일어났다.

그럼에도 불구하고 우리는 중국에서 성장세를 계속 이어나갔다. 사용자들이 진실을 원했기 때문이다. 인터넷 서비스에 대한 방해와 간섭이 점점 심해짐에 따라 구글 내에서는 옳은 일을 해야 한다는 사실을 놓고 격렬한 논쟁이 벌어졌다. 이 논의는 TGIF 미팅에서 제품 리뷰 회의를 하면서 기술자 팀들, 제품 관리자들, 고위 간부들 사이에서 진행됐고, 한꺼번에 수천 명이 참가하는 이메일 토론장은 물론 복도와 카페에서도 진행됐다.

한편에서는 우리 사명이 중요한 의미를 가지며 우리가 진정으로 투명성을 믿는다면 어떻게 검열이 이뤄지는 과정에 참여할 수 있겠느냐는 논지를 폈다. 중국에서 우리가 구글 문화와 원칙을 훼손한다면 중국이 아닌 다른 곳에서 과연 구글 문화와 원칙을 지켜낼 수 있겠느냐고도 했다. 중국 정부와 손을 잡기보다는 차라리 이번 기회에 중국에서 철수함으로써 우리의 강력한 의지를 보다 확실하게 보여야 하지 않겠느냐고도 했다. 다른 한편에서는 중국은 사회적·역사적 주기가 매우 긴 나라이므로 몇 년 사이에 이뤄지는 변화를 바랄 게 아니라 수십 년이라는 먼 미래를 바라봐야 한다는 논지를 폈다. 우리가 이 문제에서 쉽게 발을 빼버린다면 과연 어떤 기업이 그런 일을 할 수 있겠느냐고 했다. 또 비록 진실에 대한 접근이 제한되긴 하지만 아예 없는 것보다는 낫지 않겠느냐고도 했다.

수천 시간의 논의를 거치고 전 세계 구글 직원들에게 여러 가지 얘기를 들은 뒤, 2010년 마침내 우리가 검색한 결과가 검열을 받아서는 안 된다는 결론을 내렸다. 중국 정부의 검열 명령을 무시하는 것은 곧 중국에서의 영업 활동이 불법이라는 뜻이다. 따라서 우리가 선택할 수 있는 유일한 길은 중국의 우리 사이트 google.cn에서 검색 서비스 제공을 중단하는 것이었다. 하지만 우리는 중국 사용자에게 등을 돌리고 싶지는 않았다. 우리는 google.cn 방문자에게 우리의 홍콩 사이트인 google.hk를 방문하라는 메시지를 게재했다. 영국 정부가 1997년에 홍콩 주권을 중국 정부에 반환할 때 양국 정부가 합의한 조건은 향후 50년간, 즉 2047년까지는 중국 본토에서 실시되는 대부분의 규제를 홍콩에는 적용하지 않는다는 것이었다. 구글로서는 적어도 앞으로 37년간은 우리의 기업문화를 고수하면서도 중국 사용자에게 등을 돌리지 않을 수 있는 가장 좋은 방법이었다.

비록 홍콩의 우리 사이트가 차단되거나 전송 속도가 느려지긴 하지만 이렇게 해서라도 중국어로 된 우리 사이트를 사용자에게 계속 제공할 수 있었다. 그리고 중국 내에서는 검색 결과가 검열로 걸러질 때 그런 사실을 사용자에게 알리는 것이 그때 이후 관행이 됐다. 이런 점을 놓고 보더라도 적어도 구글 검색은 중국에서 설 자리를 잃고 쫓겨났지만 홍콩 사이트를 통해 중국 사용자들에게 서비스를 계속 제공한 것은 잘한 일이었다.

» 직원에게 부여한 자유가 가져오는 결과

나도 미처 몰랐지만 '조직 문화 앞에서 전략은 아무것도 아니다'라는 문구는 매우 정확한 표현이었다. 이런 사실을 나는 구글에 몸담은 지 3년이 지난 뒤에 다운로드 방식의 구글 간행물인 〈싱크쿼터리Think Quarterly〉에 구글의 기업문화를 주제로 한 칼럼[61]을 써달라는 청탁을 받고 나서야 비로소 깨달았다. 나는 우리가 했던 논의들을 되돌아봤고, 그 결과 우리는 경제성 원리가 아니라 우리가 가진 소중한 가치들을 지켜나가야 한다는 원칙을 바탕으로 한 의사 결정들을 중국에서와 마찬가지로 지속적으로 해왔다는 사실을 알았다. 그동안 우리는 어렵고 까다로운 문제들과 씨름했고, 이 과정을 거쳐 사명과 투명성 그리고 목소리라는 구글 문화의 시금석이 명쾌한 전략을 마련하는 데 닻이 되고 나침반이 되도록 했다. 구글 문화가 구글의 전략을 형성하지, 그 반대가 아니었던 것이다.

'조직 문화 앞에서 전략은 아무것도 아니다'라는 문구가 도대체 어디에서 나온 것인지 깨닫기까지 또다시 몇 년이 걸렸다. 비록 출처가 확실하지 않지만 '경영의 아버지'라 일컫는 피터 드러커[Peter Drucker]에게서 비롯됐다고 한다.[62] 이 문구는 포드자동차의 전략회의실 벽에 걸려 있는데, 마크 필즈[Mark Fields] 회장이 2006년에 강건한 문화야말로 성공의 기본 요소임을 상기하기 위해 걸어두었다고 한다.

이 길은 결코 평탄하지 않다. 그 이유는 문화는 정지되어 있지 않기 때문이다. 예를 들어 구글 직원들은 이렇게 말한다. "구글의 문화는 끊임없이 변화하고 있으며, 지금 구글은 내가 예전에 처음 발을 들여놓았던 때의 그 회사가 아니다.", "나는 회사의 전 직원이라고 해야 수백 명밖에 되지 않았던 그 시절을 기억한다. 그때의 구글은 지금과 완전히 다른 회사였다. 그런데 지금 우리는 그때와는 다른 커다란 회사 같다.", "지금 구글은 그저 재미있게 놀 수 있는 공간만은 아니다."

이런 말들은 모두 구글이 본연의 길에서 벗어나 미아가 됐다는 탄식에서 비롯된 것이다. 맨 처음에 인용한 말은 2000년에(그때는 직원 수가 수백 명 규모였다) 나온 것이고, 두 번째 말은 2006년에(직원 수가 6,000명이었다) 나온 것이며, 세 번째 말은 2012년에(직원 수가 5만 명이었다) 나온 말이다. 아이러니한 것은 2012년이야말로 구글 직원들이 구글 문화를 한마디로 정의하면 '재미!'라고 가장 자주 말한 해였다는 점이다.

사실 구글이 걸어온 역사의 모든 시점에서 구글 직원들은 구글 문화가 타락하고 있다고 느꼈다. 대다수의 직원은 구글이 청년 시절에 구가하던 평온한 날들을 동경했다. 그 시기를 말할 때면 구글이 처음 탄생하고 난 다음부터 몇 달간 이러저러했다는 식으로 얘기한다. 이런 점은 두 가지 사실을 반영하고 있다. 하나는 설립되고 처음 몇 달간 구글이 더할 나위 없이 영감이 넘치고 고무적이었다는 사실이고, 다른 하나는 구글이 앞으로도 계속 엄청나게 빠른 속도로 진화할 거라는 사실이다.

우리는 문화를 잃어버리는 것에 대한 편집증을 갖고 있으며 또한 이 편집증을 즐긴다. 현재의 문화에 만족하지 않는다는 오싹한 느낌까지도 함께 즐긴다. 이것은 좋은 징조다! 우리가 자랑스럽게 여기는 문화를 잃어버릴지도 모른다는 위태로움이 직원들에게 문화에 대한 긴장의 끈을 놓지 않도록 만든다. 나는 오히려 직원들이 이런 염려를 더는 하지 않는다면 그것을 걱정해야 할 거라고 생각한다. 이런 염려를 해소하는 한 가지 방법은 이런 것들을 공개적인 토론의 장에서 논의하고, 좌절감을 느낄 때면 이런 좌절감을 문화를 강화하기 위한 노력으로 전환하는 것이다.

구글에는 비밀 병기라고 할 수 있는 스테이시 설리번_{Stacy Sullivan}이라는 인물이 있다. 스테이시는 1999년에 구글의 초대 최고인적자원책임자로 스카우트됐다. 테니스 선수 출신으로 버클리대학을 나왔고 여러 기술 기업들을 두루 거친 노련한 전문가인 그녀는, 똑똑하고 창의적이며 직선적이었다. 간단히 말해 그녀는 구글이 채용하고 싶은 바로 그런 사람이었다. 스테이시의 이런 특성 때문에 그녀는 구글이 채용하고 싶은 사람의 전형을 세우는 데 기여했다고도 할수 있다. 현재 그녀는 구글의 최고문화책임자다. 이런 직책을 가진 유일한 사람인 그녀는 구글 문화가 본연의 가치를 잃지 않도록 하는 책임을 맡고 있다. 스테이시는 자기 업무를 다음과 같이 설명했다. "심지어 첫날부터 우리는 문화를 걱정했다. 문화가 계속 바뀐다는 느낌은 언제나 있었다. 그래서 우리는 구글의 핵심 문화를 굳건히 유지하기 위한 싸움을 늘 치러야 했고, 그렇게 지내왔다."

스테이시는 문화클럽Culture Club의 전 세계 네트워크를 조직했는데, 지역 자원자들로 구성된 각각의 문화클럽은 70개가 넘는 지사에서 구글 문화를 유지하는 일을 했다. 이 문화클럽에 책정된 예산은 연간 1,000달러에서 2,000달러 규모로 그리 많지 않은데, 이들은 구글 지사의 문화를 이끌어 다른 구글 지사들과 연결되도록 하며 놀이와 건전한 토론을 유도했다. 문화클럽은 리더가 되겠다고 따로 신청한다고 해서 리더가 될 수 있는 것이 아니다. 그저 리더처럼 행동하기만 하면 리더가 될 수 있다. 지사 행사를 맡아 진행하고, 목소리 높여 얘기하고 사실 이게 가장 중요한데 이른바 '구글다운Googley 것'이 무엇인가에 대해 다른 사람들이 조언을 얻고자 하는 리더로 어필하면 된다. 어떤 직원이든 이렇게 하다 보면 스테이시가 그를 알아보고 문화클럽 리더 역할을 맡아달라고 요청할 것이다.[63]

앞에서 나는 거대한 회사를 세우는 데는 여러 가지 길이 있으며 직원에게 자유를 많이 줘서 성공하는 회사도 있고 자유를 적게 줘서 성공하는 회사도 있다고 말했다. 구글은 확실히 직원에게 자유를 많이 줘서 성공한 회사다. 만일 당신이 창업자처럼 생각하고 행동하기로 했다면, 그다음에 해야 할 일은 자기가 만들고자 하는 문화의 유형을 결정하는 것이다. 당신이 사람들에 대해 갖고 있는 생각은 무엇인가 그리고 당신에게는 자신의 생각이 가리키는 방향으로 사람들을 대하고 지휘할 용기가 있는가? 이 질문들에 대해 당신은 분명한 답을 갖고 있어야 한다.

내 개인적·직업적 경험에 비춰보면, 당신이 직원에게 자유를 주면 직원은 당신을 깜짝 놀라게 하고 기쁘게 만들어줄 것이다. 때로 이들은 당신을 실망시킬 수도 있지만 완벽하다면 인간이 아니다. 우리는 인간이므로 실수를 한다. 이것은 결코 자유의 가치를 훼손하는 것이 아니다. 그저 치러야 하는 하나의 대가일 뿐이다.

매력적인 사명을 발견하고 투명하게 공개하며 직원이 자기 목소리를 낼 수 있도록 하는 것은 어떻게 보면 실용적이기도 하다. 유능하고 쉽게 자리를 옮길 수 있으며 동기부여가 충실한 전문가와 기업가는 이런 환경을 요구한다. 앞으로 다가올 수십 년을 전망하면, 세상에서 가장 재능이 있고 가장 열심히 일하는 사람들은 자기에게 의미 있는 일을 할 수 있고 또 자기 조직의 운명을 결정하는 데 주도적으로 목소리를 낼 수 있는 기업으로 몰려들 것이다. 이는 도덕적인 차원의 일이기도 하다. 성경에서 말하고 있지 않은가. 남에게 대접을 받고자 하는 대로 남을 대접하라고 말이다(신약성서 마태복음 7장 12절에 나오는 구절이다 – 옮긴이).

업무 규칙 **위대한 문화를 세우려면**

- 중요한 과제를 천직으로 알고 일하는 자기 모습을 떠올려보라.
- 당신이 편안하게 느끼는 수준보다 좀 더 많은 신뢰와 자유와 권한을 직원에게 주라. 이렇게 하는데도 마음이 불편하지 않다면, 당신은 아직 직원에게 충분히 많이 주지 않은 것이다.

3장

신입 직원은
모두 평균
이상이다

어떤 조직에서든 인재
채용이 가장 중요한 까닭

"Lake Wobegon, Where All the New Hires Are Above Average"

Why hiring is the single most important people activity in any organization

이런 상상을 해보자. 당신은 미국 역사상 가장 많은 상금이 걸린 복권에 당첨됐다. 당첨금이 무려 6억 5,600만 달러다. 이 돈으로 당신은 무엇이든 할 수 있다. 말도 안 되는 일이지만, 메이저리그 우승 구단을 하나 만들 수도 있다.

당신에게는 두 개의 길이 있다. 하나는 산더미처럼 쌓여 있는 현금으로 세계 최고 선수들을 사들이는 것이고, 다른 하나는 영화 〈배드 뉴스 베어스Bad News Bears〉의 주인공이 선택한 방법을 택하는 것이다. 다시 말해 오합지졸 패배자들만이 모여 있는 팀을 추슬러 강도 높은 훈련을 시키고 인간 성정의 깊은 부분을 자극해 적절히 동기부여를 함으로써 우승 팀으로 만드는 것이다. 이 두 개의 길 중 어느 쪽이 우승 팀을 만들 가능성이 높을까? 그리 심각하게 고민하지 않아도 된다. 이미 정답이 나와 있으니 말이다.

최초의 월드시리즈는 1903년에 시작됐고 이후 108번의 월드시리즈가 열렸다. 뉴욕 양키즈가 월드시리즈에 마흔 번 참가해 스물일곱 번 우승컵을 들었다. 이 기록은 양키즈에 이어 두 번째로 월드시리즈에 많이 참가했고 또 우승한 세인트루이스 카디널스에 비하면 두 배에 가까운 수치다. 양키즈가 거둔 이 기록에서 가장 중요한 요소는 최고의 선수들에게 최고의 연봉을 준다는 절대적인 전략이었다. 예컨대 2013년의 양키즈 선수단 연봉 총액은 2억 2,900만 달러였다.* 양키즈는 1998년에 선수단 연봉 총액 부문에서 2위를 기록했고 1999년부터는 해마다 최고에 올랐다. 사실 1998년부터 지금까지 진행된 월드시리즈 가운데 38퍼센트에서 선수단 연봉 총액 1위와 2위 구단(뉴욕 양키즈와 보스턴 레드삭스) 중 한 구단이 우승을 차지했으며, 53퍼센트는 이 두 구단이 월드시리즈에 출전했다.[64]

이것은 매우 특별한 결과다. 만일 월드시리즈 우승이 무작위로 각 구단에 돌아갈 경우, 메이저리그 팀이 어떤 해에 월드시리즈 우승컵을 거머쥘 확률은 3퍼센트밖에 되지 않는다. 그렇다면 어째서 선수단 연봉 총액이 많은 팀이 그렇지 않은 팀보다 우승을 자주 하긴 해도 늘 우승을 하지는 못할까?

---

* 역대 선수단 연봉 총액이 가장 중요한 요소이긴 했지만 유일한 요소는 아니었다. 예를 들어 양키즈는 20세기 전반부에는 아메리칸리그에 행사한 영향력 덕분에 많은 이득을 봤으며, 20세기 후반부에는 공격적인 시장 경영 전략의 덕을 톡톡히 봤다. 이 시기는 샌프란시스코 자이언츠의 팬들로서는 혹독한 좌절의 시간이었다. 최고의 선수들에게 최고의 연봉을 주는 방침이 성공으로 이어지는 모습은 다른 스포츠 종목에서도 찾아볼 수 있다. 경제주간지 〈이코노미스트 The Economist〉는 1966년부터 2014년까지 영국 프로축구 기록을 분석해 "어떤 시즌에서든 총 득점수 변동의 55퍼센트는 선수단에 투자한 연봉으로 설명할 수 있다"라는 사실을 확인했다. 〈이코노미스트〉는 이런 상관성이 존재하지만 이 상관성 자체가 인과관계를 입증하는 것은 아니라는 여지를 남겼다.

누가 더 훌륭한 야구선수인지 알아보는 일은 직접적인 관찰로 가능하다. 각 선수가 기록한 성적이 객관적으로 존재하고, 규칙과 포지션이 잘 정리되고 구분되어 있어 객관적이고 지속적인 선수 평가를 할 수 있으며 또 선수들의 연봉이 알려져 있기 때문이다. 오클랜드 애슬레틱스가 데이터를 분석한 내용을 바탕으로 마이클 루이스Michael Lewis 선수의 성적을 예측해 성공을 거둔 이야기를 다룬 《머니볼Moneyball》(아무도 거들떠보지 않던 형편없는 팀 애슬레틱스에 빌리 빈이라는 천재 단장이 취임한 뒤로 이 팀은 골리앗과도 같은 부자 구단 팀들을 물리치고 4년 연속 포스트시즌 진출이라는 기적을 일으킨 내용을 다뤘다 - 옮긴이)이 출간된 뒤로 많은 세월이 흘렀다. 하지만 그럼에도 불구하고 누가 절대적으로 최고의 선수인지 혹은 누가 최고의 성적을 기록하는 시즌을 보낼 것인지 예측하기란 여전히 어렵다. 반면에 상위 5퍼센트 혹은 10퍼센트에 속하는 선수들을 파악하기란 그다지 어렵지 않다.

돈 문제만 해결될 수 있다면 지난 시즌에 맹활약을 펼친 선수들을 모두 영입해 월드시리즈 우승 팀을 만들 수도 있다. 이들이 이번 시즌에서도 최고의 성적을 낼 거라고 장담할 수는 없지만 말이다. 실제로 그런 결과가 나오는 경우는 극히 드물다. 그러나 이렇게 할 경우 이 선수들이 거두는 성적의 총합이 적어도 팀을 전체 구단들 가운데 상위 2분의 1 혹은 3분의 1 안에 들게는 해줄 것이다. 이 경우에 발생하는 문제는 당연히 비용이다. 이 기간에 양키즈의 선수단 연봉 총액은 1998년 이후로 1억 6,300만 달러가 늘어나 2013년에는 2억 2,900만 달러를 기록하며 약 세 배 규모로 증가했다. 요즘에는 심지어 양키즈조차도 선수단 연봉 총액을 최고의 수준으로 유지하는 정책을 미심쩍어한다. 조지 스타인브레너(George Steinbrenner: 1973년부터 2008년까지 35년간 뉴욕 양키즈의 구단주를 지냈다 - 옮긴이)는 최고의 선수를 영입한다는 구단 전략을 완성한 사람이었다. 그 뒤를 이은 그의 아들은 2014년 양키즈 선수단 연봉 총액을 1억 8,900만 달러 미만으로 줄일 계획을 세웠다. 메이저리그의 부자세를 피하기 위한 조치였다[65](메이저리그는 부자 군단에 부자세를 매겨, 여기서 발생한 재원을 가난한 구단 순으로 배분하여 가난한 구단의 파산 위험을 줄인다 - 옮긴이).

≫ 교육·훈련보다 채용에 투자하라

CEO들 역시 스타인브레너가 추구했던 것과 같은 전략을 좋아한다. 구글에서 서열 20위권에 들었던 머리사 메이어는 2012년 7월 16일에 야후 CEO로 취임했다. 야후는 2013년 한 해 동안 적어도 열아홉 개의 앱과 회사를 인수했는데,[66] 자이비(Jybe, 개인의 관심사 추천 앱), 론디(Rondee, 무료 다중 통화 앱), 스니핏(Snip.it, 뉴스를 선별하고 축약해 제공하는 앱), 섬리(Summly, 뉴스 요약 제공 앱), 텀블러(Tumblr, 모바일 블로그 서비스 앱), 조브니(Xobni, 연락처 관리 서비스 앱), 지텔릭(Ztelic, 소셜 데이터 분석 업체) 등이 여기 속한다. 이 중 다섯 개 업체의 인수 가격만 공개했는데, 합계 금액은 무려 12억 3,000만 달러에 이르렀다. 그리고 앞에서 열거한 업체들 가운데 텀블러를 제외한 나머지는 모두 인수 직후 제품 공급을 중단시켰으며, 관련 직원들을 모두 야후의 기존 팀으로 흡수했다.

다른 기업을 인수해 해당 기업의 제품이나 서비스 제공을 중단하는 것은 최근 실리콘밸리에서 두드러지게 나타나는 현상으로, 이른 바 '인수·채용acquihiring'이라고 일컫는다. 표면적인 목적은 위대한 제품이나 서비스를 개발한 역량을 입증한 인재, 그렇게 하지 않으면 도저히 자기 직원으로 영입할 수 없는 유능한 인재를 확보하는 것이다(마크 저커버그도 "페이스북이 하나의 기업을 인수할 때 그 회사 자체를 목적으로 해본 적이 없다. 우리가 인수한 것은 우수한 인재들이었다"라고 공공연하게 말했다—옮긴이).

인수·채용이 과연 기업을 올바르게 키워나가는 방법인지는 아직 명확하게 입증된 바 없다. 그 이유로는 우선 엄청나게 많은 비용이 든다는 점을 들 수 있다. 3,000만 달러를 들여 섬리를 인수한 야후는, 곧바로 문을 닫도록 했으며 직원도 열일곱 살의 창업자 닉 달로시오Nick D'Aloisio를 포함해 단 세 명만 남기고 모두 해고했다.[67] 말하자면 한 사람당 1,000만 달러씩 주고 인재 세 사람을 영입한 셈이었다. 심지어 인수·채용이 아무리 '싸게' 이뤄진다 해도 실상은 여전히 비싸다. 조브니의 직원 서른한 명을 인수·채용하는 데 한 명당 130만 달러가 들었다.[68] 이들에게는 기존의 직원들과 마찬가지로 연봉과 보너스를 계속 올려주고 스톡옵션까지 제공해야 한다.

인수·채용은 또한 그들이 이제까지 생산한 제품과 서비스를 죽이는 결과를 가져온다. 해당 회사들은 매우 고통스러운 일이다. 돈이 이런 고통을 보상해주긴 하지만, 그들이 일하는 환경까지 보장해주지는 못한다. 이에 따라 최근 실리콘밸리에서는 인수·채용된 인재가 그 뒤로도 충분한 투자와 지원을 받을 때가 오기를 기다렸다 다시 독립하는 경우가 많다. 게다가 인수·채용으로 새로 합류한 직원이 기존 직원에 비해 더 나은 결과를 낼 거라는 기대도 확실하게 보증된 게 아니다. 어떤 사람들은 이런 기대에 부응하기도 하지만 그것이 일반적인 현상임을 입증할 수 있는 증거는 아직 찾지 못했다. 인수·합병된 기업이나 제품을 살려둔다 해도 이 기업이나 제품의 3분의 2가 가치를 창조하는 데 실패했다는 점을 고려한다면[69] 이렇게 인수·채용된 직원들이 제 몫을 하게 만들려면 특별한 어떤 것이 있어야 한다. 물론 인수·채용이 좋지 않은 발상이라는 뜻은 아니다. 단지 확실한 성공을 보장하는 확실한 멋진 발상은 아니라는 말이다.

최고의 인재들을 영입해 어떤 기업 하나를 설립하는 과정이 최고의 선수들을 영입해 야구단을 창설하는 것과 유사하게 보일 수도 있지만 실상은 훨씬 더 까다로운 일이다. 노동시장은 야구선수들의 트레이드 시장만큼 투명하지 않다. 어떤 사람의 성과에 대해 이 사람을 고용하고자 하는 사람이 갖고 있는 유일한 증거는 그가 제출한 이력서와 그가(때로는 이 사람을 추천한 사람이) 하는 말뿐이다. 그 사람이 실제로 어떤 성과를 냈는지 정확하게 알 길이 없다.

야구에서는 어떤 포지션의 선수든 팀을 옮긴다고 해서 크게 달라질 건 없다. 유격수면 유격수, 일루수면 일루수 역할을 잘 해낼 수 있는 상당히 많은 방식이 있을 뿐이다. 그러나 기업에서는 다르다. 예컨대 마케팅 관련 업무를 한다고 할 때 이 일을 하는 데는 많은 방법이 있을 수 있다. 봉급을 많이 준다고 해서 유능하고 더 우수한 인재를 많이 확보할 수 있는 것도 아니며 또 그저 그런 평범한 지원자들을 걸러내고 비범한 인재를 선별할 수 있다는 뜻도 아니다.

이런 여러 가지 이유로 대부분의 기업은(비록 본인들은 인정하지 않겠지만) 영화 〈배드 뉴스 베어스〉가 다룬 전략을 추구한다. 기업 경영진은 자기들이 최고의 인재를 선발하고 훈련시켜 최고의 전문가로 육성한다고 말하지만, 이런 말을 곧이곧대로 믿을 수 없는 세 가지 이유가 있다.

첫째, 만일 정말로 그렇다면, 최고 수준의 성과를 내는 기업의 수가 지금보다 훨씬 많아야 하지 않을까? 양키즈는 역대 월드시리즈의 37퍼센트에 참가했으며 그 경우 우승 확률은 67퍼센트였다. 이런 수준의 성적을 내는 기업은 매우 드물며 100년간이나 이런 성적을 유지하는 기업은 더욱더 드물다.

둘째, 그런 주장을 하는 기업들이 정말로 인재 채용을 잘한다면 인재 채용 방식에 뭔가 특별한 게 있어야 하지 않을까? 대부분의 기업은 채용 공고를 내고 이력서를 검토해 지원자를 선별하고 면접하는 똑같은 과정을 거쳐 직원을 채용한다. 이보다 특별히 더 복잡한 과정은 없다. 모든 기업이 같은 방법으로 직원을 채용하는데 어째서 경쟁 관계에 있는 기업들이 거두는 성과가 다를까? 직원 채용 과정만 놓고 본다면, 각 기업은 평균적인 능력을 갖춘 직원을 채용한다고 말할 수 있다. 물론 개중에는 특출한 인재도 있을 것이고 조금 못 미치는 직원도 있을 것이다. 그러나 전체적으로 보면 신규 채용자의 수준은 평균에 수렴한다고 할 수 있다.

셋째, 각 기업에서 지원자를 면접하는 사람은 대부분 면접에 특별히 능하지 않다. 회사마다 자기들은 최고의 인재를 채용한다고 생각하지만, 면접관이라고 해서 지원자의 모든 것을 속속들이 파악해 판단을 내리지는 못한다. 사실 면접이 시작되면 면접관은 지원자의 능력이나 특성을 일단 좋게 본다. 그리고 이렇게 선발한 직원이 몇 달 혹은 여러 해 뒤에 거두는 성적을 그 직원이 면접 때 받은 점수와 따로 대조해보지도 않는다.

회사는 자기들이 당연히 최고의 인재를 뽑았다고 생각하지만 이런 생각은 옳지 않다. 사람들은 직원을 채용할 때 미국의 풍자 작가 개리슨 케일러Garrison Keillor가 '워비곤 호수'라는 가상의 마을을 묘사한, 즉 이 마을에서는 "모든 아이들이 평균 이상이다"라는 방식으로 접근한다. 인적자원 담당자들은 누구나 자기가 그 업무 분야에서 탁월하다고 생각하지만 실제로 그런지 확인하지는 않는다. 그러므로 직원 채용 방법이 발전할 가능성이 전혀 없다. 면접 과정에서 이뤄지는 평가의 대부분은 처음 3분에서 5분 사이에 혹은 그보다 더 일찍 이뤄진다는 자료도 많다.[70] 나머지 시간에는 그렇게 쌓인 편견을 확인하는 데 소요된다는 것이다. 면접관은 무의식적으로 자기와 닮은 지원자에게 이끌리며 이는 제아무리 훌륭한 면접 기법을 활용한다 해도 아무런 소용이 없다는 것이다. 조지 부시도 블라디미르 푸틴을 처음 만난 뒤에 "나는 그의 눈을 바라보았다. ……나는 그의 영혼을 파악할 수 있었다"라고 하지 않았던가.[71]

면접관은 자기가 탁월한 면접관이라고 생각할 뿐 아니라 자기가 뽑은 지원자가 평균 이상의 역량을 갖고 있다고 스스로를 설득한다. 그렇지 않다면 그 지원자를 채용할 이유가 없다. 이런 이유로 엄청난 액수의 연봉을 줘야 하는 사람을 면접한 뒤에 면접관이 느끼는 유쾌한 낙천적 기대와 한 해쯤 지난 뒤에 그 사람이 실제로 거두는 미미한 성과 사이에는 당혹스러운 차이가 있게 마련이다. 그러나 성공한 소수만 기억에 남을 뿐, 우리가 직원을 채용할 때 그 사람이 위대한 스타가 될 거라고 믿었다는 사실은 흔적도 없이 사라진다. 요컨대 채용의 결과는 평균적이라고 할 수 있다.

그렇다면 이런 생각도 할 수 있다. 교육 과정을 통해 평균적인 인재를 위대한 스타로 만들 수 있지 않을까? 실제로 리더십 아카데미나 연수원 혹은 원격 학습 시스템 등으로 명성이 높은 기업이 많지 않은가? 이런 기업이 평균적인 수준의 신입 직원을 위대한 인재로 키워내지 않을까? 그럴 수도 있지만 그 효과는 크지 않다. 효과적인 교육을 설계하는 것은 어려운 일이다. 그냥 어려운 게 아니라 매우 어렵다. 몇몇 전문가들은 심지어 교육이 잘 설계되어 있지 않거나 혹은 제대로 전달되지 않는 바람에 교육의 90퍼센트는 성과 개선이나 행동 개선에 지속적인 영향을 미치지 못한다고 말하기까지 했다.[72] 즉, 평균적인 능력을 가진 사람을 교육을 통해 슈퍼스타로 키워내는 일은 불가능에 가까울 정도로 어렵다는 것이다.

그럼에도 불구하고 이런 일이 가능하다고 주장하는 사람도 있을 것이다. 물론 아주 틀린 말은 아니다(이에 대해서는 9장에서 구글의 접근법을 설명하겠다). 평범한 직원이 위대한 인재로 탈바꿈한 사례가 적지 않지만, 이런 성공은 대부분 교육의 결과라기보다는 업무의 유형이나 맥락을 바꾼 결과다.

알베르트 아인슈타인을 보자. 그는 대학을 졸업한 뒤 교사로 채용되는 데 실패했으며, 가까스로 취업한 스위스 특허청에서는 제대로 승진을 하지 못했다. 그는 애초에 자기를 스위스 최고의 특허심사관으로 만들어줄 강의를 듣지 않았을 뿐 아니라 교육학 전공 학위도 받지 않았다. 이처럼 본업이 그다지 많은 지식을 필요로 하지 않은 덕분에 그는 본업과 전혀 관련이 없는 분야를 자유롭게 탐구할 수 있었고 그 결과 물리학자로 성공할 수 있었다.[73]

이런 점들을 종합해볼 때 비범한 재능의 소유자를 모으는 데는 두 가지 길이 있다. 최고의 인재를 채용하는 것과 평범한 인재를 채용해 최고의 인재로 키우는 것이다. 간단히 말해 당신이라면 다음 두 가지 중 어느 쪽을 선택하겠는가?

○ 우리는 지금 당장이라도 업무를 제대로 해낼 수 있는 상위 10퍼센트 인재를 채용한다.

○ 우리는 평균 수준의 인재를 채용하지만, 대신 우리의 교육 프로그램이 이 사람을 상위 10퍼센트의 인재로 바꿔주길 기대한다.

그리 어려운 선택은 아닐 것이다. 특히 비범한 인재를 스카우트할 예산이 넉넉할 때는 더욱 그렇다. 리서치업체 CEB Corporate Executive Board에 따르면 기업이 직원을 채용하는 데보다 교육·훈련에 훨씬 더 많이 투자를 하는 추세가 이어지고 있다.[74]

보통 기업은 기존 직원 교육에 자기들이 얼마나 많은 예산을 들이는지 자랑함으로써 자기에게 부족한 점이나 자기가 잘못한 일을 감추고 호도하는 경향이 있다. 그렇다고 교육 비용의 지출 자체가 결과의 품질을 보증할 수 있을까? 사람들은 "내 몸은 아주 좋아지고

	훈련비 지출	채용비 지출
직원 1인당 금액(달러)	606.36	456.44
인적자원 관리비 대비 비율(%)	18.3	13.6
매출액 대비 비율(%)	0.18	0.15

기업은 신입 직원 채용보다 기존 직원 훈련에 더 많은 돈을 지출했다(2012년 자료)

있어. 왠지 알아? 이번 달 헬스장에 500달러나 내고 등록했거든"이라며 자랑을 하곤 한다.

결론적으로 말해 기존 직원을 대상으로 한 교육·훈련 예산이 높게 잡혀 있다는 사실 자체는 그 회사가 사람에 많은 투자를 하고 있다는 증거가 될 수 없다. 회사가 필요로 하는 인재를 제대로 채용하지 못했다는 증거일 뿐이다. 9장에서 기존 직원의 교육·훈련에 들어가는 비용을 줄일 몇 가지 구체적인 기술들을 제시하겠지만, 이렇게 절감된 예산을 신입 직원을 채용하는 데로 돌릴 수 있다.

≫ 채용에 오랜 시간을 들여라

구글은 초기 단계에 인적자원 투자를 집중한다. 직원에 투입되는 시간과 비용의 대부분을 신입 직원 채용에 할당한다. 구글이 인적자원 관련 예산 가운데 직원 채용에 들이는 비율은 평균 기업의 두 배나 된다. 회사가 필요로 하는 직원을 충분히 잘 뽑으면 나중에 이 직원에게 교육·훈련 비용을 그만큼 덜 들여도 된다고 믿기 때문이다.

상위 10퍼센트 인재에 속하는 신입 직원은 최악의 경우라 해도 입사 이후 1년간 적어도 평균적인 성과는 낸다는 것이다. 이들이 전체 직원 중 최하위권의 성과밖에 내지 못할 가능성은 희박하다. 그러나 평범한 신입 직원의 경우는 다르다. 이들은 막대한 교육·훈련 자원을 소비할 뿐 아니라 평균보다 낮은 성과를 낼 가능성이 높다.

구글이 채용 분야에서 비정통적인 접근법에 초점을 맞춰 인적자원 투자를 초기 단계에 집중하는 이유는 무엇일까? 처음부터 달리 선택의 여지가 없었기 때문이다. 구글은 대학 기숙사 방에서 두 명이 처음 시작했다. 그것도 사용자가 단 한 번의 클릭만으로도 우리를 버리고 경쟁업체로 갈아탈 수 있는 치열한 검색 시장에서 시작했다. 시작할 때부터 경쟁에서 이길 수 있는 유일한 길은 세상에서 가장 정확하고, 보다 빠른 검색 결과를 내놓을 제품을 확보하는 것임을 알았으며, 동시에 우리가 필요로 하는 것들, 즉 인터넷상의 모든 것을 파악하고 범주화하는 웹크롤러들, 기존 자료에 의미를 부여하는 알고리즘들, 80여 개 언어를 번역해주는 도구들, 모든 것이 제대로 작동하는지 확인해주는 테스트들, 이 모든 자료를 연결하고 제공하는 데이터센터들 그리고 개발과 지원을 필요로 하는 다른 수백 개의 제품들을 확보하는 데 필요한 기술자들을 차고 넘칠 만큼 채용할 여력은 결코 없을 것임도 알았다. 우리가 성장하는 데 필수적이면서도 유일한 문제점은 언제나 우리가 과연 인재를 제대로 가려낼 수 있는가 하는 점이었다.

여러 해 동안 우리는 양키즈가 갖고 있었던 것, 즉 돈을 갖지 못했다. 최고의 인재를 비싸게 영입하는 것은 대부분의 기업이 그렇듯이 초창기 구글로서는 감히 꿈도 꿀 수 없는 일이었다. 1998년에 구글은 아무런 매출도 올리지 못했고, 그 뒤로 여러 해 동안 직원에게 업계에서 가장 낮은 연봉을 줄 수밖에 없었다. 2010년까지만 해도 구글에 입사한 직원 대부분은 기존 직장에서 받던 연봉에 비해 상당히 적은 연봉을 받았다. 어떤 경우에는 절반 조금 넘는 수준밖에 받지 못했다. 기존 직장에서 받던 높은 연봉을 포기하고 이 미치광이 같은 작은 신생기업Startup에서 함께 일하자고 설득하는 것은 결코 쉬운 일이 아니었다.

다른 많은 사람과 마찬가지로 나도 구글에 입사하면서 전보다 적은 연봉을 감수해야 했다. 내가 사직서를 내자 GE 사업부의 CEO가 했던 말을 나는 지금도 생생하게 기억한다. "이봐 라즐로, 구글이라는 회사는 그냥 작고 귀여운 회사 같은데……. 행운을 빌어주긴 하겠지만, 그 회사가 잘 안 되면 언제라도 전화하게. 자리를 마련해줄 테니까 말이야."

게다가 구글은 야후, 익사이트, 인포시크, 라이코스, 알타비스타, 에이오엘AOL, 마이크로소프트 등이 메이저로 자리 잡고 있던 검색 분야의 후발 주자였다. 때문에 구글은 잠재적인 지원자들에게 강한 인상을 심어주며 유인하기 위해 구글이 무언가 특별한 것을 갖고 있다고 설득해야 했다. 그러나 잠재적인 지원자들에게 구글에 합류하라고 설득하기 전에 우리는 사람들을 고용하는 새로운 방식, 다른 회사보다 더 나은 채용 결과를 가져올 새롭고 확실한 방식을 찾아내야 했다. 최고의 인재를 선별하려면 인재 채용과 관련해 근본적으로 다른 생각을 해야 했다(이에 대해서는 다음에 이어질 4장과 5장에서 자세히 설명하겠다). 다행인 점은 여기에는 비용이 많이 들지 않는다는 것이다. 하지만 인재 채용에 있어 두 가지 큰 변화를 반드시 감행해야 한다.

첫째는 채용을 천천히 해야 한다. 지원자들 가운데 오로지 10퍼센트만이(그것도 최대로 잡아 10퍼센트다) 장차 최고의 성과를 낼 것이므로, 보다 많은 지원자들이 찾아오도록 유인해야 하고 또 보다 많은 사람을 면접장으로 불러들여야 한다. 사실 대부분의 업종에서 최고의 성과를 내는 사람들은 대개 새로운 일자리를 찾지 않는다. 지금 있는 곳에서 최고의 성과를 내면서 성공을 즐기고 있기 때문이다. 그런 면에서 어떤 회사의 인적자원 담당자가 한창 잘나가는 업계 최고의 인재를 채용할 가능성은 높지 않다. 그러나 시간을 두고 기다릴 가치는 충분히 있다. 이와 관련해 구글의 기술 개발 담당 전무인 앨런 유스터스Alan Eustace는 다음과 같이 말한 바 있다. "최고 수준의 기술자가 갖는 가치는 평균적인 기술자의 300배에 가깝다.……공대 졸업반의 기술자 전체를 포기하는 한이 있어도 단 한 명의 비범한 기술자를 선택하겠다."[75]

≫ 자기보다 더 나은 사람을 채용하라

이런 인재 가운데 한 명이 바로 구글 창립 초기에 채용된 직원으로, 가장 빠르고 보다 정확한 검색을 가능하게 해준 검색 알고리즘의 핵심 개발자인 제프 딘Jeff Dean이다. 제프는 많지 않은 동료들과 협력해 다중 검색이라는 우리의 접근법을 완벽하게 재발명해냈다. 예를 들어 구글 초기에 제프와 산제이 게마와트Sanjay Ghemawat 그리고 벤 곰스Ben Gomes는 검색 색인을 디스크에 담아두는 대신 메모리에 유지할 방법을 알아냈다. 이들의 발견만으로도 검색의 효율성은 세 배나 높아졌다.

제프는 정말 멋진 사람이며 동료들 사이에서도 평판이 매우 좋았다. 구글 직원들이 제프에 대한 '온갖 사실들'을 올리는 내부 사이트가 있는데, 여기에 올라온 내용들 가운데 몇 가지를 소개하면 다음과 같다(그 내용을 보면 그의 업적은 멕시코 맥주 도스 엑끼스의 광고 '세상에서 가장 흥미로운 사람'의 업적에 비견될 만하다).

- 제프 딘이 사용하는 자판에는 'Ctrl' 키가 없다. 왜냐하면 그는 늘 상황을 통제하고control 있기 때문이다.
- 전화를 발명할 당시 알렉산더 그레이엄 벨은 이미 제프 딘으로부터 부재중 전화를 받았다.
- 한번은 인덱스 서버(검색 기능을 지원하는 서버 – 옮긴이)가 다운됐는데 이 때 제프 딘이 직접 두 시간 동안 사용자들의 질문에 일일이 답변했다. 그런데 이때 효율성이 서버가 정상일 때에 비해 5퍼센트나 개선됐다.
- 1998년에 과학자들은 제프 딘이 Y2K 버그를 수정할 시간을 주기 위해 12월 31일에 윤초(표준시와 실제 시각과의 오차를 조정하기 위해 매년 정해진 시각에 가감하게 되는 1초 – 옮긴이)를 추가했다.
- 제프 딘은 한때 아무것도 모르는 어떤 사람에게 '제논의 역설'(거북이가 영원히 토끼를 따라잡지 못한다거나 날아가는 화살은 영원히 과녁에 도달하지 못한

다는 역설 – 옮긴이)을 설명했는데, 그 사람은 그 뒤로 다시는 움직이지

않았다.

○ 제프 딘에게 'NP'란 'No Problemo'(노 프로블레모: '노 프라블럼'의 스페인식

발음 – 옮긴이)를 의미한다.*

○ 만일 지구가 열핵전쟁 직전 상황에 놓인다면, 사람들은 열핵전쟁이

아니라 제프를 상대로 WOPR(War Operation Plan Response, 전쟁수행계

획반응)을 수행할 것이다.

○ 일찍이 뉴턴은 "내가 다른 사람보다 더 멀리 바라봤던 것은 제프 딘이

내 어깨 위에 올라설 것이기 때문이다"라고 말했다(뉴턴은 원래 "내가 다

른 사람보다 더 멀리 볼 수 있었던 것은 내가 거인의 어깨 위에 설 수 있었기 때문이

다"라고 했다 – 옮긴이).

제프가 우리에게 특별한 존재이긴 하지만 구글에서 특별한 존재
는 제프만이 아니다. 살라 카만가는 검색에 경매를 결합하는 방식과
관련된 독창적인 통찰력을 바탕으로 기술자인 에릭 비치와 긴밀하
게 협력해 구글 최초의 광고 시스템을 구축했다. 예를 들어 출판계
에서 잡지는 100만 명 독자 단위로 광고 단가를 매긴다. 살라는 고

---

* 나는 친한 친구이자 수학과 물리학 그리고 경영학 학위를 갖고 있으며 현재 실리콘밸리의 어드밴티지 테
스팅(Advantage Testing)의 감독자로 있는 거스 매터말(Gus Mattammal)에게 'NP'가 무슨 뜻인지 물었다.
누군가 'NP'의 뜻을 설명할 수 있다면 거스야말로 바로 그런 사람일 거라고 생각했기 때문이다. 내 질문
에 거스는 이렇게 대답했다. "'NP'라는 분류 항목 안에는 비결정론적인 튜링기계(영국 수학자 앨런 튜링이
1936년에 고안한 가상의 자동기계 – 옮긴이)를 갖고서 다항시간(polynomial time: 어떤 알고리즘의 시간 복잡도가 입
력 데이터의 개수에 대한 다항식으로 나타나는 알고리즘 – 옮긴이) 함수로 풀어야 하는 모든 복잡한 문제들이 포함
되는데……." 그는 거기까지 말한 다음 잠시 생각에 잠기더니 이렇게 말했다. "컴퓨터 과학자가 아니라면
'NP 관련 문제들'은 그저 '진짜 진짜 풀기 어려운 문제들'이라는 뜻으로 생각하면 됩니다."

정 단가를 제시하는 대신 사용자가 검색하는 단어 혹은 문구 단위로 경매를 붙이는 방식을 생각했다. 구글은 광고 순서를 임의로 결정하지 않는다. 광고주가 자기가 원하는 순서에 응찰하도록 하는데, 이 광고비는 한 단어당 1센트부터 10달러가 넘는 것까지 다양하다. 이런 아이디어 덕분에 우리 주주들은 수십 억 달러의 이익을 얻었고, 광고주들은 수천억 달러의 이익을 얻었으며, 사용자들은 드넓은 인터넷 바다에서 자기가 원하는 것을 정확하게 찾을 수 있게 되어 훨씬 더 행복하고 만족했다.

비범한 구글 직원들은 또 있다. 우선 다이앤 탱Diane Tang을 들 수 있다. 그는 구글에 위대한 기술적 기여를 한 소수에게만 주어지는 '구글 펠로Google Fellow'의 영예를 거머쥔 몇 안 되는 기술자로, 오랜 기간 구글 광고의 품질 개선 팀을 이끌었으며 최근에는 비밀 프로젝트를 맡아 진행하고 있다. 수석경제분석가 할 배리언도 빼놓을 수 없다. 그는 미시경제학을 주제로 한 책을 썼으며 구글의 경제 분석 팀을 이끌고 있다. 또 우리 재무 팀의 일원으로 런던에 거주하며 올림픽 경기에 참가한 조정 선수이기도 한 샬럿 모니코Charlotte Monico도 비범하다(구글에는 올림픽 경기에 참가한 선수 출신이 샬럿을 포함해 여섯 명이나 있다). 인터넷을 공동으로 개발한 업적 덕분에 '인터넷의 아버지'로 일컬어지는 빈트 서프Vint Cerf도 우리의 선지자다. 광마우스 발명자인 딕 라이언Dick Lyon, 익사이트의 공동개발자들인 조 크라우스Joe Kraus와 그레이엄 스펜서Graham Spencer, 시민 기자들이 아프리카에서 일어나는 폭력 사태를 보도할 수 있도록 한 크라우드소싱 유틸리티인 우샤히디(Ushahidi: 스와힐리어로 '증언' 혹은 '목격'이라는 뜻 – 옮긴이)를 개발한 오리 오콜로Ory Okolloh, 안드로이드 운영체제를 개발한 앤디 루빈Andy Rubin 그리고 뉴스 랭킹 웹사이트 디그Digg를 개발한 케빈 로즈Kevin Rose 등이 수만 명의 훌륭한 인재들과 함께 서로 협력하며 구글을 지금의 모습으로 키워왔다.

어떤 사람이 비범한 재능과 통찰을 갖고 있는지 어떻게 알아볼 수 있을까? 이 문제에 관한 한 내게는 아주 간단한 어림짐작 법칙이 있다. 이것은 인재 채용 과정에서 우리가 시도한 두 번째 커다란 변화이기도 한데, 바로 '자기보다 더 나은 사람을 채용하라'이다. 구글에 합류한 이후 내가 채용한 사람은 모두 어떤 면에서 나보다 더 나은 사람들이다. 예를 들어 인사 분석과 보상 담당 상무인 프라사드 세티Prasad Setty는 나보다 분석적인 통찰력이 뛰어나다. 인력개발 담당 상무인 캐런 메이Karen May는 나보다 훨씬 더 사려 깊은 카운슬러인데, 이는 감성지능이 높기 때문이다. 회사 내의 다양성 및 청소년 교육 프로그램을 책임지고 있는 낸시 리Nancy Lee는 내가 부러워할 정도로 뚜렷한 미래에 대한 전망을 갖고 있으며 또 두려움을 모른다. 직원 관리 및 사용자 서비스 담당 상무인 수닐 찬드라Sunil Chandra는 운영과 관련해 나보다 훨씬 더 훈련이 잘 되어 있고 훨씬 더 예리한 통찰력을 갖고 있으며, 사용자를 위해 보다 빠르고 저렴하며 편리한 절차를 만들어낸다.

이들 모두 나보다 뛰어나며, 나는 항상 이들에게 많은 것들을 배운다. 나는 이들 한 사람 한 사람을 채용하기 위해 오랜 시간을 기다렸다. 캐런은 무려 4년간이나 내 제안을 거절했지만, 나는 기다렸고 오랜 기다림 끝에 마침내 그녀를 채용했다. 이런 비범한 인재를 찾아내고 회사로 영입하는 데는 4년이라는 시간보다 더 오랜 시간이 걸릴 수도 있지만 기다릴 만한 가치가 있다.

인재 채용에 보다 많은 시간을 들일 뿐 아니라 자기보다 더 나은 사람이 나타나길 기다리기 위해서는 채용 문제에 관한 한 관리자는 자기 권한을 포기할 필요가 있다. 미리 솔직히 말하지만, 구글에 새로 발을 들여놓은 관리자들은 이 부분을 무척 싫어한다. 관리자는 자기 기준에 따라 자기 손으로 직접 팀원을 선발하고 싶어 한다. 그러나 아무리 의도가 좋다 해도 인재를 탐색하는 시간이 길어지면 타협을 하게 마련이다. 예를 들어 대부분의 회사에서는 인재를 채용하겠다는 결정을 내린 직후에는 선발 기준을 매우 높게 설정하지만 나중에는 적극적으로 응답하는 지원자면 누구든 채용해버린다.

게다가 채용 결정을 하는 개별 관리자가 편견에 사로잡혀 있을 수 있다. 쉽게 말해 자기 친구를 채용하고 싶어 하거나 중요한 고객이나 임직원의 청탁을 받아 특정인을 채용하는 경향이 있다. 마지막으로 해당 팀의 관리자에게 채용에 관한 모든 권한을 넘겨줄 경우 이 관리자는 팀원에게 지나치게 많은 권한을 휘두르게 된다(구글에서 관리자의 권한을 최소화하려는 이유는 뒤에 이어지는 여러 장에 걸쳐 자세하게 설명하겠다).

≫ 과학으로 인간의 본능을 보완하라

새로 채용된 관리자들은 6개월 이상의 시간이 지나면, 자기가 채용하는 직원들의 수준이 과거에 경험했던 사람들의 수준보다 더 높다는 사실을 깨닫는다. 그리고 자기와 마찬가지로 엄격한 심사 과정을 거친, 비범한 능력을 갖춘 직원이 주변에 널려 있다는 사실에 깜짝 놀란다. 비록 자신들에게 채용 결정권이 없다는 사실이 그리 유쾌하지는 않겠지만, 관리자들은 이런 엄격한 채용 과정이 바람직하다고 인정한다. 이런 엄격한 과정이 가져다주는 유쾌한 결론들 가운데 하나는, 최고의 인재가 사람들이 일반적으로 상상하는 모습과 항상 같지 않다는 점이다. 구글이라는 회사가 규모가 작고 고작해야 1년에 수백 명 정도만 새로 채용할 때는 훌륭한 배경을 가진 사람만을 채용하는 게 쉽고 또 효율적이었다. 예를 들면 스탠퍼드, 하버드, MIT 등과 같은 명문대학을 졸업하고 매우 높은 실적을 낸 회사에서 일한 사람을 들 수 있다.

그러나 회사가 커지고 1년에 수천 명씩 채용해야 하는 상황에 이르자 우리는 최고의 능력과 자질을 갖춘 인재들 중 많은 사람이 그런 명문대학 출신이 아니라는 사실을 깨달았다. 어쩌면 그다지 놀랄일이 아닐 수도 있지만, 구글에서도 초창기에는 엘리트주의적인 접근법을 채택했다. 객관적인 자료를 갖고 보완하는 과정을 거치지 않고 본능이 이끄는 대로 인사 문제를 판단하고 처리했던 것이다. 하지만 인간의 본능이라는 게 얼마나 오류투성이인가. 이런 오류를 극복하기 위해 우리는 고난을 극복할 능력과 끈기를 이미 보여준 후보자들을 물색하기 시작했다. 우리는 아이비리그를 평균 성적 혹은 그 이상의 성적으로 졸업한 지원자보다 주립대학을 수석으로 졸업한 학생, 즉 똑똑하고 열심히 공부한 학생을 더 선호했다. 그런 사람이 대학에서 받은 교육보다는 그 사람이 그동안 이룩한 성취가 훨씬 중요하기 때문이다. 심지어 몇몇 직책에서는 대학 교육을 전혀 고려하지 않았다. 중요한 것은 그 사람이 회사에 가져다주는 것, 다른 사람들과 비교할 때 그 사람을 돋보이도록 만들어주는 부분이기 때문이다.

아닌 게 아니라 구글의 창업자들도 대학 과정을 온전히 마치지 않았다. 비록 지금은 구글이 미국의 300개가 넘는 대학 출신뿐 아니라 전 세계의 수많은 대학 출신들 가운데 컴퓨터 전문가들을 선발하고 있지만, 구글에서 최고의 성과를 내고 있는 컴퓨터 전문가들 중 상당수는 대학에 발을 들여놓은 적도 없다.

마지막으로 한 가지 반드시 당부하고 싶다. 2001년에 엔론이 무너지던 와중에 유명 저널리스트 맬컴 글래드웰Malcolm Gladwell은 〈뉴요커The New Yorker〉에 "재능에 대한 오해: 똑똑한 사람들이 과대평가된 것 아닐까?The Talent Myth: Are Smart People Overrated?"라는 기사를 써서 이른바 '똑똑한 사람들'에 집착하는 엔론과 맥킨지의 태도를 동시에 비판한 적이 있다. "맥킨지와 엔론에 있던 맥킨지 추종자들의 추락 원인은 그들이 어떤 기업의 지능이 그 기업 직원들의 지능을 바탕으로 결정된다고 믿었기 때문이다. 그들은 스타를 신봉했다. 시스템을 믿지 않았기 때문이다."[76]

이 글의 논조는 내가 맥킨지에서 경험한 내용과 딱 맞아떨어지지는 않는다. 내 경험은 인력개발을 위해 회사 내 여러 제도의 탄탄한 조합을 만들고 고객 회사들에게 바람직한 방향으로 카운슬링을 해주는 것이었다. 하지만 머리 좋은 사람만 맹목적으로 채용하고 이들에게 자기가 하고 싶은 것을 마음대로 할 수 있도록 무제한에 가까운 권한을 주는 것은 어떤 회사든 망하는 지름길이라는 점에는 전적으로 동의한다. 누구나 최고의 인재를 채용하고 싶어 한다. 그러나 최고의 인재는 지능이나 전문성과 같은 단 하나의 자질만으로는 결코 파악할 수 없음을 알아야 한다.

8장에서 자세히 다루겠지만, 어떤 사람이 어떤 환경에서 스타라는 사실이 또 다른 환경에서도 그 사람이 스타가 될 것임을 보장하지는 않는다. 그러므로 자기 회사에서 어떤 사람이 성공을 거둘 수 있도록 하는 것이 채용과 관련한 가장 중요한 문제다.

5장에서 나는 구글이 각 입사 지원자가 갖고 있는 다양한 자질들을 살펴 인재 채용을 어떻게 진행하는지에 대해 자세히 설명할 것이다. 이런 자질들 중 가장 중요한 것은 겸손함과 성실함이다. 지능이나 전문성 외의 다른 자질들은 구글의 채용 과정에서 얼마나 중요한 요인들인지, 벤 곰스도 "자기보다 더 나은 사람을 면접하고도 '불합격'이라고 말하다니 정말 흥미로운 현상이다"라고 말했다. 벤은 크리슈나 바라트Krishna Bharat와 함께, 구글이 검색과 관련해 따낸 처음 세 개의 특허 중 두 개를 개발하는 데 기여했다.

"재능에 대한 오해"의 교훈은 '똑똑한 사람은 채용하지 마라'가 아니라 '똑똑하기만 한 사람을 채용하지 마라'다. 최고의 인재를 채용하라는 것은 단지 명성이 높은 사람이나 최고 실적의 매출을 기록한 사람 혹은 머리가 비상하게 좋은 기술자를 채용하라는 게 아니다. 어떤 회사의 구체적인 맥락 속에서 성공을 거둘 사람, 주변의 모든 사람들까지 성공하도록 만들어줄 사람을 채용하라는 말이다.

인재 채용은 가장 중요한 과제지만 사람들은 대부분 자기가 생각하는 만큼 이 일에 능숙하지 않다. 보다 나은 인재를 선발하는 데 자기가 가진 자원들을 총동원해 힘쏠 때 어떤 교육·훈련 프로그램이 가져다줄 성과보다 더 나은 성과를 얻게 될 것이다.

업무 규칙 **인재 채용을 하려면**(단기 버전)

- 자원이 제한되어 있을 때, 인적자원에 배정된 예산을 교육·훈련보다는 채용에 우선적으로 투자하라.
- 인재 채용에 오랜 시간을 들이고, 의미 있는 특정한 부분에서 자기보다 더 나은 사람을 선택하며, 해당 팀의 관리자가 자기 팀원을 채용하지 못하도록 함으로써 최고의 인재만 채용하라.

4장

최상의 결과를
찾기 위한 검색

구글 '자기복제
재능 머신'의 진화

"Searching for the Best"

The evolution of Google's "self-replicating
talent machine"

구글 이사회에 참석한 인텔의 CEO이자 구글 이사회 구성원인 폴 오텔리니Paul Otellini는 다음과 같은 결론을 내렸다. "가장 인상적인 것은 당신네 팀이 세계 최초로 '자기복제 재능 머신self-replicating talent machine'을 만들었다는 사실입니다. 당신들은 놀라운 시스템, 즉 비범한 사람을 채용할 뿐 아니라 회사와 함께 성장하면서 세대가 바뀔 때마다 점점 더 나아지는 시스템을 창조했단 말입니다."

그 자리에 참석했던 나는 막 결승선을 지나 마침내 해냈고 이제 끝났다는 감격과 안도로 운동장에 드러눕는 마라톤 선수의 심정이었다. 2013년 4월이었고, 구글이 지난 2년간 무려 1만 명이 넘는 인력을 추가로 고용한 시점이었다.

사실 우리는 해마다 약 5,000명씩 직원을 뽑으면서 성장해왔다. 해마다 100만 명에서 300만 명이나 되는 사람이 지원했으니, 우리가 검토한 전체 지원자 중 약 0.25퍼센트만 채용한 셈이다. 비교 삼아 말하면 2012년 하버드대학 입학 지원자는 3만 4,303명이었고 최종 합격자는 2,076명이었으니 합격률은 6.1퍼센트였다.

» 두 창업자와 함께 시작한 회사

래리와 세르게이는 우르스 휠츨레Urs Hölzle와 함께 구글 채용 시스템의 기초를 다졌다. 우르스는 구글이 맨 처음 고용했던 열 명의 직원 중 한 명이고, 지금은 구글 기술 인프라 담당 전무다. 애초에 이 시스템은 오로지 최고로 똑똑한 사람만을 뽑겠다는 바람을 갖고 시작됐다. 하지만 나중에 우리는 이 과정을 고치고 다듬었는데, 지능지수만으로는 창의성이 높은 인재나 팀에 공헌하는 인재를 가려낼 수 없었기 때문이다. 그러나 최초의 그 시스템이 위대한 출발점이었음은 분명하다. 이와 관련해 우르스는 다음과 같이 말했다. "나는 일곱 명이 전부인 작은 신생회사에서 일했는데, 그때 좋지 않은 일을 경험했습니다. 그 회사는 선 마이크로시스템스에 인수됐는데, 그 뒤 인원은 일곱 명에서 무려 쉰 명으로 매우 빠르게 늘어났습니다. 그런데 어쩐 일인지 생산성은 예전보다 더 떨어졌어요. 새로 충원된 마흔 명이 대부분 변변찮은 사람들이었거든요. 게다가 그들이 제공하는 편익보다 그들에게 들어가는 비용이 더 컸습니다. 솔직히 똑똑한 사람 열다섯 명만 있어도 그보다 더 나은 성과를 올렸을 겁니다. 그래서 나는 구글이 똑똑한 열 명보다 어중이떠중이 쉰 명으로 채워지면 어떡하나 하고 걱정했습니다."

　두 창업자 래리와 세르게이는 채용 과정을 둘이 함께 진행해야 한다는 사실을 깨닫고, 회사의 유일한 회의용 탁자인 탁구대 주변에 함께 앉아 지원자들을 면접하곤 했다. 두 사람은 혼자서는 늘 정확한 판단을 내릴 수 없다는 사실을 직관으로 알았는데, 이 직관은 한참 뒤인 2007년에 있었던 '군중의 지혜wisdom of the crowds' 연구에서 공식화됐다(이에 대해서는 나중에 다시 짤막하게 설명하겠다). 심지어 래리와 세르게이와는 서로 잘 아는 사이며 구글의 첫 사무실로 임대해 쓰던 차고의 소유주 수전 워치츠키조차도 공동 면접을 거친 뒤에야 구글의 첫 번째 마케팅 책임자로 채용했다.

　중요한 사실은, 그들 역시 채용 과정은 객관적이고 통상적인 기준을 따라야 함을 본능으로 알고 있었으며, 그 기준을 철저하게 지킬 최종 단일 검토자 한 명을 설정했다는 점이다. 현재 우리는 채용 과정의 책임을 고위 간부들로 구성된 두 개의 팀으로 분산시켰다. 한 팀은 생산관리와 기술 부문이고 다른 한 팀은 판매와 재무 및 그 밖의 부문이다. 그리고 모든(문자 그대로 예외 없이 '모든') 지원자에 대한 최종 합격 여부 결정은 CEO인 래리 페이지가 내렸다.

　이렇게 두 개의 팀을 둔 유일한 목적은 창업자들이 정한 '높은 자질 기준'에 충실하기 위함이다. 예를 들어 당신이 회사를 새로 차리거나 팀을 새로 짠다고 하자. 이때 새로 채용해야 할 인재가 어떤 사람이어야 할지 당신은 정확하게 안다. 그 새로운 사업에 필요한 인재는 당신만큼이나 의욕과 열정이 넘치고 똑똑하며 재미있는 사람이어야 한다. 처음 몇 번은 이런 기준을 충족한다. 그러나 시간이 지날수록 채용 담당자들은 당신이 맨 처음 정한 기준에 미치지 못하는 인재를 채용한다. 이렇게 된 이유는 채용 담당자들이 나쁘거나 무능해서가 아니라, 그들은 당신이 기대하는 것을 당신처럼 정확하게 알지 못하기 때문이다.

이렇게 해서 채용의 각 세대는 이전 세대에 비해 조금씩 질이 떨어진다. 회사의 규모가 커질수록 지인이나 고객의 청탁이 채용 과정에 점점 더 많은 영향을 미친다. 이런 채용 결과는 대부분 새로운 인력의 자질 저하로 이어진다. 요컨대 회사 규모가 작을 때는 별처럼 반짝이는 인재를 채용했는데 회사 규모가 커지면서 그저 그런 평균 수준의 인재만 채용하게 된다.

≫ 달팽이처럼 느리게

2006년 이전에 구글 직원들은 입사 지원자를 찾으려고 온갖 방법을 다 동원했다. 시험적으로 몬스터닷컴Monster.com과 같은 웹사이트에 구인 광고를 내는 전통적인 방식도 사용했다. 이 방식이 효과가 있긴 했지만 그다지 훌륭하지는 않았다. 수만 명 중에서 한 명을 선발해야 했기 때문이다.* 아깝게도 그 엄청난 지원자들을 살피는 데 엄청나게 많은 시간이 소비됐다.

---

* 2012년 봄에 우리는 지원자들과 그 사람들이 하게 될 직무를 더욱 잘 짝짓는 알고리즘을 채택해 활용하기 시작했다. 2013년 중반에 고용수율(hiring yield)은 28퍼센트 늘어났다. 이것은 지원자 1,000명당 기준으로 과거보다 28퍼센트 더 많은 사람을 고용한다는 뜻이다.

다른 회사와 마찬가지로 우리도 주변인 평가(평판 조회 - 옮긴이)를 했다. 그러나 우리는 통상적인 방식과 사뭇 다른 방식을 개발했다. 지원자의 이력서를 기존 구글 직원의 이력서와 대조하는 것이었다. 이렇게 해서 만일 겹치는 부분이 있으면, 즉 어떤 직원과 같은 해에 같은 대학을 다녔다거나 같은 시기에 같은 회사에 다녔을 경우, 이 직원에게 자동으로 이메일이 발송되어 해당 지원자를 알고 있는지, 이 지원자를 어떻게 생각하는지 물었다. 지원자가 제출하는 이력서 는 대개 자화자찬과 과대포장 일색이므로 이런 식의 조회가 한결 정확한 평가를 가능하게 해줄 거라고 믿었기 때문이다. 우리는 이 평판 조회 방식이 '강자에게는 약하고 약자에게는 강한'* 사람들을 걸러낼 거라고 기대했다.

이 모든 정보가 모여 지원자 한 사람당 50쪽이 넘는 보고서로 작성되고 채용위원회의 검토를 거쳤다. 채용위원회는 여러 개가 있었고, 각각은 충원되어야 할 직무를 잘 알고 있긴 하지만 그 직무와 직접적인 관계가 없는 사람들로 구성됐다. 예를 들어 온라인 판매 부문 채용위원회는 영업직 직원들로 구성되지만 여기에는 채용 담당 관리자나 해당 지원자가 합격한 뒤에 함께 일할 사람은 철저하게 배제된다. 채용 과정에서 객관성을 철저히 보장하기 위한 조치였다.

우리는 리크루팅 회사 여러 곳과도 계약을 맺었다. 그러나 이런

---

* kiss up and kick down. 이 표현은 네덜란드 다르바우드대학 교수인 로스 봉크(Roos Vonk)가 처음 사용했다. 1998년에 발표한 논문 〈친밀성 효과: 상사를 향한 우호적인 행동에 대한 의심과 혐오The Slime Effect: Suspicion and Dislike of Likeable Behavior Toward Superiors〉에서 그녀는 네덜란드의 상용구인 '강자에게는 약하고 약자에게는 강하다'는 표현을 사용했다. 이 논문은 여러 건의 실험을 소개하는데, 그중 첫 번째 실험의 목적은 이런 태도가 '①극단적으로 혐오스럽다 ②비열하다'는 사실을 밝히는 것이었다.

업체들은 우리가 찾는 인재가 정확하게 어떤 사람인지 알지 못했다. 우리는 한 분야의 전문가보다는 '여러 분야에 걸쳐 많은 걸 아는 똑똑한 사람'을 채용하고 싶었기 때문이다. 그 업체들은 우리가 자기가 하는 일을 정확하게 아는 사람보다 똑똑하고 호기심 많은 사람을 선호한다는 사실을 의아하게 여겼다. 그들은 우리가 대부분의 기업 고객들이 그랬듯이 착수금을 지불하는 대신 채용이 성사됐을 때만 수수료를 지급하겠다고 고집하자 혼란스러워하다 못해 어찌할 바를 몰랐다. 그게 다가 아니었다. 우리는 수십 건의 면접을 요구했고, 면접자들 가운데 99퍼센트 이상 퇴짜를 놓았으며, 지원자들이 현재 받고 있는 연봉보다 낮은 연봉을 제시했다.

아닌 게 아니라 우리는 미친 짓을 했다. 2004년에 우리는 매사추세츠의 케임브리지와 캘리포니아의 101번 고속도로 옆에 커다란 광고판을 세웠다. 흰 바탕의 이 광고판에는 검은 글씨로 수수께끼 같은 내용이 적혀 있었다. 우리는 호기심이 넘치고 야심으로 똘똘 뭉친 컴퓨터 전문가가 나서서 풀어주길 기대했다. 다음 사진이 바로 그 광고판이다.

수수께끼 광고판 77 © Google, Inc

이 문제를 풀어* 그 답으로 웹페이지를 열고 들어가면, 홈페이지 첫 화면에 축하한다는 문구와 함께 한 문제가 더 나온다.

축하합니다. 이제 당신은 레벨 2 에 도전합니다.
www.Linux.org 로 가서 다음 빈칸에 들어갈 숫자를 암호로 사용해
'Bobsyouruncle(밥은당신의삼촌)' 으로 로그인하시오.

$f(1) = 7182818284$
$f(2) = 8182845904$
$f(3) = 8747135266$
$f(4) = 7427466391$
$f(5) = $ _____

두 번째 수수께끼 © Google, Inc.

두 번째 수수께끼를 풀고 나면** 다음과 같은 화면이 열린다.

Google

Congratulations.

Nice work. Well done. Mazel tov. You've made it to Google Labs and we're glad you're here.

One thing we learned while building Google is that it's easier to find what you're looking for if it comes looking for you. What we're looking for are the best engineers in the world. And here you are.

As you can imagine, we get many, many resumes every day, so we developed this little process to increase the signal to noise ratio. We apologize for taking so much of your time just to ask you to consider working with us. We hope you'll feel it was worthwhile when you look at some of the interesting projects we're developing right now. You'll find some links to more information about our efforts below, but before you get immersed in machine learning and genetic algorithms, please send your resume to us at problem-solving@google.com.

We're tackling a lot of engineering challenges that may not actually be solvable. If they are, they'll change a lot of things. If they're not, well, it will be fun to try anyway. We could use your big, magnificent brain to help us find out.

Some information about our current projects:

- Why you should work at Google
- Looking for interesting work that matters to millions of people?
- http://labs.google.com

©2004 Google

두 문제를 모두 풀었을 때 나타나는 화면 © Google, Inc.

---

* 이 문제의 답은 7,427,466,391이다.

** 답은 합이 49인 e의 소수점 열자리 수인 5966290435이다.

결과는 어땠을까? 정확하게 말하면 우리는 단 한 명도 채용하지 못했다.[*] 이 광고판이 언론에 여러 차례 보도되어 사람들의 관심을 확실하게 끈 것은 사실이다. 하지만 그 모든 게 자원 낭비였다. 담당 팀은 홍수처럼 밀려드는 이력서와 문의로 진이 빠질 지경이었다. 대부분의 방문자들은 실제로 그 두 문제를 풀지 못한 사람들이었다. 설령 문제를 모두 푼 사람들이라 해도 면접을 통해 확인한 결과, 혼자서 하는 일을 잘할 뿐 팀플레이는 서툴렀다. 게다가 이 문제들을 모두 풀었다고 해도 단 한 가지 분야에만 능한 사람일 경우가 많았다. 혹은 실제 현실에서 부딪치는 복잡하기 짝이 없는 문제가 아니라 해법이 분명 존재하며 끝이 있는 문제들을 푸는 데만 익숙한 사람일 경우도 많았다. 지금 당장 닥친 문제를 풀 수 있을 뿐 아니라 미래에 닥칠 미지의 문제들까지도 풀 수 있는 인재를 어디에서 찾을 것인가 하는 과제는 지금도 중요한 숙제로 남아 있다.

우리는 직원을 채용하는 과정에서 각 지원자와 관련된 정보나 평가가 타당하지 않을 수 있다고 생각하고 가능하면 다양한 관점에 입각한 평가를 모았다. 모든 지원자는 미국 대학입학자격시험인 SAT 성적표, 졸업시험을 치렀다면 졸업시험 점수 그리고 대학 성적표를 제출해야 했다. 나도 입사 면접을 볼 때 구글이 내가 졸업한 대학에 전화해 13년 전의 성적표를 받아갈 줄은 생각도 못했다. 학교

---

[*] 2013년에 우리는 이게 사실인지 채용 기록을 확인해봤다. 이 광고판을 통해서는 단 한 명도 채용하지 않았지만, 구글 직원 가운데 25명이 그 광고판을 적어도 보긴 했으며 또 재미있는 광고라 생각했다고 대답했다. 그러나 "수수께끼는 기발했지만 고속도로 옆에 광고판을 세우고 긴 수수께끼의 문자들을 써놓은 것은 최상의 광고는 아닌 것 같다"라는 누군가의 지적이 맞을지도 모른다. 아닌 게 아니라 고속도로를 더욱 안전하게 만드는 방법도 아니었고!

를 졸업한 지 이삼십 년이나 되는 사람에게까지 이런 걸 요구하는 것은 좀 심하지 않느냐는 생각이 들 정도였다.[*] 우리는 학교 성적표가 똑똑한 인재를 찾는 도구로는 다소 무디다고 생각했지만 이 과정은 자기 성적을 거짓으로 제출한 지원자를 걸러내는 데 도움이 됐다. 그러나 2010년에 대학을 졸업한 지 이삼 년이 지나고 나면 학교 성적이 직무 성과와 직접적인 상관이 없다는 사실을 분석 결과를 통해 알았다. 이후 우리는 최근 졸업자에게만 대학 성적표 제출을 요구했고 그렇지 않은 지원자들에게는 성적표 제출을 요구하지 않았다.

2000년대 중반에 접어들어 면접관들이 지원자들에게 자기가 궁금한 내용은 무엇이든 물을 수 있도록 했다. 질문의 형식이나 내용에 특별한 제한을 두지 않다 보니 지원자들의 답변에서 우리가 꼭 알고 싶은 내용을 찾아내기 어려웠다. 또 면접관들 사이에 공조가 되지 않아 반드시 물어야 할 사항을 빠뜨리기 일쑤였고, 그 바람에 많은 지원자들이 몇 번이고 추가로 면접을 보러 구글을 찾아와야 했다. 그러다 보니 지원자들로서는 진이 빠질 수밖에 없었다. 당시 언론에서는 구글의 채용 과정이 끔찍한 공포의 과정이라고 신랄하게 비판했다. "구글은 구직자들을 마치 마음대로 처분해도 괜찮은 소모품처럼 다룬다"[78]거나 "이런 말을 해야 한다는 게 슬픈 일이지만, 이 회사가 혹은 이 회사가 고용한 리크루팅 회사가 말할 수 없을

---

[*] 우리는 이런 성적표를 지원자들에게 오래전부터 요구해왔지만, 5장에서 설명할 이런 자료의 한계를 늘 마음에 새기고 있었다. 아무튼 우리는 입사 지원자들에 관한 것이면 될 수 있으면 많이 알려고 노력했다.

정도로 무례하고 거만하다는 내용의 이 보도는 결코 과장된 것이 아니다"[79]라는 비판이 주를 이뤘다.

자연히 채용 과정은 느리게 진행될 수밖에 없었다. 구글에 최종 채용되기까지 6개월이 넘게 걸릴 수도 있었고, 한 사람의 지원자는 열다섯 번, 심지어 스물다섯 번의 면접을 거쳐야 했다. 한 사람의 구글 직원은 한 개의 일자리를 놓고 지원한 수백 혹은 수천 명의 지원자들 가운데 열 명 혹은 그보다 많은 지원자들을 면접하면서 10시간 내지 20시간을 투자해 면접을 보고 보고서를 작성해야 했다. 여기에 최종적으로 입사에 성공한 지원자 한 사람이 거쳐야 하는 열다섯 번 혹은 스물다섯 번의 인터뷰를 곱하면 신규 채용 직원 한 사람에게 150시간 내지 500시간을 투자한 셈이다. 이게 다가 아니다. 리크루팅 회사, 채용위원회, 고위 간부 그리고 최종 결정을 하는 CEO 등이 들인 시간도 있었다.

돌이켜보면 이 투입-산출의 비율이 적정했다. 애초부터 우리 채용 시스템의 대응 감도는 지나칠 정도로 높았다. 이 시스템은 거짓 양성, 즉 어떤 사람이 면접에서는 좋은 평가를 받았지만 채용된 뒤에 실제 업무 현장에서는 좋은 성과를 내지 못하는 경우가 없도록 하는 데 초점이 맞춰져 있었다. 그것은 우리가 한 명의 형편없는 사람을 채용하는 실수를 피할 수 있다면 두 명의 유능한 사람을 놓치는 실수도 받아들일 수 있다고 생각했기 때문이다. 소규모 회사라면 나중에 형편없는 사람이라고 판명될 사람을 채용할 여유가 없다. 능력이 없는 사람이나 정치적인 사람은 전체 팀에 유독한 영향을 끼치며, 경영진이 이 문제를 해결하기까지는 많은 시간과 노력이 소요된다. 구글은 너무도 빠른 속도로 성장하고 있었고, 따라서 그런 위험에 노출될 가능성이 더 높았다. 우리는 딱 맞는 적임자를 찾을 때까지 찾고 또 찾았다. 이와 관련해 에릭 슈미트는 내게 다음과 같이 말했다. "그런데 뭐가 문제냐면 말이야, 당장 잘라버려야 할 직원들이 분명 있는데, 직원 채용의 목적을 따지자면 이런 직원들이 아예 없었어야 하는 거 아닌가?"

우리가 기대했던 것처럼 엄격한 채용 기준과 철저한 사전 검증을 결합해 우리는 매우 뛰어난 인재를 채용했다. 초기 100명의 신규 채용자들 중에는 장차 야후와 AOL의 CEO로 이름을 날리는 사람들, 벤처투자자들, 자선사업가들이 포함되어 있었다. 물론 현직 구글 직원으로 계속 일하는 사람들도 있으며 구글의 가장 중요한 일을 맡아서 지휘하는 사람들도 있었다. 예를 들어 워치츠키는 유튜브의 CEO로 자리를 옮기기 전에는 구글의 광고 제품Adwords & Adsense 담당 전무였다.

사실 그로부터 16년이 지난 뒤 그때의 100명 가운데 약 3분의 1은 지금도 구글에서 일하고 있다.* 신생기업의 경우에 초기 직원들이 이처럼 오래 다른 곳으로 자리를 옮기지 않고 계속 일하는 경우를 찾아보기 어렵다. 또 회사의 규모가 수십 명에서 수만 명으로 늘어남에 따라 이들이 개인 차원에서나 경력 차원에서 계속 성장해 나가는 경우는 한층 더 드물다.

---

* 이들 가운데는 살라 카만가, 우르스 횔츨레, 제프 딘, 산제이 게마와트, 젠 피츠패트릭(Jen Fitzpatrick), 벤 스미스(Ben Smith) 그리고 벤 곰스, 스테이시 설리번, 맷 커츠(Mat Cutts), 미즈 맥그래스(Miz McGrath), 크리슈나 바라트 등이 포함되어 있고, 그 밖에도 많다.

아닌 게 아니라 우리가 회사를 성장시키는 데 그토록 집중한 주된 이유 중 하나가 직원들이 장차 가질 수 있는 더욱 멋진 일자리를 충분히 마련하기 위함이었다. 이와 관련해 래리는 이렇게 말했다. "우리는 직원 수로만 따지면 중간 규모의 회사다. 우리 회사의 직원은 수만 명인데, 직원 수가 수백만 명이나 되는 회사들도 많다. 우리와 100배 차이가 난다. 그러니 만일 우리 회사의 직원이 지금보다 100배 더 많을 경우 우리가 무얼 할 수 있을지 상상해봐야 한다."

래리는 종종 직원들에게 "미래에는 직원 개개인이 모두 구글 직원 신분을 유지하면서도 각자 현재 구글 규모의 회사를 운영할 수 있을 것이다"라는 말을 했다. 이처럼 구글의 채용 시스템은 효과적이었다. 그러나 이 시스템은 자기복제 재능 머신과는 한참 거리가 멀었다. 내가 구글에 입사했던 2006년에는 실리콘밸리에서 만난 두 명 중 한 명이 구글에 지원했다가 물 먹은 아픈 경험을 갖고 있었다. 내가 만난 어떤 소프트웨어 기술자는 자기를 면접했던 구글 직원이 지독하게 거만하다고 했고, 내 부동산 대리인은 남동생이 구글에 지원했다가 퇴짜를 맞았는데 한 주 뒤에 구글의 리크루팅 회사가 맨 첫번에 지원했다가 퇴짜 맞은 바로 그 일자리를 제시하면서 면접을 보라고 했으며, 동네 식당의 한 웨이터는 자기 친구가 구글에서 면접을 보고 있는데 면접 기간만 무려 8개월째라고 했다. 심지어 구글 직원들조차도 모두 채용 과정을 통해 놀라운 자질을 갖춘 인재가 채용된다는 사실에 동의하면서도, 그 과정이 너무 길고 또 제멋대로라고 불평했다.

구글에 문제가 있음은 분명했다. 비어 있는 일자리 하나를 채우는

데 기존 직원이 250시간을 들여야 한다면 그리고 해마다 직원을 1,000명씩 채용해야 한다면, 이 일에만 직원이 25만 시간을 들여야 한다는 말이었다. 이는 1,000명을 채용하는 데 125명이 풀타임 근무로 매달려야 한다는 뜻이다. 2007년 전까지는 심지어 채용 목표라는 것조차 갖고 있지 않았다. 우리가 갖고 있던 주문은 똑똑한 사람을 될 수 있으면 많이 뽑는 것이었고, 따라서 우리는 직원들의 근무시간을 점점 더 많이 지원자 채용에 쏟아부었다. 우리의 채용 과정은 자원과 시간이 지나치게 많이 소요됐고 지원자들에게는 커다란 고통을 안겨주었다.

» 70억 명 중 최고의 지원자 찾기

구글 초기에 그리고 그 뒤 여러 해 동안 가장 뛰어난 신입 직원을 뽑는 방법은 기존 직원의 추천이었다. 어느 시점에서는 전체 직원의 절반 이상이 다른 직원의 추천을 통해 채용됐다. 그러나 2009년에 이르러서는 기존 직원 추천에 의한 직원 채용 비율이 점차 줄기 시작했다. 구글 초창기 10년간 기존 직원의 추천이 최상의 채용 원천이었으므로 이런 변화는 상당히 놀라운 일이었다.

이런 변화에 대한 가장 손쉽고 또 분명한 해결 방법은 신입 직원 추천이 채용으로 이어질 때 이 사람을 추천한 직원에게 베푸는 보상 수준을 높이는 것이었다. 직원 한 명이 일곱 건의 추천을 해 평균 2,000달러의 추천 상여금을 받았는데, 이 금액을 높이면 직원 추천이 더 늘어나지 않겠느냐는 논리였다. 이런 의견에 따라 우리는 상여금을 한 건당 4,000달러로 높였지만 추천자 채용 비율은 변하지 않았다. 이윽고 밝혀진 사실이지만 추천 상여금에 크게 동기부여된 직원은 아무도 없었다. 나는 직원들에게 왜 친구나 지인을 추천하지 않느냐고 물었다. 그리고 직원들의 대답을 듣고 깜짝 놀랐다.

> "농담하세요? 여기는 최고의 일자리잖아요! 나도 내 친구들이 여기서 일할 수 있으면 좋겠다고요!"
> "여기 사람들 정말 좋잖아요. 여기에 딱 맞는 사람을 나도 한 명 알고 있습니다."
> "나는 지금 나보다 더 대단한 조직에 소속되어 있습니다. 이런 말을 할 수 있는 사람이 과연 얼마나 될까요?"

이에 대한 내 첫 반응은 "이 사람들 다들 사이비 종교에라도 홀린 거야?"였다.

그러나 더 많은 직원들과 얘기를 나누고 설문조사 결과를 살펴봤지만, 이런 반응은 결코 우연한 게 아니었다. 직원들은 실제로 직무에 만족했으며 자기가 아는 다른 사람이 이런 기회를 함께 나누길 바랐다. 추천 상여금 얘기를 입에 올린 사람은 지극히 드물었다. 추천 상여금은 비본질적인 동기다. 즉 자기 자신에게서 저절로 우러나오는 게 아니라 외부에서 부여되는 동기다. 비본질적인 동기로는 사람들의 인식, 연봉 인상, 승진, 상패, 여행 등이 있다. 이런 것들은 개인의 내면에서 비롯되는 동기와는 다르다. 내면에서 비롯되는 동기로는 가족과 공동체에 대한 기여, 호기심 충족 그리고 어려운 과제를 완수했을 때 느낄 수 있는 성취감이나 긍지 등이 있다.

우리가 깨우친 것은 구글 직원은 내면적인 동기에 입각해 채용 추천을 한다는 사실이었다. 설령 우리가 채용 추천에 성공할 때마다 한 건당 1만 달러를 준다 해도 추천자 채용 비율은 달라지지 않을 터였다. 그런데 도무지 이해할 수 없는 점이 있었다. 직원들이 내면적인 동기에서 채용 추천을 한다면 어째서 추천자 채용 비율은 계속 떨어질까? 구글에서 일하는 게 즐겁지 않다는 뜻일까? 우리가 지금 잘못하고 있단 말인가?

문제의 원인은 다른 데 있었다. 우리는 직원 채용 추천을 정말 엉터리로 진행하고 있었다. 비록 직원 추천이 다른 지원자 원천에 비해 상대적으로 높은 채용률을 기록하긴 했지만, 다시 말해 직원 채용 추천을 받은 지원자가 다른 방식을 통한 지원자보다 채용될 가능성이 더 높긴 했지만 전체 직원 추천 지원자 중 최종 채용에 성공하는 경우는 5퍼센트 미만이었다. 이런 사실은 직원들에게 고통스러운 일이었다. 스무 명을 추천해야 겨우 한 명 성공할까 말까인데 자기가 아끼고 좋아하는 사람을 구글에 계속 추천할 이유가 없었다. 게다가 지원자들은 수없이 많은 면접에 시달려야 했고, 그때마다 추천자는 자기 친구가 과연 채용될 것인지 아니면 탈락할 것인지 지켜보며 마음을 졸여야 했다.

이런 문제를 해결하기 위해 우리는 면접의 횟수를 획기적으로 줄였다. 또한 직원 추천을 받은 지원자에게 적용하는 이른바 '흰 장갑' 서비스를 도입했다. 직원 추천을 받은 지원자는 48시간 안에 전화를 받고, 해당 추천 직원은 자기가 추천한 지원자에 대한 진행 정보를 주간 단위로 업데이트를 받도록 한 것이다. 이 제도를 도입한 뒤로 친구를 추천한 구글 직원과 이렇게 추천받은 지원자는 모두 예전보다 더 만족했다. 그러나 직원 채용 추천을 받은 지원자의 수는 변하지 않았다. 우리는 여전히 추천자 채용 비율이 점점 떨어지는 이 기묘한 수수께끼를 풀지 못했다.

≫ 구글 직원이 세상 사람을 모두 아는 건 아니다

직원 채용 추천에 과도하게 의존하면서 점차 우리 직원의 인맥이 소진되기 시작했다. 그래서 이른바 '보조 상기법 aided recall'을 도입해 이 현상에 대응했다. '보조 상기법'은 마케팅 조사 기법인데, 피실험자에게 어떤 상품의 광고를 보여주거나 그 상품의 이름을 말한 뒤 자기가 그 상품 홍보에 노출됐다는 사실을 기억하는지 묻는다. 예를 들어 어떤 사람에게 지난 한 달간 섬유유연제 광고를 본 적이 있는지 묻는다. 그런 다음에 특정 섬유유연제 제품 광고를 본 적이 있는지 묻는 것이다. 이처럼 살짝 건드리는 것만으로도 어떤 사람의 기억력을 한층 개선할 수 있다.

친구나 지인을 채용 추천하는 경우 직원의 머릿속에 가장 먼저 떠오르는 사람이 여럿 있게 마련이다. 그러나 자기가 아는 사람이라 해서 이들을 모두 아주 잘 알고 있는 경우는 드물며(어떤 직원은 자기 어머니를 추천했고, 이 어머니는 채용됐다), 회사 안에 인력 채용이 필요한 일자리를 다 알고 있을 리도 없다. 우리는 마케팅 전문가들이 하듯 직원이 갖고 있는 기억을 슬쩍 건드려줌으로써 직원 채용 추천 수를 3분의 1 이상 늘렸다. 예를 들어 직원에게 특정 일자리에 누구를 추천하고 싶은지 물었다. "지금까지 함께 일했던 사람들 중 재무 담당자로서 누가 최고입니까?", "루비 프로그래밍 언어 분야에서 누가 최고 개발자죠?" 우리는 또한 이삼십 명 단위로 묶는 이른바 '소싱 잼sourcing jam'을 만들어 그곳으로 직원을 모으기도 했다. 우리는 이들에게 각자 구글 플러스, 페이스북, 링크드인 등을 차례로 이용해 적절한 지인을 추천하도록 유도하는 한편 우리가 고용한 리크루팅 회사를 상시 대기시켜 이들이 추천한 좋은 후보자가 있으면 곧바로 필요한 작업을 할 수 있도록 했다. 또 "우리가 마땅히 채용해야 할 사람으로 어떤 사람을 알고 있는가?"라는 거대한 질문을 "뉴욕에서 영업직원으로 멋지게 활동할 만한 사람을 알고 있는가?"라는 식의 작고 다루기 쉬운 여러 개의 질문으로 쪼갰다. 이런 노력으로 직원 추천의 질과 양이 한층 개선됐다.

그러나 이런 노력도 우리의 채용 욕구를 충족시키지 못했다. 지원자 대비 최종 합격자 비율이 열 배 이상으로 늘어났음에도 불구하고 우리가 바라는 회사의 성장 속도를 따라가려면 연간 30만 건 넘는 추천이 필요했다. 하지만 추천을 많이 받은 해에도 직원 추천은 10만 건을 넘지 못했다. 이 과정에서 우리는 놀라운 사실을 알아차렸다. 진짜 최고의 인재는 일자리를 찾지 않는다는 사실이었다. 유능한 사람은 지금 있는 곳에서 충분히 많은 보상을 받고 있으며 현재 상태에 만족한다는 것이다. 직원이 누구를 추천할까 생각하며 대상을 머릿속에 떠올릴 때도 이런 사람은 대상에서 제외됐다. 지금 좋은 대우를 받으며 행복하게 일 잘하는 사람을 굳이 우리 회사에 추천하겠다는 생각을 하기가 쉽지 않기 때문이다. 그랬다. 이런 사람은 구직 활동에 나서지 않았다.

우리는 팀을 새로 정비했다. 예전에 우리 팀은 이력서를 조회하거나 면접 일정을 조정하는 식으로 지원자를 걸러내는 데 초점을 맞췄지만, 이제는 세계 최고의 인재를 찾아내고 배양한다는 분명한 목적을 설정하고 구글 내부의 리크루팅 회사로 변신했다. 수백 명의 탁월한 리크루터들은 현재 잠재적인 지원자를 꼼꼼하게 살피고 추적하기 위해 다양한 도구들을 사용하고, 또 기능이 한층 강화된 자체 개발 지원자 데이터베이스인 지하이어gHire를 이용해 장기간에 걸쳐 이런 유능한 인재들을 찾아내고 길러낸다. 그 결과 회사 내부의 이 리크루팅 회사는 해마다 전체 구글 채용자 가운데 절반 이상을 찾아내는데, 비용은 외부 업체에 의뢰할 때보다 훨씬 적게 들었다. 뿐만 아니라 우리는 고용시장에 대해 더욱 깊은 통찰을 할 수 있게 됐으며, 지원자들에게 길고 고통스럽기만 했던 채용 과정은 한층 따뜻하고 친밀한 경험으로 바뀌었다.

해가 갈수록 기술이 빠르게 발전하는 덕분에 훌륭한 인재를 찾아내기가 한층 쉬워지기도 했다. 당연한 얘기지만 구글 검색과 링크드인 같은 여러 사이트 덕분에 다른 회사에 소속되어 있는 사람들을 찾기가 한층 용이해졌다. 아닌 게 아니라 지금은 특정 회사나 산업군에서 일하는 사실상 모든 사람을 다 찾아내고 알아볼 수 있으며, 바로 여기서부터 누구를 접촉하고 채용 대상으로 삼을 것인지 판단할 수 있다. 우리는 이것을 '알 수 있는 우주Knowable Universe' 방식이라고 부른다. 이 방식을 통해 우리는 잠재적인 채용 후보자인 모든 사람을 업무 유형, 회사 혹은 그 사람의 프로필 등이 명시된 우주 안에 한 치의 오차도 없이 체계적으로 위치시킬 수 있다.

코넬대학 졸업자를 모두 알고 싶은가? 2013년 중반에 나는 링크드인에서 '코넬'이라 입력하고 1초도 안 돼 21만 6,137명의 명단을 얻었다. 만일 채용 담당 팀 안에 코넬대학 졸업자가 있다면, 전체 동창생 데이터베이스에 한층 더 쉽게 접근할 수 있다. 특정 학교 출신자, 특정 회사에 소속된 사람 혹은 특수하거나 개인적으로 특별한 배경을 가진 사람을 찾는다면 수백 혹은 수천 명의 잠재 후보군 명단을 만들기만 하면 된다. 심지어 어떤 개인이 인터넷에 작성했다가 삭제한 정보까지 찾아낼 수 있다. 인터넷 아카이브Internet Archive가 만든 일종의 디지털 타임캡슐인 웨이백머신Wayback Machine은 무려 2,400억 개가 넘는 웹페이지를 정기적으로 백업해 저장하는데, 1996년까지 거슬러 올라가 검색 가능한 기록물을 보유하고 있다.

우리는 후보자를 판단하는 데 도움이 된다고 생각할 때는 이 웨이백머신을 사용한다. 예를 들면 이런 식이다. 어떤 지원자는 2008년에 한 웹사이트를 열었다고 말했다(대단하지 않은가!). 그런데 이 사이트가 나중에 다른 회사에 인수됐다고 했다(아깝다!). 또 이 사이트는 구글의 관대한 문화에 비춰봐도 너무 심하게 노골적으로 여성 혐오주의적이었다(이럴 수가!). 당연히 그 지원자는 탈락 위기에 몰렸다. 하지만 우리의 긴 채용 과정에서 탈락하지 않고 거기까지 온 사람이라면 괜찮은 사람임에 분명하다고 생각하고 그 사이트의 이전 버전을 확인해보기로 했다. 마침내 그가 만들었다는 오리지널 사이트를 확인했다. 그 사이트는 스포츠 면, 영화 면, 유명인사 면 등을 두루 갖추었으며 대학 신문처럼 반듯했다. 알고 보니 그 사이트가 인수되고 그가 떠난 뒤에 사이트의 성향과 논조가 바뀌었던 것이다. 당연히 우리는 그를 채용했다. 우리는 이런 여러 가지 기법을 활용해 뛰어난 여러 기업의 전체 직원 명단을 확보하고 있으며 이들 각각이 나중에 구글에서 어떤 직무를 맡으면 얼마나 잘 할 것인지 평가해두고 있다(물론 이 평가가 완벽하다고는 감히 말하지 않겠다). 주로 기술 관련 대기업을 조사했는데 이런 기업들도 우리 회사의 직원들을 우리와 비슷하게 평가하고 있으리라 확신한다.

일단 명단을 작성한 뒤에는 해당 분야에 전문성을 갖고 있거나 혹은 명단 속 인물을 개인적으로 알고 있는 우리 직원과 함께 그 내용을 검토한다. 구글에서 가장 큰 성과를 낼 거라고 예측되는 사람들을 보다 더 상세하게 알 수 있는 다른 방법이 있는지 인터넷으로 검색한다. 그런 다음 인맥을 동원해 그 사람과 관계를 형성한다. 이메일이나 전화를 사용할 수도 있고 직접 만날 수도 있다. 대개는 리크루팅 회사가 개입하지만 우리 회사의 기술자나 이사가 직접 나서서 접촉하는 게 가장 바람직하다. 지금 당장 그 사람이 구글에 합류할 가망은 없을지라도, 그 사람이 당장 내년에라도 현재의 회사에 계속 다니기 힘들어질 가능성은 얼마든지 있다. 이럴 때 이 사람은 구글과 접촉해 나눈 대화를 매우 소중하게 기억할 것이다.

구글에서 오랜 세월 광고와 앱 기술 담당 전무로 일했으며 지금은 구글의 장기 프로젝트를 담당하며 구글의 비밀 연구소 구글 엑스_{Google X}를 맡고 있는 제프 휴버_{Jeff Huber}는 개인적인 노력으로 스물 다섯 명이 넘는 고급 기술자를 구글에 합류시켰다. 이 중 한 명은 10년간 세 군데 회사를 옮겨 다녔는데, 그 긴 세월 동안 제프는 그 사람에게 공을 들여 결국 구글 직원으로 만들었다.

현재로서는 우리가 만든 사이트인 구글 커리어_{Careers}가 인재 채용에서 최고의 원천 가운데 하나로 꼽힌다. 이 사이트는 아직도 개선의 여지가 많긴 하지만 말이다. 기업이 제공하는 구인 사이트는 정말이지 끔찍하다는 말밖에 할 수 없다. 검색이 어려우며, 직무 설명도 포괄적으로 되어 있어 어떤 직무가 실제로 무슨 일을 하는지 혹은 구직자가 지원하고자 하는 팀이 어떤 곳인지 전혀 알 수 없게 되어 있다. 또 구직자가 지원을 해도 좋다는 것인지 그렇지 않다는 것인지를 전혀 언급하지 않는다. 우리는 2012년에 이런 문제를 해결하기 위해 팔을 걷어붙였다. 예를 들어 지원자는 이력서뿐 아니라 직무와 관련해 자신의 숙련 정도를 입증할 수 있는 자료를 제출할 수 있다. 즉 구글 플러스의 '서클_{Circles}' 기능을 사용해 구글이나 다른 회사 관계자 혹은 자기가 원하는 사람이나 조직의 하부 집단과 해당 기술들을 공유할 수 있다. 또한 이들은 현재 구글에서 일하는 사람과 접촉해 구글에서 일하는 것과 관련한 다양한 정보를 얻을 수 있다. 우리는 지원자 본인의 동의를 얻어 지금 당장은 구글에서 필요하지 않지만 장차 필요할 수도 있는 기술을 가진 지원자와 지속적으로 접촉하다 나중에 그런 기술이 필요할 때 채용하기도 한다.

우리는 리크루팅 회사를 많이 고용하지 않는다. 이런 회사들이 나빠서가 아니라 구글의 채용 기준과 채용 과정이 워낙 특이하고 엄정해 이런 까다로운 요건을 충족하는 업체가 몇 안 되고 또 구글 내에 직원 채용 역량도 나름대로 상당히 축적되어 있기 때문이다. 그러나 리크루팅 회사가 기여하는 정도는 어마어마하다. 예를 들어 구글의 존재감이 미미하고 해당 지역의 인재 풀을 구글이 잘 알지 못하는 나라들이 있다. 대표적으로 한국이 그렇다. 구글 한국 지사의 직원 수는 100명이 조금 넘는데, 한국에서 우리는 지역 인터넷 포털이자 검색엔진인 네이버에 한참 뒤처져 있다. 한국에서는 많은 사람들이 가족 소유 대기업인 재벌에 어떤 식으로든 종속되어 일한다. 이런 문화에 비춰볼 때 구글 같은 기업은 한국에서 그야말로 뜬금없이 나타난 벼락부자와 같은 존재다. 그러므로 이런 지역에서 고위직 관리자로 일할 사람을 찾으려면 믿을 만한 리크루팅 회사의 소개가 꼭 필요하다.

지원자와의 접촉이 매우 은밀하게 이뤄져야 하는 민감한 경우도 있다. 다른 회사 관계자와 얘기를 나눴다는 소문만 돌아도 현재의 자리가 위태로워지는 잠재적인 후보자에 접근할 때는 리크루팅 회사의 전문적인 도움이 매우 유용하다. 지난 여러 해 동안 몇몇 업체들이 우리에게 특히 도움이 됐다. 그러나 우리는 리크루팅 회사의 전체 역량보다 더 중요한 것이 우리와 함께 일하는 리크루터 개개인의 자질임을 깨달았다. 리크루팅 회사들의 능력은 제각기 다르지만, 이런 편차보다 더 큰 편차가 같은 리크루팅 회사 내의 개별 리크루터들 사이에 존재한다. 그러므로 어떤 회사를 선택하느냐보다 어떤 리크루터를 선택하느냐가 더 중요하다.

마지막 직원 채용 원천으로는 우리뿐 아니라 많은 기업이 활용하는 구인구직 사이트를 들 수 있다. 이런 웹사이트에 수수료를 내고 구인 광고를 올리면 수많은 지원자가 몰려든다. 인기 있는 웹사이트로는 몬스터닷컴, 커리어빌더CareerBuilder, 다이스Dice, 인디드Indeed 등이 있다. 우리 경험으로 보면 이렇게 구인 광고를 내면 정말 엄청나게 많은 지원자들이 몰려들지만 실제로 이런 과정을 거쳐 최종 합격하는 사람은 많지 않다.

이런 결과가 나오는 까닭을 우리 나름대로 추론해봤다. 구글이 워낙 지명도가 높은 회사다 보니 동기부여가 상대적으로 더 많이 된 지원자는 구글 커리어로 찾아가 직접 지원하지만, 동기부여가 상대적으로 덜 된 지원자는 구인 광고 게시판을 통해 더 많은 회사에 그리고 더 많은 직무에 지원하는데 이런 지원자는 스팸 메일을 뿌리듯이 지원서를 여기저기 남발한다. 구인구직 사이트를 통한 채용 비율은 구글의 경우 워낙 낮아 2012년에는 아예 이 방식을 포기했다.

때로 비범한 인재가 있다는 소문을 듣고 이 사람을 영입하려고 우리가 쓸 수 있는 온갖 방법을 동원하기도 한다. 그 사람이 이끄는 팀 전체를 영입하거나 그들을 위해 별도의 지역 사무소를 열기도 한다. 랜디 크나플릭Randy Knaflic은 무선 오디오 장비와 신체 활동을 감지하는 손목 밴드 제조업체인 조본Jawbone의 피플오퍼레이션* 담당 상무로 가기 전에 구글에서 스태프 조직의 핵심 간부로 있으면서 유럽과 중동 그리고 아프리카에서 인재 영입 활동을 했다. 그는 덴마크의 오르후스에서 우리 팀의 채용 활동을 이끌었는데, 그의 이

---

* 이 용어는 랜디가 구글에서 빌려간 것인데, 이 점을 나는 무척 기쁘게 생각한다.

런 활동이 마침내 웹 브라우저의 속도를 혁명적으로 바꿔놓았다. 다음은 랜디가 내게 한 말이다. "우리는 오르후스에 비범한 개발자 팀이 있다는 얘기를 들었죠, 작은 팀이 말입니다. 이들은 자기들의 회사를 팔아치우고 그다음에 무엇을 할 것인지 고민하고 있었습니다. 마이크로소프트가 이 소문을 듣고 이들에게 접근해 애정 공세를 펼쳤습니다. 마이크로소프트는 이들을 통째로 채용하길 바랐지만, 그렇게 되면 그 사람들은 마이크로소프트 본사가 있는 레드먼드로 이사를 가야 했습니다. 이 사실을 알고 그 기술자들이 말했죠, '우린 안 가요'라고요. 이후 우리가 끼어들어 이 사람들을 채용하기 위해 매우 과감한 정책을 펼쳤죠. 우리는 '오르후스에서 일해라. 구글에 소속돼 일하되 사무실은 새로 내라. 그리고 뭐든 대단한 걸 만들어다오'라고 했습니다. 우리는 그 팀 전체를 채용했고, 바로 이 팀이 크롬에 들어가는 자바스크립트 엔진을 만들어냈습니다."

당시를 되돌아볼 때마다 느끼는 점이지만, 창립 첫날부터 최고의 인재를 영입한다는 것을 원칙으로 내세운 창업자가 있었다는 것은 구글에게 큰 행운이다. 그러나 채용의 질에 초점을 맞추는 것만으로는 충분하지 않았다. 한층 더 넓은 그물을 한층 더 다양한 곳으로 던져야 했다. 또 한층 더 빨라야 했다.

인재 채용 시스템을 구축하는 첫 번째 단계는 모든 직원에게 채용 추천을 유도함으로써 직원 개개인이 모두 리크루터가 되도록 만드는 것이다. 객관적인 사람에게 채용 결정을 내리게 함으로써 사람들이 자기 친구나 지인에게 자연스럽게 갖는 편견을 없애거나 누그러뜨릴 필요가 있다. 회사의 규모가 커짐에 따라 두 번째 단계의 필요성이 더욱 커지는데, 이것은 인맥이 넓은 직원들이 회사에서 필요로 하는 인재를 찾는 데 한층 더 많은 시간을 들이도록 만드는 것이다. 어떤 직원에게는 이 일이 기본 업무가 될 수도 있다. 마지막으로 이런저런 실험을 끊임없이 시도하는 것이다. 우리는 구인 광고를 한 번 시도해봤기에 그 방식이 우리에게 맞지 않음을 알 수 있었다. 오르후스의 개발자들을 채용하면서 했던 실험을 통해 우리는 우리 조건보다는 영입하려는 인재의 조건에 맞추는 게 때로는 더 바람직하다는 사실을 깨달았다.

어떤 방식으로 인재를 찾을지 이미 알고 있다면 누구는 채용하고 누구는 그냥 돌려보낼지를 어떻게 정확하게 알 수 있을까? 다음 장에서 나는 회사가 거두는 성과를 좌우하는 채용 결정을 하는 게 얼마나 어려운지 설명하고, 이어서 수백 년간 구축된 과학과 훌륭한 직감이 어떻게 구글의 독특한 인재 채용 시스템을 낳게 됐는지 들려주겠다.

업무 규칙 **비범한 인재를 찾으려면**

- 당신이 찾고 있는 사람을 매우 구체적이고 상세하게 묘사해 최고의 후보자를 추천받아라.
- 인재 채용이 모든 직원의 일상 업무가 되도록 하라.
- 최고의 인재가 관심을 갖도록 하려면 미치광이 짓도 불사해야 하니, 이를 두려워하지 마라.

5장

육감을
믿지 마라

본능에 충실하면 좋은
면접관이 되지 못한다.

"Don't Trust Your Gut"

Why our instincts keep us from being good
interviewers, and what you can do to hire better

"첫인상을 주는 데 두 번의 기회는 없다."

1980년대에 나온 헤드앤숄더 샴푸의 광고 카피다. 이 문장은 대부분의 면접이 이뤄지는 과정을 압축해 보여준다. 면접에서 '처음 5분'이 모든 것을 결정한다는 내용으로 많은 기사와 책이 나왔다. 면접관은 그 5분 안에 지원자를 평가하고 면접이 진행되는 나머지 시간에는 자기가 내린 평가를 확인한다.[80] 어떤 지원자가 마음에 들면 면접관은 나머지 시간 내내 그 사람이 마음에 드는 더 많은 이유를 찾는다. 만일 지원자의 악수 태도가 마음에 들지 않거나 자기소개가 어색하다고 느낀다면 그 순간 면접은 이미 끝난 셈이다. 나머지 시간에는 그 지원자에게 퇴짜를 놓을 이유를 찾을 뿐이다. 아주 짧은 이 관찰의 순간을 이른바 '단편 판단thin slice'이라고 한다.

톨레도대학의 심리학과 학생인 트리샤 프리켓Tricia Prickett과 네하 가다-제인Neha Gada-Jain은 담당 교수인 프랭크 베르니에리Frank Bernieri의 도움을 받아 실시한 실험 결과를 2000년에 연구 논문으로 발표했다. 면접에서 처음 10초 만에 이뤄진 어떤 판단을 바탕으로 그 면접의 최종 결과를 예측할 수 있다는 내용이었다.[81] 이들은 실제 취업 면접 장면을 동영상으로 촬영한 다음 이것을 단순 관찰자들에게 보여주는 방식으로 이런 사실을 확인했다.

> 각각의 면접에서 작은 조각들을 떼어냈다. 이 조각들은 지원자가 면접장의 문을 노크한 다음 면접장 안으로 들어와 지정된 자리에 앉은 뒤 10초까지만 잘라낸 동영상이다. 이 조각 동영상들을 단순 관찰자들에게 보여줬다. 관찰자들은 이 동영상을 본 뒤에 해당 지원자의 취업 가능성, 그의 역량, 지성, 야망, 신뢰도, 자신감, 소심함, 따뜻한 인정, 예의 수준, 호감도 그리고 표현력을 평가해 등급을 매겼다. 이 열한 개의 항목 중 아홉 개 부분에서 단편 판단이 실제 면접관이 내렸던 최종 평가와 상당한 상관성을 가졌다. 즉 악수나 짧은 자기소개를 통해 받는 첫인상만 가지고 구조화 면접(질문 내용과 방법을 미리 정해놓고 진행하는 면접 방식 – 옮긴이)의 결과를 예측할 수 있었다.

문제는 처음 10초간 이 예측이 사실은 쓸모없다는 데 있다.

실험자들은 우리가 면접 현장에서 어떤 사람을 진정으로 평가하기보다는 그 사람에 대해 갖고 있는 자기 생각을 확인하는 절차로 면접이 진행되는 상황을 만들었다. 심리학에서는 이런 현상을 '확증편향confirmation bias'이라고 하며, 자기가 갖고 있는 믿음이나 가설을 확인하고자 하는 방향으로 어떤 정보를 찾거나 해석하거나 우선순위를 매기는 경향이라 정의한다.[82] 상호 소통의 기회가 지극히 적음으로 인해 우리는 기존의 편견과 믿음의 강력한 영향 아래에서 순간적이고 무의식적인 판단을 한다. 이런 사실을 알지 못할 때 우리는 어떤 지원자를 평가하기보다는 그 지원자에 대해 우리가 가졌던 첫인상을 입증할 증거를 찾아나선다.*

맬컴 글래드웰은 미시간대학의 심리학자인 리처드 니스벳Richard Nisbett과 대화를 나누면서 인간이 갖고 있는 무의식적인 자기기만에 대해 다음과 같이 말했다.

> 착각의 토대는, 자신은 실제로 존재하는 어떤 것을 있는 그대로 받아들인다고 또 다른 사람의 성향을 읽을 수 있다고 자신한다는 점이다. …… 당신이 면접관이 되어 어떤 사람을 상대로 한 시간 동안 함께 있을 때, 당신은 그 사람이 하는 행동의 어떤 표본만을, 그것도 편견에 물들어 있을 가능성이 높은 표본만을 취한다는 사실을 깨닫지 못한다. 당신은 어떤 홀로그램, 어떤 작고 모호한 이미지를 바라보면서 상대방을 온전하게 바라본다고 생각한다.[83]

다시 말해 대부분의 면접관이 시간을 낭비한다는 뜻이다. 면접에 소요되는 전체 시간의 99.4퍼센트는 면접 대상을 처음 본 뒤부터

---

* 확증편향은 인간이 무의식적인 편견 때문에 정확하지 못한 판단을 무심코 하게 되는 여러 가지 방식 가운데 하나다. 편견에 덜 사로잡히고 한층 총체적인 업무 현장 분위기를 조성하기 위한 노력의 일환으로 구글에서도 무의식적인 편견을 줄이고자 애써왔다.

10초 동안 면접관의 머릿속에 형성된 어떤 인상을 확인하는 데 소비되기 때문이다. "본인에 대해 말씀해보세요"나 "본인의 가장 큰 약점은 무엇입니까?" 혹은 "본인이 갖고 있는 가장 큰 강점은 무엇입니까?" 등의 질문을 하지만 모두 쓸모없다.

많은 기업의 면접장에서 활용되는 온갖 엉뚱한 질문들도 마찬가지로 쓸모없다. 예를 들면 다음과 같은 질문들이다. "당신에게 컨설팅을 의뢰한 고객은 제지업체인데, 지금 제2공장을 지을까 어쩔까 고민한다면, 어떻게 해야 할까?"나 "맨해튼에 주유소가 총 몇 개나 있을 것 같은가?" 같은 것을 들 수 있다. 또 정말 짜증나는 질문인 "보잉 747 여객기에 골프공이 몇 개나 들어갈 수 있을 것 같은가?" 나 "내가 마법을 부려 당신을 동전만 하게 만들어 믹서에 넣는다면 당신은 거기서 어떻게 탈출하겠는가?" 등의 질문도 마찬가지다.

이런 질문들을 정확하게 대답한다는 것은 기껏해야 연습을 통해 숙련된 어떤 기술을 갖고 있음을 뜻할 뿐이다. 여기서 지원자가 갖고 있는 특정한 어떤 능력을 평가한다는 차원의 효용을 찾아볼 수는 없다. 최악의 경우는 정확한 대답이 사소한 정보나 통찰에서 나왔음에도 불구하고 면접관은 그 대답을 한 지원자를 똑똑하다고 판단하고, 더 나아가 이런 판단을 내린 자기 자신에 만족한다는 것이다. 면접관은 자기 앞에 앉은 지원자가 실제 업무 현장에서 얼마나 능력을 발휘하며 성과를 낼지 예측할 능력은 거의 갖고 있지 않다.[84] 이것은 일부는 그 질문들이 업무와 관련이 없기 때문이고, 일부는 업무 능력의 지표가 될 수 있는 유동적 지능fluid intelligence과 이런 유형의 퀴즈 사이에 상관성이 전혀 없기 때문이다. 또한 천부적으로 똑똑한 사람과 이런 기술을 연마한 사람을 구분할 방법이 전혀 없기 때문이다.

솔직히 이런 질문들 중 몇몇은 실제로 구글의 면접 현장에서 사용되었고 앞으로도 사용될 거라고 확신하며, 이 점에 대해 지원자들에게 미안하게 생각한다. 우리는 이런 질문으로 지원자를 당황하게 만드는 일이 우리 면접장에서는 일어나지 않도록 최대한 노력하려고 한다. 그것은 질문을 하는 사람이나 대답을 해야 하는 사람 모두에게 시간 낭비이기 때문이다. 나를 포함한 구글의 고위 간부들은 매주 입사지원서를 검토할 때 이런 질문에 대한 대답은 무시한다. 구인구직 사이트의 경우에서 보았듯이 몇몇 평가 노력들은 의미 있는 결과를 전혀 내지 못했다. 다행히도 다니던 회사가 문을 닫자 구글의 인턴사원이 되려고 마음먹은 두 명의 사십 대 남자 이야기를 다룬 2013년 영화 〈인턴십The Internship〉이 이 엉뚱한 질문과 관련된 문제를 명쾌하게 풀어냈다. 그러니 적어도 면접장에서는 이런 질문이 더는 나오지 않을 것이다.*

---

* 동전만큼 몸이 줄어들어 믹서 안에 던져진다면 어떻게 탈출할 것인가 하는 질문에 대한 '올바른' 답변은 질량 외에는 아무것도 바뀌지 않았으므로 질량 대비 근력 비율은 상당히 높아졌을 테니 그냥 훌쩍 뛰어서 탈출하면 된다는 것이다. 그런데 빈스 본과 오웬 윌슨이 연기한 두 주인공은 믹서 칼날이 계속 돌아가면 적어도 열한 시간이면 믹서가 부서질 것이므로 안전할 거라고 대답했다. 그다음에는 어떤 장면이 이어졌을까? 두 사람은 이렇게 외쳤다. "예, 그렇습니다. 이제 동전만 한 남자 두 명이 이 세상에 자유롭게 살게 됐습니다. 한번 상상해보세요, 선글라스 수리도 할 수 있다고요! 그 지옥 같은 칼날 아래에도 있었는데 겁날 게 뭐 있겠습니까? 작은 잠수함을 타고 사람 몸에 들어가 질병 바이러스와 싸울 수도 있고요. 믹서 속에 있다가 이제 사람 목숨을 구할 수 있다고요. 얼마나 멋지냐 이겁니다!"

≫ 100년 과학은 답을 알고 있다

1998년에 프랭크 슈미트Frank Schmidt와 존 헌터John Hunter는 사전 평가가 얼마나 정확하게 예측하는지 연구한 85년간의 분석 내용을 주제로 한 메타 분석 결과를 발표했다.[85] 이들은 열아홉 개의 각기 다른 평가 방법을 살핀 끝에 전형적이며 비구조화 면접(질문 내용과 방법이 미리 정해져 있지 않은 면접 방식 – 옮긴이)에서 지원자가 거두는 성적은 그가 채용된 뒤에 거둘 업무 성과를 제대로 예측하지 못한다는 사실을 발견했다. 비구조화 면접의 r^2값은 0.14였는데, 이것은 합격자가 거두는 업무 성과의 14퍼센트밖에 설명해주지 않는다는 뜻이다.* 하지만 이것은 주변인 평가(업무 성과의 7퍼센트를 설명한다)나 업무와 관련된 교육 수료 여부(업무 성과의 3퍼센트를 설명한다) 그리고 필체 분석(업무 성과의 0.04퍼센트를 설명한다)보다는 훨씬 낫다. 거의 모든 사람이 이런 평가 틀을 갖고 미래를 예측하는데, 이런 사실을 알고 나는 깜짝 놀랐다. 그렇다면 어떤 병원은 의사를 채용할 때 지원자의 필체가 얼마나 알아보기 쉬운지 검사하고 있다는 얘기가 아닌가?

지원자의 미래 업무 성과의 가장 좋은 예측 지표는 작업표본검

---

* 보다 정확하게 말하면 r는 하나 혹은 둘 이상의 변수가 어떤 결과를 얼마나 정확하게 예측할 것인가를 나타내는 수치다. 만일 r^2 값이 통계적으로 유의미하고 100퍼센트에 가깝다면, 우리는 모델 속의 다른 자료를 바탕으로 결과를 정확하게 예측할 수 있을 것이다. 하지만 사실 인생의 온갖 복잡다단함을 다루는 사회학에서 이런 경우는 거의 없다! 만일 r^2 값이 0퍼센트에 가깝다면 예측은 덜 정확하게 될 것이다. 이 값은 변수들 사이의 내재적인 상관성 혹은 어떤 사건들이 동시에 일어나는 비율을 토대로 한다. r^2 값이나 상관성 모두 인과관계의 측정치는 아니다. 다시 말해 상관성이 높다고 해서(예컨대 r^2 값 = 0.9라고 해서) A 사건과 B 사건 사이에 인과관계가 있다는 뜻은 아니고 그저 A 사건과 B 사건이 동시에 일어난다는 뜻일 뿐이다.

사_{work sample test}인데, 이것은 미래 업무 성과의 29퍼센트를 설명한다. 작업표본검사는 지원자가 채용될 경우에 수행할 업무와 비슷한 작업을 하게 한 다음 그 성과를 평가하는 것이다. 하지만 이조차도 지원자의 업무 성과를 완벽하게 예측할 수 없다. 실제 성과에는 다른 동료와 협력을 얼마나 잘하는가, 불확실성에 얼마나 잘 적응하는가, 얼마나 빠르게 학습하는가 등과 같은 다른 요인들이 작용하기 때문이다. 게다가 지원자에게 제시할 수 있는 깔끔한 작업 표본을 추려낼 수 있는 업무도 한정되어 있다. 콜센터에서 일할 지원자나 과제 지향적인 업무를 하게 될 지원자에게는 이런 검사를 할 수 있지만, 많은 업무의 경우에는 변수가 너무 많아 업무 전체를 대표할 수 있는 작업 표본을 마련할 수 없다. 도무지 손을 댈 수 없는 일이다.

구글에서는 기술 분야의 지원자든 제품 관리 분야의 지원자든 예외 없이 작업표본검사를 거치는데, 면접 때 지원자는 기술적인 문제를 어떻게 해결할 것인가 하는 질문에 답해야 한다. 이와 관련해 우르스 횔츨레는 이렇게 말했다. "우리는 지원자의 기량을 실제로 검사하는 것을 바탕으로 면접을 실시합니다. 예를 들면 이렇습니다. 이러저러한 코드를 만들어봐라, 이것을 설명하라 등……. 이력서를

예를 들어 내가 아침마다 여섯 시에 일어나 운동하러 나가고 또 운동하러 가기 전에 개를 마당으로 내놓는다면, 내가 운동하는 시간의 타이밍은 개가 마당으로 나가는 시간의 타이밍과 상관성이 있다. 이 두 사건은 같은 시간에 일어나기 때문이다. 그러나 어느 한 사건이 다른 사건의 원인이나 결과라고 말할 수는 없다. 엄청나게 많은 자료를 갖고 있으며 그 밖의 다른 변수들을 통제할 수 있고 또 결과가 믿을 수 있음을 확인해줄 어떤 통계적인 검증을 거친다면, 그 상관성은 제대로 작동하는 것과 그렇지 않은 것에 대한 어떤 판단을 하는 데 상당히 좋은 출발점이 될 수 있다. 직원 채용의 경우에도 지원자가 받은 면접 점수는 물론 이 지원자가 합격해서 나중에 거둘 업무 성과의 원인이 될 수 없다. 당연히! 그러나 다른 변수들을 통제한다면 그 사람이 실제 업무에서 얼마나 좋은 성과를 낼 것인지 예측하는 데 도움이 될 수 있다.

보지 않고 실제로 그 사람이 무엇을 할 수 있는지 본다는 말입니다." 에릭 비치도 이렇게 덧붙였다. "기술자들이 죽 늘어서서 지원자에게 자료를 바탕으로 한 구체적인 질문을 수없이 던지는 식으로 면접이 진행되죠. 그러니까 '이러저러한 경우에 대해 얘기해보시오'라는 식이 아니라 '이 문제를 해결할 알고리즘을 작성해보시오'라는 식입니다."

지원자의 미래 업무 성과를 예측하는 데 두 번째로 좋은 지표는 종합인지능력general cognitive ability인데, 이것은 업무 성과의 26퍼센트를 설명한다. 케이스 면접이나 까다롭고 황당한 질문을 하는 것과 다르게(면접은 일반적으로 피트fit 면접과 케이스case 면접으로 나뉘는데, 피트 면접은 이력서나 자기소개서를 바탕으로 지원자가 적합한 인물인지 평가하는 것이고 케이스 면접은 지원자의 문제 해결 능력을 평가하기 위한 것이다−옮긴이) 정답과 오답이 있는 문제, 지능지수 시험 문제와 비슷한 문제로 실제 시험을 치르게 한다.

종합인지능력이 유효한 이유는, 여기에는 학습 능력이 포함되는데, 가공되지 않은 초기 정보와 학습 능력이 결합할 때 대부분의 사람들은 대부분의 업무에서 좋은 성과를 내기 때문이다. 문제는 대부분의 표준화된 이런 유형의 시험은 백인 남성에 초점이 맞춰져 있어, 그렇지 않은 대상자에게는 변별력을 갖지 않는다는 점이다. SAT가 여성과 비非백인 응시자에게는 대학 수학능력을 일관되게 예측하지 못하는 것과 비슷한 맥락의 문제다.

필리스 로저Phyllis Rosser가 1989년에 발표한 SAT 연구 논문은 수학능력이 비슷한 남학생과 여학생의 고등학교 성적과 대학 성적을 비교한 결과 여학생이 남학생보다 SAT 점수를 낮게 받았다는 사실을 발견했다.[86] 이런 결과가 나온 이유로는 시험 유형(AP 테스트[미국에서 고등학생을 대상으로 대학 교과 과정 이수를 시험으로 대체해 학점을 선취득할 수 있도록 하는 제도로 명문대학 입시에 중요한 시험이다-옮긴이]에서는 남녀의 차이가 없는데, 이 시험은 복수의 답지에서 정답 하나를 선택하는 방식이 아니라 에세이와 주관식 단답형 방식을 취하기 때문이다)과 시험 점수(남학생은 여학생에 비해 여러 개의 답들 중 하나를 제외한 뒤에 답을 추측해 맞히는 확률이 높다)를 들 수 있으며, 심지어 질문 내용(여학생은 관계, 미학, 인문 등에 속하는 문제를 상대적으로 잘 풀고 남학생은 스포츠, 물리학, 경영학 등에 속하는 문제를 상대적으로 잘 푼다)까지도 들 수 있다.*[87] 이런 유형의 연구 논문들은 여러 번 나왔으며, 이런 유형의 표준화된 시험들은 그 뒤로 꾸준하게 개선됐지만 아직도 멀었다.**

남부캘리포니아의 명문 교양 대학인 피처칼리지는 이와 관련된 증거를 보여준다. 이 대학은 고등학교 평점평균GPA이 3.5 이상인 지원자나 고등학교 성적이 상위 10퍼센트에 속하는 지원자에게 초점

---

* 불행하게도 로저의 논문은 이 차이를 확인했지만 왜 그런 차이가 발생했는지는 설명하지 않았다. 한 가지 유력한 설명으로는 여학생과 남학생은 문제를 맞히는데 누가 더 유리하거나 불리하지 않지만, 성별에 따른 이른바 '고정관념의 위험 효과(stereotype threat)'에 빠지고 만다는 점을 들 수 있다. 이것은 자기가 속한 그룹에 대한 부정적 고정관념을 확증할 가능성이 있는 상황에서 불안이나 걱정을 느끼는 것을 가리키는 심리적인 현상이다. 예를 들어 연구자들은 응시자가 시험을 치기 직전에 특정한 고정관념을 의식할 경우 응시자의 시험 성적이 달라진다는 사실을 입증했다. 어떤 기초 연구 논문에서 여학생 집단에게 이 집단이 수학 시험을 치기 직전에 여학생이 남학생보다 수학을 잘 못하는 경향이 있다는 말을 들려주었는데, 시험 결과 이 집단은 남학생 집단보다 낮은 점수를 받았다. 이에 비해 수학 시험을 치기 전에 수학 시험에서 남녀의 차이가 없다는 말을 들은 여학생 집단은 남학생과 동일한 점수를 받았다.

* SAT를 주관하는 칼리지보드는 2014년에 이런 문제점들을 개선하기 위해 SAT를 개혁하는 작업을 하고 있다고 발표했다. 그러나 이런 노력이 설령 성공한다 해도 이미 대학에 입학해 졸업이나 취업을 준비하는 사람에게는 도움이 되지 않을 것이다. 이들이 SAT를 또다시 치를 일은 없을 테니까 말이다.

을 맞춰 SAT 점수를 요구하지 않는 쪽으로 입학 전형을 수정했고, 그때 이후 이 학교 입학자의 고등학교 시절 GPA는 8퍼센트 올랐으며 유색 인종 학생의 비율은 58퍼센트 증가했다.[88]

종합인지능력 테스트와 연동된 것으로 구조화 면접이 있다. 업무 성과의 26퍼센트를 설명해주는 이 면접에서는 지원자가 하는 대답의 질을 평가할 기준이 분명하게 설정되어 있는 일련의 질문을 지원자에게 던진다. 구조화된 질문은 여론조사 때 늘 사용되는 것이다. 지원자 평가에서 나타날 수 있는 점수 차이는 면접관의 기준이나 질문의 난이도가 경우마다 다르기 때문이 아니라 지원자마다 업무 능력이 다르기 때문이라는 것이 이 접근법의 기본적인 발상이다. 구조화 면접에는 행동 면접과 상황 면접 두 가지 유형이 있다. 행동 면접은 지원자에게 지금까지 본인이 이룩한 성취가 무엇인지 설명하라고 한 다음에 이 성취가 앞으로 하게 될 업무와 어떤 연관이 있는지 설명하라고 한다. 즉 "이러저러한 경험으로 어떤 것이 있는지 말해보시오"라고 묻는다. 이에 비해 상황 면접은 업무와 관련된 가상의 상황을 설정하고 "이런 상황에서 당신은 어떻게 하겠습니까?"라고 묻는다. 부지런한 면접관이라면 한층 깊이 파고들어 지원자가하는 얘기 뒤에 감춰진 진실성과 사고 과정까지도 평가할 수 있다.

구조화 면접은 그 자체로 구조화될 수 없는 업무에 대한 성과까지 예측할 수 있다. 우리는 이 방식이 지원자나 면접관이 한층 나은 경험을 하도록 해주며 면접 과정이 매우 공정하다고 인식하게 만든다는 사실을 발견했다.[89] 따라서 점점 더 많은 기업이 이 방식을 채택하는 건 당연하다. 문제는 질문 문항을 만들기가 어렵다는 데 있다. 질문을 작성하고 검증하며 지원자가 그 질문에 집중하게 만들어야 한다. 게다가 질문 문항들을 매번 새로 만들어야 한다. 이 과정을 거쳐야 지원자들이 사전에 질문을 대비해 답변함으로써 평가가 정확하게 이뤄지지 않는 것을 예방할 수 있다. 이 일에 들어가는 작업량이 보통 많은 게 아니다. 그러나 이 과정을 거치지 않을 경우 고도로 주관적이거나 차별이 존재하는 면접 혹은 둘 다인 면접으로 모든 사람의 시간을 낭비할 테니, 달리 대안도 없는 셈이다.

더 나은 방법이 하나 있긴 하다. 여러 평가 기법들을 결합하는 게 단일한 기법을 사용할 때보다 낫다는 사실이 연구 결과 밝혀졌다. 예를 들어 업무 성과의 26퍼센트를 설명하는 종합인지능력 테스트를 10퍼센트를 설명하는 성실성 평가와 결합할 때 합계 36퍼센트로 업무 성과를 더 잘 설명할 수 있다. 내 경험상으로도 그렇다. 성실성 평가에서, 예를 들어 일을 할 때 어느 정도 충분히 한 상태에서 중단하기보다는 완전히 끝낼 때까지 계속한다는 '일을 끝까지 완수한다' 항목에서 높은 점수를 받은 사람은 주인의식을 갖고 회사 업무에 임하는 경향이 있다. 내가 처음 구글에 입사한 뒤 한두 달간 기술지원 팀에 속한 조시 오브라이언Josh O'Brien이 나를 도와 정보통신과 관련한 문제를 처리했는데, 그때 아주 녹초가 됐던 것을 지금도 기억한다. 금요일이었는데 마침 퇴근 시간인 다섯 시가 다 되어, 나는 월요일에 일을 끝내도 된다고 말했다. 그러자 조시는 이렇게 말했다. "괜찮아요, 끝내버리죠."

그러고는 그 일이 끝날 때까지 쉬지 않고 계속 매달렸다.[90]

그렇다면 구글에서는 어떤 평가 기법들을 사용할까?

구글이 실시하는 면접의 목적은 지원자들이 팀에 합류한 뒤에 어떤 업무 성과를 낼 것인지 예측하는 것이다. 이를 위해 우리는 과학이 옳다고 제시한 방식, 즉 행동 면접과 상황 면접을 인지 능력, 성실성, 리더십 등에 대한 평가와 결합하여 실시한다.[*91]

우리는 면접관에게 도움을 주기 위해 큐드로이드qDroid 라는 구글 내부용 도구를 하나 개발했다. 여기에는 면접관이 직접 검사 대상 업무를 선택해 검사하고자 하는 자질들을 점검하고 확인하며, 그 업무에 대한 성과를 예측하도록 설계된 질문들이 첨부된 면접 지침이 담겨 있다. 이 도구를 활용하면 면접관이 중요한 질문을 찾아내고 묻기가 한층 쉬워진다. 면접관은 또한 그 문서를 동일한 지원자를 면접하는 다른 면접관들과 공유할 수 있는데, 이렇게 함으로써 지원

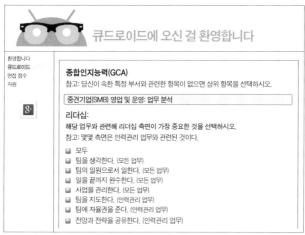

큐드로이드
예시 화면
© Google, Inc.

＊ 구글의 인간 분석 팀(People Analytics Team)의 일원인 멀리사 해럴(Melissa Harrell)은 이렇게 덧붙였다. "구조화 면접으로 전환한 것은 훌륭한 선택이었습니다. 지원자의 미래 업무 성과를 훨씬 더 잘 예측할 수 있거든요. 게다가 이 접근법은 다양성 확보 차원에서도 더 효과적입니다. 잘 계획된 질문들과 객관적인 점수 판정은 면접관이 무의식적인 편견에 의존하는 경향을 한층 줄여줍니다."

자를 모든 측면에서 종합적으로 평가할 수 있게 된다.

큐드로이드가 특히 뛰어난 부분은, 이미 유효성이 입증된 질문들을 손쉽게 활용하면서 면접관이 필요하다면 얼마든지 자기만의 질문을 던질 수 있게 해서 보다 발전되고 보다 신뢰성이 높은 면접이 될 수 있도록 지원해준다는 점이다.

채용 면접에서 지원자에게 하는 질문의 예를 들면 다음과 같다.

- 당신의 행동이 팀에 긍정적인 영향을 준 적이 있다면 그 이야기를 하시오. (추가 질문: 당신이 애초에 정한 목표와 그 이유는 무엇입니까? 팀원들은 어떤 반응을 보이던가요? 당신의 계획은 무엇이었나요?)
- 어떤 목표를 달성하기 위해 팀을 효과적으로 관리한 적이 있다면, 그 이야기를 하시오. (추가 질문: 당신이 정한 목표로는 어떤 것들이 있었으며, 당신은 한 개인으로서 또 팀의 일원으로서 각각 그 목표들을 어떻게 달성했나요? 당신은 팀원 개개인에게 자신의 리더십을 어떻게 적용했나요? 이러한 특정 상황에서 중요하게 배운 점이나 시사점은 무엇이었나요?)
- 누군가와 함께 일을 하면서 어려움을 겪은 적이 있으면, 그 이야기를 하시오. 그 사람은 직장 동료일 수도 있고, 학교 친구일 수도 있고, 고객일 수도 있습니다. 그 사람의 어떤 점 때문에 힘들었습니까? (추가 질문: 그 문제를 해결하기 위해 당신은 어떤 단계들을 밟아나갔나요? 결과는 어땠습니까? 그 외의 다른 방법이 있었습니까?)

이 책이 아직 완성되지 않았을 때 초고를 읽은 어떤 사람이 내게 이런 말을 했다. "글쎄, 내가 보기에는 질문들이 너무 포괄적이라서 어쩐지 좀 실망스러운데……."

이 사람의 말이 맞다. 그렇지만 또 틀리기도 하다. 이 질문들은 확실히 밋밋하다. 그러나 이 질문들은 비범하고 탁월한 지원자를 그저 괜찮은 지원자들 사이에서 가려내는 데 필요한 일관되고 신뢰할 만한 토대를 제공한다. 우리가 찾는 비범하고 탁월한 지원자는 자기 선택과 관련된 사례와 이유를 훨씬 더 많이 갖고 있기 때문이다. 평범함과 비범함을 가르는 어떤 뚜렷한 선을 확인할 수 있을 것이다. 물론 "어떤 노래가 당신이 갖고 있는 직업윤리를 가장 잘 대변합니까?" 혹은 "차에 혼자 있을 때 무슨 생각을 합니까?" 같은 질문을 한다는 건 우스운 일이다. 충분히 그럴 수 있다(이 두 질문은 다른 회사들의 면접 과정에서 실제로 나오는 질문이다). 중요한 것은 비어 있는 자리를 채워줄 최고의 적임자를 찾아내는 것이지, 해당 업무를 완수하는 데 필요한 검증된 어떤 연결점이 없는데도 자신의 편견을 확인시켜주는 질문('세상에 이럴 수가! 차에 혼자 있을 때 나도 똑같은 생각을 하는데!')을 하면서 재미를 느끼는 게 아니다.

우리는 어떤 일관된 기준을 갖고 면접에 점수를 매긴다.* 종합인지능력을 평가하는 구글의 독자적인 버전은 지원자가 해당 업무와 관련된 문제를 얼마나 잘 이해하는가 하는 점을 비롯해 다섯 가지 요소를 담고 있다. 각각의 요소에 대해 면접관은 지원자가 어떻게 대답하는지 평가지에 분명하게 점수를 매겨야 하며, 어떤 경우에 어떤 점수를 매겨야 할지 명확하게 규정되어 있다. 면접관은 또한 나

---

* 이 기준을 통상적으로 행동기준평가법(behaviorally anchored rating scales)이라고 부른다.

중에 다른 면접관들이 참조할 수 있도록 지원자가 종합인지능력을 어떻게 드러냈는지 정확하게 기술해야 한다.

우리의 큐드로이드 질문이 지나치게 포괄적이라던 친구는 내가 우리의 면접 질문 및 채점표에 대해 얘기하자 이렇게 내뱉었다. "흥, 그냥 뭐 뻔한 얘기네, 보통 회사에서 하는……."

어떤 일자리 하나를 두고 당신이 최종 면접을 봤던 다섯 사람을 생각해보자. 당신은 이 사람들에게 비슷한 질문을 했는가, 아니면 제각기 다른 질문을 했는가? 모든 지원자에게 당신이 필요로 하는 모든 것을 다 알아봤는가, 아니면 시간이 모자랐는가? 그 지원자들에게 모두 동일한 기준을 일관되게 지켰는가, 아니면 개인적으로 힘든 날이었거나 지쳤다는 이유로 특정한 지원자에게만 유독 까다롭게 굴지 않았는가? 당신이 평가한 사실을 다른 면접관이 참조할 수 있을 정도로 충분히 상세하게 기록했는가? 정밀한 채용 기준이 이 모든 문제를 해결해준다. 이런 기준이 있을 때 뒤죽박죽의 모호하고 복잡한 업무 상황이, 측정할 수 있고 비교할 수 있는 결과로 변환된다. 예를 들어 당신이 지금 기술지원AS 업무를 담당하는 자리에 지원한 사람을 면접한다고 치자. 지원자가 답할 해결책에 대한 가장 확실한 대답은 "고객이 원하는 대로 노트북 배터리 문제를 해결했습니다"가 될 것이다. 그러나 탁월한 대답은 이 수준을 넘어선다. 예컨대 이런 것이다. "고객은 예전부터 배터리 수명에 대한 불만을 줄곧 얘기했는데, 마침 이 사람이 출장을 간다고 하기에 필요할지 모르니 여분의 배터리를 갖고 갔습니다." 겉으로 보기에 따분해 보이는 기준을 제대로 적용하는 것이야말로 뒤죽박죽인 상황을 계량화하는 핵심 요소다.

만일 당신이 이 모든 것을 자기가 직접 구축하는 게 힘들고 번거롭다면 해결책은 간단하다. 인터넷을 뒤져라. 자기 상황에 맞게 응용해 사용할 수 있는 구조화 면접 질문의 사례는 인터넷에 널려 있다. 예를 들어 미국의 재향군인회 웹페이지www.va.gov/pbi/questions.asp에는 이런 질문이 100개 가까이 올라와 있다. 여기에 수록된 질문을 이용해도 인재 채용 수준을 한층 높일 수 있을 것이다.

아울러 당신은 지원자를 단순히 평가하는 것 자체가 목적이 아님을 명심해야 한다. 그 사람이 당신을 사랑하게 만들어야 한다. 실제로! 당신은 그 사람이 면접 과정이 대단한 경험이었다고 기억하기를 바라고, 그 사람의 관심사가 면접 과정에서 온전하게 다뤄지길 바라며, 면접을 마치고 나서는 그날이 인생 최고의 날이라는 느낌이 들기를 바라야 한다. 면접 과정은 어색할 수밖에 없다. 면접관은 난생처음 본 사람에게서 내면의 깊숙한 얘기를 끌어내야 하고, 지원자는 약자의 위치에서 긴장하고 초조해하며 마음을 졸여야 하니, 왜 안 그렇겠는가? 면접이 끝나고 면접장을 나서는 지원자가 회사에 좋은 감정을 느낄 수 있도록 면접 과정에 특별히 시간을 투자할 필요가 있다. 지원자는 면접장을 나서는 그 순간부터 자기가 겪은 면접 경험을 다른 사람들에게 할 것이기 때문이다. 그리고 무엇보다 이런 태도로 사람을 대하는 것이 옳기 때문이다.

때로는 일상적인 대화를 나눌 시간을 별도로 마련하는 것만으로도 충분하다. 면접 과정에서 면접관은 무의식적으로 자기가 필요한 것에 집중하게 된다. 면접관 입장에선 지원자를 될 수 있으면 빠르게 파악하고 평가해야 하므로 바쁠 수밖에 없다. 그러나 지원자는 면접관보다 더 중대한 결정을 내려야 한다. 회사에는 많은 직원이 있지만 지원자는 단 하나의 일자리를 원하고 또 차지하기 때문이다. 이런 이유로 나는 채용 면접을 할 때면 언제나 지원자에게 여태까지 겪은 구글의 채용 과정이 어땠는지 묻고 지원자가 궁금한 사항을 물어볼 수 있도록 10여 분간의 여유 시간을 준다.

채용 면접에 이어서 우리는 구글에서 '복스팝VoxPop'이라고 이름 붙인 도구를 이용해 모든 지원자를 대상으로 설문조사를 한다.* 우리의 채용 과정에 대해 지원자가 어떻게 생각하는지 파악하고 이를 바탕으로 면접 과정을 개선하기 위한 절차이다.

» 면접 질문 고르기

이제 당신은 채용 면접 질문을 어떻게 할 것인지 알았다. 남은 문제는 그 질문을 어떻게 골라야 할 것인가이다.

예전에 우리는 될 수 있으면 똑똑한 사람을 채용하면 모든 문제가 다 해결된다고 생각했다. 그러나 세계 체스 챔피언인 러시아의 게리 카스파로프Garry Kasparov라 해도 정말 중요한 문제를 해결하는 데 함께 협력할 사람으로는 적임자가 아닐 수 있다. 2007년에 우리는 구글이 채용한 약 1만 명은 물론 구글이 채용하지 않았던 100만

---

* 복스팝은 '사람들의 목소리(voice of the people)'를 뜻하는 라틴어 'vox populi'의 줄임말이다.

명을 대상으로 어떤 속성들을 찾아나섰다. 우리는 지원자의 기술적인 업무 능력을 바탕으로 한 채용을 검증했다. 그 결과 구글에 입사해 장차 높은 성과를 올릴지 여부를 예측하는 네 가지의 분명한 자질이 존재한다는 사실을 발견했다. 그 네 가지는 다음과 같다.

종합인지능력 우리가 새로운 상황을 학습하고 그에 적응하는 법을 익힐 줄 아는 똑똑한 사람을 원한다는 건 그리 놀라운 일이 아니다. 하지만 이 과정은 지원자가 실제 현실에서 여러 가지 어려운 문제를 어떻게 해결해왔는지와 관련이 있지 GPA나 SAT 점수를 확인하는 것이 아님을 명심해야 한다.

리더십 이 자질이 포함되는 것 역시 놀라운 일이 아니다. 모든 회사가 리더를 원한다. 구글은 특정한 유형의 리더십, 이른바 '창발적 리더십emergent leadership'을 찾는다. 이것은 형식적인 위계를 무시하는 리더십 유형인데, 구글에서는 형식적인 리더는 거의 찾아보기 어렵다. 한번은 어떤 사람이 나더러 구글에서는 모든 직원이 특정 사업을 책임지는 '담당 임원executive sponsor'이 되면 연봉이 10퍼센트 인상되는데, 담당 임원이라는 내 직위를 놓고 그게 어떤 의미인지 물었다. 나는 사실 나도 잘 모르지만 구글 내에서 그런 직함은 아무런 의미가 없다고 설명했다. 구글에 갓 입사한 사람들은 대부분 내 이름에 '전무'라는 호칭을 붙이는데 내 직위가 전무이기 때문이었다. 그러나 어떤 프로젝트에서 내게 주어진 역할은 의견을 제시하고 분석하며 올바른 결과가 도출되도록 도움을 주는 것으로, 다른 모든 사람의 역할과 같았다. 구글에서 우리는 어떤 팀이 오랜 기간 활동을 하다 보면, 어느 시기에는 특정한 역량이 필요하고 다른 시기에는 다른 역량이 필요하다고 생각한다. 따라서 다양한 역량을 가진 사람이 리더십을 발휘하는 자리에 올라 조직에 기여하고, 또 자기 역량으로 해야 할 일이 끝나면 다른 역량을 가진 사람이 리더십을 발휘하도록 뒤로 물러나는 게 당연하다고 여긴다. 우리는 자신이 어떤 경우에든 최고 권좌에 앉아 있어야 한다고 생각하는 리더십 사고방식을 강하게 배척한다. '우리'보다는 '나'라는 단어를 훨씬 더 많이 사용하고, 어떤 업무를 수행할 때 그 일을 어떻게 수행할지 따지기보다 자신이 성취하고자 하는 것에만(혹은 성취한 것에만) 집중하는 유형의 리더 역시 구글은 철저하게 배척한다.

구글다움 Googleyness 우리는 구글에서 개인적으로 성공하기를 꿈꾸는 사람을 원한다. 구글다움의 내용을 명쾌하게 정리할 수는 없지만 다음에 열거하는 여러 자질들을 아우르는 것만은 분명하다. 즐거움 즐기기(사실 누가 이걸 원치 않겠는가), 어느 정도의 지적 겸손함 갖추기(자신이 틀렸을 수도 있음을 인정하지 않고서는 새로운 것을 학습하기 어렵다), 모호함 속에서도 편안함 느끼기(우리는 우리가 하는 사업이 앞으로 어떻게 진화할지 모르며, 구글을 내면적으로 탐구하려면 수많은 모호한 것들을 처리해야만 한다) 그리고 자신이 인생에서 용기 있거나 흥미로운 어떤 길을 선택해 걸어가고 있음을 느끼기 등.

역할 관련 지식 우리가 지원자에게 검증하려는 자질 가운데 가장 중요도가 떨어지는 것이 그 사람이 해당 업무에 대해 실제로 얼마나 많은 지식을 갖고 있는가 하는 사항이다. 우리가 경험하고 추론한 바로는, 동일한 과제를 여러 해 동안 성공적으로 수행해온 사람은 구글에 입사해서도 그런 과제를 훌륭하게 수행하면서 지금까지 자신이 효과를 봤던 것과 동일한 해법을 복제해낼 가능성이 높다. 심리학자 에이브러햄 매슬로Abraham Maslow는 '자신이 갖고 있는 유일한 도구가 망치라면 모든 것을 못으로 생각하고 대응하려는 유혹이 매우 강력할 거라고 나는 생각한다'고 했다.[92] 이런 대응 방식의 문제는 새로운 어떤 것을 창조할 기회를 잃어버린다는 점이다. 우리의 경험에 의하면, 열린 마음으로 무엇이든 기꺼이 학습하려는 호기심 많은 사람은 대부분의 경우 가장 정확한 답을 찾아내며 진정으로 기발한 해결책을 발견할 가능성이 많았다.* 예컨대 기술 분야나 제품 관리 분야와 같은 실천적인 기술이 필요한 업무에서 우리는 컴퓨터학 관련 전문성을 매우 중시한다. 하지만 이 경우에도 우리는 단 한 가지 분야의 전문 지식보다는 컴퓨터학 전반을 온전하게 이해하는 사람을 우선적으로 채용한다. 그리고 보다 공정을 기하기 위해 모든 분야에 박학다식한 사람만을 채용하겠다는 철학을 버리고, 구글 내의 인재 포트폴리오를 전체적으로 살피면서 박학다식한 사람과 한 분야에 전문성을 가진 전문가의 비율이 적정한 균형을 이루도록 노력하는 보다 세련된 접근법을 취한다. 규모의 경제가 가져다주는 사치 가운데 하나가 매우 전문적인 영역을 구축하면서도, 이런 영역에서 참신하고 비전문가적인 발상이 지속적으로 유입되도록 늘 관심을 갖고 지켜볼 수 있다는 점이다.

이런 자질양을 파악한 뒤 우리는 모든 면접에서 각각의 자질에 대해 의견을 달도록 요구했다. 모든 면접관이 지원자의 모든 자질에

---

* 물론 특정한 내용의 전문성을 필요로 하는 역할들은 분명 있다. 소득신고서 서식조차 제대로 채우지 못하는 사람들로만 국세청을 운영할 수는 없는 노릇이다. 그러나 이런 성격의 부서에서조차도 우리는 전혀 다른 배경과 기발한 생각을 가진 사람이 함께 섞일 수 있도록 노력한다.

반드시 접근해야 할 필요는 없지만, 최소 두 명의 면접관은 각각의 자질에 대해 자기 의견을 달도록 했다.

추가로 우리는 서면 보고서에 평가된 자질, 지원자에게 던진 질문과 지원자의 답변 그리고 그에 대한 면접관의 평가를 반드시 담도록 조치했다. 이런 서면 보고서가 해당 지원자를 면접하는 다음 면접관들이 그 사람을 독립적으로 평가할 근거를 제공한다는 점에서 이 방식은 매우 유용한 것으로 입증됐다. 예컨대 당신이 나를 면접했는데 그다지 좋은 인상을 받지 않았다고 해도, 당신이 내게 던진 질문과 내 답변을 있는 그대로 보고서에 담을 경우, 다음 면접관이 이것을 보고 내가 적절하게 대답했는지 여부를 자기 나름대로 평가할 수 있다. 물론 이런 상세한 수준까지 도달하기는 쉽지 않다. 구글에서 이뤄지는 면접은 대부분 "메모를 해도 괜찮겠죠"라는 면접관의 질문으로 시작되기 때문이다. 심지어 몇몇 면접관은 지원자의 답변을 그가 보는 앞에서 노트북으로 받아 적기까지 하는데, 이런 행동은 지원자에게 상당한 압박 요인으로 작용한다. 이런 과정을 거치면 지원자에 대한 평가가 다차원적으로 이뤄질 뿐 아니라 면접관이 지원자를 제대로 평가하는지 여부도 파악할 수 있다. 만일 어떤 면접관이 한두 번이 아니고 계속 지원자를 잘못 평가할 경우, 우리는 이 면접관을 따로 훈련시키거나 혹은 채용 면접 업무를 맡기지 않는다.

» 채용 과정을 수시로 점검하라

사실 구글은 유능한 인재를 채용하는 데 엄청나게 많은 자원을 투자한다. 그러나 우리는 우리가 무엇을 하든 더 잘 할 수 있다고 가정한다. 1998년의 최초 구글 검색 인덱스는 2,600만 개의 독특한 웹페이지를 갖고 있었다. 이것은 2000년이 되면서 10억 개로 늘어났고, 2008년에는 다시 1조 개로 늘어났다.

우리 검색 팀의 제시 앨퍼트Jesse Alpert와 닛산 하자즈Nissan Hajaj에 따르면 구글은 검색엔진이 보다 많은 것을 아우르고 보다 효율적으로 작동하도록 개선해왔다. "우리 시스템은 구글이 질문에 답변하기 위해 처리했던 최초의 웹 데이터 이후로 먼 길을 걸어왔다. 그때 우리는 모든 것을 일괄처리batch processing로 했다. 즉 하나의 워크스테이션은 두 시간 동안 2,600개의 웹페이지에 대한 페이지랭크PageRank 그래프를 계산할 수 있었으며, 이 페이지 조합은 정해진 기간에 구글의 검색 인덱스로 사용될 수 있었다(페이지랭크는 월드와이드웹과 같은 하이퍼링크 구조를 갖는 문서에 상대적 중요도에 따라 가중치를 부여하는 알고리즘이다. 학생 신분이던 래리 페이지와 세르게이 브린이 개발한 페이지랭크는 1995년에 시작해 1998년 구글이라 불리는 시범 서비스로 발전했으며, 두 사람은 검색 결과에 우선순위를 부여하는 이 기술을 바탕으로 구글을 설립했다-옮긴이). 2008년 구글은 웹을 쉬지 않고 돌아다니면서 업데이트된 페이지 정보를 수집하고 전체 웹링크 그래프를 하루에도 수차례 재처리했다. 1조 개나 되는 URL이 담긴 이 그래프는 1조 개의 교차로를 나타낸 거대한 지도와 같다. 미국에 있는 모든 도로의 교차점을 전부 확인하고 표시하는 일에 비유할 수 있을 정도의 방대한 작업을 구글은 하루에도 수차례 수행했다. 사실 구글이 다루는 지도는 미국 지도보다 약 5만 배 더 크며 도로와 교차로도 5만 배 더 많다."

또한 2012년에 출시된 구글 나우Google Now는 사용자에게 필요한 모든 것을 미리 파악해서 알려준다. 예를 들어 사용자의 스마트폰이 사용자가 탈 다음 비행기의 탑승권을 구해주고, 교통 체증이 심할 경우 목적지까지 늦지 않도록 갓길로 주행해야 한다는 사실을 일러준다. 게다가 사용자 위치 인근에서 벌어지는 멋진 행사까지 소개하기도 한다.

우리 제품이 늘 더 나은 품질로 개선될 수 있는 것과 마찬가지로 우리의 채용 과정도 늘 개선될 수 있다. 우리는 속도와 실수율 그리고 구글 직원과 입사 지원자들이 채용 과정에서 겪는 경험의 질 등의 요소가 균형을 이룰 수 있도록 끊임없이 검사하고 검토한다. 예를 들어 구글의 여러 사업부 중 한 곳에서 인적자원 담당자로 활동하는 토드 칼라일Todd Carlisle은 우리 인력관리 팀에 소속되어 분석가로 일할 때, 한 사람의 직원을 채용하는 데 스물다섯 번이나 면접을 하는 것이 과연 실제로 도움이 되는가 하는 의문을 제기했다. 이 문제를 붙잡고 씨름한 끝에, 그는 어떤 사람을 채용할 것인지 말 것인지 예측하는 데는 네 차례의 면접이 86퍼센트 신뢰도로 적정하다는 사실을 발견했다. 다섯 번째 면접부터는 면접을 한 번 더 할 때마다 단 1퍼센트씩 예측 정확도가 개선될 뿐이라고 했다. 그 이상부터는 지원자나 구글 모두에게 의미 없는 고통만 가중될 뿐이라는 뜻이었다. 이런 과정을 거쳐 현장 대면 면접의 횟수를 네 번으로 제한하는 이른바 '네 번의 법칙'이 탄생했다. 그리고 과거 90일에서 길게는 180일까지 걸리던 채용 기간이 평균 47일로 줄어들었다.

우리는 지금까지 구글이 언제나 옳다고 생각한 적이 단 한 번도 없다. 실수를 했을 경우 우리가 불합격시킨 지원자를 재평가해 평가 내용을 수정하고 실수에서 배울 수 있도록 그 지원자를 재방문한다. 우리의 재평가 프로그램Revisit Program은 현재 특정 직종에서 현직으로 일하는 사람들의 이력서를 수집하여 가장 공통적인 키워드를 파악하는 알고리즘에 반영하는 것으로써 시작된다. 그다음 엄선된 소수의 인재 채용 담당자 및 관리자들로 구성된 팀이 이 목록을 재검토하고 수정한다. 예를 들어 국제전기전자기술자협회IEEE가 공통된 키워드로 나타난다면 여기에 다른 전문가 협회를 추가한다. 업데이트된 키워드 목록은 다른 알고리즘을 통해 구동되는데, 이때 과거 6개월간 참여한 지원자들에 초점을 맞춰 각각의 키워드가 취업에 성공한 이력서와 실패한 이력서에 얼마나 자주 나타났는지에 따라 해당 키워드에 가중치를 부여한다. 마지막으로 가중치가 부여된 이 키워드들과 비교해 그다음 6개월간 들어온 이력서들에 점수를 매긴다. 두 경우에서 모두 거부됐거나 높은 점수를 받은 지원자들을 표시한 다음 높은 점수를 받은 지원자들을 대상으로 우리의 인재 채용 담당자가 다시 한번 검토한다.

2010년에 우리는 퇴짜를 놓았던 30만 건의 지원자 이력서를 대상으로 재평가 프로그램을 운영하여 1만 명의 지원자 이력서를 재검토했고 그중 150명을 채용했다. 150명을 채용하기 위해 지나치게 많은 노력을 들인 것처럼 보일 수 있지만, 1.5퍼센트라는 지원자 대

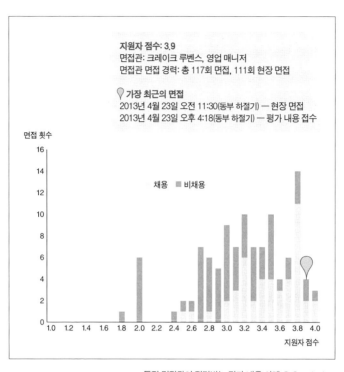

특정 면접관이 전달받는 평가 내용 사례 © Google, Inc.

비 채용률은 우리의 전체 채용률 0.25퍼센트에 비해 여섯 배나 높은 수치였다.

우리는 채용 문제를 지원자라는 한 가지 측면에 초점을 맞추고 바라보지 않는다. 누군가는 반드시 채용되어야 마땅하다고 생각하는 면접관 개인의 예측 능력도 함께 평가한다. 모든 면접관은 과거에 자신이 지원자들에게 매겼던 면접 점수 기록과 해당 지원자들이 채용됐는지 여부를 보여주는 기록을 열람할 수 있다. 이런 사전 정보를 토대로 면접관은 자신이 구글 직원이 될 수 있는 사람을 과연 정확하게 평가하고 있는지 알 수 있으며, 과거 자신이 담당했던 채용 면접 기록을 보고 제대로 한 것과 그렇지 않은 것에서 학습할 수 있다. 나중에 각 지원자의 채용 관련 기록을 검토하는 사람들도 특정 면접관의 평가가 믿을만 한지 아니면 무시해도 좋을지 참고할 수 있다.

≫ 채용의 질을 놓고 타협하지 마라

지금까지 우리는 입사 지원자를 찾는 일과 채용 면접에 초점을 맞췄다. 이 둘은 전체 채용 과정의 한 부분일 뿐이다. 겉으로 보면 모든 기업의 채용 과정은 같다. 구직 공고를 내고 이력서를 받고 이력서를 검토하며 지원자를 면접하고 누군가를 채용하고……. 정말 따분하기 짝이 없는 일이다.

하지만 좀 더 깊이 파고들면 구글의 접근법은 지원자가 구글 취업의 문을 두드리는 순간 전혀 다르게 보인다. 우리의 선별 과정에는 여섯 가지 독특한 부분이 있는데, 이들 과정은 채용의 질의 기준을 위배하지 않으며 우리가 내리는 결정에서 최대한 편견을 제거하기 위한 목적으로 실시된다.

첫째, 평가는 채용될 직원의 직속 상사가 아니라 채용을 전담하는 직원이 진행한다. 구글의 직원 채용 담당자들은 모두 이력서를 해석하는 데 전문가다. 전 세계 100여 개국 출신의 인재들이 지원서를 내기 때문에 이력서를 해석하는 과정이 매우 중요하다. 예를 들어

전형적인 채용 과정과 구글의 채용 과정 비교 © Google, Inc.

대학생을 평가할 때 학점이 꽤 중요한 고려 사항일 듯하지만 일본 출신 대학생의 경우는 그렇지 않다. 일본의 대학 입학은 기본적으로 전국 규모의 국가 시험 결과에 따라 이뤄진다. 일본 고등학생은 이 시험에 모든 것을 집중하는데, 일주일에 15시간에서 20시간씩 사설 학원을 다니며 몇 년씩 공부한다. 역사적으로 일본인은 학생 시절

사설학원을 다니는 기간과 정해진 규칙에 따라 살아야 하는 단조롭고 따분한(그리고 승진이 호봉제에 따라 느리게 진행되는) '샐러리맨' 생활 기간 사이에 자유를 만끽한다. 즉, 일본 대학의 학점은 채용 기준으로 삼기에는 적절하지 않다. 그러나 지원자가 어느 대학 출신인가 하는 정보는 매우 유용하며, 특히 대학을 갓 졸업한 지원자일 경우는 더욱 그렇다.

구글의 채용 담당자들은 구글 전체의 다양한 직무들에 대해서도 잘 알고 있다. 검색, 무인자동차, 미래형 안경, 광섬유 인터넷 서비스, 제조, 영상 스튜디오, 벤처캐피털 등 따지고 보면 결코 적지 않은 영역이지만, 채용 담당자들은 이 모든 것을 잘 알고 있다. 이런 사실은 매우 중요하다. 어떤 기업의 경우에도 입사 지원자가 그 기업이 하는 모든 사업을 다 알지는 못한다. 사실 대다수 대기업은 각 사업부별로 별개의 채용 팀을 운영한다. 예컨대 제품 관리부에서 퇴짜를 맞은 지원자가 마케팅 사업부에서는 높은 점수를 받고 합격할 수도 있지만, 이 두 사업부의 채용 팀이 서로 협의하지 않기에 이런 일은 일어나지 않는다. 구글에서는 안드로이드 제품 관리자로 지원했다가 퇴짜를 맞은 사람이라도 통신회사를 파트너로 삼아 일하는 영업직원으로는 최고의 자질을 갖춘 지원자로 분류될 수 있다.

구글의 채용 담당자들은 지원자를 회사 전체의 다양한 업무 단위로 보낼 수 있다. 이를 위해서는 모든 직무뿐 아니라 지원자의 자질과 가능성도 훤히 꿰뚫고 있어야 한다. 만일 어떤 유능한 지원자가 있지만 현재 시점에서 이 사람에게 적합한 일자리가 없을 경우 이 지원자를 버리지 않는다. 장차 그 사람을 꼭 필요로 하는 일자리가 생길 수 있으므로 지원자와 연락을 지속하며 계속 추적한다.

둘째, 이력서를 선별한 뒤에는 원격 면담 과정이 이어진다. 원격 면담은 대인 면담보다 훨씬 어렵다. 협조 체계를 구축하거나 언어 외적인 요소들을 갖고 지원자에 관한 단서를 포착해 그의 면모를 파악하기가 어렵기 때문이다. 구글의 공용 언어인 영어에 능통하지 않은 사람들을 대상으로 하는 전화 면접은 특히 까다롭다. 일단 면접자가 상대방에게 자기 말을 알아듣게 만드는 일부터 어렵기 때문이다.

우리는 구글 행아웃Hangout을 선호하는데, 행아웃은 영상 통화를 하며 스크린과 화이트보드를 사용할 수 있어, 기술 분야 지원자와 면접관이 화이트보드에 소프트웨어 코드를 함께 쓰기도 하고 검토할 수도 있기 때문이다. 행아웃은 특별한 설비나 회의실을 필요로 하지 않고 내려받기 할 필요도 없다. 지원자는 구글 플러스에 로그인해 팝업 초대장을 받아 즉석 영상 회의인 행아웃에 참가하기만 하면 된다. 행아웃을 사용한 원격 면접은 대인 면접에 비해 비용이 훨씬 적게 들고 구글 직원이나 지원자 양쪽의 시간을 모두 절약해 준다. 강점은 또 있다. 다른 기업들의 전형적인 채용 담당자들은 기껏해야 한두 번밖에 원격 면접을 해본 적이 없지만 구글의 채용 담당자들은 수백 번씩이나 해봤으니 노련미를 발휘할 수 있다.

전문가들이 초기에 원격 면접을 통해 지원자의 능력을 평가할 수 있다는 것은 이어질 여러 면접에서 지원자가 갖춰야 할 핵심 자질들을 보다 심층적으로 검증할 수 있다는 뜻이다. 대개 어떤 지원자의 문제 해결 능력 및 학습 능력은 이 초기 원격 면접 단계에서 평가

된다. 우리는 이 영역의 평가를 일찌감치 실시하여 뒤에 이어질 면접에서는 면접관들이 리더십과 구글다움을 집중적으로 심사하도록 조치한다. 여담이지만 구글의 채용 담당 전문가들은 면접에서 황당한 일이 일어날 때 즉각 대처할 능력도 갖추고 있다. 지원자가 자기 어머니를 데리고 올 수도 있고, 소프트웨어 개발 분야에 응모한 지원자가 깜박 잊고 허리띠를 매지 않아 화이트보드에 코드를 적으려고 자세를 바꿀 때마다 바지가 흘러내릴 수도 있다. 하지만 아무리 당황스러운 상황에서도 우리의 노련한 전문가들은 지원자가 별도의 부담이나 압박감 없이 면접을 잘 치를 수 있도록 돕는다.

내가 구글이 아닌 다른 회사에 취직하려고 봤던 몇 차례의 면접에서는 단 한 번의 예외도 없이 장차 내 상사가 될 사람과 동료가 될 사람 여럿이 면접관으로 나왔다. 하지만 내 부하직원이 되어 나와 함께 일할 사람을 면접관으로 만난 적은 없었다. 구글은 이런 관행을 완전히 뒤집었다. 구글에 입사하려는 지원자는 장차 자기 상사가 될 사람과 동료가 될 사람 한 명을 면접관으로 만날 뿐 아니라, 이보다 더 중요하게 장차 지원자의 부하직원이 될 사람도 한두 명 면접관으로 만난다. 어떤 면에서 부하직원이 될 사람들의 평가가 다른 어떤 사람들의 평가보다 더 중요할 수 있는데, 어쨌거나 이 사람들은 새로 채용될 사람과 지지고 볶으며 함께 일을 해야 하기 때문이다.

이처럼 장차 부하직원이 될 사람이 장차 자기 상사가 될 사람을 면접관 자격으로 만난다는 사실이 구글식 접근법의 세 번째 특징이다. 이런 사실은 지원자에게 구글이 관료적이지 않다는 강력한 신호가 되며, 회사 안에 연줄과 정실을 강조하고 또 여기에 의지하는 파벌을 배제한다. 이런 장치 아래서는 관리자가 정실만을 따라 지인이나 친구를 팀원으로 채용하는 일이 일어날 수 없다. 부하직원이 면접관으로 나서는 면접을 진행하면서 우리는 최고의 지원자일수록 부하직원들이 무언가를 배우고 싶은 열망으로 들끓게 만든다는 사실을 알았다.

넷째, 우리는 지원자가 장차 합류할 수 있는 집단과 전혀 무관한 '다기능 면접관cross-functional interviewer'을 추가한다. 예를 들어 회사의 법률 팀이나 애즈Google Ads 팀에 속한 사람에게 영업직원 채용 면접에 면접관으로 나서달라고 부탁한다(광고 팀은 우리 광고 제품 뒤에 놓일 기술을 설계한다). 이처럼 법률 팀이나 광고 팀 사람들에게 영업직원 면접을 의뢰하는 이유는 편견이 개입될 수 있는 여러 관계를 철저하게 초월해 평가가 내려지기를 원하기 때문이다. 전혀 다른 업무에 종사하는 직원이라면 특정 업무의 비어 있는 자리에 구체적으로 누가 채용될 것인지에 관심을 갖지 않겠지만, 회사의 채용 수준을 높게 유지하는 일에는 큰 관심을 가질 수밖에 없다. 이들은 또한 이 장의 첫머리에서 소개한 '단편 판단' 효과에 노출될 가능성도 적다. 다른 면접관들에 비해 지원자와 갖는 공통점이 적기 때문이다.

다섯째, 우리는 지원자에 대한 평가 내용을 기존 방식과는 근본적으로 다르게 수집한다. 우리는 면접의 평가 내용이 우리가 설정한 채용의 중요한 자질 기준을 어떻게 하면 만족시킬 수 있을지 그리고 뒷조사를 어떻게 활용할지 토론했다. 그리고 어떤 지원자에 대한 면접관 개개인의 평가 내용에도 가중치를 부여했다. 특히 부하직원의 평가 내용은 채용 담당 관리자의 평가 내용 못지않게 중요했다.

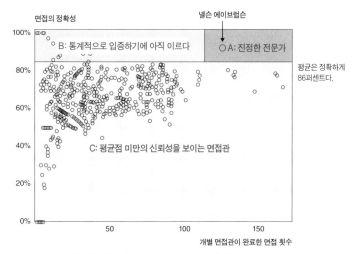

면접의 정확성 평가 지표 © Google, Inc.

흩어져 있는 각 점(면접관)이 좌표 평면에서 그가 수행한 면접의 정확성을 나타내는데, 면접 평균 점수는 86퍼센트의 정확성이다. 여기서 면접의 정확성은 면접관이 채용함이 옳다고 평가한 지원자들 가운데 실제로 채용된 지원자의 비율이다. A 집단에는 군중의 지혜를 유일하게 꺾은 면접관인 넬슨 에이브럼슨이 포함되고, B 집단에서는 면접관들이 군중보다 더 정확한 것으로 나타나지만 이 면접관들이 솜씨가 좋았던 것인지 아니면 단지 운이 좋았던 것인지 통계적으로 입증하기에 충분히 많은 횟수의 면접을 보지는 않았다. 그런데 대부분의 면접관은 '군중'보다 덜 지혜로운 C 집단에 속한다.

토드의 연구 결과는 면접의 적정 횟수가 네 번이라는 것뿐 아니라 단일 면접관의 평가는 아무런 도움이 되지 않음을 입증했다.

아니, 정확하게 말하면 딱 한 번, 넬슨 에이브럼슨Nelson Abramson이라는 직원의 면접만 정확했다. 그는 그래프의 오른쪽 상단에 혼자 위치한다. 그러나 토드가 좀 더 파고들자 넬슨이 부당한 강점을 누리고 있었음이 드러났다. 그는 데이터센터에서 일했는데, 이곳은 인터넷 검색 결과가 수백 분의 1초 사이에 나타날 수 있도록 인터넷 복사본을 생산하는, 전 세계 곳곳의 서버들을 하나의 네트워크로 묶는 곳이다. 여기서 일하려면 매우 독특한 기술을 갖고 있어야 하는

데 그는 이런 일을 할 사람들만을 면접했다. 또한 그는 구글의 580번째 직원으로, 이미 수많은 경험을 축적한 사람이기도 했다. 어쨌거나 그는 분석 대상인 5,000건의 기술자 현장 면접 사례 중 우리가 발견한 유일한 사례였다.

다른 여러 설정에서도 밝혀진 것처럼* '군중의 지혜'는 채용 결정을 하는 데도 유용할 것 같았다. 우리는 지금도 개별 면접의 성적 결과를 계속 보고하면서도 평균 점수를 강조한다.[93] 이렇게 하면 어떤 면접관이 어느 지원자를 무조건 배척할 가능성이나 일방적으로 어떤 지원자에게 높은 점수를 줄 가능성을 배제할 수 있다.

여섯째, 채용 여부를 결정할 때 우리는 직접적인 이해관계가 없는 사람들에게 검토를 의뢰한다. 구조화 면접 방식과 직원이 갖춰야 할 필수 자질을 우선 검토하는 것 외에도 우리는 각 지원자를 상대로 한 면접 결과를 최소 세 번에 걸쳐 꼼꼼하게 검토한다. 채용위원회가 맨 처음 검토해 어떤 후보를 다음 검토 대상으로 올릴 것인지 여부를 결정한다. 예를 들어 구글의 피플오퍼레이션 부서 안에 채용위원회가 구성됐는데, 이 위원회에는 우리 팀의 주요한 부문들을 책임지는 다양한 분야의 감독자(director: 관리자manager들을 관리하는 직급-옮긴이)들 및 상무들이 위원으로 참석한다. 채용위원회 위원들은 장차

---

* 예를 들어 미시간대학의 정치학자이자 경제학자인 스콧 페이지(Scott Page)는 오바마 정부의 금융 팀이 예측한 금융시장의 전망이 연방준비제도의 소규모 경제 전문가 집단이 내놓은 분석 결과보다 평균적으로 더 정확하다는 사실을 입증했다. 전직 방송 진행자인 레지스 필빈(Regis Philbin)에 따르면 전 세계인을 사로잡은 지상 최대 퀴즈쇼인 〈누가 백만장자가 되고 싶은가?Who Wants to Be a Millionaire?〉에서 관객의 도움을 받을 때 정답률은 95퍼센트나 된다. 검색 결과에 가중치를 부여하는 알고리즘인 구글의 페이지랭크도 군중의 지혜에 크게 의지한다.

자기 팀에 들어올 수 있는 지원자들을 놓고 가부간에 판단을 해야 하는 부담은 떠안지 않아도 된다. 이 위원들은 각 지원자별로 작성

Candidate's Name **외부 평판 조회** nal Relationship: Former manager

Name of Reference Managing Director, Head of Trading and Co-Head of Corporate Securities

Company Name: Fortress Investment Group | Phone Number: 415-284-7423

Check Comp

Role-rela **개별 면접 질문에 대한 면접관 채점 점수와 평가 내용**

1. W Leveraging consumers journey through our platforms. The ability to analyse this data and translate it to useful knowledge and insights for our clients is crucial for the role she is applying for and Google's

GCA **각각의 지원자 답변에 대한 세부적인 평가 내용** ends in the large (네 가지 자질을 토대로) stment companies y create

Under ss is a crucial

Identi the objective of

Makes Sound Decisions: Solid brings to the role

Offer Coversh **지원자 세부 배경**

Position/Title: Children de: N1 Location: US-SVL-TC3 VP: Offer ID: 74396

Recruiter: ████ Lead Recruiter: ████

Candidate Summary

Type of Hire: Direct Hire

-

Education

School, Country	Selectivity	Degree, Field			Grad Date	Graduated?
San Jose State University		Undeclared			December 2003	NO
Ohlone College		Associate Degree, Early Childhood Studies			May 2004	NO
California State University, Sacramento		Bachelor Arts, Child Development			May 2006	YES

Work History

Company/Organization	Position	Start Date	Term Date
Children's Creative Learning Centers, Inc. - Cisco Campus	Pre-Kindergarten Math and Phonics Instructor, Pre-Kindergarten Head Teacher, Preschool Head Teacher	November 2008	In Progress
Children's House of Los Altos	Preschool Teacher/School Age Program Director	August 2006	June 2008

Years of Relevant Industry Experience: 4

████

████

Interview Data

Number of interviews: 5 Average Score: 3.4

Additional Notes

Per ████ Director of Benefits: I support hiring ████ as an Infant Toddler Support Teacher at the Children's Center. ████ received a BA from California State University, Sacramento in Child Development. She currently works at a play based center and is eager to join Google's program which is inspired by the principles of the Reggio Emilia approach and fosters collaborative learning and developmental growth. She has several years of experience working at Children's Creative Learning Centers at the Cisco Campus so she is familiar with the corporate element of working with employee sponsored child care. She also spoke strongly about working collaboratively with teachers, parents and children. Children's Center Director ████ spoke with ████ and ████ thought the candidate was very poised and articulate displaying good values and core thinking that is in line with the Google Children's Centers. For these reasons, I think she would make a good Infant Toddler Support teacher at the Google Children's Centers.

RULE OF 7:
* Will report to: ████ Site Director
* Manager's team size: 26
* People Manager?: No

GCA INTERVIEWER: ████ Google Children's Center, Operations Manager

지원자 채용 관련 보고서 발췌 © Google, Inc.

된 40쪽에서 60쪽 정도 되는 분량의 보고서만을 검토한다. 이 보고서의 핵심적인 몇 가지 요소를 발췌한 내용이 옆의 그림과 같다.

만일 채용위원회가 어떤 지원자를 기각하면 이 사람에 대한 채용 과정은 거기에서 끝난다. 하지만 만일 채용위원회가 어떤 지원자를 긍정적으로 판단하면, 이들의 평가 내용은 그 사람에 대한 보고서에 덧붙여져 이른바 '고위간부검토senior leader review' 단계로 넘어간다. 한 주에 한 번씩 열리는 이 회의에서 구글 최고위층 간부가 또 한 차례 보고서를 검토해 그 주의 지원자들을 평가한다. 어떤 주는 300명이 넘는 지원자를 검토하기도 하고, 또 어떤 주는 겨우 20명밖에 되지 않는 지원자를 검토하기도 한다. 이 단계에서 지원자들에게는 채용 의견, 기각 의견, 추가 정보 요청 의견이 붙여진다. 추가 정보 요청 은 대개 지원자의 자질을 좀 더 검증하라거나 지원자 채용 직급을 재검토하라는 내용이다. 이 단계에서 기각 의견이 붙여지는 가장 큰 공통적인 이유는 무엇일까? 그것은 바로 문화다.[*]

비록 구글 직원들이 다양한 정치적 견해를 갖고 있지만 투명성과 제 목소리라는 문화적 가치는 회사 전반에서 든든한 지지를 받으며 구글의 핵심 원리로 자리 잡고 있다. 예컨대 구글의 비밀 연구소인 구글 엑스를 맡고 있는 제프 휴버는 최근에 한 지원자를 두고 이런 말을 했다. "이 사람은 대단한 사람입니다. 면접에서 기록한 기술 성적도 뛰어납니다. 누가 봐도 똑똑합니다. 자격을 충분히 갖춘 사람

---

[*] 여기서 문화라는 말은 특히 이 장의 앞부분에서 언급한 성실성이나 모호함을 기꺼이 받아들이는 태도 등의 자질을 말한다. 이것은 구글에서 일하는 사람들의 부류를 확대하며 문화적 균질성 혹은 획일성을 회피하자는 뜻이기도 하다.

입니다. 하지만 거만합니다. 얼마나 거만한지 면접관들 중 그 누구도 이 사람이 자기 팀에서 일하는 걸 원치 않습니다. 이 지원자가 대단한 사람인 건 분명하지만, 구글 직원으로는 적합하지 않습니다."

'고위간부검토 단계'에서 긍정적으로 평가된 그 주의 지원자 명단과 자료는 래리에게로 간다. 이 보고서는 각 지원자에 대한 요약 사항과 각 단계별 면접에서 이뤄진 평가 내용과 추천 사항뿐 아니라 해당 지원자에 대한 세부적인 정보 및 평가 내용까지도 모두 담고 있다. 래리에게서 나오는 가장 흔한 평가 내용은, 지원자가 우리 채용 기준에 미달한다거나 포트폴리오에서 보이는 창의성이 만족할 만하지 않다는 것이다.

그런데 이런 평가 내용 자체보다 더 중요한 것은 채용 문제와 관련해 래리가 회사에 보내는 메시지, 즉 채용은 회사의 최고위층 단계에서 다뤄야 하는 매우 중요한 일이며 이 일을 앞으로도 훌륭하게 해내야 한다는 메시지다. 신참 구글 직원인 '누글러Noogler'는 래리가 직접 자기 지원서를 읽었으며 그의 손으로 자신을 채용했다는 사실에 기쁨을 감추지 못한다.

만일 구글이 보다 전통적인 채용 과정을 거친다면 직원 한 사람을 뽑는 데 지금처럼 6주씩이나 걸리는 게 아니라 한두 주면 끝날 것이다. 그리고 필요할 때마다 보다 신속하게 대처하는 능력을 갖고 있을 것이다. 아닌 게 아니라 우리는 몇 주에 한 번씩은 우리가 채용할 수도 있었을 유능한 인재를 다른 회사에 빼앗긴다. 다른 회사로부터 촉박한 시일 안에 채용 제안 수락을 요구받은 지원자가 우리의 느린 의사 결정을 기다리지 못하고 그 회사로 가버린 것이다. 우리는 입사 제안 수락률을 개선하고자 미국과 인도의 대학에서 하루 만에 채용의 모든 과정을 끝내는 프로그램을 시험적으로 운영하고 있기는 하다. 그러나 지금까지는 특이사항을 확인할 수 없었다. 속도가 무척 빨라지긴 했지만, 이렇게 빨라진 속도가 지원자가 채용 과정에서 얻는 경험의 질이나 입사 제안 수락률을 물리적으로 개선해주지는 않았다. 따라서 우리는 여전히 빠른 움직임보다는 우리가 간과할 수 있는 비범한 인재를 찾아낼 여러 가지 방식을 마련하는 데 초점을 맞추기로 했다.

» 어떻게 최상의 인재를 채용할 것인가

누군가는 분명 이런 방식으로 인재 채용을 한다면 시간이 너무 많이 걸린다고 말할 것이다. 맞다. 그렇다. 하지만 일반적으로 생각하는 것처럼 그렇게 많은 시간이 걸리지는 않는다. 아무리 작은 회사 혹은 아무리 작은 팀이라 해도 훨씬 더 훌륭한 인재를 채용하는 데 도움이 될 간단한 네 가지 원리가 있다.

지금까지 우리는 약 2만 명의 직원을 채용했다. 회사 직원 대부분은 한 주에 4시간에서 10시간을 채용 과정에 할애했다. 최고경영진도 적어도 한 주에 하루를 꼬박 이 일에 매달렸는데, 1년 단위로 환산하면 8만 시간에서 20만 시간을 채용에 쓴 셈이다. 그런데 여기에는 일반 직원들로 구성된 여러 팀이 쓴 시간은 포함되지 않았다. 이런 막대한 투자는 구글이 빠르게 성장하면서도 인재 채용의 질을 떨어뜨리지 않기 위해 꼭 필요한 조치였다. 솔직히 말해 그것은 당시에 구글이 쓸 수 있는 최상의 방책이었다. 보다 효율적인 채용 과정이 어떻게 이뤄지는지 알아내기 위해 여러 해에 걸쳐 연구조사와 경험을 쌓아야 했다.

2013년에 대략 4만 명이나 되는 구글 직원을 대표하는 평균적인 직원은 한 주에 1.5시간을 채용 관련 업무에 썼다. 물론 직원이 2만 명일 때에 비해 채용 규모는 두 배 가까이 늘어났지만 말이다. 우리는 신입 직원 한 명 채용에 기존 직원들이 쓰는 시간 총량을 약 75퍼센트 줄였다. 우리는 이 시간을 줄여나가는 작업을 계속할 것이며 참모 기능을 하는 팀들 및 이들이 쓰는 시간을 보다 효율적으로 관리하기 위한 작업을 계속할 것이다.

그러나 최고의 인재 채용 기법은 뭐니 뭐니 해도 비범한 역량을 가진 핵심 인력을 확보하는 것이다. 조너선 로젠버그는 200명의 구글 직원 이력서를 자기 사무실에 쌓아두곤 했다. 만일 어떤 지원자가 구글 입사의 문턱에서 망설인다면 그는 그 사람에게 이 이력서들을 보여주면서 이렇게 말했다. "당신은 이 사람들과 함께 일할 겁니다."

이 이력서들의 주인공은 모두 교육을 받은 배경이 달랐고(그중 다수가 세계에서 손꼽히는 명문대학 출신이다), 자바스크립트나 빅테이블Big-Table 혹은 맵리듀스MapReduce 등과 같은 어마어마한 제품이나 기술을 개발했으며, 가장 혁명적인 기업에서 중요한 역할을 수행한 적이 있는 사람들이다. 또한 올림픽 경기 선수 출신, 튜링상(미국 컴퓨터학회가 주는 상으로 컴퓨터 분야의 노벨상으로 불린다-옮긴이) 수상자나 아카데미상 수상자, 태양의 서커스에 소속되어 공연했던 사람, 루빅큐브 챔피언, 마술사, 철인3종 경기 선수, 자원봉사자, 퇴역 군인 그리고 누구나 기억하고 있는 훌륭한 일을 성취한 사람 등도 포함되어 있다. 지원자 대부분은 조너선에게 혹시 그 이력서들을 일부러 선별해둔 게 아니냐고 묻곤 하는데, 그때마다 조너선은 솔직하게 대답한다. 구글의 다양한 제품을 개발하고 만들어낸 사람들을 무작위로 뽑은 표본이라고. 구글 입사를 망설이던 지원자 중 그에게서 이 말을 듣고서도 구글에 등을 돌린 사람은 단 한 명도 없었다.

자, 어떻게 하면 당신도 구글이 갖추고 있는 것과 같은 성능을 발휘할 당신만의 자기복제 직원 채용 시스템을 구축할 수 있을까?

1. **기준을 높게 정하라** 인재 채용에 구체적으로 나서기 전에 당신이 원하는 직원이 어떤 자질과 역량을 갖춰야 하는지 결정하고 정말 중요하게 여기는 것을 하나의 덩어리로 규정하라. 이 기준을 정하기 어려울 때 가장 손쉬운 방법은 자신보다 더 나은 사람을 찾는다고 생각하는 것이다. 채용의 질에 대해서는 타협하지 마라. 절대로!

2. **당신만의 지원자를 찾아라** 링크드인, 구글 플러스, 동창생 명부 그리고 전문가 협회 등을 동원하고 참조하면 일이 쉬워진다.

3. **지원자에게 객관적으로 접근하라** 지원자를 면접할 때 이 사람의 부하직원이나 동료가 될 사람들을 면접관에 포함시키고, 면접관이 평가 내용을 꼼꼼하게 기록하도록 하며, 지원자에게 아무런 편견을 갖고 있지 않은 중립적인 사람들로 구성된 집단이 실질적으로 채용 결정을 내릴 수 있도록 하라. 그리고 이 평가 내용을 주기적으로 검토해 이를

바탕으로 새로 채용한 직원이 실제 업무에서 어떤 성과를 내는지 분석하여 당신이 갖고 있는 지원자 평가 역량을 개선하라.

4. 지원자가 당신 회사에 입사해야 하는 근거를 제시하라 당신이 지금 하는 일이 왜 중요한지 분명하게 알려주고 지원자에게 앞으로 그가 함께 일할 사람들이 얼마나 놀랍고 대단한지 경험하게 하라.

경험칙으로 분명히 말하지만, 이 모든 것들을 글로 쓰기는 쉽지만 실천하기는 매우 어렵다. 관리자는 기본적으로 부하직원을 자기 손으로 채용할 수 없다는 발상에 발끈한다. 면접관들은 면접이나 지원자에 대한 평가를 특정한 양식에 맞춰 수행하고 기록해야 한다는 사실에 진저리를 친다. 사람들은 지원자 관련 자료가 이 지원자에 대한 자신의 직관적 평가와 일치하지 않을 때 자료가 가리키는 사실을 인정하려 들지 않고, 채용의 질의 기준이 모든 업무에 일괄적으로 높을 필요는 없다고 주장한다. 그렇지만 온갖 압박이 가해지더라도 굴복하지 마라. 높은 질을 지키기 위해 싸워라.

내가 자주 듣는 말이 있다. "내가 원하는 비서는 그저 사무실에서 소소한 일을 보조하기만 하면 되는 그런 사람입니다. 전화 응대하고 일정을 잡아주는 일 말입니다. 대단하고 똑똑한 사람을 원하는 게 아닙니다. 그냥 그런 일만 할 줄 알면 된다고요."

이건 정말 끔찍한 논리다. 탁월한 비서는 관리자를 훌륭하게 지원한다. 관리자의 시간을 효율적으로 배분하고, 일의 우선순위를 정해 덜 중요한 과제를 뒤로 미루며, 사무실을 방문하는 모든 사람에게 관리자의 얼굴이 되어준다. 이런 일들은 매우 중요하며 따라서 평균 수준의 비서와 비범한 역량을 가진 비서의 차이가 가져오는 결과는 어마어마하다. 이런 점에서 나는 최고의 비서인 한나 차Hannah Cha와 함께 일하는 것을 영광이자 특권이라고 생각한다.

만일 당신의 팀이나 회사를 완전히 바꾸겠다고 단단히 마음먹고 있다면, 보다 나은 인재를 채용하는 것이 그 변화로 나아가는 지름 길이다. 끈기와 의지가 필요하겠지만 분명 효과를 볼 것이다. 당신 이 갖고 있는 인적자원을 채용 과정에 기꺼이 투자하라. 채용 문제 에 이런 방식으로 접근할 때 누릴 수 있는 또 하나의 이점이 있다. 대부분의 기업에서는 직원이 입사한 뒤에 자기가 가진 능력을 입증 해야 한다. 그런데 구글에서는 채용 과정에서 그 사람의 능력이 충 분히 검증됐다는 믿음이 있으므로 신입 직원도 입사 첫날부터 팀 내에서 신뢰를 받고 일할 수 있다.

이런 사실을 보여주는 훌륭한 사례가 있다. 2011년에 달라이라마 가 남아프리카공화국의 대주교 데스몬드 투투Desmond Tutu의 초청을 받아 대주교의 80회 생일에 케이프타운의 투투평화센터에서 강연 을 하게 됐다. 두 사람 모두 노벨평화상 수상자였으니 두 사람의 만 남은 역사적인 사건이 될 터였다. 그러나 중국 정부로부터 압력을 받았음이 분명한 남아프리카공화국의 집권 여당 아프리카민족회의 는 달라이라마에게 비자를 발급하지 않았다.[94] 투투 대주교는 분개 했다. "나를 대표하는 우리 정부가 중국의 압제에 신음하는 티베트 인을 지지하지 않겠다고 말하다니! 주마 대통령 그리고 당신의 정 부는 나를 대표하지 마시오!"

이런 일이 있기 한 주 전에 자신의 첫 제품을 출시한 구글의 신입 직원 로렌 그로브즈Loren Groves가 티베트로 그리고 다시 남아프리카 공화국으로 급히 날아갔다. 그는 구글 행아웃으로 두 사람이 만날 수 있도록 주선했고, 덕분에 두 사람은 몸은 비록 멀리 떨어져 있었지만 화면으로 얼굴을 마주보면서 대화를 나눌 수 있었다. 이 일은 10월 8일에 있었던 세계적으로 중요한 일 가운데 으뜸이었다.[95]

다음 날 우리는 〈뉴욕타임스〉에 전면 광고를 실었다.

OCTOBER 5̶ 8, 2011

NEW DELHI — The Dalai Lama, Tibet's exiled spiritual leader, ~~scrapped plans on Tuesday to attend~~ *joined* the 80th birthday celebration of a fellow Nobel laureate, Desmond M. Tutu of South Africa, after the host government did not grant his visa request. *via hangout*

2011년 10월 5(8)일

뉴델리─티베트의 추방된 영적 지도자 달라이라마가 동료 노벨상 수상자인 남아프리카공화국의 데스몬드 모리스의 80회 생일에 초대를 받아 그를 직접 만날 계획이었지만, 남아프리카공화국 정부가 비자를 발급하지 않자, 그 계획을 포기했다(행아웃을 통해 생일 축하 자리에 참석했다).

달라이라마와 데스몬드 투투가 행아웃을 통해 만난 것을
축하하는 구글 광고로 〈뉴욕타임스〉에 실렸다 © Google, Inc.

달라이라마와 투투 대주교가 서명한 원본 신문은 지금도 우리 사무실에 걸려 있는데, 두 사람이 만날 수 있도록 다리를 놓은 중재자는 다음과 같이 설명했다. "그분이 지금 여기 계실 수 없다는 게 무척 유감스러운 일이지만, 그래도 우리 앞에 다가온 기술 세계에 정말 감사합니다. 우리가 이런 대화를 나눌 수 있다는 점도 고맙게 생각합니다."

이 모든 것이 구글 직원이 된 지 겨우 닷새밖에 되지 않았던 로렌 덕분인데, 우리는 이 신참 직원이 그처럼 놀라운 일을 충분히 해낼 수 있을 거라고 처음부터 믿었다. 그랬기에 채용했다.

업무 규칙 **직원을 채용하려면**

- 기준을 높게 정하라.
- 당신만의 지원자를 찾아라.
- 지원자에게 객관적으로 접근하라.
- 지원자가 당신 회사에 입사해야 하는 근거를 제시하라.

6장

직원이 회사를 운영하게 하라

직원을 믿고 관리자의
권한을 직원에게 위임하라.

"Let the Inmates Run the Asylum"

Take power from your managers and
trust your people to run things

당신 상사는 당신을 신뢰하는가?

장담하건대 그녀는 당신이 사무실 안으로 들어선다고 해서 손에 들고 있던 보석을 황급히 숨기지는 않을 것이다. 그러나 당신이 상사에게 업무 성과를 자랑할 준비가 되어 있다고 해서 자기 입으로 실제로 상사에게 그렇게 자랑할 수 있을까? 만일 당신이 한 주에 하루를 평소에 진행하는 사업 이외의 엉뚱한 사업에 매달리거나 다른 직원들을 위한 강의를 계획하는 데 쓰고 싶다면 그리고 이렇게 하면서도 원래 진행하는 사업을 충분히 잘 끝낼 수 있는 방법을 알고 있다면, 당신은 그렇게 할 수 있겠는가? 당신은 몸이 아플 때면 언제든 병가를 내고 쉴 수 있겠는가?

마찬가지로 중요한 사항인데, 당신은 상사를 신뢰하는가? 상사가 당신 편을 들고, 당신 옆에서 싸우고, 당신이 과제를 무사히 수행하도록 도와줄 거라고 믿는가? 만일 이직을 고려한다면 이 문제를 상사와 의논할 수 있는가?

이는 모든 사람이 꿈꾸는 상사의 모습이다. 그러나 이런 상사의 사랑을 실제로 누리는 사람은 별로 없다. 구글에서 우리는 늘 그랬고 지금도 관리에 대해 깊은 회의감을 갖고 있다. 사실 구글에서 얼마나 많은 기술자들이 이런 생각을 하고 있는지 모른다. 관리자는 기껏해야 조직의 상층부에 있긴 하지만 아는 건 훨씬 적은 사람들로부터 부하직원을 실질적으로 보호해 일을 제대로 할 수 있도록 해주는 딜버트(미국 신문 연재만화의 주인공인 회사원으로, 승진 실패나 실적 걱정으로 늘 전전긍긍한다 - 옮긴이)와 같은 부류의 집단일 뿐이다.

우리가 실시한 산소 프로젝트Project Oxygen는 관리자가 좋은 일을 많이 한다는 사실을 밝혀냈다(산소 프로젝트에 대해서는 8장에서 자세하게 설명하겠다). 우리가 관리자를 나쁘게 바라보지 않는다는 사실이 밝혀진 것이다.

사람들은 관리자를 나쁘게 보는 것이 아니라 권력자나 관리자가 통상적으로 이 권력을 휘둘러온 방식을 부정적으로 본다.

전통적인 개념의 관리자는 직원의 연봉, 승진, 작업량, 일의 많고 적음을 따지지 않는 출퇴근 시각을 통제하려 할 뿐만 아니라 저녁 시간과 주말까지도 통제하려 한다. 관리자가 이런 식으로 권력을 남용하지 않는다 해도 그럴 가능성은 얼마든지 있다. 고약한 상사에 대한 두려움은 시트콤 〈오피스The Office〉에 등장하는 마이클 스콧이라는 인물에서부터 두 소설 《개새*가 없다면The No A**hole Rule》과 《개새*가 맨 먼저 일을 끝낸다A** holes Finish First》의 주인공들에 이르기까지 우리 문화 곳곳에서 나타난다.*

GE에서 일할 때, 고위 임원 한 명을 알고 지냈는데, 개인 정보 보호를 위해 '엘런'이라고 부르겠다. 그녀는 GE에서 승승장구하며 고속 승진을 했고 최고의 자리를 보상으로 받았다. 어느 날 아침 엘런은 자기 사무실로 산들거리며 걸어와서는 작은 종이봉투를 비서의 책상에 놓으며 말했다. "리사, 이거 내 주치의에게 갖다줄래요? 대변 샘플을 줘야 해서요." 종이봉투 안에는 아직도 온기가 남아 있는 엘런의 아침 '생산물'이 들어 있었다. 엘런은 자기 행동이 잘못됐음을 알지 못했다. 그녀는 바쁘신 높은 분이었고, 비서에게 대변 배달 심부름을 시킴으로써 자기는 더욱더 능률적인 직장인이 됐다.

"권력은 부패한다. 절대 권력은 절대적으로 부패한다"[96]는 말을 들어본 적 있을 것이다. 영국 역사가 액턴 경Lord Acton이 1887년에 이 문구를 썼을 때 그는 리더십의 본질을 깊숙이 들여다보고 있었다. 이는 또 다른 역사학자며 영국 교회의 주교이자 당시 교황과 국왕의 책임을 사면해주는 종교 재판의 역사에 관한 글을 쓰던 맨들 크레이튼Mandell Creighton에게 편지를 보내 논쟁을 하면서 한 말이다. 이때 액턴 경은 대부분의 사람들이 알고 있는 것보다 훨씬 더 강력한 주장을 했다.

교황과 국왕은 절대로 오류를 저지르지 않는다는 편파적인 가정을 전제

---

* 전자는 괴짜 상사 아래서 살아남는 방법을 가르치고 후자는 괴짜 상사가 되는 법을 가르친다. 원래 제목에는 별표가 없지만 내가 별표로 비속어의 일부를 숨겼다. 이 책은 가족이 함께 읽을 책이기 때문이다.

로 이들을 다른 사람들과 다르게 판단해야 한다는 당신의 주장을 나는 결코 용납할 수 없소! 만일 어떤 가정이 있다면 권력을 가진 사람들에게 불리하게 작용하는 가정이 있을 뿐이오. 그것도 권력이 크면 클수록 더욱 불리하게 작용할 가정 말이오. 위대한 인물은 거의 언제나 악당들이었소. 심지어 그들이 권위가 아니라 영향력을 행사할 때조차도 그랬단 말이오. 권위에 의해 부패가 발생하는 경향 혹은 그런 확실성을 추가할 때는 더욱더 그렇단 말이오. 권력의 자리는 권력을 쥔 사람을 희생양으로 삼는다는 말만큼 엉터리 같은 소리는 없소. 목적이 수단을 합리화하는 방법을 학습하는 것도 바로 이 자리에서 이뤄지는 일이니까 말이오.

액턴 경은 '권력은 부패한다'는 사실을 학문적으로 규명하는 게 아니다. 권력을 가진 사람은 다른 사람보다 더 엄격한 기준을 적용받아야 한다고 외칠 뿐이다.

이런 배경을 놓고 보면 엘런의 행동이 크게 놀라울 것도 없다. 어쨌거나 그녀는 열심히 일하고 그만큼 희생한 끝에 그 높은 지위까지 올라갔으니까 말이다. 분명 그녀는 무척 바빴고, 그런 만큼 비서가 희생을 감수한 덕분에 그녀가 단 15분이라는 시간을 더 쓸 수 있었고 이는 GE로서도 좋은 일이다. 그녀는 그 15분을 주주 가치를 보다 많이 창조하는 일에 사용할 수 있기 때문이다. 그리고 설령 비서가 써야 할 공적인 15분의 시간이 사적인 일에 쓰였다고 해도, 사실 엘런은 자신의 개인적인 시간을 쪼개서까지 GE의 업무를 한 적이 한두 번이 아니었으니까 딱히 부당하다고 할 수도 없다. 비서가 그녀를 개인적인 차원에서 돕는 것은 그녀가 공적으로 회사의 업무를 보다 잘하도록 돕는 것이나 다름없다. 그런데 과연 이런 주장이 옳을까?

옳지 않다. 틀렸다. 관리자는 본질적으로 나쁜 사람이 아니다. 그러나 관리자 각각은 권력이 가져다주는 편리함과 짜릿함에 허물어지기 쉽다. 동시에 위계를 창조해야 하고 또 여기에 맞서서 싸워야 하는 의무는 순전히 관리자의 어깨에만 놓이는 짐이 아니다. 일반 직원 역시 자기만의 위계를 만들어내는 경우가 드물지 않기 때문이다.

구글에서 우리가 부딪치는 까다로운 여러 과제들 가운데 하나는 직원들이 회사의 단순한 직원이 아니라 주인처럼 느끼고 생각하고 행동하기를 바라고 또 그렇게 되도록 해야 한다는 점이다. 그러나 인간은 태생적으로 권위를 좇고 위계를 찾으며 개인적인 이익을 추구한다. 예를 들어 당신이 참여하는 회의 자리를 생각해보자. 장담하건대 지위가 가장 높은 사람이 언제나 탁자의 머리 부분에 앉는다. 그 자리에서 일어나는 상황을 자세히 살펴보자. 회의 참석자들이 모두 자리에 앉아도 상석은 여전히 비워둔다. 이 장면은 우리가 위계를 만들어낸 방식의 미묘하고도 은밀한 성격을 잘 보여준다. 특별한 지시나 논의가 없었고 심지어 의식적인 생각을 하지 않고서도 상사를 위한 자리는 비워둔다.

이런 현상은 구글에서도 나타난다. 그런데 구글에서는 조금 변형된 형태로 재현된다. 구글의 최고위층 간부들 중 몇몇은 이런 위계적인 권력 균형을 의식해 일부러 회의용 탁자의 좌우 긴 부분의 한가운데 앉는다. 특히 법무 책임자인 켄트 워커Kent Walker가 자주 그런다. "부분적으로는 '아서 왕의 원탁'형 권력 균형을 만들기 위함이다. 나와 다른 사람들 사이에 일대일로 대화가 오가기보다는 사람들끼리 나누는 대화를 더 많이 이끌어내기 위한 장치며 덜 위계적인 장치인 셈이다."* 공교롭게도 이런 회의 자리가 몇 번 이어지고 나면 켄트가 앉았던 그 자리가 이제는 빈자리로 남기 시작한다.

인간은 정말이지 놀라울 정도로 규칙을 잘 따른다. 2007년 이전에 구글의 채용 정책은 "똑똑한 사람을 될 수 있으면 많이 채용하자"였다. 그러다 2007년에 채용 예산 개념을 도입했는데, 조직이 흡수할 수 있는 사람보다 더 많은 사람을 채용하고 있었기 때문이다. 그 결과 각 팀이 연간 채용할 수 있는 사람의 수가 제한됐다. 일자리가 과거보다 희소한 자원으로 바뀜에 따라, 구글이 풍요의 관점에서 결핍의 관점으로 신속하게 이동하는 것을 보고 나는 깜짝 놀랐다. 채워져야 할 자리가 비어 있는 기간도 예전보다 길어졌다. 모든 팀이 최고의 인재를 빈자리에 앉히고 싶어 했기 때문이다. 내부 이동도 더 어려워졌다. 각 팀이 최고의 인재가 아니면 차라리 자리를 비워두길 원했기 때문이다.

그래도 지금은 좀 낫다. 우리는 규칙을 바꿈으로써 이런 과제들 중 몇 가지를 해결했고, 몇몇 팀은 필요할 경우에, 예를 들어 어떤 직원이 다른 팀으로 자리를 옮기고 싶어 할 때 예산을 초과 집행할 수도 있었다. 대부분의 리더는 유보 예산(집행이 일시적으로 보류된 예산-옮긴이)을 마련해두려 했는데, 비범한 인재가 나타날 때 이 인재

---

* 켄트는 또한 그런 좌석 배치가 실용적임을 솔직하게 인정한다. "내가 회의 안건을 화이트보드에 쓰는데 나로서는 화이트보드 맞은편에 앉을 때 가장 집중하기 쉽다는 게 부분적인 이유이기도 하다"고 말이다.

를 채용할 예산상의 여유를 확보하기 위함이다. 당시에 나는 직원에게 그토록 많은 자유를 주려고 열망하는 회사에서조차도 아주 단순한 규칙을 새로 도입함으로써 직원의 행동에 엄청난 변화가 나타난다는 사실을 깨닫고 크게 놀랐다.

자타가 공인하는 최고의 인재인 구글 직원들은 자기 자신의 판단을 믿고 밀어붙이며 필요한 경우에는 규칙도 파괴한다. 일례로 우리는 구글 직원이 구글 카페에 한 달에 두 명까지만 손님을 데리고 올 수 있도록 제한하는데, 어떤 직원은 이따금 양친과 아이들까지 함께 데리고 온다. 그 정도는 괜찮다. 모든 사람이 이따금 규칙에 얽매이지 않고 대단한 경험을 하는 게 규칙에 순응하면서 사는 것보다는 나으니까. 마찬가지로 예산도 관점에 따라 전혀 다르게 보이는 듯하다. 예산의 전체적인 관점은 누구든 예산 범위 안에 머물러야 한다는 것이다. 구글에서는 언제나, 정말 언제나 비범한 인재를 수용할 여유를 가져야 옳고, 그 결과로 설령 예산이 설정한 범위를 넘어선다 해도 상관없다. 그러나 아직도 구글에서는 많은 사람이 정해진 규칙을 군소리 없이 그저 묵묵히 따르는 것을 존중하고 있어 예산 초과 주장이 혁명적으로 느껴질 정도다.

관리자는 권력을 모아 자기 것으로 만들고 이것을 휘두르는 경향이 있다. 반면에 부하직원은 지시를 따르는 경향이 있다. 놀라운 점은 사람들이 관리자와 부하직원이라는 두 개의 역할을 동시에 수행한다는 사실이다. 관리자의 통제에 좌절을 경험하면서 또한 말을 잘 듣지 않는 부하직원을 관리하는 데서 좌절을 경험한다.

이 지점에서 독자는 이런 생각을 할 것이다. '어라? 얘기가 갑자기 좋지 않은 쪽으로 흘러가네?' 그러나 희망은 있다. 상사가 당신을 신뢰하느냐는 것은 심오한 질문이다. 만일 당신이 사람은 본질적으로 선하다고 믿는다면 그리고 당신 회사가 채용 과정을 훌륭하게 진행할 수 있다면, 직원들에게 자유를 주는 것을 두려워할 이유는 아무것도 없다.

대중에게 권한을 넘기는 첫 번째 단계는 직원들이 자유롭게 발언할 수 있도록 보장하는 것이다. '모난 돌이 정 맞는다'는 속담이 있다. 혼자 유별나게 굴지 말고 남들과 맞춰 행동하라는 경고다. 우리가 관리자가 갖고 있는 권한을 될 수 있으면 많이 부하직원에게 넘겨주려 하는 이유도 바로 여기에 있다. 공식적인 권위가 줄어들수록 관리자가 팀원들에게 짐 지워야 할 당근과 채찍 역시 그만큼 줄어들며 팀원들이 혁신해야 할 영역은 그만큼 커진다.

≫ 지위를 나타내는 상징물을 없애라

앞서 우리는 구글에서는 관리자라 해도 휘하에 둘 직원을 자기 입맛대로 채용하지 못하도록 한다는 사실과 그 이유를 살펴봤다. 우리는 또 관리자가 다른 사람들의 승인 없이는 연봉과 승진 결정을 하지 못하도록 하는데, 이번 장부터 몇 장에 걸쳐 그 방식과 이유를 살펴보겠다.

직원이 회사의 소유주처럼 느끼고 행동하는 환경, 즉 권한이 대폭 일반 직원에게 이양된 환경을 만드는 데는 채용이나 승진의 경우보다 더 많은 노력이 필요하다. 게다가 여러 가지 기발한 방식을 동원해야 한다. 위계를 추구하는 인간의 본성을 완화하기 위해 우리는 권력과 지위를 드러내는 상징물을 없애려고 노력한다. 예를 들어 구글에서는 실용적인 차원에서 꼭 필요한 직급만 구분해 직급이 개별 기여자individual contributor, 관리자manager, 감독자director 그리고 이사executive 네 가지밖에 없다. 직장 생활을 하는 동안 내내 개별 기여자로만 일관하는 사람도 있다. 이런 구분은 개인의 영역과 영향력 그리고 리더십에 따른 기능적인 분류다. 물론 그렇다고 해도 직원들은 승진에 신경 쓰고, 감독자나 이사의 지위에 오르는 것을 굉장한 영광으로 여긴다.

과거 회사 규모가 작을 때 우리는 같은 감독자 직급도 낮은 직함의 'Director, Engineering'과 높은 직함의 'Engineering Director'라는 두 단계를 두어 구분했다. 그런데 직함의 단어 순서가 아주 조금 다를 뿐인데도 사람들은 그 다름에 집착했다. 이에 따라 우리는 아예 그 차이를 없애버리고 그냥 '감독자'로 통일했다. 솔직히 말하면 회사의 규모가 커지면 커질수록 이 원칙을 고수하기가 점점 더 어려워졌다. 우리가 노골적으로 금지하던 직함들, 예컨대 '글로벌'이니 '전략'이니 하는 단어를 포함하는 직함들이 언제부턴가 슬금슬금 자리 잡고 회사에 들어앉았다. 우리가 '글로벌'이라는 단어를 금지한 이유는 그것이 뜻하는 내용이 너무도 자명하고 또 어쩐지 과장된 것처럼 들리기 때문이었다. 모든 사람이 하는 모든 업무가 다 '글로벌'한데 굳이 어떤 직함에 그런 단어를 붙일 이유가 없었다. '전략'이라는 단어도 마찬가지다. 《손자병법》의 손자는 전략가였다.

고대 마케도니아 왕국의 알렉산더 대왕도 전략가였다. 나는 오랜 기간 전략 컨설턴트로 일했는데, 솔직히 말해 직함에 '전략'이라는 단어를 넣으면 지원자가 많아지는 건 사실이지만 그렇다고 해서 업무의 성격이 바뀌는 건 전혀 아니다.

우리는 직원을 채용할 때 이런 멋있어 보이는 직함을 사용한다. 그러나 직원이 회사에 들어온 뒤에 자기 스스로 붙이는 직함에 맞춰* 직원 데이터베이스의 내용을 지속적으로 수정하지는 않는다. 그저 우리가 기울이는 노력으로 그런 단어들이 의미하는 내용이 대부분의 다른 경우에서보다 덜 중요하게 받아들여지면 좋겠다고, 다시 말해 별 의미가 없으면 좋겠다고 바랄 뿐이다.

구글에 있다가 손목 밴드 제조업체인 조본으로 자리를 옮긴 랜디 크나플릭은(앞서 4장에서 언급한 적 있다) 직함을 강조하지 않는 관행을 어떻게 다른 데로 퍼뜨리려고 노력했는지 들려주면서 그것이 모든 사람에게 통하지 않더라고 했다. "구글에서 리더십은 직함과 동일하지 않았습니다. 내 부하직원들 중 업무 성과가 좋은 사람들에게 리더십을 발휘할 기회를 주면서 직함으로 권위를 인정받지 않고서도 리더십을 발휘하는 기술을 배우도록 도운 적이 한두 번이 아닙니다. 시간이 지난 뒤에 이런 리더들을 인사관리 부서로 배치하는 것은 아주 쉬운 일이었습니다. 이 사람들은 리더십과 협동심을 어떻게 이끌어내고 동료 집단에서 의사 결정을 어떻게 이끌어낼지 이미 철저하게 학습한 상태였거든요. 나는 조본에 와서 다른 기술 기업에

서 인적자원 전문가를 영입하면서 이와 비슷한 시도를 했습니다. 그 사람에게 직함과 리더십의 관계를 설명했죠. 그런데 그 사람은 '직함도 없는데 어떻게 다른 사람을 내가 원하는 대로 행동하게끔 할 수 있느냐'면서 난감해했습니다. 처음 몇 주 동안 경보가 계속 울렸습니다. 결국 그 사람은 6개월도 채 버티지 못했습니다."

우리는 직함 외에 위계를 강화하는 다른 상징물들도 없었다. 이에 따라 구글에서는 고위 간부senior executive라 해도 대부분은 신참 직원과 동일한 수준의 복지 혜택을 받는다. 이사 전용 주차장이나 식당, 숙소 같은 것은 따로 없다. 2011년에 그동안 연기됐던 보상 프로그램인 구글관리투자기금GMIF을 도입할 때 구글은 고위 간부에게만 접근을 허용하는 대부분의 다른 회사들과 달리 모든 직원에게 이 혜택을 개방했다(GMIF는 구글 직원이면 누구나 자기가 받은 상여금을 구글의 재무 팀과 함께 투자할 수 있도록 허용하는 제도다). 유럽에서는 회사가 이사급 임원에게만 차량 유지비를 지원하는 게 일반적이지만 구글은 모든 직원에게 차량 유지비를 지원했으며 또한 고위 간부가 지나치게 많은 차량 유지비를 받지 못하도록 제한하는 규정까지 뒀다. 불평하는 사람도 있었지만 업계 관행에 맞추는 것보다는 차별을 없애는 게 더 중요했다.

만일 당신이 업무 현장에서 관료적이고 위계적인 분위기를 걷어내고 싶다면, 우선 당신이 갖고 있는 이런 가치관을 시각적으로 보여주는 여러 장치를 마련할 필요가 있다. 이렇게 하지 않을 때 위계를 좇는 인간의 본능이 반드시 당신 안에서 스멀스멀 기어 나올 것이다. 그러므로 상징물과 이야기가 중요하다. 제럴드 포드Gerald Ford

대통령의 대변인이었던 론 네슨Ron Nessen은 포드의 리더십 스타일을 다음과 같은 이야기로 표현했다. "그분은 개를 한 마리 키우고 있었습니다. '자유'라는 이름의 개였습니다. 이 개가 백악관 집무실의 양탄자에 실례를 했고, 이 오물을 치우려고 청소원 한 명이 급하게 달려왔습니다. 그때 포드 대통령이 이렇게 말했습니다. '그건 내가 치우겠소. 그냥 나가도 돼요. 내가 할 테니까. 그 누구도 다른 사람이 기르는 개의 배설물을 치워야 하는 일은 없어야 하지 않겠소.'"[97]

이 이야기가 이토록 매력적일 수 있는 것은 미국의 최고 권력자가 자기가 해야 하는 개인적인 의무를 잘 알고 있을 뿐 아니라 이런 사실을 드러내는 것의 상징적인 가치를 중요하게 여긴다는 점 때문이다.

구글의 최고재무책임자인 패트릭 피체트Patrick Pichette가 정장을 입고 서류가방을 들고 다니지 않고, 청바지를 입고 오렌지색 백팩을 메고 다니는 이유도 바로 여기에 있다. 그는 무모해 보이지만 결과적으로 인류의 미래를 바꿀 혁신적인 기술을 향한 구글의 억제하기 어려운 충동(이른바 '문샷Moonshot' 프로젝트를 가리킨다. 구글 엑스에서는 무인 자동차, 고공 풍력발전 터빈, 열기구 인터넷망, 나노 입자를 활용한 암 치료 등 다양한 기술을 개발하고 있다 –옮긴이)을 최대한 보장하면서도 이런 구글의 재무 상태를 안정적으로 유지 및 관리해야 하는 모순적인, 그래서 중요하면서도 까다로운 일을 책임지고 있다. 하지만 그는 누구나 쉽게 다가갈 수 있는 따뜻한 심성의 소유자다. 그가 자전거를 타고 회사 주변을 돌아다니는 모습은 구글의 최고위층 간부도 그저 평직원과 똑같은 사람일 뿐임을 보여준다.

패트릭(왼쪽)과 나

≫ 정치하지 말고 자료를 사용하라

우리는 권력(권한, 권위)의 함정과 허세를 최소한으로 줄이려고 할 뿐 아니라 어디까지나 자료를 토대로 의사 결정이 이뤄지도록 노력한다. 오미드 코데스타니는 구글에 합류하기 전에 넷스케이프에 있었다. 오미드는 다음과 같이 말했다. "넷스케이프의 전설적인 CEO 짐 박스데일Jim Barksdale이 언젠가 회의석상에서 '만일 여러분이 사실로 확인된 사항(팩트)을 갖고 있다면 그것을 제시하라. 그러면 회사가 그것을 쓰도록 하겠다. 그러나 만일 이런 게 아니라 의견을 갖고 있다면, 미안하지만 회사는 내 의견을 쓸 것이다'라고 말했다."

박스데일의 말은 재미있으면서도 어딘지 모르게 독재의 느낌이 풍겨난다. 하지만 그의 말은 성공한 경영자가 대부분 어떤 식으로 생각하는지 정확하게 포착해낸다. 그들은 어쨌거나 훌륭한 판단을 내렸기 때문에 경영자로 성공했다는 점을 고려한다면, 우리가 이런 사람들이 내린 판단을 믿고 따르지 않을 이유가 없지 않은가?

동시에 박스데일은 사람들이 저마다 개인으로서 갖고 있는 어마어마한 기회를 강조한다. 자료에 의존한다는 것은, 다시 말해 모든 대화가 자료에 뿌리를 두고 이뤄질 것을 기대한다는 것은 전통적인 개념의 경영자 혹은 관리자의 역할을 근본적으로 뒤엎는 셈이다. 그 역할은 어떤 거부할 수 없는 통찰의 제공자에서 벗어나 진리를 찾아나가는 과정의 촉진자로 바뀌며, 모든 의사 결정은 가장 유용한 사실 관계들을 토대로 이뤄진다. 어떤 의미에서 모든 회의는 헤겔의 변증법적 과정이 된다. 어떤 사람이 어떤 테제(정)를 제시하면, 나머지 사람들이 안티테제(반)를 제시해 사실 관계를 의심하고 어떤 결정이 올바른지 검증한다. 이 과정을 거쳐 진테제(합)가 도출된다. 이 진테제는 단순한 의견을 토대로 했을 때와 비교해 한층 진리에 가깝게 다가서 있다. 구글을 지탱해왔던 핵심 운영 원리들 가운데 하나가 바로 "정치하지 말고 자료를 사용하라"다. 이와 관련해 할 배리언도 다음과 같이 말했다. "자료에 의지하면 모든 사람에게 도움이 된다. 고위 간부는 어떤 광고의 배경색을 노랑으로 할지 파랑으로 할지를 두고 다투면서 시간을 낭비하지 않아도 된다. 그냥 실험을 한번 해보면 된다. 이런 실험 덕분에 관리자들은 계량화하기 어려운 것들을 놓고 자유롭게 생각할 여유를 누린다. 아닌 게 아니라 대부분의 경우에 이런 문제들이 광고의 배경색 결정보다 훨씬 중요하니까."

우리는 소문과 편견과 완고함을 차단하기 위해 자료, 즉 증거를 사용한다. 한 가지 방법은 잘못된 신화를 깨뜨리는 것이다. 여기서 먼저 애덤 새비지Adam Savage와 제이미 하이네만Jamie Hyneman에게 양해를 구한다. 이 두 사람은 디스커버리채널의 놀라운 프로그램 〈호기심 해결사MythBusters〉를 진행하면서 "알카트라즈 감옥에서 탈출하는 게 가능할까?"*, "비가 내릴 때 뛰어가는 쪽과 걸어가는 쪽 중 어느 쪽이 비를 더 많이 맞을까?"**와 같은 대중적으로 형성된 이런저런 믿음이 과연 사실인지 아니면 잘못된 신화인지 검증했다. 우리는 이 프로그램에 고무되어 회사 안에 존재하는 갖가지 믿음들을 검증해 그중 잘못된 신화를 깨뜨리려고 노력한다.

사람들은 조직 안에서 일이 돌아가는 방식과 관련해 온갖 종류의 가정을 만들어낸다. 사실은 가정이라기보다는 추측이며, 이런 추측 대부분은 표본편향sample bias에 뿌리를 두고 있다.

제2차 세계대전 때 헝가리 수학자 에이브러햄 왈드Abraham Wald가 만든 도해가 표본편향의 교과서적 도해로 인정받고 있다. 왈드는 당시에 컬럼비아대학의 통계연구그룹Statistical Research Group에서 일했는데, 이 연구소는 제2차 세계대전 동안 미국 정부로부터 통계 관련 과제를 위임받아 처리했다. 왈드에게 내려진 과제는 적의 포격에 대한 아군 폭격기의 생존율을 어떻게 하면 높일 수 있겠는가 하는 것이었다. 왈드는 비행기의 어느 부분에 장갑 장치를 강화해야 하는지 알아보려고 폭격 임무를 마치고 돌아온 비행기에 난 총알 자국의 위치를 살펴보았다. 국립제2차세계대전박물관에 따르면 그는 다음

---

* 가능하다.

* 걸어가는 쪽이 비를 더 많이 맞는다.

과 같은 도해를 창안했는데,[98] 오른쪽 비행기의 검은 부분은 총알 자국이 가장 많이 나 있는 부분이었다. 그리고 왈드는 도해가 제시하는 의견과 정반대로 조종석과 꼬리 부분에 장갑 장치를 강화해야 한다고 결론을 내렸다.

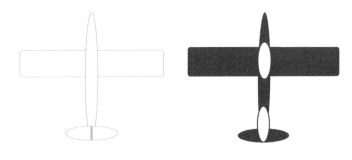

왈드가 그린 폭격기 피해 부분 도해

왈드가 살펴본 표본은 모두 무사히 생환한 폭격기로 조종석과 꼬리 부분을 제외하고는 모든 부분에 총알을 맞았다. 하지만 그는 자기가 살핀 표본이 편향된 표본임을 깨달았다. 조종석과 꼬리 부분에 총을 맞은 비행기는 한 대도 돌아오지 않았던 것이다. 그래서 이 부분에 장갑 장치 강화가 필요하다는 결론을 내렸다.[*]

---

[*] 이것은 또한 생존편향(survivorship bias)의 사례가 될 수 있는데, 생존편향은 전체 집단이 아니라 생존자만을 표본으로 삼아 분석 내용을 왜곡하는 경우다. 신생기업 및 헤지펀드의 성과를 살펴보는 분석가들이 흔히 이런 오류를 저지르는데, 이들은 여전히 살아남아 영업 활동을 하는 회사들만 분석하지 경영 악화로 문을 닫은 회사들은 분석하지 않기 때문이다. 이런 이유로 신생기업 및 헤지펀드의 평균적인 성과가 실제보다 부풀려지곤 한다.
같은 맥락에서 이 책에 지나치게 의존하는 것도 생존편향의 사례가 될 수 있다. 이 책에 수록된 사례에서 새겨듣고 배워야 할 교훈은 분명 있겠지만, 실패한 기업이 주는 교훈을 고려하는 것이 중요하다. 구글의 피플오퍼레이션 부서에서는 어떤 분석을 하든 그때마다 늘 생존편향을 피하려고 노력한다. 예를 들어 우리는 최종적으로 탈락 판정을 받은 지원자를 채용해 이들이 업무 현장에서 거두는 성과를 바탕으로 해서, 우리가 채택하고 있는 채용의 여러 원칙들이 과연 올바른지 검증한다.

표본편향은 우리 모두를 괴롭힌다. 예를 들어 2010년에 실시한 연례 직원 설문조사에서 구글의 많은 기술자들이 성과가 낮은 직원들에게 회사가 단호한 행동을 하지 않는다고 느낀다는 사실이 드러났다. 그런데 실제로 일어난 일은 이랬다. 열 명으로 구성된 어떤 팀에서 아홉 명이 실적이 저조한 동일한 사람을 보면서 그런 사람들을 도와 업무 성과를 높이도록 해줄 사람이나 해고할 사람은 아무도 없다고 각자 결론을 내린 것이다. 이들은 모두 고르게 성과가 나쁘지 않은 비슷한 규모의 다른 다섯 팀은 보지 못했다. 또한 이런 팀을 상대로 해당 팀의 관리자나 피플오퍼레이션 부서 사람들이 직원 개개인과 접촉하고 있다는 사실도 몰랐다. 이것은 고전적인 유형의 편향으로, 우연하게 수집한 흠결 많은 소규모 표본을 토대로 결론을 이끌어낼 때 나타나는 편향이다.

이 경우를 놓고 보면, 성과가 매우 낮은 사람의 사생활을 보호해야 한다는 발상 때문에 사람들은 실제로 업무 현장에서 일어나는 일을 밝히지 않는다. 그러나 나는 우리가 늘 은밀하게 작업을 하고 있음을 분명하게 직원들에게 알렸다. 또 구글의 모든 직원들에게서 나온 실제 자료를 성과 관리와 관련된 교육 자료 및 토론 자료로 축적했다. 그 결과 기술 분야 직원들은 이 문제에 대해 유의미한 수준으로 적극적으로 바뀌었다. "내가 소속된 팀에서 우리는 업무 성과가 낮은 사람들을 효과적으로 처리한다"라는 항목에 예전보다 100점 만점에 23점이나 더 높은 점수를 기록한 것이다. 심지어 이 직원들은 지금 이것과 관련된 문제를 공개적으로 의논까지 하고 있다. 최근에 받은 이메일에서 한 직원은 팀원에게서 받은 좌절감을 토로했다. 그 직원의 성과가 너무 낮은데, 이 직원이 갖고 있는 단점들이 개선될 가망이 전혀 없다는 것이었다. 또 다른 직원도 맞장구를 치면서 그 무능한 직원이 주목을 받고 있는 것 같지만 회사 내 법무 팀의 '고양이 변호사들'[99]은 피플오퍼레이션 부서가 사생활까지 포함된 상세한 사항들을 모든 사람에게 떠벌이도록 허용하지는 않을 거라고 했다. 그 말은 맞다!

승진도 잘못된 신화가 발생하는 또 다른 영역이다. 구글에서는 승진자의 이름과 간단한 경력을 기재한 명단을 이메일로 보내는 것으로 승진 발표를 한다. 그러나 구글은 워낙 큰 회사이다보니 모든 직원이 다른 모든 직원을 알 수 없다. 직원은 이메일로 받은 명단을 훑어보면서 아는 사람을 찾는다. 혹시 아는 사람이라도 있으면 축하하기 위함이다. 이렇게 훑어보면서 이들은 무의식적인 어떤 가정을 한다. "어라? 샐리는 승진했고 데이비드는 못했네? 아마도 샐리가 최고재무책임자와 함께 일하기 때문에 플러스 점수를 받았겠지?", "우와! 안드로이드 팀에서는 전원이 승진했네? 보자…… . 데이터센터 소속 팀 사람은 거의 없잖아. 회사에서는 아무래도 사용자와 밀착되어 있는 분야를 중시하나 봐."

자기가 맡고 있는 사업에 고위 간부가 많아야 승진에 유리하다고 생각하는 것도 직원들이 늘 하는 추론이다. 아무래도 이 사람들이 자기 승진에 유리한 쪽으로 도움을 주지 않겠느냐는 게 이유다. 또 '한층 더 섹시한' 제품 분야에서 일하는 사람일수록 승진에 유리하다는 것과 단 하나의 부정적인 평가가 자기 승진 가능성을 완전히 날려버린다는 것도 그렇고, 본부 차원에서 추진하는 프로젝트는 경영진의 눈에 더 잘 띄므로 이 프로젝트와 관련된 사람이 승진에서 유리하다는 것도 그렇다. 이런 추론의 예는 끝도 없다. 구글에서는 해마다 직원들을 대상으로 설문조사를 하는데, 승진 과정이 공정하지 못하다는 지적은 직원들 입에서 늘 나오는 말이다. 특정 업무, 특정 사업, 특정 자리에서만 유독 승진자가 많이 나온다는 것이다.

이런 우려 섞인 추론은 물론 합법적이고 정당하다. 그러나 여기에는 "올바른 추론이기만 하다면"이라는 전제가 붙는다. 이것들은 모두 잘못된 추론이다.

구글 직원이 피플오퍼레이션 부서에 이런 우려를 제기하고 직접 확인하고 싶다면 우리는 모든 관련 자료를 그에게 보여준다. 하지만 대부분의 직원은 이런 문의나 요구를 하지 않는다. 게다가 사실 우리는 제기될 수 있는 모든 의문에 대해 모든 직원을 상대로 설명할 시간도 없다. 물론 우리는 끊임없이 새로 직원을 채용하고 또 평가하면서 여전히 똑같이 잘못된 결론을 이끌어낸다. 이게 다가 아니다. 심지어 구글에 제법 오래 몸담은 직원들조차도 때로 피플오퍼레이션 부서의 평가를 어느 정도는 회의적으로 바라본다. 이런 사람들의 속마음은 예를 들면 이렇다. '어차피 인적자원 팀은 경영자 편에서 있지 않은가? 경영자 입장에서야 직원들의 웅성거리는 입을 다물게 만들어 모든 사람이 조용하면 좋아할 테고…….'

브라이언 옹Brian Ong과 자넷 조Janet Cho를 보자. 브라이언은 구글 채용 과정의 모든 부분을 추적하고 측정하는 팀을 이끄는 관리자다. 그러나 그는 여러 해 전에는 인간 분석 팀의 구성원으로 우리 판단을 확인된 사실로 뒷받침하는 업무를 맡아 했다. 자넷은 검색, 홍보,

데이터센터, 지메일 등과 같은 주요 제품 영역들과 관련된 부서의 모든 인사 문제를 책임지는 상무다. 브라이언과 자넷 이 두 사람은 승진과 관련된 모든 자료를 직원들이 열람할 수 있도록 하는 것이 한층 효과적이며 장기적인 접근법이 될 수 있을 거라고 판단했다. 그래서 숫자와 관련된 일들을 처리하고 일련의 논의를 정리해 이 논의를 나중에 다른 사람들이 볼 수 있도록 기록하며, 또 이 모든 자료를 사람들이 공유할 수 있는 사이트를 만들었다. 그 결과 다음과 같은 사실이 드러났다.

- 직급이 높은 사람들이 많이 있는 팀에서 일할 때 승진에 유리한 효과는 미미하다. 승진 후보로 지명을 받은 사람의 51퍼센트가 실제로 승진됐고, 직급이 높은 사람들이 많이 있는 팀의 승진 후보자들 중 실제로 승진한 사람의 비율은 54퍼센트로 전체 평균보다 높았지만, 그저 조금 높을 뿐이었다.
- 어떤 사람이 어떤 제품 영역에서 일하는지는 승진과 아무런 관련이 없다. 몇 퍼센트포인트의 차이가 나는 해가 있긴 하지만, 모든 직원은 어떤 제품 영역에서 일하든 승진 가능성은 거의 동일하다.
- 부정적인 평가가 승진 가능성을 완전히 날려버리지는 않는다. 사실 승진한 사람 대부분의 승진 자료에는 긍정적인 평가가 들어 있다. 조직의 구성원으로서 기여하지 못한다거나 계속 버그투성이의 코드를 만들어낸다거나 하는 심각한 실책을 저지를 때만 승진 기회가 날아간다. 이외의 경고 신호는 정보 부재다. 건설적인 평가를 전혀 받지 않은 사람이 승진했다는 것은 승진 결정 과정을 다시 한번 살펴봐야 한다

는 경고 신호다. 승진 후보자는 화려하지 않은 평가를 받는 것을 두려워할 이유가 없다. 그렇다고 해서 영영 기회가 박탈되는 것도 아니고 또 그런 평가가 있을 때는 앞으로 어떤 식으로 개선해야 할지 확실하게 배울 수 있기 때문이다. 누구에게든 현실을 있는 그대로 보여줄 때 그 사람은 앞으로 자신이 더 나아지길 바라게 된다는 점도 확인됐다.

○ 어떤 사업이 본부 차원에서 진행되는가 아니면 조직 외곽에서 진행되는가 하는 변수도 해당 사업에 참여하는 직원의 승진에 영향을 미치지 않는다. 예를 들어 마운틴뷰에 있는 본부 건물에서 근무하는 직원의 승진률은 다른 곳에서 근무하는 직원의 승진률보다 높지 않다.

이 사이트는 최근의 사실들 및 특별한 요청에 따라 이뤄진 분석 자료로 정기적으로 업데이트된다. 이 사이트를 유지하고 운영하는 데는 많은 작업이 필요하지만, 구글의 승진 과정이 편향되게 진행되지 않음을 입증하는 데 꼭 필요하다. 승진 과정이 공정하다고 강하게 주장하는 게 훨씬 쉽겠지만, 구체적인 사실을 들어 잘못된 신화들을 깨뜨리는 것과 그런 사실들을 모든 직원이 볼 수 있도록 하는 것이 훨씬 효과적이다.

우리는 우리가 내리는 결정이 사실을 바탕으로 하고 있음을 확인하기 위해 우리 자신과 구글 제품을 자주 검증한다. 우리는 좋은 발상은 강화하고 나쁜 발상은 털어내길 바라는데, 이때마다 가장 유망한 발상을 자유롭게 실험할 수 있는 여유가 생긴다. 예를 들어 2010년에 우리는 구글 검색의 작동과 관련해 516가지를 개선했다. 이 개선 사항들 가운데 중요한 것을 하나 꼽는다면 암호명 카페인_{Caffeine}인데, 이로 인해 검색 결과는 예전에 비해 50퍼센트 더 '참신'해졌다. 구글은 누군가가 어떤 검색을 할 때마다 매번 전체 웹을 검색하지 않는다. 대신 타당성과 품질 등에 따라 우선순위가 정해진 사이트들과 페이지들을 미리 검색하고 각각에 색인을 달아놓아 검색 요청이 발생할 때 사실상 실시간으로 검색 결과가 제시되도록 한다. 다시 말해 카페인 덕분에 색인 달기 작업이 50퍼센트 더 빨라졌다는 뜻이다. 구글 카페인은 출시 당시에 1초당 수십만 개의 웹페이지를 처리했다. 1초에 약 5킬로미터 높이로 쌓인 신문을 처리한 셈이다.[100]

우리는 어떤 개선 사항이든 실제로 실행에 옮기기 전에 이것이 제대로 작동하는지부터 검사했다. 우리는 A/B 시험법을 썼다. 두 개의 대안을 평가자에게 제시하고 평가자의 반응과 평가를 보고 최종 선택을 하는 방식이다. 손쉬운 예를 들면 어떤 광고의 바탕색을 파랑으로 할 때와 빨강으로 할 때 어느 쪽이 사용자의 클릭 수를 더 많이 이끌어낼 것인지 알고 싶을 때 이 방법을 사용할 수 있다. 별것 아닌 것처럼 보일 수 있지만 펩시콜라를 마실 것인지 코카콜라를 마실 것인지를 두고 보면 엄청나게 대단한 것이다.

우리는 또한 1퍼센트 시험법도 동원했다. 전체 사용자의 1퍼센트를 대상으로 해당 개선 사항을 실행할 때 어떤 일이 일어나는지 미리 확인하는 방식이다. 2010년 한 해에만 구글은 8,157건의 A/B 시험을 진행했고, 1퍼센트 시험도 2,800건 넘게 진행했다. 2010년에 구글은 어떻게 하는 것이 사용자에게 가장 유리할지 확인하려고 하루에 평균 서른 건이 넘는 실험을 한 셈이다. 이 수치는 우리의 검색 제품에 국한된 것일 뿐이다.

우리는 인사 문제에도 동일한 접근법을 사용했다. 이른바 '상향식 평가 설문조사upward feedback survey'는 관리자의 자질을 파악할 목적으로 주기적으로 진행하는 설문조사인데(이에 대해서는 8장에서 자세하게 설명하겠다), 이 조사를 처음 실행하기에 앞서 우리는 이 설문조사 계획을 발표하는 이메일에 담당 팀 이사의 서명이 들어 있는 경우와 'UFS 팀'이라는 포괄적인 이름으로 발송되는 경우 중 어느 쪽이 응답률이 높은지 확인할 목적으로 A/B 시험을 동원했다. 결과는 응답률에는 차이가 전혀 없는 것으로 나타났다. 그래서 우리는 'UFS 팀' 명의로 이메일을 발송하기로 했다. 이유는 단순했다. 이메일을 발송할 때마다 번거롭게 해당 이사에게 서명을 해달라고 하는 것보다 그 편이 간단하기 때문이었다.

구글에서는 중요한 사업은 대부분 소집단을 대상으로 먼저 검증 과정을 거친다. 지금도 기억하는데, 구글 직원의 수가 2만 명을 넘어섰을 때 나는 질문 하나를 받았다. 구글이라는 회사가 이제 명실상부하게 대기업이 됐는데 이런 사실이 인사 담당자로서 힘들지 않느냐는 질문이었다. 그때 나는 이렇게 대답했다. "우리는 늘 문화를 생각하고 염려합니다. 그러나 규모가 커짐으로써 가질 수 있는 강점은 무엇이 구글 직원을 더욱 행복하게 만들어주는지 알아보는 실험을 수백 가지나 실시할 수 있다는 점입니다."

모든 지사와 팀 그리고 사업은 실험을 하고 또 거기서 교훈을 얻을 수 있는 기회다. 이것은 모든 대기업이 누릴 수 있지만 실제로는 놓치고 마는 매우 커다란 수많은 기회들 가운데 하나다. 이런 기회상실 현상은 수천 명 규모의 회사가 아니라 수백 명 규모의 회사에서도 나타난다. 경영진이 어떤 결정을 내리고 이 결정을 일방적으로 조직 전체로 밀어붙이는 경우는 매우 많다. 하지만 만일 경영진이 틀렸다면 어떻게 할 것인가? 누군가가 더 나은 아이디어를 갖고 있다면? 그 결정이 한 국가에서만 유용하고 다른 국가에서는 무용지물이라면? 기업들이 이런 방식으로 실험을 더 활발하게 하지 않는 것은 어리석은 일이라고 생각한다.

열 명이든 쉰 명이든 혹은 백 명이든 표본집단을 만들고 이들을 대상으로 기존 방식과 다른 새로운 방식을 실험해보지 않을 이유가 어디 있단 말인가? 흔히 말하듯이 "주의를 기울이지 않으면 어떤 일이 끝나기도 전에(즉 실패를 통해) 교훈을 얻는 법이다."

» 직원이 스스로 결정하게 하라

간부에게서 전통적인 권력 도구를 박탈하거나 혹은 분명하게 확인된 사실을 바탕으로 의사 결정을 내리는 것 말고도 구글은 직원이 업무와 회사의 전반적인 사항을 스스로 결정하도록 하는 유례없이 커다란 자유를 준다. 그런데 구글이 최초로 이렇게 한 것은 아니다. 3M은 이미 65년 넘게 직원들에게 근무시간의 15퍼센트를 개인과 회사가 열어나갈 수 있는 여러 가능성을 탐구하는 데 사용할 수 있도록 했다. "창의성에는 자유가 필요하다는 게 3M이 갖고 있는 핵심적인 믿음이다. 그렇기 때문에 우리는 1948년 이후로 모든 직원이 근무시간의 15퍼센트를 떼어내 독자적으로 사업 계획을 세우는 데 쓰도록 권장해왔다. 회사가 보유한 자원을 써도 되고 특별한 팀을 구성해 운영해도 되며 자신만의 독특한 통찰로 문제 해결에 나서도 된다."[101]

3M의 유명한 히트 상품인 포스트잇도 광택 연마제인 트라이잭이 그랬던 것처럼 이 프로그램에서 비롯됐는데, 포스트잇은 세월이 지나면서 점점 더 나은 모습으로 진화했다.

3M이 근무시간의 15퍼센트를 자유롭게 해주었다면 구글은 20퍼센트를 자유롭게 해준다. 구글 기술자들은 자기 근무 주(週)의 20퍼센트를 개인적인 관심사에 투자할 수 있다. 물론 구글의 업무와 관련이 있는 일이어야 한다. 기술 분야 이외의 영역에서는 공식적으로 '20퍼센트 시간'이라는 표찰을 붙이지 않지만, 구글 직원은 자기만의 곁가지 사업에 들일 시간을 얼마든지 찾을 수 있다. 예를 들어 영업직인 크리스 젠틸Chris Genteel은 소수 인종에 속하는 사업자의 사업체가 온라인에 쉽게 자사를 소개할 수 있도록 돕기도 했고, 전직 사교춤 선수이자 구글 부동산 팀원인 안나 보텔로Anna Botelho는 다른 구글 직원에게 춤 강습해 주기도 했다.

크롬 팀의 제품 관리 담당 상무인 캐사르 셴굽타Caesar Sengupta는 2009년에 구글 툴바Toolbar와, 자기 컴퓨터 안의 내용을 색인해 검색할 수 있도록 해주는 소프트웨어 제품인 구글 데스크탑Desktop을 운영하는 일을 주된 업무로 맡고 있었다. 그런데 크롬 팀이 크롬 브라우저를 구축하는 일을 시작할 때 캐사르와 제법 많은 수의 기술자들은 크롬의 기본 설계를 운영체제에 적용하면 어떨까 생각했다. 당시에 컴퓨터가 부팅을 완료하기까지는 적어도 5분이 걸렸다. 이렇게 될 수밖에 없었던 부분적인 이유로는 이제는 아무도 쓰지 않는 플로피디스크 드라이버 같은 구식 하드웨어들을 점검해야 했기 때문이다. 캐사르와 그의 팀은 비공식적인 20퍼센트 규칙을 적용해 여기에 매달렸다. 그리고 필요 없는 모든 단계를 걷어내고 크롬 브라우저 플랫폼과 최초의 크롬북을 만들었다. 이 노트북은 불과 8초 만에 부팅을 끝냈다.

사용자의 활용 양상은 실제 현실에 따라 달라진다. 어떤 사용자는 모든 곁가지 장치나 프로그램을 100퍼센트 활성화하는 데 초점을 맞추고, 또 어떤 사용자는 곁가지는 일절 무시한다. 어떤 사람은 본업을 하는 시간에 하는 게 아니라 본업이 끝난 다음에 해야 하는 일이라는 의미에서 사실은 추가로 20퍼센트 시간을 더 일함으로써 총 근무시간은 '120퍼센트'가 된다고 농담을 하기도 한다. 하지만 일반적으로 성공하는 사업은 어떤 사람이 갖고 있는 시간의 5퍼센트 혹은 10퍼센트로 시작되며, 이것이 어떤 효과를 입증하면서 점점 더 많은 시간을 들이는 사업으로 발전하고, 결국 이 사업은 공식 제품으로 출시된다.

20퍼센트 시간 제도는 그 뒤로 오랫동안 계속됐고, 우리가 마지막으로 측정했을 때는 실제로 근무시간의 약 10퍼센트 수준으로 활용됐다. 몇 가지 측면에서 볼 때 20퍼센트 제도라는 발상 자체가 실제 실행보다 더 중요하다. 이것은 공식적인 관리 감독의 경계선 밖에서 진행되며 앞으로도 마찬가지일 것이다. 재능이 넘치는 창의적인 인재는 등을 떠밀려서는 제 역량을 발휘하지 못하기 때문이다.

IT 잡지 〈와이어드_{Wired}〉에 실린 라이언 테이트_{Ryan tate}의 글은 이 제도를 잘 요약한다.

> 이 제도는 문서화된 정책과 상세한 지침 그리고 관리자의 감독이 전제될 경우에는 올바르게 구현된다고 할 수 없다. 목적 지향이 확고한 경우에 이 제도가 빛을 볼 수 있다. 이런 조건에서는 그 누구도 곁가지 사업에 눈을 돌리려 하지 않는다. 본업에 집중해야 하기 때문이다.
>
> 이 제도는 언제나 임시변통 차원에서 실행되면서 회사 내에서도 가장 똑똑하고 부지런하며 끈기 있는 직원들, 즉 어떤 어려움이 닥치더라고 처음 생각했던 것을 끝내 완수하고야 마는 심지 굳은 사람들에게 탈출구 역할을 해왔다. 예를 들어 기술자인 폴 북하이트_{Paul Buchheit}는 구글이 검색 분야에서 너무 멀리 떨어진 영역으로 나아가는 게 아니냐며 걱정하던 회사 경영진을 설득해 2년 반 동안 노력한 끝에 마침내 대박 제품을 내놓았다. 그게 바로 지메일이었다.[102]

구글 직원은 창의적인 제품이라는 울타리 안에 스스로를 가두려 하지 않는다. 이들은 경영진이 회사를 운영하는 방식을 결정하는 데도 참여한다. 제법 오래된 이야기인데, 우리는 30명의 기술자 집단에 익명으로 된 기술 분야 모든 직원의 성과 및 연봉 자료를 제시하면서 성과급 분배를 어떻게 하면 좋을지 알아서 결정하게 했다. 그 결과 이들은 능력에 따른 배분에 초점을 맞춘 방식을 제시했다.

예를 들어 두 사람이 동일한 난이도의 업무를 수행하는데, 그중 한 사람이 구글에 입사할 때 연봉 협상을 상대적으로 더 유리하게 이끌어 10만 달러의 연봉을 받고, 연봉 협상에 서투른 사람은 9만 달러의 연봉을 받는다고 치자. 두 사람은 동일한 난이도의 업무를 똑같이 수행했으므로 동일하게 20퍼센트의 성과급을 받는다. 그런데 이런 체계가 공정하지 않다고 기술자들은 주장했다. 전자는 10만 달러의 20퍼센트인 2만 달러를 받지만 후자는 9만 달러의 20퍼센트인 1만 8,000달러밖에 받지 못한다는 게 이유였다. 우리는 이들의 요청을 받아들여 동일한 업무를 수행한 사람 전체에서 중앙값(통계 집단의 변량을 크기의 순서로 늘어놓을 때 중앙에 위치하는 값―옮긴이)의 연봉을 기준으로 동일한 성과급을 계산해 지급했다.

솔직히 말해 이는 대부분의 회사에서 일어나는 일이다. 남성과 여성 사이의 연봉 격차에 대해서는 이미 많은 곳에서 잘 정리했다. 이런 차이가 날 수밖에 없는 원천 가운데 하나는 입사할 때 회사와 벌이는 협상에서 보여주는 남성과 여성의 태도 차이다. 예를 들어 카네기멜론대학의 린다 뱁콕Linda Babcock과 저술가인 사라 래시버Sara Laschever는 카네기멜론대학 MBA 졸업생들을 추적한 결과 첫 해 연봉이 남성이 여성보다 높았는데, 이는 주로 남성이 여성보다 상대적으로 높은 연봉을 요구하기 때문이라고 설명했다. 회사에 들어갈 때 회사 측과 적극적으로 연봉 협상을 한 사람의 비율은 남성이 57퍼센트였던 데 비해 여성은 7퍼센트밖에 되지 않았던 것이다.[103]

구글의 연봉 체계는 직원의 적극적인 참여에 부분적으로 힘입어 이런 유형의 구조적 편향과 불평등을 제거하는 방향으로 마련되어 있다. 그러나 우리는 보상, 인력 활용, 채용, 그 밖의 인사 관련 쟁점들에 언제나 그처럼 분석적으로 접근하지는 않았다. 직원이 약

2,500명이던 2004년에 래리와 세르게이는 구글이 너무 커지고 있어 직원들이 직장 생활을 얼마나 행복하다고 평가하는지를 걸어다니면서 안면 있는 사람과 얘기를 나누는 것만으로는 도저히 알 수 없다고 판단했다. 두 사람이 마련한 해법은 스테이시 설리번이었다. 1999년에 구글의 초대 최고인적자원책임자로 스카우트된 스테이시가 모든 직원과 접촉해 해결책을 찾아내도록 한 것이다.

스테이시는 이른바 '행복 설문조사Happiness Survey'를 실시했다. 하지만 이 설문조사에 참가한 사람은 전체 직원 중 절반에 한참 못 미치는 수준이었다. 그리고 기술자들은 자기들이 더 나은 질문 항목을 만들 수 있다고 믿고 독자적으로 경쟁력 있는 설문조사를 만들었다. 이것의 이름은 '황홀경 설문조사Ecstasy Survey'였다. 행복 설문조사보다 한층 높은 기준을 설정했다는 이유로 그런 이름이 붙여졌다. 이 설문조사는 기술자들의 특수한 욕구를 다뤘으며(예를 들어 근무시간의 20퍼센트를 개인적인 관심사에 들이도록 한 제도에 대해 질문을 한 유일한 설문조사였다), 또 일단 다른 기술 분야 직원들에게 한층 더 신뢰를 받았다. 어쨌거나 같은 기술 분야에 속한 동료가 작성한 것이었으니까.

2007년까지 이 두 가지 설문조사가 병행됐다. 그러나 이들의 실용성은 제한적일 수밖에 없었다. 서로 다른 설문문항 조합들을 갖고 있어 우리는 회사 전체에 대해 어떤 비교를 할 수 없었다. 나중에 산소 프로젝트에서 일하게 된 미셸 도노반Michelle Donovan은 더 나은 방법이 없을까 고민했다. 그리고 다음 한 해 동안 기술자, 영업직원, 그 밖의 모든 사람과 협력하면서 전체 구글 직원의 관심사를 적확하게 포착하며, 나아가 많은 세월이 지나도 과학적으로 빈틈이 없고 또 계량화가 가능한 설문조사 방법 개발에 힘을 쏟았다. 이렇게 해서 구글가이스트Googlegeist가 탄생했다.

'구글의 정신'이라는 의미로, 직원 공모로 명칭이 선정된 구글가이스트는 해마다 4만 명이 넘는 구글 직원을 대상으로 실시되는 설문조사 도구다. 이것은 구글 직원들이 회사의 틀과 사업을 결정하는 데 참여하도록 하는, 단일 제도로서는 가장 강력한 것이다. 이 설문조사는 해마다 약 100개의 문항을 제시해 직원의 의견을 묻는데, 각각의 질문에는 '강력하게 찬성한다'부터 '강력하게 반대한다'까지 다섯 개 답지가 달려 있다. 구글가이스트는 이런 객관식 질문 말고도 자유롭게 의견을 진술하도록 요구하는 주관식 질문도 여러 개 보조적으로 갖추고 있다.

우리는 이 설문의 전체 질문 가운데 가장 긴급한 쟁점들을 토대

2014년 구글가이스트 설문조사 첫 쪽 © Google, Inc.

로 해마다 30퍼센트에서 50퍼센트를 바꾸지만, 나머지는 그대로 두어 여러 해가 지나고 난 뒤에 회사에서 어떤 변화가 일어났는지 추적할 수 있도록 했다. 이 설문조사에는 해마다 전체 직원 중 약 90퍼센트가 참여한다.

우리는 직원들이 정직하게 답변하길 바라기 때문에 두 가지 방식으로 응답을 유도한다. 하나는 은밀한 방식이고 다른 하나는 익명 방식이다. '은밀한 방식'은 응답자의 이름은 적지 않지만 회사를 분석하는 데 도움이 될 자료, 예를 들면 근무지, 직위, 소속 제품 분야 등은 적도록 하는 방식이다. 응답자인 어떤 직원이 캘리포니아 샌브루노에 있는 유튜브 본사에서 일하는 여성 관리자임은 알 수 있지만 구체적으로 그 여직원이 누구인지는 알 수 없다. 이 자료를(물론 이 자료에는 설문자의 이름이 적혀 있지 않다) 볼 수 있는 유일한 팀은 구글가이스트 핵심 팀이며, 우리는 이 설문 결과를 발표하더라도 누가 어떤 응답을 했는지 절대로 알아볼 수 없도록 했다. 이런 익명성 보장의 원칙을 확실히 지켜 응답자가 자발적으로 자신을 드러내지 않는 한 응답자 개인을 확인할 수 있는 정보는 일체 포함되지 않는다.

구글가이스트는 매우 특이하다. 우선 전문 컨설턴트가 아니라 설문조사 설계부터 조직 심리학에 이르는 모든 분야에 박사급의 전문성을 갖추고 있는 구글 직원들이 직접 설문 문항을 작성한다는 점이 그렇고, 좋은 것이든 나쁜 것이든 설문조사의 결과를 모두 한 달 안에 회사 전체 직원에게 알린다는 점이 그렇다. 또 이 설문 결과를 바탕으로 다음 한 해 동안 구글의 문화와 효율성을 개선하기 위해 직원이 주도하는 작업의 모든 것을 결정한다는 점에서 그렇다.

휘하에 네 명 이상의 부하직원을 두고 있는 관리자는 모두 '마이가이스트MyGeist'라는 이름이 붙은 보고서를 받는다. 이 보고서(이 보고서는 사실 쌍방향 온라인 도구다)는 해당 관리자가 자신이 이끄는 조직 단위에 대한 구글가이스트의 설문 결과, 즉 각 분야별 점수를 요약한 것이다. 자기 팀의 인원수와 상관없이 모든 관리자는 이 보고서를 받아보고 자신이 어떻게 하고 있는지 혹은 어떻게 해야 할지 파악할 수 있다. 관리자는 단 한 번의 클릭만으로 자기 직속 팀, 보다 확장된 규모의 조직, 특정 구글 직원 집단 혹은 심지어 구글 전체 직원과 이 보고서를 공유할 수 있으며, 실제로 그렇게 한다.

Mygeist
2014

Illustrative data

테사 폼파

홈
개요
모든 항목

Print

주제들
모든 설문조사 항목은 몇 개의 주제로 분류되어 있다. 어떤 주제의 점수는 그 주제 내 여러 항목들의 평균 점수다. 각 주제의 찬성 비율은 구글 전체 평균 점수, 소속 부서나 제품 영역의 평균 점수 그리고 당신의 상무 혹은 전무의 점수와 비교된다. 점수 차이가 5퍼센트 이상일 때는 초록색이나 붉은색으로 표시된다. 해당 자료가 없거나 당신의 점수가 소속 부서나 제품 영역에서 가장 높을 때, 하이픈(-)이 표시된다. 각 주제에 대해서는 F&Q 페이지를 확인하라.

조직
▲

주제	응답자 수	비율			구글 전체 찬성 평균과의 비율 비교
동료	2684	91	7		
관리자	2721	89	10	3	0
리더십	2706	86	13	5	+5
문화	2730	84	11	5	+9
총점	2695	82	14	4	+2
경력 개발	2649	82	18	8	-1
복지	2717	80	9	11	+1
성과 관리	2623	76	16	8	-2
일-역할	2641	72	15	13	-3

2014년 구글가이스트 설문조사의 개인별 마이가이스트 보고서 사례 © Google, Inc.

이 과정에서 선순환이 일어난다. 우리는 새로 알아낸 사실을 바탕으로 행동을 취하고, 이 행동은 미래의 참여를 독려하며, 이런 독려는 우리가 앞으로 어떤 개선 작업을 해야 할지 훨씬 정확히 진단할 수 있게 해준다. 우리는 설문조사 결과의 공개를 원칙으로 삼음으로써 이런 선순환이 가능하도록 한다. 예컨대 100명 혹은 그 이상의 부하직원을 거느리는 상무의 보고서가 회사 전체에 자동적으로 공개되는데, 이런 조치는 앞서 2장에서 너무 소심한 나머지 자기 직원들과 현장에서 질의응답을 못한다고 했던 CEO로서는 도저히 생각조차 할 수 없는 일이다. 동시에 아첨이 난무하는 걸 예방하기 위해 직원이 했던 응답은 익명으로 처리되며 각 관리자가 받은 점수 결과는 직무 성과 평가나 연봉 결정에 반영되지 않는다. 우리는 직원이 솔직하게 속마음을 드러내길 바라며 또 관리자가 문제를 감추고 방어하기보다는 솔직한 태도로 개선에 나서길 바란다.

중요한 점은 구글가이스트가 실질적으로 중요한 결과의 측정치에 초점을 맞춘다는 사실이다. 대부분의 직원 설문조사는 직원 몰입도employee engagement에 초점을 맞추는데,[104] 이를 두고 구글의 인사 분석과 보상 담당 상무인 프라사드 세티는 "몰입도라는 것은 인적자원 사람들이 좋아하긴 하지만 많은 것을 얘기해주지 않는 구름처럼 흐릿한 개념이다. 만일 직원들이 업무에 80퍼센트 몰입한다고 할 때 과연 이 수치는 무엇을 뜻한다고 할 수 있을까?"라고 말했다. 리서치업체인 CEB도 다음과 같은 사실을 확인했다. "직원의 업무 몰입도가 갖는 의미는 학계와 업계 양쪽 모두 모호하다.……이 용어는 직원이 보인 선례와 결과뿐 아니라 심리적인 상태와 특징 그리고 행동까지 아우르며 다양하게 사용된다."[105] 업무 몰입도는 유한한 인적자원과 시간을 어디에 투자해 개선을 꾀할지 정확하게 알려주지 않는다. 업무 몰입도를 높이려 할 때 건강 증진 프로그램에 초점을 맞추겠는가, 아니면 관리자의 자질에 초점을 맞추겠는가, 그것도 아니면 직무 내용에 초점을 맞추겠는가? 도무지 알 길이 없다.

그러나 구글가이스트는 우리가 갖고 있는 가장 중요한 종속 변수들, 즉 혁신(기존 제품들을 개선하는 동시에 전망이 밝은 것에 집중하는 것을 중시하며 장려하는 환경을 유지하는 것)과 실행(고품질의 제품을 신속하게 출시하는 것) 그리고 보존(우리가 원하는 인력을 계속 보유하는 것)에 초점을 맞춘다. 예를 들어 우리는 직원들이 회사를 떠날지 여부를 예측하는 질문을 다섯 개 가지고 있다. 만일 이 다섯 개 질문에 대해 어떤 팀의 응답이 100점 만점에 70점 미만일 경우, 우리가 적극적으로 개입하지 않으면 다음 해에 이 팀에서 훨씬 더 많은 직원이 회사를 떠날 거라고 예측한다. 만일 단 한 개 질문에서 70점 미만이라면 문제는 즉각 파악되고 직원들과 상사들은 피플오퍼레이션 부서 직원들과 공조해 그 팀이 갖고 있는 문제 개선에 나선다. 하지만 여기서 확실하게 언급해두고 싶은 점은, 70점 미만이라는 결과가 특정 개인에게 불이익으로 돌아가는 일은 결코 없도록 보장한다는 사실이다.

우리는 이것 말고도 많은 항목, 즉 업무 실행 속도나 문화와 같은 것들에 대해서도 결과를 수치화해 측정하는데, 우리가 특히 원하는 것은 멋진 인재를 새로 영입하는 것 그리고 우리가 채용 과정에서 그토록 많은 노력을 기울였던 인재들이 앞으로도 오래 구글에 남아 있게 만드는 것이다.

구글가이스트의 효과는 엄청났다. 내부 갈등이 심각할 것으로 예상되는 팀이나 부서를 거의 정확하게 찾아낼 수 있었고, 직원 이직률을 좋은 때든 나쁜 때든 낮은 수준으로 관리할 수 있었다. 직원은 회사가 혁신을 하고 있다고 느끼며 또 각자 회사가 맞닥뜨린 과제에 기여할 수 있다고 느끼고 있었다. 5년 전과 비교할 때 구글 직원은 구글이라는 회사 안에서 자신의 경력 목표를 달성할 수 있다고 20퍼센트 더 확신하며, 빠른 의사 결정에 25퍼센트 더 행복해하고 (이럴 때 대규모 조직에 관료주의가 슬금슬금 기어들어오는 것은 획기적으로 차단할 수 있다), 5퍼센트 더 존중을 받는다고 느꼈다. 출발 점수가 이미 90점이 넘는 상태에서 이런 느낌을 조금 더 개선하기란 훨씬 더 어렵다.

동시에 이 설문조사는 복지와 관련된 몇몇 분야에서(특히 직원이 업무 외 시간에 일에서 완전히 손 뗄 수 있는 능력이라는 측면에서는 더욱 그렇다) 우리가 해야 할 일이 있음을 밝혀냈다. 그리고 더블린 지사에서는 이른바 '더블린이 어두워진다Dublin Goes Dark'라는 이름의 프로그램을 개발하는 것으로 이런 필요성을 충족시켰는데, 모든 직원은 오후 여섯 시면 손에서 일을 놓도록 권장하는 프로그램이었다. 이들은 심지어 직원들이 잠자리에 들기 전에 이메일을 슬쩍 한번 확인하는 것조차 하지 못하도록 노트북을 모두 회수해두는 공간까지 마련했다. 이 실험은 효과가 있었다. 피플오퍼레이션 부서에서만 시범적으로 실행됐던 이 프로그램은 2013년에 이르러서 더블린 전체로 확대되어 더블린 지사의 2,000명이 넘는 직원이 모두 참여했다. 아일랜드의 피플오퍼레이션 부서를 이끄는 헬렌 타이넌Helen Tynan은 이 프로그램과 관련해 다음과 같이 보고했다. "내 사무실에는 노트북이 산더미처럼 쌓여 있었습니다. 사람들이 노트북을 두고 가려고 들를 때

면 내 사무실은 엄청나게 소란스러워집니다. 낄낄거리는 웃음소리
가 끊이지 않았음은 말할 것도 없습니다.……다음 날 많은 직원들
이 전날 자기들이 한 일들을 얘기했는데, 이런저런 일들을 많이 했
음에도 불구하고 시간이 얼마나 많이 남아도는지 깜짝 놀랐다는 얘
기가 많았습니다."

구글가이스트는 회사에서 일어난 중요한 여러 변화의 원천이 되
기도 했다. 이런 변화 가운데 하나가 산소 프로젝트이고 다른 하나
가 2010년부터 실시했던 연봉 원칙의 근본적인 변화인데, 여기에는
전체 직원을 대상으로 한 봉급 10퍼센트 인상이 포함되어 있었다.
그전까지 구글 직원이 받는 봉급은 매우 낮았다. 그러나 직원들은
집을 사고 가족을 부양하게 되면서 한층 많은 봉급이 절실하게 필
요했다. 우리는 구글가이스트 덕분에 연봉 감소에 대한 만족도의 장
기적인 추이를 살펴볼 수 있었고, 마침내 행동을 취했던 것이다(1년
연봉으로 1달러밖에 가져가지 않는 래리와 세르게이는 연봉을 10퍼센트 인상해
1.10달러로 책정하겠다는 나의 제안을 아쉽게도 거절했다).

그러나 그동안 역사적으로 볼 때 신제품 출시에서 영광을 찾아왔
던 특수한 기업인 구글에서 본질적인 필요성 몇 가지를 간과하고
있음을 구글가이스트가 밝혀냈다. 2007년과 2008년에 구글의 기술
분야 직원들은 생색은 덜 나지만 매우 중요한 일을 함에도 불구하
고 회사에서 자기들은 찬밥 신세라고 느꼈던 것이다. 예를 들어 구
글의 기술자들은 구글의 코드베이스에 동시에 기여했다. 이런 업무
가 갖는 의미를 잠시 생각해보자. 수천 명이 구글 제품들의 작동 방
식을 끊임없이 바꾸고 있는데, 이 모든 것이 동시간대에 실행된다.

그러니 조금이라도 중복되거나 비효율적이면 이런 비능률이 빠르게 쌓여 제품이 느려지고 지나치게 복잡해지며 버그투성이가 된다.

이른바 '코드 건강code health'은 이런 문제를 최소화하기 위해 코드의 전반적인 지속성sustainability과 확장성scalability을 유지하는 것을 뜻한다('확장성'은 사용자 수의 증대에 유연하게 대응하는 것을 말한다. 즉 사용자가 100명이든 100만 명이든 똑같이 작동하는 것을 말한다). 코드 건강을 유지하려면 정기적인 연구조사를 통해 복잡성을 줄여주는 기술들을 만들어야 하며 단순화라는 정신을 코드 개발 과정에 녹여내야 한다. 그런데 구글가이스트의 결과 우리가 여기에 충분히 많은 관심을 쏟거나 충분히 많은 보상을 하지 않은 것으로 나타났다. 최고 품질의 코드를 만든 사람들이 아니라 가장 많은 코드를 만들어낸 사람들에게 보상이 돌아가고 있었던 것이다.

우리는 코드 건강에 초점을 맞춰 회사 전반의 목표를 설정할 수 있었고 다른 사람들이 수행하는 업무만 철저하게 검사하는 새로운 업무를 마련할 수도 있었지만 그렇게 하지 않았다. 또 우리의 CEO가 구글의 모든 직원은 다음 한 달간 코드 건강에 집중하자는 지침을 내리기만 해도 됐지만 그렇게 하지 않았다. 대신 구글가이스트가 이런 문제를 제기한 뒤에 한 무리의 기술자들이 이 문제를 해결하겠다고 스스로를 조직하고 나섰다.

첫째, 우선 그들은 코드 건강의 중요성을 사람들이 제대로 인식하도록 교육과 홍보에 발 벗고 나섰다. 코드 건강이 왜 중요한지 설명하기 위해 회사 인트라넷에 올리는 테크톡스와 내부 리스트서버(특정 그룹 전원에게 메시지를 이메일로 자동 전송하는 시스템−옮긴이)를 활용했다. 그들은 또 기술 개발 담당 전무인 앨런 유스터스처럼 존경받는 기술 분야 이사들이 코드 건강을 공개 토론석상이나 이메일에서 언급해 성과 관리와 승진에 이런 요소가 반영되어야 한다고 말해줄 것을 요청했다.

둘째, 기술자들은 피플오퍼레이션 부서 직원들과 공조 체계를 갖추고 코드 건강이 성과 보정 과정 및 승진위원회 심사에서 중요한 요소로 추가되도록 힘썼으며 또 이 분야에서 해마다 개선이 이뤄질 수 있도록 구글가이스트에 추가 질문을 작성해 넣었다.

셋째, 코드 건강을 자동적으로 검토하는 몇 가지 도구를 개발했다. 예를 들어 뮌헨 지사의 코드 건강 팀은 C++ 자바에서 죽은 코드를 자동으로 포착하는 도구를 개발했다. 이 도구로 처리함으로써 프로그램의 속도는 한층 빨라지고 그만큼 신뢰성은 높아졌다.

마지막으로, 그 기술자들은 '시민의 상 Citizenship Award'을 제정해, 코드 건강에 기여했으며 이런 사실을 동료와 상사에게 인정받은 직원이면 누구에게나 수상의 기회가 돌아가도록 했다. 그리고 이 상의 수상자 후보로 오른 사람에게는 이득이 돌아가도록 만들었다.

그로부터 4년 뒤, 코드 건강 개선에 들인 시간은 확실히 보상을 받는다는 인식이 기술자들 사이에 34퍼센트 증가했다. 더욱 중요한 사실은, 기술자들이 하는 업무에서 작지만 측정 가능한 수준으로 생산성이 높아지기 시작했다는 점이다. 기술자 팀의 코드베이스가 점점 더 건강해진 덕분이기도 하거니와 이 팀들을 외부에서 뒷받침해주는 체계 자체가 한층 개선된 덕분이기도 하다.

구글가이스트는 기술 분야 이외의 여러 분야에서도 정기적으로 개선의 여지가 있음을 밝혀낸다. 영업 부서 내에서 특히 대학을 갓 졸업하고 입사한 신입 직원들 중 소규모 업체들, 예를 들면 시내에 있는 옷 가게나 브루클린에 있는 음식점 등을 상대로 영업 활동을 하는 직원들이 유독 경력 개발 항목에서 높은 만족도를 드러낸다는 사실을 구글가이스트를 통해 확인했다. 이 경우에도 유럽에 있는 직원들이 직접 나서서 피플오퍼레이션 부서 직원들과 공조해 시험적인 프로그램을 설계했다. 직원들이 다양한 직무 경험을 할 수 있도록 하는 순환근무, 특정 역할에 한정된 사업 및 제품 생산, 2년 기간의 개인 경력 개발 계획 그리고 전 세계 인맥 구축 등에 초점을 맞춘 프로그램이었다. 이 프로그램을 경험한 첫 번째 집단의 경우 경력 개발 만족도 항목에서 18퍼센트 개선 효과가 있었으며, 이직 고려 항목에서 11퍼센트 개선 효과가 있었다. 시험적인 운영 결과 이 프로그램은 유용하다는 판정을 받았고 전 세계의 800명 가까운 직원에게로 확대됐다.

우리는 또한 보다 세분화된 목표에 초점을 맞춰 즉각적인 효과를 노린 여러 프로그램도 실시했다. 우선 '관료제 파괴자'는 짜증스러운 모든 사소한 장애 요소들을 철폐하는 제도다. 예를 들어 우리는 지출 보고서용으로 종이 영수증을 사용하지 않고 사진으로 찍어 보낸다. '쓰레기 수리Waste Fix-It'는 예를 들어 필요 이상으로 프린터를 많이 구비하는 따위의 돈을 낭비하는 쓰레기 같은 사소한 관행들을 없애는 것을 목표로 한다. 우리는 직원들에게 동료에게 많은 이득이 돌아가고 두세 달 안에 바로잡을 수 있는 문제 해결책을 제안하라고 주문한다. 그 결과 2012년에 1,310개의 아이디어가 접수됐고, 이 아이디어들을 놓고 9만 표가 넘는 투표권이 행사됐다. 접수된 아이디어들 중 가장 높은 지지를 받은 20건이 실행됐다.

많은 제안들은 새삼스러운 게 아니었다. 종이 봉급명세서 발행을 중단하자, 모든 사람이 다음 해에 출시할 신제품 계획을 세우고 관련 예산을 짜기에도 정신없이 바쁜 연말에는 규정 준수 훈련이나 윤리 교육 일정을 피하자, 신뢰할 수 있는 면접 질문을 자동적으로 생성하는 구조화된 면접 도구들을 개발해 이상한 질문을 억지로 만들어내지 않도록 하자, 호텔 숙박비가 지나치게 비싼 뉴욕이나 런던 등과 같은 도시에는 직원용 숙소를 더 많이 확보하자 등. 이런 것들 역시 모두가 회사나 직원들이 답답하고 짜증난다고 느끼는 관행들을 고치자는 제안이었다.

≫ 크게 기대하면 크게 얻는다

이런 식으로 직원에게 권한을 위임하면 무정부 상태 혹은 모든 사람의 의견을 존중해야 하므로 어떤 사람의 의견이든 무위로 만들어버릴 수 있는 상황, 다시 말해 1만 명이 '아니오'라고 말할 수 있어도 단 한 명도 '예'라고 말할 수 없는 상황이 전개되고 말 거라고 주장하는 사람들이 있다. 현실에서는 어떤 쟁점에 대해서든 최종 의사 결정자가 필요한데, 이런 접근법의 결과도 적절하게 제어만 된다면 불가능에 가까운 만장일치가 아니라 얼마든지 현실적인 차원에서 진행될 수 있다. 가장 좋은 발상이 주목받도록 해주는, 자료를 바탕으로 하며 뿌리가 튼튼한 토론이 될 수 있다는 말이다. 그 결과 어떤 결정이 내려질 때는 그 결정에 반대하는 사람들이 설령 결과에 만족하지 않는다 해도 충분히 그 결정을 이해하고 존중할 수 있도록 하는 내용이 전제된다.

다시 한번 강조하지만, 이런 접근법은 거의 언제나 통한다. 잘 통하지 않을 때는 단순한 규칙을 따르기만 하면 된다. 다음 단계로 올라가 확인된 사실을 다시 제시하는 것이다. 거기서도 결정이 내려지지 않는다면, 다시 한번 다음 단계로 올라가면 된다. 구글에서는 최종적으로 CEO인 래리 페이지가 그 매듭을 풀 것이다.

이런 조언이 터무니없이 들릴 수 있다. 그것도 내가 이 장에서 관리자는 권한을 부하직원에게 위임해야 한다고 줄기차게 주장했던 사실을 염두에 둔다면 더욱 그럴 것이다. 그러나 의사 결정에서 위계는 매우 중요하다. 위계는 매듭을 풀 수 있는 유일한 길이며, 궁극적으로는 관리자 혹은 경영자가 지고 있는 여러 책임 가운데 하나이기도 하다. 이런 사람이 저지르는 실수는 지나치게 많은 것을 관리한다는 점이다. 이와 관련해 아시아개발은행 대표인 올리비에 세라트Olivier Serrat는 다음과 같이 말했다. "세부적인 사항까지 시시콜콜 따지는 미시관리는 잘못된 관리 방식이다.…… 관리자는 조직의 성과가 목표에 이르지 못할까 봐 전전긍긍하며 불안한 마음을 달래려고 부하직원들의 모든 것을 시시콜콜 따진다. 이 사람들은 부하직원들에게 끊임없이 지시를 내리고 이들의 행동을 통제하면서 불안감을 잊고 잠시나마 편안함을 느낀다. 하지만 사실 이것은 정서적인 불안이 반영된 행동일 뿐이다. 이런 행동은 미시관리자에게 자기가 모든 상황을 잘 통제하고 있다는 착각(통제의 착각)을 일으킨다. 또 다른 동기는 직원들의 역량을 믿지 못하는 신뢰 부족이다. 미시관리자는 동료나 부하가 어떤 과업을 아무런 문제도 없이 완수할 거라고 믿지 않는다. 심지어 그 사람들이 어떤 과업을 할 수 있다고 나설 때조차도 그들에게 그 과업을 맡기지 않으려 한다.[106]

대신 의사 결정은 될 수 있으면 조직 위계의 가장 낮은 단계에서 이뤄져야 한다. 조직도의 높은 곳으로 올라가야 하는 유일한 사항은 '동일한 자료와 동일한 정보가 주어진다 해도' 상대적으로 높은 단계의 간부가 그렇지 않은 직원과 다른 결정을 내릴 수도 있는 쟁점에 국한되어야 한다고 세라트는 덧붙였다.

직원들에게 창의성을 이끌어내기 위해 꼭 구글의 규모나 분석력을 갖추어야 하는 것은 아니다. 간부임에도 불구하고 자신의 지위를 상징하는 이런저런 장치를 포기하는 행위 자체가 부하직원들의 의견을 소중하게 받아들일 마음의 준비가 되어 있다는 가장 강력한 메시지이기 때문이다.

직원 50명 규모의 회사에서 일할 때였는데, 당시 최고운영책임자인 토비 스미스Toby Smith가 주인의식을 불어넣기 위해 내게 했던 가장 큰 일은 자기 사무실을 함께 쓰도록 한 것이었다. 나는 날마다 스미스를 보면서 회사 업무를 익히고 사람들과 어떻게 친해지는지 배웠다. 그는 전화를 받을 때면 언제나 놀랍도록 밝고 따뜻한 목소리로 '안녕하십니까'라고 또박또박 말했다. 아울러 정장용 구두를 살 때 똑같은 걸 두 개 사서 번갈아 신음으로써 언제나 새것처럼 신을 수 있다는 등의 유용하고도 특별한 정보를 얻는 혜택도 추가로 전수해줬음을 고백한다.

　무료로 사용할 수 있는 설문조사 양식도 많이 있다. 여기에 구글 시트Sheets에 내장된 것도 포함되는데, 이 앱을 사용해 직원들에게 현재 어떤 느낌을 갖고 있으며 어떤 느낌을 가지길 원하느냐고 물을 수 있다. 소규모 시험적인 프로그램을 동원하는 것은, 목소리가 가장 큰 직원들이 주어진 특정 상황의 복잡한 문제들과 씨름해 어떤 해결책을 찾아낼 수 있도록 여건을 조성하는 일이라 할 수 있다. 뒤에서 불평하기는 쉽지만 자기 생각을 현실에서 실천하는 책임을 진다는 것은 훨씬 어렵고 힘든 일이다. 그러나 이렇게 해줄 때 극단적이고 비현실적인 관점이나 방법이 현실성을 가질 수 있다.

　이 모든 것이 한자리에 합쳐질 때 사람들은 보다 행복해지고 보다 나은 발상과 아이디어를 내놓는다. 사람들은 대개 다른 사람이 자신에게 거는 기대에 맞춰 살아간다. 당신이 기대하는 수준이 높으면 높은 대로, 낮으면 낮은 대로 사람들은 거기에 맞춰 행동한다는 점이야말로 참으로 놀라운 일이다. 심리학자 에드윈 로크Edwin Locke 와 개리 레이섬Gary Latham은 공저서 《목표 설정과 과업 수행A Theory of Goal Setting & Task Performance》에서 어렵고 구체적인 목표(예를 들면 '90점 이상 받으려고 노력한다')가 모호하고 기대치가 낮은 목표(예를 들면 '최선을 다한다')보다 동기부여 효과를 더 많이 발휘할 뿐 아니라 실제로 더 높은 성과를 이끌어낸다는 사실을 확인했다. 그러므로 사람들에게 될 수 있으면 많은 것을 기대하는 것은 충분히 일리 있는 선택이다.

　맥킨지에서 일할 때였는데, 당시 상사인 앤드류는 내게 고객들에게 제시할 시장분석 보고서가 완벽해야 한다고 늘 강조했다. 하지만 그렇다고 해서 앤드류가 각각의 쪽을 어떻게 설정해야 하는지 혹은 결론을 먼저 내려야 하는지 아니면 나중에 내려야 하는지 따위를 일일이 지시하면서 나를 '미시관리'한 것은 아니었다. 다만 나에 대한 기대치를 높게 설정했을 뿐이다.

1999년에 우리 팀은 어떤 금융업체를 고객으로 맞아 회사로서는 처음으로 이커머스e-commerce 사업을 하고 있었다(이커머스라는 말을 독자는 기억하는가?). 나는 앤드류에게 보고서 초고를 들고 갔는데, 그때 그는 원고를 검토하지도 않고 "내가 검토할 필요가 있습니까?"라고 물었다. 그때 나는 비록 내 원고가 훌륭하긴 하지만 그가 분명 수정해야 할 부분을 찾아낼 거라고 생각했다. 그래서 나는 아직 원고가 완성되지 않았다고 말하고는 다시 고쳤다. 수정 작업을 마친 뒤에 원고를 들고 가자 이번에도 그는 똑같은 질문을 했다. "내가 검토할 필요가 있습니까?"

나는 다시 원고를 들고 돌아왔다. 그다음에도 마찬가지였고 네 번째 원고를 들고 갔을 때 그가 역시 똑같은 질문을 했고, 이번에는 내가 다른 대답을 했다. "검토하실 필요 없습니다. 그대로 고객에게 보여드려도 됩니다." 그러자 앤드류는 이렇게 말했다. "좋아요, 아주 잘했습니다." 그러고는 그 원고를 보지도 않고 곧바로 고객에게 보냈다.

당신도 마찬가지다. 적은 걸 기대하면 적게 얻는다. 1970년대 베스트셀러 소설《갈매기의 꿈Jonathan Livingston Seagull》의 작가인 리처드 바크Richard Bach는 나중에《환상Illusions》이라는 소설에서 "당신이 가진 한계의 끝까지 밀어붙여라. 그리고 그 한계가 당신이 발휘할 수 있는 능력이라고 확신하라"고 썼다.[107] 관리자가 부하직원을 신뢰하지 못하는 데는 많은 이유가 있다. 조직은 대부분 변화에 저항하고 부하를 허약하게 만들도록 설계되어 있다. 내가 다른 회사 CEO들에게 구글 직원은 승진 후보로 자기 자신을 지명할 수 있다거나 CEO에게 어떤 질문이라도 할 수 있다고 말하면, 그들은 대부분 내가 하는 말이 이론적으로는 훌륭하지만 실제로 자기 회사에서는 통하지 않을 거라고 말한다. 그렇게 하면 직원들이 업무에 집중하지 않을 것이고, 그러다 보면 결국 회사의 생산성이 떨어질 거라는 했다. 변호사들이 자기들이 그렇게 하도록 그냥 내버려두지 않을 것이고, 직원들은(자신들 스스로 '우리의 가장 중요한 자산'이라고 말하는 바로 그 직원들은) 결코 올바른 결정을 내리지 않을 것이며, 또 자기는 전용 주차장이 따로 있는 것이 좋다고 했다. 물론 그 사람들이 제시하는 이유는 이것 말고도 많다.

분명하게 말하지만 이 방식은 잘 통한다. 당신은 높은 지위에 있는 사람들에게 반드시 따라다니는 명령과 통제를 하겠다는 충동과 관리를 하겠다는 하찮은 유혹에 맞서 싸워야 한다. 조직은 훌륭한 인재를 찾는 데는 엄청난 노력을 들이지만, 이렇게 해서 찾은 인재가 자신에게 주어진 과제 이외의 다른 어떤 분야에서 역량을 발휘하고 영향력을 행사할 기회를 원천적으로 차단한다. 물론 관리자 입장에서는 통제의 고삐를 놓아버리는 게 끔찍할 수 있다. 어쨌거나 일이 잘못되기라도 하면 현재의 지위가 위태로워지고 경력에 오점이 생길 수 있으니 충분히 그럴 수 있다. 게다가 부하직원을 지도하고 이끌어나가는 업무를 가장 잘 수행할 것 같다는 인정을 받고 그

관리자 직책을 맡고 있으니 더욱 그럴 것이다.

나 역시 개인적으로는 관리자 자격으로 쥐고 있던 통제의 고삐를 놓는 게 쉽지 않았다. 그러나 한 가지 재미있는 사실을 깨달았다. 래리는 한 주에 한 번씩 피플오퍼레이션 부서에(구글의 다른 부서에도 마찬가지 지시를 했지만) 한 주 동안 있었던 일을 간략하게 요약해 적어달라고 한다. 경영진의 회의 자료로 활용하겠다는 것이다. 이 문건은 평가서가 아니고, 경영진이 우리 부서 내에서 현재 무슨 일이 어떻게 돌아가는지 알아보기 위한 하나의 방편이었다. 처음에 나는 이 요약 보고서를 직접 작성했다. 그러다가 팀의 부하직원에게 대신 쓰게 한 다음 검토하고 수정했다. 나중에는 프라사드 세티에게 검토를 일임하고 내게 보일 필요 없이 알아서 확인한 다음 올리라고 했다.

어떻게 보면 그다지 큰일은 아니다. 그저 메모 하나 작성하는 것일 뿐이다. 그러나 또 어떻게 보면 이것은 피플오퍼레이션 부서 전체가 하고 있는 일을 부서를 대표해 CEO에게 정기적으로 보고하는 엄청나게 큰 과업이기도 하다. 나는 이 일을 프라사드에게 맡기면서 내가 갖고 있던 통제의 고삐를 어느 정도 놓아버렸다. 대신 나는 다른 급박한 문제에 보다 많이 집중할 수 있는 소중한 시간을 벌었다. 그리고 프라사드는 새로운 과업을 수행할 기회를 얻었다.

관리자가 깨닫지 못하는 사실은 통제 권한을 아주 조금 포기할 때마다 자신은 추가로 확보된 시간을 새로운 과업에 쏟을 수 있고 팀에게는 한 걸음 더 멀리 나아갈 수 있는 멋진 기회가 생긴다는 점이다. 당신의 부하직원이 좌절감을 느끼는 영역이 어디인지 찾아내고 직원들이 스스로 그 문제를 해결하는 것을 허용하라. 돈이나 시간이 제한되어 있다거나 혹은 다른 제약 조건들이 있다면 직원들에게 현재 당신의 조직 혹은 부서가 놓여 있는 상황을 솔직하게 얘기하라. 직원들에게 모든 걸 투명하게 털어놓고, 직원들이 팀이나 부서 혹은 회사의 어떤 틀을 주인의식을 갖고 만들어나가도록 권한을 부여하라. 그러면 이 직원들이 결국 거둬들이고야 마는 엄청난 성과를 보고 깜짝 놀랄 것이다.

업무 규칙 관리자가 권한을 이양하려면

- 지위나 직책을 나타내는 상징물을 없애라.
- 관리자의 견해가 아니라 자료와 확인된 사실을 바탕으로 의사 결정을 내려라.
- 직원이 자기 업무와 회사의 전반적인 사항을 스스로 결정하게 할 방법을 찾아라.
- 직원에게 많은 것을 기대하라.

7장

왜 사람들은
성과 관리를
증오할까

성과 평가나 보상 대신
개인의 성장에 초점을 맞춰
성과를 개선하라.

"Why Everyone Hates Performance
Management , and What We
Decided to Do About It"

Improve performance by focusing on personal
growth instead of ratings and rewards

TV 시트콤 〈심슨 가족The Simpsons〉의 한 에피소드인 "학부모회 해산하다The PTA Disbands"에서 스프링필드초등학교의 교사들이 봉급과 학용품 그리고 급식 예산이 부족한 현실을 개선해달라며 파업을 벌인다. 그 바람에 학교가 문을 닫자 아이들은 방치된다. 어떤 아이들은 하루 종일 비디오게임을 하고 어떤 아이들은 하루 종일 놀기만 한다. 2학년 학생인 리사 심슨은 패닉에 빠진다.

리사 국가가 승인한 강의계획서와 전국 표준 시험은 없어도 내 공부는 계속 잘 진행될 거야.

마지(리사의 엄마) 애야, 좀 쉬엄쉬엄 쉬어가면서 하지 그러니?

리사 쉬라고요? 그럴 수 없어요! 난 포기할 수 없어요! 절대로……동의어 두 개만? 어떡해, 내 똑똑한 머리가 점점 멍청하게 바뀌고 있어요!

마지 글쎄, 내가 보기에는 예전과 달라진 게 하나도 없는데.

며칠 뒤에 리사의 상황은 더욱 고약해졌다.

리사 나 좀 봐주세요! 성적 매기고 등수 매겨주세요! 잘했어, 잘했어, 잘했어, 잘했어, 아아 정말 똑똑해! 점수 매겨주세요!

마지 아이들 때문에 정말 걱정이에요, 여보. 리사가 점점 이상해지고 있다고요. 오늘 아침에는 자기 비옷을 절단해서 분해하려고 하지 뭐예요.

우리는 누구나 리사 심슨과 같은 성향을 조금씩 갖고 있다. 어릴 때 우리는 키 순서로 제일 작은 아이부터 제일 큰 아이까지 차례대로 줄을 선다. 점수가 매겨지고 탁월함, 만족스러움, 노력이 필요함 등으로 등급이 결정된다. 나이를 더 먹으면 각자 시험을 봐서 얻은 성적은 반에서뿐 아니라 전국 평균과도 비교해 우열이 정해진다. 고등학교를 졸업하고 대학에 진학하는데, 이때도 우리는 각 대학의 서열을 머릿속에 떠올린다. 우리는 태어나 처음 20년을 이렇게 남과 비교하면서 살아간다. 그러니 성인이 되어 각자 자기 업무 환경을 설계할 때도 여태까지 살아왔던 것과 똑같은 조건들을 재설정하는 건 놀라운 일이 아니다. 우리가 아는 게 그것이기 때문이다.

구글도 다르지 않았다. 우리는 구글 직원들도 자신들이 현재 무엇을 어떻게 하고 있는지 알 필요가 있다고 생각했다. 우리는 엉뚱할 정도로 복잡한 체계처럼 보일 수도 있었던 것을 현재의 모습으로 발전시켜왔다. 이 과정을 거치면서 우리는 놀라운 사실을 배웠다.

뒤에서 확인하겠지만, 구글은 비록 완벽하지 않아도 옳은 방향으로 나아가고 있다고 나는 매우 자신한다. 우리가 걸어왔던 오류와 실패, 온갖 골치 아픈 일들을 독자도 그대로 답습하겠지만(그렇지 않는다면 다행이고), 나는 이 가운데 일정 부분을 덜어주고자 한다.

≫ 잘못을 인정하기

오늘날 성과 관리 체계의 가장 중요한 문제는 이것이 실질적으로 사람을 관리하는 필수적인 활동을 대체해버렸다는 점이다. 미시간 주립대학의 심리학 교수 출신으로 이 분야 최고의 컨설팅업체 PDRI의 사장인 일레인 풀라코스Elaine Pulakos는 2011년 자신의 저서에 다음과 같이 썼다. "그 문제의 가장 큰 부분은 성과 관리가 형식적인 행정 체계 안에 이미 규정되어 있으며 대개는 별개로 존재하는 몇 개의 단계들로 축소되어버렸다는 점이다.……비록 형식적인 성과 관리 체계가, 늘 존재하는 여러 기대치들을 파악하기 위한 일상적인 소통 활동들을 촉진하고 단기 목표를 세우며 지속적인 지침을 제시할 의도로 마련됐지만 이런 행동들이 대개는 그 형식적인 체계와 단절된 것 같다."[108]

대부분의 기업에서 실행하는 성과 관리는 정해진 규정을 토대로 한 관료적인 절차가 되어버렸다는 뜻이다. 다시 말해 실제로 성과를 쌓아올리기 위한 과정이라기보다는 그 자체로 목적이 되어버렸다. 성과 관리는 직원들도 증오하고 관리자들도 증오하며 심지어 인적자원 부서에서조차도 증오한다.

목적이 아니라 과정으로 초점이 이동하면서 게으른 직원이 성과 관리 체계를 조작할 수 있는 은밀한 기회가 생겨난다. 한때 함께 일한 적이 있는 영업 부서의 책임자 도널드(물론 이 이름은 가명이다)는 우리가 업무 평가와 성과 등급 책정을 하기 3개월 전부터 내 사무실을 방문했는데, 10월이 되면 그는 내 사무실에서 밑밥 뿌리는 작업부터 시작했다. "힘든 한 해로 결론이 날 것 같습니다만, 우리 팀은 목표를 달성하기 위해 열심히 일하고 있습니다." 11월이 되면 그의 말은 한층 업그레이드된다. "영업직원들은 보기보다 잘하고 있습니다. 이 어려운 불경기에 말입니다." 12월이 되면 구체적인 내용을 얘기하기 시작한다. "소규모 업체 담당 팀은 목표의 90퍼센트까지 도달했습니다. 우리 팀은 이 성과를 올리느라 정말이지 영웅적으로 싸웠습니다. 그런데 지난 1월에 설정된 목표가 미친 거 아닌가 싶습니다. 정말 그런 목표를 세웠다는 걸 믿을 수 없을 지경입니다. 진짜 불가능한 목표거든요!"

어느 해인가 성과급 지급을 예년보다 한 분기 늦추기로 한 사실을 도널드에게는 얘기하지 않았는데, 바로 이 해에 나는 도널드가 내 사무실을 뻔질나게 드나들면서 했던 말의 의미, 즉 그의 계략을 알아차렸다. 그는 사전 협상을 하려고 2개월 일찍 나타난다고 생각했지만 실제로는 6개월이나 일찍 나타났던 것이다. 솔직히 말해 도널드는 목표를 달성하기 위해 수단과 방법을 가리지 않아서 그 덕분에 영업의 신이 될 수 있었지만, 좀 전에 소개한 일화는 성과 관리에 얼마나 많은 계략과 속임수가 개입하는지 잘 보여준다.

사실 현재의 성과 관리 체계에 만족하는 사람은 아무도 없다. 인적자원 육성 및 관리 관련 비영리단체인 월드앳워크WorldatWork와 컨설팅업체인 십슨컨설팅Sibson Consulting은 인적자원 담당 고위 간부 750명을 대상으로 설문조사를 했는데, 그중 58퍼센트가 자기 회사의 성과 관리 체계를 평점 C 이하로 평가했다. 겨우 47퍼센트만이 이 체계가 조직이 '전략적 목적을 달성'하는 데 도움이 된다고 느꼈으며, 자기 회사 직원이 이 체계를 신뢰한다고 응답한 사람의 비율은 30퍼센트밖에 되지 않았다.[109]

어도비Adobe, 글로벌 여행사 익스피디아Expedia, 컴퓨터 하드웨어 제조업체인 주니퍼 네트웍스Juniper Networks, 인력관리업체 켈리서비스Kelly Services 그리고 마이크로소프트는 모두 성과 평가 제도를 없애버렸다. 어도비가 성과 평가 제도를 포기한 사연을 소개하면 다음과 같다.

어도비의 최고인적자원책임자인 도나 모리스Donna Morris는 인도 여행을 하던 중에 잠을 설친 상태로 〈이코노미스트〉 기자와 인터뷰를 했다. 모리스는 자기가 '평소보다 예민해졌다'고 느끼면서도 성과 평가 제도를 폐지하고 싶다는 쪽으로 점점 기우는 속마음을 솔직하게 털어놓았다. 이후 이 기사의 파장을 수습하기 위해 어도비의 홍보 부서와 공조해 이 문제와 관련된 글을 블로그에 올렸고, 이 글은 마침내 회사 인트라넷에 게재됐다. 직원들이 앞다투어 이 글을 읽었고, 그 바람에 이 글은 어도비 인트라넷 역사상 최대 조회수를 기록했다. 그리고 성과 평가 과정에 대한 불만이 회사 전체에서 뜨겁게 토로됐다. 모리스에 따르면, '자기들이 기여한 공적을 제대로 인정받지 못한다'는 직원들의 심정이 수면 아래 잠겨 있다가 갑자기 위로 떠오른 것이었다. 모리스로서는 당장 취해야 할 행동이 분명해졌다.

"우리는 기존의 성과 평가 제도를 폐지해야 한다는 결론을 상당히 빨리 내렸습니다. 1년에 딱 한 번 서면으로 진행하는 형식적인 평가를 하지 않겠다는 말이었습니다. 더 나아가 직원들이 자신에게 등급 딱지가 붙여지는 느낌을 받지 않도록 하기 위해 성과 평가 제도를 폐지할 것입니다."

어도비는 2012년 여름에 전통적인 성과 평가 방식 대신 실시간으로 늘 진행되는 비공식적인 제도인 이른바 '체크인 check-in'이라는 평가 방식을 도입했다.[110]

이 얼마나 매력적인 문제 해결 방식인가? 직원들이 불편해하니 그런 제도는 없애버린 것이다. 간단하지 않은가? 게다가 1년을 기다리는 것보다 실시간으로 평가를 받는 게 더 낫지 않은가?

그러나 이 방식이 효과가 있을 거라는 증거는 어디에도 없다. 학계에서 이뤄진 연구조사도 들쭉날쭉한 기준 및 측정치 때문에 애먹는데, 어도비에서 말하는 '실시간'이라는 용어는 '지금 당장'에서부터 '며칠 이내'까지를 모두 아우르기 때문이다. 대부분의 실시간 평가 체계는 쉽게 '참 잘했어요'로 일관하게 된다. 사람들은 서로에게 좋은 말을 해주길 좋아하기 때문이다. 어떤 사람의 진술이 실제로 다른 사람의 어떤 행위를 유발하거나 그 사람이 예전과 다른 모습으로 바뀌도록 만드는 경우가 얼마나 많이 있을까? "오늘 회의에서 아주 잘했습니다"라는 말은 다음 말보다 훨씬 더 일상적이다. "고객이 흥미를 잃고 몸을 뒤로 젖히고 앉아 있는 걸 당신이 눈치채고 즉각 혹시 무슨 걱정거리라도 있느냐고 묻는 것을 봤는데, 고객의 관심을 환기시키는 그 모습이 아주 인상적이었습니다. 앞으로도 계속 회의 자리에서는 고객이 드러내는 신체 언어에 각별한 주의를 기울여야 합니다."

≫ 목표를 설정하기

심지어 구글에서조차도 이 제도는 완벽함과 거리가 멀다. 해마다 실시하는 구글가이스트 설문조사 항목에서 지속적으로 낮은 점수를 유지하는 게 바로 성과 관리에 대한 만족도다. 2013년 초에는 구글 전체 직원 중 겨우 55퍼센트만이 이 제도를 긍정적으로 바라봤다. 다른 회사의 경우 대개 이 점수가 30퍼센트 안팎인 점을 감안하면 매우 인상적이라고 할 수 있다.

성과 관리에 대한 불만은 크게 두 가지인데, 하나는 시간이 너무 많이 소요된다는 것이고 다른 하나는 이 과정이 그다지 투명하지 않아 공정성 문제를 제기한다는 것이다. 그렇다면 우리가 무엇을 어떻게 했기에 구글 직원의 만족도가 다른 회사 직원의 만족도보다 두 배 가까이 높을까? 하지만 그들이 여전히 충분하다고 할 정도로 만족하지 못하는 이유는 무엇일까? 이에 대해 우리는 고민을 거듭했다. 도대체 우리가 무얼 잘못하고 있을까?

구글의 성과 관리 제도는 언제나 목표를 설정하는 단계에서부터 시작했다. 2000년대 초에 구글 이사회 구성원인 존 도어 John Doerr 는 인텔에서 사용해 큰 성공을 거두는 걸 직접 목격한 '목표와 핵심 결과 OKR, Objectives and Key Results '라는 제도를 우리에게 소개했다. 이 제도에서는 결과가 구체적이고 측정 가능하며 입증할 수 있는 것이어야 한다. 만일 어떤 직원이 모든 결과를 달성했다면 목표를 달성한 것이 된다. 예를 들어 검색의 품질을 ○○퍼센트 개선하는 것이 목표라면, 이 목표 달성에 기여하는 핵심 변수는 검색 결과가 사용자에게 얼마나 유용한가 하는 검색의 타당성과, 검색 결과가 얼마나 빠르게 제시되는가 하는 검색의 속도다. 품질과 효율성을 동시에 유지하는 것이 중요한데, 그렇게 하지 않을 경우에는 프로그램 개발자가 하나를 희생해 다른 하나만 해결하려 들 것이기 때문이다. 예컨대 검색 시간이 3분이나 소요된다면 아무리 완벽한 검색 결과를 내놓는다 해도 충분하지 않다는 의미다. 한마디로 타당하기도 해야 하고 또한 빠르기도 해야 한다.

우리는 의도적으로 어떤 경우에도 모두 달성할 수 없다는 사실을 잘 아는 야심찬 목표들을 설정한다. 이 목표들을 모두 달성한다면 우리는 애초에 목표를 충분하게 공격적으로 설정하지 못한 셈이 된다. 구글 엑스 프로젝트를 이끌면서 구글 글라스와 무인자동차를 개발하는 팀을 감독하는 과학자이자 사업가인 아스트로 텔러 Astro Teller 는 이를 다음과 같이 묘사했다. "당신의 자동차가 시속 50마일로 주행하기를 바란다면 자동차를 조금만 손보면 된다. 아주 쉽다. 하지만 휘발유 1리터로 100킬로미터를 주행하도록 해야 한다면 완전히 새로 시작해야 한다."

우리는 모든 목표들을 이처럼 공격적으로 설정하지 않지만 아스트로의 접근법에는 지혜가 담겨 있다. 래리도 자주 하는 말을 들어 설명하면 이렇다. "만일 당신이 어마어마하게 야심찬 목표를 설정했다가 실패했다고 치자. 하지만 그렇더라도 어느 정도는 놀라운 성과를 달성했을 것이다."

새로운 분기가 시작할 때마다 래리는 회사의 '목표와 핵심 결과'를 정해 모든 직원이 자신의 '목표와 핵심 결과'가 회사의 그것과 대략적으로 일치하게 만들도록 했다. 우리는 완벽한 것이 훌륭한 것을 달성하는 데 독이 되도록 내버려두지 않는다. 직원들은 회사가 설정한 목표들을 개인이 설정한 목표들과 쉽게 비교해볼 수 있다. 만일 회사가 설정한 목표들이 자기가 설정한 목표들에 비해 지나치게 높다면, 거기에는 그럴 만한 이유가 있거나 아니면 개인 목표들을 다시 정해야 한다. 또 각 개인의 '목표와 핵심 결과'는 회사 내부 웹사이트를 통해 다른 직원에게 전화번호 및 사무실 위치와 함께 공개된다. 다른 직원이나 팀이 어떤 일을 하고 있는지 확인할 길이 열려 있다는 점은 매우 중요하며, 구글이 달성하고자 하는 보다 큰 그림 속에서 개인이나 팀이 어떻게 기여하는지 아는 것은 매우 커다란 동기부여 요인이기도 하다.

목표를 가지면 그렇지 않을 경우에 비해 훨씬 더 높은 성과를 얻는다는 사실은 학문적인 연구조사를 통해서도 확인됐다.[111] 그러나 수많은 목표를 세우고 또 치우는 데 너무 많은 시간을 보내는 경우는 그렇지 않다.[112] 모든 목표들이 정연하게 줄 맞추도록 하는 데는 시간도 너무 많이 들고 또 너무 어려운 일이다. 우리는 시장을 토대로 하는 접근법을 갖고 있는데, 그것은 시간이 흐름에 따라 모든 목표들이 한 지점으로 수렴하도록 되어 있다. 회사 전체 차원의 '목표와 핵심 결과'가 공개되어 있고 다른 직원들의 '목표와 핵심 결과'도 언제나 확인할 수 있기 때문이다. 전체적인 수준에서 크게 벗어나 있는 팀은 두드러져 보일 수밖에 없으며, 모든 직원에 해당되는 몇몇 소수의 목표들은 직접 관리하기가 쉽다. 적어도 구글에서는 여태까지 '목표와 핵심 결과' 제도가 순조롭게 운영되고 있다.

≫ 성과를 측정하기

2003년까지는 구글의 모든 직원이 매 분기 말마다 성과 등급 점수를 받았다. 최하 1.0(끔찍함)에서 최고 5.0(놀라움)까지 마흔한 개 등급이 매겨졌다. 이 등급의 평가 내용을 거칠게 분류하면 3.0 미만은 이따금씩 혹은 지속적으로 기대에 미치지 못함, 3.0에서 3.4까지는 기대를 충족시켰음, 3.5에서 3.9는 기대를 초과 달성했음, 4.0에서 4.4는 기대를 매우 초과 달성했음, 4.5부터 4.9는 놀라운 성과에 접근하고 있음 그리고 5.0은 놀라움이다. 평균 등급은 3.3에서 3.4고, 몇 분기 연속으로 평균 3.7 이상을 기록한 직원은 대개 승진했다. 이런 성과 관리 체계 및 승진 제도에서 혁신적인 부분은 전혀 없었다.
성과 등급 제도에 관한 한 과학적으로 확실한 결론은 아직 나오지 않았다.[113] 등급을 세 개로 할 때와 다섯 개로 할 때 혹은 열 개나 오십 개로 할 때 어떤 차이가 나타나는지 확실하게 입증할 증거도 없다. 구글이 채택했던 마흔한 개 등급은 기술 분야에서 강점을 보이는 구글 DNA에서 비롯됐다. 3.3 등급과 3.4 등급을 구분할 수 있다는 사실은 그만큼 정확하다는 뜻으로 직원들 사이에서 만족스럽게 받아들여졌다. 그런데 여러 분기의 등급 점수를 평균할 경우 3.325 등급을 받은 사람과 3.350 등급을 받은 사람을 구분할 수도 있었다. 다시 말해 등급 기준을 소수점 세 자리까지 확대한다면 사실상 4,001개나 되는 등급 분류를 하는 셈이 된다.

우리는 어떤 직원의 등급이 다른 직원의 등급보다 종이 한 장 차이로 높다면 딱 그만큼 더 봉급 인상을 받을 수 있도록 하는 복잡한 공식을 개발했다. 사실 그 공식을 개발하는 건 문제가 아니었다. 우리가 많은 시간을 등급 판정에 쏟았음에도 불구하고, 기본급을 인상하거나 성과 등급을 산정해야 할 때 관리자들이나 그 뒤를 따르는 검토자들이 우리가 도출한 결과를 바꾸는 비율이 무려 3분의 2나 됐다. 터무니없이 정확하긴 하지만 연봉 결정의 정확한 토대가 되는 것도 아닌 등급을 산정하는 데 우리 관리자들이 3개월에 한 번씩 수천 시간을 허비한 셈이었다.

똑같은 일이 일 년에 네 번 있는 성과 측정에서도 일어났다. 우리가 일 년에 네 번씩이나 성과 측정을 한 이유는 두 가지다. 회사가 정신 차릴 수 없을 정도로 빠르게 성장하는 시기라서 직원이 하는 일을 신속하게 관리하는 데 유용했기 때문이기도 했고, 될 수 있으면 실제 성과를 정확하게 반영하는 평가를 하고자 했기 때문이기도 했다. 그러나 우리는 등급을 산정하고 각 등급을 보정하며 또 각 개인의 등급을 과거의 등급과 연관 짓는 등의 작업을 하는 데 한 해에 무려 24주라는 시간을 들이고 있음을 깨달았다. 어떤 관리자는 성과 측정을 자주 하는 것이야말로 성과가 갑자기 나빠지는 직원을 감독하는 좋은 방법이라며 이 방식을 지지했다. 그러나 그것은 불필요한 목발이었다. 성과 측정을 하지 않는다고 해서 관리자가 부하직원을 감독하지 말라는 규정도 없을뿐더러, 부진한 500명을 찾아내려고 5만 명이나 되는 직원을 일일이 살핀다는 것은 낭비임에 분명했다.

우리는 더 나은 방식이 있는지 탐구하면서 2013년의 대부분을 보냈다. 직무 수준 구분을 아예 정하지 않는 경우에서부터, 거의 모든 직원이 매 분기마다 한 번씩 승진의 부푼 꿈을 꾸도록 해 회사 전체의 사기를 북돋우도록 직무 수준 구분을 800가지나 설정하는 경우까지 다양한 대안을 검토했다. 성과 산정을 해마다, 분기마다, 월마다 그리고 실시간으로 수행하는 경우를 모두 살펴봤다. 평가 등급도 세 가지로 정하는 경우에서부터 쉰 가지로 정하는 경우까지 나눠봤다. 또한 각각의 성과 범주의 명칭을 숫자로 할 것인지 아니면 어떤 표제어로 할 것인지 연구했다. 직원들이 명칭에 특별하게 관심을 갖지 않도록 아무 의미가 없는 표제어를 붙이는 경우까지 검토했다. 심지어 나 자신도 아쿠아맨, 붉은 삼각형, 망고 따위의 등급 명칭을 제시했다.

이 방식의 요지는 아무런 의미가 없는 명칭을 사용함으로써 직원들이 이 명칭을 무시하도록 하자는 것이었다. 물론 사람들은 나중에 가면 결국 이름에 어떤 의미를 부여할 것이고, 아쿠아맨이 제일 낮은 등급임을 알 터였다(아쿠아맨은 사실 자기보다 더 멋진 슈퍼 영웅들에게 늘 진다). 우리는 온갖 조정위원회를 만들었고 온갖 자문위원회를 만

구글 직원 폴 카원이 내가 제안한 등급 분류 가운데 하나를 그래픽으로 표현했다.[114]

들었으며 심지어 몇몇 건은 전체 직원 투표에 붙이기도 했다. 그리고 마침내 세 가지 사실을 분명하게 확인했다.

1. **의견 일치는 불가능하다** 명확한 증거가 없는 상태에서 모든 사람이 전문가가 됐고, 가능성이 있는 모든 경우에 대해 다 지지자가 있었다. 사람들은 다섯 개 혹은 여섯 개의 성과 구분이 최선일까 등과 같은 질문들에 대해 제각기 확실한 의견을 갖고 있었다. 구글에서 가장 눈에 띄지 않는 어떤 절차를 조금 수정하려 할 때조차도 모든 사람이 행복하게 동의하는 해법을 찾기란 불가능했다. 비록 많은 사람이 현 제도를 좋아하지 않았지만, 그것 외의 다른 모든 대안은 더더욱 좋아하지 않았다!

2. **직원들은 성과 관리를 진지하게 받아들인다** 예를 들어 우리는 각각의 성과 등급에 어떤 명칭을 부여할 것인지를 두고 투표까지 해야 했고, 실제로 4,200명이 투표했다. 사람들에게서 찾아볼 수 있었던 가장 분명한 모습은 일시적인 기분이 아니라 진지함과 명쾌함이었다.

3. **실험은 필수적이다** 회사 바깥에 따로 확실한 증거가 있지 않은 상황에서 우리는 구글 각 사업부 책임자들과 공조해 그들이 낸 아이디어들을 검증하는 데 도움이 될 우리만의 증거를 찾아야 했다. 그들은 유튜브 사업부에 소속된 모든 직원을 직급과 상관없이 가장 유능한 사람부터 순서대로 줄을 세웠고, 이렇게 해서 가장 효율적인 두 사람 가운데 한 명이 중간 직급의 직원임을 알아냈다. 그리고 이 직원은 유튜브에서 가장 큰 규모의 스톡옵션 중 하나를 보상으로 받았다. 이 특정 인물에 대한 보상이 공식적으로 공개되지 않았음에도 이미 모든 직원은 직급과 연봉의 역전이 일어나고 있음을 알았다.[*] 유튜브 외의 다른 곳에서 우리는 성과 등급을 다섯 개만 설정하는 방식을 놓고 실험했는데, 관리자들이 이 방식을 예전의 마흔한 개 등급 분류 방식에 비해 몇몇 측정 항목에서 20퍼센트 더 선호함을 확인했다.

이 일이 피플오퍼레이션 부서로서는 얼마나 어려운 일인지 모른다. 우리가 하는 일이 사람이 죽고 사는 일은 아니지만 사람들은 비명을 지르고 울고 또 회사를 뛰쳐나가기 직전 상태까지 내몰린다.

---

[*] 위대한 기술자는 평균적인 기술자 300명을 합친 것과 같은 가치를 지닌다는 사실과 전통적인 성과 평가 및 보상 체계는 기여도보다는 서열을 바탕으로 한다는 사실을 매우 극명하게 보여준 인물이 바로 구글의 기술 개발 담당 상무인 앨런 유스터스다.

우리는 직원들에게 그토록 많은 자유를 제공할 여유가 있고 또 확인된 사실과 자료를 무엇보다 중요하게 여기며 이것을 바탕으로 삼는다. 그리고 구글 직원은 누구보다도 공정성을 중요하게 여기며 서로가 서로를 대하는 방식을 중요하게 생각하므로, 구글에서 우리가 맞닥뜨린 과제들 중 하나는 그와 같은 변화들을 이끌어내는 데 엄청나게 많은 노력이 필요하다는 점이다. 우리가 접촉한 팀은 모두 한결같이 현재의 제도에 좌절하고 있을 뿐 아니라 동시에 새로운 어떤 제도를 도입하는 데도 저항했다. 단적으로 유튜브 사업부만 해도 그랬다. 새로운 등급 체계 대안이 열 개도 넘게 나왔다. 솔직히 나는 이런 변화를 이끌어내는 과정에서 피플오퍼레이션 팀이 보여줬던 끈기와 통찰, 세심한 관심이 더할 나위 없이 자랑스럽다. 또 이런 자부심보다 훨씬 더 큰 고마운 마음을, 우리와 협력해 15년간 지속됐던 전통을 버리고 과감하게 새로운 시도를 감행해준 팀들에 전하고 싶다.

아무튼 이런 일련의 실험을 바탕으로 우리는 2013년 초에 분기별 성과 측정을 중단하고 6개월에 한 번씩 성과를 측정하기로 했다. 불평하는 사람들이 있긴 했지만 특별히 해가 될 정도는 아니었다. 이렇게 해서 우선 50퍼센트의 시간 절약이 즉각적으로 보장됐다.

2013년 말에 우리는 전체 직원의 15퍼센트에 해당되는 6,200명이 넘는 직원을 다섯 개 등급의 평가 제도로 평가했다. 각각의 명칭은 개선이 필요함needs improvement, 기대를 꾸준히 충족시킴consistently meets expectations, 기대를 초과함exceeds expectations, 기대를 크게 초과함strongly exceeds expectations 그리고 탁월함superb이었다. 각 등급에 매겨진 명칭은 예전과 크게 다르지 않았지만, 등급별 차별성을 한층 누그러뜨렸다.

우리는 히포크라테스 선서에 나오는 것으로 의학계에서 핵심 신조로 꼽는 것들 중 하나인 '프리뭄 논 노체레primum non nocere'에 집착했다. "무엇보다 해를 입히지 마라"는 뜻이다. 이 신조가 우리가 제시한 변화의 첫 번째 방침이었으므로, 우리는 예전 방식이 보장했던 것과 동일한 수준의 만족, 공정성, 효율성을 목표로 삼았다.

"내가 더는 3.8 등급이 아니라는 게 무슨 뜻입니까? 내가 3.8 등급이 되려고 여태까지 얼마나 노력을 했는데!"라는 항변으로 대변될 수 있는 최초의 부정적인 인식을 넘어서고 학습곡선을 통과하자, 우리는 소수점 한 자리 차이의 등급을 놓고 머리를 싸매고 고민하지 않아도 됐고, 또 부서나 팀의 관리자들은 부하직원에게 "당신 점수는 이번 분기에 0.1 등급 올라갔습니다. 잘하셨으니까 앞으로도 계속 열심히 하시길 부탁드립니다"라는 식의 의례적인 인사치레 뒤로 숨지 않고 오히려 직원들과 한층 더 의미 있는 대화를 나눌 수 있었다.

우리는 마흔한 개 등급 제도가 담보했던 '정확도'의 손실이 우리에게 해를 입히지 않았음을 확인하고 안도의 한숨을 쉬었다. 우리는 직원들이 마흔한 개 등급 제도에 비해 다섯 개 등급 제도를 어떻게 받아들이는지 비교하기 위해 다음과 같은 질문을 던졌다.

○ 업무 성과가 낮은 직원을 정확하게 포착했다고 생각합니까?
○ 승진 대상 직원을 정확하게 포착했다고 생각합니까?

○ 논의가 의미 있었다고 생각합니까?

○ 절차가 공정했다고 생각합니까?

이사회에서도 새로운 방식이 기존 방식에 비해 더 나쁘지는 않다고 판단했다. 너무 많은 희생을 치르고 얻은 승리처럼 보이지만, 사실 그것은 내게 커다란 위안이 됐다. 몇몇 직원들은 마흔한 개 등급 제도가 담보했던 정확성을 잃어버림에 따라 새로운 방식이 상대적으로 덜 유용하고 덜 의미 있는 것으로 비칠 거라고 크게 걱정했기 때문이다. 이런 걱정은 기우였다. 직원들이 설문조사에서 응답한 내용으로 볼 때, 우리가 줄곧 의심했던 어떤 믿음, 즉 마흔한 개 등급이 정확성을 보장한다는 믿음은 단지 환상일 뿐이었다.

구글 직원은 대부분 전체 마흔한 개 등급에서 한 등급이 올라가고 내려가는 차이를 가려내기란 불가능하다는 점을 인정했다. 예를 들어 3.1 등급과 3.2 등급의 차이를 일관성 있게 주장할 수 있고 또 널리 인정받을 수 있는 합의사항은 존재하지 않는다는 것이다. 이런 점에 대해 구글의 사람과혁신연구소PiLab, People and Innovation Lab 소속인 메건 휴스Megan Huth는 다음과 같이 설명했다. "성과 평가 제도 자체가 신뢰성도 없고 유효하지도 않을 가능성이 제기됐다. 동일한 사람이 동일한 성과를 낸다고 해도 등급을 매기는 심사관이나 등급보정위원회에 따라 이 사람은 3.2 등급 판정을 받을 수도 있고 3.3 등급 판정을 받을 수도 있다. 이것은 등급 자체의 신뢰성이 떨어진다는 뜻이다. 그리고 실제 등급은 3.2 등급인데 3.3 등급을 받을 때 이 등급 판정은 유효하지도 않다. 실제 등급을 반영하지 않기 때문이다."

등급 판정은 메건의 표현을 빌리자면 '오류투성이'였다. 우리는 직원들에게 "짐, 자네는 3.3 등급에서 3.5 등급 사이의 어떤 지점에 해당하는 성과를 냈군"이라고 말했어야 옳았지만 실제 현실에서는 그런 일이 일어나지 않았다. 관리자들은 구체적인 숫자를 쓰고 거기에 실질적인 의미를 부여했다. 어떤 직원이 3.3 등급에서 3.5 등급으로 바뀌었다면 이 직원의 성과가 그만큼 개선됐다는 뜻이지만 실제로 그 직원이 이번 분기에 거둔 성과가 지난 분기에 거둔 성과와 같을 수도 있다. 또 이런 생각도 해볼 수 있다. 어떤 직원이 받은 성과 등급이 지난 분기와 비교해 제법 많이 떨어졌는데, 그 이유는 이번 분기의 성과가 그만큼 좋지 않았기 때문이라고 하지만 사실은 성과를 측정하는 과정에서 오류가 있었을 수도 있다.

새로운 성과 등급 체계를 도입하자 흥미로운 일이 일어났다. 이 제도를 처음으로 경험한 6,200명이 구글의 여덟 개 팀으로 흩어졌다. 그러나 세 개 팀에 대해서는(이 세 팀의 인원은 1,000명이 넘었는데) 다섯 개의 성과 등급을 더 세분하기로 그 전에 이미 결정했었다. 예를 들어 한 팀은 각 등급을 세 개 등급으로 다시 구분했다. 그래서 최고 등급인 '탁월함'은 '탁월함 상', '탁월함 중', '탁월함 하'로 나뉘었다. 다음 도표는 마지막으로 등급 구분이 어떻게 됐는지 보여주는데, 참고로 나는 다섯 개 등급 구분과 열다섯 개 등급 구분이라는 두 가지 접근법이 어떻게 다른지 쉽게 파악할 수 있도록 모든 하부 범주들을 다섯 개의 주된 범주로 모았다.

A 집단은 다섯 개 등급 구분을 채택했고, B 집단은 열다섯 개 등급 구분을 채택했다. B 집단은 등급 구분을 한층 더 세분화해 직원

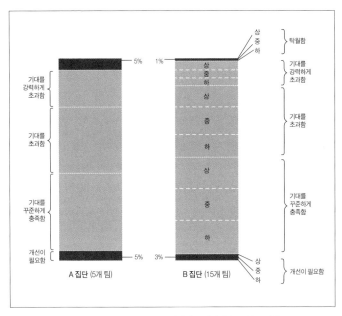

A 집단과 B 집단의 등급 분포 평균 © Google, Inc.

들 사이의 성과 차이를 더 많이 드러내려고 했지만 실제로는 A 집단에 비해 차이를 더 적게 만들어내는 결과를 가져왔다. A 집단에서는 5퍼센트가 '탁월함'으로 분류됐지만 B 집단에서는 이 등급이 1퍼센트밖에 되지 않았다. 분명히 말하지만 이 표에서 망라하는 팀들은 모두 같은 수준의 성과를 냈다. 그러니 어떤 팀도 다른 팀에 비해 성과를 더 많이 낸 게 아니라는 의미다. 그런데 B 집단은 선택할 수 있는 평가 등급의 수를 더 많이 설정함으로써(단지 그렇게만 했을 뿐인데!) 무의식적으로 '탁월함'으로 분류될 수 있는 직원이 거의 없는 것으로 잘못 판정하고 말았다. 별다른 의미도 없이 최고의 성과를 낸 사람들 중 80퍼센트, 즉 다섯 명 중에 네 명을 최고 등급에서 탈락시킨

것이다.

독자가 이 책을 읽을 무렵에는 구글 직원은 모두 다섯 개 등급으로 평가받고 있을 것이다. 2013년 말까지만 해도 여전히 실험 단계였지만 초기 조짐은 좋았다. 첫째, 직원들로부터 한층 일관성이 있다는 반응을 얻었다. 예컨대 3.2 등급과 3.3 등급 사이의 모호한 차이를 없애버렸기 때문이다. 둘째, 성과 분포가 한층 더 넓어졌다. 비록 성과 등급 체계에 대한 학술적인 규명이나 구글 직원 평가에 대한 딱 부러지는 결론은 없지만, 그럼에도 불구하고 다섯 개 등급 방식은 등급을 더 많이 설정하는 방식에 비해 적어도 두 가지 점에서 우월하다는 사실을 우리는 확인했다.

2014년 중반이 되면서 우리는 한층 더 긍정적인 결과를 확인했다. 우리는 업무마다 영향력 기회가 다르다고 믿었다. 만일 어떤 직원이 기술자로 소프트웨어 프로그램 개발 업무를 하고 있다면, 이 사람이 개발한 신제품은 100명에게 이득을 줄 수도 있고, 10억 명에게 이득을 줄 수도 있을 것이다. 그런데 인재 채용 업무를 하는 직원이라면 얘기가 달라진다. 이 사람이 아무리 많은 시간을 들여 노력한다 해도 10억 명에게 어떤 의미 있는 영향을 주지는 못한다. 이런 맥락에서 우리는 가장 타당한 등급 분포가 어떤 거라는 지침 제시를 중단했는데, 그때 우리는 제각기 다른 업무를 하는 팀 및 개인의 실제 성과 특성을 보다 잘 반영하는 네 개의 뚜렷한 등급 판정 유형이 나타나는 걸 확인했다.

우리는 또한 관리자들이 최고 등급과 최저 등급 판정을 적절하게 잘 활용한다는 사실도 알았다. 관리자는 최고 등급을 받는 직원의 비율을 늘림으로써 직원들의 실제 성과를 더 정확하게 반영했으며 (그 이유를 알고 싶으면 10장을 참조하라), 최하 등급 비율을 줄임으로써 성과가 저조한 해당 직원을 상대로 어떻게 하면 성과를 개선할 것인가 하는 문제를 놓고 보다 더 직접적이고 건설적인 대화를 한결 쉽게 나누었다.

많은 논의를 거치고 많은 놀라움을 경험한 뒤에 우리는 정확하지도 않고 낭비만 많은 방식 대신 한결 단순하고 보다 더 정확하며 또 등급 보정 작업에 더 적은 시간을 필요로 하는 간편한 방식을 채택했다. 솔직히 지금도 논의는 여전히 진행되고 있으며 놀라움도 계속 이어지고 있다. 그러나 우리는 이 모든 것을 돌파하는 중이다. 우리가 이미 목격하고 있는 사실은, 직원들이 새로운 방식을 점점 더 편안하게 받아들이며 그럴수록 직원들은 이 방식을 한층 더 높이 평가하며 반긴다는 점이다.

내가 여기서 이 방식을 소개하는 이유는, 비록 100퍼센트 완벽하지는 않다 해도 기존 제품보다 훨씬 유용함이 확인된 것을 베타 제품 형식으로 출시할 때와 같은 심정에서다. 비록 구글 직원들이야 등급 개수의 변화를 열광적으로 받아들이긴 했지만, 직원의 성과를 평가할 때 등급 분류를 몇 개로 할 것인가 하는 문제는 여기서 그다지 중요하지 않다. 그러나 적어도 열다섯 개가 넘는 등급 분류를 제시하지는 마라. 만일 세 개 혹은 여섯 개의 등급 분류를 채택하고자 한다면 그렇게 밀고 나가라.

≫ 공정성을 보장하기

또 다른 한편으로 성과 평가의 영혼이라고 할 수 있는 부분이 있다. 바로 등급 보정 작업이다. 이 작업이 없다면 등급 판정 과정의 공정성이 훼손되어 신뢰를 잃고 나아가 효과까지 떨어진다. 등급 보정이야말로 구글 직원이 구글의 등급 판정 방식을 다른 회사의 직원 경우보다 훨씬 우호적으로 받아들이는 이유다.

그렇다면 그건 어떻게 하는 것일까? 구글의 등급 판정 제도는 예전에도 그랬지만 관리자가 직접 의사 결정을 내리지 않는다는 점에서 다른 회사의 제도와 뚜렷한 차별성을 갖는다. 관리자가 직원의 등급 판정 초안을 마련하는데, 그 직원의 훌륭한 '목표와 핵심 결과' 점수를 바탕으로 하고 또 업무 외에 추가로 수행해야 했던 신입 직원 면접 등과 같은 활동이나 광고 매출액에 영향을 미쳤다고 생각할 수 있는 경기 변동 등과 같은 외부 요인을 참작해,[*] 예컨대 '기대를 초과함'이라고 판정했다고 치자. 이런 초안들을 놓고 여러 관리자들이 한자리에 앉아(이 자리는 등급보정위원회의 회의가 된다) 직원들의 등급 판정을 함께 검토한 다음 비로소 최종 등급 평가를 확정하는데, 이 과정을 우리는 '등급 보정_{calibration}'이라 부른다.

등급 보정 과정은 추가되는 또 하나의 단계다. 이 단계에서 무엇보다 중요한 점은 공정성을 보장하는 것이다. 어떤 관리자가 내놓은

---

[*] 이 점이 중요하다. '목표와 핵심 결과'는 성과 등급 판정에 영향을 주지만 최종적으로 이 판정을 결정하지는 않는다.

평가 내용을 비슷한 팀을 이끄는 다른 관리자가 내놓은 평가 내용과 비교하는 방식으로 모든 관리자가 모든 직원에 대한 평가 내용을 검토한다. 5명에서 10명으로 구성된 관리자 집단이 한자리에 모여 50명 혹은 1,000명 직원의 평가 내용을 프로젝트 빔을 이용해 살피고 직원 개인별로 논의하며 각각의 평가에 공정성이 보장됐는지 최종적으로 확인하고 합의한다. 이렇게 함으로써 관리자는 휘하의 직원들이 등급을 올려주었으면 하고 바라는 심리적 압박에서 자유로울 수 있다. 또한 어떤 개인의 성과에 대한 판정은 공통된 기대치를 반영하게 된다. 예컨대 학교에서 어떤 교사는 후한 점수를 주고 또 어떤 교사는 짠 점수를 주는 것과 마찬가지로 관리자들도 사람에 따라서 후한 점수를 주기도 하고 짠 점수를 주기도 하는데, 이런 성향들이 한자리에 모여서 섞이면 평균으로 수렴되기 때문이다. 이렇게 등급을 보정해 각 관리자가 자기 판단을 다른 관리자에게 설명하고 또 조정을 받음으로써 판정에서 편향이 개재될 가능성이 줄어든다. 이럴 때 직원들이 느끼는 공정성 수준은 한층 높아질 게 당연하다.[115]

등급 판정에서 보정 과정이 발휘하는 힘은 면접관들이 입사 지원자들을 면접한 다음에 각자 자기가 평가한 내용을 내놓고 함께 비교하며 상의하는 과정이 발휘하는 힘만큼이나 막강하다. 이 두 과정의 목표는 같다. 개인의 편향을 제거하는 것이다. 당신 회사가 아무리 규모가 작은 업체라 해도 단 한 사람의 평가가 관리자의 그때그때 기분이 아니라 집단 토의를 바탕으로 이뤄진다면 한층 더 좋은 결과를 얻을 수 있고 직원들도 한층 더 만족할 것이다.

그러나 등급 보정 과정에서 집단 차원의 논의를 한다 해도 잘못된 결정을 내릴 수 있다. 다른 사람을 평가할 때 수많은 오류가 최종 결정에 얼마든지 스며들 수 있기 때문이다. 예를 들어 최신 편향recency bias이 있다. 최근에 경험한 일은 기억 속에서 한층 또렷하므로 그 일을 실제보다 과대하게 평가할 수 있다는 것이다. 만일 어떤 직원을 대동해 중요한 회의에 참석했고 이 회의에서 그 직원이 인상적인 활약을 했을 경우, 등급 보정 과정에서 이 직원을 평가할 때 무의식적으로 이 직원의 성과를 실제보다 부풀려 평가하게 된다. 우리는 이런 문제를, 대부분의 등급 보정 회의를 한 장의 인쇄물을 갖고서 시작하는 것으로 해결했다. 이 인쇄물은 평가자들이 가장 자주 범하는 실수를 정리하고 또 이런 실수를 예방하기 위한 방법을 설명해놓은 것이다. 예를 들면 옆의 표와 같다.

우리는 이런 오류들을 다시 한번 되새긴 다음 등급 보정 회의를 시작한다. 나도 등급 보정 회의에 참석하면서 이런 인쇄물을 미리 한 번 읽곤 했는데, 그때마다 비록 잠깐이긴 했지만 상당한 오류와 편향에서 벗어날 수 있었다. 그뿐 아니라 역시 중요한 또 한 가지 측면은, 이런 오류를 저지르지 않도록 해주는 언어적·문화적 규범이 형성된다는 사실이다. 예컨대 요즘에는 등급 보정 회의를 할 때 어떤 관리자가 "아, 잠깐만요. 그런 판단은 최신 효과에 따른 편향이 끼어든 것입니다. 지난주에 거둔 성과가 아니라 전체 기간에 거둔 성과를 봐야 합니다"라고 말하는 경우를 심심찮게 볼 수 있다.

여기서 성과 평가의 횟수를 줄이고 평가 등급의 개수를 줄여 단순하게 만든 뒤에도 우리는 여전히 상당히 많은 시간을 이 과정에

증거를 바탕으로 하는 등급 보정을 위한 팁

인지 편향-집단 역학	정의	사례
뿔 효과(horns effect)와 후광 효과(halo effect)	어떤 사람에 대한 전반적인 인상이 매우 고약하거나 매우 훌륭할 때 여기에 휘둘려 그 사람에 대한 정확한 판단을 하기 힘들어진다.	"Tom is always such a ro some issues this quarter what a rock star he alwa
최신 효과	어떤 사람이 최근에 했던 일이 기억에 강하게 남아 그 사람을 있는 그대로 정확하게 평가하지 못한다.	"Tom is having a terrible two weeks he hasn't bee anything done."
근본 속성 오류 (fundamental attribution effect)	어떤 사람을 평가할 때 그 사람의 '능력'에 지나치게 집중하는 바람에 그 사람의 성과에 영향을 미친 상황이나 맥락을 충분히 고려하지 않는다. 혹은 그 반대의 경우도 마찬가지다.	"Tom bombed this proje he didn't get enough dir manager. He's great, I kn and he deserves a higher "Tom bombed this proje me that he really can't g
중앙집중 경향 (central tendency)	판정을 내리는 사람은 아주 좋은 평점이나 아주 나쁜 평점을 피하려는 경향이 있다.	"Well, 3.7 is a really high group, so what about m
유용성 편향 (availability bias)	실제로 타당한 자료보다는 쉽게 동원할 수 있는 정보를 토대로 결정을 내린다.	"I remember Tom's first thinking that I had neve
⋮	⋮	⋮

성과 등급 보정 논의 때 제시되는 인쇄물의 일부 © Google, Inc.

투자하고 있음을 알 수 있을 것이다. 등급 판정 초안을 만드는 데는 성과 관리 도구(프로그램)를 돌리면 10분 혹은 길어야 30분밖에 걸리지 않지만, 등급 조정 과정은 세 시간이나 혹은 그보다 더 오래 걸릴 수도 있다. 모든 직원의 평가 초안을 놓고 토론을 벌이지 않음에도 불구하고 그렇다. 우선 평가를 하는 평가자들이, 많은 사람이 잘 알고 있는 몇몇 개인을 기준으로 삼아 스스로를 보정하는 데만도 상당한 시간이 소요된다. 보정 작업을 하는 평가자들은 각 팀의 경우에 각 등급에 속하는 직원들의 분포 양상들도 살펴야 하는데, 이것은 전체적으로 단일한 분포 양상을 강제하기 위해서가 아니라 왜 몇몇 팀의 분포 양상이 다른지 이해하기 위함이다. 예를 들어 어떤 팀은 등급 평가에 오류가 개재되지 않았음에도 불구하고 다른 팀에 비해 분포 양상이 두드러져 보일 수 있다. 등급 보정 회의에서 대부분의 시간이 소요되는 부분은 특이할 정도로 성과의 성장이나 하락 속도가 높다든가 성과의 진폭이 크다든가 혹은 등급 구분의 경계선에 놓여 있다든가 하는 몇몇 이유에 해당되는 사례들을 놓고 벌이는 토론이다.

수많은 회사들이 평가 대상자들의 자료를 한꺼번에 놓고 등급을 평가하는 방식을 포기하는데 구글은 왜 이 방식을 고집할까? 답은 간단하다. 공정을 기하기 위함이다.

성과 등급을 매기는 것은 하나의 도구다. 관리자가 연봉 및 승진과 관련된 의사 결정을 하는 데 도움이 되는 일종의 단순화 장치다. 나 역시도 한 사람의 직원으로서 공정한 대우를 받고 싶다. 누가 나보다 회사에 더 많이 기여하고 나보다 연봉을 더 많이 받는다고 해서 내가 섭섭할 까닭은 없다. 그러나 일은 나와 똑같이 하는데 나보다 연봉을 더 많이 받는다면 얘기는 달라진다. 아마도 나는 무척 속이 상할 것이다. 등급 판정 제도가 합당하다는 것은 직원들이 이런 문제에 신경을 쓰지 않아도 된다는 뜻이다. 또한 누군가가 탁월한 성과를 거뒀다면 이 성과는 해당 직원의 상사뿐 아니라 등급 보정 회의에 참석한 다른 관리자들도 알아볼 거라는 뜻이다. 이 관리자들이 회사 전체를 관통하는 일관성 있는 기준을 정하고 또 이 기준에 의거할 것이기 때문이다.

등급 판정은 직원들의 보직 이동도 한층 쉽게 만들어준다. 관리자로서 나는 '기대를 강력하게 초과함'이라는 판정을 받은 직원의 역량을 신뢰할 수 있다. 그 직원이 크롬 사업부든 글라스 사업부든 혹은 영업 부서에 있든 상관없이 말이다. 또 직원으로서 나는 누구든 사내 정치가 아니라 역량을 기준으로 승진한다고 확신할 수 있다. 규모가 작은 회사라면 이런 제도의 인프라가 필요 없을 수 있다. 모든 직원을 속속들이 잘 알 것이기 때문이다. 그러나 직원 수가 수백 명일 경우의 직원은 관리자 개개인보다는 믿을 수 있는 제도를 신뢰하는 편이 한결 안심된다. 관리자들이 언제나 나쁘다거나 편향에 사로잡혀 있기 때문이 아니라, 보정 과정을 포함한 등급 판정이 혹시 포함될 수도 있는 관리자 개개인의 잘못된 성향이나 편향을 제거해주기 때문이다.

» 간단한 요령을 익혀 활용하라

공정한 등급 판정이 보장하는 최대치는 거기까지다. 그러나 관리자라면 누구나 직원들에게 여태까지 그들이 어떻게 해왔는지, 앞으로 어떻게 하면 그들이 더 잘할 수 있을지도 말해주고 싶을 것이다. 어떻게 하면 이 두 가지 메시지를 가장 효과적으로 전달할 수 있을까? 이 문제에 대한 답은 이렇다. 뚜렷하게 구별되는 두 가지 대화 방식으로 각각의 메시지를 전달하는 것이다.

내재적인 본질적 동기부여는 한 개인이 성장하는 데 관건이 되는 요소다. 그러나 전통적인 방식의 성과 관리 제도는 이 동기부여를 파괴한다. 이 세상에 자기가 성장하고 개선되고 발전하기를 바라지 않는 사람은 없다. 전통적인 도제 방식이 바로 이런 내재적인 동기부여를 토대로 한다. 미숙련 노동자는 전문 기술을 갖춘 사람이 옆에서 가르쳐주길 바라고 또 이런 조건이 갖춰질 때 최대한 배우려고 노력한다. 예컨대 처음 자전거나 수영 혹은 운전을 배울 때를 떠올려보라. 무언가를 배우고 익히는 성취야말로 얼마나 강력한 동기부여가 됐던가!

그러나 승진이나 연봉 인상 약속과 같은 외재적인 동기부여가 도입될 때 학습 의지와 능력은 줄어들기 시작한다. 1971년에 로체스터대학의 에드워드 데시Edward Deci와 리처드 라이언Richard Ryan이 일련의 개인을 대상으로 심리 실험을 했다.[116] 실험 진행자는 각 피실험자들에게 '수백만 가지 형태'로 조립될 수 있는 3차원 플라스틱 조각 일곱 개를 제공했다. 그리고 한 시간씩 세 번에 걸쳐 이들에게 각자 제시된 그림을 토대로 네 개의 다른 형태를 만들라고 지시했다. 만일 13분 안에 한 문제도 풀지 못할 경우 실험 진행자가 개입해 제시된 모든 문제를 풀 수 있음을 보여줬다. 그리고 피실험자의 오른쪽에는 그 조각들로 만들 수 있는 다른 형태의 그림들을, 왼쪽에는 잡지 〈뉴요커〉와 〈타임Time〉 그리고 그때가 1970년대였으므로 〈플레이보이Playboy〉의 최근 호를 비치해뒀다. 실험이 진행되는 동안 실험 진행자는 계속 피실험자들의 곁에 있다가 단 한 차례 8분 동안 자리를 비우면서 이렇게 말했다. "내가 잠시 자리를 비우는 사이에 만들고 싶은 대로 아무 형태나 만들어도 됩니다."

사실 이 순간이 이 실험의 관건이었다. 과연 피실험자들은 실험 진행자가 곁에 없어도 계속 문제를 풀까?

통제 집단의 구성원들은 주어진 세 차례의 기회 가운데 처음 두 차례는 약 3분 반 동안(213초와 205초) 문제 풀이에 집중했고 마지막 세 번째는 4분 동안(341초) 문제 풀이에 집중했다. 실험 집단의 피실험자들은 첫 번째 기회에 4분 동안(248초) 문제 풀이에 집중했다. 두 번째 시도에 들어가기 전에 실험 진행자는 이들에게 문제 풀이에 성공하면 한 문제당 1달러를 주겠다고 약속했다. 이런 동기부여가 주어지자 피실험자들은 5분 이상(313초) 문제 풀이에 매달렸는데, 이는 첫 번째 시도에 비해 26퍼센트나 더 많은 시간을 투자한 셈이었다. 세 번째 시도에 들어가기 전에 실험 진행자는 피실험자들에게 준비된 돈이 없어 문제를 풀어도 돈을 줄 수 없다고 말했다. 그러자 이 피실험자들은 실험 진행자가 자리를 비웠을 때 3분 30초도 안 되는 시간 동안만(198초) 문제 풀이에 집중했다. 이것은 첫 번째 시도에 비해 20퍼센트 짧은 시간이고, 두 번째 시도에 비해서는 37퍼센트나 짧은 시간이었다(실험 집단은 통제 집단과 비교하기 위해 특정한 실험 조건을 적용받는 집단을 말하고 통제 집단은 그런 실험 조건을 적용받지 않는 집단을 말한다—옮긴이).

이 실험은 비록 소규모 연구였지만 동기의 힘이 얼마나 막강한지 그리고 동기를 제거했을 때의 상쇄 효과가 얼마나 큰지 확실하게 입증했다. 이 실험을 통해 데시와 라이언은 외재적인 보상이 제시되자 사람들이 내재적인 동기부여를 줄임으로써 여태까지 자기가 하던 일을 전혀 다른 시각으로 바라보기 시작했다고 결론을 내렸다. 더 나아가 두 사람은 내재적인 동기부여가 단지 더 높은 성과만을 내는 데 그치지 않고 보다 높은 수준의 활력과 자존심 그리고 행복을 불어넣어 개인 차원에서 더 나은 결과를 가져온다고 주장했다.[117] (두 사람이 제시한 이 이론을 자기결정성 이론self-determination theory이라고 한다.-옮긴이) 직원에게 보다 더 많은 자유를 허용하는 작업장은 자연적으로 내재적인 동기부여가 한층 강화되며, 이 동기부여가 사람들을 한층 더 자율적으로 만들고 스스로 유능하다는 느낌이 들도록 한다.

이와 비슷한 현상은 관리자가 직원에게 연간 활동을 평가한 내용을 일러주고 연봉 인상을 약속하는 상황에서도 나타난다. 직원은 연봉 인상이나 한층 높은 등급의 고과 등과 같은 외재적인 보상에 초점을 맞추게 되고 반면 이들의 학습 의지는 떨어진다.

한번은 이런 적이 있었다. 내가 이끄는 팀에 샘이라는 직원이 있었는데(물론 이 이름 역시 가명이다) 이 사람은 분기마다 자기 성과 등급이 어떻게 매겨지는지 촉각을 곤두세우곤 했다. 그는 등급이 상대적으로 높으면 왜 자기가 그렇게 높은 등급을 받았는지 혹은 앞으로는 어떤 행동을 더 많이 해야 하는지 등을 전혀 신경 쓰지 않았다. 하지만 등급이 상대적으로 낮으면 왜 실제 사실을 있는 그대로 보지 않고 자기에게 낮은 등급을 주었냐고 내게 따지곤 했다. 샘이 얼마나 못살게 볶아대던지 결국 나는 두 손을 들고 더 높은 등급을 매기고 말았다. 부끄러운 얘기지만 사실 이렇게 행동하는 관리자는 나만이 아니다.

직원이 더 높은 등급을 받으려고 갖은 노력을 다해 자기주장을 펼치는 데는 충분히 그럴 만한 이유가 있다. 관리자로서 내가 가지는 동기는 부하직원의 성과를 공정하고 정직하게 평가해 회사가 마련한 제도가 원활하게 작동하도록 하는 것이다. 직원으로서 내가 가지는 동기는 물론 좋은 성과를 내는 것이다. 그러나 동시에 나 역시 내가 거둔 성과를 평가하는 상사에게는 내 등급을 한층 더 높게 매겨달라고 주장하고 또 주장할 이유는 수없이 많다. 물론 내 상사가 화낼 정도로 몰아붙일 마음은 없다. 그렇게 해서 내 등급이 높아질 때 내 상사로서는 진실성을 아주 조금 잃는다는 것 말고는 손해 볼 게 아무것도 없다. 이에 비해 직원으로서 나는 상대적으로 높은 성과를 받음으로써 그만큼 더 많은 돈과 기회를 얻는다. 또한 나는 한 주에 여러 시간을 들여 상사에게 주장할 내 논리를 준비하고 다듬을 수 있지만, 상사는 나를 포함해 부하직원 개개인을 설득할 준비를 따로 할 시간이 없다. 그리고 나와 하루 종일 붙어 있지 않으므로, 아니 붙어 있다 해도 나에 대해 나만큼 많은 정보를 가질 수도 없다. 등급 판정이 연봉이나 경력과 직접 연결되는 한, 모든 직원은 이 제도에서 자기가 얻을 수 있는 최대치를 얻고자 할 수밖에 없다.

설령 내가 내 상사와 실제로 목소리를 높여 언쟁을 벌이지 않는다 해도 상사는 그런 일이 일어날 수 있음을 늘 염두에 둘 수밖에 없다. 롱아일랜드대학의 마우라 벨리뷰Maura Belliveau가 한 연구조사를 실시했다.[118] 관리자 184명에게 자기가 이끄는 팀원들에게 팀 전체 연봉 인상분을 적절하게 배분하라고 지시했다. 그러자 팀 전체 연봉 인상분은 각 직원이 받은 성과 등급에 맞춰 적절히 배분됐다. 이번에는 회사의 자금 사정이 좋지 않은 상황이라는 말과 함께 팀 전체 연봉 인상분을 지급할 테니 적절하게 배분하라고 지시했다. 이 경우에도 팀 연봉 인상분 총액은 지난번과 동일했다. 그런데 이번에는 특이한 양상이 나타났다. 남성과 여성의 등급 분포가 동일함에도 불구하고 전체 인상분 중 남성이 79퍼센트를 받았고 여성은 21퍼센트를 받는 식으로 배분된 것이었다. 관리자 집단에는 남성과 여성이 섞여 있었는데, 관리자들은 여성은 회사의 방침을 고분고분 따를 것이고 남성은 그렇지 않을 거라는 이유로 남성에게 더 많은 돈을 배분했던 것이다. 요컨대 남직원과의 거친 언쟁이 두려워 그들에게 더 많은 돈을 배분한 것이다.

우리는 이런 문제를 해결할 간단한 해법을 갖고 있다. 그것은 성격이 전혀 다른 두 가지 대화를 같은 시간대에 하지 말라는 것이다. 구글은 연례 고과를 매년 11월에 하고, 연봉 및 성과급 지급 논의는 그로부터 한 달 뒤에 한다. 구글의 모든 직원은 스톡옵션을 받을 자격을 가진다. 그러나 이와 관련된 결정은 그로부터 다시 6개월 뒤에 이뤄진다. 이와 관련해 구글의 인사 분석과 보상 담당 상무인 프라사드 세티는 다음과 같이 설명했다. "전통적인 제도는 성과 평가와 인재 개발이라는 완전히 다른 두 가지 일을 하나로 합치는 중대한 오류가 발생한다. 평가는 연봉 인상이나 성과급 지급과 같은 유한한 자원을 분배하기 위해 필요한 것이다. 그러나 인재 개발은 직원이 성장하고 직원이 하는 업무가 개선되기 위해 필요한 것이다."[119]

부하직원이 성장하길 바란다면 절대 그 두 가지 대화를 동시간대에 해서는 안 된다. 인재 개발이라는 것을 연말의 깜짝 사건이 아니라 당신과 팀원 사이에서 일상적으로 주고받는 과정으로 만들어야 한다.

» 군중의 지혜는 사람을 뽑는 문제가 아니다

5장에서 입사 지원자들 중 적격자를 뽑을 때 될 수 있으면 많은 사람을 살펴보고 거기서 선발하는 게 훨씬 좋다고 말했다. 바로 이 원리가 기존 직원을 지도하고 평가하는 데도 적용된다.[120] 앞서 언급했던 예전 내 팀의 샘 이야기로 돌아가면, 나는 샘이 하는 일의 아주 일부분밖에 보지 못했으므로 자기가 거둔 성과를 내가 온전하게 이해하지 못한다는 그의 주장도 일리가 있다. 그러나 샘에게는 내게 잘 보이려 하고 자기가 하는 일을 멋있게 포장하며 또 자기가 돋보이도록 주변 사람들을 험담할 충분한 동기가 있었다. 실제로도 그렇게 했다.

관리자 입장에서 나는 샘이 팀에 얼마나 어떻게 기여하는지 완벽하게 이해하기란 거의 불가능했다. 그러나 샘의 동료들은 그의 진짜 모습을 보았다. 그들은 샘이 정치적이고 전투적이며 저돌적임을 알고 있었다. 나는 그들이 무슨 생각을 하는지 알았는데, 구글 직원들은 일 년에 한 번씩 관리자뿐 아니라 동료에게도 평가받도록 되어 있다. 연례 고과가 진행될 즈음에 평직원과 관리자를 포함한 모든 직원은 자기를 평가해줄 사람으로 동료뿐 아니라 자기보다 직위가 낮은 사람까지 포함해 동료 평가자peer reviewer 명단을 작성한다.

이 평가는 강력한 효과를 발휘한다. 자기 전문 분야가 아닌 쟁점에 적극적으로 달려드는 걸 늘 조심하던 어떤 관리자가 있었는데, 이 사람은 "입을 열 때마다 당신은 새로운 가치를 만들어냅니다"라는 평가를 받았다. 여러 해가 지난 뒤에 이 사람이 내게 말하길, 동료 한 사람에게서 비롯된 아주 작은 통찰이 자기가 팀에서 한층 더 열심히 일하는 구성원이 되도록 격려했다고 고백했다. 그는 상사로부터 보다 더 자신 있게 말하라는 얘기를 자주 들었는데, 같은 내용이라 해도 상사가 아니라 팀 내의 동료가 말할 때 그것이 갖는 의미는 한층 컸던 것이다.

2013년에 우리는 구글의 다면평가제도를 더 구체적인 것으로 만드는 실험을 했다. 이 실험을 하기 전에 우리는 이미 동일한 평가서 양식을 여러 해 동안 사용해오고 있었다. 구체적으로 설명하면 해당 피검증자가 잘하는 일을 세 가지에서 다섯 가지 적고, 더욱더 잘할 수 있는 일을 세 가지에서 다섯 가지 적는 식이었다.

우리는 해당 직원이 더 잘해야 하는 그리고 여태까지와는 다른 방식으로 할 때 더 나은 결과를 얻어낼 수 있는 단 한 가지 일을 요구했다. 단 한 가지 일에만 초점을 맞출 때가 여러 개의 일에 노력을 분산할 때에 비해 더 나은 변화를 이끌어낼 수 있다고 추론했기 때문이다.

예전에 우리는 직원 개개인에게 지난 한 해 동안 자기가 거둔 모든 성과를 빈칸 하나에 다 적으라고 했다. 반면에 실험에서는 특정한 사람들, 거기에서 자기가 수행한 역할 그리고 자기가 성취한 내용을 적도록 했다. 우리는 직원이 각각의 개별 사업에서 무슨 일을 했는지 묘사하는 내용의 분량을 총 512자로 제한했다.[121] (한글로는 256자다.—옮긴이) 만일 동료 평가를 수행하는 사람들이 이보다 더 자세하게 많은 설명을 읽을 필요가 있다면 이 사람들은 분명 해당 사업의 실체를 모를 것이고, 만일 그 평가자들이 해당 사업을 모른다면 평가자들은 평가 대상자가 실제로 수행한 작업이 아니라 그 사람이 정리한 요약 사항을 평가한 셈이 된다고 추정했기 때문이다.

동료 평가자에게는 평가 대상자가 설명하는 사업을 얼마나 잘 알고 있는지 그리고 평가 대상자의 영향이나 기여도가 얼마나 되는지 등급 판정을 하고 논평을 달아달라고 요구했다. 시간이 흘러 이런 평가 내용이 쌓이고 쌓여, 우리는 어떤 동료 평가자의 평가 내용을 얼마나 신뢰할 수 있는지 알 수 있었다. 이것은 채용 면접관들이 내린 지원자 평가를 확인하기 전에 그 면접관들의 신뢰성을 확인할 때와 마찬가지 과정이었다.

구글 직원은 또한 특정한 날을 정해서 하는 게 아니라 일 년 중 어느 때나 특정한 주제에 대한 평가를 언제든 자유롭게 요구할 수 있었다.

구글의 동료 평가 양식 사례 © Google, Inc.

직원이 자기 평가를 주제로 상사와 대화할 때 유용하게 참고할 내용이 필요하다고 판단해 우리는 한 쪽짜리 인쇄물을 만들었다. 다시 한번 말하지만 이 인쇄물을 만든 목적은 대화가 보다 구체적이고 명확하게 진행되도록 하기 위함이었고, 우리는 직원이 대화에 앞서 신중을 기할 수 있도록 이 인쇄물을 나눠주었다. 또한 관리자들도 제대로 된 주제를 정해 대화를 풀어나가길 바랐는데, 직원들이

go/letstalkperf

성과 평가와 역량 개발 토론을 위한 관리자용 지침서

이 지침서는 당신이 팀원과 성과 평가 및 역량 개발을 주제로 나눌 대화를 미리 준비하는 데 유용한 틀을 제공하기 위한 것이다. 이 지침서는 전체적인 평가를 할 때, 즉 동료 평가서 내용이나 당신이 서면으로 작성한 관리자 평가서 내용을 전달할 때 사용할 수도 있고 또 중간 점검을 할 때, 즉 가장 최근에 있었던 등급 판정 내용을 전달할 때 사용할 수도 있다.

핵심적으로 다뤄야 할 내용

시작하면서
1. 전반적인 성과
2. 계속 해나가야 할 것들 및 다음 단계들
3. 개선해야 할 것들 및 다음 단계들
4. (선택) 보다 장기적인 목표들
5. 개괄

도움이 될 추가 자료들

- 각 개인에 대한 정보를 축적할 때 진행 상황 점검지(tracking sheet)를 활용하면 도움이 될 것이고 그리고/혹은 직원과 어떤 내용을 직접 만나서 공유하고자 할 때 계획표(worksheet)를 활용하면 도움이 될 것이다.
- 우리는 또한 대화 지침서(conversation guide)를 직원들과 공유해 관련 대화들을 미리 준비할 수 있도록 도움을 주고자 한다.

시작하면서

시작하기 전에 먼저 대화의 목표가 명확한지, 다시 말해 동료 평가를 포함한 전반적인 평가 내용을 놓고 논의를 하는 것인지, 최근 6개월 동안의 성과 및 평가와 관련된 내용만 논의를 하는 것인지 혹은 중간 점검 차원의 논의를 하는 것인지를 분명히 하라.

무엇을 다룰 것인가?	고려해야 할 사항
● 대화의 목표와 뼈대를 명확하게 정하라. ● 논의를 더욱 풍부하게 할 수 있도록 다양한 사례를 준비하라. ● 직원이 솔직하게 대화에 나설 수 있도록 질문하고 또 그런 분위기를 조성하라.	● 해당 직원과 예전에 나눴던 역량 개발 관련 대화 ● 해당 직원은 어떤 식으로 자기에 관한 평가를 진심으로 받아들이는가? 확신이 없다면 이것도 논의의 주제가 될 수 있다. ● 개재될 수 있는 모든 편향을 미리 생각하고 이런 것들이 개재되지 않도록 하라. go/bbPerf에 명시된 점검표가 도움이 될 것이다.

구글의 관리자용 토론 지침서(일부) © Google, Inc.

대화에 임할 준비를 하게 하는 일은 양측의 대화에 전혀 해가 되지 않았다.

나는 깜짝 놀랐다. 당황했던 것 같기도 하다. 아주 작은 변화가 회사 전반에 걸쳐 그토록 큰 파장을 몰고 올 줄은 상상도 하지 못했다. 그런 결과를 당연히 예상했어야 했지만, 결과는 내 예상을 훌쩍 뛰어넘었다. 문서 양식을 좀 더 구체적으로 만듦으로써 양식 기입에 드는 시간이 27퍼센트 줄었고, 동료 평가서 작성자 가운데 75퍼센트가 평가서 작성이 유익하다고 여겼는데, 이는 전년도에 비해 무려 26퍼센트포인트나 올라간 수치였다. 토론 지침서를 사용한 사람들은 그렇지 않은 사람에 비해 14퍼센트포인트 더 성과 평가 대화가 유익하다고 평가했다.

어떤 직원은 다음과 같이 솔직하게 심정을 털어놓았다. "오마이갓! 이 양식은 작성하기 진짜 쉽고 시간도 진짜 적게 드네요! 잃어버린 내 9월을 돌려줘서 고맙습니다!!!"

이 실험을 통해 우리는 자신감을 얻었고, 직원을 향한 우리의 믿음도 한층 단단해졌다. 그리하여 2014년에는 이 변화를 전 직원 차원으로 확대했다. 덕분에 직원들은 예전보다 한결 더 행복해졌다. 현재 전 직원 가운데 80퍼센트가 이런 방식의 평가 과정이 2년 전에 비해 50퍼센트나 시간을 절감해준다는 데 동의했다. 하지만 아직 완벽하지 않다. 다만 엄청나게 개선됐음은 분명하다.

» 모든 것을 종합해 승진 자료로 활용하라

대부분의 회사에서는 평가 등급이 높은 직원을 승진시킨다. 대개는 상사가 전화로 승진 사실을 알려주고 승진자는 새로운 업무를 맡거나 멋진 직함을 새로 단다. 하지만 구글은 다르다. 여태까지 읽은 독자라면 짐작하겠지만 승진 결정은 성과 등급 판정 결정과 마찬가지로 위원회가 내린다. 위원회에서 공정한 승진 심사를 위해 승진 후보자들을 검토하고 전년도 승진자 자료 및 잘 정의된 기준에 맞춰 후보자들의 승진 점수를 미세하게 보정한다. 구글답게 당연히 군중의 지혜에 의존하는데, 동료 평가는 위원회가 검토하는 기술적인 차원의 승진 평가 자료의 필수적인 한 부분이다.

이외에도 또 다른 장치가 있다. 기술 부문과 제품 관리 부문에 속한 직원은 승진 후보로 자천할 수 있다.* 자천 제도와 관련해 흥미로운 사실을 발견했는데, 여성이 남성에 비해 자천 성향이 낮긴 하지만 일단 자천을 한 경우만 놓고 보면 여성이 남성보다 승진 비율이 높았다. 이건 학교 교실에서 나타나는 양상과 비슷한 것 같다. 남학생들은 교사의 질문에 손을 들고 대답을 하려고 애쓰는 데 비해,

---

* 나하고 굉장히 친한 친구 몇 명이 영업 부문에 있는 까닭에 이쪽 사람들이 기술직 사람들보다 승진에 훨씬 더 민감하다고 자신 있게 말할 수 있다. 기술 부문에 있지 않은 사람들은 의아하겠지만, 우리 회사의 소프트웨어 개발자들에게는 직급이나 지위가 전혀 동기부여 요소가 되지 않는다. 이들은 그저 멋진 제품을 개발하는 데만 관심을 쏟는다. 다른 부문의 사람들처럼 기업 사다리의 다음 단계로 올라가는 일에 집착하지 않는다. 최근에 영업직의 관리자 몇 명과 승진자 자천 제도를 놓고 얘기를 나누었는데, 이 사람들은 자천 제도가 엄청난 후보자들을 쏟아낼 수도 있다면서 공포에 떠는 시늉까지 했다. 하지만 나는 고품질의 성과 평가가 설득력 있게 승진 불가 판정을 내리고 나면 이 제도가 안정적으로 돌아갈 거라고 말했다. 비록 아직은 이 주장이 먹혀들지 않지만 계속 싸울 생각이다.

여학생은 설령 남학생보다 더 많이 혹은 자주는 아니더라도 적어도 남학생 못지않게 정답을 머릿속에 떠올리면서도 확신이 들 때까지 기다리는 성향이 강하다.[122]

우리는 또한 여성은 은밀한 방법으로 남성과 같은 비율로 승진 후보로 자천한다는 사실도 발견했다. 구글의 기술 개발 담당 전무인 앨런 유스터스가 이런 사실을 설명하면서 구글의 기술직 직원 전원에게 이메일을 보냈는데, 그의 발언은 구글의 성별 및 직급별 승진 통계값과 일맥상통한다. 그 발언 가운데 가장 마음에 드는 부분은 다음과 같다.

> 나는 우리가 여성이 승진 후보로 자천하는 것을 장려하는 데 노력을 아끼지 않는다는 사실을 모든 사람에게 알리고 싶었다. 이것은 매우 중요한 문제고, 따라서 나는 이 문제에 매우 큰 관심을 갖고 있다. 구글에서 승진 준비가 되어 있는 직원이라면 당연히 자천 권고를 받는 분위기가 조성되어야 하며 또 자신은 충분히 그렇게 해도 될 자격과 권한을 갖고 있음을 직원에게 주지시키는 게 중요하다고 생각한다. …… 우리는 자기에 관한 편향이든 다른 사람에 관한 편향이든 사소한 편향들이 오랜 기간에 걸쳐 쌓인다는 사실을 잘 안다. 이런 편향을 극복하는 데는 의식적인 노력이 필요하다는 사실도 안다. …… 이런 점을 살피기 위해 우리는 최근 3년간의 승진 자료를 검토해 지속적으로 이어지는 어떤 격차가 있는지 살펴봤다. …… 앞으로도 나는 이 자료를 계속 공개할 터인데, 이것은 승진이라는 문제를 투명하고 공개적으로 다뤄서 앞으로도 계속 이런 긍정적인 추진력을 유지하기 위한 조치다.

물론 성별과 관계없이 모든 사람이 승진하지는 않는다. 만일 어떤 직원이 승진하지 않았다면, 위원회는 어떤 문제가 있었기 때문인지 그리고 다음 승진 기회 때 승진을 할 수 있으려면 어떤 점을 개선해야 할지 등을 당사자에게 전달한다. 사실 이건 말처럼 쉬운 일이 아니다. 짐작하겠지만 현재 우리 구글의 규모로 보면 수많은 승진위원회를 구성하는 데는 수백 명의 기술직 직원이 필요하며, 한 차례 승진 절차가 진행되는 데는 이삼일이 걸린다. 어쩌면 대중주의적인 위원회 구조와 승진 절차에 걸리는 시간 그리고 위원회 구성원들은 채용위원회 구성원들과 마찬가지로 올바른 판단을 내리겠다는 것 외에는 다른 동기를 갖고 있지 않다는 사실 때문에, 기술자들은 자신의 승진 과정이 기술직 이외의 사람들에 비해 공정하다고 보는 경향이 더 강할 수 있다.

≫ 새로운 희망

내가 알기로 구글만큼이나 성과 관리와 승진 심사 과정에 많은 시간을 들이는 회사는 파트너십으로 운영되는 회사와 대학뿐이다. 이런 조직에서 승진은 궁극적으로 파트너나 종신교수가 되는 것인데, 이것은 가족 형태 조직의 한 부분이 되는 것이다. 이런 조직에서는 조직 구성원을 승진시킬 때 엄청나게 많은 주의를 기울인다.

구글도 승진 심사에 그만큼의 주의를 기울이는데, 이것은 전적으로 회사의 필요성에 따른 것이다. 구글의 매출과 직원은 지난 5년간 해마다 20퍼센트에서 30퍼센트 가까이 증가했다. 우리는 학습 욕구가 입증된 사람을 채용하고자 최선을 다하며, 그다음에는 이들이 최대한 빨리 성장할 수 있도록 돕는 일에 전력을 기울인다. 우리 직원들이 각자 능력을 개발해 계속 성장하도록 하는 것은 결코 사치가 아니다.

구글로서는 생존이 달린 문제다. 구글이 진화 과정에서 가졌던 본질적인 개념들은 궁극적으로 어떤 회사에서도 적용할 수 있는 언어가 된다. 이 개념들을 정리하면 다음과 같다.

첫째, 목표를 정확하게 설정하라. 그리고 이를 공개하고 야심찬 것으로 만들어라.

둘째, 동료 평가를 수집하라. 설문조사를 하고 그 결과를 차곡차곡 모을 수 있는 온라인 도구들은 다양하다. 이 도구들에 구글 시트가 포함되는 것은 말할 것도 없다. 검색창에 '구글 스프레드시트 설문조사 양식'을 쳐보라. 사람들은 비범한 사람이라는 딱지 외에는 자기에게 딱지가 붙는 걸 좋아하지 않는다. 그러나 자기에게 주어진 업무를 수행하는 데 도움이 되는 유용한 정보는 무척 좋아한다. 대부분의 회사가 놓치는 사실이 바로 이 후자다. 모든 회사는 어떤 종류든 보상을 하는 데 사용되는 평가 제도를 갖고 있다. 그러나 인재를 개발하고 성장시키기 위한 잘 정비된 제도를 갖고 있는 회사는 거의 없다.

셋째, 평가를 위해서는 어떤 식으로든 보정 과정을 채택하라. 우리는 여러 명의 관리자들이 한자리에 앉아 집단으로 직원의 성과를 검토하는 회의체를 선호한다. 여기에는 훨씬 더 많은 시간이 들지만 믿을 만하고 공정한 평가 및 의사 결정 과정이 보장된다. 부수적인 효과로는 사람들이 한자리에 앉아 서로 연결되고 자기들이 소중하게 여기는 공동의 가치를 확인하는 일이 구글 문화를 지속적으로 강화한다는 점을 들 수 있다. 얼굴을 맞대고 만나는 자리는 직원 수가 1만 명 이하인 회사에서는 가장 효율적인 장치다. 그런데 이렇게 하려면 회의실이 엄청나게 많아야 한다. 우리는 이 모든 것을 감수하는데, 5만 명 이상을 수용할 수 있도록 수많은 회의실을 갖고 있다. 이유는 딱 하나다. 이런 장치들이 우리 직원들에게 유익하기 때문이다.

넷째, 보상 관련 대화와 성장을 위한 역량 개발 대화를 따로 분리하라. 이 둘을 하나로 합치면 학습이 죽는다. 이것은 회사의 규모와 상관없이 언제나 지켜야 하는 원칙이다.

성과 관리와 관련한 다른 모든 것들(구체적으로 성과 등급의 수를 몇 개로 설정할 것인가, 성과 등급의 명칭을 숫자로 할 것인가 아니면 단어로 할 것인가, 등급 판정을 일 년에 몇 차례 할 것인가, 등급 판정을 온라인으로 할 것인가 아니면 서면으로 할 것인가 등)은 문제가 되지 않는다. 우리는 오랜 기간 헤매던 끝에 마침내 구글에 가장 적합한 일련의 평가 과정 및 리듬을 찾았다. 이외의 다른 좋은 방법이 있다는 증거는 어디에도 없다. 그러므로 당신은 우리가 얻었던 것과 다른 결과를 얻기 위해 우리가 했던 것과 동일한 실험을 군이 새로 반복할 필요는 없다.

대신 중요한 것에 초점을 맞춰라. 중요한 것이란 바로 목표 대비 성과에 대한 공정한 등급 판정 및 보정 과정을 보장하고 해당 직원이 개선의 길로 나아갈 수 있도록 진심을 다해 가르치고 이끄는 것이다. 우리 모두의 성향 안에 도사리고 있는 리사 심슨은 최고가 되고 싶기에 평가받고 싶어 했다. 리사는 성장하길 바랐다. 이때 우리가 리사에게 해주어야 하는 것은 성장하는 방법을 가르치는 일이다.

업무 규칙 성과 관리를 위하여

- 목표를 정확하게 설정하라.
- 동료 평가를 수집하라.
- 보정 과정을 마련하고 여기서 등급 판정을 최종적으로 완성하라.
- 보상 관련 대화와 성장을 위한 역량 개발 대화를 분리하라.

8장

두 개의
꼬리

가장 큰 기회는 바로 최악의
직원과 최고의 직원에게 있다.

"The Two Tails"

The biggest opportunities lie in your absolute
worst and best employees

당신 팀에는 꼬리 부분이 있다.

측정할 수 있는 모든 것의 집단은 낮은 것에서 높은 것으로, 작은 것에서 큰 것으로, 가까운 것에서 먼 것으로 등 어떤 분포 양상을 나타낸다. 초등학교 시절을 떠올려보자. 교사는 당신을 포함한 꼬맹이들을 키 순서로 줄 세웠을 것이다. 이런 방식은 교사가 우리를 분류할 때 참으로 쉽고 유용했다. 당시 우리 반 아이는 모두 서른 명이었는데, 교사는 그중 키가 큰 서너 명을 가장 오른쪽에 세웠고 가장 작은 축에 속하는 아이들을 가장 왼쪽에 세웠다. 이렇게 하고 나면 스무 명 남짓 남는다. 이 나머지 아이들의 키 차이는 5센티미터 미만이었는데, 이 아이들은 서로 키를 비교해 순서대로 자기 자리를 찾아갔다.

교사들이 키 순서대로 아이들을 분류하면서 어떤 즐거움을 느낀 역사는 적어도 100년 가까이 된다. 1914년에 현재 코네티컷대학의 전신이던 학교의 앨버트 블레이크슬리Albert Blakeslee는 자기 학생들에게 키 순서대로 정렬하라고 지시했다. 결과는 대부분의 교실에서와 마찬가지로 학생 대부분은 가운데에 몰렸고, 매우 크거나 매우 작은 소수는 줄의 양 끝에 섰다. 이 대학 학생의 키는 4피트 10인치에서 6피트 2인치에 이르는 분포를 형성했고, 이 분포에서 중간 키의 학생들이 많았고 양쪽 끝으로 갈수록 학생은 적었다.

1	0	0	5	7	7	22	25	26	27	17	11	17	4	4	1
4:10	4:11	5:0	5:1	5:2	5:3	5:4	5:5	5:6	5:7	5:8	5:9	5:10	5:11	6:0	6:1	6:2

살아 있는 막대그래프, 남자 대학생 175명[123]

이 분포의 두 '꼬리'는 5피트 3인치 미만과 6피트 이상이었는데, 이들은 각각 이 분포의 하위와 상위 10퍼센트에 해당됐다.

이 분포는 자료가 만들어낸 특정한 양상을 묘사한다. 키는 정규분포로 가장 잘 설명된다. 정규분포곡선은 그 모양이 마치 종과 같이 생겼다고 해서 종형곡선이라고도 하고, 1809년에 정규분포에 관한 논문을 써서 이것을 설명한 카를 프리드리히 가우스Carl Friedrich Gauss

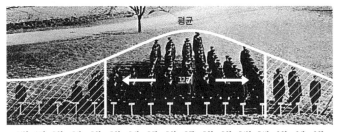

4.10″ 4.11″ 5.0″ 5.1″ 5.2″ 5.3″ 5.4″ 5.5″ 5.6″ 5.7″ 5.8″ 5.9″ 5.10″ 5.11″ 6.0″ 6.1″ 6.2″

학생들의 키는 '극단적으로' 크고 또 작은 두 개의 '꼬리'를 갖춘 정규분포곡선을 형성했다.

이 같은 사실은 구글 직원들에게도 적용된다. 우리 직원들에게 키 순서대로 서보라고 했는데, 결과는 마찬가지로 두 개의 꼬리를 갖춘 정규분포곡선이었다.[124]

의 이름을 따서 가우스분포라고도 한다.[125]

정규분포는 연구자들과 사업가들에게 인기가 높은데, 이 분포가 키와 몸무게, 외향성과 내향성, 나무둥치의 폭, 눈송이의 크기, 고속도로를 달리는 자동차의 속도, 불량품 발생률, 고객센터 접수 전화 건수 등 많은 것들의 분포 상황을 묘사하기 때문이다. 게다가 정규분포를 따르는 모든 것은 평균값과 표준편차를 갖고 있는데, 이것을 이용해 미래를 예측할 수도 있다. 표준편차는 변이(편차)의 특정한 양이 발생할 가능성을 설명한다. 예를 들어 평균적인 미국 여성의 키는 5피트 4인치(약 163센티미터)고[126] 표준편차는 3인치(약 7.6센티미터)인데, 이것은 미국 여성 68퍼센트의 키는 5피트 1인치와 5피트

7인치 사이임을 뜻한다(1피트는 12인치다 – 옮긴이). 이것이 1표준편차다. 95퍼센트 여성의 키는 평균의 2표준편차 사이, 즉 4피트 10인치와 5피트 10인치 사이에 있다. 99.7퍼센트는 평균에서 3표준편차 사이, 즉 4피트 7인치와 6피트 1인치 사이에 있다. 사무실이든 동네든 주변을 둘러보면 이것이 대충 맞아떨어짐을 알 수 있을 것이다. 남성의 경우 평균 키는 5피트 10인치며, 여기서 대략 플러스마이너스 3인치의 표준편차가 존재한다. 블레이크슬리의 사진을 보면 평균적인 남성의 키는 약 5피트 7인치임을 확인할 수 있는데, 지난 100년간 한층 나아진 영양 공급 덕분에 미국인 남성의 키가 약 3인치 더 커졌기 때문이다.

정규분포의 강점은 또한 약점이 되기도 한다. 이 개념은 사용하기가 매우 쉽고 제각기 다른 현상을 설명할 수 있을 것 같아(적어도 겉으로 보기에는 그렇다), 실제로 궁극적인 실체를 설명할 수 없는 대상까지 이 개념을 적용하는 경우가 비일비재하다. 정규분포는 대형 지진과 허리케인 그리고 대규모 주가 변동 등과 같은 물리적인 현상이나 경제 관련 사건의 발생 빈도, 가난한 사람과 소득 상위 1퍼센트 사람의 소비 지출 차이와 같은 계층 간 경제 관련 결과의 격차 그리고 전성기의 마이클 조던과 같은 지극히 소수의 특별한 사람이 만들어내는 이례적인 기록 등을 낮게 평가해 예측한다. 2011년 일본에서 발생한 진도 9.0 규모의 지진, 700억 달러가 넘는 빌 게이츠의 순자산, 830만 명이나 되는 뉴욕시티의 인구 등은 모두 평균에서 너무 멀리 떨어져 있어 정규분포곡선으로는 표시할 수 없을 정도다. 그러나 우리는 그런 것들이 존재한다는 사실을 잘 안다.[127]

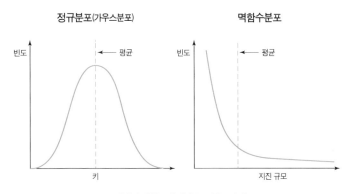

정규분포(가우스분포)   멱함수분포

사람의 키 분포와 지진 규모 분포의 비교.
사람의 키는 평균을 중심으로 해서 좌우로 거의 비슷하게 분포하지만
지진의 규모는 압도적인 다수가 평균 이하 구간에 분포한다. @ Google

통계적으로 이런 현상들은 멱함수분포로 더 잘 설명할 수 있는데,
이를 정규분포와 비교하면 위와 같다.

멱함수power function 혹은 멱법칙power law에서 'power'란 단어가 사용
된 데는 이유가 있다. 이 곡선의 형태를 묘사하는 어떤 등식을 적는
다면 지수를 사용해야 하는데, 이 경우에 한 수가 다른 수의 멱power
이 된다. 예를 들어 $y = x^{-\frac{1}{2}}$ 이라는 등식이 있다고 치자. 이때 지수
는 '−1/2'이고 x는 '−1/2'의 멱이 되며, 이 등식은 도표의 오른쪽 그
래프와 비슷한 모양의 그래프를 만들어낸다.

대부분의 회사는 정규분포곡선을 이용해 직원을 관리한다. 대다
수 직원에게 각각 평균, 매우 높은 성과를 기록한 꼬리 그리고 매우
낮은 성과를 기록한 꼬리라는 딱지를 붙인다. 이때 두 꼬리는 키의
정규분포곡선처럼 좌우 대칭이 아니다. 성과가 저조한 직원은 해고
되어 아예 그래프에 입장조차 못하기 때문이다. 왼쪽 꼬리는 잘려서
짧다. 회사는 또한 직원들이 거두는 성과가 마치 정규분포곡선을 따

르는 것처럼 생각하고, 이런 발상을 바탕으로 직원들을 대한다.

사실 기업 조직에서 인력이 이뤄내는 성취는 대부분의 직무 영역에서 멱함수분포를 따른다. 이에 대해 허먼 아귀니스Herman Aguinis와 어니스트 오보일 주니어Ernest O'Boyle Jr.는 다음과 같이 설명했다. "평균적인 성과를 내는 다수massive 집단이 기업을 지배하는 것이 아니라……높은 성과를 내는 소규모의 엘리트 집단이 거대한massive 성과를 통해 기업을 지배한다."[128]

대부분의 회사는 높은 성과를 내는 오른쪽 꼬리에 속하는 최고의 직원들을 실제보다 낮게 평가하고 보상도 그들이 마땅히 받아야 할 몫보다 적게 한다. 게다가 이런 회사들은 자기들이 이렇게 하고 있는지도 모른다. 10장에서 그 이유를 설명하고 직원을 관리하고 직원에게 보상을 제공하는 보다 더 나은 방법을 제시하겠다. 여기서는 일단 모든 팀의 성과 분포에는 좌우 양극단에 꼬리가 있다는 사실만 언급하기로 한다.

대부분의 회사는 성과가 매우 저조한 왼쪽 꼬리에 속하는 직원을 제거하는데, 이들은 언제든 해고될 수 있다는 공포 속에서 살다가 실제로 그렇게 된다. 이에 비해 오른쪽 꼬리에 속하는 직원은 승진과 성과급 그리고 동료와 경영진의 칭찬으로 더할 나위 없이 만족스러운 직장 생활을 한다.

≫ 도움이 필요한 사람을 도와라

대부분의 기업 조직이 놓치는 중요한 진리가 있다. 그것은 성과가 매우 낮은 왼쪽 꼬리에 속한 직원이 사실은 성과 개선의 가장 커다란 기회의 열쇠를 쥐고 있다는 점 그리고 성과가 매우 높은 오른쪽 꼬리에 속한 직원이 그 기회를 실현할 방법을 왼쪽 꼬리에 속한 직원에게 정확하게 가르쳐줄 거라는 점이다.

잭 웰치는 '승진이냐 퇴출이냐'라는 경영 모델을 대중화했다. 이 모델 아래서 GE 직원들은 해마다 성과 등급 판정을 받았고 하위 10퍼센트에 속하는 직원은 해고됐다. 요컨대 승진하지 못하는 직원은 퇴출되어야 했던 것이다.

그런데 이런 경영 방식에 들어가는 비용은 없을까? 새로운 직원을 채용하는 데는 시간과 돈이 든다. 새로운 직원은 기존 직원보다 더 높은 연봉을 주어야 하는 경우가 많으며, 게다가 새로 맡게 될 업무에 필요한 교육까지 해야 한다. 하지만 이들이 확실하게 높은 성과를 낼 거라고 장담할 수는 없다. 하버드대학 비즈니스스쿨 교수인 보리스 그로이스버그Boris Groysberg는 투자은행업계에 속한 1,000명이 넘는 애널리스트들을 대상으로 연구한 결과, 스타 애널리스트들이 다른 회사로 자리를 옮길 경우 "이직 직후부터 꽤 오랫동안 예전에 비해 성과가 떨어진다"는 사실을 확인했다.[129] 이들이 이직을 하기 전에 거뒀던 높은 성과는 주변 동료와 협력자들, 손쉽게 동원할 수 있는 주변의 여러 자원들, 자기에게 최적화되어 있는 기업문화, 심지어 자기가 쌓아올린 개인적인 명성과 브랜드 등이 있었기에 가능했던 것이다.

가장 이상적인 환경에서라면 당신은 처음부터 똑똑하고 유능한 사람을 채용했을 것이다. 만일 당신 회사가 여러 편향을 제거한 객관적인 채용 절차를 갖추고 있다면, 그 이상적인 기준에 상당히 근접한 수준에서 직원을 채용할 것이다. 그러나 그런 경우조차도 당신은 실수할 수 있으며, 그렇게 잘못 채용한 직원은 성과 곡선의 왼쪽 꼬리 부분으로 깊이 가라앉았을 것이다.

구글은 정기적으로 하위 5퍼센트 성과를 기록한 직원이 누구인지 파악한다. 이들은 구글 성과 분포의 하위 꼬리 부분을 형성한다. 그런데 이런 일은 공식적인 성과 관리 과정 바깥에서 일어난다는 사실을 염두에 둘 필요가 있다. 우리는 해고해야 할 직원을 찾는 게 아니라 도움이 필요한 직원을 찾기 때문이다.

고백하건대 우리는 모든 직무에 대해 믿을 만한 절대적인 성과 측정 기준을 갖고 있지는 않다. 그래서 우리는 성과 등급 판정의 특정한 어떤 분포를 강요하지 않는다. 제각기 다른 팀들이 제각기 다른 수준의 업무를 수행하기 때문이다. 모든 구성원이 슈퍼스타인 어떤 팀의 관리자에게 구성원들의 순위를 정하고 누군가에게 낙오자 딱지를 붙이라고 강제한다면 미친 짓이 아니겠는가. 이 과정은 인간이 처리하는 과정이지 알고리즘 차원의 문제가 아니다. 다시 말해 각 팀의 관리자와 피플오퍼레이션 부서는 사람을 바라보지 숫자를 바라보지 않는다.

실제로 하위 꼬리 부분은 '개선이 필요함'이라는 등급을 받은 직원뿐 아니라 장기간에 걸쳐 성과 기대에 부응하지 못하고 다른 구성원들에 묻어 지내온 사람들까지 포함한다. 그런데 우리는 최고 수준의 조직 단계에서만 5퍼센트를 추적하기 때문에 어떤 집단에서는 그런 꼬리에 속하는 사람이 아예 없을 수도 있고, 또 어떤 집단에서는 전체 구성원의 5퍼센트가 넘는 직원이 꼬리에 속할 수도 있다. 만일 우리가 다른 회사들과 마찬가지로 하위 5퍼센트에 속하는 직원을 해고한다면, 분기별로 5퍼센트를 해고하므로 해마다 전체 직원 중 20퍼센트를 해고한다는 뜻이 된다. 이에 따라 우리는 과연 그렇게 해야 할까 하는 의구심을 가졌다. 게다가 그렇게 한다는 것은 우리가 채택한 채용 방식이 잘못됐다는 뜻이기도 했다. 만일 우리가 '막대기 위에 머리만 붙여 놓은 사람'을 잘 걸러내고 융통성이 있고 성실하며 유능한 직원을 제대로 잘 뽑았다면, 굳이 정기적으로 직원을 솎아내는 일은 할 필요가 없지 않겠느냐는 말이다.

우리는 '성과가 낮은' 직원에게 사망선고를 내리는 전통적인 방식 대신 전혀 다른 방식을 택하기로 했다. 우선 하위 5퍼센트에 속하는 사람에게 자기가 그 집단에 속한다는 사실을 알려줬다. 물론 이 사실을 전달하는 대화는 결코 유쾌하지 않지만 우리가 당사자들에게 보내는 메시지는 그 과정을 한결 부드럽게 만들어줬다. 그 메시지는 다음과 같다. "귀하는 구글 전체 직원 중 하위 5퍼센트의 성과를 내는 집단에 속합니다. 기분이 별로 좋지 않을 것임은 저도 잘 압니다. 이 사실을 귀하에게 알리는 것은 귀하가 스스로를 보다 더 낫게 개발하고 더 나은 성과를 올릴 수 있도록 돕기 위함입니다."

다시 말해 "일을 제대로 하지 않으려면 회사에서 나가라"는 식의 강압적이고 일방적인 대화가 아니다. 물론 어떤 사람이든 자기 역량을 개발하도록 돕는 방법에 관해 나누는 대화는 민감할 수밖에 없다. 어떤 동료는 이것을 '동정적인 실용주의'라고 표현하기도 했다. 무능하거나 나쁜 사람이라서 낮은 성과를 내는 경우는 드물다.

대부분 기술과 관련된 격차나(이것은 고칠 수 있는 문제일 수도 있고, 고칠 수 없는 문제일 수도 있다) 혹은 의지 부족, 즉 당사자가 해당 업무를 하고자 하는 동기부여가 제대로 되지 않았기 때문이다. 후자의 문제는 당사자 개인의 문제일 수도 있고 팀 내에 시정이 필요한, 보다 더 큰 문제가 있다는 암시일 수도 있다.

사실 우리는 채용 과정에서 직무와 관련된 지식을 크게 강조하지 않기 때문에 이런 문제가 나타날 소지는 애초부터 존재한다. 어떤 직무를 수행할 사람을 뽑으면서도 그 직무를 수행하는 방식을 모르는 사람을 즐겨 채용하기 때문이다. 하지만 우리는 거의 모든 신입 직원이 직무를 처리하는 방식을 금방 알아낼 거라는 믿음, 더 나아가 이런 직원이 여태까지 줄곧 그 일을 해오던 사람에 비해 창의적이고 기발한 해법을 찾아낼 가능성이 더 높다는 믿음을 갖고 있다.

이 직원이 우리의 기대에 부응하지 않을 때 우리는 일차적으로 그 직원이 능력을 쌓는 데 도움이 되는 다양한 교육과 지도를 제공한다. 명심해야 할 것은 이 교육과 지도는 직원을 채용하는 과정 및 직원을 슈퍼스타로 만들려는 교육 과정에서 채택하는 전형적인 접근법과 완전히 다르다는 점이다. 우리가 개발한 방식은 모든 직원을 대상으로 설정한 것이 아니라 성과 수준이 낮은 소수 직원만을 대상으로 설정한 것이다. 만일 이것도 효과가 없을 때는 이 직원이 구글 내에서 잘할 수 있는 다른 업무 혹은 다른 역할을 찾도록 돕는다.

우리의 이런 노력은 대개 당사자의 성과가 구글 전체 직원의 평균적인 수준으로 상향되는 결과로 이어진다.

이게 뭐 그리 대단하냐고 할 수도 있지만 다음과 같이 생각해보기 바란다. 전체 구성원이 100명인 집단에서 제임스는 하위 5퍼센트의 성과를 내는 직원이다. 그런데 우리가 마련한 교육과 지도 덕분에 상위 50퍼센트로 개선됐다.[130] 제임스는 비록 슈퍼스타는 아니지만 마흔아홉 명보다 더 많이 팀에 기여했다. 예전에 세 명 혹은 네 명밖에 앞서지 못했던 것과 비교하면 엄청난 성과다. 만일 당신의 회사에서 성과가 나쁜 직원들이 모두 제임스처럼 일취월장의 개선을 이뤄낸다면 어떻겠는가? 심지어 하위에 속하는 마흔아홉 명이 모두 경쟁사 직원들보다 더 높은 성과를 낸다면 말이다.

나쁜 성과를 내는 직원은 자기 때문에 피해를 보는 팀원들을 위해 스스로 회사를 떠나기도 하고, 어떤 경우에는 우리가 나서서 해고 조치를 취해야 할 수도 있다. 그런데 이런 식으로 회사를 떠난 사람은 오히려 우리 회사에 있을 때보다 더 높은 성과를 거두는 경향이 있다. 우리는 그들이 처한 상황에 대해 줄곧 우호적인 감정을 표현했고 또 계속 투자했으며 그들이 자리를 옮겨 두각을 나타낼 수 있는 적합한 회사를 찾을 수 있도록 충분한 시간을 주기 때문이다. 나도 한번 우리 팀에서 일하던 사람을 내보낸 적이 있는데, 그 사람은 회사를 그만둔 직후에 이렇게 말했다. "저는 결코 업무를 제대로 해내지 못했을 겁니다." 그래서 나는 이렇게 말했다. "네, 그렇지만 요구 사항이 다른 회사에서는 얼마든지 잘할 수 있을 겁니다."

3년 뒤에 이 사람은 내게 전화를 해서 〈포춘〉 선정 500대 기업의 최고인적자원책임자로 승진했다며 축하해달라고 했다. 그는 회사의 업무 속도가 구글에 비해 조금 느린데, 이런 속도가 자기에게 잘 맞는다고 했다. 그리고 특유의 신중한 스타일 덕분에 CEO의 신임을 얻을 수 있었다고 했다.

이처럼 분포곡선의 하위 꼬리 부분에 투자하면 엄청난 개선 효과를 거둘 수 있다. 이런 투자를 받은 직원은 회사 내에서 엄청나게 개선된 성과를 기록하거나 아니면 회사를 떠나 다른 곳에서 성공한다.

잭 웰치는 CEO 재임 기간의 많은 시간 동안 해고의 칼을 무지막지하게 휘둘렀던 까닭에 '중성자탄 잭'이라는 별명을 얻었다. 이런 잭조차도 나중에는 자신이 선택한 방식을 부드럽게 가다듬었다는 사실은 시사하는 바가 크다. 2006년에 잭은 자신의 접근법을 한층 가다듬어 이른바 '등급을 매겨 내쫓기'로 완성했다.

'내쫓기' 신화는 하위 10퍼센트는 즉각 해고해야 한다고 말한다. 그러나 일이 실제로 이런 식으로 진행되는 경우는 드물다. 대개는 어떤 직원이 상당 기간 계속 하위 10퍼센트에 머물 경우 관리자가 이 직원과 이직에 관한 얘기를 시작한다. 물론 해당 직원이 회사에서 나가는 걸 바라지 않을 수도 있다. 그러나 자기를 바라보는 조직의 냉담한 시선 앞에서 대부분의 사람들은 자발적으로 회사를 떠나고, 이 사람들은 (매우 흔하게!) 자기 능력과 수완에 적합하고 높은 평가를 받을 수 있는 회사에서 일하게 된다. [131]

그런 다음에 떠나보내야 할 직원에게 직설적으로 얘기하는 편이 오히려 더 친절한 일이라고 잭은 주장했다.

관리자가 친절을 베푼다는 미명 아래 직원들, 특히 성과가 낮은 직원들을 여러 해 동안 계속 데리고 가는 경우를 생각해보자. 그런데 경기가 나빠지면서 이 회사는 위기를 맞게 된다. 이 경우 성과가 저조한 중년 직원이 해고의 칼날을 가장 먼저 맞게 된다. 관리자는 이들을 한 사람씩 불러 대화를 시작하는데 보통 이런 식으로 전개된다.

"조, 아무래도 당신이 회사를 나가야겠어요."

"뭐요? 왜요? 왜 하필이면 납니까?"

"그건…… 여태까지 한 번도 좋은 성과를 낸 적이 없으니까요."

"내가 이 회사를 다닌 지 20년입니다. 그런 얘기를 왜 여태 한 번도 안 했습니까?"

그렇다. 왜 안 했을까? 해고의 벼랑 끝에 선 이 직원은 몇 년 전이었다면 다른 직업을 구할 수도 있었지만, 지금은 마흔다섯 살 혹은 쉰 살이니 나이가 너무 많다. 이 사람은 예전에 비해 한층 경쟁이 심한 노동시장에서 기회를 찾아야 한다. 너무 잔인한 처사다.[132]

하위 5퍼센트를 파악하는 구글의 방식은 고정된 분포곡선을 정해두고 모든 직원을 여러 성과 범주들 가운데 하나로 서열을 매기고 하위권을 강제 해고하는 '스택랭킹stack-ranking'과 완전히 다르다고 말할 수는 없다. 스택랭킹과 같은 접근법은 사람들이 해고 대상에 들지 않으려고 자기들끼리 격렬하게 경쟁하게 만듦으로써 결과적으로 기업문화를 파괴할 수 있다. 커트 아이켄월드Kurt Eichenwald는

2012년 패션 잡지 〈배너티 페어*Vanity Fair*〉에서 스택랭킹 제도를 신랄하게 비판했다.[133]

> 내가 인터뷰했던 마이크로소프트의 모든 전·현직 직원들은 모두 단 한 명의 예외도 없이 지금까지 수없이 많은 사람을 회사에서 쫓아낸 스택랭킹을 가장 고약하고 파괴적인 장치로 꼽았다. …… 마이크로소프트에서 소프트웨어 개발자로 일하다 해고된 어떤 사람은 이렇게 말했다. "열 명으로 구성된 팀에 들어간 첫날 놀라운 사실을 알게 됐습니다. 팀의 모든 사람이 아무리 열심히 일해서 높은 성과를 올린다고 해도 이 중에서 두 사람만 높은 등급을 받고 일곱 사람은 중간 등급을 받으며 나머지 한 사람은 나쁜 등급을 받는다는 것입니다. 결과적으로 직원들은 다른 회사의 사람들과 경쟁하는 게 아니라 같은 회사의 동료들과 경쟁하는 데 온힘을 기울인다는 것입니다."

그로부터 정확하게 1년 뒤인 2013년 11월에 마이크로소프트의 최고인적자원책임자이자 상무인 리사 브루멜*Lisa Brummel*은 직원들에게 이메일을 보내 스택랭킹 제도뿐 아니라 성과 등급을 매기는 모든 제도를 폐지한다는 사실을 알렸다.[134]

앞서 2장에도 언급했지만 사람이 본질적으로 선하며 신뢰할 가치가 있다고 믿는다면 우선 직원들에게 정직하고 투명해야 한다. 여기에는 직원들이 기대에 못 미치는 성과를 내면서 뒤처질 때 그런 사실을 당사자에게 알아듣게 얘기하는 것까지 포함된다. 과제 지향적이고 목표의식이 투철한 업무 현장에서도 역시 직원에게 접근할 때는 감정을 민감하게 고려해야 한다. 성과가 저조한 사람들은 대부분 자기 성과 수준을 알고 있으며 더 좋은 성과를 올리길 바란다. 이런 사람들에게 기회를 주는 것이 중요하다.

≫ 최고의 직원을 철저히 관찰하라

팀 내에서 최고의 성과를 올리는 상위 꼬리에 속하는 직원은 평균 및 그 이하의 성과를 올리는 직원과는 전혀 다른 직장 생활을 경험한다. 우리가 가진 자료를 보면 이들은 무슨 일이든 다른 집단에 비해 더 쉽게 끝내고, 더 중요하게 대접을 받는다고 느끼며, 자기가 하는 일이 상대적으로 더 중요하다고 여기고, 회사를 떠나는 직원 수도 최하 등급 집단에 비해 5분의 1밖에 되지 않는다. 왜 그럴까?

최고 수준의 직원들은 '대단한 결과─대단하다는 평가─더 대단한 결과─더 대단하다는 평가'로 이어지는 선순환 구조 속에 살아간다. 이들은 날마다 너무도 많은 사랑을 받기 때문에 관리자가 추가로 어떤 프로그램을 제공한다 해도 이것 때문에 특별히 더 행복해질 것도 없을 정도다.

더 중요한 사실은 상위 꼬리에 속하는 직원에게서 배워야 한다는 점이다.[*] 모든 회사는 최고의 직원들 속에 미래 성공의 씨앗이 있지

---

[*] 최고의 직원을 최악의 직원과 비교하는 것 역시 중요하다. 이와 관련해 구글 사람과혁신연구소의 캐스린 데카스(Kathryn Dekas)는 다음과 같이 설명했다. "당신이 스스로가 모방하고자 하는 사람을 연구한다면, 그 사람이 성공을 거두게 된 핵심적인 행동들은 최고 직원들 전체 혹은 대부분이 공통적으로 하는 행동

만 대부분의 회사는 이 씨앗을 면밀하게 연구하는 단계까지 나아가지 못한다. 도중에 기회를 놓쳐버리고 만다. 그로이스버그가 입증하듯이 높은 성과는 고도로 맥락 의존적이다. 벤치마킹과 모범 사례들은 다른 곳에서 무엇이 효과가 있는지 가르쳐주기는 해도 당장 내게 어떤 것이 효과가 있을지 가르쳐주지는 않는다.

이와 대조적으로 당신 회사의 최고 직원들이 회사가 처해 있는 독특한 환경 아래서도 성공할 수밖에 없는 이유를 정확하게 이해한다는 것은 그로이스버그가 발견한 사실을 확대해 받아들이는 셈이 된다. 만일 성공이 특수하고 지역적인 여러 조건에 좌우된다면, 높은 수준의 성과와 지역 차원의 여러 조건 사이의 상관성을 연구함으로써 최상의 결론을 얻을 수 있다.

충분히 예상하겠지만 구글에서는 최고 성과를 낸 직원들을 면밀하게 연구한다. 2008년에 제니퍼 커코스키Jennifer Kurkoski와 브라이언 웰Brian Welle이 공동으로 '사람과혁신연구소'를 설립했는데, 이는 사람이 일을 경험하는 방식을 학문적으로 연구하기 위해 만든 구글 산하의 연구조사 팀이자 싱크탱크다. 이 연구소의 많은 학자들은 심리학, 사회학, 조직행동론, 경제학 등의 분야에서 박사학위를 갖고 있으며, 이들은 지도적인 위치에서 각자 자기가 갖고 있는 연구조사

이라는 결론에 쉽게 도달할 것이다. 이는 상당히 합리적인 얘기처럼 들린다. 그러나 최악의 직원들도 같은 행동들을 할 수 있으므로 그런 행동들을 정밀하게 살펴보지 않는 한 무엇이 옳은 것인지 알 수 없다. 다른 집단에 속한 사람들의 행동을 연구하지 않는다면, 잘못된 행동을 성공으로 나아가는 행동이라고 쉽게 결론내릴 수 있다. …… 기술적인 측면에서 이것은 이른바 '종속변수에 대한 표본 추출'이다.* 이것은 앞서 6장에서 살펴봤던 표본편향의 또 다른 변형이며, '최고의 실천'이 종종 잘못된 결과를 낳는 이유이기도 하다.

기술들을 까다로운 조직 관련 의문점들과 과제들에 응용하고 있다. 닐 파텔Neal Patel과 미셸 도노반이 대표적인 사례다. 미셸은 구글 성과 관리 방법론의 변화를 이끌어낸 핵심 인물이며, 닐은 구글 첨단기술 및 프로그램연구소Advanced Technologies and Programs Lab를 이끄는 리더다. 두 사람이 애초에 가졌던 연구조사의 기본 발상들을 보면 최고의 직원을 연구함으로써 무엇을 배울 수 있는지 알 수 있을 것이다. 그 발상들은 다음과 같다.

○ 산소 프로젝트는 애초에 관리자는 중요하지 않다는 가설을 입증하는 것을 목표로 시작해 결국 훌륭한 관리자가 결정적인 역할을 함을 입증하는 것으로 끝났다.

○ 재능 있는 청년 프로젝트Project Gifted Youngsters는 최고의 성과를 장기적으로 유지하는 사람들이 다른 사람들과 다르게 행동하는 것이 무엇인지 설명할 목적으로 시작됐는데, 상위 4퍼센트를 나머지 96퍼센트와 비교했고 그다음에는 상위 0.5퍼센트를 나머지 99.5퍼센트와 비교했다.

○ 허니듀 엔터프라이즈Honeydew Enterprise는 소프트웨어 개발자들에게 무슨 행동이나 실천이 혁신을 가장 강화하고 또 혁신을 가장 금지하는지 파악하고 이해하기 위해 시작됐다(명칭은 TV 프로그램인 〈머핏쇼The Muppet Show〉의 등장인물들 중 두려움을 모르는 분센 허니듀에서 따온 것이다).

○ 밀그램 프로젝트Project Milgram는 회사 안에 있는 지식 소셜 네트워크들을 가장 효과적으로 활용할 방안을 탐구했다(명칭은 복종 심리를 연구한 심리학자 스탠리 밀그램Stanley Milgram에게서 따온 것이다. 제니퍼는 내게 다음과

같이 말했다. "밀그램은 1967년에 최초로 '작은 세상 실험'을 진행했는데, 이 실험에서 그는 오마하와 위치타에서 무작위로 선정된 사람들에게 보스턴에 있는 특정 인물에게 우편물을 전해달라고 부탁하되, 친밀한 사람들끼리 차례로 연결되는 방식으로 전달하라는 단서를 달았습니다. 이렇게 해서 최종 인물에게 우편물이 도착할 때까지 몇 사람을 거치는지 확인했는데, 평균 5.5명이었습니다. 그 결과 이른바 '6단계 분리이론6 degrees of separation'이 나타났습니다.") (한국에서도 비슷한 실험을 했는데 평균 3.6명을 거쳤고, 2008년 마이크로소프트는 MSN 메신저 사용자 간 평균 접촉 고리를 알아보는 실험을 해서 평균 6.6명이라고 밝혔다 - 옮긴이)

산소 프로젝트는 구글에 가장 중대한 영향을 주었다. 이 명칭은 미셸이 한때 제기했던 다음 질문에서 나왔다. "만일 구글의 모든 직원이 환상적인 관리자를 상사로 두고 있다면 어떻게 될까? 그저 태도나 품성이 좋은 사람이 아니라 부하직원을 진정으로 이해하고 부하직원이 날마다 잔뜩 기대하는 마음으로 직장에 출근할 수 있도록 만드는 그런 상사. 이럴 때 구글은 어떤 느낌일까?"

닐은 자기 프로젝트에 원소주기율표에 나오는 원소의 이름을 따서 이름을 붙이는 습관을 갖고 있었는데, 미셸이 "좋은 관리자를 갖는 것은 호흡하는 것만큼이나 필수적이므로, 만일 우리가 관리자를 더 낫게 만들면 그것은 우리가 신선한 공기를 호흡하는 것과 같을 것이다"라는 이유로 산소 프로젝트라는 이름을 제안했다.

그렇다면 산소 프로젝트는 무엇을 달성하려고 했을까? 두 사람이 설정한 가설은 "관리자의 자질은 팀의 성과에 아무런 영향도 주지 않는다"였다. 이에 대해 닐은 다음과 같이 설명했다. "우리는 신중해야 함을 알고 있었다. 구글은 다른 데서 별다른 증거 없이 명백한 진리로 여기는 것들에 대해서조차도 그에 반하는 강력한 증거를 갖고 있다. 단순한 상관성만으로는 충분하지 않았다. 우리는 실제로 관리자는 중요하지 않다는, 상식에 반하는 가설을 입증하려고 했고 다행히 우리 시도는 실패로 끝났다."[135]

구글의 기술자들은, 관리자들은 중요하지 않다고 강하게 확신했다. 겉으로 보면 터무니없는 얘기지만 기술자들이 관리받기를 얼마나 싫어하는지 알아야 한다. 이들은 관리자를 싫어했고, 심지어 관리자가 되는 것도 싫어했다.

기술자들은 일반적으로 관리자를 기껏해야 필요악 정도로밖에 여기지 않는다. 관리자는 방해만 되고 관료적인 제도와 체계를 만들어내며 일을 복잡하게 만든다는 것이었다. 이런 생각이 워낙 뿌리 깊었던 터라 2002년에 래리와 세르게이는 회사 내에서 모든 관리자 역할을 없애버리기까지 했다.

당시 구글에 있던 기술자 수는 300명이 넘었는데, 관리직 기술자는 관리 의무를 면제받았다. 대신에 모든 기술자는 기술 담당 상무였던 웨인 로징Wayne Rosing에게 보고하도록 했다. 하지만 이 실험은 단명으로 끝났다. 온갖 지출보고서 승인 요청과 개인 간의 갈등 해결 요청이 웨인에게 홍수처럼 쏟아져, 결국 6주 만에 관리자 제도는 부활했다.[136]

관리자가 어떤 목적을 위해 존재하는 건 확실했다. 그러나 2009년까지도 관리management를 바라보는 기술자들의 마음에는 조심스러움과 미심쩍음이 남아 있었다. 2002년부터 2009년까지 7년간 구글 직원은 1만 9,000명이 더 늘어났고, 이들은 대부분 관리자들이 방해될 정도까지는 아니더라도 별로 도움이 되지 않는 전통적인 환경 출신자들이었다. 인재를 모집하고 채용하는 과정에서도 이 문제는 불거졌으며 이런 현상은 미국 바깥에서 더욱 두드러졌다. 인재 채용에 대한 우리의 신조는 기술직 관리자라면 적어도 자기 팀원만큼 기술적인 지식과 기능을 익히고 있어야 한다는 것이었다.* 이런 조건을 충족하지 못한 관리자는 팀원들로부터 존경받지 못했고, 속칭 'NOOP'으로 불렸는데, 컴퓨터 과학 분야에서 '아무 일도 하지 않음'을 뜻하는 용어에서 따온 것이다.

미국에서는 기업이 '기술 분야 기여자' 경로와 관리자 경로를 이원 체제로 유지하는 역사를 어느 정도 찾아볼 수 있다. 대표적인 예로 IBM은 개인 기여자 승진 경로를 개척자적으로 마련해 기술 분야 성취를 기준으로 기술자도 관리자와 동일한 수준의 보상과 직함을 받도록 했다. 하지만 아시아와 서유럽에서는 기술자가 관리직으로 승진하면 일상적으로 수행하던 기술 분야 업무를 중단하고 관리 업무에만 집중하는 게 일반적이었다. 그 결과 우리는 훌륭한 관리자의 자질을 갖추고 있음에도 기술 분야의 당면 현안들에 익숙하지 않은 고위 간부 후보자들을 돌려세워야 했던 경우가 많았다.

좋은 관리자와 나쁜 관리자에 대한 전형적인 상은 누구나 갖고 있다. 그러나 그건 어디까지나 주관적일 뿐이다. 일관되고 객관적인

---

* 비록 우리는 똑똑하면서 다방면의 지식을 두루 아는 사람을 채용하길 원하지만, 소프트웨어 개발이나 세금 문제 혹은 법률 문제 등과 같이 어느 정도의 전문성이 필수적인 분야도 있다.

비교 틀을 마련하기 위해 미셸과 닐은 성과 등급과 구글가이스트 결과라는 두 가지 계량적인 자료에 의존했다. 먼저 각 관리자의 지난 3년간의 평균 성과 등급을 계산했다. 팀원들이 자기 관리자의 자질을 어떻게 평가하는지 알아보기 위해 상사의 성과와 행동 그리고 팀원에 대한 지원에 관한 의견 등을 팀원들에게 질문하고 정리한 구글가이스트 결과를 분석했다. 그다음 이 결과를 4사분면으로 분류했다.

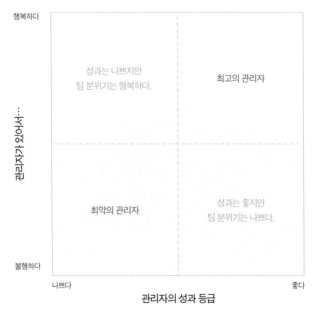

산소 프로젝트에서 우선적으로 분류된 관리자 유형 @ Google

여기서 핵심은 최고 중의 최고와 최악 중의 최악으로 각각 분류되는 관리자 특성을 온전하게 이해하는 것이었다. 그런 관리자들은 무슨 행동을 어떻게 했기에 그와 같은 전혀 다른 결과를 얻었을까?

이 질문에 대한 답을 찾기 위해 미셸과 닐은 성과 등급 판정에서 극단으로 좋은 평가와 극단으로 나쁜 평가를 받은 두 집단을 대상으로 삼았다. 1,000명이 넘는 관리자들 가운데 140명만이 성과 등급과 구글가이스트 결과 두 측면에서 모두 상위 25퍼센트에 속했다. 그리고 이보다 훨씬 적은 67명은 하위 25퍼센트에 속했다. 이것은 고무적인 현상이었다. 최고 중의 최고에 속하는 관리자가 최악 중의 최악에 속하는 관리자보다 두 배를 넘었기 때문이다.

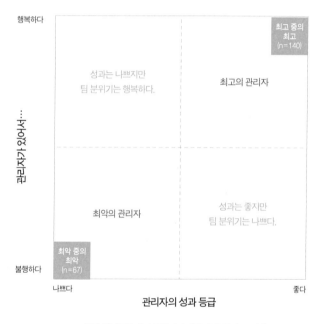

팀의 행복도와 성과 모두에서 상위 혹은 하위 25퍼센트
안에 드는 관리자를 파악하기 위한 후속 정제 작업 @ Google

어떤 관리자가 상위 25퍼센트에 속하려면 그가 이끄는 팀원들 가운데 최소 86퍼센트가 관리자를 긍정적으로 평가해야 했는데, 이 수

치는 평균인 84퍼센트보다 조금 더 높을 뿐이었다. 하위 25퍼센트 인 탈락 기준선은 78퍼센트였는데, 이 역시 평균과 비교할 때 크게 낮은 게 아니었다. 이런 점만을 고려한다면 관리자 역할에 대한 기술자의 태도가 옳았다. 최고의 관리자와 최악의 관리자는 그다지 큰 차이가 없는 것 같았기 때문이다.

미셸과 닐은 좀 더 깊이 파고들었다. 두 사람이 관리자와 함께 있을 때의 행복도 점수를 높여주었던 변수들을 하나씩 따로 분리하자 상당히 큰 차이가 드러났다. 최고의 관리자와 함께 있는 직원들은 최악의 관리자와 함께 있는 직원들에 비해 구글가이스트의 열두 개 항목에서 5~18퍼센트 더 나은 양상을 나타낸 것이다.

미셸과 닐은 특히 다음과 같은 몇 가지 사실을 확신했다.

○ 경력과 관련된 여러 가지 의사 결정이 공정하게 이뤄졌다. 성과 평가 는 공정했고 승진 기회도 적격자에게 돌아갔다.

○ 개인의 경력 목표를 달성할 수 있었는데 이 과정에서 관리자는 성심 껏 지지하고 상담자가 되어줬다.

○ 일이 효율적으로 진행됐다. 의사 결정은 빠르게 이뤄졌고 자원 배분 은 적절했으며 다양한 관점들이 고려됐다.

○ 팀원들은 서로 존중하는 마음으로 서로를 동등하게 대했으며, 사내 정치보다는 자료에 의거해 의사 결정을 내렸고, 자기가 하는 일과 자 기 생각을 투명하게 공개했다.

○ 팀원들은 의사 결정 과정에 적절하게 참여했으며 업무를 매끄럽게 완 수할 수 있도록 권한을 부여받았다.

○ 팀원들은 회사에서 하는 일과 사생활 사이에서 스스로 균형을 조절하는 자유를 누렸다.

최고의 관리자 아래서 일하는 직원은 그렇지 않은 직원에 비해 성과도 높았고 이직률도 낮았다. 아닌 게 아니라 관리자의 자질은 그 사람이 이끄는 팀에 속한 직원이 회사를 떠날 것인지 회사에 남을 것인지 알 수 있는 최상의 예측자다. 누군가 사직서를 내고 회사를 떠날 때 이 사람은 회사를 떠나는 게 아니라 나쁜 관리자를 떠나는 것이다.

그러나 어떤 사람들은 최악의 관리자와 최고의 관리자를 합쳐봐야 겨우 207명밖에 되지 않는데, 이 수치는 회사 전체를 놓고 볼 때 매우 작은 표본이라고 주장했다. 따라서 직원들 사이에서 나타나는 이런저런 차이가 관리자 때문이라고 단정할 수 없다는 얘기였다. 물론 어떤 관리자는 운 좋게도 부하직원들이 모두 활기차고 긍정적이며 유능한 팀이 얻어걸렸을 수 있다.

직원들 사이에서 나타나는 성과와 행복도 차이가 정말로 관리자의 자질 때문임을 입증하는 유일한 방법은, 팀을 구분하지 않고 직원들을 무작위로 섞은 뒤 다른 모든 변수는 상수로 설정하고 오로지 관리자만 변수로 설정할 때 어떤 차이가 나타나는지 확인하는 것이었다. 그런데 아무리 '미친' 구글이라 할지라도 단지 그것을 알자고 회사 전체의 팀과 관리자를 무작위로 섞을 수 있겠는가. 이것이야말로 정말 '미친 짓' 아닐까?

다행히 그렇게까지 할 필요는 없었다. 구글 직원들은 자기 소속 팀을 바꾸는 방식으로 그 실험을 진행했다. 기술자들은 한 해 동안 마음대로 팀을 바꿀 수 있었다. 하지만 자기가 옮겨갈 팀의 관리자가 최악의 관리자인지 최고의 관리자인지는 알지 못하게 했다. 2008년에 65명의 직원이 최고의 관리자가 이끄는 팀에서 최악의 관리자가 이끄는 팀으로 자리를 옮겼으며, 69명은 그 반대로 자리를 옮겼다. 이들 직원은 모두 전형적인 구글 직원으로 성과가 좋았고 회사에도 대체로 만족했다.

실험 결과, 관리자는 직원의 성과와 만족도에 영향을 주는 변수임이 분명했다. 최악의 관리자가 이끄는 팀으로 자리를 옮긴 65명은 구글가이스트 전체 마흔두 개 항목 중 서른네 개 항목에서 예전에 비해 낮은 점수를 기록했다. 다음 해 이들이 다시 원래 팀으로 복귀한 뒤에는 마흔두 개 항목 중 여섯 개 항목에서 뚜렷한 개선 결과가 나타났다. 가장 큰 변화는 이직 고려와 성과 관리에 대한 믿음 그리고 경력 개발에 대한 질문에서 드러났다. 최악의 관리자 팀으로 자리를 옮긴 직원은 회사 생활에 대한 인식이 완전히 바뀔 정도로 강력한 변화를 경험한 것으로 나타났는데, 이들은 회사에 대한 믿음을 잃었고 더 나아가 회사를 떠날 생각까지 생각했다.

관리자가 중요한 어떤 변수임에는 분명했다. 특히 나쁜 관리자보다 좋은 관리자가 훨씬 더 중요한 변수였다. 문제는, 이제 어떤 관리자가 최고의 관리자고 어떤 관리자가 최악의 관리자인지 알긴 했지만, 무엇이 그들을 그렇게 다르게 만들었는지 모른다는 점이었다. 우리의 분석은 사후적인 설명일 뿐 사전적인 규범이나 정의는 아니었던 것이다. 그렇다면 최고의 관리자가 무얼 어떻게 했기에 최악의 관리자와 다른 결과를 낳았는지 알아낼 방법을 찾아야 했다. 최고의 관리자가 갖춘 관리 스타일 분석이 이뤄져야 구글 관리자의 자질을 지속적으로 개선할 수 있기 때문이다.

우리는 모든 설문조사에 비상한 두뇌를 가진 연구자들로 구성된 팀이 필요한 것은 아니라고 믿었고, 이런 믿음에 따라 최악의 관리자와 최선의 관리자가 다르게 수행하는 것이 무엇인지 알아내는 데 매우 단순한 방법을 사용했다. 그것은 바로 당사자들에게 직접 물어보는 것이었다. 전문 설문조사 팀이 아닌 구글 직원들이 설문자로 나서서 관리자들을 만났다. 설문자는 설문 지침서를 제공받긴 했지만 누가 최악의 관리자인지 최고의 관리자인지 혹은 평균적인 관리자인지 알지 못한 채 자기에게 할당된 관리자를 만났다. 이것은 설문자가 피설문자에게 편향을 갖는 것을 방지하며 또한 피설문자에게 자기가 어떤 범주에 속하는지 모르게 하는 이른바 '이중맹검_{dou-ble-blind}' 방식이다. 요컨대 설문자나 피설문자 모두 실험 환경을 전혀 알지 못한 상태로 실험을 진행했다.

미셸과 닐은 이 과정을 거쳐 발견한 사실들을 구글 직원들이 서면으로 추천한 내용을 기준으로 구글 최고의 관리자 스무 명을 선정해 시상하는 '위대한 관리자 상'이 있는데, 이는 직원들이 자기 상사인 관리자에 대해 구글가이스트에서 말한 내용 그리고 관리자 동료들이 작성한 동료 평가 내용 등과 비교하는 과정을 거쳐, 그 사실들의 타당성을 검증한 결과라 했다. 두 사람은 또 관리자들이 자기가 했다고 밝히는 행동들이 실제로 그들이 거둔 성공 혹은 실패의 이유였는지 그리고 그 행동들이 직원들에게 실제로 영향을 주었는지 확인하는 과정도 거쳤다.

이 설문조사 결과는 최고의 관리자에게는 공통적으로 나타나지만 최악의 관리자에게는 나타나지 않는 여덟 가지 특성을 밝혀냈다. 그 특성들은 다음과 같다.

산소 프로젝트 여덟 가지 관리자 특성

1. 좋은 코치가 된다.
2. 직원에게 권한을 넘기고 지나칠 정도로 시시콜콜 간섭하지 않는다.
3. 직원의 성공과 개인 복지에 관심을 가진다.
4. 매우 생산적이며 결과 지향적이다.
5. 소통을 잘한다. 즉 정보를 청취하고 공유한다.
6. 직원이 경력 개발을 할 수 있도록 돕는다.
7. 팀이 나아갈 방향에 대해 명확한 전망과 전략을 가진다.
8. 팀과 직원에게 도움이 될 조언을 할 수 있는 직무상의 기술 능력을 가진다.

© Google, Inc.

이렇게 해서 우리는 훌륭한 관리자를 양성할 지침을 확보했다. 하지만 이것은 아직 그 누구도 반박할 수 없는 너무 빤한 내용이었다. 이 지침을 의미 있게 그리고 회사의 성과를 개선해줄 어떤 것으로 만들려면 좀 더 구체적인 것이 필요했다. 예를 들어 최고의 관리자는 좋은 코치다. 맞는 말이다. 그러나 관리자는 대개 부하직원과 일대일 면담을 해도 그저 "이번 주는 어때? 잘 되어가고 있나?"라고 묻는 게 고작이다. 상사와 부하직원이 여러 문제를 함께 진단하고 직원에게 힘이 되어줄 새로운 발상들을 찾아낼 기회로 삼는 일대일 면담도 정기적으로 하지 않는다. 대부분의 경우가 그렇다. 직원을 칭찬할 때도 대개 그 사람이 노력한 부분을 언급하지 않는다.

관리자에게 내려줄 구체적인 처방은, 직원이 갖고 있는 개인적인 역량과 그 사람이 처해 있는 독특한 상황에 대해 숙고한 뒤 면담을 준비하라는 것 그리고 면담을 이용해 자기가 일방적으로 정답을 강요하기보다는 이런저런 질문을 해서 정답을 이끌어내도록 하라는 것이다. 우리는 전혀 예상치 못하게 해당 팀의 업무와 관련된 기술적 전문성이 실제로는 좋은 관리자의 여덟 가지 속성 가운데 가장 덜 중요하다는 사실을 확인했다. 실수하지 말 것, 이것은 필수 요건이다. 코드를 만들 줄 모르는 기술 분야 관리자는 구글에서 팀을 이끌어나갈 수 없다. 그러나 최고의 관리자들이 갖는 차별적인 특성 가운데 기술적 전문성이라는 변수는 팀원들의 변화에 가장 미미한 영향을 주었을 뿐이다.

구체적이어야 할 뿐 아니라 효과적인 관리가 저절로 이루어지도록 만들어야 했다. 외과의사인 아툴 가완디Atul Gawande는 저서 《체크! 체크리스트The Checklist Manifesto》와 〈뉴요커〉를 통해 점검표의 힘을 역설했다. 나는 2009년에 처음 그의 글 "점검표"[137]를 읽었다. 이 글에서 그는 보잉이 1935년에 개발한 차세대 장거리 폭격기인 모델 299의 시험 비행을 설명했다. 이 비행기는 "미 육군이 요구한 것보다 다섯 배나 많은 폭탄을 탑재할 수 있었고……기존 폭격기보다 더 빠른 속도로 날 수 있었으며 비행거리도 거의 두 배나 됐다." 이 모델의 유일한 문제는 시험 비행에서 추락하고 말았다는 점이다.

이 비행기는 경쟁 기종들과 비교할 때 복잡한 장치가 너무 많았다. 처녀비행에 나섰을 때 노련한 조종사였지만 승강타와 방향타 잠금장치 하나를 실수로 조작하지 않았고, 그 결과 승무원 다섯 명 중 두 명이 사망하는 사고가 발생했다. 이때 미 육군이 마련한 개선책은 훈련을 강화하는 게 아니었다. 미 육군이 제시한 정답은 점검표 작성이었다. 이 이야기를 소개하면서 가완디는 다음과 같이 결론을 내렸다. "점검표 덕분에 조종사들은 모델 299를 총 180만 마일이나 운항하면서도 단 한 건의 사고도 내지 않았다.……이 비행기에는 B-17이라는 이름이 붙여졌고, 제2차 세계대전 때는 제공권을 장악하고 나치 독일 전역에 무시무시한 폭격 작전을 수행했다."

가완디는 의학 분야도 동일한 국면으로 접어든다고 주장했는데, 복잡성의 정도가 인간의 능력을 압도하는 수준까지 나갔으므로 이제는 점검표를 활용하는 것만이 인명을 구할 수 있다고 했다.

이 글을 읽으면서 나는 관리 혹은 경영도 마찬가지로 매우 복잡하다는 사실을 새삼스럽게 떠올렸다. 어떤 지위에 있는 관리자에게든 부하직원에게 감동과 영감을 주는 관리자가 되어야 할 뿐 아니라, 어떤 제품이 전망이 밝을지 예측하라거나 재무 분야의 미래를 훤히 꿰뚫어보라거나 마케팅의 귀재가 되라고 요구할 수 없는 일이다. 그러나 만일 좋은 관리 방식을 점검표로 요약할 수 있다면 굳이 훈련 과정에 수백만 달러를 들이거나 혹은 이런 방식이 저런 방식보다 낫다고 관리자를 설득할 필요도 없겠다는 생각에 이르렀다. 다시 말해 사람 자체를 바꾸라고 요구하지 않아도 된다는 의미였다. 사람이 행동하는 방식을 바꾸기만 하면 됐다.

미셸과 닐 그리고 피플오퍼레이션 부서 직원들은 구글에서 진행되는 관리의 품질을 개선하기 위한 여러 신호들을 강화하는 체계를

만들었다. 이 중 가장 두드러지게 돋보이는 '상향식 평가 설문조사'
는 직원들에게 자기 상사인 관리자에 대해 익명의 평가를 해달라고
요청했다. 이 설문조사의 샘플 질문은 다음과 같다.

상향식 평가 설문조사(UFS)의 샘플 질문

1. 나의 상사는 내가 성과를 개선하는 데 도움이 되는 실행 가능한 피드백을 제공
   한다.
2. 나의 상사는 개입하지 않아도 되는 문제까지 시시콜콜 지나치게 간섭하지 않
   는다.
3. 나의 상사는 나를 하나의 인격체로 대하며 배려한다.
4. 나의 상사는 팀원들이 팀에 우선적으로 중요한 일에 집중하도록 한다.
5. 나의 상사는 자신의 상사 및 고위 경영진에게서 얻은 정보를 적절하게 나와 공
   유한다.
6. 나의 상사는 지난 6개월간 경력 개발과 관련해 나와 의미 있는 대화를 나눈 적
   이 있다.
7. 나의 상사는 팀원들과 소통하면서 팀의 목표를 명확하게 제시한다.
8. 나의 상사는 나를 효과적으로 관리하는 데 필요한 직무 전문성을 갖고 있다.
9. 나는 나의 상사를 다른 직원들에게 추천할 것이다.

이 설문지는 그 자체로 점검표가 된다. 여기에 적시된 행동을 모
두 잘하고 있다면 당신은 훌륭한 관리자임에 틀림없다. 이 설문조사
의 결과는 옆 페이지에 소개한 것과 같은 방식으로 해당 관리자에
게 전달된다.

이 설문조사 결과는 관리자의 역량 및 자질 개발을 목적으로 제
공된다는 점을 분명히 밝혀둔다. 다시 말해 이것은 해당 관리자의
성과 등급 판정이나 보상에 직접적인 영향을 주지 않는다.

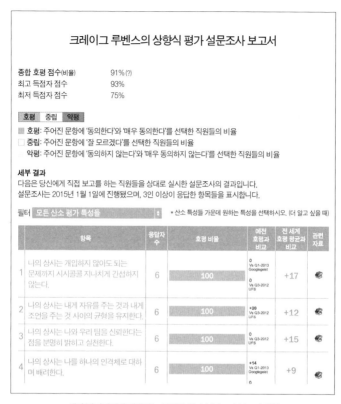

해당 관리자에게 전달되는 상향식 평가 설문조사 보고서 샘플 © Google, Inc.

　　실제로 나는 이 문제를 두고 내가 이끄는 팀 직원들과 논쟁을 벌였는데 결과는 내가 졌다. 처음 '상향식 평가 설문조사'를 도입할 때 나는 이 도구가 직원들에게 고통을 주고 구글 전체의 발목을 잡는 최악의 관리자를 회사에서 쫓아내는 데 유용한 좋은 도구라고 생각했다. 그러나 스테이시 설리번이 반박하고 나섰다. 그럴 경우 직원들이 이 설문조사를 악용할 것이라는 이유였다. 자기 팀이 실제보다 높은 점수를 받도록 하거나 혹은 장차 낮은 점수의 빌미가 될 사람을 예방 차원에서 미리 해고되도록 조작할 수 있다는 것이다. 스테이시를 포함한 직원들은 구글 직원들이 지위 고하를 막론하고 마음을 활짝 열고 태도를 바꾸겠다고 나서길 바란다면 이 설문조사를 보상이나 처벌보다는 역량 개발에 초점을 맞춘 온정적인 도구로 만들어야 한다고 주장했다.

결과적으로 스테이시가 옳았다. 성과 평가와 역량 개발을 분리하는 건 필수다. 우리는 나중에 스테이시의 본능적 판단이 과연 옳았는지 점검했고, 그 결과 직원들이 이 '상향식 평가 설문조사'를 우리 의도대로 활용한다는 사실을 알고는 안도했다. 심지어 상사가 부하직원들에게 낮은 평가 등급을 매겼음에도 불구하고 그 부하직원들이 상사에 대한 설문조사에 의도적으로 악평을 남겨 보복하는 일은 일어나지 않았던 것이다.

만일 관리자가 특정한 특성 항목에서 개선을 바라며 도움을 필요로 하는데 그 점검표만으로는 충분하지 못할 때, 산소 프로젝트 특성들 각각의 경우에 맞춰 우리가 장시간에 걸쳐 개발한 강좌 프로그램에 자발적으로 등록할 수 있도록 했다. 예를 들어 '코치로서의 관리자' 강좌를 듣고 난 관리자의 해당 항목 점수는 평균 13퍼센트 개선됐다. '직원 경력 관련 대화' 강좌는 다른 유형의 관련 대화 기법을 가르쳤고, 이 강좌를 들은 관리자의 해당 항목 점수는 평균 10퍼센트 개선됐다. 이것은 직원이 어떤 것을 요구하고 관리자가 그것을 제공하겠다고 약속하는 차원의 과정이 아니었다. 요컨대 업무 차원의 교환transactional exchange이 아니라 문제 해결 연습 과정이며, 마지막에는 공동으로 의무감을 느끼도록 하는 과정이다. 관리자와 부하직원이 함께해야 하는 일은 언제든 있게 마련이다.

현재 구글의 관리자 대부분은 자기가 받은 결과를 부하직원들과 공유한다. 우리는 이를 요구하지 않으며 대신 관리자가 그렇게 하는지 묻는 문항을 정기적으로 설문조사에 포함시킨다. 공식적인 규범과 은근한 옆구리 찌르기를 대다수 관리자가 받아들인다. 이들은 자기에게 전달되는 설문조사 보고서를 팀에 공개하고 어떻게 하면 그 점수를 올릴 수 있을지를 놓고 직원들과 토론을 벌이고 조언을 구한다. 전형적인 상사-부하 관계의 아름다운 역전이라고 할 수 있다. 개선의 가장 좋은 방법은 당신을 이러저러하게 평가한 사람들과 대화를 나누고 그들이 당신에게 개선하기를 바라는 게 정확하게 무엇인지 직접 물어보는 것이다.

나도 나에 관한 설문조사 보고서를 부하직원들에게 공개했다. 이 보고서를 처음 공개할 때 내 점수는 우리 팀의 평균에도 미치지 못했는데, 그 느낌은 정말이지 끔찍했다. 회사를 대표해 피플오퍼레이션 부서를 책임지고 있는 내가 마땅히 전문성을 갖춰야 하는데도 불구하고, 내가 받은 점수가 사람들이 기대하고 내가 기대했던 수준에 미치지 못했던 것이다.

그해 우리가 선정한 열다섯 개 질문에서 우리 팀이 내게 준 호평 점수는 77퍼센트였는데, 이것만 보면 무난한 합격점일 것 같지만 사실은 그렇지 않았다. 상위 25퍼센트를 가르는 점수가 92퍼센트였고, 하위 25퍼센트를 가르는 점수는 72점이었던 것이다. 내가 특히 낮은 점수를 받은 질문 항목은 "나의 상사는 내가 받은 성과 등급이 왜 그렇게 나올 수밖에 없었는지 내가 이해하도록 도움을 준다"였는데 이 항목의 호평 점수는 50퍼센트였다. 그리고 나를 다른 직원에게 추천하겠다는 항목에서도 80퍼센트밖에 나오지 않았다.

그 뒤 나는 직원들에게 명확한 평가를 제시하고, 멀리 떨어져 있는 직원들을 만나기 위해 일부러 시간을 냈으며, 전반적으로 보다 나은 관리자가 되기 위해 노력하며 팀에 헌신했다. 그 결과 마침내 직원들은 나의 이런 노력을 높이 평가했고, 몇몇은 일부러 손을 내밀어 격려하기까지 했다. "다른 사람들에 대한 기대치를 올바르게 설정하고 이런 사실을 공개한 점에 감사드립니다. 사실 저는 댓글을 잘 달지 않는 편인데……다음 번 일대일 면담 일정을 얘기한 건 정말 좋았습니다."

시간이 흐르고 우리 팀의 분위기는 점점 더 좋아졌고 일도 더 잘 했으며, 그에 따라 내 점수도 좋아졌다. 나는 지금도 여전히 종합 호평 점수 90퍼센트가 기준인 완벽한 수준에는 한참 부족하지만 진정성이 있는 평가를 제시하는 항목에서는 100퍼센트라는 점수를 받았고 또 나를 다른 직원에게 추천할 것이냐는 항목에서도 100퍼센트라는 점수를 받았다.

이런 노력을 기울인 결과 구글의 관리자 자질은 꾸준히 개선됐다. 2010년부터 2012년까지 구글 관리자들이 받은 평균 호평 점수는 83퍼센트에서 88퍼센트로 높아졌다. 심지어 최악의 성과를 거둔 관리자 집단에서조차도 이 점수는 70퍼센트에서 77퍼센트로 높아졌다. 바꿔 말하면 구글의 하위 사분위 관리자들의 점수가 두 해 전 전체 직원의 평균 점수 수준까지 높아졌다. 사실상 최악의 관리자가 되는 게 오히려 더 힘들게 됐다. 관리자의 자질은 높은 성과와 행복도 그리고 낮은 이직률로 이어지므로, 구글은 시간이 흐를수록 더 좋은 성과를 거둘 수 있을 거라는 뜻도 된다.

어쩌면 이 대목을 읽고는 몸을 의자 등받이에 기대며 이렇게 말하는 사람이 있을지도 모른다. "이 친구들이 스스로를 기만하고 있군! 사람들은 자기 상사를 정직하게 평가하지 않는단 말이야. 아무리 익명이라 해도 말이지. 또 아무리 승진이나 연봉과 무관하다고 해도 그래. 인간 사회는 그렇게 선하게 돌아가지 않아. 누군가는 분명히 어디에선가 이 제도를 악용하려 든다고. 예를 들어 어떤 관리자가 부하직원의 성과 등급을 한 단계 낮춰 매겼다고 쳐. 등급 평가가 공정하지 못하다고 생각하는 직원은 분명 상사에게 복수하려고 할 것이고, 상향식 평가 설문조사를 할 때 그 상사에게 반드시 점수를 짜게 줄 거라고."

그렇다. 이 말에 어느 정도 일리가 있다는 점은 나도 인정한다. 사람과혁신연구소 직원이며 사람들이 실패의 위험을 높이는 선택을 하는 이유를 박사 논문으로 썼던 메리 스팀러Mary Stimmler는 수치를 추정한 끝에 복수심에서 비롯되는 어떤 영향이 실제로 존재한다는 사실을 발견했다. 구글의 예전 마흔한 개 등급 평가 제도 아래 플러스마이너스 0.1 등급의 판정 변화를 받은 사람들이 상향식 평가 설문조사에서 자신의 관리자에게 점수를 줄 때 0.03퍼센트의 차이를 발생시켰다. 즉 어떤 영향이 있긴 했지만 그 정도가 매우 미미해 무시할 수 있었다. 실제로 사람들은 대부분 올바른 행동을 한다.

» 두 개의 꼬리 관리하기

나는 산소 프로젝트와 하위 5퍼센트를 깊게 파고들었다. 여기에는 그 세 가지 이유가 있다.

첫째, 양극단의 두 꼬리에 초점을 맞출 때 무엇을 학습할 수 있고 무엇을 성취할 수 있을지 명확하게 알 수 있다. 평균적인 관리자는 아무리 살펴봐야 벤치마킹할 것도 없고 아무런 도움이 되지 않는다. 양극단에 포진한 상위와 하위 두 꼬리를 비교할 때 우리는 행동과 결과 측면에서 의미 있는 차이를 발견할 수 있다. 이런 노력은 사람들이 구글 제품을 사용하면서 느끼는 경험을 쉬지 않고 개선하는 활동의 토대가 된다.

둘째, 이런 노력은 동정적인 실용주의라는 발상을 예증한다. 하위 꼬리에 놓여 있는 사람들에게 이런 사실을 알게 만듦으로써 그들이 가급적 긍정적인 방향으로 개선되도록 하며 그들에게 동기부여를 준다. 상향식 평가 설문조사는 모호한 직감(내가 생각하기에 나는 훌륭한 관리자야)을 실질적인 자료(우리 팀원들은 내가 더 나은 관리자가 될 수 있다고 말해준다)로 대체한다. 결과가 전달되는 방식 때문에 그리고 인적자원 사업 파트너들(이들은 수백 명의 구글 직원들을 대상으로 인적자원 관련 지원 활동을 할 뿐 아니라 각 개인에게 코치 역할과 지지자 역할을 함께한다)은 낮은 점수를 받은 관리자들이 자기 결과를 볼 때 곁에 조용히 앉아 있기만 하기 때문에, 대부분의 관리자들이 보이는 반응은 자기가 어떻게 하면 나아질 수 있는지 질문하는 것이었다.

마지막으로 어떤 조직, 어떤 팀이라도 이것을 복제할 수 있다. 나는 교육·훈련과 같은 보다 전통적인 인적자원 사업 분야를 포기하면서 귀중한 자원들을 사람과혁신연구소를 개설하는 데 투자하기로 했다. 바로 거기에 지름길이 있었다.

1. 당신의 조직을 업그레이드하는 일에 신경 써라. 모든 사람이 그렇게 한다고 말한다. 그러나 실제 행동으로 실천하는 사람은 거의 없다. 당신이 조직의 관리자나 임원 혹은 경영진이라면 자신이 받아든 결과를 놓고 우선 먼저 행동으로 나설 의지를 가져야 하고, 필요하다면 행동을 바꿔야 하며, 장기간에 걸쳐 이 문제에 지속적으로 초점을 맞춰야 한다.

2. 자료를 모아라. 성과와 직원 설문조사 결과를 갖고 관리자들을 각각의 집단으로 분류한 뒤 각 집단 사이에 어떤 차이가 있는지 살펴라. 그런 다음 이들 관리자 및 팀을 면담해 그 이유를 찾아라. 만일 당신이 소규모 팀이나 조직의 책임자라면 훌륭한 관리자가 어떤 자질과 자질을 갖춰야 한다고 생각하는지 물어라. 이 모든 것이 제대로 작동하지 않는다면 구글의 산소 점검표를 가지고 시작하라.

3. 1년에 2회 회사 전체 팀들을 대상으로 설문조사를 하고 관리자들이 어떻게 하고 있는지 살펴라. 많은 회사들이 온갖 양식으로 설문조사를 한다. 우리는 물론 우리 제품들, 특히 구글 시트를 도구로 이용하는데, 이것은 '구글 폼forms'이라는 다양한 설문조사 도구를 제공하며 손쉽게 사용하고 손쉽게 보낼 수 있으며 비용이 적게 든다는 강점이 있다.

4. 각각의 산소 특성에서 최고의 점수를 받는 사람들이 다른 사람을 훈

련하게 만들어라. 우리는 '위대한 관리자 상' 수상자들에게 수상 조건으로 다른 사람들을 훈련할 의무를 부과한다.

두 개의 꼬리에 초점을 맞추는 것은 여러 가지 제약이 따를 때 구사할 수 있는 탁월한 방법이다. 만일 어떤 조직이 직원 채용에 매우 많은 자원을 투자하고 있다면, 직원 교육·훈련 프로그램 및 그 밖의 전통적인 방식의 인적자원 지원 제도에 투여할 자원은 그만큼 적을 수밖에 없다. 그러나 이 두 개의 꼬리에 집중하면 최고의 성과 개선 효과를 볼 수 있다. 40퍼센트 호평 점수를 받는 관리자가 50퍼센트 점수를 받는다고 해서 더 좋아질 것은 별로 없지만, 4퍼센트 점수를 받는 관리자가 50퍼센트 점수를 받을 때는 얘기가 달라진다.

가장 왕성하게 높은 성과를 기록하는 사람들을 면밀하게 연구한 다음 이들이 갖고 있는 최고의 특성들을 측정하고 강화해 기업 전체에 적용하는 프로그램을 마련하는 것이야말로 회사의 성격을 획기적으로 바꿔놓는 지름길이다. 저조한 성과에 허덕이는 사람들을 상당한 수준으로 개선할 수 있는 틀을 마련했다면, 당신은 이미 지속적인 개선의 선순환 고리를 만들어낸 셈이다.

오라클에 있다가 유럽 판매 담당 상무로 구글에 합류한 세바스티안 마롯Sebastien Marotte은 그 뒤에 한때 매우 어려운 상황을 맞이한 적이 있는데, 그가 털어놓은 얘기는 이렇다.

내가 처음 받은 '상향식 평가 설문조사' 점수는 그야말로 참혹한 재앙이었습니다. 내가 이 회사에 온 게 과연 잘한 일일까? 다시 오라클로 돌아가야 하는 게 아닐까? 좌절감 그 자체였습니다. 내 상사는 첫 번째 성과 평가에서 나를 상당히 좋게 평가했음에도 불구하고 내가 받은 상향식 평가 설문조사 점수는 끔찍했으니까요. 오라클에서는 수치로 표현되는 성과 그 자체가 가장 중요했거든요. 그 끔찍한 점수를 받아들였을 때 내가 보인 첫 번째 반응은 '아, 내가 팀을 잘못 만났구나!' 하는 것이었죠. 나는 우리 팀원들이 우리가 승리하는 데 진짜로 필요한 것이 무엇인지 제대로 알지 못한다고 생각했습니다. 그러다 한걸음 뒤로 물러나 인적 자원 담당 파트너를 만났습니다. 우리는 함께 나에 대한 모든 진술과 평가를 죽 훑어보았고, 마침내 개선안을 마련했습니다. 나는 휘하의 직원들과 소통하는 방식을 고쳤고 또 장기 전략을 보다 선명하게 가다듬었습니다. 그러면서 두 차례의 설문조사를 더 거치고 나니 내 점수는 46퍼센트에서 86퍼센트로 껑충 뛰어오르더군요. 힘든 과정이었지만 충분히 그럴 가치가 있었습니다. 구글에 합류할 때는 고참 세일즈맨이었지만, 이제서야 상무가 된 것이 느껴집니다. [138]

세바스티안은 지금 구글 최고의 간부이자 최상의 롤모델이다.

업무 규칙 **두 개의 꼬리를 관리하려면**

- 도움이 필요한 사람을 도와라.
- 최고의 성과를 올리는 직원을 철저히 관찰하라.
- 설문조사나 점검표를 활용해 숨겨진 진실을 발견하고 사람들이 개선의 길로 나아가도록 유도하라.
- 자기가 받은 평가를 사람들에게 공개하고 거기에 입각해 행동함으로써 개인적인 차원의 모범 사례를 설정하라.

9장

교육·훈련
프로그램 만들기

직원들 중에 최고의 강사가 있다.
이들에게 날개를 달아줘라.

2011년에 미국 기업이 학습 프로그램에 지출한 돈은 무려 1,562억 달러나 된다.[139] 이는 전 세계 135개국의 국내총생산GDP을 합한 것보다 더 많은 액수다.

이 돈의 절반가량은 회사가 자체적으로 마련한 프로그램에 들어갔고, 나머지 절반은 외부 업체에게 지급됐다. 미국 기업의 일반 직원은 한 해에 31시간 교육·훈련을 받는데, 주간 단위로 나누면 한 주에 30분 조금 넘는다. 안타깝게도 이 많은 돈과 시간 대부분은 낭비되고 만다.

교육·훈련 프로그램이 나빠서가 아니라 실제로 무엇이 학습되고, 그 프로그램의 결과가 어떤 행동 변화가 나타나는지 측정할 수 없기 때문이다. 이렇게 생각해보자. 당신이 한 주에 30분씩 태권도를 연마한다고 해도 1년 뒤에 유단자가 되기 어렵겠지만, 적어도 유단자가 되는 길에 어떤 어려움이 있는지는 파악할 수 있을 것이다. 또 한 주에 30분씩 팬케이크 요리법을 연구한다면 1년 뒤에는 비록 르 꼬르동 블루(파리에 있는 세계 최고 수준의 요리·제빵제과·와인 전문학교―옮긴이) 출신의 요리사와 어깨를 나란히 할 수는 없겠지만, 적어도 먹음직한 팬케이크를 만들 수 있을 것이고, 주말 아침에 친구나 가족에게 영웅이 될 수는 있을 것이다.

미국에서 일하는 직장인이라면 한 주에 평균 30분 이상을 회사로부터 이러저러한 일을 하는 방법을 배우는 데 소비할 것이다. 하지만 내가 지금까지 크고 작은 여러 회사에서 다양한 일을 하며 지나온 세월을 돌아보면, 이렇게 받은 교육의 결과로 내가 예전에 비해 더 나아졌다고 자신 있게 말할 수 있는 부분은 없다. 유일한 예외가 있는데, 그것은 맥킨지에서 받은 교육이다. 이 교육은 이 장에서 설명하는 교육 원리를 따른 것이었다.

바꿔 말하면 이렇다. 미국이 유치원에서 중학교 과정까지의 공교육에 지출한 돈이 2009년에서 2010년 한 학년도에만 무려 6,380억 달러나 된다.[140] 이 금액은 미국 기업이 직원 교육에 지출한 돈의 약 네 배다. 하지만 공립학교는 이보다 열 배 이상 많은 시간을 매년 학습자에게 제공한다. 게다가 스포츠 동아리나 연구 동아리와 같은 보조적인 여러 발달 프로그램도 제공한다. 이 책을 읽는 사람이면 누구나 동의하리라고 감히 장담하는데, 어떤 사람이 취직해서 회사가 제공하는 교육·훈련 프로그램에서 10년간 배우는 것보다 더 많은 것을 10년간 학교에서 배운다.

그런데 기업에서는 왜 그렇게 많은 돈을 직원 교육에 투자함에도 불구하고 돌아오는 반대급부는 그토록 적을까? 이유는 이렇다. 기업에서 진행하는 교육·훈련은 목표 설정이 제대로 되어 있지 않으며 부적격자가 이 과정을 맡아서 진행하고 여러 가지 측정과 평가가 정확하게 이뤄지지 않기 때문이다.

》 최소한을 배울 때 최고를 배운다

데이먼 던Damon Dunn은 1990년대에 스탠퍼드대학에 다녔으며 이후 프로 미식축구 선수가 됐고, 그다음에는 부동산 개발회사를 세웠다. 그는 한 강연에서 대학 시절에 참석했던 어떤 동아리 모임 파티를 회상했다.[141] 밤 11시, 깜깜했고 교정에는 비바람이 휘몰아쳤다. 그때 데이먼은 골프 연습장에서 혼자 공을 치는 어떤 학생을 보았다. 그 학생은 기계적인 동작으로 쉬지 않고 공을 쳤다. 딱! 딱! 딱!

데이먼은 그러려니 하고 실컷 놀았다. 그리고 네 시간이 지난 새벽 3시. 기숙사로 돌아가려고 파티장을 나섰는데⋯⋯ 딱! 딱! 그 학생은 아직도 그 자리에서 계속 연습을 하고 있었다. 데이먼은 그 학생에게 다가갔다.

"야, 타이거, 너 비 오는데 새벽 3시까지 계속 이러고 공을 치고 있는 거야?"

"북부 캘리포니아에는 비가 자주 오지 않잖아. 우중 경기도 연습해야 하는데, 이때 아니면 언제 하겠어?"라고 대답한 타이거 우즈라는 학생은 나중에 골프 역사상 가장 위대한 선수가 됐다.

어쩌면 당신은 이런 유형의 부지런함은 자기 종목에서 최고가 된 선수에게서 늘 볼 수 있는 미덕이라고, 즉 성공한 운동선수는 모두 그처럼 열심히 연습한다고 생각할지도 모른다. 그런데 정말 매혹적인 사실은 우즈가 그때 했던 연습 내용의 범위가 매우 좁았다는 점이다. 데이먼이 만났던 우즈는 퍼팅 연습을 한 것도 아니었고 모래 벙커 탈출 연습을 한 것도 아니었다. 4시간 동안 비를 맞으면서 같은 자리에서 같은 동작으로 계속 공을 멀리 날리는 연습만 했던 것이다. 특수한 어떤 기술을 완벽한 수준으로 다듬겠다는 목표를 가지고 같은 동작을 수없이 반복한 것이다.

아닌 게 아니라 이것이 바로 최고의 학습법임이 밝혀진다. 플로리다주립대학의 스웨덴 출신 심리학 교수인 안데르스 에릭손K. Anders Ericsson은 수십 년간 전문가 수준의 특수한 기술 습득을 대상으로 연구 활동을 해왔다. 어느 분야에서든 전문가가 되는 데는 1만 시간이 걸린다는 게 일반적인 상식이다. 그런데 전문가가 되는 데는 얼마나 많은 시간을 학습에 투여하는가가 아니라 그 시간을 어떻게 보내는가에 달려 있다는 사실을 에릭손은 발견했다. 그는 바이올린 연주자든 외과의사든 운동선수든 누구든 한 분야에 통달한 사람은 거의 예외 없이 평범한 사람들과는 전혀 다른 방법으로 학습에 임한다는 사실을 입증하는 증거를 찾아냈다.[142] 심지어 철자법 맞추기 대회 우승자도 그랬다.[143] 이들은 자기가 하는 동작 혹은 활동을 작은 단위로 쪼개고 그 하나하나에 집중해 반복을 거듭했다. 비를 맞으며 몇 시간씩 동일한 스윙을 연습한 우즈처럼 말이다. 그리고 한 번씩 반복되는 연습을 할 때마다 어떤 일이 일어나는지 관찰하면서 거의 알아차릴 수 없을 정도로 미세한 조정을 해서 조금씩 개선했다. 에릭손은 이것을, 비슷하게 작은 과업들을 의도적으로 수없이 반복하면서 매번 즉각적으로 평가해 교정하고 실험하는 훈련이라는 뜻을 담아 '의도적 연습deliberate practice'이라 했다.

평가 및 교정과 실험이 없는 단순한 연습만으로는 충분하지 않다. 나는 고등학교 시절에 수영 선수로 활동했는데, 개인 혼영 200야드(182.9미터) 경기가 내 주 종목이었다. 접영, 배영, 평영, 자유형을 50야드씩 해서 총 200야드를 수영하는 경기였다. 내가 수영반에 들어간 것은 친구들에 비해 수영 솜씨가 남달랐고, 삼촌이 수구 선수로 루마니아 국가대표 팀에서 활동했으므로 수영이라면 나도 분명 소질이 있을 거라고 생각했기 때문이다. 그러나 진짜 수영 선수들, 즉 여섯 살 때부터 수영을 시작해 일 년 내내 수영 연습을 하면서 살아온 아이들과는 경쟁 자체가 불가능했다. 1학년 때부터 몇 년간 연습한 끝에 내가 세운 최고 기록은 처음에 비해 30퍼센트 가까이 개선됐지만, 선수 여섯 명이 겨루는 일반 경기에서 나는 죽을힘을 다해도 꼴찌를 면하기 어려웠다.

만일 그때 에릭손이 내 옆에 있었다면 내게 무슨 문제가 있는지 정확하게 지적해줬을 것이다. 나는 하루에 두 차례씩 연습했으며, 코치가 하라는 것은 무엇이든 다 했다. 그러나 나는 혼자 독학할 수준이 아니었고, 내 실력은 코치가 한정된 자기 시간을 쪼개 기량이 향상되도록 도와줄 마음이 생기게 할 정도로 좋지도 않았다. 결국 나는 단 한 번도 에릭손이 말한 '의도적 연습'을 경험하지 못했다. 그 결과 비록 조금은 나아지긴 했어도 높은 수준의 경기력을 보인적은 한 번도 없었다.

이에 비해 맥킨지는 모든 2년차 컨설턴트들을 회사에서 마련한 '참여 리더십 워크숍'을 통해 훈련시켰다. 한 주짜리 과정으로 한 번에 약 50명이 참가하며 스위스, 싱가포르, 미국 등 여기저기 장소를 옮겨가며 일 년 내내 반복해서 실행되는 프로그램이었다. 물론 나는 미국 뉴저지에서 열린 워크숍에 참가했었다. 그때 우리가 배운 기술들 중 하나는 성난 고객을 응대하는 방법이었다. 강사들은 먼저 우리에게 당황하지 마라, 고객에게 감정을 분출할 충분한 시간을 주어라 등과 같은 몇 가지 원칙을 제공했고, 우리는 그 상황을 역할극으로 재연한 다음 열띤 토론을 했다. 그런 다음에 강사는 우리가 했던 역할극을 촬영한 동영상을 보여줬다. 우리가 실제로 했던 행동을 정확하게 되돌아보도록 하기 위한 과정이었다. 이후 우리는 '역할극―토론―동영상 확인'이라는 동일한 과정을 계속해서 반복했다. 교육자나 피교육자에게 모두 매우 노동집약적인 훈련 방식이었으나, 효과가 있었다.

자, 여기서 당신이 가장 최근에 참가했던 교육·훈련 프로그램을 떠올려보기 바란다. 아마 그 프로그램의 맨 마지막에 시험을 치렀을 것이다. 아니면 문제를 해결하기 위해서 팀의 일원으로 충실하게 일해야 한다는 얘기를 들었을 것이다. 만일 당신에게 구체적인 평가가 되돌아왔고 그렇게 지적받은 내용을 세 번 이상 반복해서 연습했다면, 그 프로그램이 제공한 내용을 얼마나 더 온전하게 습득했을 것 같은가? 교육 내용이 그야말로 체화되지 않았을까?

이처럼 특정 상황이나 조건에 초점을 맞춰 반복해서 연습하는 프로그램은 비용이 많이 들 것처럼 보인다. 하지만 실제로는 그렇지 않다. 뒤에서 설명하겠지만, 기업은 대부분 변화된 행동을 기준으로 하는 게 아니라 투여된 시간을 기준으로 교육·훈련의 성과를 측정한다. 금방 잊히고 마는 많은 내용을 여러 시간에 걸쳐 전달하는 것보다는 상대적으로 적은 내용을 전달하고 학습자가 그것을 마음 깊이 혹은 몸 깊이 간직하도록 하는 것이 투자 관점에서 봐도 더 나은 방식이다.

'의도적 연습'이라는 발상은 장기적인 학습에도 적용된다. 우리 동네에 있는 중학교 교사들은 2년간 재직하고 나면 종신재직권을 얻는다. 그 뒤부터 봉급은 순전히 호봉에 따라 인상된다. 의미 있는 성과 기준이라는 것도 따로 없다. 교사가 해고되는 일도 거의 없다. 강의 계획안을 해마다 수정하고 보완할 동기가 이 학교 교사에게는 전혀 없다. 그러니 수십 년째 똑같은 내용을 똑같은 방식으로 가르치는 교사가 수두룩하다. 25년간 미국 역사를 가르치는 교사가 있는데, 이 교사는 적어도 20년간 똑같은 내용을 똑같은 방식으로 학생들에게 가르쳐왔다. 그는 25년이라는 경험을 갖고 있긴 하지만 그중 20년은 1년이나 다름없다. 그 20년간 늘 똑같은 것이 반복됐기 때문이다. 평가와 교정이 없는 반복만 계속됐던 것이다. 게다가 이 교사에게는 동기부여의 원천도 없다. 그는 20년간 전혀 개선되지 않은 채로 일을 하고 있는 셈이다.

이것은 직무 내용이 빠르게 바뀌지 않을 때 우리 모두가 빠질 수 있는 보편적인 함정이다. 앞으로 걸어가야 할 길이 지금까지 걸어온 길과 정확하게 일치하는 것처럼 보일 경우 계속 학습하고 동기부여가 된 상태를 유지하기란 어려운 일이다. 그런데 관리자가 매우 단순하지만 실용적인 습관을 바탕으로 팀원들이 학습을 계속하도록 유도하는 방법이 있다. 나는 운 좋게도 1994년에 지금은 피플오퍼레이션 부서의 여러 간부들 가운데 핵심 인물로 일하고 있는 프랭크 와그너Frank Wagner와 함께 일했었다. 그때 우리는 둘 다 컨설턴트였다. 당시에 와그너는 내가 고객을 만나러 가려고 자리에서 일어나면 늘 이런 질문을 하곤 했다. "이번 만남의 목표는 뭐죠?", "각 고객이 어떤 반응을 보일 거라고 생각하나요?", "까다로운 화제를 어떤 식으로 이끌어갈 생각이죠?" 고객 미팅을 끝내고 사무실로 돌아오면 그는 또다시 질문을 했다. 그 모든 것이 학습 과정이었다. "당신이 시도한 접근법이 효과가 있었나요?", "이번 만남에서 당신은 무엇을 배웠죠?", "다음번에는 어떤 식으로 다르게 해보고 싶은가요?"

나 역시 프랭크에게 방 안에서 이뤄지는 사람과 사람 사이의 역학관계에 관해 물었고 또 왜 단 하나의 문제에만 줄기차게 집중하는지 물었다. 그는 나를 개선하는 것을 자기 의무로 여겼고, 그런 사실을 나는 잘 알고 있었다.

고객과의 만남이 끝나면 그때마다 즉각 평가가 이뤄졌고 다음번에는 무엇을 계속 밀고 나가고 무엇을 바꿀 것인가 하는 계획도 즉각 세워졌다. 지금 나는 컨설턴트가 아니지만, 우리 팀원들이 인적자원 관련 업무로 다른 부서의 직원들을 만날 때면 미팅 전후에 프랭크가 내게 했던 것과 똑같이 하곤 한다. 이 방식은 팀의 성과를 지속적으로 개선하는 데 마법과 같은 힘을 발휘한다. 게다가 시간이 많이 들지도 않고 별도의 준비도 필요하지 않다. 이 경우, 팀원들은 자기 자신을 실험 대상으로 삼아 온갖 질문을 하고 새로운 방법을 시도하며 그때마다 무슨 일이 일어나는지 관찰하고 새롭게 시도함으로써 지속적으로 학습한다.

» 각 분야 최고 직원을 강사로 모셔라

나는 당신에게 당신의 팀이나 조직에 무엇을 가르쳐야 할지 말할 수는 없다. 그것은 당신의 목표에 따라 달라지기 때문이다. 또한 최고의 교육 방식이 직접 얼굴을 맞대고 하는 것인지 원격으로 하는 것인지 혹은 자율 학습을 통하는 것인지 아니면 집단 학습인지도 말할 수 없다. 이것은 당신 팀원들이 어떻게 할 때 가장 효과적으로 배울지에 따라, 그들이 새로운 프로그래밍 언어와 같은 업무적 특수성이 있는 기술들을 배우려 하는지 아니면 팀 활동을 잘하는 방법과 같은 일반적인 기술들을 배우려 하는지에 따라 다르기 때문이다.

그러나 이런 가르침을 줄 최고의 강사들을 어디서 찾을 것인지는 정확하게 말할 수 있다. 그들은 바로 당신 회사의 당신 주변에 있는 사람들이다. 장담하건대 당신 회사에는 당신이 하는 일의 모든 측면에 전문성을 가진, 적어도 다른 사람을 가르칠 정도의 전문성을 가진 사람들이 있다. 우리는 모두 최대와 최소라는 개념을 잘 안다. 이상적으로 보면 당신은 최대의 전문성을 가진 최고의 인재가 교육·훈련을 맡아 진행하길 바란다.

그러나 수학에는 보다 더 세련된 개념이 있다. 바로 극댓값이다.

이것은 특정한 범위 안에서 가장 큰 값이다. 가장 큰 수는 무한하지만, 1 이상 10 이하의 수 중 가장 큰 수는 10이다. 세계 최고 첼리스트로 요요 마_{Yo-Yo Ma}가 꼽히는데, 한국에서는 양성원이 최고 첼리스트다. 이때 양성원은 극댓값이 된다.

당신 회사에는 분명히 총판매량 기준으로 최고의 영업직원이 있다. 외부에서 판매 전문가를 초빙하는 것보다 이 영업직원을 강사로 삼아 다른 직원들을 가르치게 할 수 있다. 이때 이 직원은 다른 직원들을 잘 가르칠 수 있을 뿐 아니라 당신 회사나 고객의 특수한 맥락을 잘 이해한다는 강점도 함께 갖고 있다. 비범한 성공을 거둔 사람이 다른 회사로 직장을 옮길 경우 예전처럼 놀라운 성공을 거두는 경우는 흔하지 않다는 하버드대학 비즈니스스쿨 교수인 보리스 그로이스버그의 통찰을 상기하기 바란다(8장을 참조하라). 당신 회사의 영업직원들을 다른 회사에서 놀라운 판매를 기록한 유명인사가 진행하는 세미나에 비싼 참가비를 내고 보낸다고 해서 영업직원들이 획기적인 판매 개선을 기록할 가망은 희박하다. 외부 전문가로서는 전혀 알 길이 없는 당신 회사만의 특수한 사정이 있기 때문이다.

어쩌면 당신은 회사의 최고 영업직원이 강사로 나서길 바라지 않을 수도 있다. 그 이유는 아마 이 영업직원을 오로지 영업 활동에만 전념하도록 하고 싶기 때문일 것이다. 이는 짧은 생각이다. 개인별 성과는 선형적으로, 즉 단순 비례 방식으로 개선되지만 최고의 직원이 다른 직원을 가르칠 때는 팀 혹은 회사의 성과는 기하급수적으로 개선되기 때문이다.

예를 들어 당신 회사의 최고 영업직원이 해마다 100만 달러의 매출을 올리고 열 명의 다른 영업직원들은 50만 달러의 매출을 올린다고 치자. 그런데 최고 영업직원의 근무시간 중 10퍼센트를 떼어내, 즉 1년 52주 가운데 5주를 빼서 동료 영업직원들을 가르치도록한다고 치자. 이렇게 해서 그 직원은 5주간 다른 직원들을 따라다니며 알짜배기 조언들을 해주고, 그의 가르침을 받은 직원들은 각자판매 개선의 길을 열어간다.

이런 교육·훈련 프로그램이 없을 때 당신 회사는 100만 달러＋10×50만 달러로 계산해 600만 달러의 매출을 올린다. 그런데 최고영업직원이 교육 활동에 나선 첫해에 이 사람은 자기 시간의 10퍼센트를 영업 활동에서 제외해야 하므로 90만 달러밖에 매출을 올리지 못한다. 그러나 이 직원이 동료들의 매출을 10퍼센트씩 개선시킨다면, 열 명의 다른 직원들이 올리는 총매출은 550만 달러가 될 것이고 이 경우 회사의 총매출은 640만 달러가 된다.

두 번째 해에는 최고 영업직원이 더는 교육 활동을 하지 않을 경우 그 사람의 매출 100만 달러에 다른 영업직원들이 모두 10퍼센트 개선됐으므로 이들 열 명이 거두는 매출 합계는 550만 달러이고 회사의 총매출은 650만 달러가 된다. 최고 영업직원이 순전히 영업 활동에만 매진했으므로 전년도보다 매출이 좀 더 높아진 것이다. 그리고 이 높아진 매출 수준은 이론적으로 영원히 지속된다. 그런데 두 번째 해에도 최고 영업직원이 전년도와 마찬가지로 10퍼센트의 근무시간을 따로 떼서 교육 활동을 한다고 치자. 그러면 열 명의 영업직원들은 다시 10퍼센트 개선된 매출, 즉 각자 60만 5,000달러를 기록하고 열 명이 기록한 매출 합계는 605만 달러가 된다. 회사의 총

매출이 2년 만에 16퍼센트 늘어나는 것이다. 부진하던 영업직원들의 매출만 놓고 보면 2년 만에 21퍼센트가 늘어난 셈이다. 이런 식으로 부진하던 영업직원들은 계속 매출을 늘려나가 8년째는 원래의 두 배에 근접한 매출을 기록할 것이다(예컨대 첫 해에 110퍼센트, 두 번째 해에 121퍼센트 그리고 계속해서 133퍼센트, 146퍼센트, 161퍼센트, 177퍼센트 그리고 8년째는 195퍼센트!). 기하급수적인 증가율이다.*

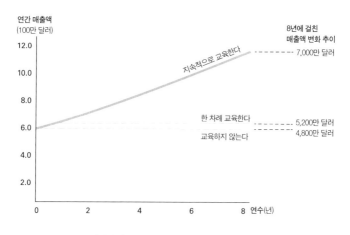

제각기 다른 교육 프로그램 시나리오로 비교한 회사의 총매출 @ Google

이런 대략적인 추정이 보여주듯이 성과가 낮은 직원들이 거둔 개선 효과는 최고의 직원이 감수해야 하는 매출 손실을 상쇄하고도

---

* 여기서 당신은 교육을 받은 직원의 연도별 매출 증가분 퍼센트포인트가 계속 커진다는 사실을 알 수 있을 것이다. 예를 들어 교육을 받은 첫해에는 전년도보다 100에서 110으로 10포인트 증가하지만, 8년째 되는 해에는 177에서 195로 18포인트 증가한다. 성장률은 10퍼센트에 계속 묶여 있지만 해마다 더 커진 매출의 10퍼센트이므로 증가분 규모는 그만큼 더 늘어난다. 이 연간 매출 증가율을 도표로 그리면 시간이 지남에 따라 더욱 가파르게 상승하는 곡선이 나타난다. 그래서 기하급수적으로 증가한다는 말이다.

남는다. 게다가 최고의 영업직원을 영업 현장에서 완전히 배제할 필요도 없다. 판매와 관련된 활동을 세분하면 텔레마케팅, 협상, 계약서 작성, 기존 고객 관리 등 제각기 다른 분야의 최고 직원이 있을 수 있다. 각 분야에서 최고인 직원이 그 분야와 관련된 내용을 가르치도록 해야 한다.

인텔의 전 CEO인 앤디 그로브Andy Grove는 이와 같은 주장을 이미 30년 전에 했다.

> 교육·훈련은 간단히 말해 관리자가 활용할 수 있는 최고 수준의 지렛대 활동이다. 예를 들어 당신이 당신 부서에 속한 직원들을 대상으로 네 차례에 걸쳐 강의를 한다고 치자. 한 차례 강의를 하는 데 세 시간을 준비해야 한다고 하자. 그럼 총 열두 시간을 준비해야 한다. 당신 강의를 듣는 직원이 열 명이라고 치자. 다음 해에 이 직원들은 총 2만 시간을 회사를 위해 일한다. 당신의 강의 결과가 이 직원들의 성과를 1퍼센트 개선한다고 계산하면 당신이 12시간을 들인 덕분에 당신 회사는 200시간에 해당되는 이득을 얻는다.[144]

학습자에게는 실천적인 가르침을 주는 교육이 강단의 교수나 전문 컨설턴트가 제공하는 교육보다 훨씬 효과적이다. 교수나 컨설턴트는 이론에 치우치는 경향이 있다. 이들은 일이 어떻게 진행되어야 하는지 알지만 그 일을 직접 해본 적이 없다. 컨설턴트가 갖고 있는 경험은 얕팍하고 간접적인 경향이 있다. 이들이 갖고 있는 지식은 지속적인 경험에서 우러나온 것이라기보다는 한두 고객과 접촉한

두어 달의 경험이거나 때로 다른 컨설턴트들이 낸 보고서들에서 뽑아낸 짜깁기일 수도 있다.

좀 더 정확히 말하면 전문가의 도움은 선택적으로 받는 것이 좋다. 꼭 필요한 것만 골라서 배우고 통찰을 받아들여 자기 회사에 적용해야 한다. 예를 들어 우리는 케임브리지리더십연구소(Cambridge Leadership Associates: 하버드대학 교수들로 구성된 리더십 컨설팅업체 – 옮긴이) 의 마티 린스키Marty Linsky의 도움을 받아 선택적 리더십 교육 과정을 마련했으며, 베스트셀러 저자인 심리학자 대니얼 골먼Daniel Goleman의 도움을 받아 여러 명상 프로그램을 개발했다(이에 대해서는 곧이어 다루겠다). 그런데 안타깝게도 교육·훈련 프로그램을 모두 외부 업체에 내맡기는 경우가 너무 많다.

무엇을 배우든 지금 그 일을 하고 있는 사람에게서 그리고 한층 심오한 질문에 답할 수 있고 현재 실제로 진행되고 있는 사례를 끌어올 수 있는 사람에게서 배워야 한다. 이런 사람들은 당신이 처한 상황을 한층 더 정확하고 풍성하게 이해하고, 언제나 즉각적인 평가를 제공할 수 있으며 또한 이들을 강사로 동원하는 데는 대부분 비용이 많이 들지 않는다.

'멍'이라는 이름으로 널리 알려져 있는 차드 멍 탄Chade Meng Tan은 구글의 107번째 직원이며[145], 2000년부터 2008년까지 모바일 검색 부문에서 소프트웨어 개발자로 일하다, 지금은 여전히 구글에 소속된 직원이면서 '마음챙김mindfulness'이라는 명상 개념을 공유하고 확산함으로써 세계 평화에 이바지하는 데 집중하고 있다. 매사추세츠 의과대학 명예교수인 존 카밧진Jon Kabat-Zinn은 마음챙김을 "특별한 방법으로 주의를 기울이는 것, 즉 의도적으로, 바로 지금 이 순간에, 그리고 어떤 판단도 하지 않는 것"이라고 정의했다.[146] 이 마음챙김 명상을 아주 단순하게 가르치고 배울 수 있는 행동이 있는데, 가만히 앉아 2분간 자기 호흡에 집중하면 된다. 명상이 인지 기능과 의사 결정의 질을 높인다는 사실은 이미 입증된 바 있다.

실험의 일환으로 나는 2013년 말에 소프트웨어 개발자로 일하다 마음챙김 명상의 구루로 변신한 구글 직원 빌 두에인Bill Duane을 우리 팀 주례 회의에 초대해 명상 훈련을 맡겼다. 나는 우리 팀부터 먼저 실험을 한 다음 효과가 있으면 이 프로그램을 회사 전체로 확대할 생각이었다.

첫 주에는 각자 자기 호흡에 귀를 기울이는 것부터 시작했다. 그 다음부터는 숨을 쉴 때 머릿속을 마구 내달리는 온갖 생각을 관찰하도록 했고, 더 나아가 자신의 현재 감정과 이 감정이 신체에서 어떻게 느껴지는지 파악하는 데 온 신경을 집중하도록 했다. 그렇게 한 달쯤 지난 뒤에 나는 팀원들에게 이 훈련을 계속해야 할지 의견을 물었다. 팀원들은 명상을 시작한 뒤로 회의에 한층 더 집중된다며 계속하자고 했다. 그리고 예전보다 깊은 생각을 더 많이 하게 됐고 잡생각은 줄어들었다고 했다. 비록 우리가 명상에 적지 않은 시간을 들이긴 했지만, 횟수가 거듭될수록 팀원들은 회의에 더 집중했고 안건 처리 속도도 더 빨라졌다.

멍은 구글에 마음챙김 명상을 보급하려고 '당신의 내면을 검색하시오'라는 강좌도 개설했다. 구글 직원들은 멍의 가르침을 상대적으로 더 우호적으로 받아들였다. 그는 구글의 기술 분야 직원으로 미

국과 싱가포르에서 여러 해 동안 근무해 직원들 사이에서 신망이
두터웠기 때문이다. 직원들이 그를 신뢰하는 만큼 쉽게 멍은 구글
내부에 존재하는 스트레스를 말끔히 풀어냈다. 그는 마음챙김 명상
이 자기 인생을 어떻게 바꿔놓았는지도 얘기했는데, 이 내용을 중심
으로 책도 한 권 썼다. 그리고 '내면검색리더십연구소 Search Inside Yourself
Leadership Institute'도 설립했는데, 이 기관을 그는 구글 파트타임 직원으
로 일하면서 관리한다(그는 "한 주에 40시간밖에 일하지 않아요"라고 농담하
곤 한다)[147]. 그의 강좌와 책과 교육기관은 모두 "마음을 기반으로 한
마음챙김 및 정서 지능 훈련을 통해 효과적이고 혁신적인 리더들을
개발하는 것"을 목표로 삼고 있다.

구글닷컴이 실제로 돌아가도록 하는 일을 책임지는 기술자였던
빌은 구글 마음챙김 팀을 관리했다. 빌은 사업을 '사람을 가지고서
만든 기계'로, 마음챙김을 '기업을 위한 WD-40(방청윤활제 브랜드
명 – 옮긴이)으로 내쫓기듯 바쁘게 달리는 구글 직원들 사이에 생긴
거칠거칠한 부분에 기름을 칠해서 매끄럽게 만드는 것'이라고 각각
정의했다.[148] 빌은 다른 기술자들과 함께 있을 때 자기주장을 강하게
밀어붙이지 않는다. 기술자들이 매일 경험하는 생활을 오랫동안 해
왔고 그들의 고충을 누구보다 잘 알기 때문이다.

멍과 빌은 각자 실제 현장에서 업무를 수행할 전문성을 갖고 있
음에도 불구하고 자기들이 할 수 있는 가장 중요한 일은 가르치는
거라고 말한다. 이렇게 말하는 사람은 두 사람 말고 또 있다. 우리는
이른바 'G2G'(Googler2Googler, 구글 직원에게서 구글 직원에게로)라는 범
위가 더욱 확장된 프로그램을 갖고 있는데, 구글 직원은 이 프로그

램에 대규모로 등록해 서로가 서로를 가르친다. 2013년에는 거의 3,000명에 육박한 G2G 강사진이 마련한 2,200개 강좌에 2만 1,000명이 넘는 직원이 참가했다. 이 가운데 몇몇 강좌는 두 차례 이상 제공됐으며, 이들 강좌 가운데는 강사가 두 명 이상인 것들도 있다. 구글 직원은 대부분 두 개 이상의 강좌에 등록했는데, 총 수강자는 무려 11만 명이 넘었다.

G2G 강사진이 강의할 때는 업무에서 손을 놓긴 했지만, 많은 강좌들이 길어야 두어 시간밖에 되지 않으므로 강사진, 수강생 모두 시간과 관련된 부담은 크지 않았다. 강좌들은 수강생에게 심상 풍경mental scenery의 참신한 변화를 제공해 다시 업무에 복귀해서는 한층 더 생산적으로 일하도록 해줬다. G2G는 '20퍼센트 시간' 제도와 마찬가지로 보다 창의적이고 재미있으며 생산적인 업무 환경을 만드는데, 이런 환경에서 직원들은 회사로부터 많은 투자를 받는다는 느낌을 가질 수밖에 없다. G2G는 회사로서는 아주 적은 자원을 투자했지만 엄청난 배당금을 가져다주는 효자 종목인 셈이다.

강좌 내용은 검색 알고리즘 설계나 7주짜리 단기 MBA처럼 고도로 기술적인 것에서부터 줄타기, 입으로 불 뿜기, 자전거의 역사 등과 같이 순전히 오락적인 것까지 다양했다. 이런 강좌들 가운데 인기가 높은 몇 가지를 소개하면 다음과 같다.

심신통합체 자각MindBody Awareness 구글에는 마사지 치료사가 몇 명 있는데, 그중 한 사람인 에이미 콜빈Amy Colvin은 열두 가지 기공 자세를 취한 다음에 명상을 하는 30분짜리 강좌를 진행한다. 이 강좌는 현재 전 세계

열여섯 개 도시에서 참가할 수 있으며, 이따금씩 행아웃으로 제공되기도 한다. 어떤 소프트웨어 개발자는 에이미에게 이렇게 말했다. "나의 뇌가 코드 설계로 바쁘게 돌아가고 있을 때 내 신체가 필요로 하는 것이 무엇인지 느낄 수 있기 때문에 나는 스트레스를 상당히 줄일 수 있었습니다. 그다지 힘이 들거나 피곤하지도 않고요. 내가 하는 일을 즐길 수 있게 됐습니다.

프레젠테이션과 카리스마 판매 부서의 리더인 애덤 그린Adam Green은 훌륭한 프레젠테이션 개발의 초보적인 단계에서부터 발표자의 목소리 톤, 몸짓 그리고 치환 전술 등과 같은 보다 전문적인 영역까지 나아가는 법을 가르친다. 애덤의 강의 내용을 구체적으로 인용하면 다음과 같다. "만일 프레젠테이션을 할 때 언제나 손을 꼼지락거리며 무언가를 만진다거나 아니면 아예 두 손을 주머니에 넣고 있는 형편없는 자기 모습을 발견하고 실망한 사람이 있을 겁니다. 이런 사람이라면, 될 수 있으면 의자 뒤에 서서 두 손으로 의자를 짚으라고 권합니다. 그러면 자신감이 넘치는 인상을 줍니다. 두 손을 이렇게 처리할 때 이른바 '신경성 활력'에서 비롯되는 산만한 동작들은 간단하게 치환되고 맙니다." 또 다른 팁은 이렇다. "말할 때 '음······' 하고 군말을 많이 하는 사람이 있습니다. 이런 군말을 하지 않으려면 물리적인 치환물을 사용하면 됩니다. 화제를 바꿀 때마다 예를 들어 펜을 한 지점에서 다른 지점으로 이동시킨다든가 하는 등의 작은 물리적인 동작을 해보십시오. 펜의 위치를 바꾸려는 의식적인 노력이 당신의 뇌가 군말을 사용하지 못하도록 막아준다는 사실을 깨달을 겁니다."

비기술적 직원을 위한 프로그래밍 기초(I2P) 앨버트 황Albert Hwang은 우리 피플오퍼레이션 부서 내 도구 팀을 이끄는 임원이다. 그는 2008년에 경제학 학위를 갖고 구글에 입사했는데, 입사 후에 독학으로 프로그래밍을 익혔다. "어느 날 구글 직원 이름 수백 개를 그들이 현재 속해 있는 지사혹은 사무실 위치 및 직함과 함께 정리하라는 업무 지시를 받았습니다. 그때 단순한 매칭 프로그램만 만들어도 일을 훨씬 빨리 할 수 있고 실수도 줄일 수 있겠다는 생각이 번쩍 들더군요. 그래서 프로그래밍 언어인파이썬을 독학으로 공부한 끝에 매칭 프로그램을 완성했습니다. 팀 동료들은 내가 새로 발명한 기술이 우리 팀의 시간을 절약해주는 걸 보고,나더러 자신들에게도 가르쳐달라고 했습니다. 나는 작은 회의실의 화이트보드 앞에 섰고, 그 결과 우리 강좌 'I2P'가 탄생한 것입니다." 그 뒤로200명이 넘는 직원이 앨버트의 강좌를 들었다. 그의 강좌를 들은 어떤사람은 강좌에서 배운 것을 활용해 구글 직원이 인플루엔자 현장 무료접종 일정을 쉽게 찾을 수 있도록 도왔고, 덕분에 수천 명이 혜택을 보았다. 또 우리는 전 세계 후진국 어린이에게 수막염이나 폐렴 예방 백신을접종할 때 활용할 수 있는 또 다른 매칭 프로그램을 모든 백신 접종 현장에 기증했는데, 이 도구 덕분에 수천 명의 어린이가 추가로 백신 접종을받았다.[149]

강사들을 활용하기 위해 반드시 G2G처럼 공식적이거나 혹은 규모가 큰 어떤 제도나 조직을 굳이 따로 만들 필요는 없다. 구글 직원들에게는 무언가를 배우거나 가르칠 수 있는 수백 가지 기회가 주어지는데, 모두 당신 회사의 직원들이 쉽게 복제해 활용할 수 있는것들이다.

예를 들어 '기술 자문관'과 같은 프로그램도 서른 개가 넘게 개설되어 있는데, 이런 강좌들은 경험 많은 책임자급의 직원이 기술 부서 소속 직원들에게 도움이 될 믿을 만한 일대일 프로그램을 제공한다.

이런 자원봉사자 선발은 경험의 폭과 구글 문화에 대한 이해도를 바탕으로 이뤄지며, 이들에게는 주로 청취하는 임무가 주어진다. 이들 중 한 명인 치 츄Chee Chew는 기술 자문관으로 활동했던 경험을 다음과 같이 묘사했다.

> "언제나 긴장이 됩니다. 프로그램을 새로 시작할 때마다 엄청나게 불안해집니다. 무슨 질문을 받을지 모르니까요. 온갖 가능성이 다 있거든요. 내가 얘기해줄 게 아무것도 없으면 어떡하지? …… 그런데 프로그램이 진행되면 이상하게도 그 사람들이 털어놓지 않으면 견딜 수 없을 것 같아 털어놓는 말을 그저 듣기만 해도 묘한 유대감이 느껴집니다. 나는 그 사람들이 무슨 맥락에서 그런 말을 하는지 알지 못하고 또 그 사람들이 이런저런 행동을 해야 한다는 식의 어떤 강력한 의견을 갖고 있지도 않습니다. 그 사람들이 내릴 결정과 관련해서는 아무런 이해관계도 갖고 있지 않습니다. 이런 대화는 내가 상사나 팀 동료들과 나누는 대부분의 대화와 매우 다릅니다. 정말이지 이건 반성이나 성찰을 위한 대화입니다. 내가 느끼는 유대감의 대상은 이 제도나 강좌가 아니라 내게 자기 얘기를 털어놓는 그 사람입니다."

필요할 때 얘기하고 기댈 수 있는 안전하고 객관적인 사람이 있다는 것은 때로 사람들에게 정말 필요한 조건이다. 치는 계속해서 다음과 같이 말했다.

> "특히 한 사람이 기억나는데…… 직급이 높은 여성 기술자였죠. 그분은 회사를 떠날 생각을 하고 있었습니다. 막다른 길에 몰렸다고 생각한 겁니다. 이런 상황에서 누군가가 기술 자문관과 대화를 나눠보라고 권해서 신청했다고 하더군요. 우리는 50분간 대화를 나누기로 예정되어 있었습니다만, 실제로는 두 시간 반 동안이나 대화를 나눴습니다. 이후 그분은 많은 고충을 극복할 수 있었습니다. 나는 조언을 몇 개 하지도 않았습니다. 나는 정말 열심히 귀를 기울였고, 우리 둘은 즉석에서 떠오르는 생각들을 스스럼없이 털어놓았으며, 그러면서 그분이 내가 하는 말을 어떻게 받아들이는지 살폈습니다. 이 과정에서 그분은 결국 혼자 힘으로 어떤 해결책을 찾아냈습니다. 그리고 자기 문제를 해결했습니다. 그분은 자기에게 무엇을 어떻게 하라고 조언해줄 사람이 필요했던 게 아닙니다. 자기 말을 들어주고 격려해줄 사람이 필요했던 거죠. 그분은 지금도 구글 직원으로 남아 있습니다."

놀라운 것은 자기 고민을 털어놓는 사람뿐 아니라 그 고민을 들어주는 사람도 무언가 도움을 받는다는 점이다. 우리 회사의 고위 간부들은 여러 차례 반복된 경험 속에서 자신만의 경청과 공감 기술 그리고 자아의식을 쌓아가고 있다. 별것 아닌 것처럼 들릴지 모르지만, 이 과정에서 그들이 경험하는 긍정적인 효과는 엄청나게 크다. 그들은 이런 기술들이 쌓이면서 자기가 더 나은 관리자와 더 나은 리더가 됐다고 주장하며, 심지어 더 나은 배우자가 됐다고까지 말한다. 명심해야 할 것은 비록 우리 피플오퍼레이션 부서가 관여하긴 하지만 이것은 인적자원 프로그램이 아니라는 점이다. 이 프로그램의 관리자인 섀넌 머혼Shannon Mahon은 "마법의 비밀은, 이 프로그램의 진정한 소유자는 피플오퍼레이션 부서가 아니라 기술자들이라는 데 있다"고 지적했다. 구글 직원들이 서로를 위해 이 프로그램을 만들었던 것이다.

동일한 맥락에서 구루 자원봉사자로 나선 직원들도 있다. 이들은 개인적인 차원의 문제보다는 리더십과 회사 전체 경영 차원의 문제에 더 초점을 맞춘다. 구글의 온라인 결제 팀에서 파트타임으로 일하던 베키 코튼Becky Cotton은 공식적으로 우리의 제1호 경력 개발 구루Career Guru였는데, 원하는 사람이면 누구나 그녀를 찾아가 상담을 받을 수 있었다. 이 일을 할 사람을 따로 선발하지도 않았고 또 훈련 과정도 따로 없었다. 그녀가 자원해서 하겠다고 했던 것이다. 그녀는 이메일로 경력 개발과 관련된 상담을 받고 싶으면 누구든 근무시간에 자기를 찾으라고 알렸고, 사람들이 그녀를 찾아갔다. 시간이 흐르면서 상담 수요가 점점 늘어났고 다른 사람들도 경력 개발 상담자로 자원했다. 이렇게 해서 2013년까지 이들과 상담을 한 구글 직원은 1,000명이 넘었다.

현재 리더십 구루도 있고(이들 가운데 일부는 '위대한 관리자 상'을 받은 사람들이다), 판매 구루도 있으며, 임신 및 초보 부부 구루도 있고, 당연한 얘기지만 마음챙김 구루도 있다. 구글 직원끼리 서로 가르치고 배우게 할 때 생기는 이점은 단지 경제적인 차원의 절약뿐 아니라 이런 활동들이 구글 공동체를 한층 친밀하게 만들어준다는 데 있다 (어떤 외부 강사들은 시간당 300달러나 받는다고 하니 이런 절약이 갖는 의미는 물론 크다). 이 점을 베키는 다음과 같이 표현했다. "많은 것을 자동화할 수 있지만 인간관계는 절대로 자동화할 수 없습니다." 베키는 지금도 해마다 150명을 상담하고 지도하는데, 본인 말로는 복도를 걸어갈 때도 "베키, 당신이 없었다면 난 지금 구글에 다니고 있지도 않을 거예요"라고 말하는 사람들 때문에 걸음을 멈출 때가 한두 번이 아니라고 한다.

일을 처음 시작하기는 찰리 브라운과 스누피가 주인공인 만화 〈피너츠Peanuts〉에서 루시 반 펠트가 기본 요금 5센트의 '마음상담소' 문을 여는 것만큼이나 쉽다. 그리고 몇 해가 지나자 베키는 〈포춘〉 선정 500대 기업에 속하는 여러 기업들이 상담을 거쳐 이 프로그램을 시작하도록 돕게 됐다.

재무관리 소프트웨어 제조업체인 인튜이트Intuit에서는 인적자원 전문가인 샘 하이더Sam Haider와 제품 관리자인 캐런 맥대니얼Karen Mc-Daniel이 이 일을 맡아 했는데, 나중에 샘은 다음과 같이 회상했다. "우리는 '경력개발정상회의'에서 구글의 경력 개발 구루 프로그램에 대해 배웠다. 그때 구글에서, 지역의 한계를 넘어 전 세계적으로 일대일 면담으로 조언을 제공하는 문제에 대한 단순하고도 손쉬운 해법이 될 수 있다면서 이 프로그램을 제시했다. 우리는 몇 개의 소규모 집단을 대상으로 이 발상이 과연 실현 가능한지 실험하고 가능성을 확인한 다음, 회사에 이미 생겨나고 있던 풀뿌리 노력들을 지렛대 삼아 본격적으로 이 프로그램을 시작했다. 몇 달 지나지 않아 이 프로그램은 엄청난 인기를 끌었고, 해외 지사들로까지 퍼져 나갔다."

조직에 내재된 어마어마한 교수·학습 잠재력을 일깨우고자 한다면 우선 올바른 조건을 마련할 필요가 있다. 조직 안에서는 역량 개발에 관한 직원들의 욕구가 있다. 이 욕구의 규모는 언제나 조직이 충족시킬 수 있는 것보다 훨씬 더 큰 것처럼 보인다. 한번은 우리 개발 팀에서 글로벌 회의를 했는데, 판매 담당 트레이너 한 사람이 자기 부서가 역량 개발 관련 자원을 더 많이 할당받을 수 있을지 물었다. 그래서 나는 이렇게 대답했다.

"그럴 수 없을 겁니다. 수요는 늘 공급의 최대치를 넘어설 수밖에 없습니다. 왜냐하면 당신은 지금 사람들이 학습하도록 돕고 또 그들이 보다 발전하도록 어떤 일을 하고 있기 때문입니다. 당신은 늘 더 많은 것을 하고자 합니다. 생각이 깊고 성실하기 때문입니다. 그래서 더 많이 해야 하는데 늘 그렇게 하지 못한다는 생각에 사로잡혀 있는 겁니다. 주변을 둘러보면 이보다 한층 더 비관적인 사실이 있습니다. 우리 회사가 성장함에 따라 당신을 포함해 모든 구글 직원들이 열렬히 좋아하는 일을 그만할 수밖에 없는 상황이 올 수도 있습니다. 더 중요한 일을 해야 할 테니까 말입니다. 당신은 소중한 자원입니다. 현재 우리가 맞닥뜨린 과제는 어떻게 하면 구글 직원이 스스로를 가르칠 수 있을까 하는 문제의 정답을 찾아내는 일입니다."

>> 행동을 바꾸는 프로그램에 투자하라

교육과 훈련에 소요되는 예산과 시간을 계산하기는 쉽다. 그러나 교육과 훈련의 효과를 측정하는 일은 어렵기도 하거니와 또 드물기도 하다. 지난 40여 년간 숱한 인적자원 전문가들이 교육과 훈련에 들어가는 시간을 계산했다. 그리고 학습 내용의 70퍼센트는 직무 경험을 통해, 20퍼센트는 코치나 멘토를 통해 그리고 나머지 10퍼센트는 강의실 교육을 통해 각각 습득해야 한다고 주장했다.[150] 갭 Gap,[151] 회계 컨설팅업체인 프라이스워터하우스쿠퍼스 PwC,[152] 델 Dell [153] 등은 70-20-10 개발 프로그램을 회사 홈페이지에서 소개하고 있다.*

그러나 대부분의 학습 전문가들이 사용하는 70-20-10 법칙은 들어맞지 않는다. 그 이유는 세 가지를 들 수 있다.

첫째, 이 법칙은 무엇을 해야 할지 말해주지 않는다. 70퍼센트가 의미하는 것은 사람들이 하루하루의 일상 속에서 무언가를 알아내야 한다는 뜻일까? 그게 아니면 사람들을 새로운 직무로 순환시켜 새로운 기술을 익히도록 해야 한다는 뜻일까? 사람들에게 까다로운 사업을 맡기자는 뜻일까? 이런 접근법들 중 어떤 것이 과연 다른 것

---

* 우연히 구글은 2005년부터 2011년까지 바로 이 비율을 우리가 하는 투자의 우선순위를 결정하는 틀로 사용한 적이 있다. 소프트웨어 개발 기술자를 비롯한 여러 자원의 70퍼센트를 검색과 광고 등과 같은 핵심 제품들에 배치했고, 20퍼센트를 뉴스나 맵 등과 같은 핵심에서 약간 벗어난 제품들에 배치했으며, 나머지 10퍼센트를 무인자동차 등과 같은 전혀 관련이 없는 사업이나 프로그램에 배치했다. 세르게이 브린이 이 접근법을 개발했고, 에릭 슈미트와 조너선 로젠버그가 이를 관리했다. 에릭, 조너선 그리고 앨런 이글(Alan Eagle)이 함께 쓴 《구글은 어떻게 일하는가How Google Works》는 구글의 70-20-10 접근법을 자세하게 설명했다.

들에 비해 더 효과적일까?

둘째, 설령 어떤 것을 하는 게 옳다는 걸 안다고 해도 그 효과를 어떤 방법으로 측정할까? 나는 관리자들에게 따로 시간을 할애해 팀원들을 멘토링하라고 요구하는 회사를 본 적이 없다. 기업은 강의실에서 진행되는 교육·훈련에 소요되는 예산과 시간을 잘 계산하지만, 그 외의 부분에서는 전혀 문외한이고 그저 추측할 뿐이다. 나쁘게 말하면 배우는 내용의 70퍼센트를 직무 현장에서 얻어야 한다는 주장은 책임 회피다. 이는 인적자원 부서에게 입증의 책임을 묻지도 않고 직원들이 학습을 잘하고 있다고 말해도 좋다고 허용하는 것이나 마찬가지다. 세상에 이런 무책임한 책임 회피가 어디 있단 말인가.

셋째, 학습 자원이나 경험을 이런 식으로 할당하는 방식이 효과가 있다고 증명하는 명백한 증거는 어디에도 없다. 미시간대학 교수인 스콧 드루Scott DeRue와 크리스토퍼 마이어스Christopher Myers는 관련 자료들을 철저하게 검토한 끝에 다음과 같이 결론을 내렸다. "무엇보다 확실한 것은 이런 가정을 지지하는 선험적인 증거는 사실상 전혀 없음에도 불구하고 학자와 현장의 실천가들은 이것이 마치 사실인 양 인용하곤 한다는 것이다."[154]

다행스럽게도 학습 프로그램의 결과를 측정하는 한층 더 좋은 접근법이 있다. 하지만 인사관리의 다른 많은 발상들과 마찬가지로 이 접근법은 특별히 새로운 방법이 아니다. 1959년에 위스콘신대학의 교수이자 미국직업훈련학회American Society for Training & Development, ASTD 회장을 역임했던 도널드 커크패트릭Donald Kirkpatrick은 학습 프로그램을 네 가지 수준에서 평가해야 한다는 이른바 '4단계 평가 모델'을 제시했다. 그가 말한 네 가지 수준이란 반응 평가, 학습 평가, 업무 수행 평가 그리고 결과 평가다.

커크패트릭이 제시한 모델은 반짝이는 많은 발상들을 담고 있다.

첫 번째 단계인 반응 평가는 학습자에게 학습에 대한 반응을 묻는다. 학습자를 교육한 후 마지막에 학습자로부터 긍정적인 평가를 얻는다는 것은 기분 좋은 일이다. 만일 당신이 교수나 컨설턴트라면 당신에게서 무언가를 배운 사람이 그 학습 과정이 유익했다는 반응을 보인다면 당신이 제공한 학습은 미래에 더 많은 학습자를 보장하고 그만큼 수익도 좋아진다. 스탠퍼드대학 경영대학원의 교수인 프랭크 플린Frank Flynn은 학생들로부터 강의 평가 점수를 높게 받는 비법을 내게 들려준 적이 있다. "농담과 스토리가 있는 얘기를 많이 하세요. 대학원 학생들도 스토리를 무척 좋아합니다."

그는 더 나아가 '재미있다는 것'과 '지식을 나눠준다는 것' 사이의 끊임없는 균형 맞추기가 관건이라고 덧붙였다. 스토리는 이야기를 원하는 인간 욕망의 핵심적인 요소며, 신화와 민담을 통해 대대손손 전해지는 지혜에도 스토리가 생생하게 살아 있다. 스토리는 효과적인 교수법의 필수적인 부분이다. 그러나 학습자가 당신 강의에 대해 어떤 느낌을 가진다고 해서 그것 자체가 그 사람이 당신 강의에서 어떤 것을 제대로 학습했는지 여부는 말해주지 않는다. 게다가 학습자가 본인이 받는 학습 과정을 평가할 기회가 원천적으로 봉쇄된 경우가 많다. 강의가 진행되는 동안 학습자는 학습에 초점을 맞춰야지 학습의 균형과 질을 평가하는 것은 옳지 않은 것으로 인식하기 때문이다.

두 번째 단계인 학습 평가는 학습자의 지식이나 태도에서 어떤 변화가 나타났는지 평가한다. 보통은 학습 과정이 끝난 뒤에 시험을 치르거나 설문조사를 하는 방식으로 진행된다. 운전면허증을 발급 받은 사람이면 모두 이런 과정을 경험했을 것이다. 이 단계는 첫 번째 단계와 비교하면 엄청나게 개선된 단계라고 할 수 있다. 학습 과정의 효과를 객관적으로 바라보려 하기 때문이다. 문제는 새롭게 습득한 학습 내용을 오랜 기간 갖고 있기 어렵다는 데 있다. 게다가 학습자가 교육·훈련을 마치고 업무로 복귀한 환경이 예전과 다름없다면 새로 습득한 지식은 소멸되고 만다. 예를 들어 당신이 도자기 강좌를 처음부터 끝까지 모두 들었다고 치자. 마지막에 반들반들 윤이 나는 완성품 도자기를 구워내는 데까지 모두 거쳤다. 그런데 그 뒤로 도자기를 구워볼 기회가 주어지지 않는다면, 모처럼 습득한 기술을 잃어버리고 말 것이다. 그 기술을 세련되게 다듬을 기회는 더더욱 없다.

세 번째 단계는 업무 수행 평가인데, 이 단계에서 커크패트릭의 모델이 특히 강력한 힘을 발휘한다. 그는 학습자에게 학습 결과로 태도가 얼마나 바뀌었는지 묻는다. 바로 이 단순한 발상 속에 적지 않은 매우 반짝이는 발상들이 담겨 있다. 행동 변화를 측정하려면, 학습 내용이 당일치기 시험 준비를 할 때처럼 기억에서 금방 지워지는 게 아니라 장기 기억 속으로 녹아들어야 하므로, 학습 과정이 종료된 뒤로부터 어느 정도 시간이 지날 때까지 기다려야 한다. 이것은 또한 지속적인 외부 검증을 필요로 한다. 행동 변화를 평가하는 이상적인 방법은 학습자 본인에게 직접 묻는 것에 그치지 않고 주변에 있는 팀원들에게도 묻는 것이다. 이런 식의 외부 검증을 동원할 때 학습자의 행동을 보다 포괄적으로 이해할 수 있으며 또한 학습자는 자기 성과를 보다 객관적으로 평가하도록 자극을 받는다. 예를 들어 당신이 판매 부서의 관리자인데, 부하직원들에게 각자 스스로가 얼마나 잘하고 있느냐고 묻는다면 대부분 후한 점수를 매길 것이다. 그러나 당신 부하직원들이 얼마나 잘하고 있는지 고객에게 물어보면 대답은 달라진다. 이들은 보다 공정하고 정직한 대답을 하기 때문이다.

네 번째 단계는 결과 평가인데, 학습 프로그램의 실제 결과를 살핀다. 얼마나 더 많은 매출을 올렸는가? 얼마나 더 나은 리더로 개선됐는가? 당신이 만든 코드는 얼마나 더 매끄럽고 버그가 없는가?

커크패트릭이 제안한 모델을 사용하는 미국외과의협회는 "어떤 교육 프로그램의 직접적인 결과로 환자나 고객의 건강과 복지에 어떤 개선 효과가 발생했는지" 살핀다.[155] 레이저로 각막을 깎아내 시력을 교정하는 라식 수술을 전문으로 하는 안과의사는 회복 시간, 합병증 발생 빈도, 시력 개선 정도 등을 기록함으로써 새로운 기법을 학습한 뒤에 나타나는 환자의 결과 변화를 측정할 수 있다.

그러나 구조화 정도가 낮은 직무나 보다 일반적인 기술과 관련된 교육·훈련의 결과를 측정하기는 한층 더 어렵다. 이 경우에는 학습과 학습 결과 사이의 상관성을 이끌어낼 놀라울 정도로 정교한 통계 모델을 개발해 측정할 수 있다. 실제로 우리는 자주 그렇게 한다. 아니, 사실은 자주 그렇게 해야 한다. 그렇게 하지 않으면 기술자들이 우리를 믿어주지 않기 때문이다. 그러나 대부분의 기업에서는 지름길을 이용할 수 있다. 수학과 통계학이 동원되는 어려운 과정은 건너뛰고, 동일하게 설정한 여러 집단 가운데 어느 한 집단만 학습 과정을 거친 뒤 집단별로 어떤 차이가 나타나는지 비교하면 된다.

당신이 준비하는 프로그램이 무엇을 성취하고자 하는지 결정하는 단계에서부터 시작하라. 일단 여기서는 판매량을 높이는 거라고 치자. 당신의 팀이나 조직을 두 개의 집단으로 나누되, 이 두 집단을 될 수 있으면 비슷하게 설정하라. 실험실 바깥에서 진행하기 어려운 실험이긴 하지만, 판매 활동이 이뤄질 지역의 위치, 집단 구성원의 성별과 근무 기간, 판매할 제품군의 구성 등에 따라 나타날 수 있는 결과의 차이를 애초부터 제거해야 한다. 이 중 한 집단은 통제 집단, 즉 아무런 변화도 주지 않는 집단으로 설정한다. 통제 집단에는 그 어떤 학습 프로그램도 실시하지 않는 반면에 실험 집단을 대상으로는 학습 프로그램을 실시한다.

그런 다음에 기다려라. 만일 이 두 집단 사이에 학습 프로그램을 받았느냐 혹은 받지 않았느냐 하는 차이만 있을 때, 이 두 집단이 기록하는 매출의 차이는 순전히 학습 프로그램에 따른 결과라고 볼 수 있다.[*]

---

[*] 비교가 가능한 두 집단을 대상으로 작업을 한다면, 집단별로 제각기 다른 프로그램을 실시한 다음 비교할 수도 있다. 이 경우에는 통제 집단이 따로 없으므로, 보다 많은 것들을 동시에 시도해볼 수 있다. 그러나 불리한 측면도 있다. 외부 변수들이 가져올 수도 있는 결과를 상대적으로 조금밖에 밝혀낼 수 없기 때문이다. 예를 들어 두 집단이 동일한 개선 효과를 보일 때 이것이 학습 프로그램 때문일 수도 있고 기업 외적 변수인 경기 호전에 따른 결과일 수도 있다. 또한 무작위적인 변이에 따라 발생한 차이일 가능성도 있다. 이런 것을 검증할 통계학적 방법들이 있긴 하지만, 비(非)계량적인 대안으로는 이 '실험'을 두 번 이상 하거나 추가 집단을 여럿 동시에 설정하고 진행하는 방식을 들 수 있다.

이 실험적인 접근법에 대해 반직관적이고 좌절을 안겨줄 수 있는 점은, 어떤 문제를 안고 있을 때 당신은 이 문제를 모든 사람을 위해 그리고 지금 당장 해결하고자 한다는 사실이다. 8장에서도 언급했지만, '코치로서의 관리자' 강좌를 듣고 난 관리자의 해당 항목 점수는 평균 13퍼센트 개선됐다. 우리는 그 강좌가 실제로 어떤 효과를 발휘하는지 살피기 위해 1년이라는 시간을 기다렸는데, 그 기간 동안 수천 명의 구글 직원에게는 본인이 도움을 받을 수 있는 어떤 프로그램의 혜택도 주지 않았다. 그 강좌의 실제 효과를 확인하려면 다른 변수가 개입되지 않도록 해야 했기 때문이다.

나는 다른 회사에 있을 때 매출 성과를 확실하게 올려줄 거라고 보장하는(적어도 우리는 그렇게 들었다) 위탁 훈련 프로그램을 해마다 받았다. 그러나 당신이 효과가 있을 거라고 생각하는 어떤 해법을 모든 사람에게 적용한다고 해서 모두 효과가 나타나지는 않는다. 정교하게 설계된 실험과 실험 결과를 확인하고 측정하기 위해서는 인내가 필요하다. 원하는 것을 확실하게 알 수 있는 유일한 방법은 그 실험을 한 집단을 대상으로 실시하고 통제 집단을 비교 대상으로 설정한 다음 이 두 집단의 결과를 비교하는 것이다.

≫ 배우기와 가르치기를 병행하라

인간은 태어날 때부터 학습하도록 되어 있다. 하지만 사람들은 어떻게 하면 가장 효과적으로 학습할 것인지 깊이 생각하지 않는다.

실용적인 차원에서 얘기하면, 운용되는 기술을 보다 세부적인 요소들로 쪼개고 즉각적이고 구체적인 평가를 제공하는 방식으로 학습 속도를 높일 수 있다. 그런데 지금은 너무도 폭넓은 기술을 너무도 빠른 시간 안에 가르치려는 기업이 너무 많다. 사람들이 교육·훈련을 얼마나 좋아하는가가 아니라 그 결과가 어떻게 나오느냐를 측정하는 것이 지금 당신이 하고 있는 일이 효과가 있는지를 분명하게 알려준다는 사실을 명심해야 한다.

우리는 단지 배우기만을 좋아하는 게 아니다. 우리는 가르치는 데서도 기쁨을 누린다. 이런 점은 가족 사이에서 무슨 일이 일어나는지만 살펴도 알 수 있다. 모든 부모가 가르치고 모든 아이는 배운다. 때로 어른도 아이에게서 배울 때가 있다는 사실을 잘 알 것이다. 특히 당신이 부모라면 말이다.

유명한 물리학자인 로버트 오펜하이머 J. Robert Oppenheimer의 동생인 프랭크 오펜하이머 Frank Oppenheimer는 "무언가를 배우는 가장 좋은 방법은 그것을 가르치는 것이다"라고 말했다.[156] 이처럼 잘 가르치기 위해서라도 자기가 가르칠 내용을 깊이 생각할 수밖에 없다. 자기가 가르칠 내용을 통달해야 하며 또 이것을 가장 우아하고도 효과적으로 전달할 방법을 알아야 한다.

그러나 직원이 다른 직원을 가르치도록 하는 데는 보다 더 중요한 이유가 있다. 직원에게 남을 가르칠 기회를 주는 것은 목적의식을 부여하는 행위다. 그 직원이 일상적인 업무에서 의미를 찾지 못한다 해도 자기가 가진 지식을 남에게 전달하는 과정에서 자극을 받고 영감을 얻을 수 있다.

학습하는 기업은 직원들이 누구나 성장하길 바라고 또 남이 성장하도록 돕기를 바란다는 인식에서부터 모든 걸 시작한다. 그러나 많은 기업에서 직원들은 그저 가르침을 받기만 할 뿐 가르치는 행위는 전문가라는 사람들이 한다. 직원이 배우기와 가르치기를 동시에 하면 안 될 이유가 전혀 없는데도 말이다.

업무 규칙 회사 안에 학습 체계를 구축하려면

- '의도적 연습' 체계를 도입하라. 반드시 익혀야 할 교훈을 쉽게 소화할 수 있는 작은 부분들로 쪼개고 명확하고도 즉각적인 평가 속에서 이를 반복 실천하라.
- 최고의 직원에게 다른 직원을 가르치게 하라.
- 직원들의 행동을 바꾼다고 확실하게 입증된 프로그램에만 투자하라.

10장

차등하게
보상하기

같은 일을 하는 두 사람에게
주는 보상이 달라야 하는 이유

"Pay Unfairly"

Why it's okay to pay two people in the same job completely different amounts

아쉽게도 나는 구글의 초대 기술 담당 상무인 웨인 로징과 함께 일을 해본 적이 없다. 그는 내가 구글에 입사하기 전에 은퇴했다. 하지만 그와 관련된 얘기들은 마치 전설처럼 지금도 회자되며 구글의 구석구석까지 스며 있다. 그중 내가 가장 좋아하는 것은 구글이 상장되기 몇 주 전에 그가 기술자들에게 했던 연설이다. 이 연설의 주제는 구글의 가치를 지속적으로 지켜나갈 것, 사용자에게 초점을 맞출 것 그리고 기업공개를 한다고 해서 달라질 건 아무것도 없다는 것이었다. 기업공개가 되더라도 다음 날 직원들은 평소와 다름없이 출근해 사용자를 위한 멋진 제품을 개발하기 위해 땀을 흘릴 것이다. 직원들은 어제보다 더 부자가 되어 있을 것이고 또 실제로 어떤 사람들은 계산할 수도 없을 만큼 엄청난 부자가 되어 있겠지만, 그런 사실이 우리를 예전과 다른 사람으로 바꿔놓을 수는 없다고 했다. 그는 자기가 한 말의 핵심을 강조하기 위해 마지막으로 이렇게 말했다. "우리 회사가 상장되고 나서 우리 주차장에 BMW가 주차되어 있는 게 내 눈에 띄면 어떻게 될 것 같나요? BMW를 살 사람은 똑같은 차를 두 대 사는 게 좋을 겁니다. 내가 야구방망이로 주차장에 있는 차의 유리창을 박살낼 테니까 말입니다."

구글이 상장되면서 많은 사람이 백만장자의 반열에 올라섰지만, 우리는 적어도 여러 해 동안 과시적인 소비의 유혹에서 상대적으로 자유로운 편이었다. 과시와 허세를 혐오하는 이런 풍조가 딱히 구글만의 특성이라고 할 수는 없으며, 소프트웨어 개발자들이 가꿔온 문화의 한 부분이 실리콘밸리에 녹아 있기 때문이라고 할 수 있다. 〈뉴욕타임스〉 저널리스트 데이비드 스트라이트펠드David Streitfeld는 그 기원을 오늘날 실리콘밸리의 실질적인 기초가 닦였던 1957년으로 거슬러 올라가 찾았다.[157] 1957년은 로버트 노이스Robert Noyce, 고든 무어Gordon Moore, 유진 클라이너Eugene Kleiner 그리고 그 밖의 다섯 명이 페어차일드반도체Fairchild Semiconductor라는 회사를 설립하고 실리콘 트랜지스터를 대량생산하는 방법을 개발했던 해다.[158] 스트라이트펠드는 페어차일드반도체를 다음과 같이 묘사했다. "…… 완전히 새로운 종류의 기업이었다. 철저하게 개방적이고 위험을 추구했다. 동부의 엄격한 위계는 찾아볼 수 없었다. 그러므로 과시적인 소비도 없었다." 노이스는 나중에 자기 아버지에게 "돈이 진짜 돈 같지 않아요. 그건 그냥 우리가 기록하는 점수를 나타내는 표식일 뿐인 걸요, 뭘"이라고 말했다.[159] 실리콘밸리의 윤리는 그때부터 지금까지 변함없이 "열심히 일해라. 그러나 과시하지는 마라"였다.

하지만 이런 풍조는 몇 년 사이에 제법 많이 바뀌었다. 심지어 구글에서도 그렇다. 수십억 달러 규모의 기업공개가 페이스북, 링크드인, 트위터 등에서 연이어 터지고, 기업공개를 앞둔 기업 직원들이 수십억 달러 규모의 주식을 팔 수 있는 주식시장이 활활 불타오르면서 실리콘밸리에는 돈과 테슬라 로드스터와 100만 달러짜리 집이 흘러넘쳤다. 저널리스트인 닉 빌튼Nick Bilton은 당시 실리콘밸리의 윤리의식을 다음과 같이 요약했다.

> "뉴욕에서는 인상적인 옷차림을 한 사람들을 볼 수 있다. 샌프란시스코 사람들은 5성급 호텔에서도 청바지와 후드티를 입을 수 있다는 데 자부심을 가진다(비록 고급 잡지들은 반대로 얘기하지만……).
>
> 그리고 뉴욕에서 사람들은 과시욕으로 흥청망청 돈을 써댄다.
>
> 샌프란시스코에서는 어떨까? 그렇다. 오라클 CEO이자 아메리카컵(1851년에 창설된 국제 요트 경기 및 이 경기의 우승컵-옮긴이)의 챔피언인 로렌스 엘리슨Lawrence Ellison은 자기 재산을 과시할 수 있어 더할 나위 없이 행복해했다. 그러나 여기 사는 부자 대부분은 자기가 부자임을 숨기려한다. 자기가 부자란 사실이 "우리는 세상을 더 낫게 만들기 위해 여기 있다"는 실리콘밸리의 이미지와 상충할지도 모른다는 두려움 때문이다(내가 아는 어떤 성공한 창업자도 개인 제트 비행기를 소유하고 있다는 사실을 비밀에 부치고 이 비행기를 타려고 나설 때는 1985년식 낡은 혼다자동차를 몰고 간다)."[160]

웨인의 발언에는 졸부에게 흔히 뒤따르는 흥청망청한 과시적인 소비를 경계하라는 충고 이상의 깊은 의미와 역사가 담겨 있었다.

구글은 과시욕을 피하려는 문화를 갖고 있다. 나무를 자를 때 괴는 용도로 쓰던 나무로 만든 책상도 그렇고, 구글의 취리히 지사와 시드니 지사처럼 버려진 스키 곤돌라나 모노레일 차량을 개조해 만든 회의실이 그렇다.[161]

호주 시드니 지사에 있는 모노레일 차량 개조 회의실들
© Google, Inc.

독일 취리히 지사에 있는 곤돌라 개조 회의실들
© Google, Inc.

우리 제품에도 이런 윤리의식이 배어 있는데, 이 정신이 구현된 것이 바로 산만한 것 하나 없이 깔끔한 검색 페이지다. 우리 검색 페이지는 등장 당시 혁명적이었다. 그때만 해도 사용자가 단일한 포털이 인터넷의 모든 것이 담고 있기를 원한다는 게, 그래서 하나의 포털이 수십 개의 다른 포털들을 모두 담고 있어야 한다는 게 사람들의 일반적인 생각이었다. 그러나 래리와 세르게이는 사용자가 검색어를 적으면 자기가 원하는 것만 펼쳐지기를 바란다고 생각했다. 2000년 2월 29일 당시에 검색 분야에서 선두를 달리던 라이코스와 익사이트의 홈페이지를 구글의 홈페이지와 비교하면 두 사람의 생각이 얼마나 획기적이었는지 짐작할 수 있다.[162]

2000년경의
라이코스닷컴의
홈페이지
© Lycos

2000년경의
익사이트닷컴의
홈페이지
© Excite and
Mindspark

2000년경의 구글닷컴의 홈페이지 © Google, Inc.

　여백이 많은 우리 홈페이지는 당시 사용자들로서는 그야말로 보도 듣도 못한 것이었던 터라 화면이 다 열렸는데도 불구하고 그냥 바라보기만 할 뿐 아무것도 입력하지 않았다. 우리는 시작 화면을 열어놓고 왜 검색창에 검색어를 입력하지 않는지 영문을 알 수 없었다. 그러다가 인근 대학으로 나가 구글을 사용하는 학생들을 살펴보고 나서야 그 이유를 알았다. 당시 구글 직원이었고 지금은 야후 CEO인 머리사 메이어에 따르면 사람들은 빽빽한 웹사이트에 너무도 익숙한 나머지, "플래시창이 뜨고 화면이 빙글빙글 돌고 마우스로 원숭이를 때려 광고를 확인하라는 요청이 나오도록 기다렸고", 따라서 추가로 다른 것이 나타나길 기다렸던 것이다.[163] 사용자들은 화면이 아직 다 열리지 않은 것이라 생각하고 화면이 완전히 열릴 때까지 계속 기다렸던 것이다. 이런 문제 아닌 문제와 관련해 기술 담당 상무인 젠 피츠패트릭은 다음과 같이 덧붙였다. "우리는 마침내 화면 아래쪽에 저작권 태그를 붙이기로 했습니다. 저작권을 표시할 필요가 있기도 했지만, 무엇보다 '이 화면은 이걸 마지막으로 다 열렸습니다'라고 알리고 싶었기 때문입니다." 결국 저작권을 표시함으로써 그 문제는 해결됐다.

한번은 세르게이가 구글 홈페이지가 그처럼 휑뎅그렁한 이유는 자기가 웹페이지를 올리는 데 사용되는 프로그래밍 언어인 HTML에 익숙하지 않기 때문이라고 농담을 한 적이 있다. 젠에 따르면 사실은 그게 아니었다. "그것은 우리 자존심의 표현이 됐고 시야를 어지럽히는 것들을 모두 걷어내겠다는 설계 의도의 표현이었습니다. 우리가 해야 할 일은 사용자를 여기서 저기로 최대한 빠르게 데려다주는 것이었으니까 말입니다." 결국 그 선택은 보다 나은 사용자 경험으로 귀결됐다. 사용자의 시선이 분산되지 않았고, 화면은 한층 더 빠르게 열렸으며 또 사용자가 찾고자 하는 목적지까지 보다 빠르게 연결됐다.[164]

그러나 기업공개가 이런 구글 문화를 바꿔놓을지 모른다는 웨인의 조심스러운 염려는 매우 인상적이었다. 직원들에게 어떻게 금전 보상을 할 것인가 그리고 어떻게 구글이 지키려는 가치와 조화를 이루는 가운데 그 보상을 공정하게 할 것인가 하는 문제는 구글에서 줄곧 심각하게 다뤄졌기 때문이다. 아닌 게 아니라 실제로 경영진의 일원으로서 우리 팀은 인사문제에 관한 한 인재 채용을 제외하고는 다른 어떤 문제보다도 금전 보상 문제를 고민하고 논의하는 데 많은 시간을 보냈다. 인재 채용은 언제나 가장 우선적인 문제다. 당신이 자기보다 더 나은 사람을 채용할 것이므로 이 문제만 해결하면 인사와 관련된 대부분의 문제들은 저절로 해결되기 때문이다.

처음 한두 해 동안에는 돈에 쪼들렸다. 인터넷 광고를 경매에 붙일 수 있다는 사실을 깨닫고 매출이 발생되기 시작한 뒤로도 우리는 우리가 걸어온 대부분의 역사에 비춰볼 때 상대적으로 높은 봉급 지급을 꺼렸다. 구글이 상장되기 전에 임원급 직원의 평균 연봉은 14만 달러였다. 한편으로 14만 달러는 엄청난 금액이지만, 다른 한편으로 그런 연봉을 받을 수 있는 사람은 구글에서도 상위에 속하는 소수였다. 게다가 우리 직원들이 거주하는 산타클라라 카운티와 샌머테이오 카운티는 미국에서도 생활비가 가장 많이 들기로 손꼽히는 지역이었다. 구글의 평균 연봉은 그 지역의 가구당 연평균 중간 소득인 8만 7,000달러를 밑도는 수준이었다.[165]

구글에 입사하는 직원은 거의 대부분 예전 직장에서보다 연봉을 적게 받았다. 앞서 3장에서도 언급했지만, 우리는 심지어 이런 조건을 우리 회사에 취업하겠다는 지원자를 걸러내는 도구로 쓰기도 했다. 불확실한 위험을 무릅쓰겠다는 기업가정신을 가진 사람만이 예전 직장에서 받던 연봉 가운데 2만 달러나 5만 달러, 심지어 10만 달러까지 깎일 각오를 할 거라고 나름대로 추론했던 것이다. 구글에 새로 발을 들여놓는 직원은 시험을 한 가지 더 거쳐야 했다. 스톡옵션 조건으로 연봉에서 5,000달러를 추가로 포기해야 할 수도 있었던 것이다(그런데 이 거래를 받아들인 직원이 받은 이후의 주식은 어마어마한 금액이 됐다).*

---

* 구글 주식은 2014년에 1 대 2로 주식 분할이 이뤄졌는데, 초기에 입사한 구글 직원이 갖고 있는 주식은 1만 주다.

회사가 계속 성장함에 따라 우리는 직원에 대한 금전적인 보상 원칙을 바꿔야 한다는 사실을 깨달았다. 낮은 연봉과 기업공개와 같은 주식 보상 약속으로는 최고의 인재를 계속 끌어들이지 못한다고 판단한 것이다. 저널리스트인 앨런 도이치먼Alan Deutschman은 2005년에 이 주제를 갖고 세르게이 브린과 인터뷰를 했다.

직원 수가 수백 명일 때는 모든 직원이 엄청난 돈을 벌 기회를 얻을 수 있기 때문에 스톡옵션은 강력한 동기부여가 된다고 브린은 말한다. 그러나 "수천 명일 때는 동기부여가 되지 않는다"고 말한 이유는 사람이 너무 많아 한 사람에게 돌아가는 몫이 너무 작기 때문이다. "게다가 사람들은 정말 엄청난 보상을 받길 원한다." 비록 구글이 현재 전 세계에 약 3,000명의 직원을 두고 있긴 하지만 그는 "직원에 대한 보상은 보다 더 낮은 연봉과 보다 더 높은 스톡옵션을 제공하는 신생기업과 비슷해야 한다고 느낀다. 이것은 단지 리스크를 분산하겠다는 의도만은 아니다. 그보다 더 큰 의미가 따로 있다. 우리는 가능성을 제공한다. 최고 수준의 가능성보다 약간 덜하긴 하지만 우리는 한층 더 높은 성공 가능성을 직원들에게 제공하고자 한다"고 말한다.

우리는 또한 직원들이 계속 헝그리 정신을 갖고 가슴에 '대박'을 터트리겠다는 야심을 품길 바랐다. 우리는 직원들을 백만장자로 만들었던 다른 기술 기업들의 경험을 면밀하게 연구했다. 이와 관련해 도이치먼은 다음과 같이 적었다. "1990년대에 마이크로소프트에서는 소프트웨어 기술자들과 마케팅 직원들이 회사 근처를 다닐 때

'fuifv'라는 글자가 적힌 배지를 붙이고 다녔다. 처음 두 글자 'fu'가 무슨 뜻일지는 추측할 수 있을 것이다. 그 뒤의 세 글자 'ifv'는 'I'm fully vested(나는 스톡옵션을 이미 다 받았다)'라는 뜻이다(전체 뜻은 "빌어먹을, 나는 이제 스톡옵션을 단 한 주도 받을 일이 없다"가 된다 – 옮긴이)."

우리도 직원들이 그렇게 되는 것을 전혀 원하지 않았다!

우리는 그 후 10년을 모든 환경 요인들과 내재적인 금전 보상을 올바르게 하는 것(즉 우리의 과제와 초심을 잃지 않을 것, 투명성을 강조하고 실천할 것, 회사 운영에 직원의 목소리를 강력하게 반영할 것, 탐구하고 실패하고 학습할 자유를 보장할 것, 협력을 용이하게 해주는 물리적 공간을 확보할 것 등) 외에도 외재적인 금전 보상을 미세하게 조정하면서 보냈다. 이런 과정을 거쳐 네 가지 원칙이 만들어졌다.

1. 차등하게 보상하라.
2. 성취를 축하하는 것이지, 보수를 주는 것이 아니다.
3. 사랑을 퍼뜨리기 쉽게 만들어라.
4. 실패를 해도 사려 깊은 실패에는 보상을 하라.

구글 창업자들은 지금까지 늘 관대했다. 래리와 세르게이는 회사가 만들어내는 가치는 직원들과 함께 만들어내는 가치이니만큼 당연히 직원들과 나눠야 한다고 믿는다. 이에 따라 구글 직원은 자기가 들인 노력에 대한 보상으로 엄청난 액수의 돈을 받을 수 있다.*

---

* 나는 이번 장에서 돈을 표시하는 어마어마한 수치들을 마구 던질 참이다. 이 수치들 가운데 어떤 것들은

구글 정도의 대규모 기술 기업들은 모든 직원에게 의미 있는 정도의 스톡옵션 제공을 이미 중단했다. 고위 간부들에게 더 큰 보상을 하는 데 치중하고 나머지 대다수 직원들은 거들떠보지도 않는다. 우리 업계 바깥의 얘기이긴 하지만 내가 아는 어떤 회사는 수십억 달러 혹은 수백억 달러의 가치가 있는 스톡옵션을 상위 0.3퍼센트에 해당하는 고위 간부들에게 제공하고, 그다음 1퍼센트에 해당하는 그 아래 등급의 간부들에게는 1,000달러의 가치가 있는 스톡옵션을 제공하며, 나머지 98.7퍼센트의 직원들에게는 스톡옵션을 전혀 제공하지 않는다. 최고의 직원에게 보상하지 않고 고위 간부들에게만 기름칠을 해대는 것이다. 이런 혜택을 받는 어떤 임원과 대화를 나눈 적이 있는데, 이 사람은 자기는 1년 연금이 50만 달러를 찍기 전에는 은퇴를 거부할 생각이라고 했다(변호하는 입장에서 보면 이 사람은 굉장히 유능한 인물이다).

구글에서는 모든 직원이 어느 나라의 어느 지역 지사에서 일을 하든, 회사의 상태가 어떠하든 스톡옵션을 받을 권리를 가진다. 직원이 받을 수 있는 금전 보상은 해당 직원의 직무와 지역 특성에 따라 차이가 있다. 하지만 실제로 보상의 규모를 결정하는 가장 중요한 요소는 해당 직원이 거두는 성과다. 구글은 모든 직원에게 스톡옵션을 주지 않아도 되지만 굳이 그렇게 한다. 그게 좋은 일이고 또 옳은 일이기 때문이다.

반올림을 할 것이다. 계산을 보다 쉽고 분명하게 하기 위해 그리고 쓸데없는 세밀함에 빠져 허우적거리지 않기 위함이다. 그러나 어떤 수치들은 구글 직원들에게 제공했던 기회들을 상세하게 설명하기 위해 세밀하게 표시할 참이다.

구글이 특권적인 지위에 있음을 잘 안다. 나는 한때 시급 3.35달러를 받고 일한 적이 있다. 그러다가 시급 4.25달러짜리 일자리를 찾았을 때는 얼마나 행복했는지 모른다. 그리고 연봉 3만 4,000달러를 받는 일자리를 잡았을 때는 평생 돈 걱정을 하지 않아도 되겠다 싶었다. 그때 첫 봉급을 받았던 날을 나는 아직도 생생하게 기억한다. 근사한 저녁을 먹으러 나가 우쭐한 기분을 느끼며 애피타이저와 음료까지 곁들여 주문했다(얼마나 대단한 사치였던지!).

이윤 폭이 상대적으로 낮은 업계에 속한 회사들은 직원에게 후하게 보상하는 게 오히려 똑똑한 선택이 될 수 있다. 코스트코와 월마트의 샘스클럽은 창고형 소매점을 운영하는데, 콜로라도대학 덴버 캠퍼스의 교수인 웨인 카시오Wayne Cascio는 2006년에 이 두 업체를 다음과 같이 비교했다.[166]

	샘스클럽	코스트코
점포 수	551개	338개
직원 수	110,200명	67,600명
평균 임금	시간당 10~12달러 †	시간당 17달러

† 월마트는 샘스클럽 직원의 임금을 공개하지 않았으며, 이 수치는 카시오가 추정한 것이다.

샘스클럽과 코스트코 비교

코스트코는 상대적으로 높은 임금을 지급했을 뿐만 아니라 당시 건강보험에 가입해 있던 82퍼센트의 직원에게 보험료의 92퍼센트를 지급했다. 그리고 91퍼센트의 직원은 코스트코의 퇴직자연금보험에 가입했는데, 코스트코는 이 보험에 가입한 직원 1인당 1,330달러를 지급했다. 이처럼 샘스클럽에 비해 비용 구조가 훨씬 더 높았음에도 불구하고 코스트코는 상대적으로 씀씀이가 큰 고객과 값나가는 고가 물품들에 힘입어 직원 1인당 운영 수익이 샘스클럽의 1만 1,615달러보다 훨씬 높은 2만 1,805달러를 기록했다.

요컨대 1인당 인건비는 55퍼센트 더 많이 들었지만 1인당 수익은 88퍼센트 더 많이 창출됐던 것이다. 이를 두고 카시오는 다음과 같이 설명했다. "코스트코는 직원에게 관대한 임금과 복지 혜택을 베풂으로써 창고형 소매업계에서 가장 충성스럽고 생산적이며 또 직원 절도율이 가장 낮은 인력을 거느리게 됐다.…… 코스트코의 안정적이며 생산성 높은 인력은 상대적으로 높은 비용 부담을 상쇄하고도 남는다."

지금부터 나는 그 어떤 것보다 민감한 이 주제를 구글이 어떻게 처리해왔는지 매우 상세하면서도 구체적으로 얘기할 참이다. 그렇다고 해서 구글이 이러저러하게 잘해서 성공했다는 식으로 과시하려는 의도는 없다. 오히려 그 반대다. 우리가 직원들의 금전 보상 문제에 접근하면서 저질렀던 수많은 실수를 밝혀 교훈으로 삼을 수 있도록 하고자 한다.

우리는 그동안 줄곧 임금과 공정함 그리고 공정성과 행복이라는 화두를 붙잡고 연구했다. 그 덕분에 직원들이 서로를 질투하지 않도록 하면서도 누군가가 거둔 성공을 축하하는 방법을 조금은 깨우쳤다. 우리는 다른 사람들이 얻은 통찰들을 가져다가 썼고, 사람들이 자기에게 기쁨을 가져다줄 거라고 생각하는 것이 실제로 언제나 그런 것은 아님을 입증했다. 구글의 경험이 다른 기업에 조금이라도 교훈이 되어, 그들의 업무 현장에 보다 많은 자유와 축하와 만족이 넘쳐나면 좋겠다. 이게 나의 바람이다.

》 최고의 직원은 연봉보다 더 큰 가치를 지닌다

대부분의 기업이 '공정함'을 잘못 해석해 최고의 성과를 낸 직원과 회사를 떠날 가능성이 가장 높은 직원을 우선적으로 대우하는 보상 제도를 설계한다. 가장 중요하고 결정적인 원칙을 지키려면 일반적인 관행에 등을 돌려야 한다. 물론 처음 한동안은 불편을 감수해야 한다.

금전 보상에서의 이른바 베스트 프랙티스는 가장 먼저 직무별로 시장 자료를 모으고, 한 개인에게 지급할 보상이 다른 직원 및 시장의 일반적인 수준에 비춰 얼마나 차이가 나는지 확인한 다음 최대 한계와 최소 한계를 정하는 것이다. 회사들은 보통 시장 수준에서 상하로 20퍼센트를 한계 수준으로 정하는데, 기존의 최고 직원에게는 시장 수준에서 30퍼센트 더 높은 수준까지 허용한다. 그리고 평균적인 성과를 낸 직원은 연간 2~3퍼센트 임금을 인상하고, 비범한 성과를 낸 직원은 5~10퍼센트 임금을 인상하는데, 이 인상폭은 회사에 따라 다르다. 이처럼 성과에 따라 차등적으로 연봉을 지급할 경우 전혀 기대하지 않은 결과가 나온다. 예컨대 비범한 성과를 거둔 직원일 경우 연봉 인상은 잇달아 높은 수준으로 이뤄지고, 그러다가 상한선에 가까워지면서 인상폭은 점점 줄어들고 나중에는 동결되고 만다.

　자, 여기서 이런 상상을 해보자. 당신은 최고의 성과를 기록하면서 회사에 엄청난 기여를 하는 영업직원이거나 회계원이거나 기술자다. 당신은 첫해에 10퍼센트 인상 혜택을 받지만 그다음 해에는 7퍼센트 그리고 그다음 해에는 5퍼센트 혜택을 받다가 나중에는 직원 평균 수준의 혜택만 받을 것이다. 결국에는 동일한 노동을 하면서 연봉 상한선에 걸린 사람이라는 뜻으로 인적자원 담당자들 사이에 통용되는 용어인 '레드 서클드red circled'로 분류되어 더는 임금 인상의 혜택을 받지 못할 것이다. 비슷한 상한선 설정은 상여금이나 주식 배당에도 적용된다. 승진도 마찬가지다. 성과에 걸맞은 시의적절한 승진 제도는 높은 성과를 기록한 당신을 빠르게 승진시켜주겠지만, 곧 한계에 부닥쳐 아무리 높은 성과를 기록해도 더는 승진할 수 없게 될 것이다.

　이 제도는 무언가 잘못됐다. 대부분의 기업은 원가 관리 차원에서 이런 식으로 금전 보상을 관리한다. 어느 한 직무에서 거둘 수 있는 성과의 폭이 그다지 크지 않다고 생각하기 때문이다. 그러나 이런 생각은 틀렸다. 로버트 프랭크Robert Frank와 필립 쿡Philip Cook은 공저서 《승자독식사회The Winner-Take-All Society》에서, 최고로 유능한 인재들은 점점 더 찾아보기 어렵고 쉽게 회사를 떠나며, 게다가 이런 인재들은 자기가 회사를 위해 창출한 가치 가운데 보다 큰 몫을 달라고 주장하므로 보다 더 많은 직무에서 보상의 불평등 규모는 점점 커질 거라고 지적했다. 최고의 성과를 내는 직원은 최고의 보상을 바라며 이들은 회사에 지속적으로 비범한 결과를 안겨준다는 것, 이것이 바로 프랭크와 쿡이 발견한 원리다.

문제는 한 직원이 회사에 기여한 몫의 증가 속도가 이 사람이 회사로부터 받는 금전 보상의 증가 속도보다 빠르다는 점이다. 예를 들어 정상급 컨설팅회사는 MBA를 졸업한 신입 직원에게 연봉 10만 달러를 지급하고 컨설팅 고객 회사에게는 하루 2,000달러(1년에 50만 달러), 즉 그 직원이 받는 연봉의 다섯 배를 요구할 수 있다. 다음 해에 그 직원은 12만 달러에서 15만 달러를 받겠지만 고객에게는 직원이 받는 연봉의 약 여덟 배인 하루 4,000달러(1년에 100만 달러를) 요구할 수 있다. 이 직원이 회사나 고객에게 100만 달러의 가치를 창출해주는지 여부와 상관없이, 그가 창출한 가치 중 자기가 가져가는 몫은 해마다 줄어든다.

물론 이것은 매우 극단적인 사례지만, 전문적인 서비스를 제공하는 대부분의 회사에서 전형적으로 나타나고 반복된다. 이것은 스탠퍼드대학의 경제학자인 에드워드 러지어Edward Lazear가 평균적으로 직장인은 초기에는 자기가 기여한 몫에 비해 상대적으로 적게 보상을 받고 나중에는 상대적으로 많이 받는다고 줄곧 주장해온 것과는 반대되는 양상이다.[167] 내부적인 금전 보상 체계는 최고의 성과를 내는 직원에게 그가 창출한 가치에 걸맞은 보상을 해줄 수 있을 정도로 충분히 빠르게 작동하지도 않고 유연하지도 않다.

따라서 이런 상황에서 비범한 성과를 내는 당신이 선택할 수 있는 합리적인 최상의 길은 그 회사에서 나와 합당한 대우를 해줄 다른 회사를 찾는 것이다.

〈포춘〉 선정 100대 기업에 드는 회사에서 이른바 'C * * 수준'의 직무('chief'라는 단어로 시작하는 처음 세 개의 직무로 CEO, CFO, COO)는 5년이나 10년 단위로 바뀐다.

자, 나이가 서른 살 혹은 마흔 살인 당신은 매우 비범한 성과를 내는 인재라고 치자. 당신은 같은 회사에 있는 한 10년에 한 번밖에 그 수준의 승진 사다리를 올라갈 수 없다. 그동안 당신이 받는 연봉은 간헐적으로 인상될 뿐이고, 당신은 다음 승진 때까지는 연봉 인상을 제한하는 회사 정책과 필연적으로 충돌한다. 가장 빠르게 성장하는 사람 그리고 최고 수준의 성과를 내는 사람으로서는, 자기가 창출하는 가치에 걸맞은 보상을 확실하게 받을 수 있는 유일한 길은 독점적으로 운영되는 회사 내부 시장을 떠나 자유시장으로 들어가는 것이다. 즉 새로운 일자리를 찾아 지금까지 몸담았던 회사를 떠나 당신의 실제 가치를 바탕으로 협상을 하는 것이다. 이것이 바로 현재 노동시장에서 벌어지고 있는 일이다.

그렇다면 왜 기업은 최고의 인재가 회사를 떠나도록 만드는 제도를 설계한 걸까? 이유는 간단하다. '공정함'이라는 개념을 잘못 해석하기 때문이며 직원들에게 정직하게 말할 용기가 부족하기 때문이다. 보상의 공정함이라는 것은 동일한 직무를 수행하는 사람에게는 동일한 보상 혹은 추가 20퍼센트의 한계를 벗어나지 않는 수준의 보상을 해야 한다는 뜻이 아니다.

공정성은 개인이 기여한 몫과 개인이 받는 보상 수준이 적절하게 일치할 때를 말한다.* 따라서 개인별로 당연히 엄청난 차이가 존재

---

* 대부분의 기업이 채택하는 보상 방식은 평등(equality) 개념과 공정성(fairness) 개념을 혼동한다. 평등은 개

할 수밖에 없고 또 그렇게 되어야 한다. 3장에서 언급했던 구글의 기술 개발 담당 전무 앨런 유스터스가 했던 "최고 수준의 기술자가 갖는 가치는 평균적인 기술자의 300배다"라는 말에 귀를 기울여야 한다. 빌 게이츠는 다음과 같이 말하면서 한층 더 적극적인 의견을 밝혔다. "위대한 선반공은 평균적인 선반공이 받는 임금의 몇 배를 받는다. 그러나 위대한 소프트웨어 개발자는 평균적인 소프트웨어 개발자에 비하면 1만 배나 큰 가치를 지닌다."

소프트웨어 개발자들 사이의 가치 격차는 다른 어떤 직종에서 일하는 사람들 사이의 가치 격차보다 크다. 하지만 회계사 직종은 그렇지 않다. 아무리 위대한 회계사라 해도 평균적인 회계사 100명의 몫을 하면서 그 100명을 다 합친 가치를 가질 수 없다. 그래봐야 서너 사람의 몫을 할 뿐이지 않겠는가!

그렇다고 해서 내 말을 곧이곧대로 믿지는 말기 바란다. 1979년에 미국 인사관리처US Office of Personnel Management, OPM의 프랭크 슈미트Frank Schmidt는 〈타당한 선택 절차들이 직원의 생산성에 미치는 영향Impact of Valid Selection Procedures on Work-Force Productivity〉이라는 획기적인 논문을 썼다.[168] 슈미트는 내가 3장과 4장에서 주장한 것과 마찬가지

인적인 권리나 정의를 말할 때 매우 중요한 개념이다. 그러나 모든 직원에게 똑같이/평등하게(혹은 거의 똑같이/평등하게) 보상한다면 최악의 직원을 지나치게 우대하며 최고의 직원을 지나치게 박대하는 셈이 된다. 그렇기 때문에 인적자원 전문가들은 심지어 이와 관련된 자신들만의 표현을 갖고 있다. 이들은 '내부적인 공평함'을 지키려면 최고의 성과를 낸 직원들에 대한 보상 수준을 제한해야 한다고 말한다. 그런데 다른 사람들보다 돈을 더 벌어들이는 몇몇 직원들에게는 '공평하지' 못할 수 있다. 공평하지 못하겠지만 공정할 것이라는 말은 적어도 형식적으로는 옳다.

이 장에서 다루는 주제를 보다 더 정확하게 표현한다면 '평등하지 않게 보상하기'가 될 것이다. 그러나 나는 '차등하게 보상하기'라는 표현을 선택했다. 이렇게 하는 편이 문제를 보다 선명하게 부각시키기 때문이다. 그리고 보상 격차의 폭을 엄청나게 크게 설정할 경우 처음에는 인적자원 담당자나 관리자들이 불평등할 뿐만 아니라 불공정하다고 느낄 것이기 때문이다.

로, 대부분의 기업에서 채택한 채용 절차가 재능이 넘치는 인재를 선발하지 못한다고 믿었다. 만일 회사가 보다 더 유능한 사람을 채용하면 실질적으로 수익이 더 많이 발생한다는 사실을 증명할 수 있다면, 기업은 직원 채용의 질을 높이는 데 초점을 맞출 거라고 추론했다.

슈미트는 연방정부 소속으로 중간 등급의 성과를 내는 컴퓨터 프로그래머들을 연구했다. 그는 자기가 상위 프로그래머라고 이름을 붙인 집단이 하위 50퍼센트부터 85퍼센트까지 구간으로 정의한 평균적인 프로그래머에 비해 얼마나 더 많은 가치를 창출하는지 따져 보았다. 그 결과 그는 1979년도의 달러 가치로 환산할 때 1인당 연간 약 1만 1,000달러를 더 많이 창출한다는 결론을 얻었다.

이후 그는 정부가 채용 과정에서 상위 프로그래머를 보다 더 잘 선발했을 때 추가로 얼마나 더 많은 가치가 창출될 수 있을지 추정했다. 이렇게 해서 나온 그의 추정치의 중앙값은 연간 300만 달러였다. 아울러 연방정부가 전국적으로 보다 나은 선발 절차를 거쳐 프로그래머를 채용한 경우를 가정할 때 추가로 창출됐을 거라고 추정한 추정치의 중앙값은 연간 4,700만 달러였다.

그런데 슈미트는 딱 한 가지 점에서 실수를 했다. 최고 수준의 성과를 내는 프로그래머는 그가 생각한 것보다 더 많은 가치를 창출한다. 이런 점에서 볼 때, 슈미트보다는 앨런과 빌 게이츠가 진리에 한층 더 가깝게 다가서 있다.

슈미트는 프로그래머들이 거두는 성과가 정규분포곡선을 이룰 거라고 가정했다.

8장에서 언급했던 어니스트 오보일 주니어와 허먼 아귀니스는 학술지 〈인적심리학_Personnel Psychology_〉에서 인간이 거두는 성과는 본질적으로 멱함수분포를 따른다고 말했다.[169] 정규분포와 멱함수분포의 가장 큰 차이는 어떤 현상에 대해서 정규분포가 극단적인 경우 발생할 가능성을 매우 낮게 예측한다는 점에 있다. 예를 들어 2008년 경제위기가 발생하기 이전까지는 금융권에서 사용하던 대부분의 모델은 시장수익률이 정규분포곡선을 따르는 것으로 설정했다. 이와 관련해 오보일과 아귀니스는 다음과 같이 설명했다. "정규분포곡선을 이용해 주식시장을 예측할 때 금융시장에서 단 하루 만에 주가가 10퍼센트가 떨어지는 경우는 500년에 한 번밖에 일어나지 않는다. …… 하지만 실제로 이런 일이 5년에 한 번씩 일어난다."

나심 니컬러스 탈레브_Nassim Nicholas Taleb_는 저서 《블랙 스완_The Black Swan_》에서 이런 사실을 분명히 적시하면서, 분포곡선에서 꼬리 부분에 위치하는 극단적인 사건들이 일어날 가능성은 대부분의 금융권 모델들이 설정하는 것보다 훨씬 더 높다고 설명했다.[170] 정규분포를 사용해 예측할 때보다 급격한 변동이 훨씬 더 자주 일어나며, 오히려 멱함수분포나 이것과 비슷한 분포를 사용해 예측할 때 더 정확하게 예측할 수 있다는 것이다.

개인의 성과 역시 멱함수분포를 따른다. 어떤 사람의 성과가 동료들의 성과보다 상상할 수 없을 정도로 엄청나게 높은 경우를 찾아보기란 어렵지 않다. 우선 GE의 CEO였던 잭 웰치와 애플과 픽사의 CEO였던 스티브 잡스를 들 수 있다. 월트디즈니와 스물여섯 개의 아카데미상 수상은 스티브 잡스라는 한 개인이 일구어낸 성과라고는 도저히 믿기지 않을 정도다.[171] 벨기에 소설가 조르주 심농Georg-es Simenon은 570권의 책과 이야기를 썼는데 모두 합해 최소 5억 부, 최대 7억 부가 팔렸다. 영국 여성 작가 바버라 카틀랜드Barbara Cartland는 700편이 넘는 로맨스 소설을 썼는데, 그녀의 소설은 최소 5억 부, 최대 10억 부가 팔렸다.[172] 2014년 초에 미국 가수 브루스 스프링스틴Bruce Springsteen은 그래미상 후보로 지명됐는데, 무려 49번째였다. 그룹 유투와 돌리 파튼Dolly Parton도 45회나 후보로 올랐다. 그러나 이들은 모두 74회를 기록한 게오르크 솔티Georg Solti와 79회를 기록한 퀸시 존스Quincy Jones보다는 아래다.[173] 농구에서 보스턴셀틱스의 빌 러셀Bill Russell은 13시즌 동안 NBA 챔피언 반지를 무려 열한 번이나 받았으며,[174] 골프의 잭 니클라우스Jack Nicklaus는 메이저 골프 대회에서 18회나 우승했고,[175] 테니스의 빌리 진 킹Billie Jean King은 그랜드슬램을 39회나 달성했다.[176]

	정규분포 예측치	실제 수
10편 이상의 논문을 발표한 연구자	35	460
11회 이상 그래미상 후보로 지명된 가수 †	5	64
14회 이상 미국 하원 배지를 단 정치인 ††	13	172

† 오스카상, 맨 부커상, 퓰리처상, 〈롤링스톤〉 선정 500대 노래와 그 밖의 36개 상에서도 같은 양상이 나타난다.
†† 미국 주의회, 캐나다 주의회 그리고 덴마크, 에스토니아, 핀란드, 아일랜드, 네덜란드, 영국, 뉴질랜드 등의 의회에서도 같은 양상이 나타난다.

정규분포가 실제 성과를 제대로 예측하지 못하는 사례

오보일과 아귀니스는 63만 3,263명의 연구자, 연예인, 정치인, 운동선수를 표본으로 망라해서 다섯 차례에 걸쳐 연구를 진행했다. 앞의 표는 정규분포를 사용해 각각의 직업 집단에서 성과 기준으로 상위 0.3퍼센트에 속할 거라고 예측되는 사람의 수와 실제로 그 구간에 속하는 사람의 수가 얼마나 되는지 확인하고 비교한 것이다.

회사 직원에게 금전 보상을 할 때 우리는 슈미트가 정부기관 소속 프로그래머를 연구할 때 저질렀던 것과 똑같은 실수를 직관적으로 저지르고 말았다. 우리는 평균을 중앙값과 동일한 것으로 생각하며, 중간 수준의 성과를 낸 직원을 평균 수준의 성과를 낸 직원이라고 생각했다. 그러나 사실 대부분은 평균을 밑도는 성과를 낸다.

○ 연구자의 66퍼센트는 출판 논문의 수로 볼 때 평균에 미치지 못한다.
○ 에미상 후보로 지명된 배우의 84퍼센트는 지명된 총 횟수로 볼 때 평균에 미치지 못한다.
○ 미국 의원의 68퍼센트는 연임 횟수로 볼 때 평균에 미치지 못한다.
○ NBA 선수의 71퍼센트는 득점으로 볼 때 평균에 미치지 못한다.

평균에 미치지 못한다고 해서 나쁜 편에 속하는 게 아님을 알아야 한다. 자료가 보여주듯이 특별히 높은 기여를 하는 사람들은 대다수 사람들에 비해 엄청나게 높은 수준의 기여를 하면서 평균을 중앙값보다 훨씬 위로 끌어올리기 때문이다.

당신 회사나 GE와 같은 곳에서 직원의 성과 등급이 정규분포를 따르는 것처럼 보이는 유일한 이유는 인적자원 부서나 경영진이 그런 식으로 보이도록 억지로 만들기 때문이다. 기업들은 성과 분포가 정규분포일 거라고 줄곧 예상해왔고, 또 성과 등급을 평가하고 판정하는 사람들도 그런 기준을 따라야 한다고 훈련을 받아왔기 때문이다. 보상 역시 동일한 분포를 따라야 한다는 것이 정설로 굳어졌다. 하지만 이것은 직원들이 실제로 창조한 가치와 완전히 어긋난다.

적절한 멱함수분포를 적용할 때 슈미트의 성과 기준 85분위(상위 15퍼센트) 프로그래머는 평균보다 1만 1,000달러의 가치를 더 창출한 게 아니라 평균보다 2만 3,000달러를 더 창출했다. 그리고 1979년의 상위 0.3퍼센트 프로그래머는 평균보다 무려 14만 달러나 더 많은 가치를 창출했다. 인플레이션을 고려해 이 수치를 보정하면, 상위 0.3퍼센트의 이 프로그래머는 거의 50만 달러에 육박하는 가치를 더 창출했다.[177] 앨런의 추정이 한결 합리적임을 알 수 있다.

오보일과 아귀니스는 이것을 다음과 같이 세분해 설명했다. "전체 생산의 10퍼센트는 상위 1퍼센트에서 나오고, 26퍼센트는 상위 5퍼센트에서 나온다." 다시 말해 상위 1퍼센트에 해당하는 직원이 평균적인 직원 열 명 몫을 하고, 상위 5퍼센트에 해당하는 직원은 평균적인 직원 네 명 몫을 한다는 뜻이다. 물론 이런 양상이 모든 곳에 적용되는 것은 아니다. 오보일과 아귀니스도 "노동집약적이고 기술이 제한되어 있으며 공간적인 이유로 최소 및 최대 생산이 제한되는 산업 분야에서는" 직원이 기록하는 성과는 정규분포의 양상을 띤다고 지적했다. 이런 환경에서는 어떤 직원이 특별히 높은 성과를 기록할 가능성이 거의 없다. 산업 분야에 따라 분포의 양상은 달라지는 것이다.

그렇다면 자기 회사에서는 어떤 분포가 적용되는지 어떻게 알 수 있을까? 앨런은 내게 간단한 시험을 제시했다. "구글의 제프 딘이나 산자이 게마와트를 몇 사람과 맞바꿀 수 있을까?" 이 두 사람은 구글의 기술 담당 상무이자 구글의 선임연구원으로 오늘의 구글 그리고 현재 존재하는 모든 빅데이터 회사를 가능하게 했던 놀라운 기술들 가운데 하나를 발명한 인물들이다.

당신 회사에서 최고의 성과를 거두는 직원을 다른 사람 몇 명과 맞바꿀 수 있을까? 만일 여섯 명 이상이면 당신의 회사는 그 최고 직원에게 제대로 보상하지 않고 있을 가능성이 높다. 그리고 열한 명 이상이면 그럴 가능성은 거의 백퍼센트다.

구글에서는 다르다. 동일한 작업을 하는 두 사람의 성과 차이 및 금전 보상의 차이가 100배씩 날 수도 있다. 예를 들어 어떤 직원은 1만 달러의 스톡옵션을 받는 데 비해 동일한 직무를 수행하는 다른 직원은 100만 달러의 스톡옵션을 받는 상황은 늘 있었고, 지금도 그렇다. 이것은 정규분포의 양상이 아니다. 그러나 거의 모든 직급에서 금전 보상의 범위는 세 배 혹은 다섯 배까지 달라질 수 있다. 심지어 이런 경우에도 통상적인 범위를 훌쩍 뛰어넘는 보상을 받는 직원이 얼마든지 있다. 사실 구글에는 직급이 낮은 직원이 높은 직급의 평균적인 직원보다 훨씬 큰 성과를 내는 경우가 비일비재하다. 이는 자연스러운 현상이며, 이런 비범한 직원의 성과를 인정하는 보상 체계 역시 당연한 것이다.

극단적인 금전 보상이 제대로 작동하도록 하려면 우선 두 가지 역량을 갖춰야 한다. 하나는 해당 직원이 가져온 효과를 제대로 이해하는 역량이다(여기에는 시장 상황이 순풍 역할을 해주지 않았는가, 그 효과 중 얼마나 많은 부분이 팀 차원의 지원이나 회사 브랜드 가치에서 비롯되었는가 혹은 그 직원이 거둔 성과가 단기적인 승리인가 아니면 장기적인 승리인가 등과 같은 질문에 대한 답을 전체적인 맥락 속에서 파악하는 역량도 포함된다). 일단 그 효과를 평가하고 판정할 수 있다면, 그것을 바탕으로 가용 예산을 살핀 다음 그 직원에게 어떤 보상 곡선을 적용할 것인지 결정할 수 있다. 그런데 최고의 성과를 내는 직원이 평균적인 직원 열 명 몫을 한다 해서 반드시 열 배의 금전 보상을 해야 한다는 말은 아니다. 하지만 적어도 다섯 배는 해줘야 한다는 게 내 생각이다.[178] 만일 당신이 이런 제도를 채택한다면, 주어진 예산 범위를 초과하지 않는 유일한 길은 성과가 평균보다 낮은 직원들은 물론 평균적인 직원들에게도 예전보다 낮은 수준의 보상을 해주는 방법밖에 없다. 이런 조치가 처음부터 기분 좋게 받아들여질 리는 없다. 하지만 적어도 최고의 직원이 보다 합당한 금전 보상을 찾아 회사를 나가지 않도록 붙잡아둘 수 있으며, 다른 직원들도 그 다섯 배의 보상을 꿈꾸며 노력할 근거를 마련했다는 점에서 위로받을 수 있을 것이다.

다른 한 가지 역량은 이런 보상 체계를 온전히 이해하고 직원이나 다른 사람들이 물을 때, 이를테면 '왜 어떤 직원에게 주어지는 금전 보상이 그렇게 높은지 그리고 다른 직원도 비슷한 보상을 받으려면 어떻게 해야 하는지' 정확하게 설명할 유능한 관리자들을 확보하는 것이다. 다시 말해 극단적으로 높고 또 낮은 금전 보상이 합당해야 한다. 그런데 만일 당신이 이런 식의 보상 체계를 시행하면서도 직원들에게 금전 보상의 폭이 직원별로 매우 큰 차이가 날 수밖에 없는 이유를 설명할 수 없다면, 직원들이 그 높은 수준의 성과에 도달하도록 개선할 구체적인 여러 방법을 제시할 수 없다면, 당신은 직원들 사이에 질투와 분노의 씨만 뿌리는 셈이 된다.

어쩌면 대부분의 기업이 굳이 모험을 하지 않는 이유가 여기 있는지도 모른다. 같은 업무를 하면서도 누군가는 다른 사람의 두 배, 심지어 열 배나 되는 금전적 보상을 받아갈 정도로 보상의 차이를 크게 설정하는 일은 결코 쉬운 일이 아니다. 여기에는 엄청난 고통이 동반된다. 그러나 최고의 직원 혹은 최고가 될 자질을 갖추고 있는 직원이 사직서를 내고 당신 회사에서 나가는 모습을 보는 게 훨씬 더 참기 어려운 고통이다. 다시 한번 곰곰이 생각해보자. 최고의 직원에게 평균보다 훨씬 많은 금전적 보상을 하는 기업과 모든 직원에게 동일한 금전적 보상을 하는 기업 중 어느 쪽이 진정으로 공정하지 않은 즉 차등한 보상일까?

≫ 보상이 아니라 성취를 축하하라

2004년 11월, 구글이 설립된 지 6년이 지났고 기업공개가 이뤄진 지 3개월이 지날 무렵, 구글은 제1회 창업자 상Founders' Awards 시상식을 거행했다.[179] 분기별로 시상하는 이 상에 관해 세르게이는 주주들에게 보내는 창업자의 편지에서 다음과 같이 썼다.

우리는 회사에 가장 큰 기여를 한 직원들에게 관대해야 한다는 굳건한 믿음을 갖고 있습니다. 위대한 기여를 한 직원에게 정당한 보상을 하지 않는 회사가 너무도 많습니다. 때로는 너무 많은 사람에게 이익을 나눠야 하는 바람에 의미 있는 추가 보상이 되지 못하기 때문이기도 하지만, 때로는 최고의 기여를 한 직원들의 성취를 무시하기 때문이기도 합니다. 우리는 이렇게 하지 않으려고 합니다. 이것이 바로 지난 분기 동안 우리가 창업자 상을 개발한 이유입니다.

창업자 상은 회사의 발전에 특히 많은 기여를 한 팀에 특별한 보상을 해줄 목적으로 설계됐습니다. 성취 정도를 측정하는 단일한 기준은 없지만, 일반적인 어림짐작의 기준을 바탕으로 구글을 위해 엄청난 가치를 창출하는 어떤 것을 만들어낸 팀을 수상자로 선정할 것입니다. 수상자에게는 시간이 지나고 나면 본인 소유로 귀속될 구글의 주식을 상금으로 줄 것입니다. 팀원들은 각자 기여한 몫에 따라 이 주식을 나눠받을 텐데, 개인에게 돌아갈 상금의 몫은 최대 수백만 달러가 될 수도 있습니다……

소규모 신생기업과 마찬가지로 구글은 개인의 성취도에 따라 개인에게 회사의 성장 열매를 나눠줄 것입니다. 그러나 신생기업과 다르게 구글은 그런 성취가 한층 더 쉽게 이뤄지도록 도와줄 기회와 플랫폼을 제공할 것입니다.

3개월 선에 있었던 기업공개의 여파 속에서 구글 직원들은, 불과 몇 달 전에 입사한 사람들은 훨씬 일찍 입사한 직원들과 비교할 때 비슷한 가치를 창출하기에는 너무 늦었는데 이런 점을 반영하지 않은 방식으로 보상이 이뤄지는 게 아닌지 걱정했다. 경영진도 그건 공정하지 않다고 느꼈다. 기업공개 이후에 직원의 동기부여 수준이 떨어질까 우려하는 목소리가 사그러들지 않았다. 우리는 모든 팀이 각자 자기가 창출한 가치의 일부분을 갖게 하는 방식으로 보상을 하고 싶었고, 그렇게 해서 직원의 사기가 올라가길 바랐다. 솔직히 수백만 달러를 벌 수 있는 기회보다 더 짜릿하게 흥분되는 건 없다고 보았다.

이렇게 해서 2004년 11월에 사용자에게 보다 적절한 광고를 만든 팀과 결정적으로 중요한 파트너와의 인수·합병 협상을 진행한 팀, 이 두 팀이 1,200만 달러 가치의 구글 주식을 상금으로 받았다.[180] 2005년에는 열한 개 팀이 총 4,500만 달러 이상의 가치가 있는 구글 주식을 받았다.[181]

그런데 이상하게 들리겠지만 이 제도 때문에 구글 직원은 행복해지기보다 오히려 우울해졌다.

구글은 기술 기업이고, 따라서 사용자 가치의 가장 큰 부분은 기술 분야의 직원이 창출한다. 그렇기에 이 분야에 속하지 않은 다른 직원들 대부분은 날마다 15억 명이 넘는 사용자를 감동시킬 인프라에서 멀리 떨어져 있다. 구글이 제품을 점점 더 많이 출시함에 따라, 소프트웨어 개발자나 제품 관리자가 창업자 상 수상자 중 압도적인 다수를 차지했다. 그 결과 회사의 절반을 차지하는 비非기술 분야 직원들에게 창업자 상은 그야말로 그림의 떡이나 다름없었고, 그 상은 오히려 이들의 사기를 꺾었다.

그런데 기술 분야에 속한 직원들 다수도 자기 팀이 그 상을 받을 수 있을 거라고 생각하지 않는다는 사실이 밝혀졌다. 모든 제품이 세상에 동일한 영향력과 효과를 발휘하지 않거나, 빠르게 퍼져나가지 않거나 혹은 그런 영향력과 효과를 모두 쉽게 측정할 수 없다는 게 그 이유였다. 광고 체계 개선은 그 효과가 즉각적으로 나타났고 개선 효과도 쉽게 측정할 수 있었다. 그런데 이 개선이 과연 구글 맵의 이미지 해상도 개선보다 더 가치 있거나 혹은 더 어려운 일일까? 이 책을 쓰는 데 사용되는 것과 같은 협력적인 온라인 워드프로세서 도구들을 개발하고 구축하는 일은 또 어떻고……. 딱 꼬집어서 말하기 어렵다. 시간이 지나면서 기술 분야의 많은 직원들이 창업자 상을 핵심 제품을 담당하는 소수의 팀들에게 돌아가는 남의 잔치로 여기기 시작했다.

창업자 상을 보다 자주 받는 제품 영역들 내에서도 인정할 수 있는 것과 인정할 수 없는 것 사이의 경계를 어떻게 설정할 것인가 하는 문제를 놓고 늘 치열한 논쟁이 벌어졌다. 예를 들어 세상에서 가장 안정적이고 가장 빠른 인터넷 브라우저를 목표로 하는 크롬처럼 여러 해 동안 공들여 신제품을 출시하는 경우를 보자. 여러 해 동안 오로지 이 사업에만 매달린 사람이 그 상을 받는 데는 이견이 있을 수 없지만, 만일 어떤 사람이 그 팀에 딱 1년만 소속되어 일했다면 이 사람이 그 상의 열매를 나눠받는 것이 과연 옳은 일일까? 만일 그 기간이 1년이 아니라 6개월이라면? 브라우저의 안정성을 개선하는 도중에 중요한 기여를 한 보안 팀 사람은? 그 훌륭한 크롬 광고를 만든 마케팅 전문가는(만일 당신이 부모라면 검색창에 'Dear Sophie'를 치고 동영상을 검색해보기 바란다. 이 동영상을 끝까지 다 보고도 눈물을 흘리지 않는다면, 당신은 적어도 나보다는 강한 사람임에 틀림없다)? 경영진은 창업자 상 수상자를 선정할 때마다 이 상을 받을 자격을 최고로 잘 갖춘 사람을 선정하려고 애썼지만 늘 가장 훌륭한 자격을 갖춘 사람을 놓쳤다. 그 바람에 최종 순간에 탈락하며 매번 아쉬움과 분노의 눈물을 훔치는 사람이 있게 마련이었다('Dear Sophie'는 아버지가 구글 크롬을 이용해 딸이 태어난 날부터 딸에게 편지를 쓰는 내용을 담은 매우 감동적인 구글 크롬 광고 동영상이다 – 옮긴이).

참, 그 상을 수상한 팀원들은 모두 행복했을까?

딱히 그렇지도 않았다. 이 제도를 둘러싼 대단한 홍보 덕분에 사람들은 모든 수상자가 100만 달러를 받는 걸로 생각했다. 사실 상금이 그 정도로 많을 수 있지만 대부분의 경우 그렇지 않았다. 제일 적게 받는 사람은 5,000달러도 받았다. 솔직히 수상자로 선정되면서 100만 달러를 받을 거라고 기대했다가 정작 그 돈의 0.5퍼센트밖에 받지 못한다는 사실을 알았을 때 충격과 실망이 얼마나 크겠는가.

하지만 분명히, 정말 분명히, 100만 달러를 받은 소수의 수상자는 좋아서 덩실덩실 춤을 추지 않았을까?

실제로 그 사람들은 꽤 행복했다. 그저 그렇게 행복했다는 말이다.

인생은 변한다. 구글에서 가장 훌륭하고 가장 창의적이며 가장 통찰력이 넘치던 인재들, 구글 역사상 가장 영향력이 큰 제품을 만들어낸 인재들 중 일부는 그 상을 받은 뒤 자기가 동일한 분야에서 또다시 창업자 상을 받을 수 없음을 알고는 곧바로 다른 새로운 제품 영역으로 자리를 옮겼다.

전혀 의도하지 않았음에도 불구하고 우리가 마련한 인센티브 제도가 회사 내의 모든 사람을 예전보다 덜 행복하게 만들었고, 심지어 행복한 소수마저도 자기에게 그 상의 영광을 안겨주었던 중요하고도 혁신적인 작업을 중단하게 만들었던 것이다!

고민 끝에 경영진은 분기별로 주던 이 상을 1년에 한 번씩 주기로 했고, 그다음에는 2년에 한 번씩 주기로 했다가 나중에는 그보다 더 띄엄띄엄 주기로 했다. 우리가 다음 차례의 창업자 상 수상자를 선정할 가능성은 언제나 있지만, 당분간은 계획이 없다.

그렇다면 창업자 상이라는 제도가 갖고 있는 약점은 비범한 직원에게는 그에 걸맞은 비범한 금전 보상을 해야 한다고 했던 나의 충고와 상충될까? 그렇지 않다. 비범한 금전 보상을 하되, 타당한 방식으로 하면 된다.

다행스럽게도 금전 보상은 이 꿈같은 상황에서보다도 구글에서 더 공평하고 정당하다.

창업자 상을 제정하고 실행하면서 우리가 저지른 실수는 애초의 의도와 전혀 상관없이 오로지 돈을 찬양했다는 점이다. 우리는 '신생기업과 같은 보상'을 제공할 거라고 발표했었다. 직원들에게 상금은 최대 100만 달러가 될 거라고도 했다. 구글 직원들을 앞의 그림과 같이 상자에 집어넣는 편이 차라리 나았을 뻔했다.[182]

보상 체계는 불완전한 정보를 바탕으로 하며 불완전한 사람이 관장한다. 여러 보상 체계에는 이런저런 오류나 부당함이 필연적으로 존재한다. 우리가 이 제도를 운영하는 방식은 지나치게 돈에 초점이 맞춰져 있었다. 자연스럽게 이 제도가 과연 정당한가 하는 의문들이 뒤따랐고, 결국 모두가 불행해지는 단계까지 나아갔다.

노스캐롤라이나대학과 버지니아대학의 존 티보 John Thibaut 와 로런스 워커 Laurens Walker 는 공저서 《절차 공정성 Procedural Justice》에서 책 제목인 '절차 공정성'이라는 개념을 확립했다.[183] 보상의 결과보다는 보상을 결정하는 절차가 공정한지 따지는 절차 공정성 개념에 비해, 예전에는 재화나 상금, 인정이나 분배 대상이 무엇이 됐든 분배 결과가 정당하면 사람들은 행복할 거라는 '분배 공정성'이라는 개념이 일반적이었다.

하지만 그것은 실제 현실과는 달랐다. 분배 공정성이라는 말은 어떤 영업직원이 오로지 얼마나 많은 매출을 올렸는가 하는 문제만 신경 쓰지 매출을 올리는 과정, 즉 방법은 따지지 않는다는 말이나 마찬가지다. 나는 예전에 다니던 회사에서 어떤 영업직원과 함께 일했는데, 이 사람은 동료를 위협했으며 고객에게 거짓말을 했지만 자기 판매 할당량은 연속으로 달성했다. 그 결과 그는 엄청난 성과급을 챙겼다. 그러나 이 사람이 일을 진행한 방식도 그가 거둔 성과만큼이나 성과 등급 산정 판단의 기준이 됐어야 했다.

바로 이런 발상을 티보와 워커는 '절차 공정성'이라고 불렀다. '분배 공정성'이라는 관점에서 보면 그 엉터리 영업직원이 막대한 금액의 성과급을 받는 것은 정당했지만 그의 동료들은 분노했다. 절차 공정성 관점에서 볼 때 잘못됐다고 볼 수 있는 행동들을 했기 때문이다. 게다가 회사는 이 사람의 행동에 금전적인 보상을 해줌으로써 드러내놓고 옹호했기 때문이다.

구글 사람과혁신연구소의 캐스린 데카스는 이런 상황이 미치는 해악을 다음과 같이 묘사했다. "공정성 인식은 매우 강력한 힘을 발휘한다. 이 인식은 업무 현장의 거의 모든 것, 즉 자기가 얼마나 가치 있는지, 자기 업무에 얼마나 만족하는지, 상사를 얼마나 신뢰하는지 그리고 자기가 조직에 얼마나 헌신하는지 등에 대해 사람들의 생각에 영향을 준다."

예로 든 그 영업직원 사례를 보면, 오로지 많은 동료들이 하나로 뭉쳐 회사를 그만두겠다고 엄포를 놓을 때만 비로소 문제의 그 직원은 질책을 받고 행동이 개선될 수 있다.

그런데 우리의 창업자상은 절차 공정성도 부족했고 분배 공정성도 부족했다. 우리는 수상자를 정확하게 선정하지 못했고 상금도 몇몇 사람들에게는 액수가 실망스러웠다는 점에서 분배 공정성을 확보하지 못했다. 또한 수상자를 결정하는 과정이 불투명했으며 전체 직원의 절반이 넘는 비非기술 분야 직원이 배제된다는 인상을 심어주면서 절차 공정성을 확보하지도 못했다. 사정이 이러했으니 이제도가 우리가 기대한 만큼 제대로 작동하지 않은 것도 그리 놀라운 일이 아니다.

첨단 보상 제도는 분배와 절차에서 모두 공정해야 한다. 이는 매우 중요하다. 우리는 이런 사실을 깨달은 뒤에 보상 제도 전반을 다시 손봤다. 하향식 보상 프로그램들이 모두 회사 전체에 공개되어야 한다는 원칙을 세웠다. 기술 분야 책임자들에게서만 후보자 추천을 받는 것이 아니라 판매, 재무, 홍보 및 그 밖의 비기술 분야 책임자들에게도 후보자 추천을 의뢰했다.

우리는 또한 수상자 보상 내용을 금전적인 차원에서 경험적인 차원으로 바꾸었다. 이것은 심대한 변화였고, 이 변화의 방향은 물론 좋은 쪽이었다. 현금은 개인의 인지적 차원에서 평가된다. 현금 보상, 즉 상금은 그 액수를 현재 자신의 봉급과 비교하는 방식으로 혹은 이 상금으로 무엇을 살 수 있을까 하는 식으로 평가됐다. 상금 액수가 봉급만큼 되는가, 아니면 봉급보다 더 많은가? 상금으로 신모델 휴대전화를 살 수 있을까, 아니면 신차를 구입하는 데 상당한 보탬이 될 수 있을까? 돈은 다른 물건으로 쉽게 대체될 수 있으므로, 상금이라 해도 보통은 크리스찬 루부탱 신발을 사는 데 혹은 고급 마사지를 받는 데 흥청망청 소비되기보다는 생필품을 사는 데 쓰인다. 현금이 아닌 보상, 즉 상품은 정서적인 반응을 일으킨다. 2인용 식사권과 같은 특별한 경험이든 넥서스 7과 같은 선물이든 마찬가지다. 상품을 받은 사람은 가치를 계산하기보다는 자기가 누리게 될 특별한 경험에 초점을 맞춘다.[184]

우리는 이런 사실을 학자들의 논문에서 줄곧 봤지만 실제로 이를 구글에서 실천하려고 하니 몹시 걱정스러웠다. 설문을 통해 직원들에게 부상으로 무엇으로 받길 원하는지 알아봤는데 직원들은 현금을 선호하는 게 분명했다. 경험적인 차원에 초점을 맞춘 부상보다 현금을 원하는 비율이 15퍼센트포인트 많았다. 직원들은 현금이 경험보다 31퍼센트 더 의미 있다고 보았다. 좀 더 정확하게 말하면, 직원들은 돈이 자기들을 가장 행복하게 해줄 거라고 생각했다. 그러나 하버드대학의 심리학자인 대니얼 길버트Daniel Gilbert가 세계적인 베스트셀러 《행복에 걸려 비틀거리다Stumbling on Happiness》에서 설명했듯이, 사람들은 무엇이 자기를 행복하게 만드는지 혹은 그것이 어떻게 자기를 행복하게 만드는지 예측하는 데 서툴다.

그래서 우리는 실험을 해봤다. 통제 집단에게는 일정 기간 동안 약속했던 대로 상금으로 보상했고, 실험 집단에게는 약속했던 상금과 동일한 가치가 있는 여행권, 팀 파티, 물건 등을 지급했다. 상을 받은 팀에 주식을 증여하는 대신 하와이 여행이라는 선물을 주었다. 또 그보다 상품 규모가 작은 팀에게는 리조트 여행권이나 거창한 팀 회식 혹은 가정용 구글 TV를 선물로 주었다.

결과는 놀라웠다. 실험 집단에 속한 피실험자들은 분명 자신들은 특별한 경험보다 현금이 좋다고 했음에도 불구하고, 이 집단이 통제 집단보다 훨씬 더 행복해했다. 이들은 자기가 받은 부상이 28퍼센트 더 재미있고, 28퍼센트 더 기억에 남으며, 15퍼센트 더 사려 깊다고 생각했다. 디즈니랜드 여행권이나 무언가를 자기 마음대로 할 수 있는 쿠폰을 제시했을 때도 마찬가지였다.

또 특별한 경험을 상으로 받은 사람들은 현금을 받은 사람들에 비해 한층 더 오랜 기간 행복한 상태에 젖어 있었다. 5개월이 지난 뒤에 다시 설문조사를 했을 때, 현금으로 보상을 받은 사람들이 느끼는 행복도는 상을 받던 당시보다 약 25퍼센트 떨어졌지만, 특별한 경험으로 보상받은 사람들은 상을 받던 당시보다 훨씬 더 높아졌다. 돈이 가져다주는 기쁨은 금방 사라지지만 기억은 영원히 남기 때문이다.[185]

그럼에도 불구하고 우리는 훌륭한 성과를 거둔 직원에게 이례적인 규모의 현금 및 주식을 부상으로 제공했다. 우리의 연간 성과급 및 주식 보상금 규모는 상대적으로 멱함수분포를 더 많이 따랐다. 지난 10년간 우리는 보상의 규모만큼이나 수상자 선정 과정이 중요하다는 사실을 깨달았다. 분배 공정성이나 절차 공정성을 담보하지 못한 보상 프로그램들은 다른 것으로 대체하거나 개선했다. 금전적인 보상만이 아니라 특별한 경험을 제공하는 데 치중했다. 우리는 높은 성과를 거둔 직원에게 경험 차원의 보상을 제공해 이들을 공개적으로 인정해주고 성과급과 주식의 제공 규모를 차별화해 사적으로 보상했다. 그 결과 우리 직원들은 예전에 비해 한층 더 만족하고 행복해했다.

» 칭찬과 사랑이 쉽게 전파되는 곳

지금까지 경영진이 제공하는 보상에 대해 얘기했지만, 직원이 수상 후보자를 추천하도록 하는 것도 중요하다. 6장에서 언급했듯이 어떤 사업이 성공을 거뒀을 때 이 사업에 누가 얼마나 기여했는지는 관리자인 상사보다는 동료들이 더 잘 안다. 7장에서 소개한 샘을 기억하는가? 샘은 어떻게든 자기 성과 등급을 실제보다 올리려고 애썼지만 동료 평가에 의해 그런 노력들은 모두 물거품이 되어버렸다. 그런 의미에서 동료들끼리 서로 보상을 주도록 권하는 방식도 의미가 있다. 지땡스gThanks는 직원들이 동료가 거둔 위대한 성과를 칭찬하기 쉽도록 하기 위해 만든 도구다.

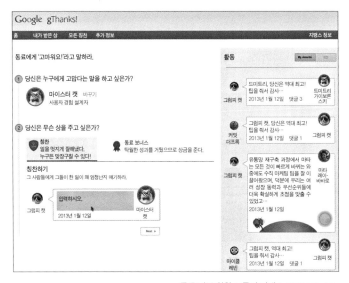

구글 내부 칭찬 도구인 지땡스 © Google, Inc.

디자인이 단순하다는 점은 지땡스가 부리는 마법의 일부가 된다. 지땡스는 고마움을 표시할 사람의 이름을 치고 '칭찬하기'를 누른 다음에 내용을 입력하는 것으로 쉽게 감사 메시지를 보낼 수 있다. 그렇다면 이게 어째서 이메일을 보내는 것보다 더 좋을까? 이유는 단순하다. 어떤 직원이 보낸 칭찬은 다른 사람들도 볼 수 있게 공개적으로 게시되며 구글 플러스를 통해 공유할 수도 있기 때문이다. 고맙다는 인사를 공개적으로 함으로써 인사를 하는 사람이나 받는 사람 모두 행복해진다. 게다가 지땡스는 사적인 이메일을 보낼 때보다 자판을 덜 쳐도 되는데, 이런 요소 덕분에 지땡스는 사용하기 한결 쉬운 도구가 됐다. 지땡스를 도입한 뒤 놀랍게도, 특정 칭찬 웹사이트를 방문해야 했던 한 해 전에 비해 칭찬 횟수는 460퍼센트 늘었고, 이 새로운 버전에 참여하는 직원은 하루에 1,000명이 넘었다.

물론 낡은 방식의 칭찬이 나쁘다는 말은 아니다. 나는 내 사무실 바깥벽을 '행복의 벽'으로 사용하는데, 이 벽에 나는 우리 팀 직원들이 받은 칭찬을 게시했다.

구글 본사의 내 사무실 바깥 벽은 '행복의 벽'이다.

비록 냉소적인 맥락에서 접근했지만 나폴레옹은 이런 말을 했다. "나는 정말 놀라운 사실을 처음 깨달았다. 남자는 훈장을 받기 위해 목숨을 걸고, 심지어 자기 목숨을 기꺼이 버리기도 한다는 사실을 깨달은 것이다." 단순하고도 공개적인 칭찬과 인정은 가장 효과적이지만 가장 적게 활용되는 도구들 중 하나다.

지땡스의 또 다른 특징으로 동료 보너스Peer Bonus를 꼽을 수 있는데, 앞서 소개한 지땡스 홈페이지 가운데쯤에 위치해 있다. 직원들끼리 서로의 가치를 인정하는 자유를 허용하는 것은 중요한 일이다. 많은 기업들이 직원들이 이른바 '이달의 사원'을 선정하도록 하고, 어떤 기업은 인적자원 부서나 경영진의 승인을 받아 직원들이 특정 직원을 선정해 그다지 많지 않은 액수의 상여금을 주는 것을 허용한다.

구글에서도 어떤 직원이든 자기가 원하면 회사 돈으로 다른 직원에게 현금 175달러의 상여금을 줄 수 있다. 여기에 대해서는 경영진도 일절 감시하지 않고 어떤 결재 과정도 없다. 많은 회사들이 이런 제도를 미친 짓으로 여긴다. 직원들이 서로 짜고 서로에게 상여금을 주지 않겠느냐는 것이다. 이런 식으로 수천 달러씩 벌어가는 직원도 생길 거라고 말하기도 한다.

그러나 우리가 해본 바로는 그런 일은 일어나지 않았다. 이 제도를 10년 넘게 실행해오고 있지만 동료 보너스를 부당하게 악용한 사례는 지극히 드물었다. 이런 일이 일어난다 해도 다른 직원들이 나서서 저지하며 이 제도를 보호했다. 예를 들어 2013년 여름에 어떤 직원이 내부 통신망에 신제품 검사를 할 자원자를 찾는다는 내용으로 글을 올렸다. 그러면서 자원자에게는 감사의 표시로 지땡스를 통해 동료 보너스를 날려주겠다고 썼다. 그런데 이 직원은 채 한 시간도 지나지 않아 다시 글을 올렸다. 어떤 직원이 자기에게 연락해 동료 보너스에 담긴 의도를 설명하면서, 동료 보너스는 지급의 수단이나 성과급 용도로 사용되어서는 안 되며 또한 한 개인에게 유익한 일을 했다는 이유로 받을 수 있는 돈이 아니라고 정중하고도 진지하게 충고했다고 한다. 그러면서 자기가 한 제안에 많은 직원들이 눈살을 찌푸릴 수 있음을 미처 알지 못했다고 사과했다. 이렇게 해서 동료 보너스는 아무런 해도 입지 않았다.

우리는 우리가 직원들이 옳은 일을 할 거라고 믿어줄 때 그들이 정말 실제로도 옳은 일을 한다는 사실을 알았다. 직원들이 서로 보상을 하는 것을 허용할 때 회사 안에는 칭찬과 봉사의 문화가 번성하고, 직원들은 노예가 아닌 주인처럼 생각하는 게 옳다는 걸 깨닫는다.

이와 관련해 전직 골드만삭스의 상무였고 지금은 구글 창조연구소Google Creative Lab의 책임자이자 구글의 '예비역네트워크'를 만든 사람이기도 한 캐리 로레노Carrie Laureno는 내게 다음과 같이 설명했다. "구글에 발을 들여놓으면서 내가 맨 먼저 한 일이 사람들을 믿어 보기로 마음먹은 겁니다. 이렇게 하자 평균 열 번 중 아홉 번 넘게 일이 훌륭하게 풀리더군요."

한 가지 놀라운 사실은, 칭찬하기가 예전에 비해 많이 늘어났음에도 불구하고 동료 보너스로 지출된 금액은 거의 바뀌지 않았다는 점이다. 누군가를 인정하고 또 누군가에게서 인정받는 과정을 손쉽게 만듦으로써 구글은 한층 행복한 공간으로 바뀌었는데, 여기에는 추가 비용이 들지 않았다.

≫ 실패에도 보상을 하라

실패에도 보상을 하는 것이 중요하다. 인센티브와 목표가 중요하지만 위험을 무릅쓰는 것으로 인식되는 행동은 그 자체로 보상을 해줄 필요가 있다. 실패의 위험이 도사리고 있을 때는 더욱 그렇다. 그러지 않는다면 사람들은 위험을 무릅쓰려 하지 않을 것이다.

전자통신시스템 장비업체인 하니웰Honeywell의 CEO 데이비드 코티David Cote는 〈뉴욕타임스〉 기자인 애덤 브라이언트Adam Bryant에게 다음과 같이 말했다. "내가 스물세 살 때 어부로 일하면서 배운 가장 큰 교훈은 열심히 일한다고 반드시 보상이 뒤따르는 것은 아니다는 사실이다. 엉뚱한 일을 할 경우에는 아무리 열심히 해도 소용이 없다. 그렇게 해서는 바람직한 결과를 가져오지 못하기 때문이다."[186] 최고의 직원이라 해도 한 번은 실패를 하게 마련이다. 중요한 것은 이 실패에 어떻게 대응하느냐다.

실시간 커뮤니케이션 플랫폼인 구글 웨이브Wave는 2009년 5월 27일에 발표됐고 그해 9월에 대중적으로 출시됐다. 이 제품은 이메일과 문자 서비스 그리고 영상 채팅을 훌쩍 뛰어넘을 전혀 새로운 방식의 양방향 온라인 제품을 만들고자 매우 탁월한 팀이 여러 해 동안 심혈을 기울여 만든 역작이었다.

2009년 무렵 구글 웨이브의 혁신적인 인터페이스 © Google, Inc.

매셔블닷컴(Mashable.com: 소셜·웹·테크 분야에서 최고의 뉴스 소스를 제공하는 사이트 -옮긴이)은 이 제품의 출시를 "최근의 기억을 더듬어볼 때 구글 최대의 제품이 출시된 사건"이라고 말했다.[187] 구글 웨이브의 몇 가지 매력적인 특성을 정리하면 다음과 같다.

○ 실시간이다. 현재 출시되어 있는 대부분의 제품과 달리, 사람들이 대화와 댓글을 작성하는 내용을 실시간으로 보여준다. 어떤 사용자가 뒤늦게 합류했을 경우 전체 대화를 실제 진행된 순서대로 재생해줌으로써 그 사람이 그 현장에 함께 있다는 느낌을 받을 수 있도록 한다.

○ 플랫폼이다. 대부분의 이메일이나 채팅 제품과 다르게 웨이브의 플랫폼에 온갖 앱을 설치할 수 있다. 뉴스 제공 도구(미디어피드)를 덧붙일 수 있고, 게임을 올릴 수 있으며, 오늘날 대부분의 소셜 네트워크 서비

스에서 할 수 있는 것은 무엇이든 할 수 있다.

○ 오픈소스다. 코드가 일반에 공개되어 있어 얼마든지 수정되고 개선될 수 있다.

○ 끌어다놓기(드래그앤드롭) 기능을 갖고 있다. 지금은 당연한 기술로 인식되지만, 파일이나 이미지를 마우스로 끌어다가 화면에 올려놓는 것만으로 사용자들끼리 공유할 수 있는 최초의 소셜 네트워크 제품군 중 하나였다.

○ 로봇이 장착되어 있다. 사용자가 미리 설정해둔 방식으로 대화를 쌍방향으로 이끌어갈 수 있는 자동 대리인을 생성할 수 있다. 예를 들어 주식시장의 어떤 종목이 언급될 때마다 실시간으로 그 종목의 주식 시세를 대화창에 올리도록 로봇에게 미리 명령해둘 수 있다.

그러나 이 제품은 빛나는 실패로 끝나고 말았다. 제품 출시 이후 약 1년이 지났을 무렵인 2010년 8월 4일에 구글은 웨이브 서비스를 중단한다고 발표했다. 비록 새로운 특성들이 첨가되고 있었고 적지 않은 수의 사용자가 웨이브의 열혈 추종자로 남아 있었지만, 사용자 채택률이 답보 상태를 유지했기에 경영진은 눈물을 머금고 백기를 들었다.

이후 웨이브는 무료 소프트웨어를 개발하고 보급하는 비영리단체인 아파치소프트웨어재단Apache Software Foundation으로 넘어갔고, 이 제품의 실시간적 특성이나 편집의 동시성 등과 같은 몇몇 혁신적인 요소들은 다른 제품의 한 요소로 녹아들어갔다.[188]

웨이브 팀은 새로운 제품을 개척했을 뿐 아니라 실험적인 방식으로 운영됐다. 구글은 이 팀으로 하여금 남들이 가지 않은 길을 헤쳐 나가도록 할 때 그리고 기업공개와 같은 야심찬 업적을 이룰 때, 즉 이 팀이 기업공개와 같은 보상을 받을 수 있다는 가능성을 열어놓을 때, 과연 보다 큰 성공이 촉진될 수 있는지 탐구했던 것이다. 웨이브 팀은 훨씬 더 큰 보상을 받을 가능성을 생각하면서 상여금과 스톡옵션도 거부했었다. 오로지 이 제품에만 두 해 동안 매달리면서, 사람들이 온라인에서 소통하는 방식을 바꾸기 위한 노력에 수많은 시간을 쏟았다. 말하자면 엄청난 위험을 무릅썼던 것이다. 그리고 장렬하게 실패했다.

이런 점들을 감안해 우리는 그들에게 보상을 해줬다. 어떻게 보면 그렇게 하는 것이 유일하게 합리적인 길이었다. 우리는 위험을 무릅쓰며 모험을 하는 것이 결코 잘못된 게 아님을 확실하게 인식시키고 싶었다.

웨이브가 실패로 끝나면서 이 팀은 웨이브가 성공할 경우 받기로 했던 엄청난 규모의 보상을 받지는 못했다. 그러나 우리는 이 팀의 구성원들이 구글의 통상적인 기본 보상을 받지 못해 경제적으로 어려움을 겪도록 방치하지 않았다. 물론 그 보상 규모가 팀원들이 애초에 희망했던 것에 비하면 작았지만 실패라는 상황을 고려할 때 자기들이 기대한 것에 비하면 훨씬 컸다.

그런 조치는 의도대로 잘 작동됐지만 대단하다고 할 정도는 아니었다. 그 팀의 리더와 여러 명의 팀원들도 사직서를 썼으니까 말이다. 그들이 성취하고자 했던 것과 실제로 성취한 것 사이의 간극이 너무도 컸다. 구글이 제공한 경제적 지원은 많은 사람이 입은 상처를 치유하는 데 도움이 되긴 했지만 모든 사람을 다 구하지는 못했다. 그럼에도 불구하고 그 팀에 속했던 많은 사람이 구글에 계속 남아 다른 멋진 일들을 해냈다. 구글 웨이브의 실패에서 우리가 얻은 가장 큰 교훈은 똑똑한 실패에 보상을 하는 것은 위험을 무릅쓰는 문화를 회사 안에 유지하는 데 필수적이라는 점이다.

하버드대학 비즈니스스쿨의 명예교수인 크리스 아지리스Chris Argyris는 1977년에 매력적인 논문을 발표했는데, 이 논문에서 그는 하버드대학 비즈니스스쿨 졸업생들이 졸업한 지 10년간 어떤 성취를 거뒀는지 살폈다.[189]

> 또 중요한 사실은, 최고의 지식을 최상의 수준으로 배울 수 있다고 많은 사람이 생각하는 이 학교 졸업생들이 사실은 그렇게 많은 것을 배우지 않았다는 점이다. 내가 지금 얘기하는 사람들은 현대 기업에서 핵심적인 리더십을 발휘하는 지위에 있는 사람들, 높은 수준의 교육을 받았고 많은 권한을 갖고 있으며 또 자기 일에 전념하는 전문가들이다. …… 간단히 말해 많은 전문가들은 언제나 성공을 거두기 때문에 실패라는 것을 거의 경험하지 않는다. 그리고 실패를 해보지 않았기 때문에 이들로서는 실패에서 어떤 것을 어떻게 배워야 할지 학습할 기회를 가진 적이 없다. …… 이들은 방어적이 되고, 비판을 차단하며, '비난'을 자기 아닌 다른 사람의 것 혹은 모든 사람의 것으로 돌린다. 요컨대 이들의 학습 능력은 정확히 이 능력이 가장 필요한 바로 그 순간에 폐쇄되고 만다.[190]

웨이브의 실패 이후 한두 해가 지난 뒤의 일이다. 구글 엑스를 맡고 있는 제프 휴버가 당시 구글 애드 기술 팀을 이끌고 있었는데, 제프는 팀 회의의 한 부분인 이른바 "우리는 무엇을 배웠는가?"라는 과정에서 유명한 버그나 실수를 놓고 토론을 하곤 했다. 그는 나쁜 소식도 좋은 소식만큼이나 될 수 있으면 공개적으로 공유해야 한다고 생각했다. 그래서 휴버와 휘하에 있는 책임자들은 실제로 일어나고 있는 일들을 외면하고 지나치는 일이 한 번도 없었으며, 실수에서 무언가를 배워야 한다는 사실의 중요성을 늘 깊이 새겼다. 한번은 기술자 한 사람이 팀 회의에서 우거지상이 되어 자기 실수를 고백했다. "내가 코드 한 줄을 완전히 망가뜨렸습니다. 그 바람에 100만 달러의 비용이 발생하고 있습니다." 제프는 팀을 이끌고 문제를 해결한 뒤에 다음과 같이 말했다.

"우리는 지금 이 실패에서 100만 달러보다 더 값비싼 교훈을 얻었어. 그렇지 않나?"

"맞습니다."

"자, 그럼 돌아가서 다시 열심히 일들 하자고."[191]

이런 원리는 다른 분야에서도 통했다. 로스앨터스의 불리스 차터스쿨도 중학교 수학 교수법에 이런 접근법을 사용했다. 어떤 학생이 수학 시험에서 어떤 문제를 틀리면, 이 학생에게 해당 문제 점수의 절반을 딸 수 있는 재도전의 기회를 줬다.

이 학교의 교장인 웨이니 허시Wanny Hersey는 내게 이렇게 말했다. "이 아이들은 매우 똑똑합니다. 하지만 인생을 살다 보면 이따금씩 벽에 부딪칠 때가 있죠. 기하학을 배우고 대수학1과 대수학2를 배우고 익히는 것은 중요합니다. 그러나 포기하지 않고 다시 한번 더 시도함으로써 실패에 대처하는 것도 그런 것들 못지않게 중요합니다." 2012년에서 2013학년도에 이 학교는 캘리포니아 전체 중학교에서 학업성취도 3위를 기록했다.[192]

≫ 맹목적인 믿음

이 장에서는 천문학적인 숫자들이 등장했다. 이런 어마어마한 규모의 연봉이 실제 현실에서는 대부분 먼 나라 이야기 혹은 그림의 떡일 뿐임을 나도 잘 안다.* 공평하게 말하면 구글이 세계에서 가장 경쟁이 치열한 곳으로 손꼽히는 시장에서 훌륭한 인재를 뽑으려고 경쟁을 벌이고 있음에도 불구하고 우리에게도 이런 일은 결코 흔한 게 아니다.

성과가 멱함수분포를 따른다는 근원적인 발상은 내가 일한 곳에서는 거의 어디서나 진실이었다. 공립학교도, 비영리 자선단체도 그랬으며 컨설팅회사에서도 그랬다. 어떤 환경에서든 정규분포 발상

---

* 예외로는 프랭크와 쿡이 제시한 이른바 '승자독식시장'이 있는데, 이 시장에서는 최고로 뛰어난 사람의 1년 수입과 그다음으로 뛰어난 사람의 1년 수입 차이가 한층 쉽게 관찰된다. 이런 현상은 프로 스포츠나 음악 혹은 연기 분야에서 곧잘 나타난다. 이 시장에서는 연수입 수천만 달러가 우습다. 또 여기서는 연수입이 멱함수분포를 따른다. 예를 들어 미국 배우조합(SAG)은 2008년 이후로 회원들의 수입 통계를 언론에 배포하지 않고 있지만, 여러 가지 다양한 글들을 통해 드러나는 몇 가지 단편적인 사실들로 대충 추정해볼 수 있다. 이 단체의 하위 3분의 1은 2007년에 연기로 벌어들인 수입이 하나도 없었고, 중위 3분의 1이 한 해 동안 벌어들인 수입은 1,000달러도 되지 않았다. 그다음 집단인 하위 68퍼센트에서 95퍼센트까지는 1,000달러에서 1만 달러를 벌었다. 한편 94퍼센트에서 99퍼센트는(즉 상위 2퍼센트부터 7퍼센트는) 10만 달러에서 25만 달러를 벌었다. 상위 1퍼센트는 한층 더 많은 돈을 벌었다. 윌 스미스가 8,000만 달러 이상으로 가장 많이 벌었고, 그 뒤를 조니 뎁(7,200만 달러), 에디 머피와 마이크 마이어스(각각 5,500만 달러) 그리고 레오나르도 디카프리오(4,500만 달러)가 뒤를 이었다.

을 바탕으로 한 예측으로는 도저히 상상할 수 없는 비범한 인물들이 있었다. 그리고 이들 비범한 사람은 다른 사람들에 비해 두드러질 정도로 뛰어났다. 해마다 상을 받는 교사, 2등보다 세 배나 더 많이 기부금을 모으는 기금 조성자, 늘 남보다 두 배나 많은 팁을 받았던 웨이터……. 이들은 언제나 '꽤' 많은 돈을 받았다. 그러나 이것은 평균적인 성과를 내는 사람보다 훨씬 많은 돈을 벌 수는 없었다는 뜻이다. 평균적인 성과를 내는 사람이 상대적인 박탈감을 느끼며 화낼 수 있었기 때문이다. 그들이 우리보다 얼마나 더 훌륭한지, 그들이 얼마나 많은 돈을 받을 자격이 있는지 우리는 모두 알 수 있었다. 그것이 진실이었다. 만일 직원 중 어떤 사람이 평균적인 직원 열 사람 몫을 한다면, 당신은 그 사람에게 '차등하게' 봉급을 주어야만 한다. 그렇지 않으면 그들에게 그만둬야 할 이유를 제공하는 것이나 다름없다.

동시에 직원들에게 보상할 때 그저 현금으로 간편하게 해결하려 하지 말고 특별한 경험을 할 수 있게 해줘라. 자기가 살아온 과거를 돌이켜볼 때 오로지 봉급이나 연봉의 추이만 바라보는 사람은 거의 없다. 동료나 친구와 함께했던 식사와 대화와 놀이를 떠올린다. 당신 직원이 거둔 성공을 돈이 아니라 활동과 경험으로 축하해줘라.

직원들이 서로를 인정하고 칭찬하도록 만들어줄 수 있을 정도로 당신은 직원을 신뢰해야 한다. 칭찬의 말이나 격려의 말, 때로는 적은 규모의 상금이나 상품으로 그렇게 할 수 있도록 해줘야 한다. 남편이 직장에서 늦게까지 일해줘 고맙다는 뜻으로 그의 아내에게 동네 커피숍의 사용권 쿠폰이나 와인 한 병을 줄 수도 있다. 요컨대 직원들이 서로 보듬고 돌볼 자유를 주라는 말이다.

직원이 별을 따려고 나갔다가 달만 슬쩍 건드리고 왔다 해도 너무 거칠게 몰아붙이지 마라. 실패의 고통을 어루만져 실패에서 무언가 배울 수 있도록 해줘라. 래리가 자주 하는 말이 있다. "당신이 어마어마하게 야심찬 어떤 목표를 설정했다가 실패했다고 치자. 그렇더라도 어느 정도는 놀라운 성과를 달성했을 것이다."

업무 규칙 **보상을 차등적으로 하려면**

- 쉽지 않겠지만 연봉을 불공정하게 지급하되, 성과의 멱함수법칙을 반영해 연봉 지급액의 변동 폭을 매우 넓게 설정하라.
- 성취를 축하해야지 성취의 대가인 보상을 축하하지 마라.
- 칭찬과 사랑이 쉽게 퍼지도록 하라.
- 사려 깊은 실패라면 거기에도 보상을 해줘라.

11장

최고의 것들을
공짜로 부여하라

구글 인사 프로그램은 누구나
쉽게 복제해 활용할 수 있다.

"The Best Things in Life Are Free
(or Almost Free)"

Most of Google's people programs can be
duplicated by anyone

사람은 기업 없이도 존재할 수 있다. 수천 년 동안 그래왔다. 그러나 기업은 사람 없이 존재할 수 없다. 우리는 특히 불경기 때 이런 사실을 까맣게 잊어버린다. 기업은 수익률을 유지하려고 혹은 어떻게든 파산을 면하려고 안간힘을 쓴다. 그러다 비용을 줄이기 위해 직원을 해고한다. 해고의 칼바람 아래 직원은 자기가 할 수 있는 일은 무엇이든 다 하려 하고, 그러다 보면 업무 현장의 환경은 더욱더 비참해진다. 그러다 경기가 좋아지기 시작하면 비로소 경영자는 회사 안에서 소모적인 일들이 너무도 많이 진행됐다는 사실을 알고 깜짝 놀란다. 그에 반해 구글의 두 창업자는 통상적인 시각과 전혀 다르게 기업을 바라본다.

2004년 기업공개 때 발표한 두 창업자의 편지에 다음과 같은 부분이 있다.

우리는 직원에게 일반적이지 않은 혜택을 많이 제공합니다. 무료 식사와 무료 검진 그리고 세탁 서비스 등이 그런 것들입니다. 직원에게 제공하는 이런 혜택이 장기적으로 회사에 커다란 이익으로 돌아올 것임을 알기 때문에 우리는 이런 부분을 늘 세심하게 신경 씁니다. **이런 혜택의 폭이 앞으로 점점 더 커질 거라고 기대해도 좋습니다.** 우리는 소탐대실의 어리석음을 저지르지 않을 것입니다. 직원이 상당한 시간을 절약할 수 있고 직원의 건강과 생산성을 높일 수 있는 혜택을 중시하는 이유도 여기에 있습니다.

구글에서는 이런저런 프로그램들을 계속 추가해왔는데, 나는 구글 직원에게 가장 소중한 여러 프로그램에 사실은 비용이 그다지 많이 들지 않는다는 걸 확인하고 기뻤다. 이렇게 될 수밖에 없는 부분적인 이유로는, 뒤에서 자세히 설명하겠지만 직원이 회사로부터 직접적인 도움을 크게 받는 경우가 자주 생기지 않는다는 걸 들 수 있다. 또 다른 이유로는 새로운 프로그램들을 추가하는 것은 주로 직원이 낸 아이디어에 그저 '오케이'라고만 얘기하면 된다는 점을 들 수 있다.

사람들은 대부분 구글이 직원을 위해 마련한 특별한 프로그램들에 엄청난 돈을 쓴다고 생각한다.

하지만 카페와 셔틀버스를 제외하면 회사가 특별히 직원을 위해 쓰는 돈은 없다.[*] 우리가 직원을 돌보고 기쁘게 해주기 위해 행하는

---

[*] 우리는 직원들에게 새로운 아이디어를 이끌어낼 기회와 공동체를 마련하겠다는 목표 아래 직원 및 직원

프로그램은 대부분 돈이 들지 않거나 들어도 아주 조금밖에 들지 않는다. 또 대부분은 어떤 회사든 아무런 부담 없이 복제할 수 있는 것들이다. 정말 놀라운 사실은 점점 더 많은 회사들이 자기만의 독특한 제도를 굳이 따로 만들지 않고 다른 회사의 좋은 프로그램을 복제해 쓴다는 점이다. 이들에게 필요한 거라고는 그저 상상력과 이 상상력을 활용하겠다는 의지뿐이다.

우리는 효율성과 공동체의식과 혁신이라는 세 가지 목표를 달성하기 위해 여러 가지 인사 프로그램을 활용한다. 우리 프로그램은 하나하나가 모두 적어도 이 세 가지 목표 가운데 하나를 확대하고 심화하려고 존재하며 두 가지 이상의 목표를 동시에 노리는 것도 많다.

≫ 직장 생활과 개인 생활에서 효율성 권장하기

대부분의 기업은 직원이 효율적이기를 바란다. 구글도 마찬가지다. 독자가 추측하는 것처럼 우리는 모든 것을 수치로 측정한다. 우리의 데이터센터가 얼마나 효율적으로 돌아가는지, 컴퓨터 코드의

이 데리고 온 손님에게 무료 식사를 제공한다. 2013년에 우리는 날마다 7만 5,000인분의 무료 식사를 제공했다. 셔틀버스 서비스는 구글 직원을 샌프란시스코 반도 인근의 셔틀버스 정류장에서 샌프란시스코와 마운틴뷰에 있는 우리 사무실까지 태워주는 제도다. 2013년에 와이파이 장비가 장착된 우리 버스는 854만 9,086킬로미터를 운행하면서 이 지역의 가장 큰 민간 대형 수송기관으로 등극했다. 이 셔틀버스 덕분에 통근 시간이 짧아졌고 버스에서 보내는 시간을 한층 유용하게 사용할 수 있게 됐으며, 구글 직원의 생활은 한결 효율적으로 바뀌었다. 아울러 수만 대의 자동차가 거리로 나서지 않아도 되어 고속도로의 교통 흐름은 그만큼 더 원활해졌다.

품질이 얼마나 좋은지, 판매 성과가 어떤지, 출장비가 얼마나 들었는지 등 모든 것을 면밀하게 살핀다. 우리는 또한 직원이 개인 생활에서도 효율적이기를 바란다. 우리 직원은 열심히 일한다. 그렇기에 직장에서 한 주 내내 기진맥진 힘들게 일하고 집으로 돌아왔는데 집에서까지 해도 해도 끝이 없는 온갖 잡일에 시달려야 하는 것만큼 맥이 빠지는 일은 없다. 직원들의 이런 고충을 조금이나마 덜어주기 위해 우리는 생활을 한층 더 편리하게 해줄 현장 서비스를 제공한다. 이 서비스에는 다음과 같은 것들이 포함되어 있다.

- 현금자동입출금ATM 서비스
- 자전거 수리
- 세차 및 엔진오일 교환
- 드라이클리닝(바구니에 세탁물을 넣어뒀다가 며칠 뒤에 세탁된 옷을 찾아간다)
- 신선한 유기농산물 및 육류 배달
- 휴일 장터(회사에 장이 서고 상인들이 온갖 물건을 판다)
- 이동 이발관·미용실(전용 의자를 갖춘 거대한 버스들이 주기적으로 찾아온다)
- 이동 도서관(구글 지사가 있는 도시의 지방자치단체가 제공한다)

이런 서비스를 위해 회사가 따로 지불하는 돈은 없다. 업자들이 이런 서비스를 회사 안에서 제공하기를 원하면 회사는 그저 허락해줄 뿐이다. 경우에 따라 회사가 직원 대신 나서서 가격 할인 협상을 하기는 한다. 채소 배달과 같은 몇몇 경우에는 직원들이 직접 나서서 해당 서비스를 조직하기도 한다.

사실 이렇게 직원이 업자들을 조직해 유치하는 것은 어려운 일도 아니다. 시카고 지사에서는 직원 한 명이 그 지역에 있는 네일살롱 주인을 만나 매주 하루씩 회의실에서 가게를 열고 영업을 해줄 수 있는지 물었고, 이 업자는 그렇게 하겠다고 했으며 그 결과 토요 네일살롱이 마련됐다. 이 네일살롱은 회사로서는 매니큐어 회사가 마시는 커피만 부담하면 되는, 구글 직원이 관리하는 특전의 공간이 됐다. 여기서 회사가 제공하는 것은, 구글 직원들은 스스로 새로운 프로그램을 제안할 수 있고 업무 현장을 마음대로 꾸밀 수 있다는 문화밖에 없다.

회사가 비용을 부담하는 서비스도 몇 개 있지만 비용은 얼마 되지 않으면서도 직원들에게 미치는 영향은 막대하다. 예를 들어 자전거나 대중교통을 이용해 출근하는 사람들을 위해 이들이 청과물 가게에 들르거나 공항에 친구를 데리러 갈 때 사용하도록 회사는 전기자동차 몇 대를 비치해둔다. 다섯 명으로 구성된 컨시어지 서비스 팀이 별도로 운영되는데, 이들은 5만 명이 넘는 직원들이 여행 계획을 세울 때, 배관공이나 잡부를 구할 때, 꽃이나 선물을 주문할 때, 그 밖의 자질구레한 일을 해야 할 때 이들을 도와 시간을 절약하게 해준다. 사실 구글은 큰 회사라서 사람을 몇 명 더 고용하거나 자동차를 몇 대 더 운영할 충분한 여유를 갖고 있다. 여기에 들어가는 비용이라고 해봐야 얼마 되지 않는다. 구글 전체 지출에서 차지하는 비율을 따지면 지극히 미미한 수준이다. 또한 회사에서는 온라인 게시판을 운영하는데, 직원들은 이 게시판을 통해 배관공 등 지역의 여러 서비스에 대한 정보를 공유하고, 가정교사를 추천받으며, 가격

429

이 저렴한 가게가 있으면 관련 정보도 얻는다. 50명이나 100명이 한데 뭉치면 지역의 이런저런 업종의 업자들을 상대로 공동구매 협상을 벌일 수도 있다.

≫ 경계를 넓히는 공동체의식

공동체의식 역시 소소한 잡일들이나 정신을 산만하게 하는 온갖 것들을 쓸어냄으로써 효율성만큼 직원들이 최선을 다해 업무에 집중하는 데 도움이 된다. 구글은 아주 작은 규모에서 지금의 모습으로 성장하는 동안 줄곧 직원이 그야말로 몇 명밖에 되지 않을 때 가졌던 그 공동체의식을 유지하기 위해 투쟁해왔다. 또한 이 공동체의 범위를 직원의 아이, 배우자, 부모, 심지어 조부모까지로 줄기차게 확장해왔다. 많은 기업들이 '아이를 회사에 데리고 오는 날'을 정해두고 있는데, 구글도 이미 오래전부터 이 제도를 시행하고 있다. 2012년에 우리는 제1회 '부모님을 회사에 모시고 오는 날' 행사를 열고 2,000명이 넘는 직원의 부모를 마운틴뷰 본사에 그리고 500명이 넘는 부모를 뉴욕 지사에 각각 초대했다. 이 두 기념일 행사는 우선 환영 행사부터 시작해, 우리가 지금 쌓아가고 있는 미래를 살짝 들여다볼 수 있게 소개하거나 직원 중 한 사람이 나서서 우리의 역사를 설명하거나 한다. 어떤 해는 구글 최고사업책임자인 오미드 코데스타니가 나서서 전체 임직원이 열 명밖에 되지 않던 구멍가게가 2만 명 임직원이 함께하는 거대한 기업으로 성장한 역사를 설명하기도 했다. 또 어떤 해에는 검색 담당 전무 아밋 싱할이 나서서 인도에 살던 어린 시절에 〈스타트렉Star Trek〉의 커크 선장이 컴퓨터에 음성으로 명령을 내리는 것을 보고 깜짝 놀랐는데 이제 구글 나우 덕분에 〈스타트렉〉에서 보았던 바로 그 일이 가능하게 됐다는 사실이 놀랍기만 하다고 말했다. 이 기념일의 나머지 시간은 제품 시연으로 채워지는데, 부모들은 구글의 무인자동차를 살펴보거나 구글 어스 영상이 사방에서 펼쳐지는 높이 6미터의 방에 서보는 등 건물 여기저기를 둘러본다. 그런 다음 래리를 비롯한 고위 경영진이 주관하는 TGIF 미팅에 참석한다. 이 행사는 현재 베이징, 콜롬비아, 하이파, 도쿄, 런던 그리고 뉴욕시티 등을 포함한 스무 개 이상의 지사에서 하고 있는데, 참가 지사는 해마다 늘어나고 있다.

'부모님을 회사에 모시고 오는 날' 행사는 성인이 된 자녀를 계속 곁에 두고 모든 걸 보살피려는 이른바 '헬리콥터 부모'의 비위를 맞춰주기 위한 게 아니다. 이 행사는 회사가 직원의 부모에게 감사하는 마음을 전하고 구글의 가족 범위를 확장하기 위한 것이다. 당연히 부모들은 우리를 자랑스러워하지만, 사실 대부분의 부모는 우리가 어떤 일을 하면서 살아가는지 전혀 알지 못한다. 그들이 자기 자식이 세상에 어떤 소중한 영향을 끼치고 있는지 제대로 이해하도록 도울 때 우리는 가슴이 따뜻해지는 걸 느낀다. 직원들도 무척 좋아했다. 이와 관련해 톰 존슨Tom Johnson은 다음과 같이 썼다. "내가 이 회사에서 일한다는 게 정말 자랑스럽습니다. 이런 회사로 어머니를 모시고 왔다는 생각만 하면 그리고 어머니가 내가 일하는 회사에서 나와 함께 시간을 보내면서 행복해하시던 모습을 생각하면 나도 모

431

르게 얼굴에 미소가 번집니다."

어느새 이날은 내가 구글에 다니면서 가장 기다리는 날이 됐다.

우리는 또한 회사 내에서도 이런저런 모임이나 동호회를 만들려고 노력한다. 2장에서도 설명했듯이 한 주에 한 번씩 전 직원이 참석하는 TGIF 미팅에서 질의응답 시간은 이 회의에서 가장 중요한 부분이다. 구글 직원이라면 누구든 "내 의자는 왜 이렇게 불편하지"에서부터 "우리는 사생활 노출에 대한 사용자의 우려를 민감하게 받아들이는가"에 이르는 온갖 질문을 할 수 있기 때문이다. 지탤런트gTalent라는 놀이 프로그램도 있다. 이 프로그램을 통해 유능한 영업직 여사원이 알고 보니 승마 곡예의 달인이었고, 어떤 소프트웨어 개발자도 알고 보니 볼룸댄스 전국대회 상위 입상자임이 드러났다. 또 서로 알지 못하는 직원들끼리 만나 점심을 함께 먹으면서 친분을 쌓도록 하는 '랜덤 런치Random Lunches'라는 프로그램도 있다.

이런 것들을 통해 사람들은 보다 쉽게 어울릴 수 있어 회사는 한층 더 친밀하고 가까운 공간으로 바뀐다. 이런 프로그램에 드는 비용은 이런 걸 생각해내는 데 드는 시간을 제하면 거의 없다(물론 회사에서는 이런 프로그램이 진행될 때 간식과 음료를 제공하기도 하는데, 늘 그렇지는 않다).

구글에는 2,000개가 넘는 이메일 리스트, 동아리 그리고 동호회가 있다.* 외발자전거 타기 동아리나 저글링 동아리를 비롯해 독서

---

* 이렇게 오가는 이메일의 주제로 쉽게 떠올릴 수 있는 것들을 열거하면 다음과 같다. 딸을 위해 양으로 분장하고 싶은데 여기에 필요한 도구와 의상을 구하려는 직원, 자기가 직접 만든 수제 소고기 육포 샘플을 제공하려는 직원, 웨딩케이크 받침대나 방한 장갑 혹은 전투용 검을 빌리려는 직원, 분실물·습득물 주인

동아리도 있고 재무설계 동아리도 있다(사실 이런 것들은 기술 기업이라 면 거의 다 갖추고 있는 동아리들이다). 심지어 브래드 피트가 출연한 영 화 제목을 본뜬 '파이트 클럽'이라는 동아리도 있다. 이 파이트 클럽 회원들은 직접 싸우지 않는다. 동아리에 가입하려면 적어도 이런 동 아리 정도는 가입해야 하는 것 아니냐면서 재치 있는 어느 입담꾼 이 이름을 그렇게 지었다고 한다. 이런 모임들 가운데 특히 내가 언 급하고 싶은 게 있는데, 바로 직원자원그룹Employee Resource Group, ERG들 이다. 이런 유형의 단체는 구글 내에 스무 개가 넘는데, 전 세계 지 사 직원을 회원으로 두고 있는 단체도 많다. 예를 들면 다음과 같다.

- 아메리칸 인디언 네트워크American Indian Network
- 아시아인 구글러 네트워크Asian Googler Network
- 흑인 구글러 네트워크The Black Googler Network
- 필리핀인 구글러 네트워크Filipino Googler Network
- 게이글러스(Gayglers: 성소수자와 지지자들 모임)
- 그레이글러스(Greyglers: 나이가 많은 직원들 모임)
- 구글 여성 기술자Google Women Engineers
- 홀라(HOLA: 히스패닉이 구글러 네트워크)
- 간호 네트워크(The Special Needs Network: 자폐나 ADHD 혹은 맹인 등과 같 이 특별한 도움을 필요로 하는 직원의 모임)

찾아주기, 변호사 소개, 미취학 아동 문제 상담소 소개, 공항까지 자동차를 얻어 타고 가고 싶은 회사 간 부, 회사 근처에 서식하는 퓨마에 대한 경고 등.

○ 장애인지지연맹Disability Alliance

○ 예비역 네트워크Veterans Network

○ 구글 여성 모임Women@Google

10여 년 전에 나는 출판그룹 타임Time Inc.이 자기들만의 이런 조직
들을 거느리고 있다는 사실을 알았다. 그중 하나가 '아시안 아메리
칸 클럽Asian American Club'이었는데, 이 단체는 자기들이 개설한 풍수지
리학 관련 강좌를 홍보하는 전단을 만들어 돌리며, 관심이 있는 사
람이면 누구든 참여할 수 있다고 했다. 이걸 보고 나는 깜짝 놀랐다.
내 상식으로는, 회사 내의 동아리나 단체는 자기들끼리만 어울리지
그 범위를 넘어서서 다른 동아리나 단체 혹은 개인과 연결되는 경
우는 거의 없었기 때문이다.

이와 비슷한 방식으로 구글에서는 모든 단체들이 다양한 방식으
로 서로 결합한다. 직원자원그룹에는 누구나 가입할 수 있는데, 예
비역네트워크나 그레이글러스 등과 같은 단체가 단독으로 활동하
기에는 지사 규모가 너무 작을 경우 모든 직원자원그룹들을 하나로
아우를 수 있는 수많은 통합 조직이 구글 내에 조직되어 있다. 이 동
호회 혹은 단체들 중 많은 것들은 각 회원들이 사회에서 갖는 경험
에 공통점이 있다는 발상을 전제로 음식 나눠먹기, 저녁 모임이나
영화 보기 모임부터 자기계발 모임, 자원봉사자 모임까지 다양한 모
임이나 행사가 이른바 '구글 통합' 모임 형태로 이뤄진다.

그 밖에도 특별히 언급할 가치가 있는 것으로는 52개의 문화 관
련 단체 혹은 동호회가 있는데, 이것들은 각 지사에서 구글의 문화

를 강건하게 유지할 뿐 아니라 구글 직원들을 하나로 묶는 동시에 구글 바깥에 있는 사람들과의 유대도 한층 강화했다.

데이브 에거스Dave Eggers는 소설 《서클The Circle》에서 암울한 디스토피아를 묘사했다.[193] 구글이 강제로 즐거워야 하는 이런 공간이 되지 않도록 하려면 직원들에게 사회 활동을 억지로 강요해서는 안 된다. 그냥 하고 싶은 사람만 하게 하면 된다. 초등학생이었던 때와 마찬가지로 어떤 사람은 동아리에 가입하고 어떤 사람은 다른 사람들보다 더 많이 놀고 어떤 사람은 주어진 업무를 잘 마칠 수 있도록 작업 공간이 조용하길 바라는데, 회사는 각자 원하는 대로 하도록 내버려뒀다.

앞서 9장에서 우리는 구글에서 학습 효과가 어떻게 작동하는지 살펴봤다. 하지만 흔히 그렇듯이 우리는 이런 프로그램들이 발휘하는 강력하지만 쉽게 파악하기 어려운 보조적인 효과를 예측하지 못했다. 2007년에 우리는 '고급 리더십 실습' 프로그램을 마련했다. 고위 간부를 대상으로 하는 사흘짜리 프로그램을 시행하면서 우리는 지역, 전문 분야, 성별, 사회적·인종적 배경, 재직연수 등을 다양하게 고려해 이런 요소들이 골고루 뒤섞이도록 교육 대상 집단을 설정했다. 당시 구글 영업 조직의 감독자 직책을 맡고 있었던 스테이시 브라운-필팟Stacy Brown-Philpot이 제1기 과정에 참여했다. 그는 나중에 구글 벤처스Ventures에서 사내기업가로 있다가 심부름 알선업체인 태스크래빗TaskRabbit의 최고운영책임자로 갔다. 여러 해 뒤에 그녀와 나는 그 프로그램이 각자에게 어떤 의미였는지 비교할 기회가 있었다. 그녀는 이렇게 말했다.

"나는 그때 만난 사람들이 참 좋았습니다. 우리 회사 안에 그렇게 멋진 사람들이 많고 정말 다양한 일을 하고 있다는 사실을 몰랐거든요."

"그때 만난 사람들 중 지금까지도 계속 가깝게 연락하는 사람으로 누가 있나요?"

내 물음에 그녀는 아무도 없다고 했다.

"어떻게 그럴 수가……."

"참 이상해요. 여태까지 단 한 번도 그 사람들에게 연락할 필요성을 느끼지 못했거든요. 하지만 그 사람들이 회사 안에, 각자 자기 자리에 있다는 사실을 아는 것만으로도 기분이 좋아져요."

스테이시의 이 말을 듣자 어린 시절 즐겨 봤던 〈곰돌이 푸Winnie-the-Pooh〉의 푸와 피글렛이 나누는 대화가 떠올랐다.

> 피글렛이 뒤에 있다가 쭈뼛거리며 푸에게 다가갔다. 그러고는 푸에게 속삭였다.
>
> "푸?"
>
> "왜 그래, 피글렛?"
>
> "아무것도 아니야."
>
> 그러면서 피글렛은 푸의 손을 잡았다.
>
> "그냥 네가 여기 있는 걸 확인하고 싶었어."

어쩌면 이런 네트워크나 동호회 혹은 단체의 가치는 그들이 거기에 있다는 사실을 사람들이 안다는 것 자체에서 나오는지도 모른다.

» 혁신의 연료

이런 노력들은 세상에 진정한 선을 행하고, 조직 내에도 긍정적인 영향을 미친다. 전혀 예상치 않았던 이런저런 방식으로 사람들이 결합할 때 필연적으로 혁신이 촉발된다. 혁신은 우리가 회사 내에서 여러 가지 프로그램을 추진하는 진정한 목적 세 가지 중 하나다.

아마존닷컴이 판매하는 책 가운데 혁신을 주제로 한 책은 무려 5만 4,950권이나 된다. 이 책들은 때로 서로 모순되기도 하는 온갖 이론들을 경쟁적으로 주장한다. 물론 구글도 혁신을 이루기 위해 다양한 접근을 하고 있지만, 이 중에서 가장 두드러진 것은 이익을 활용하는 방식 그리고 창의성을 촉발하는 '운 좋은 순간들'의 수를 증대시키는 방법을 활용하는 것이다.

구글의 부동산 및 업무 현장 서비스 담당 상무인 데이비드 래드클리프David Radcliffe는 구글 카페의 공간 배치를 설계하면서 카페에서 우연히 만난 직원들끼리 흥미로운 대화를 할 수 있는 '우연한 충돌'이 일어나도록 매장 내 대기자 줄의 길이를 배려했다.

우리는 층마다 마이크로키친(수도, 도마, 식기세척기, 냉장 및 냉동고, 인덕션레인지, 전자레인지, 오븐 등 주방에 필요한 모든 조리 기구를 모두 탑재한 초소형 스마트 주방 – 옮긴이)을 마련했다. 커피, 유기농 과일, 과자 따위를 꺼내 먹으며 잠시 느긋하게 쉴 공간을 마련한 것이다. 구글 직원들이 과자를 먹거나 체스를 두거나 혹은 당구를 치면서 잡담을 나누거나 토론을 하는 모습을 본 적이 있을 것이다. 창업자인 세르게이가 "어떤 사람도 음식에서 60미터 넘게 떨어져 있으면 안 된다"고

한 적이 있다. 마이크로키친을 둔 진짜 목적은 하워드 슐츠 Howard
Schultz 가 스타벅스를 창업하면서 만들고자 했던 바로 그것에 있다.
슐츠는 사람들에게는 집과 사무실 이외에 '제3의 장소'가 필요하다
는 걸 알았다. 느긋하게 쉬면서 다른 사람과 어울릴 수 있는 공간을
슐츠는 생각했고, 구글도 마찬가지다. 우리는 직원들에게 책상머리
에서는 볼 수 없는 전혀 다른 풍경과 느낌을 누릴 공간을 제공했다.
우리는 마이크로키친이라는 공간을 이용해 서로 다른 집단에 속한
직원들이 한자리에서 어울릴 수 있도록 하고자 했다. 마이크로키친
은 대개 서로 다른 사업부나 팀이 접하는 경계선에 마련되는데, 이
들이 될 수 있으면 서로 자주 만나도록 할 의도로 설계했다. 그렇게
만나다 보면 서로 대화를 나누게 될 것이고 그러다 보면 자기 조직
안에서는 생각지도 못했던 발상을 떠올릴 수도 있지 않겠는가.

구글의 마이크로키친은 구글 지사 건물마다 마련되어 있다.
사진 속의 이곳은 특별히 좋은 축에 든다. © Google, Inc.

시카고대학의 사회학자인 로널드 버트Ronald Burt도 혁신은 대개 사회적 집단들 사이에 놓인 이른바 '구조적 공백'에서 나타난다는 사실을 입증했다. 버트가 공백(구멍)이라고 말한 것은 사업부 단위들, 서로 교류를 꺼리는 경향이 있는 팀들 혹은 테이블 끝자리에 앉아 말 한 마디도 하지 않는 과묵한 사람들 사이에 가로놓여 있는 간극일 수도 있다. 버트는 "사회적 구조 안의 어떤 구멍 옆에 가까이 있는 사람들은 확실히 그 구멍에 빠질 위험이 높다. 다시 말해 훌륭한 발상을 하게 될 가능성이 그만큼 높다"고 말했다.[194]

어떤 사업부나 팀에 속한 사람들처럼 빡빡한 사회적 네트워크 안에 함께 있는 사람들은 보통 비슷하게 생각하고 어떤 문제가 나났을 때도 그 문제를 비슷한 시각으로 바라본다. 이에 따라 시간이 흐를수록 창의성은 점점 소멸된다. 그러나 집단과 집단이 겹치는 부분에서 일하는 소수의 사람들은 상대적으로 더 나은 발상을 떠올린다. 개중에는 독창적인 게 아닌 경우도 많다. 한 집단이 이미 갖고 있던 어떤 생각을 다른 집단에 응용했을 뿐인데, 이것이 창의적인 발상이 된다는 것이다.

이런 맥락을 버트는 다음과 같이 설명했다. "사람들은 보통 창의성을 천재적인 재능이나 영웅적인 행동과 같은 것으로 생각한다.…… 그러나 창의성은 수입-수출 게임이지 새로운 어떤 것을 만들어내는 게임이 아니다.…… 어떤 발상의 기원을 추적하는 일은 흥미로운 학술적 과정이다. 하지만 이 작업은 대개 애초에 설정했던 목표에서 빗나가고 만다.…… 문제는 다른 곳에 있다. 어떤 곳에서는 이미 누구나 다 알 정도로 잘 알려져 있는 어떤 발상을 어떻게 하면 빛나는 가치를 발휘할 수 있는 다른 곳으로 옮길 수 있을까 하는 것, 바로 이것이 문제다."

우리가 노렸던 것은 서로 다른 집단이 평온하고도 유연하게 만날 수 있도록 조율하는 것만이 아니다. 우리는 새로운 생각과 아이디어를 조직 안에 공급하고자 끊임없이 노력하고 있다. 직원들이 테크톡스에 참여해 자기들이 최근에 한 작업의 내용을 궁금해하는 사람들과 공유하도록 독려한다. 또한 창의적인 사고 방면에서 뛰어난 인물을 외부에서 영입하기도 한다. 수전 워치츠키와 당시 판매 담당 상무였고 지금은 페이스북의 최고운영책임자인 셰릴 샌드버그Sheryl Sandberg는 자기만의 강력한 인맥과 관심을 발휘해 다양한 분야의 강사를 구글로 초빙해 리더십, 여성 문제, 정치 등을 주제로 강연을 하게 했고 그로 인해 궁극적으로 구글 직원들이 창의성을 개발하는데 크게 기여했다.

구글 직원들은 처음에 일회성이던 이 행사들을 2006년에 보다 체계적인 프로그램으로 전환시켰다. 구글 자원봉사자들은 회사를 방문하는 베스트셀러 저자들에게 잠시 자리에 앉아 대화를 나누는 자리를 만들어달라고 부탁했고, 이렇게 해서 구글의 공식 프로그램인 '구글로 간 저자들Authors@Google'이 탄생했다. 이 프로그램의 첫 번째 주자로《다윗과 골리앗David and Goliath》,《아웃라이어Outliers》등의 저자인 맬컴 글래드웰이 선정됐다.

이 프로그램은 현재 '토크앳구글'로 발전해 확대됐는데, 이는 작가, 과학자, 기업가, 배우, 정치인 그리고 그 밖에 많은 것을 생각하게 만들어주는 인물들을 한 사람씩 회사로 초빙해 그 사람의 생각을 듣는 프로그램이다. 앤 파머 Ann Farmer 와 클리프 레데커 Cliff Redeker 와 같은 쟁쟁한 인물들이 포함된 80명이 넘는 사내 자원봉사자들이 이 프로그램의 실무를 맡고 있으며, 이미 2,000명이 넘는 강연자가 구글을 다녀갔다. 클린턴과 오바마 대통령, 배우 티나 페이, TV 드라마 〈왕좌의 게임 Game of Thrones〉의 원작자 조지 마틴 George R. R. Martin, 가수 레이디 가가, 경제학자 버턴 맬키엘 Burton Malkiel, 배우 지나 데이비스, 노벨문학상을 수상한 소설가 토니 모리슨 Toni Morrison, 소로스펀드 매니지먼트 회장 조지 소로스 George Soros, 마이크로금융의 개척자 무함마드 유누스 Muhammad Yunus, 록밴드 퀘스트러브 Questlove, 소설가 앤 라이스 Anne Rice, 언어학자 놈 촘스키 Noam Chomsky, 축구선수 데이비드 베컴, 외과의사이자 TV 쇼 프로그램 진행자인 닥터 오즈 Dr. Oz 등이 그 주인공이다. 이들의 대담 가운데 1,800개 이상이 녹화됐고, 이 유튜브 동영상을 본 횟수는 총 3,600만 회가 넘으며, 팔로우도 15만 4,000명이 넘는다.* 직원 자원봉사자 몇 명이 자기 시간의 20퍼센트를 할애해 거둔 성과 치고는 나쁘지 않다. 앤은 이 프로그램의 궁극적인 목적을 다음과 같이 묘사했다. "외부에서 창의적인 생각을 가져다가 열정적인 구글 청중들과 하나로 뒤섞어 전 세계 수십억 명의 유튜브 사용자들에게 이 대담을 증폭해주는 것이다. 맬컴도 우리가 원하는 것이 커넥터가 되는 것이라고 하지 않았던가."

여기에 한 주에 한 번씩 구글 내부의 주제들을 놓고 진행되는 수십 개의 테크톡스가 덧붙여진다. 이들 방문자와의 대화는 지속적으

---

* 이 동영상은 http://www.youtube.com/user/AtGoogleTalks에서 볼 수 있다.

로 들끓는 창의성을 자극하는 분위기를 조성하는 한편, 직원들에게는 잠시 일상에서 벗어나 상상력을 재충전할 수 있도록 해준다.

이런 프로그램은 규모가 작은 회사에서는 감히 엄두도 내지 못할 것처럼 보일 수 있다. 그러나 우리가 처음 출발할 때와 비교하면 큰 차이가 없다. 모든 회사가 다 촘스키를 초빙할 수는 없다. 그러나 어떤 회사든 지역 대학의 문학교수에게 데이비드 포스터 월리스David Foster Wallace의 문학 세계를 주제로 강연을 해달라고 부탁할 수 있다. 점심시간에 현악4중주 공연을 해달라고 할 수도 있고, 요통을 예방하거나 치료할 수 있는 자세 교정법을 가르쳐달라고 할 수도 있다. 물론 비용도 거의 들지 않는다.

이런 프로그램이 가져다주는 효과는 실제로 경험해보지 않고서는 도저히 예측할 수 없을 정도로 확실하다. 명의 말을 한 번 더 인용한다.

나는 존 카밧진의 마음챙김 명상법 대담을 기획하고 진행했다. 사람들이 이 동영상을 본 횟수는, 마지막으로 확인했을 때를 기준으로 무려 180만이나 됐다. 어떤 사람은 내게 이메일을 보내 이 동영상 덕분에 죽음의 문턱에서 살아나왔다며 고마워했다. 이 사람은 자살을 하려고 마음을 먹었고, 마지막으로 아무 동영상이나 하나 보겠다고 무작위로 선택했는데 우연하게도 이 동영상이었다……그러다 마음챙김 명상을 직접 해보기로 했다. 어느 날 우울증이 씻은 듯이 사라지고 중독 증상도 치유됐으며, 그토록 하고 싶었던 일을 직업으로 삼을 수 있게 됐다. 그는 이후 6년간 여섯 차례나 승진해 지금은 만족한 인간관계를 유지한다고 했다. 이 사람은 그 동영상을 본 지 6년 뒤에 이런 사실을 알려주려고 내게 이메일을 보낸다고 했다.

≫ '오케이'라고 대답할 방법을 찾아라

이처럼 온갖 자극과 활동을 장려하는 프로그램들이 진행되는데 직원들은 과연 언제 일을 할까?

그 모든 활동에 참가한다면 어떤 사람이 하루 종일 사용할 수 있는 시간은 그 활동에 다 들어가고도 모자랄 것이다. 아닌 게 아니라 그 누구도 모든 서비스를 다 누리거나 모든 대담 혹은 강연에 참석할 수는 없다. 특별하게 활용할 수 있도록 보장된 근무시간의 20퍼센트를 쓰듯이 그렇게 전체 근무시간을 쓸 수 없으니까 말이다. 사실 나는 우리 회사의 드라이클리닝 서비스를 이용한 적이 단 한 번도 없다. 하지만 한 주에 한 번씩 꼭 이 서비스를 이용하는 사람들은 있다. 그러나 이동식 이발·미용 서비스는 이용한다. 이발사 맥스와 콴의 이발 솜씨는 끝내주며,[195] 나는 25분 만에 곧바로 하던 일을 계속할 수 있다.

어떻게 보면 쇼핑몰에 가는 것이나 비슷하다. 같은 쇼핑몰에 여러 차례 간다고 해도 한 번도 들어가지 않는 가게는 있게 마련이다.

하지만 누구에게나 자기에게 특별한 가게가 있다. 우리 직원들도 마찬가지다. 구글 직원들이 회사 공간 안에서 제공되는 각종 서비스를 이용하는 내역은 다음 표를 참조하기 바란다.

서비스 내용	회사 부담 비용	직원 부담 비용	편익 내용
ATM	없음	없음	효율성
관료제 파괴자	없음	없음	효율성
지탤런트	없음	없음	공동체의식
휴일 장터	없음	없음	효율성
이동 도서관	없음	없음	효율성
랜덤 런치	없음	없음	공동체의식 · 혁신
TGIF	없음	없음	공동체의식
자전거 수리	없음	있음	효율성
세차 및 엔진오일 교환	없음	있음	효율성
드라이클리닝	없음	있음	효율성
이발과 미용	없음	있음	효율성
유기농산물 배달	없음	있음	효율성
컨시어지 서비스	미미함	없음	효율성
문화 클럽	미미함	없음	공동체의식
직원자원그룹	미미함	없음	옳은 일 · 공동체 의식 · 혁신
편익 평등성	미미함	없음	옳은 일
지커리어 †	미미함	없음	옳은 일·효율성
마사지 의자	미미함	없음	효율성
낮잠 캡슐	미미함	없음	효율성
빨래방	미미함	없음	효율성
아이를 회사에 데리고 오는 날	미미함	없음	공동체의식
부모님을 회사에 모시고 오는 날	미미함	없음	공동체의식
토크앳구글	미미함	없음	혁신
전기자동차 대여	조금	없음	효율성
마사지	조금	있음	효율성
무료 식사	많음	없음	공동체의식 · 혁신
무료 셔틀버스	많음	없음	효율성
육아보조금	많음	있음	효율성

† gCareer: 직무 복귀 프로그램

구글 직원이 누리는 특별한 서비스의 사례 © Google, Inc.

우리가 시행하는 대다수 프로그램은 비용이 거의 들지 않는다. 이 모든 프로그램은 효율성이나 공동체의식 혹은 혁신을 높이거나 이끌어낸다. 어떤 사람은 이런 프로그램을 금박을 입힌 새장이니, 직원들에게 더 많은 시간을 회사에 매여 일하게 만드는 정교한 속임수라고 얘기하기도 한다. 하지만 이렇게 말하는 사람은 우리가 애초에 갖고 있었던 기본적인 동기를 근본적으로 잘못 이해한 것일 뿐만 아니라 구글과 같은 회사들에서 일이 어떻게 진행되는지도 알지 못한다.

빨래방을 회사에 설치해 발생하는 경제적 가치와 관련된 통계를 내가 정확하게 산정할 수 없는 이유는 이 문제에 관한 한 나는 경제적 차원의 가치는 전혀 신경 쓰지 않기 때문이다. 사회 초년병 시절, 빨래에 얽힌 고생담은 이루 말할 수 없다. 빨래방 세탁기에 넣을 25센트짜리 동전을 수북하게 쌓아놓아야 했고 세제 상자를 질질 끌면서 세탁기가 있는 지하로 오르내리기를 반복해야 했다. 게다가 누가 내 셔츠를 훔쳐가지나 않을까 몇 시간 동안 노심초사해야 했다. 그렇게 빨래와 씨름을 하면서 이런 생각을 했다. 회사 내의 빈 공간에 세탁기 몇 대와 세제를 던져놓기만 해도 직원들의 생활이 한층 더 즐거워지지 않을까? 강연자를 회사로 불러 강연도 하고 대담도 하게 하면 좋지 않을까? 군이 못할 이유가 있을까? 나는 이런 종류의 프로그램을 계획하는 일을 즐기게 됐다. 그리고 닥터 오즈가 우리 회사를 방문했을 때 당시 CEO였던 에릭과 나는 강연과 대담을 마친 그를 우리 경영진 회의에도 참석시켰다. 물론 구글 직원들 중 팬이던 사람들을 위해 최소 300권이나 되는 책에 그가 직접 저자 사인을 해준 뒤였긴 하지만……

더 중요한 사실은, 구글은 직원을 미끼로 속여 회사에서 조금이라도 더 오래 일하도록 붙잡아두는 회사가 아니다. 직원이 만들어내는 성과가 좋은데 굳이 이들을 회사에 좀 더 오래 붙잡아둘 이유가 있겠는가? 게다가 사실 직원이 어디서 일을 하는가 하는 것은 전혀 문제가 되지 않는다. 팀들이 서로 협력하도록 하는 것이야말로 절대적으로 필요한 일이다. 서로 다른 팀에 속한 직원들이 심심찮게 부딪치고 또 대화를 나눔으로써 멋진 아이디어가 나오고 공동체의식도 강화된다.

자, 다시 따져보자. 나는 과연 우리 직원들이 아침 아홉 시부터 오후 다섯 시까지 자기 사무실 공간에 엉덩이를 딱 붙이고 앉아 있길 바랄까? 직원들이 조금이라도 더 일찍 출근하고 조금이라도 더 늦게 퇴근하길 내가 바라야 하는 이유가 있을까? 직원들은 자기가 편하고 좋은 시각에 출근하고 퇴근한다. 소프트웨어 기술자들 중 오전 열 시나 그 뒤까지도 출근하지 않는 사람이 많다. 이들은 퇴근 후 귀가해서도 밤늦게까지 온라인으로 해야 할 일들이 있다. 우리에겐 이런 직원들에게 창의성을 발휘하라고 말할 권리가 없다.

우리가 직원들을 응석받이로 만든 바람에 이들이 굳이 다른 일자리를 찾으려 하지 않는다고? 물론 그럴지도 모른다. 의심스럽다. 그러나 설문조사 결과는 그렇지 않다. 우리는 퇴직자를 대상으로 설문조사를 하는데, 그 어떤 퇴직자도 회사가 직원에게 제공하는 이러저러한 특전이나 프로그램 때문에 회사를 나가려 하지 않는다거나 그것 때문에 구글에 입사했다고는 말하지 않았다. 구글이라는 회사에서 진행되는 이러저러한 프로그램에는 특별하게 비밀이랄 것도 없다. 이런 프로그램들을 실시하는 이유는 단순하다. 비용이 거의 들지 않고 효과는 높으며 이렇게 하는 게 옳다고 생각하기 때문이다.

그렇다면 어떤 회사라도 구글처럼 할 수 있다고 말하는 게 과연 현실성이 있을까? 현실성이 있다. 대부분의 프로그램이 비용이 들지 않는다는 사실을 떠올려보자. 직원 가운데 어느 한 사람이 회사 밖으로 나가, 회사 직원들에게 물건을 팔고 싶어 하는 사람들을 찾거나, 점심 식사 자리를 마련하거나 당신 회사에 와서 강의나 대담을 하고 싶어 하는 사람을 초대하기만 하면 된다. 누이 좋고 매부 좋은 일 아닌가.

예전에는 어딘지 모르게 난해하고 멀게만 느껴지던 몇몇 프로그램들도 점점 상식으로 자리 잡고 있다. 야후는 PB&J Process, Bureaucracy, and Jams라는 프로그램을 진행했는데,[196] 이 프로그램은 우리의 '관료제 파괴자'와 무척 비슷하다. 트위터와 페이스북 그리고 야후는 모두 한 주에 한 번씩 전체 직원이 참석하는 우리의 TGIF 미팅과 비슷한 제도를 운영하고 있다. 물론 전체 직원이 참여하는 회의라는 발상도 구글이 맨 처음 만들어낸 건 아니다. 어떤 금기나 제약도 없는 질의응답의 윤리가 상대적으로 규모가 큰 기업들로 확산되는 모습을 지켜보는 것은 무척 기분 좋은 일이다.

월요일에 우리 회사를 찾아오는 이발·미용 버스는 화요일에 야후를 찾아간다. 드롭박스 Dropbox 는 2013년에 제1회 '부모님을 회사에 모시고 오는 날' 행사를 했으며, 링크드인은 그해 11월 7일을 부모님을 회사에 모시고 오는 날로 정했는데 이날 60명이 넘는 직원이 부모님을 뉴욕 사무실로 모셨다.[197] 산모 배려 프로그램들이 우리 업계 전체로 확산되고 있으며, 사무실 공간 안에 카페를 마련하는 것이 지금 실리콘밸리에서 표준으로 자리 잡고 있다.

그러나 이런 추세는 미국에 그것도 실리콘밸리에 한정된 것 같다. 우리가 실시하는 독특한 프로그램들이 다른 회사들에서도 충분히 가능함에도 불구하고 쉽게 확산되지 않는 이유는 다음과 같다.

첫째, 이런 프로그램을 시행하는 데는 비용이 많이 든다는 인식이 퍼져 있다. 물론 몇몇의 경우는 기회비용이 있을 수 있지만(예컨대 직원자원그룹에 소비된 시간은 '업무 시간'에서 빠져나간 시간이긴 하지만), 실용적인 관점에서 해당 직원의 근속 의지와 행복도가 개선된 점을 염두에 둔다면 효율성 측면에서 오히려 한층 더 유리하다.

둘째, 직원들이 당연히 누려야 할 권리라고 여길까 봐 염려스러울지 모른다. 예컨대 이런 것이다. '만일 우리가 이동식 이발관·미용실 서비스를 시행하다가 나중에 이 서비스를 없애버릴 경우 직원들이 화나서 펄쩍펄쩍 뛰지 않을까?' 충분히 그럴 수 있다. 그러나 우리는 직원들에게 어떤 서비스 프로그램이 정식으로 시행되기 전에는 어디까지나 시험적으로 운영되는 것이며 효과가 확실히 입증되고 난 뒤에야 비로소 이 서비스가 지속적으로 시행될 것임을 처음부터 분명히 밝힌다.

셋째, 관리자는 직원의 기대가 점점 높아지는 걸 두려워할 수 있다. 예컨대 이런 것이다. '오늘 이것을 해주면 내일은 저것을 해달라고 할지 모르는데, 오늘 과연 이것을 해줘야 할까?' 이 경우에도 솔직한 대화가 문제를 예방해준다. 예를 들어 사용자가 지역 가게에서 필요한 물품을 주문해 당일에 받을 수 있는 서비스인 구글 쇼핑 익스프레스Shopping Express를 개발할 때 회사는 구글 직원들에게 서비스를 시험적으로 이용해보라고 25달러를 지불했다. 그리고 이 서비스가 개발됐을 때 우리는 정기적으로 직원들에게 추가로 25달러를 지급했다. 그때마다 우리는 이 서비스는 시험적으로 운영되는 거라고 설명함으로써 매달 25달러를 거저 받을 수 있다는 기대를 원천적으로 봉쇄했다. 그 결과 이 서비스의 시험 운영이 끝났을 때 아무도 불평하지 않았다.

넷째는 가장 중요한 거라고 할 수 있는데, '오케이'라고 말하기가 어렵다는 점이다. 만일 어떤 직원이 외부 강연자를 회사로 불러달라고 요청할 경우 거기에 따르는 위험으로 어떤 것들이 있을지 생각해봐야 한다. 강연자가 분별없는 말을 할 수도 있고, 강연 내용이 형편없어 모든 사람에게 시간 낭비일 수도 있으며, 강연회를 수용할 만한 공간이 없을 수도 있고, 업무가 너무 바쁠 수도 있다. 그리고 '만일 내가 허락을 했는데 나중에 뭐라도 잘못되어 모든 책임을 내가 져야 한다면 어떡하지?' '안 돼'라고 말할 구실을 찾기는 너무도 쉽다. 하지만 '안 돼'라는 대답은 잘못된 대답임에 틀림없다. 그것은 직원의 기대를 저버릴 뿐만 아니라 새로운 어떤 것을 배울 기회도 놓치게 하기 때문이다.

'오케이'라고 대답할 방법을 찾아라. 그때 직원들은 회사를 한층 더 활기차고 재미있고 생산적인 현장으로 만드는 것으로 보답할 것이다.

고피 칼라일Gopi Kallayil이라는 구글 직원은 영업 부서에 소속되어 있지만 키르탄(명상 음악의 일종 - 옮긴이) 연주자이기도 해서 인도 종교 전통에서 흔히 볼 수 있는 부르고 대답하는 방식의 노래를 부르기도 한다. 고피는 내게 자기 음악을 담은 CD를 한 장 주었는데, 고맙다는 편지를 하자 다음과 같이 답장을 보내왔다.

> 고맙다니 천만에 말씀을요. 음악 재미있게 들으시고, 이 음악이 명상에 효과가 있으면 꼭 알려주십시오. 지난 월요일에 우리는 키르타니야스Kirtaniyas라는 국제순회공연단이 연주하는 키르탄 음악을 라이브로 들었습니다. 이 사람들은 찰스턴파크에서 어쿠스틱 라이브 공연을 했는데, 내가 이끄는 월요 요글러(요가를 하는 구글 직원) 동아리는 근처의 작은 폭포 옆에서 요가 수련을 했습니다. 회원들은 다들 무척 좋아했습니다. 이렇게 '당신의 생활을 최적화하라'는 위대한 또 하나의 프로그램을 구글 직원들이 조직했는데, 이 과정에 돈은 전혀 들지 않았습니다. 이것이 바로 우리 문화의 비밀입니다. 우리 문화의 근간은 풀뿌리에 있지요. 서커스를 책임지는 것은 서커스단의 단장이 아니라 무대 위에 서는 공연자들이지요.

≫ 직원이 가장 필요로 할 때 곁에 있어라

솔직히 고백하건대 우리가 하는 모든 일이 다 효율성과 공동체 의식 그리고 혁신이라는 우리의 목적에 깔끔하게 들어맞지는 않는다. 어떤 프로그램은 순전히 직원들의 생활을 보다 낫게 해준다는 이유만으로 존재한다. 이런 프로그램이 도입된 것은 우리가 그 프로그램을 시행할 당시에 그렇게 하는 게 옳다고 생각했기 때문이며, 다른 이유는 없었다.

예를 들어 인생에서 가장 가혹하지만 피할 수 없는 사실들 가운데 하나가 어떤 시점에 이르면 우리 중 절반은 동반자의 죽음에 맞닥뜨린다는 것이다. 정말 끔찍하고 힘든 순간이며, 이 순간이 아무런 예고도 없이 닥칠 때는 더욱더 비극적이다. 거의 모든 회사가 직원이 사망할 때 별도의 보상 및 위로 기준을 마련해놓고 있지만, 이렇게 해서 마련된 돈이 충분하다고 느껴본 적은 한 번도 없었다. 구글은 그런 비극을 당할 때마다 저세상으로 떠난 직원의 배우자가 앞으로 잘살아가도록 회사 차원에서 도울 수 있는 방법을 찾으려고 노력한다.

2011년에 우리는 구글 직원이 사망할 경우 이 직원에게 부여된 미기득 주식(unvested stock: 주로 높은 연봉에 스카우트된 임원들에게 주어지는 일종의 '스톡옵션'으로, 일정 햇수 이상 근무해야 주식을 손에 넣을 수 있고 그 후에 팔 수 있다-옮긴이)의 가치 전액을 곧바로 배우자에게 지급하기로 결정했다. 또한 배우자에게는 직원이 살아 있을 때 받던 봉급의 절반을 10년간 지급하기로 했다. 아울러 만일 죽은 이 직원에게 자식이 있을 경우에는 이 아이들이 스무 살이 되기 전까지 혹은 전업 학생 신분을 유지할 때는 스물네 살이 되기 전까지 한 명당 매달 추가로 1,000달러를 지급하기로 했다.

우리는 이런 사실을 누구에게도 알리지 않았다. 심지어 직원에게도 알리지 않았다. 잘못하다간 고약한 회사 홍보로 낙인찍힐 수 있다고 생각했기 때문이다. 우리는 이런 조치가 인재를 영입하거나 회사에 붙잡아두기 위한 방법이라고 생각하지 않았다. 여기에는 그 어떤 이익 개념도 포함되어 있지 않다. 그저 그것이 옳다고 생각하는 것일 뿐이다.

그런 결정이 내려진 지 18개월 뒤에 나는 실수를 저지르고야 말았다. 경제전문지 〈포브스Forbes〉의 메간 캐설리Meghan Casserly를 상대로 인터뷰를 하던 도중에 나는 무심코 이런 사실을 얘기하고 말았다. 그러자 그녀는 곧바로 이게 엄청난 것임을 알아차리고는 "구글 직원이 사망할 때 어떤 일이 일어날까?"라는 선정적인 제목을 달아 대서특필을 했다.[198] 반응은 엄청났고, 이 기사는 거의 50만 회나 조회됐다. 그리고 나는 다른 회사의 동료들로부터 수많은 질문을 받았는데, 가장 많았던 질문은 이것이었다. "그거 비용이 너무 많이 드는 거 아냐?"

천만에, 전혀 그렇지 않다. 지금까지 우리가 부담하는 비용은 직원 총급여액의 0.1퍼센트 수준으로 진행되고 있다. 다른 식으로 표시해보자. 미국의 평균적인 회사의 직원 임금 지출 증가율은 연 4퍼센트다. 이 중에서 순수 임금 인상률 부분은 3퍼센트고 나머지 1퍼센트는 승진에 따른 인상분이 반영된 것이다. 장담컨대 당신이 만일 당신 회사의 아무 직원이나 붙잡고 봉급 3.0퍼센트 인상 방안 대신 2.9퍼센트 인상 방안을 받아들이고 우리가 실시하는 이런 프로그램의 혜택을 받고 싶으냐고 묻는다면, 대부분이 그렇게 하겠다고 대답할 것이다.

2012년에 복리 후생 팀 앞으로 익명의 구글 직원이 이메일을 보내온 적이 있었다. 내용은 이랬다.

나는 암 진단을 받은 뒤 치료를 받고 살아남았습니다. 하지만 6개월에 한 번씩 암이 재발하지 않았는지 검사받고 있습니다. 언제 불길한 소식이 들이닥칠지 알 수 없는 상황입니다. 하지만 정말 나쁜 일이 일어날 경우, 여러분은 무엇을 어떻게 할 것인지 생각하기 시작하겠지요. 그래서 나는 암 검사를 받으려고 검사 장치에 누워 있는 동안 머릿속으로 래리에게 보낼 이메일을 썼다가 수정하고 다시 쓰곤 했습니다. 무슨 내용이냐고요? 내가 죽어가고 있을 때도, 내게 부여되는 주식이 앞으로도 계속 내 가족에게 지급될 것인지 묻는 내용이었습니다.

그러다 생명과 관련된 새로운 복리 후생 제도에 대한 내용을 이메일로 받았습니다. 눈물이 왈칵 쏟아졌습니다. 사려 깊은 배려로 내 인생에 이토록 커다란 기쁨의 충격을 준 회사에 단 하루도 고마워하지 않은 날이 없습니다. 나는 구글에서 일한다는 사실을 늘 자랑스럽게 여기고 있는데, 이유는 수도 없이 많이 있지만 생명과 관련된 이번의 복리 후생 제도도 그 가운데 하나로 꼽힙니다.

회사가 새로운 복리 후생 제도를 발표하고 두 주가 지난 뒤에 또 검사를 받았습니다. 하지만 이번에는 머릿속으로 래리에게 보낼 이메일을 썼다 지우는 일을 하지 않았습니다. 누가 이 제도를 마련했는지 또 누가 책임을 지고 있는지 나는 모릅니다. 그러나 이 제도와 관련된 모든 사람들에게 깊은 감사의 말을 전하고 싶습니다. 여러분은 직원들의 인생에 정말 놀라운 일을 행하고 있습니다.

나는 이 제도와 관련된 혜택을 직원에게 알리지 않았는데 이게 실수였다. 이 익명의 편지를 쓴 사람처럼 직원을 짓눌렀을 스트레스와 공포를 미처 생각하지 못했던 것이다. 또 우리의 사례에 영향을 받아 이런 종류의 제도를 도입하려고 고민하는 여러 회사에 미칠 긍정적인 파급을 미처 생각하지 못했던 것이다.

2011년에 우리는 출산휴가 정책도 수정했다. 미국에서 출산휴가 기간이 3개월이 보편적인 때에 5개월로 결정했다. 이뿐 아니라 보다 심대한 변화를 추진했다. 출산으로 부모가 된 직원이 출산휴가 기간에도 평상시와 다름없는 봉급과 보너스, 주식 급여를 받을 수 있도록 한 것이다. 게다가 출산 후 처음 몇 주간 음식을 배달시켜 먹을 수 있도록 추가로 500달러를 더 지급했다.

어쩌면 당신은 이런 결정이 구글 직원의 행복도, 근속연수 그리고 이 제도에 들어가는 비용 등을 상세하게 분석한 결과를 바탕으로 이뤄진 것, 다시 말해 내가 지금까지 줄기차게 주장했던 것처럼 자료를 바탕으로 한 결정이라고 추측하겠지만, 그렇지 않다. 이 제도의 구체적인 사항 역시 직원의 죽음에 대한 위로금 혹은 지원금과 마찬가지로 순전히 본능적인 어림짐작을 바탕으로 이뤄졌다.

어느 날 차를 몰고 회사로 출근하던 중에 문득 생후 5개월 아이와 생후 3개월 아이 사이의 발달 차이를 생각했다. 내가 이 분야의 전문가는 아니지만, 내 아이들이 자랄 때의 일이 떠올랐다. 태어나서 몇 달이 지나고 나서야 아기들은 대화에 반응하기 시작하고, 초보 부모들은 아기가 기침하거나 재채기할 때마다 더는 놀라서 당황하지 않으며, 모든 게 다 정상적이라는 사실을 깨달았다. 그날 출근길에 나는 그런 생각을 했고, 사무실에 들어가자마자 이렇게 말했다. "자, 우리 좀 바꿔봅시다."

관련 자료를 살핀 건 그로부터 한참 뒤였다. 나는 출산 여성의 퇴직률이 평균의 두 배나 된다는 사실을 알았다. 출산 12주 뒤에 업무에 복귀한 많은 여직원이 스트레스에 짓눌리고 피곤해하며 때로는 죄의식까지 느끼는 것 같았다. 그런데 출산휴가를 5개월로 늘리자 출산 여성 퇴직률은 감소했다. 엄마 직원들은 늘어난 휴가 기간을 업무 복귀에 적응하는 시간으로 활용할 수 있었으며, 덕분에 휴가가 끝날 즈음에는 오히려 한층 더 생산적이고 정신적으로 안정된 상태가 됐다고 했다.

나중에 우리는 출산휴가 연장에 따른 손익을 따져봤는데, 이 변화로 인해 추가로 발생하는 비용은 없는 것으로 드러났다. 출산한 여직원을 두 달 더 쉬게 하는 데 들어가는 비용은, 이 직원이 가진 전문성을 회사가 계속 확보할 수 있다는 점 그리고 새로운 직원을 고용할 경우 직원을 찾아내고 교육·훈련하는 데 추가 비용이 들어간다는 점을 고려하면 오히려 적게 들었다.

페이스북과 야후도 우리의 선례를 따라 출산한 여직원에게 비슷한 혜택을 주는 제도를 마련하는 것을 보고 나는 무척 기뻤다. 나는 더 많은 기업이 이런 변화에 동참하길 기대한다. 앞서 2장에서 우리는 자기 일이 천직임을 인식하는 것이 얼마나 중요한지 살펴봤다. 카밧진의 명상법 대담을 기획한 앤이나 키르탄 연주자인 고피 혹은 이름을 밝히지 않은 직원들이 보내준 감사 편지보다 더 확실한 격려와 힘이 되는 건 없다. 한번 생각해보자. 직원들이 걱정과 절망으로 당신을 찾아오는 게 아니라 당신 덕분에 생활이 한층 더 편안하고 쉬워졌다고 또 자기들이 절실하게 도움을 필요로 하는 순간에 곁에 있어줬다고 고마워할 때, 당신이 하는 일이 얼마나 신나고 보람차겠는가?

나는 큰돈을 들이지 않고서도 업무 현장을 특별한 장소로 만드는 최고의 사례는 캘리포니아 산타클라리타에 있는 라메사중고등학교의 미셸 크란츠Michele Krantz 교장이 보여주지 않았나 싶다. 미셸은 한 주가 시작되는 월요일이면 교문 앞에 서서 등교하는 학생의 이름을 일일이 불러주고 손을 잡아준다. 그리고 '점심시간 무조건 일등 배식권'을 주머니에 두둑하게 넣고 다니면서 아이들에게 뜻밖의 선물을 주곤 한다. 미셸은 월례 교직원회의에서도 '직원들이 서로를 칭찬하고 서로에게 고마워할 기회를 주기 위해' 그라놀라 바를 나누는 시간을 마련한다. 직원들은 말 그대로 칭찬을 주고받는다. 미셸은 모든 교직원에게 생일 축하 카드를 직접 써서 주기도 한다.

이런 노력의 결과가 어땠을까? 점심시간이면 학생들이 교장실로 찾아와 고민을 털어놓고, 교사들은 예전보다 더 열성적으로 협력하며, 교직원들은 헌신적으로 자기 일을 처리한다. 그 학교에는 운동장 관리인이 여럿 있는데, 그중 10년 넘게 일해온 어떤 직원은 교장이 자필로 쓴 생일 축하 카드를 받고 감동해서 고맙다는 내용으로 굳이 편지까지 썼다.

미셸은 그때를 회상하면서 이렇게 말했다. "어찌나 고마워 하던지요. ……그러면서 자기가 학교에 계속 있는 동안은 나를 위해서라도 더욱 열심히 일하겠다고 하더라고요."[199]

물론 그것이 그녀의 목적은 아니었다. 그러나 관심과 자원을 아주 조금만 투자해도 엄청난 변화가 일어날 수 있음을 일깨워주는 감동적인 사례임에 틀림없다.

업무 규칙 **효율성·공동체의식·혁신을 유도하려면**

- 직원들의 생활을 조금이라도 더 편하고 쉽게 해줘라.
- '오케이'라고 대답할 방법을 찾아라.
- 인생에서 나쁜 일은 거의 일어나지 않는다. 그러나 직원들이 그런 일을 당할 때는 곁에 있어라.

12장

넛지, 슬쩍 옆구리를 찔러라

작은 신호가 큰 변화를 이끈다.
이메일 한 통이 어떻게 생산성을
25퍼센트나 높였을까?

"Nudge . . . a Lot"

Small signals can cause large changes in
behavior. How one email can improve
productivity by 25 percent

그리스 델파
이에 있는
아폴로 신전

서기 110년에 태어나 180년까지 살았던 그리스 지리학자 파우사니
아스_{Pausanias}가 델파이에 있는 아폴로 신전을 찾았다. 그는 신전 앞
뜰에 있는 바위에 델파이의 격언인 '너 자신을 알라'가 새겨져 있는
것을 보았다.

　좋은 말이지만 참뜻을 깨닫기 어려운 충고다. 사람은 누구나 자기

를 잘 안다고 생각한다. 하지만 이런 확신이 문제의 근원이 되기도 한다. 노벨경제학상 수상자이자 프린스턴대학의 심리학 명예교수인 대니얼 카너먼Daniel Kahneman은 저서 《생각에 관한 생각Thinking Fast and Slow》에서 사람은 두 개의 뇌를 갖고 있다고 말했다. 하나의 뇌는 주어진 자료를 바탕으로 느리고 깊은 성찰을 하지만, 다른 하나의 뇌는 빠르고 직관적이며 충동적으로 작동한다. 사람은 대부분 후자의 뇌에 의존하는데, 그렇기 때문에 사람은 자기가 합리적이라고 생각하는 바로 그 순간에도 전혀 합리적이지 않다.

예를 들어 이런 생각을 해보자. 5달러는 내게 얼마나 가치가 있을까? 어떤 가게에 들어가 물건을 사려고 하는데, 점원이 자동차로 20분 거리에 있는 다른 매장에서는 세일을 해서 똑같은 물건을 5달러 싸게 판다고 알려주면, 당신은 20분간 자동차를 운전해 그 가게로 가겠는가?

1982년에 카너먼과 그의 동료 아모스 트버스키Amos Tversky[200]는 사람들이 돈과 시간의 가치에 대한 인식을 어떤 경우에도 일관되게 유지하는지 궁금했다. 두 사람은 피실험자 181명을 두 개의 집단으로 나눈 뒤에 각각 다음의 두 가지 질문 중 하나를 던졌다.

1. 당신은 지금 125달러짜리 재킷과 15달러짜리 계산기를 사려고 한다. 계산기 판매원이 말하길, 당신이 원하는 계산기가 다른 지점의 매장에서 할인 행사로 10달러에 판다고 한다. 그런데 이 매장은 자동차로 20분 거리에 있다. 당신은 그곳까지 가겠는가?
2. 당신은 지금 15달러짜리 재킷과 125달러짜리 계산기를 사려고 한다.

계산기 판매원이 말하길, 당신이 원하는 계산기가 다른 지점의 매장에서 할인 행사로 120달러에 판다고 한다. 그런데 이 매장은 자동차로 20분 거리에 있다. 당신은 그곳까지 가겠는가?

이 실험이 1981년에 진행됐다는 사실을 염두에 두기 바란다. 인플레이션을 고려해 현재의 화폐가치로 보정한다면 아마 가격은 세 배쯤 뛸 것이다.[201]

이 실험을 진행한 카너먼과 트버스키는 "피실험자의 68퍼센트는 15달러짜리 계산기 하나를 사는 데 5달러를 절약하기 위해 기꺼이 20분간 자동차를 운전해야 하는 수고를 하겠다고 대답했지만, 125달러짜리 계산기의 경우에는 겨우 29퍼센트만 그런 수고를 하겠다고 대답했다"는 사실을 확인했다.[202] 두 경우 모두 절약하는 돈은 5달러지만 구입 가격에 비해 절약되는 비용이 상대적으로 클 때만 구체적인 행동에 나선 것이다. 다시 말해 절약의 틀이 가치에 대한 인식을 바꿔놓았다.

자, 여기서 보다 근본적인 질문을 해보자. 예를 들어 당신은 자기 앞에 놓인 어떤 것을 얼마나 정확하게 볼 수 있다고 생각하는가? 신경외과 분야 최고 병원인 미국 배로우신경학연구소BNI 소속인 스티븐 매크닉Stephen Macknik과 수사나 마르티네스 콘데Susana Martinez Conde는 공저서《왜 뇌는 착각에 빠질까Sleights of Mind》에서, 사람의 시력이 실제로는 형편없음에도 불구하고 부족한 부분을 뇌가 잘 채워주기 때문에 사람들은 자기가 사물을 정확하게 볼 수 있다고 믿는 이상한 현상을 설명했다. 더 나아가 마술사들이 이런 특성을 이용해 어떻게 사람의 눈을 속이는지도 설명했다. 이들은 다음과 같은 시험을 제안했다.

> 잭과 퀸 그리고 킹 카드만을 골라내 섞어라. 시선을 건너편 벽에 고정하고 눈알을 움직이지 마라. 그런 다음에 아무 카드나 한 장을 뽑아 당신의 주변시야(시야의 가운데는 중심시야, 주변은 주변시야로 부른다 - 옮긴이) 끄트머리에 두되 당신의 눈에서 팔 길이만큼 떨어진 위치에 고정시켜라. 그런 다음 팔을 굽히지 않은 채 천천히 그 카드를 시야의 한가운데로 움직여라. 이때 시선은 계속 건너편 벽에 고정해야 한다. 손에 든 카드가 무슨 카드인지 훔쳐보고 싶은 충동을 잘 억누른다면, 당신은 그 카드가 당신의 중심시야에 매우 가깝게 다가설 때 비로소 그 카드가 무슨 카드인지 알 수 있을 것이다.

저자들은 "당신의 두 눈은 전체 시야의 0.1퍼센트에 해당하는 열쇠구멍만 한 동그라미 안에 있는 대상만 정확하게 파악할 수 있다.…… 당신의 시야 가운데 99.9퍼센트는 쓰레기다"라고 설명했다. 그러나 사람이 실제로 느끼기는 그렇지 않다. 그 이유는 눈동자, 즉 시선의 초점이 한 지점에서 다른 지점으로 빠르게 단속적으로 움직이기 때문이다. 사람의 뇌는 모션블러(motion blur: 빠르게 움직이는 물체를 촬영할 경우 느린 셔터 속도로 촬영할 때 생기는 피사체의 잔상과 그 때문에 생기는 줄무늬의 번짐 효과 - 옮긴이)를 편집해 사물을 단속적이 아니라 연속적으로 보는 것 같은 착각을 유발한다.[203]

믿지 못하겠다면 유튜브에서 'Selective Attention Test'를 검색해봐라. 첫 번째로 나오는 검색 결과가 일리노이대학의 대니얼 사이먼스Daniel Simons가 게시한 동영상일 것이다.

거의 모든 사람은 채 1분도 되지 않는 이 동영상에서 무슨 일이 일어나는지 놓쳐버린다. 심지어 내가 무언가 재미있는 일이 일어날 거라고 미리 귀띔까지 했음에도 말이다. 사람은 저마다 자기는 자기 주변에서 일어나는 일을 잘 안다고 믿지만 보통 그렇지 않다. 도서관에 꽂혀 있는 수많은 책이 인간 두뇌의 결함을 주제로 하고 있지만, 동시에 그런 여러 결함을 인식하지 못하도록 막아주기도 한다. 우리는 잘 알지 못하지만, 우리를 둘러싼 환경과 주변 사람들 그리고 우리 자신의 무의식이 우리를 끊임없이 이리저리 끌고 다니고 옆구리를 찔러 어떤 일을 하게 만든다. 사슴이 방해물이 가장 적을 것 같은 길을 선택해 숲을 무사히 빠져나가는 것과 마찬가지로 우리는 흔히 무의식 차원에서 작동하는 여러 단서에 의지해 생활을 영위한다. 고속도로에서 자동차로 운전할 때 당신은 제한속도를 의식해 주행속도를 조절하는가? 아니면 흐름을 타고 그냥 따라가는가? 가게에서 옷을 살 때 대부분의 점원은 계산대 너머로 당신이 산 물건을 건네준다. 미국의 유명 백화점인 노드스트롬은 판매 직원에게 계산대 밖으로 걸어 나온 다음에 상품을 고객에게 넘겨주라고 지시하는데, 이때 고객은 자기가 정중한 대우를 받는다는 느낌을 더 많이 받는다. 웨이터로 일할 때 나는 손님의 주문을 받으려고 테이블 앞에서 몸을 웅크리곤 했다. 위에서 내려다보지 않고 눈높이를 맞출 때 손님은 더 편안해했고, 덕분에 나는 팁을 더 많이 받았다.

2012년 가을, 유럽 최대의 복합 문화예술 공간으로 일컬어지는 런던의 바비칸센터에 있는 커브Curve 갤러리가 아트디자인그룹 랜덤 인터내셔널rAndom International이 설계한 '비가 내리는 방The Rain Room'을 전시했다. 다음 해에 이 전시는 뉴욕현대미술관에서도 열렸다. '비가 내리는 방'은 실내에 설치됐고, 100제곱미터의 공간에 비가 내렸다. 천장에서 폭우에 가까울 정도의 많은 비가 쏟아지지만 이 폭우 속을 지나가는 관람객 주변에는 비가 내리지 않았다. 자동감지기가 관람객의 움직임을 포착해 비가 자동으로 멈추도록 되어 있었던 것이다.

런던과 뉴욕 모두 사람들이 이 전시를 보려고 무려 12시간씩 기다리기도 했다. 런던 관람객은 그 방에 평균 7분쯤 머물렀지만, 뉴욕에서는 미술관 측이 제발 10분 이내로 나가달라고 사정하고 심지어 너무 오래 머무는 사람들을 '정중하게 밀어내기'까지 했음에도 불구하고 많은 관람객이 45분 이상씩 머물렀다. 런던이나 뉴욕 모두 대도시라는 점에서 비슷하다. 게다가 런던 시민이라고 해서 미술이나 비에 관심이 특별히 적을 것 같지도 않은데 왜 이런 차이가 생겼을까? 도대체 무엇이 원인이었을까?

런던의 전시는 무료였던 데 비해 뉴욕의 전시는 유료였다. 25달러라는 관람료를 내야 '비가 내리는 방'에 들어갈 수 있었다.[204] 앞서 7장에서 살펴본 에드워드 데시와 리처드 라이언의 실험과 비슷한 맥락에서, 유료 관람객은 관람료를 지불한 순간부터 전시를 전혀 다르게 바라봤다. 그들은 본전을 뽑고 싶었다. 뉴욕현대미술관은 전혀 그럴 의도가 없었다. 그리고 입장을 어느 정도 제한해 관람객들이 원활하게 관람하도록 할 목적으로 설정했던 유료 정책이 오히려 정체 현상을 가중시키는 동기가 됐던 것이다.

심지어 어떤 장소의 물리적인 배치조차도 우리가 전혀 깨닫지 못하는 방식으로 우리에게 영향을 미친다. 나는 2011년에 휴렛팩커드 본사 사무실을 방문했다. 암갈색의 바다와 같았던 사무실에는 칸막이벽이 높게 쳐진 사각형의 개인 공간들이 끝없이 펼쳐져 있었다. 옆 자리 사람에게 무언가를 물어보기가 쉽지 않은 환경이었다. 아닌 게 아니라 옆 사람을 볼 수조차 없었다. 이에 비해 금융 정보 미디어 그룹 블룸버그의 창업자이자 전 뉴욕 시장인 마이클 블룸버그 Michael Bloomberg 는 생각과 정보를 신속하게 나누기에 최적화된 전통적인 신문사 뉴스룸 방식을 따라 자기 사무실을 개방식으로 만들었다.

전 뉴욕 시장 마이클 블룸버그의 사무실 불펜의 풍경 205

블룸버그는 한가운데 앉았다. 칸막이벽이 쳐져 있긴 했지만 휴렛팩커드의 사무실과 달랐다. 블룸버그에서 일한 적이 있는 한 사람이 라이프스타일 전문지 〈뉴욕New York〉의 크리스 스미스Chris Smith에게 이렇게 말했다. "업무 현장으로서는 결코 익숙해질 것 같지 않은 풍경이었습니다.…… 그러나 시장이 모든 사람이 볼 수 있는 곳에서 중요한 회의를 주재할 때, 이 개방형 소통 모델이 나쁜 게 아님을 금방 알 수 있었습니다. 효과가 좋다는 걸 말입니다."[206]

여기서 공통된 주제는, 우리는 스스로 생각하는 것보다 훨씬 덜 일관적이고 덜 객관적이며 덜 공정하고 또 우리가 도대체 어디로 나아가고 있는지 덜 인식한다는 점이다. 바로 이런 이유로 조직은 사람들이 보다 나은 의사 결정을 내리도록 도울 수 있다.

시카고대학과 하버드대학 로스쿨의 리처드 탈러Richard Thaler와 캐스 선스타인Cass Sunstein은 공저서《넛지Nudge》에서, 우리 뇌에 존재하는 여러 결함을 인식할 때 우리 생활이 어떻게 개선될 수 있을지 상세하게 입증했다. 이들은 '넛지(팔꿈치로 슬며시 남의 옆구리 찌르기)'를 다음과 같이 정의했다. "사람의 행동을, 어떤 선택권을 금지하거나 경제적 동기부여를 크게 바꾸지 않은 채, 예측 가능한 어떤 방식으로 수정하는 선택 구조의 한 측면이다.…… 단순한 넛지가 되려면 개입은 반드시 손쉽고 비용이 적게 들어야 한다. 넛지는 명령이나 지시가 아니다. 예컨대 과일을 눈에 잘 띄는 곳에 두는 것은 넛지지만, 정크푸드를 금지하는 것은 넛지가 아니다."[207]

다시 말해 넛지는 선택에 영향을 주지 선택을 지시하는 게 아니다. 어떤 사람들은 넛지는 당사자가 원하지 않거나 넛지의 영향을 받지 않을 때 하지 않을 일을 굳이 하게 만든다는 점에서, 즉 사람의 의식을 조작한다는 점에서 비윤리적이라고 주장한다. 넛지를 반대하는 사람들은 어떤 사람이 맨 처음 그 과일을 눈에 잘 띄는 곳에 놓지 않는 잘못된 선택을 했다는 현실적인 사실을 무시한다. 스코틀랜드 철학자 데이비드 흄David Hume은 이 문제를 '존재-당위의 오류' 혹은 '흄의 단두대Hume's Guillotine'라고 부른다. 어떤 것이 오늘 특정한 방식으로 존재한다고 해서 앞으로도 계속 그렇게 되어야 한다는 뜻은 아니다. 요컨대 존재로부터 당위가 자동적으로 도출되지 않는다.

사실 많은 넛지들은 제대로 선택하지 못해 덜 건강하고 덜 부유하며 덜 행복한 결과를 빚어낸 현재의 조건을 바꾸려는 변화다(이하 본문에서는 '넛지'를 '팔꿈치로 타인의 옆구리를 슬쩍 찌르는 행위'와 '타인의 선택을 유도하는 부드러운 개입'이라는 중의적인 표현으로 사용한다─옮긴이). 예를 들어 식료잡화점 주인은 우유처럼 꼭 필요하며 쉽게 변질될 수 있는 상품은 가게 출입구에서 가장 멀리 있는 곳에 진열한다. 손님이 이 상품을 사러 가게에 들어올 때마다 매대의 통로를 통과하도록 해서 다른 상품을 구매할 가능성을 높이기 위함이다. 매장의 다른 곳에도 진열되어 있지만, 보다 더 많이 팔리도록 계산대 가까이에 추가로 진열해놓은 막대사탕과 같은 충동구매 상품에는 높은 이윤을 붙인다. 계산대 옆 눈에 잘 띄는 곳에 과일 대신 이런 충동구매 상품을 진열하는 것을 잘못됐다거나 사악하다고 할 수 있을까?

과일을 진열하는 행동은 확실히 이윤 폭이 적긴 하겠지만 고객에게는 건강한 구매를 유도하는 게 틀림없다. 하지만 이 가게 주인이 영업을 하는 목적은 고객의 건강 증진이 아니라 돈을 버는 것이다. 냉정하게 들리겠지만 가게 주인으로서는 수익을 내지 못하면 가게 문을 닫아야 한다. 이게 현실이고 '존재'다. 유기농 협동소비조합 매장을 운영하는 사람이라 해도 이번 달 수입을 충분하게 올려야 직원에게 월급을 주고 집세를 내며 상품을 새로 들여놓을 수 있다. 그렇기 때문에 우리 동네의 협동소비조합 매장이 계산대 옆에, 천연벌꿀을 첨가했으며 수작업으로 완성한 유기농 땅콩버터를 담아 3달러라는 높은 가격표를 붙인 병을 진열하고 판매한다고 해도 나는 그들을 비난할 수 없다. 게다가 막대사탕보다 유기농 땅콩버터나 신선한 유기농 사과를 선택한다면 더 건강해질 테니까 말이다.

넛지가 복지 수준을 높여준다는 점을 인정한다 해도, 현재 상태를 그대로 유지해야 할 아무런 이유가 없음을 잘 안다고 해도, 넛지를 통해 직원을 조작하겠다는 얼음장처럼 차가운 경영진의 결정 사항에 음험하고 불미스러운 요소가 숨겨져 있을 가능성은 여전히 있다. 한편으로 우리가 하루 가운데 많은 시간을 보내며 살아가는 닭장 같은 칸막이 공간이 사실은 그저 단순한 무지나 서투른 계획의 결과라고 아는 것이 마음 편할 수도 있다. 블룸버그의 불펜이 자기 직원들이 보다 공개적이고 협력적으로 일할 수 있도록 조직하기 위한 잘 계산된 시도라는 사실을 깨닫는 것보다 말이다. 우리 회사의 시설 담당 부서가, 우리 회사 사장이 혹은 우리 정부가 나를 속이려 했다니!

다른 한편으로 넛지는 경영진의 경영 도구상자 속에 들어 있는 또 하나의 도구일 수 있다. 나는 경영의 보편적인 목적이 더 큰 행복의 창출에 있어야 함에도 불구하고 그렇지 않다고 보기는 하지만, 경영은 기본적으로 직원이 더 높은 생산성을 발휘하도록 만드는 시도라는 주장도 가능하다. 그렇다면 사무실에서, 즉 업무 현장에서 이뤄지는 넛지는 영업직원 개개인의 판매 목표량을 구체적으로 지시하고 독려하는 인센티브와 전혀 다른 것일까?[208] 혹은 직원들의 생산성이 높아질 것을 기대하면서 업무 현장에 자연 채광 방식을 도입하는 것과 전혀 다른 것일까? 사무실 칸막이 공간이 개개인을 서로 떨어뜨려놓을 목적으로 정교하게 고안된 거라는 말을 들을 때 어쩐지 마음이 불편해지는 이유는 무엇일까?[209]

넛지가 사람들에게 불편한 감정을 유발하는 데는 두 가지 이유가 있을 것이다.

첫째, 괴짜 과학자들이 은밀한 방식으로 우리에게 영향력을 행사하고 있을지 모른다는 불안함이다. 이 불안함은 허공에 떠돌아다닌다. 그러나 넛지는 은밀할 필요가 없다. 구글에서 우리는 투명성이야말로 기업문화의 중요한 초석 가운데 하나라고 믿는다. 우리가 직원을 대상으로 어떤 실험을 진행할 때는 이런 사실을 직원에게 알리지 않는다. 직원이 그런 사실을 알 때 실험 결과가 달라질 수 있기 때문이다. 그러나 실험이 끝난 뒤에는 실험을 통해 우리가 발견한 사실과 앞으로 어떻게 해나갈 거라는 의도 등을 모두 공개한다.

둘째, 사람들은 자유 의지의 한계를 머릿속에 떠올리는 걸 좋아하지 않는다. 구글에 새로 입사한 직원은 욕망에 대해(내가 필요하기 때문에 새로운 GM의 에스컬레이드를 원하는가? 아니면 GM이 2012년 광고에 31억 달러를 지출했기 때문에[210] 원하는가?), **선택에 대해**(2012년 미국 시장에서 펩시콜라는 9퍼센트밖에 점유하지 못했지만 코카콜라는 17퍼센트를 점유했다.[211] 그것도 MRI 검사로도 차이를 전혀 밝혀낼 수 없다는 연구 결과가 나와 있는 상황에서)[212] 그리고 **정체성에 대해**(만일 내가 하는 선택들이 내가 놓여 있는 환경과 역사의 결과라면, 내가 선택한 것들 가운데서 어떤 것들은 그야말로 비용이 전혀 들지 않은 게 아닐까?) 의문을 제기한다. 이런 의문이 파고드는 정도는 매우 심오해 이 책에서 다룰 내용은 아니다. 그러나 자아 개념과 정체성을 위협당할 때 방어기제가 작동하는 건 인간의 자연스러운 반응이다.[213]

구글에서 우리는 의사 결정 순간에 개입하는 넛지를 다양한 방식으로 응용한다. 우리의 넛지 대부분은 학술적인 연구 결과를 현실에 응용하는 것이다. 이와 관련해 사람과혁신연구소 소속인 제니퍼 커코스키는 다음과 같이 재미있는 농담을 했다. "학술적 연구 중 너무도 많은 부분이 대학교 2학년생을 대상으로 한 연구 결과다. 교수들이 진행한 심리학 실험 중 너무도 많은 수가 5달러를 받고 동원된 학부생 알바생들을 피실험자로 해서 이뤄졌다."

우리의 접근법은 조금 다르다. 우리는 일단 매력적인 학술적 발견이 있으면 이것을 가져다가 구글만의 독특한 여러 발상과 뒤섞은 다음에, 일상적으로 자기 사업을 꾸려나가는 수천 명에게 이를 시도하고 거기서 어떤 일이 일어나는지 살핀다. 나는 이 결과를 바라보는 다른 회사가 우리가 얻은 통찰에서 무언가를 배우면 좋겠다.

우리의 모든 활동은 인간애를 전제로 하기 때문에 다양한 넛지를 개발할 때 사려 깊은 생각과 공감에 초점을 맞추고, 무엇보다 모든 걸 투명하게 밝히려 한다. 넛지를 개발하는 우리의 목적은 의사 결정을 대신하는 것이 아니라, 분별없이 혹은 부적절하게 설정된 환경을 건강과 부를 증진하는 이런저런 체제로 대체하는 것이다. 그것도 자유를 제한하지 않는 방식으로.

넛지를 개발할 때 우리가 의지하는 원칙은 무엇일까? 넛지는 은

근하게 옆구리를 툭 치는 것이지 거칠게 떠미는 행위가 아니다. 심지어 슬쩍 암시를 주는 것만으로도 효과가 나타난다. 넛지는 비용을 많이 들여야 한다거나 정교해야 할 필요도 없다. 타이밍이 맞고 타당하고 단순하기만 하면 된다.

이 분야에서 우리가 하는 일의 많은 부분은 '당신의 생활을 최적화하라'는 프로그램 아래 진행되는데, 이 프로그램은 복지 담당 상무인 이본 아제이가 피플오퍼레이션 부서의 프라사드 세티, 셔틀버스와 카페 운영 등을 책임지는 부서인 업무 현장 서비스 담당의 데이비드 래드클리프와 함께 운영한다. 그리고 이 프로그램은 구글 직원들에게 온갖 아이디어와 영감의 위대한 원천임은 말할 것도 없다.

≫ 직원을 현명하게 만드는 방법

우리는 넛지를 이용해 직원을 보다 행복하고 효율적으로 만든다. 우리는 앞에서 이메일과 같은 매우 단순한 장치가 여성의 승진 후보자 자천율을 높인다는 사실을 확인했다. 우리는 협력의 방식을 개선하기 위한 조언이나 정보를 적시에 제공할 여러 기회를 끊임없이 탐색하고 있다.

때로 이것은 직원에게 사실을 있는 그대로 밝히는 것만큼이나 간단하다. 예를 들어 어떤 리더십 팀이 구성원들 사이에서 협력이 잘 이뤄지지 않는다는 평판이 돌았다. 이 팀에서는 직원들이 서로 파트너가 되기를 거부하기도 하고, 팀원들끼리 당연히 공유해야 할 정보를 공유하지 않아 다른 사람이 낭패를 당하도록 고약한 장난을 치기도 했다. 성과 관리도 제대로 이뤄지지 않았는데, 그 이유는 팀원 개개인이 보인 행동이 좋지 않긴 했지만 개인별 성과는 전반적으로 상당히 좋은 편이기 때문이었다. '코칭'도 이뤄지지 않았는데, 시간이 너무 많이 소요될 뿐 아니라 특히 두 사람이 코칭과 관련된 책임을 지려고 하지 않았기 때문이다. 이 팀에 속한 어떤 직원은 화가 나서 내게 이렇게 말했다. "문제는 내가 아닙니다. 나를 도와주지 않는 저 사람이 문제란 말입니다!"

이 팀에 제대로 효과가 있었던 방법은 분기별로 딱 두 가지 설문조사를 하는 것이었다. "지난 분기에 내가 도움을 청했을 때 이 사람은 나를 도왔다"와 "지난 분기에 이 사람은 내가 도움이 될 수 있을 때 나를 포함시켰거나 혹은 이 사람은 자기 팀 작업의 영향을 받았다"가 그것이었다.

팀의 모든 구성원이 서로 다른 구성원을 모두 평가했으며, 자기를 제외한 다른 팀원들을 익명으로 표시한 순위와 설문조사의 모든 결과는 팀원 전원에게 공개됐다. 즉 사람들은 자기 순위는 알았지만 다른 사람들의 순위는 알지 못하도록 했다. 서로 으르렁거리는 두 사람은 당연히 바닥층을 형성했으며 이런 사실로 인해 무척 의기소침해했다. 다른 어떤 요소의 개입도 없는 상태에서 두 사람은 협력의 질을 개선하려고 노력했다. 놀랍게도 8분기(2년) 만에 이 두 가지 설문 문항에 대한 이 팀의 호평 점수는 70퍼센트에서 90퍼센트로 올라갔다.

엄격히 말하면 넛지라고도 할 수 없지만 사회비교(social comparison: 자기 태도나 능력 등의 측면에서 자기를 타인과 비교하고 이것을 바탕으로 자기를 평가하는 방식─옮긴이)의 힘을 잘 보여주는 사례다.[214]

그저 정보를 제시한 다음 서로 상대방의 성격, 즉 경쟁적이기도 하고 이타적이기도 한 상대방의 성격을 인정하도록 만들고 나니 삐걱거리기만 하던 팀은 불협화음을 끝내고 원활하게 돌아갔다. 참 신기한 일이었고 고무적인 일이기도 했다. 앞에서 우리는 '상향식 평가 설문조사'를 동원할 때 관리자들 사이에서 효과가 있음을 확인했었다. 이것을 동료 집단에 그대로 적용해본 것은 처음이었다.

완전히 망가질 수도 있는 팀 하나를 구해 제 궤도에 올려놓을 수 있다면 무슨 상관이겠는가. 문제가 있는 팀이 제 궤도에 올라서고 나면 따로 보수 작업을 할 필요도 없다. 우리는 회사와 팀에 생소한 직원, 즉 신입 직원에 초점을 맞춰 이런 발상을 좀 더 깊이 탐구하기로 했다.

새로 채용된 직원은 실제로 팀이나 회사에서 창출한 가치를 갉아먹는다. 1년에 6만 달러 매출을 올리는 이반이라는 가상의 영업직원을 놓고 생각해보자. 이반이 상품을 팔기 시작하기 전까지 그에게 들어가는 비용은 한 달에 5,000달러다. 또 그가 상품을 팔기 시작한다 해도 그가 창출하는 생산성이 그에게 들어가는 비용을 넘어서기까지는 시간이 걸린다. 그는 교육·훈련 자원과 그에게 조언하며 가르침을 주는 주변 사람들의 시간을 소비한다.

이것은 단지 구글만의 문제가 아니다. 브래드 스마트Brad Smart는 저서 《탑그레이딩Topgrading》에서 고위 간부급 직원 중 절반은 이직을 해서 새로운 직무를 맡은 지 18개월 안에 실패를 경험한다는 사실을 입증했다.[215] 오텀 크라우스Autumn Krauss는 고용 스펙트럼의 정반대 편에 있는 시급 노동자 경우도 절반은 일을 새로 시작한 지 120일 안에 새로운 일자리를 찾아 떠난다는 사실을 확인했다.[216]

설상가상으로 구글의 관리자들은 이미 충분히 바빴고, 새로운 직원을 자기 팀에 적응시키기 위해 다양한 접근법을 시도하고 있긴 했지만 무엇이 가장 좋은 방법인지 확인할 길이 없었다. 오랜 기간 우리가 최고의 사례로 삼은 인물은 켄트 워커다. 켄트는 2006년에 전무 겸 법무 담당으로 구글에 입사했는데, 우리는 그의 경우를 다른 어떤 사람보다 빠르게 회사의 모든 것을 수용하고 회사에 적응한 사례로 활용하고 있다. 대부분의 고위 간부가 회사에 완전히 적응하는 데 꼬박 1년이 걸렸지만 켄트는 6개월 만에 그 과정을 끝냈다. 켄트는 보기 드물게 겸손하고 호기심이 많으며 자아 개념이 분명하다.*

우리는 신입 직원에게 엄청난 교육·훈련 효과를 발휘하면서도 실천에 옮기기에는 그다지 힘들지 않은 몇 가지 과업을 관리자에게 상기시켜 시간 투자 대비 효과를 극대화하기로 했다. 그것은 바로 신입 직원이 첫 출근을 하기 직전 일요일에 관리자에게 신입 직원 교육·훈련 관련 내용을 이메일로 보내는 것이었다. 그것은 성공하

---

* 켄트의 비밀을 "나는 대부분의 시간을 남의 말을 듣는 데 사용했다"는 그의 말에서 찾을 수 있다. 구글에 첫발을 디딘 사람은 대부분 성과를 내려고 안달한다. 그러나 구글에서는 어떻게 하는 게 좋은지, 어떻게 해야 하는지 제대로 알지도 못한 상태이니만큼, 아무리 안달해도 성과를 내지 못하고 허덕거릴 수밖에 없다. 나는 입사 3개월에서 6개월 무렵의 이 시기를 '구글 위기'라고 부르는데, 이때가 새로 영입한 간부가 회사의 상향식 협력 문화에서는 위에서 무조건 지시를 해서 직원을 이끌지 못하며 또한 절대로 원하던 것을 얻지 못한다는 사실을 깨닫는 시점이다. 우리는 지금 이 교훈을 신입 직원 오리엔테이션 1주차 교육 내용에 포함시켰다.

는 관리자의 여덟 가지 행동 덕목을 제시했던 산소 프로젝트의 점검표와 마찬가지로 관리자가 지켜야 할 다섯 가지 행동 지침을 담은 이메일이었다.

1. '역할과 책임role and responsibilities'에 대한 논의를 하라.
2. 신입 직원에게 동료 짝꿍을 붙여줘라.
3. 신입 직원이 인맥을 구축하도록 도와라.
4. 신입 직원이 입사하고 6개월 동안 한 달에 한 번씩 양식화된 점검표로 적응 점검을 실시하라.
5. 공개적인 대화를 권장하라.

이는 산소 프로젝트의 경우와 마찬가지로 상당한 개선 효과를 가져왔다. 이 점검표대로 행동 지침을 실천한 관리자 휘하의 신입 직원은 그렇지 않은 경우에 비해 25퍼센트 빠르게 적응했고, 학습 기간을 온전하게 한 달씩이나 단축시켰다. 솔직히 나는 이 조치의 효과가 이렇게나 클 줄은 미처 몰랐기에 결과를 보고 충격을 받았다. 이메일 한 통이 어떻게 이렇게 큰 효과를 발휘할 수 있었을까?

이 점검표는 너무하다 싶을 정도로 간단하지만 정말로 엄청난 효과가 있음이 확인됐다. 우리는 인간이며, 따라서 가끔씩은 가장 기본적인 사항을 잊어버린다. 8장에서 언급했던 아툴 가완디는 외과 수술 안전 점검표를 개발했는데, 이 점검표는 다음과 같은 문구로 시작한다. "환자는 자기 신분과 수술을 받을 부위 그리고 수술 절차를 확인하고 마지막으로 해당 수술에 동의한다."[217] 이 점검표는 전체 열아홉 개 항목으로 구성되어 있다. 2007년과 2008년에 8개국에서 각 한 개 병원, 총 여덟 개 병원이 총 7,728명의 환자를 상대로 이 점검표를 사용했다. 그러자 합병증 발병률이 11퍼센트에서 7퍼센트로 낮춰졌으며, 사망률도 1.5퍼센트에서 0.8퍼센트로 거의 절반으로 줄어들었다.[218] 고마워요 점검표!

솔직히 인정하지만 우리의 경우에는 사람이 죽고 살 정도로 결과가 심각하게 달라질 것은 없었다. 경영을 잘못해서 사람이 죽는 경우는 없으니까 말이다(물론 누군가의 영혼이 다칠 수는 있을 것이다). 아무리 그렇더라도 이 다섯 가지 행동 지침을 관리자에게 보내는 것만으로는 충분하지 않다. 적시에 보내야 하고, 이 점검표가 유용하게 사용될 수 있도록 해야 하며, 구체적인 지침으로 삼기에 충분히 쉬워야 한다. 우리는 이메일이야말로 적시성을 갖추기에 가장 유용한 도구라고 생각했다. 신입 직원이 첫 출근하기 전날 밤에 관리자가 읽어볼 것이기 때문이다. 또 이메일은 유용하고 적절하기도 했다. 관리자는 분명 신입 직원을 어떻게 대하고 어떻게 처리해야 할지 고민할 것이기 때문이다. 신입 직원을 대하는 일은 어떻게 보면 단순하기 짝이 없는 일이긴 하지만 실제 행동으로 옮기기는 생각보다 어려우니까 말이다.

우리는 우선 관련 자료가 신빙성이 있는지 확인해야 했다. 이를 위해 학술적인 차원의 핵심 내용들, 회사 내부에서 이뤄진 연구 결과들 그리고 그 밖의 관련 자료를 모았다. 구글 직원은 어쨌거나 자료를 바탕으로 채용 결정이 내려진 사람들이니까 가장 먼저 신빙성 있는 자료를 모으고 이를 바탕으로 모든 것을 시작하는 건 당연하다. 그런 다음 관리자가 밟아나가야 할 단계가 명확해야 한다는 원칙을 다시 한번 확인했다. 구글 직원은 다들 똑똑하긴 하지만 무지하게 바쁘다. 아무것도 없는 상태에서 효과적인 실천 방안을 만들어내라거나 신입 직원과 관련해 새로운 행동 양식을 팀 안에서 확고하게 구축하라거나 하지 않고, 우리 인적자원 부서에서 신입 직원을 대하는 방식과 관련해 명확한 지시 사항을 제공한다면, 신입 직원을 배정받는 팀 관리자의 부담감은 한층 줄어들 게 분명하다. 이렇게 하면 관리자가 신입 직원에 신경을 쓰고 배려하는 일을 소홀히 할 가능성이 줄어든다. 심지어 미국 대통령도 그랬다. 대통령이 고민해야 할 업무량을 제한해 그가 중요한 국정 현안에 집중할 수 있도록 하는 제도적인 장치가 마련되어 있다. 이런 사실은 오바마 대통령이 〈배너티 페어〉에서 마이클 루이스에게 다음과 같이 설명하는 데서 알 수 있다. "오바마 대통령은 이렇게 말했다. '내가 회색이나 파란색 정장만 입는 것 잘 알죠? 나는 내가 내려야 하는 결정 사항을 될 수 있으면 줄이려고 노력합니다. 먹고 입는 것에 대해서까지 어떤 결정을 내리고 싶지는 않거든요. 그렇지 않아도 내가 내려야 할 결정은 너무도 많으니까요.' 그는 또 어떤 사람이 한 차례 단순한 의사결정을 내리는 것만으로도 그다음 차례에 수행할 의사 결정 능력이 그만큼 줄어든다는 연구조사 결과를 언급했다. 쇼핑을 하고 나면 녹초가 되는 이유도 여기에 있다고 했다. '의사 결정 에너지에 집중할 필요가 있어요. 의사 결정을 일상적으로 수행할 필요가 있고요. 온갖 쓸데없는 것들에 휘둘리면서 산만하게 하루를 보낼 수는 없으니까요.'"[219]

이런 맥락에서 관리자가 신입 직원과 나눌 결정적으로 중요한 최초의 상호작용을 위해 반드시 해야 한다고 우리 피플오퍼레이션 부서가 추천하는 내용을 소개하면 다음과 같다. 관리자가 실제로 받는 지침서가 어떤 것인지 알 수 있도록 전체의 일부를 있는 그대로 옮긴다. 이 지침서에서는 추가로 필요한 자세한 사항을 각주로 달았고 필요한 경우에는 해당 웹페이지로 바로 연결되도록 하이퍼링크를 달았다.

1. '역할과 책임'에 대한 논의를 하라.

연구조사 결과를 보면 자기 업무를 명확하게 이해할 때 직무 만족도도 그만큼 높아진다.① 구글 내에서 이뤄진 어떤 연구 결과, 대학을 갓 졸업하고 입사한 직원 중 자기 직무를 제대로 이해하지 못한 사람은 그렇지 않은 사람에 비해 입사 첫해에 퇴사한 비율이 다섯 배로 높았다.② 당신은 무엇을 할 수 있는가? 신입 직원이 출근하기 시작한 첫 주에 이 직원과 일대일 회의를 하라. 이 회의에서 다룰 안건을 미리 메모해두는 게 좋다(여기를 눌러서 사례를 참조하시오). 신입 직원에게 대답해야 할 몇 가지 질문은 다음과 같다. (1) '목표와 핵심 결과(OKR)'가 무엇이며, 신입 직원이 맞이하는 첫 번째 분기의 OKR은 무엇인가? (2) 신입 직원의 역할은 구글의 사업 목표와 어떻게 연결되는가? (3) 신입 직원의 첫 번째 성과 관리 대화가 언제로 예정되어 있으며, 성과 등급은 어떤 방식으로 결정되는가?

언뜻 보면 이런 시시콜콜한 안내가 관리자를 어린아이 취급하는 듯하지만, 사실 본인들 말로는 이런 조치들이 자신을 편하게 해준다고 했다. 모든 사람이 태어나면서부터 관리자가 아님을 알아야 한다. 관리자에게 정확하게 무엇을 해야 하는지 일러줌으로써 우리는 그들 어깨 위에 놓인 성가신 짐 하나를 덜어주는 셈이다. 관리자 입장에서는 생각할 거리를 덜게 되어 행동에 보다 집중할 수 있다. 그래서 신입 직원을 받은 팀의 관리자가 우리 부서의 신입 직원 담당 팀에게 고맙다는 쪽지를 날리는 일이 드물지 않게 일어난다. "당신의 팀이 구축한 오리엔테이션 프로그램은 끝내줍니다! 보내주신 이메일, 소중한 정보를 담고 있는 그 이메일이야말로 전체 과정을 압축한 상징적인 것입니다. 얼마나 일을 편하게 만들어주셨는지 모릅니다. 진정으로 감사드립니다."

다시 이메일 얘기로 돌아가, '역할과 의무'라는 첫 번째 항목은 많은 것을 담고 있다. 맨 먼저 포틀랜드주립대학의 교수로 '무엇이 직원을 행복하고 효율적이도록 만들며 이것은 직무 첫 경험과 어떤 관련이 있는가' 하는 주제를 줄기차게 연구하고 있는 탈야 바우어Ta-lya Bauer의 연구 결과를 인용하고,[220] 이어서 구글에서도 탈야가 지적한 것과 똑같은 효과를 확인했다고 밝혔다. 그 엄청난 효과가 반복해 나타나고 있다는 것이다. "대학을 갓 졸업하고 입사한 직원 중 자기 직무를 제대로 이해하지 못한 사람은 그렇지 않은 사람에 비해 입사 첫해에 퇴사한 비율이 다섯 배로 높았다."

그런 다음에 우리는 매우 구체적인 여러 단계를 정리해 제시했다. 점검표 안에 또 하나의 점검표를 마련한 셈이다. 다시 그 뒤에 구체적인 사례를 볼 수 있는 링크를 달았고, 또 너무 바쁘거나 혹은 게을러서 이 링크를 클릭하지 않을 사람들을 위해 신입 직원이 관리자에게 할 수 있는 질문 몇 가지를 열거했다.

'신입 직원에게 동료 짝꿍을 붙여줘라'부터 '공개적인 대화를 권장하라'까지 이어지는 나머지 네 개의 점검 항목도 비슷한 포맷을 따른다. 중요한 점은 이것들은 모두 신입 직원이 회사 안에서 호의적인 인간관계를 구축하고 명확한 소통의 기준을 마련하도록 돕기 위한 것이라는 사실이다. 신입 직원 대응 매뉴얼을 담은 매우 상세한 이 이메일은 한 쪽 반 분량이며, 우리는 이 내용을 정리하면서 수신자인 관리자가 기꺼이 읽고 싶은 마음이 들도록 만들려고 애썼는데, 다행스럽게도 우리가 바라던 대로 됐다.

이렇게 해서 신입 직원이 배치되는 팀의 관리자에게 해야 할 조치는 만족스럽게 마무리됐다. 그런데 신입 직원 당사자를 대상으로 한 조치는 어떻게 해야 할까? 신입 직원이 어떤 팀이나 집단으로 수용되는 방식을 주제로 한 연구 결과를 보면, 몇몇 신입 직원은 기존 팀원 가운데 누군가가 나서서 자기에게 손을 내밀어주길 마냥 기다리지 않는다. 자기가 먼저 동료들에게 다가가 이런저런 자문을 구하거나 요청을 하거나 혹은 점심 식사 자리를 마련하면서 인간관계를 쌓아간다. 이처럼 적극적인 행동을 보이는 사람은 달라진 환경에 한층 더 빠르게 적응하며 업무 성과도 한층 더 빠르게 정상 궤도에 올려놓는다.[221]

실험 차원에서 우리는 신입 직원 오리엔테이션 커리큘럼 안에 15분짜리 과정 하나를 추가했다. 이 과정에서 우리는 적극적인 행동이 얼마나 유익한 결과를 가져다주는지 설명한 다음, 신입 직원들이 자기가 필요로 하는 것을 얻기 위해 취할 수 있는 다섯 가지 구체적인 행동을 소개하고, 이런 행동이 구글의 기업가정신과 어떻게 맞아떨어지는지 강조했다. 그 다섯 가지 행동은 다음과 같다.

1. 질문하라. 엄청나게 많이 질문하라.

2. 상사인 당신의 관리자와 정기적으로 일대일 대화를 가져라.

3. 당신이 속한 팀을 속속들이 알아봐라.

4. 적극적으로 피드백을 이끌어내라. 그냥 기다리지 마라.

5. 도전을 받아들여라(위험을 무릅쓰라. 실패를 두려워하지 마라. 다른 직원이 옆에서 도와줄 것이다).

우리는 두 주 뒤에 신입 직원에게 이 다섯 가지 행동을 상기시키는 이메일을 다시 한번 보냈다.

사실 이런 노력은 로켓을 발사하는 우주과학처럼 복잡하거나 어려운 게 아니다. 그렇지 않은가? 사용자 편의성을 목적으로 제품을 설계할 때 바람직한 결과를 얻기 위해서 사소한 것들에 초점을 맞추는 이유도 바로 여기 있지 않은가. 직원들이 행동을 바꾸길 당신이 아무리 원한다고 해도 이들에게 50쪽 분량의 학술 논문이나 400쪽 분량의 두툼한 행동심리학 책을 건네줄 필요는 없으니까 말이다.

그렇다면 정말 복잡하고 어려운 게 뭘까? 그것은 탁월한 성과를 유발하는 공통적인 요소나 속성이 무엇인지 파악하는 것이다. 신입 직원의 경우 이것은 적극성이다. 이런 속성을 파악하려면 상위 꼬리와 하위 꼬리를 면밀하게 연구해야 한다. 또 복잡하고 어려운 일이 있는데, 구글의 모든 직원이 따라하도록 적극성을 예증해줄 특수한 행동 유형들을 따로 분리하는 작업이다. 천성적으로 적극성을 갖고 있지 않은 사람이라 해도 적극성을 발휘하게 만드는 방법을 개발하는 일도 있다. 마지막으로는 그런 변화가 몰고 온 충격을 수치로 측정해야 한다.

앞서 5장에서 살펴보았듯이 사람들은 대개 자기가 입사 지원자를 면접하고 평가하는 데 상당히 뛰어나다고 생각한다. 그러나 진정으로 이 일을 잘하는 사람은 매우 드물다. 나머지 사람들은 그저 평균 수준일 뿐이다. 경영과 관련된 실천 활동과 인간관계의 거의 모든 측면에서 사람들은 저마다 자기가 상위 꼬리 부분에 속한다고 믿는다. 이렇게 믿기 때문에 우리는 본능적인 육감에 의지해 직원을 관리하는 온갖 방법을 계속 설계하고 있다. 그 결과 우리는 평균적인 결과밖에 산출하지 못하는 평균적인 수준의 경영 관련 제도들만 계속 만지작거리고 있다. 그렇다고 실망할 필요는 없다. 이제부터라도 보다 더 나아지는 방법을 배울 수 있으니까 말이다. 구글에서도 이제 막 이 분야에 관심을 갖고 첫걸음을 떼었다.

자, 다시 본론으로 돌아가, 넛지 실험의 결과가 어땠을까? 슬쩍 옆구리를 찔린 신입 직원 집단은 통제 집단에 비해 자기가 한 일에 대한 피드백을 동료에게 보다 더 적극적으로 요청했고, 보다 빠른 시일 안에 생산성을 정상 궤도에 올려놓았으며, 자기가 거둔 성과의 의미를 더 정확하게 파악했다. 이것을 가장 많이 필요로 하는 신입 직원, 즉 천성적으로 적극성이 부족한 신입 직원은 첫 달에 적극적인 행동 실천 항목에서 다른 사람들에 비해 15점을 더 받았다.

다음 표에서 두 개의 선 사이의 격차는 전체 업무 현장의 생산성 측면에서 2퍼센트의 차이를 표시한다. 다시 말해 회사에서 50명씩 새로 직원을 채용할 때마다 한 명을 무급 직원으로 채용하는 셈이

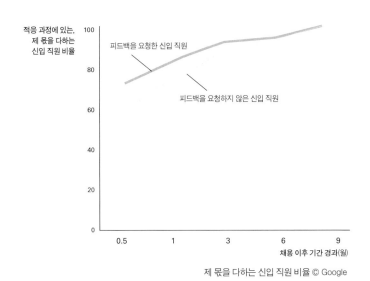

適응 과정에 있는,
제 몫을 다하는
신입 직원 비율

피드백을 요청한 신입 직원

피드백을 요청하지 않은 신입 직원

채용 이후 기간 경과(월)

제 몫을 다하는 신입 직원 비율 © Google

다. 이는 구글이 해마다 5,000명을 채용한다고 할 때 100명을 무급 직원으로 채용하는 효과를 본다는 말인데, 15분짜리 강의와 이메일 한 통의 수고로 얻어낸 효과치고는 대단하지 않은가?[222]

신입 직원이 팀과 회사에 적응하는 문제와 관련해 우리가 관리자를 거들어 신입 직원의 옆구리를 슬쩍 찌를 때(즉 넛지를 제공할 때) 발생하는 이득은 이외에도 또 있다. 설령 관리자가 점검표 단계를 빼먹는다 해도 신입 직원 본인이 점검표를 채택해 활용한다. 우리는 이른바 '실수 방지mistake proofing'라는 개념을 차용해 쓰고 있다. 신고 시게오新鄉重夫가 1960년대에 도요타 공장에서 채택하면서 일본에서 처음 등장한 이 개념은[223] 그 뒤 수많은 제품 생산 현장에서 활용됐다. 대부분의 자동차는 운전자가 안전벨트를 매지 않고 운행할 때 경보 신호를 울린다. 애플에서 생산한 MP3 플레이어인 아이팟셔플은 사용자가 헤드폰을 뺄 때 자동적으로 꺼지면서 배터리를 절약한다. 쿠진아트_{Cuisinart}의 믹서는 뚜껑이 확실하게 닫혀 있을 때만 작동하므로 사용자가 손가락을 다칠 일이 없다. 이와 마찬가지로 신입 직원의 생산성을 정상적인 수준으로 끌어올리는 과정에서 일어날 수 있는 실수의 가짓수를 최소한으로 줄이고 싶은 건 어느 회사나 마찬가지일 것이다. 이를 위한 최상의 방법은 신입 직원과 관리자 양측에 모두 넛지를 통해 지속적으로 신호를 줘서 지켜야 할 것 혹은 해야 할 것을 상기시키는 것이다.

신입 직원과 관리자의 옆구리를 슬쩍 찌르는 넛지를 신입 직원 교육과 관련한 다른 프로그램과 결합해 구사함으로써 우리는 신입 직원이 기존 직원처럼 '온전하게 제 몫을 다하는' 데까지 걸리는 기간을 몇 달이 아니라 몇 주로 대폭 줄였다.

우리는 또 다른 시도도 했다. 직원이 회사 내의 학습 강좌 프로그램에 등록을 해놓고 나중에 포기해버리는 경우가 적지 않았다. 2012년 상반기에 등록만 하고 실제로는 나타나지 않는 수강자 비율이 30퍼센트였는데, 그 바람에 정작 강의를 열심히 들을 사람들이 등록 대기자 대열에서 기다려야 했다. 또 강의는 수강생이 강의실을 절반만 채운 상태로 진행됐다. 이 문제를 해결하려고 우리는 네 가지 버전의 이메일 넛지를 시도했다. 예를 들면 다른 사람들에게 피해를 주지 않아야 한다는 기본적인 도덕에 호소하는 것(구체적으로 말하면 순번이 밀려 등록을 하지 못하고 대기하는 사람들의 사진을 보여줌으로써 자기가 등록만 하고 강좌를 듣지 않을 때 피해를 보는 사람들이 구체적으로 누구인지 알게 했다)과 구글 직원이라는 정체성의 일관성을 강조하는 것

('구글다움'에 충실해야 하며 올바른 행동을 해야 함을 상기시켰다) 등이었다. 이런 넛지들은 두 가지 효과를 유발했는데, 하나는 등록만 하고 강의를 하지 않는 수강자 비율이 줄어들었고 또 하나는 등록을 했다가 마음이 바뀐 사람들이 이런 사실을 미리 담당자에게 알려 등록을 취소하는 비율이 늘어났다.

이렇게 해서 수강 기회는 보다 더 많은 사람에게 돌아갔다. 그런데 각각의 넛지가 발휘하는 효과는 제각각이었다. 대기자의 사진을 보여주는 방식은 출석률을 10퍼센트 높였지만, 등록 취소 유인 효과는 그보다 덜했다. 이에 비해 구글다움을 내세운 호소는 등록 취소 유인 효과를 가장 강력하게 발휘했는데, 이 경우에 등록 취소율은 7퍼센트 높아졌다. 그때 이후로 우리는 이런 넛지들을 모든 강좌의 출석 고지문에 넣었고, 덕분에 출석률은 높아졌고 대기자 수는 한층 줄어들었다.

넛지는 구글에서 기준과 규범을 바꾸는 데에도 도움이 됐다. 구글에서는 임직원이 굉장히 많은 정보를 공유하는 만큼 건물 출입 통제 및 보안은 매우 중요한 문제가 된다. 실리콘밸리에서는 괴한이 회사 건물로 잠입해 노트북 등의 전자제품을 훔쳐가거나 심지어 회사의 인터넷망에 무단으로 접속하려는 일이 드물지 않다. 이런 일을 막기 위해 건물 외부에서 내부로 들어올 때는 출입증으로 신원 확인을 받아야 한다. 그러나 구글은 정중하고 친근한 문화를 갖고 있다. 구글 직원은 남을 배려해 자기가 먼저 들어가면 뒷사람을 위해 문을 잡아준다. 어쨌거나 우리는 부모로부터 그런 행동이 옳다고 배웠기 때문이다. 우리는 다른 사람을 위해 문을 잡아줄 때는 먼저 그 사람이 우리 직원인지 출입증을 확인하라는 내용으로 전 직원에게 이메일을 보냈다. 직원은 대개 허리춤에 출입증을 달고 다니는데, 직원들은 문을 잡아줄 때마다 출입증을 힐끔거리며 확인하는 행동이 어쩐지 무례하고도 어색하다고 느낀 나머지 행동 지침을 제대로

† 출입 제한 구역을 허가 없이 앞차나 앞사람을 따라 들어가는 걸 '테일게이팅(tailgating)'이라 하고 그런 사람을 '테일게이터(tailgator)'라고 한다. 악어(alligator)와 뒷부분 발음이 비슷하므로 하반신을 악어로 그렸다. — 옮긴이

모든 출입문에 붙어 있는 이 스티커가 구글 직원의 옆구리를 슬쩍 찔러 보안에 한층 더 신경을 쓰게 유도한다.

지키지 않았다. 그러다가 나중에는 보안 팀이 건물 안으로 통하는 모든 문에 옆의 그림과 같은 스티커를 붙였다.

이 그림이 직원들의 냉담한 태도를 녹였다. 아마도 그림이 매우 재미있고 출입문마다 붙어 있었기 때문일 것이다. 직원들은 다른 사람의 출입증을 확인하는 행위를 정당한 것으로 받아들이기 시작했다. 그 결과 회사 내 절도 사건과 무단 출입 건수는 대폭 줄어들었다. 만일 당신이 방문자 출입증을 달고 구글 출입문을 들어가거나 나올 때 당신보다 먼저 들어가거나 나온 사람이 당신을 위해 출입문을 잡아주면서 당신의 엉덩이 쪽을 훔쳐본다 해도 당황하지 마라. 무례한 시선이 아니다. 단지 출입증을 확인하는 것일 뿐이다.

≫ 직원을 부유하게 만드는 방법

다트머스대학의 스티븐 벤티Steven Venti와 하버드대학 케네디스쿨의 데이비드 와이즈David Wise는 2000년에 은퇴 시기를 맞은 각각의 가구가 갖고 있는 재산의 규모가 저마다 다른 이유를 연구한 매력적인 논문을 발표했다.[224]

일단 수입이 커다란 요인이다. 30년간 보다 많은 돈을 벌어들인 가족이 그렇지 않은 가족에 비해 더 많은 돈을 저축해뒀을 거라는 추론은 분명 일리가 있다. 예를 들어 은퇴 시점을 기준으로 할 때 의사 직업을 가진 사람은 바리스타 직업을 가진 사람보다 더 많은 재산을 갖고 있다.

벤티와 와이즈는 미국 사회보장국SSA이 1992년부터 발표해온 생애소득을 토대로 전체 표본 가구를 동일한 규모의 열 개 집단으로 나눴다. 생애소득이 가장 낮은 하위 10퍼센트는 1분위가 되고, 그다음 하위 10퍼센트가 2분위가 되고, 가장 높은 상위 10퍼센트가 10분위가 된다. 그런데 5분위의 생애소득은 74만 1,587달러로 1분위 생애소득 3만 5,848달러의 약 20배였으며, 10분위 생애소득 163만 7,428달러의 절반 수준이었다.*225

그러나 비슷한 생애소득으로 동일한 소득분위로 묶인 사람을 대상으로 단일 분위 안에서 드러나는 재산 규모의 차이를 살펴볼 때, 결과는 충격적이었다.226 5분위의 평균 생애소득은 74만 1,587달러지만 이들이 저축한 돈, 투자한 돈, 주택 등을 포함한 총재산은 대략 1만 5,000달러부터 45만 달러까지로 편차가 매우 컸다. 즉 생애소득만을 기준으로 동일한 집단으로 묶긴 했지만, 이 집단 내에서 가장 부유한 사람은 가장 가난한 사람과 비교할 때 재산을 최소 30배나 많이 가지고 있었다.

이런 양상은 모든 소득분위에서 동일하게 나타난다. 다음 도표에서 각 소득분위에서 재산이 가장 많은 사람과 가장 적은 사람 사이의 재산 격차를 살펴보자. 심지어 소득이 가장 낮은 1분위에서조차 (이 계층의 수입은 대부분 정부 지원금이다) 몇몇 가구는 15만 달러의 재산을 갖고 있다. 자기 소득 구간에서 엄청나게 절제해야 얻을 수 있는

---

* 통계 자료상의 소득은 여러 가지 이유로 낮게 잡힌다. 원천 자료는 1992년에 작성됐지만 그렇다고 해서 벤티와 와이즈가 발견한 사실이 달라지지는 않는다. 2014년 달러 가치로 환산할 경우에는 모든 수치를 약 69퍼센트 상향 조정할 필요가 있다.

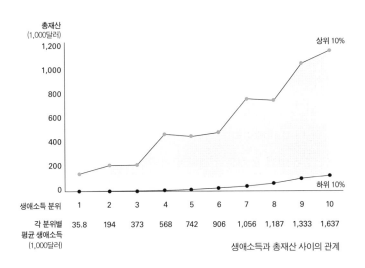

생애소득과 총재산 사이의 관계

생애소득 분위	1	2	3	4	5	6	7	8	9	10
각 분위별 평균 생애소득 (1,000달러)	35.8	194	373	568	742	906	1,056	1,187	1,333	1,637

놀라운 성취다.

어떻게 이런 일이 가능할까? 몇몇 가구의 사람들은 특별한 투자 재주를 갖고 있는 것이 아닐까? 가족 구성원의 수가 상대적으로 적지 않을까? 갑자기 엄청난 재산을 상속받은 게 아닐까? 리스크가 높은 사업에 도박을 하듯 투자해 상대적으로 더 많은 재산을 모은 게 아닐까? 아니면 투기적인 성향이 상대적으로 더 강한 사람이 그처럼 특별하게 많은 재산을 모은 게 아닐까? 아니면 재산이 적은 가구 구성원은 특별히 치료비가 많이 들어가는 병에 걸린 게 아닐까 혹은 캐비어를 즐기는 고급 식도락의 취미를 가진 게 아닐까?

아니다. 전혀 그렇지 않다. 방금 열거한 요인들은 의미 있는 효과에 전혀 미치지 않았다. 벤티와 와이즈는 이런 현상이 나타나는 걸 다음과 같이 설명했다. "동일한 소득분위 내에서 나타나는 이런 격차는 대부분 특정한 선택에 따른 결과다. 그것은 바로 저축이라는 선택이다. 어떤 사람은 젊을 때 저축을 했지만 어떤 사람은 저축을 하지 않았다."[227]

스탠퍼드대학의 더글러스 베른하임 Douglas Bernheim과 그의 동료들 역시 이 현상을 연구한 끝에 같은 결론을 내렸다. 사람마다 "경상수입을 몽땅 다 소비해버리고 싶은 충동을 이겨내는 절제심의 크기가 다르고", 그에 따라 총재산의 격차가 발생한다는 것이었다.[228]

나는 처음 이 내용을 접하고 고개를 갸웃했다. 너무도 뻔한 얘기였기 때문이다. 부자가 되는 비결이 젊을 때 될 수 있으면 돈을 절약하는 거라고? 그렇게 간단하단 말인가? 연구자들이 경제적으로 크게 성공한 사람과 크게 실패한 사람을 최대한 배제하려고 애썼음에도 불구하고, 가장 낮은 소득분위에서조차도 어떤 사람들은 상당한 재산을 모았다. 어떻게 이럴 수 있을까?

베른하임이 그 궁금증을 풀 수 있는 단서를 줬다. "예를 들어 만일 사람들이 은퇴 이전에 어느 정도의 금액을 저축할지 결정하기 위해 단순한 경험적 직관을 따른다고 할 때,……누구든 이 논문에 실증된 재산 축적의 결과를 보게 될 것이다." 다시 말해 가구는 저축과 관련해 어떤 어림짐작의 경험적 직관을 따르는 경향이 있으며, 이 직관은 변하지 않는다는 말이다.*

---

* 이 내용은 간단한 각주만으로 설명할 수 없을 만큼 중요할 수도 있다. 그러나 젊은 시절에 저축하는 금액이 평생의 재산 규모를 결정한다는 명제는 얼른 봐서는 참이 아닌 것 같다. 스물다섯 살의 어떤 청년이 쉰다섯 살에 은퇴를 하겠다는 계획을 세우고 소득의 8퍼센트를 꼬박꼬박 저축한다고 치자. 그 기간 동안 15만 달러를 모으려면 한 달에 110달러만 저축하면 된다. 그러나 한 달에 180달러씩 저축하면 10년 만에 15만 달러를 모을 수 있다. 그러나 마흔다섯 살이 되어서야 비로소 저축을 하기 시작한다고 하면, 동일한 15만 달러를 모으려면 한 달에 460달러를 저축해야 한다. 그러므로 일찍부터 저축을 해야 하고 또 될 수 있으면 많은 금액을 저축해야 한다. 이렇게 모은 돈에는 손을 대지 말아야 한다. 복리는 강력한 힘

인생 초년에 은퇴 무렵의 재산 규모를 결정하는 가장 큰 요인인 저축 금액을 늘리려면 경제와 관련된 나쁜 버릇을 어떻게든 고쳐야 한다. 그 후 예일대학의 제임스 최_{James Choi}와 펜실베이니아대학의 케이드 매시_{Cade Massey}는 구글의 제니퍼 커코스키 및 바클레이즈은행의 에밀리 헤이즐리_{Emily Haisley}와 함께 또 한 편의 논문을 썼는데, 이 논문은 다음과 같이 주장했다.[229] "가구가 축적한 재산 가운데 결코 적지 않은 양의 편차는 각 개인이 각자 살아가는 생활 속에서 노출된, 온갖 저축 관련 신호들의 편차에 따른 것일 수 있다."

이 말은 저축과 관련된 가용 정보량의 아주 작은 차이가 저축을 대하는 각 개인의 태도를 크게 바꿔놓을 수 있음을 뜻한다. 이런 발상을 검증하기 위해 제니퍼는 제임스 및 매시와 함께 한 가지 실험을 진행했다. 실험 목적은 작은 넛지를 이용해 구글 직원의 은퇴 시기 재산 규모를 늘리는 것이었다.

미국 구글 본사에서는 401(k) 퇴직연금을 제공한다. 《내국세 법전_{Internal Revenue Code}》은 2013년에 근로자는 퇴직하기 전까지 최대 1만 7,500달러까지의 퇴직연금에 대한 과세를 면제했다. 구글은 직원 분담금의 50퍼센트를 이 연금의 기여금으로 내며 총합계 8,750달러까지 모든 구글 직원의 퇴직펀드에 넣어준다(회사가 자기 직원에게 지원하는 연금에서는 수익자가 내는 분담금과 회사가 내는 기여금이 합해져서 납입금이 된다-옮긴이).

그러나 모든 직원이 다 연금에 가입하지는 않았다. 이것은 모든

을 발휘한다. 바로 부자로 은퇴하는 사람과 거지로 은퇴하는 사람의 차이는 저축에서 비롯된다.

사람이 다 따로 챙겨놓을 1만 7,500달러를 갖고 있지 않다는 말이다. 심지어 그 돈을 갖고 있는 사람들 가운데서도 연금 가입률은 100퍼센트에 한참 못 미친다.

이런 현상을 기존의 관점에서 보면, 결제해야 할 이런저런 청구서가 많다거나 저축을 하기보다는 이런저런 물건을 사려 한다거나 아니면 은퇴 시기가 아직도 많이 남아 있기 때문이라고 할 수 있다. 그러나 만일 연구자들의 주장이 옳다면, 문제는 이런 요인들이 아니다. 적정한 시기에 연금에 가입하도록 누군가가 넛지로서 옆구리를 찔러주느냐 그렇지 않느냐가 문제다.

2009년에 아직 최대 금액을 불입하지 않고 있었으며 그럴 계획이 없었던 구글의 5만 명이 넘는 직원은 모두 회사가 보낸 이메일 한 통을 받았다. 이 이메일은 직원 개개인이 그해 초부터 그때까지 불입한 401(k) 연금 불입금과 다음 네 가지 메시지 가운데 하나를 담고 있었다.

1. 401(k) 연금에 대한 안내만 한다. 이 집단은 우리 연구의 통제 집단이었다.

2. 1과 동일하되, 수입의 1퍼센트를 더 불입할 경우 어떻게 되는지 예시한다.

3. 1과 동일하되, 수입의 10퍼센트를 더 불입할 경우 어떻게 되는지 예시한다.

4. 1과 동일하되, 최대 저축 금액인 총 1만 7,500달러를 따라잡기 위해 수입의 최대 60퍼센트까지 불입할 수 있음을 추가로 알려준다.

그런데 우리가 전혀 예상하지 못한 일이 일어났다. 이 네 가지 이메일이 모두 수신자의 반응을 촉발했던 것이다. 이메일을 받은 구글 직원 중 27퍼센트가 불입금을 늘렸으며, 평균 저축률은 소득의 8.7퍼센트에서 11.5퍼센트로 늘어났다. 연간 불입금이 소득의 8퍼센트라고 가정하더라도 구글 직원의 한 해 연금펀드 증가액은 총 3,200만 달러나 된다. 이들이 계속 구글에 다니고 해마다 동일한 비율로 저축을 한다면, 이들은 퇴직할 때 모두 401(k)에서 추가로 26만 2,000달러를 더 챙길 것이다. 더욱 바람직한 현상은, 가장 낮은 저축률을 기록하던 직원들이 가장 많이 저축률을 높였는데, 통제 집단에 비해 평균 60퍼센트 이상 높은 저축률을 기록했다. 이와 관련해 한 직원은 "고마워요! 난 여태 내가 그토록 적은 돈을 넣고 있는 줄 전혀 몰랐거든요!"라고 썼다.

그때 이후 우리는 해마다 직원에게 이메일로 넛지를 하여 저축액을 늘리라고 끊임없이 촉구했다. 그 결과 직원의 저축액은 해마다 늘어났다. 넛지 그 자체는 비용이 싸다. 하지만 회사가 계속해서 연금 기여금을 더 많이 내게 됨으로 회사가 져야 하는 비용 부담은 점점 더 커진다. 내 입장에서는 회사가 그렇게 돈을 쓰게 되어 기쁘다.

» 직원을 건강하게 만드는 방법

건전한 육체에 건전한 정신이 깃든다.

2013년에 인적자원 부서 간부인 토드 칼라일이 샌프란시스코에서 열린 커먼웰스클럽Commonwealth Club 포럼에 참석해 우리의 궁극적인 인재 채용 구호는 "구글에서 일하고 오래 살자"가 될 거라고 말했다. 토드는 농담을 한 게 아니었다.[230]

우리는 이미 여러 해 동안 '당신의 생활을 최적화하라'는 프로그램의 일환으로 직원의 삶의 질과 양을 개선하기 위한 여러 가지 방안을 실험해왔다. 우리는 또 직원에게 무료 식사와 다과를 제공하므로, 학술적인 연구 결과로 나온 새로운 통찰이 실제 현실에서 적용될 수 있을지 검증할 적합한 조건을 갖추고 있었다. 구글에서 직원이 음식을 먹는 곳은 두 군데다. 하나는 하루에 두 차례 음식을 제공하는 카페이고 또 하나는 탄산음료, 주스, 차, 커피 등의 음료와 생과일이나 말린 과일 그리고 초콜릿이나 사탕 등의 과자 등을 비치해둔 마이크로키친이다.

구글은 각 지사 사무실 규모에 따라 헬스장 시설, 의사, 지압사, 물리치료사, 헬스 개인 지도, 운동/요가/춤 강좌, 운동장 심지어 볼링장까지 직원에게 제공한다. 의료 서비스와 헬스 개인 지도는 이용자에게 회사 바깥과 동일한 비용을 부담시키지만, 강좌나 이런저런 시설은 모두 무료다. 우리는 회사가 제공하는 이런 여러 가지 것들을 두고 실험을 해왔지만, 여기서는 음식과 관련된 것들에만 초점을 맞춘다.

음식은 누구나 경험에서 나오는 얘기를 한두 미디씩 할 수 있는 소재다. 또한 무의식적인 충동이 얼마나 의식적인 생각을 쉽게 무너뜨리는지 보여주는 가장 단순하고도 근원적인 사례이기도 하다. 음식과 관련해 우리가 했던 여러 실험에서 얻은 깨달음 가운데 대부분은 '우리 주변의 물리적 공간이 우리 행동에 얼마나 큰 영향을 미칠까?', '우리가 내리는 의사 결정이 얼마나 무의식적으로 이뤄질까?' 그리고 '아주 작은 넛지들이 얼마나 큰 충격을 줄 수 있을까?' 등과 같은 보다 광범위한 질문들로 곧바로 전환됐다.

내가 음식을 강조하는 또 다른 이유는 미국에서 건강과 장수에 영향을 미치는 여러 요인 중에서도 음식이 통제 가능한 가장 큰 요인으로 꼽히기 때문이다. 미국 성인 인구의 3분의 1 이상이 비만인데(미국질병통제센터는 비만을 체질량지수가 30 이상인 경우라고 규정한다)[231] 이들에게 한 해에 들어가는 의료비는 1,500억 달러에 육박한다고 한다.[232] 체질량이 25 이상 30 미만인 과체중까지 포함하면 미국 인구의 69퍼센트가 이에 해당된다.

건강 특히 체중을 관리하는 일은 불가능한 과제의 모든 특징을 갖고 있다. 결과도 늦게 나타나고 관찰하기가 어려우므로, 좋은 결과를 받아들이기는 좀처럼 어려운 일이다. 굳은 의지가 필요하다. 그것도 지속적으로. 그러나 우리는 너 나 할 것 없이 모두 굳은 의지를 지속적으로 유지하지 못한다.[233] 게다가 우리는 보다 더 많은 것을 소비하라는 메시지와 사회적 압력에 끊임없이 노출되어 있다. 코네티컷의 맥킨지 스탬포드 사무소를 운영했던 롭 로시엘로Rob Rosiello는 영어에서 가장 돈을 많이 버는 말은 "감자튀김도 같이 하시겠어요?"라고 말했다. 나는 당시에 그와 한 사무실에서 일했다.

이 책은 다이어트 책이 아니다. 게다가 나는 건강과 영양 분야에 대해서는 문외한이나 다름없다. 그러나 구글에서 시행했던 여러 기법 덕분에 나는 2년간 체중을 무려 14킬로그램 가까이 줄였다. 당신 회사에 전용 카페가 마련되어 있지 않다고 해도 휴게실은 있을 것이고 자판기나 소형냉장고는 있을 것이다. 우리가 구글에서 여러 실험을 통해 깨우친 통찰 가운데 몇몇은 분명 당신에게도 도움이 될 것이다.

우리는 세 가지 유형의 개입을 검증하기로 했다.* 직원이 보다 나은 음식을 선택할 수 있도록 정보를 제공하는 것, 건강한 선택을 할 수 있도록 제공되는 음식의 가짓수를 줄이는 것 그리고 마지막으로 넛지였다. 이 세 가지 가운데 가장 효과가 좋았던 방식은 넛지였다.

우리는 어떤 류의 충격적인 신호가 설탕 음료의 소비를 줄이는지

경고 문구와 이미지를 겉면에
실은 캐나다 담배

---

* 우리 실험이 완벽하지 않다는 점을 염두에 두기 바란다. 무료 음식은 과식을 부르는 경향이 있다. 적어도 공짜라는 조건이 야기하는 신기함이 사라질 때까지는 그렇다. 음식이 손만 내밀면 먹을 수 있도록 가까이 있다는 조건도 과식을 유발한다. 구글 직원이라는 표본도 전체 개체군을 대표하는 표본이라고 할 수 없다. 그러나 우리는 동료 평가 결과를 공개할 때와 똑같은 엄정함과 통계적 타당성을 적용하고 있음도 참고하기 바란다.

검증하기도 했다. 캐나다 워털루대학의 데이비드 해먼드_{David Hammond}의 저작에 고무되어 시작한 실험이었다.[234] 캐나다에서는 2000년 12월부터 담뱃갑에 흡연이 유발할 수 있는 위험을 경고하는 이미지와 문구를 의무적으로 표시하도록 했다. 이때 해먼드는 담뱃갑 겉면에 넣은 섬뜩한 경고 문구와 이미지가 흡연 습관에 미친 영향에 대해 흡연자 432명을 대상으로 설문조사를 했다. 조사 결과 19퍼센트는 이 경고 때문에 흡연량을 줄였다고 했다. 경고 문구와 이미지를 보고 공포심(44퍼센트)과 혐오감(58퍼센트)을 느낀 흡연자는 흡연량을 훨씬 더 많이 줄였으며, 이들 사이에서 금연 가능성도 높아졌다.

우리는 구글에서도 이와 비슷한 접근법을 채택하면 탄산음료 소비율을 낮출 수 있을 거라 생각했다. 비록 담배와 탄산음료는 전혀 다른 기호품이지만 말이다.

우리는 마이크로키친 한 곳을 선정해 곳곳에 이 경고 스티커를

탄산음료 실험에 사용된 충격적인 신호의 예 © Google

붙였다. 그리고 스티커를 붙이기 전후의 각각 두 주 동안에 탄산음료 소비량이 어떻게 달라졌는지 비교했다. 결과는 우리 기대와 달랐다. 이 신호가 미친 영향은 의미가 없을 정도로 미미했다. 경고 내용이 충분히 위협적이지 않았을 수도 있고, 아니면 탄산음료의 브랜드 파워가 1년에 10파운드 체중이 늘어난다는 사실이 가져다주는 충격을 압도했을 수도 있으며 담뱃갑에 표시된 충격에 비해 충격의 정도가 약했을 수도 있다.

우리는 또한 카페에서 제공하는 음식에 색깔이 다른 라벨을 붙여 건강에 좋은 음식(초록색 라벨)과 그렇지 않은 음식(빨간색 라벨)을 구분했다. 이런 노력을 직원들은 높이 평가했지만, 이런 표시가 실제로 소비 음식의 구성비에 의미 있는 변화를 이끌어내지는 않았다.

이런 사실은 카네기멜론대학의 줄리 다운스Julie Downs와 구글의 인간 분석 팀 소속인 제시카 위즈덤Jessica Wisdom 박사가 함께 밝혀낸 사실과도 일치했다. 두 사람은 맨해튼과 브루클린에 있는 맥도날드 매장 두 군데를 실험 장소로 정하고, 한 곳은 제품별 칼로리 섭취량을 표시하고 다른 한 곳은 아무런 표시도 하지 않았을 때 두 매장에서 제품별 판매량이 어떻게 달라지는지 살폈다. 결과는 아무런 차이도 나타나지 않았다는 것이다.[235] 단순히 정보를 제공하는 것만으로는 행동을 바꾸기에 충분하지 않았던 것이다. 맥도날드 소비자는 '마이티 윙스' 열 조각의 열량은 대용량 포장 감자튀김 두 봉지의 열량에 해당되는 960칼로리임을 알 수 있었음에도 불구하고, 이들의 구매 습관은 전혀 바뀌지 않았다.[236]

정보만으로 충분하지 않다면 선택의 범위를 대폭 줄여 건강한 선택만 할 수 있도록 한다면 어떨까? 넛지에 반대하는 사람들이 두려워하는 것이 바로 이런 유형의 접근법이 아닐까 싶다. 선택의 범위를 줄이는 것은 민주적인 충동에 정면으로 위배되는 행위다. 그러나 우리는 동료 직원을 보다 건강하게 만들겠다는 일념으로 열정을 불태우는 직원들의 의견을 받아들이기로 했고 그렇게 시행했다.

결과는 선택권을 줄이는 것도 그다지 효과가 없었다. '고기 없는 월요일'이라는 시험적인 프로그램을 시행했는데, 카페 두 군데에서 한 해 한 달 동안 월요일에는 육식동물 고기를 내놓지 않았다. 그러자 카페 한 곳의 이용률이 떨어졌는데, 직원들이 카페 이용을 기피한 근본적인 이유는 자신들을 위한 맞춤 선택이 마음에 들지 않는다는 것이었다. 다음 장에서 자세하게 살펴보겠지만, 이런 조치에 반발하는 매우 강력한 움직임도 있었다.

직원들은 또한 선택권을 중시한다고도 했다. 마이크로키친을 기반으로 여섯 개의 연구조사를 진행하는 동안 수집된 직원 평가 중 58퍼센트는 기존의 식단은 그대로 유지한 채로 건강식을 추가하는 방안을 지지했다. 보다 건강한 음식을 기꺼이 먹긴 하겠지만 선택권을 포기하면서까지 그렇게 하고 싶진 않다는 뜻이었다.

그렇게 해서 우리는 직원들이 보다 폭넓은 선택권과 정보를 갖는 걸 좋아하지만 아무도 예전과 다르게 행동하려 하지 않는다는 사실을 알았다. 우리는 넛지로 눈을 돌렸다. 선택의 폭을 제한하지 않는 상태에서 환경의 구조를 미묘하게 바꾸기로 한 것이다.

이 아이디어는 하버드대학의 경제학자 데이비드 레입슨David Laibson의 논문에서 촉발됐다. 〈소비에 관한 단서 이론A Cue Theory of Consump-

tion〉이라는 논문에서 그는 사람들을 둘러싸고 있는 환경 속의 여러 단서가 특정한 소비 행동을 조장함으로써 소비에 기여한다는 것을 입증했다.[237] 사람은 배가 고프기 때문에 먹기도 하지만 다른 한편으로는 점심시간이니까 혹은 주변 사람이 먹으니까 덩달아 먹기도 한다는 것이다.

그래서 우리는 음식을 먹도록 조장하는 단서들 가운데 몇몇을 제거하면 어떻게 될까 생각해봤다. 설탕이 듬뿍 들어간 과자를 치워버리는 대신 건강에 좋은 군것질거리를 눈에 잘 띄고 쉽게 접근하거나 집을 수 있는 위치에 진열했다. 건강에 해로운 과자는 같은 선반이라도 아래쪽에 놓았고 또 어떤 것들은 불투명 용기에 담았다.

콜로라도의 볼더 지사에서 2주간 마이크로키친의 음식 소비량을 측정해 어떤 기준선을 마련한 다음에, 사탕을 모두 불투명 용기에 넣었다. 용기 안에 든 사탕의 이름을 적어두긴 했지만, 뚜껑을 열지 않는 한 사탕의 알록달록하고 화려한 포장지는 보이지 않았다. 구글 직원은 평범한 사람들이라 과일보다 사탕을 더 좋아한다. 그러나 사탕을 눈에 덜 띄게 그리고 가져가기 좀 더 어렵게 해놨을 때 어떤 일이 일어났을까?

결과를 보고 우리는 당황했다. 직원들은 눈에 잘 띄는 그라놀라바나 과일을 더 선호했다. 그에 따라 예전에 비해 사탕 소비에 따른 종칼로리 섭취량은 30퍼센트 감소했고 총지방 섭취량은 40퍼센트 줄어들었다. 우리는 이런 결과에 한껏 고무되어 2,000명이 넘는 직원이 근무하는 뉴욕 지사에도 똑같은 조치를 했다. 말린 과일이나 견과류처럼 몸에 좋은 식품은 투명한 유리병에 담았고 사탕과 같은 몸에 좋지 않은 식품은 색깔이 있는 병에 담았다. 그로부터 7주 뒤, 뉴욕 지사의 직원은 예전에 비해 310만 칼로리나 적게 섭취하게 됐다. 총 401킬로그램의 살이 찌는 걸 피한 셈이었다.

우리는 이와 비슷한 아주 작은 넛지가 직원의 행동을 바꿀지도 모른다는 기대를 갖고 카페로 눈을 돌렸다. 일련의 연구에서 코넬대학의 브라이언 완싱크Brian Wansink와 조지아공과대학의 코어트 반 아이터섬Koert van Ittersum은 접시 크기가 음식 섭취량에 강력한 영향을 미친다는 사실을 입증했다.[238] 두 사람은 이런 사실을 벨기에 철학자이자 수학자인 조셉 델뵈프Joseph Delboeuf가 1860년대 말에 발견한 이른바 '델뵈프 착시 현상'을 끌어와 명쾌하게 설명했다. 이 착시 현상을 그림으로 정리하면 다음과 같이 된다.[239]

그림 1에서 두 개의 검은 원은 같은 크기인가, 아닌가? 그림 2는

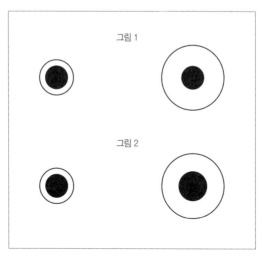

델뵈프 착시의 사례

어떤가? 그림 1에서 왼쪽의 검은 원이 더 커 보이지만 착시일 뿐이다. 두 개의 검은 원은 같은 크기다. 그림 2에서 두 개의 검은 원이 같은 크기로 보이지만, 이것 역시 착시의 결과다. 오른쪽이 왼쪽보다 20퍼센트 더 크다. 자, 이제 흰 원을 접시라고 치고 검은 원을 음식이라 생각해보자. 어떤가?

사람은 눈에 보이는 대로 믿는 경향이 있다. 자기가 얼마나 많이 먹었는지 혹은 얼마나 포만감을 느끼는지 판정할 때 접시 크기에 따라 결과가 큰 폭으로 달라진다. 접시가 클수록 더 많이 먹으며 또 많이 먹고도 포만감을 덜 느낀다.

완싱크와 아이터섬은 여섯 가지 연구를 진행하고 결과를 내놓았는데, 이 가운데 하나는 건강·다이어트 캠프에 참가한 과체중의 10대 청소년들과 이들이 먹는 아침 식사를 대상으로 삼았다. 이 청소년들은 캠프를 시작하면서 자기가 먹을 적정 분량의 음식을 정하는 방법과 음식 섭취량을 스스로 관찰하는 방법을 전문가들에게 배웠다. 하지만 얘기는 아직 끝나지 않았다. 캠프에 참가한 학생들은 두 집단으로 나뉘었다. 두 집단의 차이는 각 집단에 속한 학생들이 아침에 시리얼을 먹을 때 사용하는 그릇의 크기였다. 그런데 작은 그릇을 사용한 학생은 큰 그릇을 사용한 학생에 비해 시리얼을 16퍼센트 덜 먹었음에도 불구하고 8퍼센트 더 먹은 걸로 생각했다. 작은 그릇을 사용한 학생들은 자기가 먹는 음식의 양을 측정하는 방법과 음식을 먹는 속도를 조절하는 방법을 배웠고 더 적게 먹었음에도 불구하고 상대적으로 더 포만감을 느낀 것이다.

또 다른 연구는 중국식 뷔페식당에서 진행됐는데, 완싱크와 서던 일리노이주립대학의 시미즈 미츠루淸水充는 작은 접시를 선택한 사람과 큰 접시를 선택한 사람을 각기 다른 집단으로 분류하고 관찰했다. 이 두 집단의 차이는 성별, 추정 연령, 추정 체질량지수, 뷔페식당 이용 경험의 많고 적음 등과 아무런 연관성을 보이지 않았다. 이미 당신은 큰 접시를 선택한 사람들이 더 많은 음식을 먹는다는 실험 결과를 충분히 예측할 것이다.

얼마나 더 먹었을까? 무려 52퍼센트나 더 먹었다. 그리고 135퍼센트나 더 많은 음식을 낭비했다. 여러 가지 이유가 있겠지만, 그중에서 부분적으로는 보다 더 많은 음식을 담을 수 있는 더 큰 접시에 음식을 먹었기 때문이며 또한 그 접시에 더 많은 음식을 남겼기 때문이다.

이런 사실은 매우 흥미로웠다. 그래서 우리는 이와 비슷한 실험을 회사 내에서도 해보고 싶었다. 이런 실험의 기본적인 목표는 직원의 건강 상태를 높이는 것이었지만, 우리 카페도 뷔페식당이므로 음식물 쓰레기를 줄일 수 있겠다는 생각도 있었다. 그러나 이 두 연구의 표본은 크기가 작을 뿐만 아니라 우리 직원과는 완전히 다른 피실험자들이었다. 다이어트 캠프의 10대 학생은 139명이었고 중국식 뷔페식당의 손님은 43명이었다. 이렇게 작은 표본집단에서 추출된 결과가 수천 명의 구글 직원을 대상으로 한 실험 결과와 과연 똑같을까?

우리는 카페 한 곳을 선정해 구글의 모든 카페에서 사용하는 12인치 접시를 9인치 접시로 바꿨다. 앞에서 잠깐 언급한 것처럼 달리 선택의 여지를 주지 않았던 다른 여러 실험의 경우와 마찬가지로 직원들은 심술을 냈다. 어떤 직원은 고함까지 질렀다. "음식을 한 번만 담아오면 됐는데 이제 두 번씩이나 다녀와야 한단 말이야!"

우리는 다시 조건을 바꿔 작은 접시와 큰 접시를 함께 놓아두었다. 그러자 불평은 사라졌고 카페 이용자의 21퍼센트는 작은 접시를 사용하기 시작했다. 한 걸음 앞으로 나아간 것이다!

이 조건에서 우리는 다시 정보를 첨가해보았다. 작은 접시로 음식을 먹는 사람은 큰 접시로 음식을 먹는 사람보다 칼로리는 적게 섭취하면서도 포만감은 동일하게 느낀다는 학술적 연구 결과를 소개하는 카드를 벽과 식탁에 붙인 것이다. 그러자 작은 접시를 사용하는 직원의 비율이 32퍼센트로 높아졌으며, 음식을 가지러 두 번씩이나 왔다 갔다 한다고 투덜거리는 사람의 수도 지극히 일부로 줄어들었다.

표본의 크기가 다르긴 했지만, 앞서 살펴봤던 전문 연구자들의 연구 결과와 다르지 않았다. 우리는 그 주에 그 카페에서 3,500명에게 점심을 제공했는데, 음식물 섭취량은 총 5퍼센트 줄었으며 음식물 쓰레기는 18퍼센트 줄었다. 추가로 작은 접시를 준비한 것뿐인데, 적은 비용을 들인 것치고는 나쁘지 않은 결과였다.

≫ 의도를 가지고 정교하게 설계하라

넛지는 팀과 조직을 개선하는 데 믿을 수 없을 만큼 강력한 힘을 발휘하는 장치다. 넛지는 또한 이상적인 조건에 맞춰 실험을 진행할 수도 있는데, 결과를 미세하게 조정하기 위해 상대적으로 작은 개체 군을 대상으로 검증해볼 수도 있다.

영국 총리 데이비드 캐머런은 2010년에 이른바 '넛지 부대'라는 팀을 정부기관에 창설해 자동차세 징수금액을 30퍼센트 개선했는 데, 비결은 간단했다. 자동차세 납부 기한을 넘긴 사람들에게 "자동 차세를 내시오, 그렇지 않으면 자동차를 잃을 것이오"라는 대담한 내용의 쪽지 및 해당 자동차 사진을 납부 독촉서와 함께 보내는 것 이었다. 이 팀은 고지서를 우편물이 아닌 문자 서비스로 보냄으로써 징수금을 33퍼센트 높였다.

2011년에 영국 정부는 넛지 팀의 제안을 받아 다락방 단열 보조 금을 다락방 청소 보조금으로 바꾸었다. 영국에서 에너지 절약 정책 의 걸림돌 중 하나가 단열 시공이 되지 않은 다락방인데, 주민들은 정부가 보조금을 준다고 해도 다락방에 쌓인 쓰레기를 청소하는 게 귀찮아 단열 공사를 미뤄왔었다. 그래서 정부는 단열 공사를 하면 시공업체가 다락방 청소 서비스까지 제공하도록 해서 지지부진하 던 단열 시공률을 단번에 높은 수준으로 올렸다. 주민이 부담해야 하는 비용은 조금 더 들었지만, 단열 공사 시공률은 무려 세 배로 늘 어났다.[240]

탈러는 일리노이 주정부가 장기 기증자 등록 절차를 바꾼 사례를 소개했다.[241] 일리노이 주정부도 2006년 이전에는 그랬지만, 대부분 의 주에서 어떤 사람이 장기 기증자가 되려면 운전면허증을 갱신하 러 간 자리에서 자기가 죽은 뒤에 장기를 기증하고 싶다는 의도를 밝혔음을 입증하는 특정한 서류 양식의 공란을 채운다. 미국 운전자의 약 38퍼센트가 이 과정을 거쳐 장기 기증자 등록을 했다. 그런데 일리노이 주정부는 등록 과정을 아주 조금 더 간편하게 만들었다. 운전면허증을 갱신할 때 운전자에게 "장기 기증자가 되기를 원하십니까?"라고만 묻는 것이다. 잠재적인 기증자가 서류를 작성하고 서명을 하도록 기다리지 않고 먼저 물었다.

등록 과정을 이렇게 바꾸고 3년 뒤 일리노이주의 장기 기증 서명자 비율은 60퍼센트나 됐다. 운전자가 장기 기증을 하고 싶지 않으면 기증자가 되지 않겠다고 입장을 표명해야 하는 오스트리아에서는 장기 기증자 비율이 99.98퍼센트나 된다. 프랑스, 헝가리, 폴란드 그리고 포르투갈도 마찬가지다.[242] 흄이 주장했듯이 오늘 존재하는 것이 오늘 마땅히 존재해야 하는 것과 다를 수 있다. 그런데 때로는 아주 작은 넛지 하나만으로 '존재'가 '당위'로 바뀔 수 있다.

궁극적으로 우리는 완전히 합리적이지도 않으며 또한 완전히 한결같지도 않다. 우리는 셀 수 없이 많은 작은 신호들, 팔꿈치로 옆구리를 슬쩍 찌르며 이 방향 혹은 저 방향으로 유도하는 신호들의 영향을 끊임없이 받고 있다. 흔히 이런 넛지들 뒤에는 깊은 의도가 숨어 있지도 않다. 기업은 업무 현장을, 팀을 그리고 공정을 어떻게 조직할 것인가 하는 문제를 두고 이런저런 의사 결정을 내린다. 이 결정 하나하나가 우리의 옆구리를 슬쩍 찔러 개방적이거나 혹은 폐쇄적이 되도록, 건강하거나 혹은 아프도록 그리고 행복하거나 혹은 슬프도록 만든다.

당신이 속한 조직이 대기업이든 아니면 중소기업이든 당신은 자신이 만들어내는 환경을 사려 깊게 살펴야 한다. 직원에게 주어진 선택권을 박탈하는 방식이 아니라 보다 나은 선택을 한결 쉽게 할 수 있도록 하는 방식을 개발하고 동원해, 직원이 개인 생활을 한결 더 낫게 개선해줄 방향으로 부드럽게 유도하는 것이 바로 우리의 목적이다.

업무 규칙 **직원의 옆구리를 찔러 건강과 부유함,**
행복의 길로 나아가게 하려면

- 현실과 당위가 어떻게 다른지 깨달아라.
- 끊임없이 작은 실험을 하라.
- 부드럽게 유도하라. 억지로 떠밀어서는 안 된다.

13장

날마다 무지개가
뜨진 않는다

구글 최고경영진도 실수를 한다.
어떻게 실수를 피할 것인가?

"It's Not All Rainbows and Unicorns"

Google's biggest people mistakes and what you can do to avoid them

지난 여러 해 동안 나는 구글의 사내 정책은 너무도 이상적이라서 어쩐지 현존하는 것 같지 않다면서 고개를 갸웃거리는 다른 회사 고위 경영진을 수십 명이나 보았다. 이 사람들이 펼치는 논리는 이렇다. 고위 간부가 직원에게 모든 것을 완벽하게 공개할 수는 없다. 누군가가 회사의 중요한 계획이나 기밀을 경쟁사에게 일러바칠 테니까 말이다. 경영진이 직원에게 회사 경영과 관련된 발언을 하면 직원들은 결국 경영진이 원하지 않는 일을 하게 될 게 뻔하다. 경영진이 직원들에게 유익하고 좋은 일을 해준다고 해도 직원들은 결코 고마워하지 않는다. 결국 그런 행위는 값비싼 대가를 치를 수밖에 없기 때문이다.

그렇다. 어느 정도는 일리가 있는 말이다. 어떤 발상이든 극단으로 치달으면 멍청한 것이 되고 만다. 100년쯤 전에 이미 미국 법률가 제커라이어 채피 주니어Zechariah Chafee Jr.는 "당신이 두 팔을 당신 마음대로 흔들 자유는 다른 사람의 코가 시작되는 바로 그 자리에 서 끝난다"고 말했다. 제1차 세계대전 기간에 미국의 언론 자유 제 약을 평가하면서 채피는 이렇게 주장했다. "개인의 관심사와 공공 의 관심사는 따로 존재하는데, 만일 이 둘이 충돌할 경우 어떤 것이 희생되어야 하고 어떤 것이 보호되어야 하는지 결정되어야 하므로, 이 둘은 서로를 향해 균형을 맞춰야 한다."[243]

핵심 가치를 토대로 회사를 이끌어나가는 기업들이 모두 그렇듯 이, 구글 경영진이 맞닥뜨린 도전 과제 가운데 하나는 '다른 사람의 코가 시작되는 지점'에 대해 전체 임직원이 같은 생각을 하도록 하 는 것이다. 이런 차별성이 가장 강조되는 기업이 바로 강력한 가치 관을 가진 회사다.

예를 들어 맥킨지는 웹사이트를 통해 '반대 의견을 가질 의무를 지지하는 것'을 회사의 핵심 가치로 내걸었다.[244] 1950년에 맥킨지 를 실질적으로 이끄는 지위에 오른 마빈 바우어Marvin Bower는 회사의 가치관을 정립함으로써 회사가 장차 50년 넘게 성심을 다해 고객을 섬길 수 있도록 기반을 다졌다는 평가를 받았다.[245] 그는 오랜 세월 동안 회사에 새로운 파트너(컨설팅회사에서 독자적으로 사업을 책임지는 사람-옮긴이)가 합류할 때마다 저서 《맥킨지에 대한 견해Perspective on McKinsey》를 주며 읽게 했다. 내가 맥킨지에 입사했던 1999년에는 이 책이 더는 신입 직원에게 배부되지 않았다. 그러나 나는 누군가의 사무실에서 이 책을 발견해서 읽었다. 이 책은 회사의 초기 역사와 회사의 윤리를 형성하는 핵심적인 가치관을 상세하게 묘사하고 있었다. 모든 직원은 반대 의견을 가질 의무, 즉 어떤 발상이 틀렸거나 잘못됐다고 판단할 경우 혹은 고객이나 회사에 해를 끼친다고 판단할 경우에는 단호하게 나서서 이의를 제기할 의무가 있다는 사실을 가슴에 새기도록 해줬다.

그리고 1년쯤 뒤에 나는 언론계의 어떤 기업을 상대로 컨설팅 업무를 하고 있었다. 이 기업은 다른 회사를 인수하려 했는데, 이 시도가 재앙과 같은 결과를 가져올 것임이 자명했다. 그럼에도 불구하고 이 기업은 어떻게 하면 벤처캐피털 사업을 멋지게 궤도에 올려놓을 수 있을지 조언해달라고 요청했다. 관련 자료를 놓고 보면 선택은 분명했다. 인텔캐피털Intel Capital과 같은 유명한 몇몇 경우를 제외하고는 대부분의 기업벤처캐피털CVC 시도는 실패로 돌아갔다(전통적인 벤처캐피털은 기업에 투자한 후 투자 이익에만 목적을 두고 투자한 기업의 경영에는 관심을 두지 않지만, 기업벤처캐피털은 투자자가 투자 대상 기업과의 전략적 연계를 염두에 두고 투자하기 때문에 대상 기업의 경영에 적극적으로 개입한다 – 옮긴이).

게다가 그 고객 회사는 경험도 부족했고 목적도 분명하지 않았다. 또한 수익 전망이 밝아 보인다고 생각하는 인수·합병 대상 기업과 고객 회사 사이에는 업종상의 인접성을 찾아보기 어려웠다. 그래서 나는 그 인수·합병 시도는 좋은 생각이 아니라고 맥킨지의 내 상사에게 말하고 이런 판단을 입증하는 자료를 제시했다. 이런 식의 시도가 성공한 사례는 단 한 차례도 없다고, 또 실리콘밸리에서 수천 킬로미터나 떨어져 있거나 혹은 기술 분야 경험이 한참 부족한 사람들이 운영하는 회사를 제외하고는 적절한 인수·합병 대상 기업을 찾아낼 수 없다고 설명했다.

그러나 상사는 고개를 저었다. 고객이 우리에게 요구하는 것은 기업벤처캐피털 사업에 나설 것인지 말 것인지 판단하라는 게 아니며 그 사업은 이미 하기로 결정됐으니 그 사업의 경로를 제시하라는 거였다. 그러면서 고객 요구에 초점을 맞춰 답을 찾으라고 했다.

어쩌면 상사의 말이 맞았을 수도 있다. 상사는 내가 제시한 자료를 초월하는 탁월한 통찰을 갖고 있었을 수도 있고, 어쩌면 내가 자기에게 했던 말을 고객 회사에 했다가 면박을 당했을 수도 있다. 하지만 나로서는 어쩐지 잘못을 저지르고 있다는 생각이 자꾸만 들었다. 반대 의견을 가질 의무를 다해야 하는 때가 바로 지금이 아닐까 생각했다. 내가 염려하는 일이 별다른 관심을 받지 못하고 휴지통에 들어가는 걸 바라보기란 참으로 고통스러웠다. 회사가 기업의 가치관을 열정적으로 외치면 외칠수록, 나와 동료들은 신봉해야 할 가치들과 껴안고 함께 살아야 할 가치들 사이의 간극을 한층 더 예리하게 느낄 수밖에 없었다.

맥킨지라는 회사가 나쁜 회사라서 그런 게 아니다. 오히려 그 반대다. 맥킨지는 탁월한 회사였고 훌륭한 사관학교였다. 앞에서 말했던 그 갈등의 순간은 지금도 내 기억에 생생하게 남아 있는데, 그것은 아마도 기업의 가치관을 매우 중시하는 환경에서는 직원들이 아주 작은 타협조치도 적절하지 않다고 느끼기 때문일 것이다.

구글에서도 마찬가지다. 우리는 회사가 소중하게 여기는 여러 가치에 대해 많은 얘기를 나눈다. 그리고 이런 가치들을 시험대에 올려놓는 온갖 새로운 상황을 날마다 맞닥뜨린다. 우리는 매번 올바른 결정을 내리려고 최선을 다하지만, 어쨌거나 5만 명이 모여 있는 집단이 아닌가. 때로 어떤 사람들은 실수를 한다. 때로 경영진도 실수를 한다. 우리는 결코 완벽하지 않기 때문이다.

우리 회사를 시험하는 것 그리고 내가 이 책에서 주장하는 경영 스타일을 시험하는 것의 핵심 내용은 과연 회사가, 경영진이 그리고 경영 스타일이 완벽한가 하는 점이 아니다. 우리는 과연 우리가 소중하게 여기는 가치를 충실하게 지키는가 그리고 시험대에 오른 순간에도 변함없이 옳은 일을 하는가 하는 점이다. 또 구글의 모든 사람이 함께 적극적인 헌신을 바탕으로 우리가 옳다고 믿는 것을 변함없이 지키는가 하는 점이다.

≫ 정보 공개의 대가

구글에 입사해 회사가 소중하게 여기는 가치를 지키기 위해 경영진이 얼마나 헌신하는지 깨닫기까지는 얼마 걸리지 않았다. 내가 경험한 첫 번째 TGIF 미팅은 CEO인 에릭 슈미트가 무대에 오르는 것으로 시작했다. 에릭은 벽에 투사된 3미터 높이의 청사진을 가리키며 말했다. "이것이 구글 미니Mini의 청사진입니다."

그는 우리의 초기 하드웨어 제품 중 하나인 구글 미니의 내부 작동 내용을 보여주었다. 구글 미니는 구글 검색과 똑같은 검색엔진을 적용한 중소기업용 검색엔진으로, 시중에서 구입해 네트워크에 연결할 수 있으며 일반 회사의 인트라넷에도 곧바로 적용할 수 있는 제품이었다. 미팅 장소에는 수백 명의 직원들이 있었고 삼사십 명의 신입 직원은 구글에서 보낸 첫 주를 막 마친 상태였다. 당시 나도 신입 직원 중 한 명이었는데, 우리는 그다음에 어떤 일이 진행될지 아무도 알지 못했다.

"그런데 이 청사진이 회사 밖으로 새나갔습니다. 우리는 이 청사진을 유출한 사람이 누구인지 알아냈습니다. 그리고 그 사람을 해고했습니다." 그러면서 그는, 우리는 회사 내의 모든 사람이 다른 사람들이 무슨 일을 하고 있는지 알 때 전체 회사의 구성원으로서 일을 더 잘할 수 있다고 믿는다고 설명했다.

소중하게 다뤄야 할 회사 정보의 많은 부분이 바깥에 알려지기 전에 먼저 직원과 공유하는 이유도 바로 거기에 있다고 했다. 구글미니의 청사진을 그날 TGIF 미팅 자리에서 공개하는 이유 또한 거기에 있다고 했다. 그는 직원들이 모두 기밀 정보를 잘 보호해줄 것이라 믿는다고 말했다. 만일 이 믿음을 깨는 사람이 있다면 그 사람은 다음 날로 해고될 거라는 사실도 분명히 밝혔다.

이런 방침은 원칙적으로는 옳지만 실제 현실에서도 늘 그런 것은 아니다. 구글에서는 해마다 적어도 한 건씩은 중대한 기밀 유출 사고가 일어난다. 그때마다 조사가 이뤄지고, 그 행위가 의도적인 도둑질이었든 실수였든 혹은 정교한 계획에 따른 것이었든 우발적인 것이었든 유출에 책임이 있는 사람은 해고됐다. 우리는 그 사람이 누구인지 이름을 밝히지는 않지만, 어떤 정보가 유출됐으며 그 결과가 무엇인지 회사의 전체 직원에게 알린다. 많은 사람이 물밀 듯 밀려오는 많은 정보를 접하게 되면 필연적으로 적지 않은 사람이 잘못된 행동을 한다. 그러나 이런 대가를 치를 가치가 충분히 있다. 정보 공개로 구글의 모든 사람이 누리는 편익이 정보 유출에 따르는 비용보다 더 크기 때문이다.

» 특혜 거부

어떤 특별한 혜택을 받을 자격을 갖췄기 때문에 당연히 그 특별한 혜택을 받을 권리가 있다는 식의 사고방식은 우리가 사용하는 접근방식에서 또 하나의 위험 요소다. 어떤 면에서 이런 위험은 피할 수 없는 것이기도 하다. 생물학적으로 보나 심리학적으로 보나 사람은 새로운 경험에 익숙해지게 마련이다. 사람은 자기에게 새롭게 제공되는 것에 빠르게 익숙해지는데, 그렇기 때문에 새롭게 제공되는 것도 시간이 지나면 고맙고 신나고 멋진 것이라기보다는 당연한 것으로 받아들여진다. 그러다 보면 기대 수준은 점점 높아지고 만족도는 점점 내려간다.

나는 새로운 손님들 특히 어린이 손님을 회사에 데리고 오는 것을 반기고 좋아한다. 구글 직원들은 날마다 맛있는 음식을 무료로 먹을 수 있다는 게 얼마나 특별한 혜택인지 너무도 쉽게 잊어버리지만, 어린이들은 모든 디저트가 공짜라는 사실을 알고 얼굴이 환하게 밝아지기 때문이다. 어린이의 이런 기쁨은 절대로 늙지 않는다.

구글에 입사했을 때 카페를 책임지는 것도 내가 맡은 일 가운데 하나였다. 쿠엔틴 토핑, 마크 레이직, 스콧 지암바스티아니, 브라이언 매팅리 그리고 제프 프레버그와 같은 천부적인 재능을 지닌 요리사들과 카페 팀들을 이끌었으며, 그 밖에 직원 복리 후생 분야까지 책임졌던 수 뷔트리히Sue Wuthrich와 함께 일한다는 것도 무척 큰 기쁨이었다.

그러나 2010년쯤 됐을 때 일부 고약한 직원이 이 카페를 자기에게 당연히 주어지는 특혜로 여기기 시작했다. 카페에서 음식을 먹는 데 그치지 않고 음식을 싸서 집으로 가져가는 사람들이 생기기 시작한 것이다. 어느 날 오후, 한 직원이 카페에서 점심을 먹은 뒤 음식이 담긴 카페의 테이크아웃 용기 네 개를 자기 승용차 트렁크에 넣는 모습을 우연히 보았다. 다소 의아했다. 뜨거운 자동차 트렁크 안에 대여섯 시간 동안이나 놓아둔 음식이 과연 건강에 보탬이 될까? 또 어느 금요일에는 어떤 직원이 물병과 그라놀라 바를 하나씩도 아니고 여러 개를 백팩에 마구 쑤셔 넣는 모습도 보았다. 이 직원은 다음 날인 토요일에 하이킹을 갈 계획이었는데, 함께 가는 친구들과 먹고 마실 음식과 음료를 회사에서 충분히 가져가고 싶었던 모양이었다. 또 어떤 직원은 우리가 카페의 접시를 보다 더 작은 것으로 바꿀 계획이라는 사실에 분개하면서 자신은 반대한다는 의미로 포크를 집어던지기도 했다고 메일을 보내왔다. 어떤 직원들은 심지어 카페 직원이 서빙을 하자 음식을 집어던지기까지 했고, 이런 사실은 요리사들의 귀에도 들어갔다.

제일 결정적인 사례는 '고기 없는 월요일'이라는 행사였다. 12장에서 언급했던 이 행사는 비영리 공중보건단체인 '월요 캠페인(Monday Campaigns: 예방할 수 있는 만성 질병을 종식하는 데 도움이 될 수 있는 건강한 행동을 확산할 목적으로 개인이나 조직이 월요일마다 동참할 수 있는 여러 가지 캠페인—옮긴이)'이 존스홉킨스대학 블룸버그공공보건대학과 공동으로 진행한 캠페인의 일환이었다. 이 행사의 취지는 적어도 월요일만큼은 육류 소비를 줄여 사람들의 건강을 증진하는 한편 생육 과정에서 자원이 상대적으로 적게 들어가는 음식의 소비를 권장하자는 것이었다.

2010년 9월에 모두 합해 스무 곳이 넘는 구글 카페 중 두 곳이 월요일에 육류 식품을 내놓지 않았다. 그러나 생선류는 변함없이 메뉴에 포함됐다. 우리는 이 행사 기간에 해당 카페에서 일어나는 일을 주의 깊게 관찰하고 한 달 전인 8월의 경우와 비교했다. 또 해당 카페 두 곳과 평상시처럼 육류 식품을 내놓았던 카페 두 곳을 각각 이용한 사람들 그리고 온라인 네티즌을 대상으로 설문조사를 실시했다. 어떤 사람들은 반겼고, 어떤 사람들은 그렇지 않았다.

마운틴뷰의 소수 강경파 직원들은 격노해 이 문제를 토론에 붙였고 저항의 뜻을 담아 바비큐파티를 하기로 결정했다. 이 분노는 부분적으로는 카페에서 선택할 수 있는 메뉴의 가짓수를 제한했다는 사실에서 비롯된 것이었고, 부분적으로는 구글이 특정한 윤리, 즉 육류 소비는 건강하지 않은 식습관이라는 믿음을 강요한다는 인식에서 비롯된 반발이었다. 저항의 뜻으로 바비큐파티를 벌인 것은 잘못이 아니다. 재미있고 재치가 넘치는 비판적인 퍼포먼스였다. 최소한 명의 '항의자'는 카페의 요리사에게 바비큐 그릴을 빌려줄 수 있는지 그리고 또 고기도 좀 얻을 수 있는지 물었다. 물론 풍자가 섞인 저항이었다. 고기를 구하려면 얼마든지 구할 수 있었기 때문이다.

마운틴뷰 사무실에서 고속도로를 건너기만 하면 식당도 많고, 드라이브스루로 주문할 수 있는 햄버거 가게도 있다. 그러니 자기 돈을 내고 점심을 먹을 생각만 있다면 고기를 먹을 기회와 선택은 널려 있었다.

그리고 9월 말에 우리는 '고기 없는 월요일' 행사에 대한 피드백을 요청했다. 특권을 갖고 있다고 생각하는 사람들의 불평은 최고조에 달했고, 나는 우리가 본 것을 전체 직원에게 알리기 위해서 TGIF 미팅의 무대로 올라갔다. 나는 직원이 마이크로키친을 싹쓸이 하는 행위며 성마른 직원이 열심히 일하는 카페 직원을 모욕하는 행위며 포크를 집어던지는 행위 등을 얘기했다. 그리고 이름을 밝히지 않은 어떤 직원이 보낸 이메일을 공개했다.

> 내가 내 생활과 인생을 어떻게 살아갈지 이래라 저래라 간섭하지 마시오. 지금처럼 우리에게 무료 급식 혜택을 주고 싶지 않으면 카페 문을 그냥 닫으란 말입니다. …… 진짜 진지하게 말하는데, 이 빌어먹을 짓거리 당장 그만두시오. 그렇지 않으면 우리에게 이런 ＊＊같은 짓거리 따위 하지 않는 마이크로소프트나 트위터 혹은 페이스북으로 갈 겁니다.

장내는 얼어붙은 듯 조용해졌다. 여태까지 그런 일이 일어나는 줄 전혀 알지 못한 채 침묵을 지키던 다수의 직원들은 깜짝 놀랐다. 그리고 곧 적극적으로 개입하면서 여론을 주도했다. 이 사람들은 게시판에 수백 통의 글을 올렸고, TGIF 미팅에서 목소리를 높였으며, 쪽지와 말로 카페 팀에 고마움과 지지의 뜻을 보냈다. 이들 사이에는 끝까지 선의를 잃지 말라는 현명한 충고의 목소리도 있었고 마녀 사냥을 조심하라는 우려의 목소리도 있었다. 심지어 포크를 던진다고 했던 사람조차도 그저 반 장난삼아서 그랬지 진심이 아니었다고 했다.

이런 과정을 거치면서 비록 아무도 해고되지 않았지만 특권의식은 줄어들었다. 도덕관이 바뀐 것이다. 사람들이 선하게 행동할 것이라는 믿음을 가지고 무죄추정의 원칙에 의존하는 구글의 시스템은 나쁜 행동에 취약할 수밖에 없다. 내가 TGIF 미팅이라는 공적인 자리에서 했던 발언은 동료 직원들이 했던 끔찍한 말들 때문에 한층 더 강렬했지만, 이 발언은 현재 어떤 일들이 진행되고 있는지 투명하게 밝혀주었으며, 그 덕분에 직원들끼리 서로 슬쩍 옆구리를 찌르며 하지 말아야 할 행동을 금하도록 부드럽게 유도할 수 있게 됐다. 이제는 카페에서 음식이 담긴 테이크아웃 용기를 네 개씩이나 한꺼번에 집어가는 사람을 보고는 "배가 많이 고픈가 보죠?"라며 부드러운 경고를 하게 됐으며 금요일에 과자를 무더기로 챙겨가는 행위를 미심쩍은 눈으로 바라보게 됐다.*

---

* 특혜라는 이 쟁점은 기술 분야 업계나 구글만의 내부 문제가 아니다. 실리콘밸리에서 내가 만난 사람 대부분은 사려 깊으며 다른 사람을 배려한다. 그러나 진짜 괴짜인 사람들도 있다. 웨인 로징이 자동차 유리창을 박살내고도 남았을 게 분명한 이런 유형의 사람은 우리의 생동감 넘치는 공동체로부터 스스로를 고립시킨다. 특히 샌프란시스코에서는 기술 기업이 갑작스럽게 늘어나면서 집세가 가파르게 올랐고, 어떤 사람은 이런 기업이 직원에게 무료 식사를 제공하며 또 셔틀버스를 운행함에 따라 지역의 기존 상권이 고사할 지경이라고 하소연한다. 어떤 신생기업 창업자는 이런 것과 관련된 좌절을 담은 글인 "내가 널 사랑할 수 없는 10가지 이유: 샌프란시스코 판(10 Things I Hate About You: San Francisco Edition: 인기 드라마 〈내가 널 사랑할 수 없는 10가지 이유〉의 제목을 패러디한 것이다-옮긴이)"이라는 게시물을 블로그에 올려 의도하지 않게 엄청난 물의를 일으켰는데, 이 게시물은 기술 기업을 바라보는 모든 부정적인 전형에 대한 온갖 글들이 폭발적으로 쏟아지게 만든 발화점이 됐다.
구글이 항상 이런 일을 제대로 하는 것은 아니다. 그러나 자원봉사 활동을 하고, 지역의 학교 및 비영리단체에 재정 지원을 하며, 카페에서 사용하는 식재료를 될 수 있으면 지역에서 구매하는 등의 노력을 기울

특권적인 혜택에 익숙해지려는 이런 문제에 대처하는 또 다른 방법이 있다. 애초에 어떤 제도를 시행하면서 설정했던 목적의 유효성이 소멸했을 때 그 프로그램을 과감하게 폐지하는 것이다. 예를 들면 2005년에 우리는 직원이 하이브리드 자동차를 살 경우 5,000달러를 지원하기 시작했다. 도요타의 하이브리드 자동차 프리우스가 막 출시됐을 때였다. 실험적인 자동차라는 평가를 받는 모델이었다. 그러나 우리는 직원들이 환경 문제에 관심을 갖도록 하고 싶었고, 하이브리드 자동차는 다인승 차량 전용차선을 다닐 수 있는 혜택을 누렸으므로 점점 늘어나는 우리의 인력이 그렇잖아도 어려운 시내의 교통 환경을 악화시키는 걸 조금이나마 줄이고 싶었다. 당시 프리우스의 가격은 경쟁 모델 가격보다 5,000달러 넘게 비쌌다.

3년 뒤 10월에 우리는 이 지원 제도를 연말에 폐지한다고 발표했다. 이제는 하이브리드 자동차가 주류가 됐고 가격도 평준화됐기 때문이다. 게다가 이런 특별한 혜택이 새로운 인재를 회사로 불러들이거나 기존의 인재를 붙잡아두는 데 도움이 된다는 증거는 아무것도 없었다. 그런데 직원들은 이 조치에 엄청나게 분개했다. 불과 3년 전에 그들은 이 제도가 도입되자 특권을 받는 자격이 주어졌다고 느꼈는데, 이제 그 특권을 박탈당한다고 생각했기 때문이다. 직원에게

이면서 최대한 좋은 이웃이 되려고 노력한다. 지난 여러 해 동안 구글은 6,000만 달러를 베이 에어리어 비영리단체에 기부했으며 또 구글 직원은 수십만 시간의 봉사활동을 펼쳤다.
우리는 또한 세상의 눈길이 닿지 않는 여러 지역에도 초점을 맞춰 우리가 할 수 있는 것을 한다. 예를 들면 2013년부터 우리는 구글의 여러 데이터센터 중 하나인 사우스캐롤라이나 버클리카운티교육구와 손을 잡고, 학생들에게 컴퓨터공학 및 수학을 가르칠 사람들을 채용하고 파견해 1,200명이 넘는 학생이 이 분야를 쉽게 접하고 또 관심을 갖도록 도왔다.

복지 혜택을 주는 어떤 제도를 폐지하는 것은, 애초에 그 제도를 시행한 데는 그럴 만한 특별한 이유가 있었지만 이제 그 이유가 사라졌으므로 당연히 그 제도도 폐지된다는 사실을 명확하게 설명하는 기능을 했다. 동시에 나는 회사가 401(k) 연금에 대한 회사의 기여금을 추가로 늘릴 거라고 설명함으로써 하이브리드 자동차 구입비 지원 제도의 폐지가 몰고 올 충격을 완화했다.

나는 이 제도가 폐지되기 직전인 12월에 지역의 자동차 판매상들에게서 구글 직원의 프리우스 주문량이 평소의 세 배로 늘어났다는 말을 들었다.

≫ 일관성을 찾는 건 편협한 생각이다[246]

구글의 성과 관리 제도를 조금씩 바꿀 때마다 두 가지 진실이 더욱 분명해졌다.

1. 이 제도를 좋아하는 사람은 아무도 없다.
2. 현재의 제도보다 수정 제안된 제도를 좋아하는 사람은 아무도 없다.

우리는 연례 성과 평가 및 인사고과 과정을 12월에 시작하곤 했다. 어렵고 힘든 과정이었다. 모든 직원은 동료와 관리자로부터 평가를 받았고, 성과 등급이 산정됐다. 관리자들이 모인 자리에서 이 등급이 보정됐으며, 마지막으로 성과급 책정이 이뤄졌다. 그런데 영업 팀들은 12월에 이 과정이 시작되는 걸 좋아하지 않았다. 12월은 마지막 분기의 마지막 달이라서 계약을 최종적으로 종결하는 시점으로 다들 눈코 뜰 새 없이 바쁜 시기였기 때문이다. 다른 직원들 역시 12월이라는 시점을 싫어했다. 동료나 부하직원을 평가하는 혹독한 일을 하면서 휴일을 보내고 싶지 않았던 것이다.

이런 상황에서 우리는 스스로에게 질문을 던졌다. 왜 군이 연말에 인사고과 과정을 해야만 할까? 그 누구에게도 이 시기는 효과적이지 않을 것 같았다. 직원들이 여기에 특히 거부감을 가졌던 것은 어쩐지 '관행' 때문이라는 인상이 강했기 때문이다. 그래서 우리는 이 과정을 3월로 옮기기로 결정했다. 3월이면 이런저런 이유로 소란스러울 수밖에 없는 연말 상황이 모두 끝날 것이기 때문이다. 나는 이 생각을 먼저 우리 관리자 집단에서 살펴보도록 했는데, 여기서는 토론 끝에 새로운 방안을 지지한다고 의견을 모았다. 피플오퍼레이션 부서의 담당 팀도 대상 집단을 상대로 여론 조사를 했는데 대체로 이 새로운 방안을 지지한다는 의견이었다.

2007년 6월 21일 목요일 오후 5시 4분, 나는 구글 내의 관리자 수천 명에게 이메일을 보내 이 변화를 미리 알렸다. 이메일에서 나는 다음 날인 금요일에 이 변화 방침을 공식적으로 발표할 거라고 했다. 게다가 우리에게는 최소 100개의 답장을 한 묶음으로 담아내는 '센티스레드(centithread: '스레드'는 한 메일에 대한 답장들을 한 묶음으로 처리하는 기능이다-옮긴이)'가 있었다. 물론 이 이메일을 보내기 전에 최고경영진을 포함한 수십 명에게 의견을 물었고 동의도 받았다.

이제 우리는 수천 명이 변화를 맞닥뜨리도록 했고, 이들은 동의하지 않을 터였다.

나는 오후 6시까지 그날 저녁에 꼭 얘기를 나눠야 할 사람 40명을 선정했다. 반대하는 근거의 질과 다른 사람들에게 행사할 수 있는 영향력을 기준으로 선정한 사람들이었다. 나는 한 사람씩 전화해 의견을 듣고 논박하며 그들이 우려하는 핵심 내용에 귀를 기울여 반박 논리를 검증했다. 이 제안에 반대하는 관리자들이 내세운 이유는 셀 수 없이 많았다. 어떤 사람은 성과 평가 및 인사고과의 엄청난 업무량을 일찌감치 끝내버리고 휴일을 느긋하게 즐기고 싶다고 했고, 어떤 사람은 그래도 12월이 다른 시기에 비해 덜 바쁘다고 했으며, 어떤 사람은 성과급을 책정하기 전에 모든 것을 끝내는 쪽이 일을 훨씬 더 많이 하게 된다고 해도 기존 방식이 편하다고 했다.

그날 나는 밤까지 계속 전화를 걸어 통화하고 이메일에 답변을 했다. 그런데 밤 11시 55분에 제도가 바뀐다는 사실을 누구보다도 특별히 심란하게 받아들이는 직원 한 명이 이메일 답장을 보내왔다. 이 사람은 우리가 제안한 방안은 기술자들이 바라는 것과 정반대라는 게 자기 생각이라고 썼다. 막 자정으로 달려가는 시간이었지만 나는 통화를 할 수 있느냐고 이메일로 물었고, 그는 괜찮다고 했다. 우리는 무려 30분 동안이나 통화를 했다. 그날 밤에 내가 깨달은 사실은 우리가 낸 애초의 제안이 잘못됐다는 것이었다. 경영진도 동의했고, 온갖 부서와 직급과 지역을 아우른 다양한 집단이 동의한다는 보고를 받았었다. 하지만 그것은 잘못된 것이었다.

다음 날 나는 관리자들에게 이메일을 보내 인사고과 과정을 3월에 할 게 아니라 10월부터 시작할 거라고 했다. 이렇게 하면 연말의 압박을 덜 수도 있고 동시에 성과급 산정 전에 고과를 세밀하게 할 수도 있었다. 고과 결과가 나오는 시점과 성과급을 산정하는 시점 사이에 시간적 여유가 있으므로, 관리자들에게 어떤 직원의 성과 곡선이 엄청나게 바뀌는 등의 극단적인 경우에는 해당 직원의 등급을 조정할 수 있는 여지를 주는 셈이었다.

겉으로 보면 소리 높여 항의하는 직원이 회사 전체의 일정을 좌지우지한 것처럼 보일 수 있다. 하지만 실제로는 여러 직원이 목소리를 높여준 덕분에 우리는 한결 더 나은 해법을 마련할 수 있었다. 수천 명의 직원이 바라보고 있는 가운데 공개적으로 어떤 방향을 수정하기란 결코 쉬운 일이 아니었다. 그러나 그렇게 하는 것이 옳은 방식이었다.

이 경험은 직원의 목소리에 귀를 기울이는 것이 중요하다는 점뿐 아니라 어떤 결정을 내리기 전에 다양한 의견을 들을 수 있는 믿을 만한 통로를 마련하는 것이 중요하다는 점 또한 일깨웠다. 우리는 나중에 '카나리아들'이라고 이름을 붙인 회의체를 구성했다. 이것은 대표성을 발휘할 수 있는 조건이나 개인적인 역량 그리고 어떤 의사 결정이 왜 어떻게 이뤄졌는지 주변 사람들과 믿을 만하게 소통할 수 있는 역량을 기준으로 다양한 전공자들을 망라해 선정한 기술자 집단이었다.

이 회의체를 '카나리아들'이라고 이름 붙인 데는 이유가 있었다. 19세기에는 석탄 광산에서 광부들이 카나리아를 데리고 갱으로 들어갔다. 메탄이나 이산화탄소와 같은 유독가스에 카나리아가 사람보다 먼저 반응하기 때문이다. 갱 안에서 카나리아가 죽는다는 것은 유독가스가 발생하고 있으니 서둘러 갱을 빠져나가야 한다는 뜻이었다. 비슷한 맥락에서 구글의 '카나리아들'은 기술자들이 어떻게 반응할지 미리 알려주는 조기경보 장치인 셈인데, 이들은 구글의 인사 관련 제도가 수정되거나 새로 마련될 때 믿을 수 있는 동반자며 자문자 역할을 한다. 그 과정에서 내가 가장 놀랐던 점은 내가 전화를 걸자 상대방이 내가 직접 전화를 걸었다는 사실에 무척이나 고마워했다는 점이다. 제품 담당 상무였던 조너선 로젠버그는 내게 이런 말을 한 적이 있다. "위기는 큰 힘을 갖고 있다. 모든 것을 내려놓고 위기를 해결하라."

성과 평가 및 인사고과 시점을 바꾸는 것은 어쩌면 사소한 위기일 수 있다. 나는 모든 것을 내려놓고 자정을 넘기면서 여덟 시간 동안 전화 통화를 했다. 그리고 그 제도의 영향을 가장 많이 받은 사람들의 힘을 빌어 보다 나은 해법을 찾아냈다. 아울러 나는 상담이나 도움이 필요할 때면 언제나 기댈 수 있는 소중하고도 풍부한 인맥을 구축했다.

≫ 별난 사람을 소중히 여겨라

TGIF 미팅 때마다 늘 참석하는 소프트웨어 기술자 몇 명이 있다. 이들은 늘 맨 앞줄에 앉아 질질 늘어지는 질문을 했다. 매번 그랬다. 입사한 지 얼마 되지 않은 직원은 매주 금요일이면 똑같은 사람들이 일어나서 질문을 하는 걸 보고는 저 사람들 왜 저러나 하는 표정으로 눈을 끔벅거린다. 그러나 회사에 오래 다닌 사람은 이들이 어떤 사람들인지 좀 더 잘 안다.

이들 중 한 명은 갈색 머리에 호리호리한 남자였다. 몸가짐이 부드럽고 질문을 할 때면 늘 서사적인 이야기 구조를 동원했다. 예를 들면 이런 식이다. "래리, 최근에 나는 재미있는 이야기를 들었습니다. 무슨 이야기냐 하면……(주제와는 상관없는 얘기를 5분간 한다) 그래서 이런 생각을 했습니다. 만일 우리 구글이……(5분간 얘기를 한다)……하면 어떨까 싶은데요?"

그가 하는 질문은 때로 터무니없지만 때로 미래를 정확하게 예언하기도 했다. 예컨대 이중인증 제도가 나타나기 2년 전에 이미 이것을 예언했다.* 어느 날 그는 10년 근속 끝에 은퇴했다. 그다음 주 TGIF 미팅 때는 그가 늘 앉던 자리에 다른 사람이 앉았다.

나중에 밝혀진 사실이지만 이 사람은 구글 초기 멤버였다. 나는 에릭과 함께 있던 자리에서 이 사람이 떠난 사실을 잠깐 화제에 올렸는데, 에릭은 구글에서 처음부터 함께했던 사람들을 하나둘씩 잃을 때마다 어쩐지 구글이 조금씩 더 가난해지는 것 같다고 말했다. 전적으로 동의한다.

---

* 이중인증이란 두 가지 인증 방법을 동시에 적용해 안전성을 향상시킨 인증 방식이다. 예컨대 비밀번호 대신 안전성을 강화할 수 있는 또 하나의 자물쇠를 추가하는 방식이다. 쉽게 말하면 주유소에서 기름을 넣고 신용카드를 긁은 다음에 자기 집 주소의 우편번호를 추가로 입력하는 것이다. 만일 당신이 지메일에 이중인증 방식으로 접속하려 한다면, 비밀번호를 입력한 다음에 당신의 전화기나 그 밖의 다른 장치로 생성된 숫자를 추가로 입력해야 한다.

» 중요한 것에 집중하라

구글 라이블리Lively를 기억하는가? 이 제품은 3D 가상 공간에서 펼쳐지는 소셜 네트워크 서비스인데, 사용자는 아바타는 물론 자신만의 방을 만들고 자유롭게 꾸밀 수 있다(구글 라이블리는 2008년 7월 9일 발표되고 같은 해 12월 31일에 서비스가 중단됐다. 이 서비스의 수명은 고작 175일이었다 – 옮긴이).

구글 오디오 애즈Audio Ads는 기억할지도 모르겠다. 아니면, 누군가 궁금한 사항을 질문으로 올리고 이 질문에 대답을 해주는 사람에게 대가를 지불하도록 해주는 구글 앤서즈Answers는 기억할 것이다. 이 제품들은 2006년부터 2009년 사이에 서비스가 중단됐다. 이 제품들은 구글이 지난 15년간 출시했던 250개가 넘는 제품들 중 하나였는데, 사실 구글이 출시한 제품들 가운데 대부분은 나도 한 번도 들어본 적이 없다.

구속되지 않는 자유의 부수적인 효과는 아이디어가 봇물처럼 쏟아진다는 점이다. 수백 가지 제품 외에도 우리는 제품 데이터베이스를 갖고 있었는데, 여기서 구글 직원은 근무시간의 20퍼센트를 개인적인 업무 이외에 자유롭게 창의적인 사업을 구상하고 실험하도록 한 제도를 통해 시작된 수천 가지 프로젝트를 접할 수 있었다. 우리는 아이디어 게시판을 운영했는데, 여기에서 2만 개가 넘는 아이디어가 게시되고 토론됐다.

이처럼 엄청나게 왕성한 활동이 있었음에도 불구하고 우리에게는 모든 것을 다 잘 할 수 있을 만큼 사람이 충분히 많지 않다는 인식이 퍼져 있었다. 흥미로운 프로젝트들이 너무도 많이 추진되고 있어 정말 어마어마한 프로젝트에는 충분히 많은 자원이 투자되기는커녕 거의 아무것도 투자되지 않았다.

2011년 7월에 연구조사 및 시스템 인프라스트럭처 담당 상무인 빌 코프란Bill Coughran이 구글 공식 블로그에 "우선 순위에 집중한다More Wood Behind Fewer Arrows"라는 제목의 글을 올렸다. 그는 이 게시물에서 사용자가 구글의 몇몇 시제품이 제공하는 실험적인 서비스를 사용할 수 있는 사이트인 구글 랩Labs의 문을 점차적으로 닫을 거라고 설명했다.[247]

이면에서는 보다 많은 것이 진행되고 있었다. 래리는 200명이 넘는 구글의 고위 간부를 한자리에 모아놓고, 우리가 지나치게 많은 것을 동시에 시도하는 바람에 무엇 하나 제대로 성공하지 못하는 상황이라고 설명했다. 그는 연례 봄맞이 대청소를 진두지휘하면서, 호응을 얻지 못하는 제품(자기 건강 정보를 저장하는 사이트인 구글 헬스Health와 같은 제품)이나 다른 경쟁 제품에 뒤처지는 제품(온라인 백과사전 서비스인 구글 놀Knol과 같은 제품)을 내렸다. 또 이미 서비스의 유효성을 잃어버린 제품(자기 컴퓨터 안의 내용을 색인하여 검색할 수 있도록 해주는 소프트웨어 제품인 구글 데스크탑Desktop은 대부분의 운영체제가 자체 데스크탑 검색 기술들로 통합됨에 따라서 쓸모없게 됐다)의 서비스를 중단했다.

이런 제품을 철수하는 일은 이느 것 하니 섭지 않았다. 모든 제품은 열혈 팬을 거느리고 있었고 거기에 매달려 있는 직원도 있었다. 어떤 직원들은 어느 제품을 죽이고 또 어느 제품을 살릴지 위에서 결정을 내리는 이 새로운 '상명하달'의 문화가 구글의 가치관이 바꿔고 있음을 나타내는 징조일지 모른다고 의심했다.

그러나 사실 우리는 구글 초기에 지당하다고 믿었던 어떤 원칙을 새롭게 발견했을 뿐이다. 혁신은 창의성과 실험으로 꽃피우지만 사려 깊은 가지치기를 필요로 한다는 원칙이었다. 수만 명의 직원과 수십억 명의 사용자가 있으므로 무언가를 새롭게 만들어낼 기회는 무궁무진하다. 또 이런 일을 하고 싶어 안달이 난 사람들을 우리는 뽑는다. 그러나 자유는 절대적일 수 없다. 한 팀 혹은 한 기업의 일부분이 된다는 것은 어떤 점에서 보면 혼자서 할 때보다 함께할 때 더 많은 것을 성취할 수 있다는 믿음 아래서 개인적인 자유를 포기한다는 뜻이다.

한 사람만으로는 구글 검색을 만들어내지 못했을 것이다. 심지어 구글 초기에도 세르게이와 래리가 함께 했었다. 그 뒤로도 우리는 지금까지 어떻게 하면 구글 검색이 더 잘 돌아갈 수 있을지 뜨겁게 의논해왔다. 지나온 구글의 역사를 돌아보면, 우리의 검색 모델도 여러 차례 바뀌었다. 늘 똑똑하고 헌신적이고 창의적인 사람들이 수천 시간을 들여서 만들어냈던 낡은 것을 버리고 보다 새로운 것을 취해왔다.

개인의 자유와 조직의 지시를 조화롭게 버무리는 관건은 투명성에 있다. 직원들은 자기가 갖고 있는 가치관에서 조금 벗어나도록 강요하는 것으로 비칠 수도 있는 조직 차원의 각각의 조치들 뒤에 놓여 있는 근거를 이해할 필요가 있다. 자기가 소중하게 여기는 가치를 자기가 하는 일 속에서 보다 중요하게 여기면 여길수록 그만큼 더 많이 설명해야 한다.

각각의 의사 결정을 설명하는 것은 보다 폭넓은 맥락을 설명하는 것만큼이나 중요하다. 2013년 10월에 어떤 직원이 내게 제품 서비스 종료 건수가 해마다 늘어나는 것은 개인의 아이디어를 그만큼 덜 소중하게 여긴다는 좋지 않은 징표가 아닌지 물었다. 그의 질문에 나는 이렇게 대답했다. 수천 종의 꽃이 동시에 꽃을 피우도록 하고[248] 모든 아이디어에 퇴비를 풍성하게 주겠다는 기존의 우리 회사 방침이 지나칠 정도로 너무 멀리 나간 바람에, 사용자들이 누려야 할 발전의 혜택을 만들어내는 일이 그만큼 더뎌지고 말았다고 했다. 우리의 제품 포트폴리오는 정원과 마찬가지로 정기적으로 그리고 현명하게 손질하고 골라내서 버릴 것은 버려야 한다. 이렇게 할 때 우리 회사는 더욱 건강해질 것이다.

» 모든 사람을 만족시킬 순 없다

구글에는 이메일 목록이 있는데, 여기에 직원들이 글을 올리고 해당 주제를 놓고 대화를 이어갈 수 있다. 단일 주제에 대한 대화를 1스레드라고 부른다. 때로 민감한 주제일 경우에는 센티스레드가 나타난다. 1,000건이 넘는 답장을 이끌어낸 최초의 밀리스레드(milli-thread, 혹은 킬로스레드kilothread라고도 하는데 적절한 접두사를 두고 논쟁이 좀 있다)는 파이 하나로 시작됐다.

2008년 4월 어느 날이었다. 구글 카페 한 곳이 점심 때 디저트로 파이를 내놓았다. 이 파이의 이름과 재료를 요리사는 다음과 같이 소개했다.

> 초콜릿 마카다미아 코코넛 데이트 크러스트를 곁들인 무료Free 티베트
> 산 고지 초콜릿 크림 파이: 마카다미아, 크림, 카카오 파우더, 바닐라 빈,
> 아가베, 코코넛 플레이크, 고지 베리, 코코넛 버터, 블루 아가베 시럽을
> 뿌린 스트로베리, 마줄 데이트, 바다소금

이 메뉴가 게재된 직후에 어떤 직원이 에릭에게 이메일을 보내이렇게 말했다. "이게 오늘 메뉴에 나온 겁니다. 만일 회사 차원에서만족할 만한 대답이나 조치를 하지 않는다면 저는 항의의 표시로사직서를 내겠습니다." 이 직원은 자기 글을 여러 개의 메일 목록으로 다른 사람들에게 전했고 또 다른 직원 한 사람이 이것을 잡다한주제를 다루는 회사 전체 메일 목록으로 '전달'했다.

이런 과정을 거치면서 그 메일은 짧은 시간에 100건의 답장 기록을 깼고, 더 나아가 1,000건의 답장을 달성하면서 신기록을 세웠다. 어떤 직원이 이 주제와 관련된 총 답장의 수를 세어봤는데, 무려 1,300개가 넘었다.

여기서 약간의 배경 설명을 하면 다음과 같다. 울프 베리라고도알려져 있는 고지 베리는 유럽 남동부 및 중국이 원산지지만 지금은 캐나다와 미국 등지에서 자라는데, 1미터에서 2미터 70센티미터까지 자라는 관목으로 자주색 꽃을 피운다.[249]

문제의 바로 그날에 요리사는 티베트산 고지 베리를 재료로 해서만든 파이를 만들기로 했다. 구글에서는 모든 음식이 무료다. 물론

디저트로 제공되는 파이도 예외가 아니다. 고지 베리든지, 티베트산이든지. 그러나 많은 직원에게 그 표현은 '무료 티베트산 고지-초콜릿 크림 파이'와는 전혀 다른 뜻으로 받아들여졌다. '자유 티베트……'로 읽혔던 것이다.

구글은 전 세계에서 영업 활동을 한다. 중국 본토에도 여러 개의 지사를 두고 있다. 본토의 많은 중국인은 티베트가 과거 중국의 한 부분이었고 지금도 마찬가지라고 생각한다. 하지만 많은 사람은 티베트가 과거에 그랬듯이 현재도 독립국이 되어야 한다고 생각한다. 구글에 몸담고 있다는 사실을 잠깐 접어두고 말하면, 이 두 견해를 각각 지지하는 사람은 10억 명씩 되지 않을까 싶다.

에릭에게 이메일을 보낸 사람이나 그의 가까운 친구들처럼 '자유 티베트'라는 파이 이름에 분개한 사람은 구글 직원 중에서도 있었다. 어떤 사람들은 논점을 보다 분명히 하기 위해 런던의 어떤 요리사가 '자유 웨일즈 파이'나 '자유 북아일랜드 쿠키'라고 이름을 붙인 디저트를 내놓을 때 화를 낼 사람들이 있지 않겠느냐고 주장했다. 심지어 어떤 사람은 프랑스 문화권인 퀘벡주를 캐나다에서 분리해서 독립시키자는 의미의 '자유 퀘벡 단풍나무 시럽', 텍사스주를 비하하는 '텍사스 일부다처 스테이크', 객관적인 의미의 남북전쟁 혹은 '내전'이 아닌 '북부의 남부 침략전쟁 핫케이크'라는 예를 들기도 했다.

하지만 역시 목소리를 높인 또 다른 수백 명의 직원들은 언론의 자유 차원에서 용인해야 할 문제라고 주장했다. 요리사는 자기가 만드는 요리의 이름을 자기가 원하는 대로 붙일 자유를 당연히 누려야 한다는 것이었다. 이 논쟁은 회사 내에서 언론의 자유를 용인해야 하느냐 말아야 하느냐 하는 문제, 즉 회사의 모든 직원이 가지고 있는 신념이나 가치를 고려해야 하느냐 말아야 하느냐 하는 심각한 문제로까지 비화됐다.

요리사에게 징계를 내려야 하느냐 하는 또 다른 문제도 있었다. 담당 관리자는 최초로 문제를 제기한 직원의 반발을 근거로 그 요리사에게 사흘 정직 처분을 내렸는데, 많은 직원이 이런 처분이 공정한지 그리고 이런 처벌이 과연 회사 내의 여론에 찬물을 끼얹는 효과를 주지 않을지 하는 관점에서 문제를 제기했다. 이런 일로 정직 처분을 당한다면 직원이 편하게 말이라도 제대로 할 수 있겠느냐, 특정한 내용을 말하거나 생각하는 것을 금지해서 과연 구글이 '거대한 회사'가 될 수 있겠느냐는 주장이었다.

그리고 많은 직원은 이 소동 자체를 우스꽝스럽게 여겼다. "우리가 지금 파이 이름 하나를 놓고 이런 얘기를 하고 있단 말이야? 진짜로 파이 이름 하나 때문에?"

이 논쟁은 회사 내 언론 자유의 한계를 검증하는 것이 아니었다. 직원들이 매우 개인적이고 정서적인 쟁점에 직면했을 때 스스로를 평온하게 다스리는 방안을 검증하는 것도 아니었다. 팽팽하게 맞서는 양측 주장이 담긴 수백 건 이메일을 읽으면서 나는 사실상 누구도 다른 사람을 설득시켜 견해를 바꾸도록 할 수는 없음을 깨달았다. 사람들은 티베트는 중국의 한 부분이라는 믿음 혹은 그렇지 않다는 믿음을 갖고서 각자 토론에 임했는데, 이 사람들이 토론의 무대에서 빠져나갈 때도 마찬가지였다.

사람들은 이 문제를 언론 자유의 문제라고 생각하거나 아니면 지독한 둔감함이라고 생각했다. 이 소동이 처음 시작됐을 때도 그랬고 마무리될 때도 그랬다. 그러다가 사람들이 답글을 올리는 비율이 줄어들었고, 스레드는 서서히 종료 시점으로 나아갔다.

하지만 딱 부러지는 결론은 아무것도 없었다. 나는 왁자지껄하고 거칠지만 결국 딱 부러지는 결론도 나오지 않는 이런 종류의 토론이야말로 투명성과 다양성이라는 우리 기업문화를 구성하는 한 부분임을 깨달았다. 합리적인 사람이라 해도 동일한 데이터를 보고 다른 의견을 낼 수 있다. 개인의 가치관에 관련된 영역에서 특히 더 그렇다. 그러나 문제의 그 요리사에게 징계를 내리는 조치는 회사 내의 언론에 찬물을 끼얹는 것이 아닌가 하고 생각하는 직원은 무언가를 알고 있었다. 디저트의 이름이 무엇이건 간에 커다란 틀 안에서 보면 아무런 문제가 되지 않는다. 그런데 만일 직원이 이처럼 사소한 문제로 처벌을 받을 수 있다고 느낀다면, 앞으로 사용자 가치를 맨 먼저 생각해야 하지 않느냐 혹은 회사가 설정하는 가치관과 사명에 충실해야 하지 않느냐와 같은 어려운 질문을 직원이 CEO에게 어떻게 대놓고 할 수 있겠는가? 직원들은 자기가 자유롭게 대화를 나눌 수 있음을 알고 있었다. 비록 이런 껄끄러운 소동에 맞닥뜨리는 게 고통스럽긴 하지만 이런 논쟁이 벌어진다는 사실은 회사가 제대로 돌아가고 있다는 징표가 아닐까 싶다

사실 한 가지는 결론이 나고 해결이 됐다. 나는 문제의 그 요리사가 받은 정직 처분을 없던 일로 만들었다. 요리사는 다음 날 바로 복귀했다. 요리사는 애초부터 나쁜 의도를 갖고 있지 않았고, 게다가

파이의 이름 때문에 해를 입은 사람은 아무도 없었다. 그의 관리자가 과도하게 반응했는데, 이런 점도 충분히 이해할 수 있었다. 수백 명이 이메일을 보내서 벌 떼처럼 항의를 해댔으니 판단이 흐려질 수밖에 없었을 것이다. 나는 이런 점을 제시하면서 요리사의 복직 사실을 그 스레드의 맨 마지막에 올렸다. 그러자 옳은 판단을 해준 나와 경영진에게 고맙다는 내용의 쪽지가 서른 개 가까이 날아왔다. 토론은 중요하다. 토론을 촉발하는 것은 결코 범죄 행위가 아니다.

» 인간과 직원에 대한 믿음

인간은 복잡하고 혼란스럽고 까다로운 존재다. 하지만 계량적으로 측정할 수 없는 바로 이런 특성이 때로는 마술과도 같은 일을 만들어낸다. 이 장의 목적은 구글이 맞이한 최고의 순간과 최악의 순간을 만들어냈던 열정과 옹졸함을 까발리는 것이다. 이 책을 쓰는 동안 내내 나는 구글에서 어떤 것들이 긍정적으로 작용했으며 또 어떤 것들이 부정적으로 작용했는지 솔직하게 이야기하려고 노력했지만, 지금 와서 보니 긍정적으로 작용한 것들 쪽으로 치우친 것 같다. 왜냐하면 이것이 다른 사람들에게 더 나은 로드맵이 될 것이기 때문이다.

그러나 어떤 일의 과정이 대개 그렇듯이, 과제 중심적인 태도를 취하고 회사의 방침과 계획을 직원에게 투명하게 공개하며 상급자가 하급자에게 권한을 이양하는 것 등과 같은 우리의 의도적인 선택은 긴장과 좌절과 실패도 함께 가져왔다. 아무리 낙관적으로 본다 해도, 우리가 열망하는 이상과 우리가 현재 살아가는 진흙탕 일상 사이에는 간극이 있게 마련이다. 아무리 노력해도 100퍼센트 투명할 수는 없다. 구글 직원이라면 그 누구도 자기가 회사의 아주 사소한 구석구석까지 통제할 권한을 갖고 있다고 생각하지 않을 것이다.

이런 점은 심지어 래리와 세르게이도 예외가 아니다. 이유는 간단하다. 그렇게 많은 통제를 가하면 직원들이 다 그만둘 것이기 때문이다. 그러나 내가 목격한 환경과는 전혀 다르게, 우리는 우리의 열망이 언제나 우리의 인식과 이해를 넘어선다는 사실을 깨달았다. 이것이 바로 분기마다 '목표와 핵심 결과OKR'의 70퍼센트를 달성하는 것이 객관적으로 봐도 대단하다고 할 수밖에 없는 이유며, 또 래리가 성공을 통해 고만고만한 목적을 달성하기보다는 실패를 통해 큰 것을 얻자는 '문샷' 프로젝트의 가능성을 믿는 이유이기도 하다.

내가 이 책에서 소개한 경험 하나하나는 우리를 더욱 강하게 만들어왔다. 또한 우리가 소중하게 여기는 가치들을 한층 세련되게 다듬어왔다. 최소한 우리가 자유를 논할 때는 적어도 진심을 담아서 그런 말을 한다는 것이 분명했고, 또 이런 점은 더욱 강화됐다.

어떤 팀 혹은 회사가 이 책에서 소개한 여러 가지 발상을 실천하고자 노력한다면, 아마 도중에 많은 어려움을 겪을 것이다. 구글이 그랬던 것처럼 말이다. 첫걸음으로 몇 받자국 떼어놓다 보면 구글이 맞닥뜨렸던 '고지 베리'의 순간과 똑같은 순간들, 즉 사람들이 화가 나서 길길이 뛰거나 끔찍한 생각들을 내놓거나 혹은 조직의 관대함을 악용해 개인적인 이득을 취하려 하는 순간들을 맞이할 것이다.

우리 가운데 완벽한 사람은 한 사람도 없으며, 오히려 사악한 사람들이 적지 않기 때문이다.

미래를 결정하는 것은 바로 그와 같은 위기의 순간들이다. 그러다 보면 어떤 회사는 백기를 들 것이다. 직원을 신뢰할 수 없다거나 직원은 규율을 내세워 감독하고 강제로라도 회사에 충실하게 근무하도록 만들어야 한다거나 하는 온갖 구실을 내세우며 원래 모습으로 돌아갈 것이다. 그러면서 이렇게 선언할 것이다. "우리는 나름대로 열심히 노력했다. 하지만 결과가 어떤지 지금 우리의 모습을 보라. 직원들은 제정신이 아닌 상태로 돈을 낭비하고 또 시간을 낭비하고 있지 않은가!"

분명 그렇지 않은 리더도 있을 것이다. 두려움과 실패를 맞닥뜨려도 끝까지 버티며 원칙을 충실하게 지키고 또 조직을 흔들어대는 온갖 사람과 힘의 소용돌이 속에서도 중심을 잡는 사람이 분명 있을 것이다. 이런 사람이야말로 자기 팀과 회사의 영혼에 자기의 말과 행동이 스며들게 만드는 사람이다. 이 사람이 만들어나가는 팀 혹은 회사는 모든 사람이 함께하고 싶은 그런 조직이 될 것이다.

업무 규칙 실수에 대처하려면

- 자기 실수를 인정하고 이를 객관적이고 투명하게 직시하라.
- 모든 분야, 모든 방면에서 상담자를 찾아라.
- 잘못된 것은 무엇이든 수정하라.
- 실수에서 교훈을 찾아내고 이것을 가르쳐라.

14장

당장 내일부터
할 수 있는 일

팀과 일터를 바꿀
열 가지 업무 규칙

"What You Can Do Starting
Tomorrow"

Ten steps to transform your team and your
workplace

내가 좋아하는 비디오게임은 〈플레인스케이프: 토먼트Planescape: Torment〉다. 1999년에 출시된 이 게임은 주인공이 시체 안치소에서 아무런 기억도 없이 깨어나는 장면으로 시작된다. 게임자는 우주를 헤매고 다니면서 결국에는 과거에 자기가 살았던 여러 번의 삶에서 자기가 위대한 선행과 거대한 악행을 저질렀으며, 매번 깨어날 때마다 백지 상태에서 다시 한번 자기가 살아갈 삶의 종류를 선택할 기회가 주어진다는 사실을 깨닫는다. 이 게임의 핵심적인 지점에서 게임자는 "무엇이 인간의 성정을 바꿀 수 있을까?" 하는 질문과 맞닥뜨린다. 게임자의 대답 및 행동이 백지 상태이던 이 주인공의 가치관을 형성하고 그에 따라 게임의 줄거리가 전개된다.

내가 이 책을 쓴 이유는 좋은 이유든 나쁜 이유든 구글이 많은 관심을 받고 있기 때문이다. 2007년에 나는 래리 브릴리언트Larry Brilliant

와 얘기를 나눈 적이 있다. 내과의사인 래리는 구글의 박애 활동 주무 기관인 구글닷오알지Google.org의 대표이자 10년 전에는 인도에서 세계보건기구WHO의 일원으로 천연두 퇴치에 힘을 보탰던 사람이기도 하다. 그때 래리는 빌 게이츠가 했다는 말을 여러 차례 했다. 비록 기억이 조금은 흐릿하긴 하지만 대충 이런 내용이었다. "게이츠 재단은 말라리아 퇴치에 1억 달러를 내놓았지만 전혀 관심을 끌지 못하고 있다. 그런데 당신들이 유행성독감 추적 제품을 내놓아 전 세계 언론으로부터 주목을 받는데, 이건 공평하지 않다."

어떤 이유에서든 사람들은 구글이 하는 일에 관심을 더 많이 갖는다. 그것도 구글이 벌이는 사업의 규모와 상관없이 말이다.

구글이 받는 세상 사람들의 관심에는 당연히 구글이 해야 하는 의무가 뒤따른다. 구글이 뭐든 실패라도 할라치면 한층 더 대대적으로 보도되고 여기저기서 입방아를 찧는다. 구글도 허점이 많은 사람이 운영하는 회사다 보니 다른 회사와 마찬가지로 실수를 하곤 한다. 하지만 그때마다 우리는 사과를 하고 잘못된 부분을 고치려 노력한다. 우리가 새롭게 깨달은 내용은 한층 더 많이 공개된다. 우리가 어떤 걸 발견할 때 이것을 보다 많은 사람과 공유할 기회는 실제로 우리에게 마땅히 주어져야 할 만큼보다 훨씬 더 많다. 중요한 점은 그다지 큰 가치가 있지 않은 것을 얘기할 때조차도 엄청난 관심이 우리에게 쏟아진다는 사실이다. 구글에 몸을 담고 있는 동안과 이 책을 쓰는 동안 나는 우리가 실천했던 근본적인 발상들 중 많은 것들이 사실은 그다지 획기적이지 않다는 사실을 깨달았다. 하지만 그럼에도 불구하고 여전히 높은 관심을 받고 있다.

사람은 근본적으로 선할 수도 있고 그렇지 않을 수도 있다. 만일 당신이 사람은 선하다고 믿는다면, 기업가로서, 팀원으로서, 팀을 이끄는 리더로서, 관리자로서 혹은 CEO로서 당신은 자기가 갖고 있는 신념에 따라 행동해야 한다. 만일 사람이 근본적으로 선하다면, 그들은 마땅히 자유로워야 한다.

직장에서 해야 하는 일이라는 것은 실제로 마땅히 그래야 하는 당위의 수준보다 훨씬 덜 의미가 있고 또 덜 즐겁다. 순수한 의도를 가진 리더라 해도 기본적으로 사람은 선하다고 믿지 않기 때문이다. 조직은 구성원을 통제할 목적으로 거대한 관료 체제를 구축한다. 이런 통제 구조는 사람은 기본적으로 신뢰할 수 없는 존재라는 믿음을 전제로 한 것이다. 혹은 적어도 어떻게 하는 게 최선인지 잘 아는 계몽된 인물이 대중의 저급하고 비열한 속성을 조절하고 통제할 수 있다는 믿음, 인간은 천성적으로 악하므로 규칙과 보상과 처벌로 단련시켜야 한다는 믿음을 전제로 한 것이다.

1730년대에 미국에서 일어난 신앙부흥운동의 핵심 인물이었던 조너선 에드워즈Jonathan Edwards 목사는 이 운동의 성격을 잘 나타냈던 한 설교에서 다음과 같이 말했다. 나는 고등학교 문학 시간에 이 설교를 처음 접하고 몸에 소름이 돋는 걸 느꼈다.

영적 각성을 하지 않은 일반인은 지옥의 구덩이를 주관하는 신의 손 안에 놓여 있다. 이 사람들은 불구덩이에 떨어져야 마땅하며, 그렇게 되라고 심판을 받는다. …… 이 사람들의 심장에 갇혀 있는 불덩이들은 밖으로 폭발하려고 안간힘을 쓴다. …… 이 사람들을 안전하게 지켜줄 수단

은, 적어도 이들 손에 닿는 범위 안에는 아무것도 없다.[250]

사람들의 뜨거운 욕망을 차갑게 식히는 것, 이것이야말로 에드워즈가 희망하던 것이었다. 그리고 이 사람들이 정부라는 통제 기관의 영향력 아래에서 발언할 때, 에드워즈가 완수하고자 했던 사명은 완수됐다.

종교적인 맥락을 한쪽으로 젖혀두고 보면(고등학교 1학년 때 나는 종교적인 맥락에서는 그야말로 단 한마디도 말할 깜냥이 못 됐다), 에드워즈가 묵시적으로 가지고 있었던 전제는 자연 상태 그대로의 인간은 악하므로 이들이 끔찍한 종말을 맞이하지 않도록 하려면 어떤 식으로든 현자의 개입이 필요하다는 것이다.

심리학자 스티븐 핑커Steven Pinker는《우리 본성의 선한 천사The Better Angels of Our Nature》에서 세상은 시간이 지남에 따라 보다 나은 곳으로 바뀌었다고 주장했다. 적어도 폭력의 발생 빈도로 보면 분명 그렇다. 국가라는 체제가 나타나기 이전인 수렵 및 채취 시대에는 전체 인구의 15퍼센트는 격렬한 폭력 중에 사망했지만 이 비율은 로마제국이나 이슬람제국 시대에는 3퍼센트로 줄어들었다. 그리고 20세기에 들어서면 유럽에서 살인 사건은 다시 소수점 이하 수준으로 줄어들었다. 오늘날에는 폭력에 따른 사망률은 한층 더 줄어들었다. 이런 현상을 놓고 핑커는 다음과 같이 설명했다. "인간의 성정은 지금까지 줄곧 한편으로는 폭력으로 기울면서 또 다른 한편으로는 폭력에 맞서는 자제, 공감, 공정함, 이성 등과 같은 것으로 기울었다.……폭력이 이렇게 줄어든 것은 역사적인 환경이 점점 더 인간이 갖고 있는 선한 측면, 즉 천사성을 선호했기 때문이다."[251]

국가는 확장되고 견고하게 바뀌었으며, 이에 따라 종족 갈등이나 지역 갈등의 위험성은 지속적으로 줄어들었다. 사람들은 상업을 통해 서로 긴밀한 유대의 끈을 강화했고, 이에 따라서 전쟁이 어리석은 행위라는 인식은 점점 더 강화됐다. "사람들은 문학, 교육, 과학, 역사, 이동수단의 발달, 신문잡지 그리고 대중매체를 통해 편협한 지방주의에서 벗어나 세계주의로 나아갔다. …… 세계주의 깃발 아래에서 사람들은 자신과 다른 사람들을 이해했고, 자신과 공감할 수 있는 사람들의 범위를 점점 확대했다."

핑커는 에드워즈 시대와는 엄청나게 다른 세상에 살고 있다. 오늘날의 세상은 예전에 비해 사람들이 한층 더 서로 연결되어 있고 서로 의지하고 있다. 그러나 경영 관행은 여전히 에드워즈나 프레드릭 테일러Frederick Taylor가 살던 시기를 반영하고 있다. 예컨대 테일러는 1912년에 의회에 출석해 노동자는 스스로 생각하는 힘이 부족하므로 노동자를 빈틈없이 통제해야 한다고 말했다.

조금도 망설이지 않고 말씀드릴 수 있습니다만, 선철을 다루는 일은 굉장히 어렵고 힘들어서 그 일을 육체적으로 감당할 수 있으며, 이 일을 자기 직업으로 선택할 정도로 무감각하고 어리석은 사람이라면 선철을 다루는 일을 온전하게 이해할 가능성이 거의 없습니다.[252]

지금도 많은 회사와 많은 경영자가 여전히 생뚱맞게도 자기 회사의 직원들은 건전한 판단을 내리거나 혁신을 하기에는 너무도 미개하다는 생각을 갖고 있다. 문제는 인간의 성정을 바꾸기 위해 어떤 경영 제도가 필요한가 하는 게 아니라 업무의 성격을 바꾸기 위해 무엇이 필요한가이다.

앞서 서문에서 나는 조직을 운영하는 방식과 관련해 두 개의 극단이 있다고 말했다. 이 책의 핵심 내용은 누구든 자기가 만들어내고자 하는 조직의 유형을 스스로 선택할 수 있다는 나의 믿음이다. 그리고 그렇게 할 수 있는 여러 가지 도구를 이 책에서 소개했다. 두 개의 극단 중 하나인 '자유를 적게 주는 기업'은 명령과 통제가 우선하는 조직인데, 이런 회사에서는 직원이 엄격하게 지휘되고 관리되며 끝내는 버려진다. 그리고 '자유를 많이 주는 기업'은 개인의 자유를 바탕으로 하는데, 이런 회사에서 직원은 존엄성을 가진 존재로 대우받으며 회사가 나아갈 방향에 자기 목소리를 반영한다.

이 두 가지 방식 모두 성공할 수 있다. 그러나 이 책은 지구상에서 가장 재능이 많은 사람이라면 자유를 바탕으로 하는 회사의 구성원이 되고 싶어 할 것임을 전제로 한다. 자유를 바탕으로 하는 회사는 직원의 통찰과 열정에서 최상의 결과를 이끌어내기 때문에 보다 지속적이고 보다 나은 성공을 이어간다. 온라인 신발 쇼핑몰인 자포스Zappos의 토니 셰이Tony Hsieh, 유료 동영상 스트리밍 서비스업체인 넷플릭스Netflix의 리드 헤이스팅스Reed Hastings, 정보 분석 소프트웨어 전문업체인 SAS인스티튜트SAS Institute의 짐 굿나이트Jim Goodnight, 그 밖의 많은 사람은 슈퍼마켓 체인업체인 웨그먼스와 스리랑카 의류업체인 브랜딕스가 그랬던 것처럼 직원들의 자율성에서 비롯되는 결과에 엄지손가락을 치켜들 것이다.[253] 이런 기업들은 해마다 꾸준

한 성장세를 이어가고 있다. 웨그먼스는 불황을 타지 않고 성장하며 일하기 좋은 회사로 최고의 선망 직장 1순위를 유지하고 있다.

여기서 놀라운 사실은 직원을 잘 대하는 것은 어떤 목적을 달성하기 위한 수단이기도 하지만 동시에 그 자체가 목적이라는 점이다. 좋은 소식은 또 있다. 어떤 팀 혹은 어떤 회사도 구글이 지금껏 사용해온 여러 원칙을 토대로 성장해나갈 수 있다는 점이다.

지금까지 나는 독자가 특정 영역에 초점을 맞춰 참조할 수 있도록 각 장의 맨 끝에 '업무 규칙' 목록을 정리했다. 하지만 자기 팀이나 회사에 '자유를 많이 주는' 환경을 조성하고자 하는 사람도 있을 것이다. 이런 사람이 참조할 수 있도록 10단계를 순차적으로 묶어 정리했다.

1. 일에 의미를 부여하라

일은 당신 생활에서 적어도 3분의 1을 차지하며, 깨어 있는 시간의 절반을 차지한다. 그러므로 일은 단순히 어떤 목적을 달성하기 위한 수단이 아니라, 그 이상이 될 수 있고 또 그렇게 되어야 한다. 비영리단체들은 이미 오래전부터 일할 사람들을 모으고 이 사람들에게 동기부여하는 방법으로 의미라는 개념을 채택했다. 예를 들어 난민을 돕는 비영리단체인 아일럼 억세스Asylum Access의 에밀리 아놀드-페르난데스Emily Arnold-Fernández는 난민에게 일자리를 마련해주고 난민 어린이를 학교에 보내며 새로운 나라에서 새로운 삶을 살아갈 수 있도록 해주겠다는 목표 아래 세계적인 규모의 팀을 구축했다.

너무나 많은 경우에 일은 그저 돈벌이 방편일 뿐이다. 그러나 애덤 그랜트의 연구 결과가 입증하듯이, 일을 하는 사람이 자기가 하는 일로 혜택을 입을 사람과 아주 조금만 연결되어 있어도 이 사람의 생산성이 높아질 뿐 아니라 이 사람은 예전보다 더 행복해진다. 아닌 게 아니라 모든 사람은 자기가 하는 일이 긍정적인 의미를 갖길 바란다.

이 의미를 판에 박힌 일상을 초월해 당신이 현재 하고 있는 일을 정직하게 반영하는 발상이나 가치에 연결하라. 예를 들어 구글은 전 세계의 정보를 정리해 모든 사람이 유용하게 이용할 수 있도록 하는 걸 사명으로 삼고 있다. 구글의 모든 직원은 아무리 사소한 일이라 할지라도 이 사명을 수행하기 위해 일하는 셈이다. 회사가 정한 이런 목적, 의미, 사명은 직원들이 회사의 업무에 충실하도록 하며 위험을 무릅쓰게 하고 최고의 성과를 내도록 만든다.

현재 하고 있는 일이 연어를 손질하고 얇게 써는 것이라면, 당신은 고객에게 맛있는 생선을 제공하는 일을 하는 것이다. 배관공이라면 집을 깨끗하고 건강하게 해줌으로써 사람들의 삶의 질을 높여주는 것이다. 조립 라인에서 일한다면, 당신이 만드는 물건을 누군가가 유용하게 사용할 것이다. 당신이 무슨 일을 하든 그 일은 누군가에게 중요한 편익을 제공한다. 이런 사실을 소중하게 여겨야 한다. 관리자로서 당신이 해야 할 일은 부하직원이 자기가 하는 일에서 의미를 찾도록 돕는 것이다.

2. 사람을 믿어라

사람은 본질적으로 선하다고 믿는다면 행동도 그렇게 하라. 직원에게 투명하고 솔직하게 모든 걸 공개하라. 업무와 관련해서도 직원이 자기 목소리를 기탄없이 내는 것을 권장하라.

처음에는 작은 것부터 시작하는 것이 좋다. 지금까지 직원을 그다지 많이 신뢰하지 않았다면, 당신이 보여주는 아주 작은 변화도 상당히 큰 의미로 받아들여질 것이다. 투명하지 못한 경영 역사를 갖고 있는 회사에서 직원의 목소리를 청취하기 위해 직원 제안함을 마련한다면, 이런 조치는 직원들에게 아마 혁명적으로 비칠 것이다. 당신이 최근에 어떤 생각을 갖고 이런저런 의사 결정을 내렸는지 직원들이 스스럼없이 묻게 만들어라. 만일 당신이 작은 가게를 운영하는 자영업자라면, 장사가 더 잘될 수 있도록 하려면 무엇을 바꿀 것인지 직원들에게 정기적으로 물어라.

직원이 사장처럼 행동하는 것, 그것이 바로 당신이 직원들에게 바라는 것의 핵심이다.

이런 일이 일어날 수 있도록 하는 유일한 길은 당신이 기존에 갖고 있던 권위 중 일정 부분을 직원에게 나눠주고 직원이 그 권위 혹은 권한을 통해 성장하도록 돕는 것이다.

도저히 감당할 수 없는 일처럼 들릴지 모르지만 실제로 해보면 사실 그다지 위험하지도 않다. 경영진은 직원의 목소리를 듣는 제안함 제도를 언제든 없앨 수 있다. 혹은 직원이 낸 아이디어가 전혀 도움이 되지 않는다고 할 수 있고, 직원을 해고할 수 있다. 만일 직원에게 넘겨준 권한을 나중에 다시 받아와야 할지도 모를 상황이 될까 봐 걱정이라면, 직원들에게 그 각각의 변화가 영구적인 게 아니라 몇 달 동안 진행되는 한시적인 실험이라고 하면 된다. 그 결과 변화가 효과 있으면 계속 진행하고, 그렇지 않으면 원래대로 돌리면 된다. 그런 조치를 되돌린다 해도 직원들은 당신이 시도했던 조치를 높이 평가하고 고마워할 것이다.

당신이 관리자가 아니고 팀원이라면, 상사에게 이런 내용의 청원을 하라. "제게도 기회를 주십시오. 당신이 설정한 목표가 무엇인지 저도 정확하게 이해할 수 있도록 도와주십시오. 그러면 그 목표를 달성할 방법을 알아내겠습니다."

3. 자기보다 더 나은 사람을 채용하라

일자리가 비어 있을 때 회사는 흔히 최고의 인재를 뽑는 것보다 그 빈자리를 신속하게 채우는 일이 더 중요한 것처럼 행동한다. '나쁜 공기지만 숨을 쉬지 않는 것보다 숨을 쉬는 게 더 낫지 않을까요?'라고 말한 영업직원이 있었다. 판매 목표량의 70퍼센트밖에 달성하지 못하는 직원이라 해도 그 자리를 비워두는 것보다는 낫지 않느냐는 말이었다.

이런 발상은 채용의 품질을 훼손하는 잘못된 태도다. 어떤 직원이든 직원을 잘못 채용했을 때의 결과는 매우 부정적이다. 단지 그 개인의 성과가 뒤처진다는 문제만이 아니라, 이 직원을 둘러싼 주변의 성과와 사기, 열정까지 함께 떨어뜨리는 효과가 나타나기 때문이다. 한 사람의 자리가 비어 있어 다른 사람들이 비록 단기적이긴 하지만 더 힘들게 일해야 할 경우, 그 직원들에게 역량이 부족한 사람과 일을 함께할 때 얼마나 힘든지 혹은 과거에 그런 경우가 있었다면 얼마나 힘들었는지 설명해줘라.

위원회를 통해 채용 결정을 내리고, 객관적인 기준을 미리 설정하며, 결코 타협하지 말고, 새로운 채용 기준이 예전의 기준과 비교해 더 나은지 주기적으로 점검하라.

당신이 채용한 사람 중 열에 아홉이 당신보다 더 낫다면, 이것은 당신이 새로운 직원을 훌륭하게 채용하고 있다는 증거다.

만일 그렇지 않다면 지금 당장 채용을 중단하고 채용 절차를 다시 살펴봐라. 이렇게 할 때 비록 단기적으로는 효과가 부정적으로 나타나겠지만 장기적으로는 당신 팀 혹은 회사가 한층 더 건강하고 강력하게 바뀔 것이다.

4. 역량 개발과 성과 관리를 혼동하지 마라

앞에서 살펴본 것처럼 크리스 아지리스는 가장 성공한 사람들조차도 학습에 실패한다는 사실을 입증했다. 만일 이렇게 유능한 사람들이 학습을 할 수 없다면, 나머지 사람들은 더 말할 것도 없다는 뜻일까? 물론 그렇지는 않다. 자기 약점을 정면으로 바라보는 것은 결코 유쾌한 일이 아니다. 당신이 부하직원이 거둔 결과를 가지고 비판한다면, 부하직원이 자기가 저지른 실수 때문에 앞으로 자기는 직업적으로나 경제적으로 참담한 실패를 맞이할 거라고 느낀다면, 이 사람은 자기에게 부족한 부분을 학습을 통해 채우며 성장하겠다는 태도 대신에 쓸데없는 고집을 부리며 당신이 하는 말을 받아들이려 하지 않을 것이다.

업무 역량 개발 관련 대화를 일상적으로 함으로써 이런 대화가 안전하고 생산적이 되도록 하라. 예전에 내 상사는 내가 고객을 만

나러 갈 때마다 잠깐 동안이지만 나를 붙잡고 그런 대화를 나눴다. 이런 대화를 할 때는 언제나 '어떻게 하면 내가 당신이 더 일을 잘할 수 있도록 도울 수 있을까?' 하는 태도를 가져야 한다. 그렇지 않으면 부하직원은 위축되어 방어적이 되고, 결국 학습의 기회로 통하는 문은 닫혀버리고 만다.

역량 개발 관련 대화는 목표를 달성하는 과정에 따라서 보다 안전하게 진행될 수 있다. 목표의 성취 여부를 다루는 대화는 시간적인 측면에서나 공간적인 측면에서나 모두 역량 개발 관련 대화와 구분되어야 한다. 6개월이든 1년이든 성과 평가의 기준 기간이 끝나면, 애초에 설정했던 목표에 대해서 그리고 직원이 달성한 성과에 대해서 해당 직원과 직접 대화를 나눠라. 그리고 성과에 따라 보상이 어떻게 이뤄져야 할지도 얘기하라. 이때의 대화는 전적으로 결과만 갖고서 이뤄져야 하며 과정을 얘기해서는 안 된다. 설정한 목표의 결과는 세 가지다. 달성되지 못하거나 달성되거나 초과 달성되거나. 그리고 이 각각의 결과에는 제각기 다른 보상 혹은 격려가 뒤따라야 한다.

당신이 이러한 일을 잘 수행한다면 직원은 성과 관련 논의를 결코 놀랍게 생각하지 않을 것이다. 당신은 직원과 줄곧 그런 대화를 나눠왔을 것이며 그 직원도 매 단계에서 당신이 보내는 지지와 성원을 느꼈을 것이기 때문이다

어떤 경우든 직원의 업무 방식을 정확하게 파악하는 일을 오로지 관리자에게만 의존하지 마라. 업무 역량 개발에 관해서는, 짧은 질문 몇 개 하는 것처럼 아주 단순한 것이든 간에 동료들에게서도 평

가를 이끌어내도록 노력하라. 성과 평가가 제대로 나올 수 있도록 관리자들이 한자리에 모여 각자 자기 직원들에게 내린 평가가 다른 사람들의 눈에도 올바른 것인지 공정성 차원에서 검토하고 또 보정하라고 요구하라.

5. 최고의 직원과 최악의 직원에게 집중하라

최고의 직원에게 현미경을 들이대고 살펴라. 해당 직원이 처한 환경과 이 직원이 갖고 있는 기량과 배짱 등을 종합해 무엇이 이 직원을 최고의 직원으로 만들었는지 알아내라. 전천후 최고의 직원만이 아니라 특별한 분야에서 특출한 직원을 찾아내라. 그냥 최고의 영업 직원을 찾아내라는 게 아니다. 예컨대 특정 규모의 신규 고객을 개척하는 데 최고의 기량을 발휘하는 직원을 찾아라. 비가 오는 밤에 가장 정확하게 드라이브샷을 날리는 선수를 찾아라. 전문성의 분야를 세분하면 할수록 당신 휘하의 최고 직원이 갖고 있는 여러 성공요인을 찾아내기가 더 쉬워질 것이다.

그런 다음에 이 최고의 직원들을 단지 다른 직원이 활용할 수 있는 사례로뿐 아니라(이 직원들이 다른 직원들과 다르게 수행하는 여러 행동들을 점검표로 만들어서 참조하게 한다) 회사 내의 다른 직원들을 가르치는 교사로도 활용할 수 있다. 어떤 기술을 익히는 최상의 방법 중 하나는 그 기술을 가르치는 것이다. 최고의 직원들을 교사로 세울 때, 그저 30분 동안 커피를 마시면서 이야기만 나눈다 해도 이들은 직원들을 가르치기 위해 자기가 하는 업무 행동들을 체계적으로 정리할 수밖에 없을 것이고, 이 과정이 이들에게는 한층 더 높은 수준으로 성장하는 데 도움이 될 것이다. 어떤 사람이 최고의 직원과 함께 일할 수 있다면, 이 교사를 가까이에서 살피고 교사에게 온갖 질문을 하며 교사가 갖고 있는 좋은 점을 스펀지처럼 빨아들일 기회를 누릴 것이다.

아울러 최악의 성과를 기록한 직원에게 동정심을 가져야 한다. 당신이 그 직원을 제대로 뽑았다면, 성과를 제대로 내지 못하고 허덕이는 직원 대부분은 당신이 적절한 과제를 주지 못했거나 제대로 이끌지 못했기 때문에 그렇게 된 것이라 할 수 있다. 그들이 무능해서가 아니라는 말이다. 그 직원들이 부족한 부분을 학습하거나 새로운 역할이나 과제를 찾도록 도와라.

그러나 이런 노력이 실패로 돌아가면 지체하지 말고 이 직원들을 내보내라. 이들을 계속 데리고 가는 것은 본인들에게도 결코 바람직하지 않다. 최악의 직원으로 꼽히지 않아도 되는 다른 환경에서 일한다면 이들은 지금보다 한층 더 만족스러운 직장 생활을 할 것이기 때문이다.

6. 인색하면서도 동시에 관대하라

구글에서 우리가 직원을 위해 하는 일에는 대부분 비용이 들지 않는다. 업자들이 우리 회사로 들어와 영업을 하게 하거나 인근의 샌드위치 가게에서 점심을 배달하도록 허락하거나 협상만 해줄 뿐이다. TGIF 미팅과 초청 강연 행사를 하는 데는 빈 공간과 마이크 하나만 있으면 된다. 그러나 이런 것들만으로도 엄청나게 많은 것들이 이뤄졌다. 직원들이 늘 뭔가를 만들어내려고 토론을 하면서 새로운 행사나 혜택을 끊임없이 만들어내기 때문이다.

직원이 도움을 절실하게 필요로 할 때를 대비해 예비 자금을 충분히 마련해둬라. 직원 본인이나 가족 누군가가 긴급하게 의료 혜택을 받아야 하거나 직원 가족이 새로운 식구를 맞이할 때 당신이 보여주는 관대함은 엄청난 영향력을 발휘할 것이다. 가장 인간적인 순간에 초점을 맞출 때 당신 회사가 직원 개개인을 신경 쓰고 있음을 직원들은 알아차릴 것이다. 모든 직원은 인생에서 가장 어려운 시기나 가장 행복한 시기를 맞이할 때 자기가 보다 더 큰 가족의 울타리 안에서 보호받고 축하받을 수 있다는 사실에서 위안을 받을 것이다.

아무리 규모가 작은 회사라 해도 얼마든지 할 수 있다. 나의 아버지는 토건회사를 설립해 30년 넘게 운영했다. 아버지는 직원 개개인에게 깊은 애정과 관심을 가졌으며, 직원들에게 봉급뿐 아니라 따뜻한 말과 조언, 가르침도 함께 주었다. 그리고 직원 누구든 입사한 지 5년이 되면 그 직원을 따로 불러 고충과 희망을 묻곤 했다. 아버지는 직원들에게 회사가 직원들을 위한 연금 계획을 갖고 있으며 5년 근속하면 그 모든 혜택을 받을 수 있을 거라고 했다.

하지만 직원들에게 이렇게 얘기해준 것 말고 또 다른 것도 준비했다. 직원 개개인에게 줄 돈을 따로 저축하고 있었던 것이다. 나중에 이런 사실을 안 직원은 환호했다. 어떤 사람은 감동의 눈물을 쏟았고 어떤 사람은 그저 고맙다고 했다. 하지만 아버지는 따로 돈을 모으고 있다는 사실을 직원에게 알리지 않았다. 그 사실을 알 경우 그 돈을 바라고 회사에 눌러앉아 있을 수도 있는데, 이렇게 되는 걸 원하지 않았기 때문이다. 아버지는 직원이 회사와 동료를 사랑하고 자기가 하는 일을 사랑하기 때문에 회사를 떠나지 않기를 바랐다. 아버지는 직원이 절실하게 도움을 필요로 할 때 관대했다. 바로 이런 점 때문에 아버지와 아버지의 회사는 돋보였다.

7. 차등하게 보상하라

회사의 인적자원 부서가 당신에게 뭐라고 하든 직원이 거두는 성과는 멱법칙을 따른다는 사실을 명심하라. 당신 팀이나 회사가 거두는 성과의 90퍼센트 이상은 전체 직원 중 상위 10퍼센트가 만들어낸다. 그러므로 최고의 직원은 당연히 평균적인 직원보다 훨씬 더 가치가 있고 소중하다. 이들은 평균적인 직원이 하는 몫의 150퍼센트를 달성할 수도 있고 5,000퍼센트를 달성할 수도 있다. 어쨌거나 절대적으로 혼자서 여러 사람 몫을 하는 사람들이다. 이런 사실을 본인도 느끼게 해줘야 한다. 설령 회사의 자금 사정이 넉넉하지 않다 해도, 평범한 직원보다 훨씬 많은 보상을 해줘야 한다. 이렇게 하는 것은 특별한 의미가 있다.

이럴 경우 대우를 받지 못하는 직원들이 섭섭해할 수도 있지만, 왜 금전 보상에서 그런 차이를 둘 수밖에 없는지 솔직하게 얘기하라. 그리고 본인도 이런 대우를 받으려면 어떻게 하면 되는지 설명해주어라. 아울러 공개적인 칭찬을 아껴서는 안 된다. 팀이 이룩한 업적을 칭찬하고, 실패했다 해도 그 실패에서 소중한 교훈을 얻었다면 그런 사실을 분명히 지적하고 격려하라.

8. 넛지, 슬쩍 옆구리를 찔러라

이 책에서 퇴직 후 당신의 인생을 눈에 띄게 개선해줄 가능성이 가장 큰 것을 말하라면 바로 이것이다. 당신은 다달이 받는 봉급 가운데 얼마나 많은 돈을 저축하는가?

30년간 같은 액수를 번 사람을 비교하면 퇴직 시점의 재산이 30배나 차이날 수 있는데, 이것은 순전히 다달이 하는 저축액의 작은 차이 때문에 빚어진 커다란 차이다. 물론 저축은 결코 쉬운 일이 아니다. 6세기에 리디아의 왕 크로이소스Croesus만큼 엄청난 부자가 아닌 이상 1달러를 저축한다 해도 그 1달러로 얻을 수 있는 다른 것을 안타까운 마음으로 포기해야만 한다. 유명 브랜드의 제품을 살까, 무명 브랜드의 제품을 살까? 3달러짜리 디저트를 먹을까, 디저트를 포기할까? 자동차를 바꿀까, 지금 타는 차를 1년 더 탈까? 나는 대학을 졸업한 첫해에 배우로 또 웨이터로 일하면서 '호스티스 중고 가게'에 자주 가곤 했는데, 여기에서는 유통기한 만료 직전의 빵을 팔곤 했다. 여기서 나는 스낵케이크를 저렴한 가격에 사먹으면서 한 주에 몇 달러씩 저축했다. 앞에서 구글 직원의 저축률을 겨우 3퍼센트 조금 안 되는 비율만 더 높여도 퇴직연금에서 무려 26만 2,000달러나 차이가 난다고 말했던 사실을 기억하기 바란다.

많은 사람이 미친 짓이라고 생각하지만 여름휴가 때 햄프턴에 10만 달러를 내고 숙박 시설을 빌리는 것을 당연하게 여기는 사람들이 있다. 심지어 어떤 은행원 친구들은 2008년 금융위기 때 실직을 하고서도 해변의 별장으로 놀러갔다.

장황하게 얘기했지만, 내가 하고 싶은 말의 요지는, 사람은 자기의 현재 저축액을 늘리려 하지 않는 경향이 있다는 것이다. 현재 당신의 수입 중 몇 퍼센트를 저축하고 있는지 계산해보자. 그런 다음 지금부터는 그보다 아주 조금씩만 더 저축하자. 물론 결코 쉬운 일은 아니다. 하지만 늘 그렇듯이 절약은 큰 가치가 있다.

이 절약은 다른 누구도 아닌 당신을 위한 것이다.

자, 그럼 이제 눈을 돌려 당신을 둘러싸고 있는 환경이 당신과 주변 사람들의 옆구리를 얼마나 찔러대는지 살펴보기 바란다. 자기 허물을 직시하기 어려우니 다른 사람의 허물을 먼저 살핀 다음 그것을 당신과 연결시켜라. 건강에 도무지 도움이 되지 않는 과자가 냉장고 속 눈에 잘 띄는 곳에 놓여 있지 않은가? 당신이 친구나 동료에게 이메일이나 문자 메시지를 보낼 때 이것은 좋은 소식을 나누기 위해서인가 아니면 나쁜 소식을 퍼트리기 위한 것인가? 우리는 너 나 할 것 없이 모두 끊임없이 주변 환경으로부터 옆구리를 찔리고 등이 떠밀리며, 동시에 다른 사람의 옆구리를 찌르고 등을 떠민다. 이런 점을 활용해 자기 자신과 자기 팀을 보다 행복하고 생산적으로 만들어야 한다.

주변의 물리적인 공간을 당신이 진정으로 바라는 행동을 할 수 있도록 정리하고 재배치하라. 칸막이 자리를 하나씩 차지하고 있는 직원들이 서로 협력하길 바란다면 칸막이벽의 높이를 낮춰라. 그리고 직원에게 메시지를 보내는 방식에 신경을 써라. 현재 진행되고 있는 활동과 관련된 자료, 예컨대 지역 자선행사에 봉사활동을 하는 직원 수를 공개하라. 그러면 더 많은 직원이 자극을 받고 그 활동에 참가할 것이다. 그 결과 똑같은 업무 공간의 분위기가 완전히 바뀌는 것에 당신은 깜짝 놀랄 것이다.

9. 점점 커지는 기대를 관리하라

때로는 실수를 하게 될 것이고 때로는 몇 발 뒤로 물러나야 할 것이다. 그리고 구글이 겪었던 것과 같은 다양한 소동들도 겪을 것이다. 이런 점을 명심하고 주변 사람들에게 실험을 시작하기 전에 이 책에 있는 여러 가지 발상을 실험할 것임을 미리 알려라. 이렇게 할 때 사람들은 보다 더 쉽게 비판자에서 지지자로 바뀔 것이며, 일이 잘못되더라도 당신의 선한 의도를 알아줄 것이다.

10. 즐겨라! 그런 다음 1번으로 돌아가 다시 시작하라

래리와 세르게이는 자기가 일하고 싶은 곳을 만드는 작업을 시작했는데, 당신도 똑같이 할 수 있다. 학교를 갓 졸업하고 작은 회사에 간부로 입사하든 100만 6번째 사원으로 입사하든, 주변 사람들과 소통하는 방식과 업무 현장을 설계하는 방식, 주변 사람들을 이끌어가는 방식을 선택함으로써 얼마든지 그렇게 할 수 있다. 이렇게 하면 당신은 세상에서 가장 재능이 넘치는 인재들을 물밀듯이 밀려오는 회사를 만드는 데 일조할 수 있다.

이것은 일회성 노력이 아니다. 위대한 문화와 환경을 만들기 위해 끊임없는 학습과 개조가 필요하다. 한꺼번에 다 해야 한다는 강박관념에 사로잡힐 필요도 없다. 이 책에서 소개하는 발상 하나를 가지고 하든 열 개를 가지고 하든 일단 시작하라. 그리고 실험을 통해 학습하고 프로그램을 수정하면서 시행착오를 거쳐라.

이런 접근법이 매력적인 것은 위대한 환경은 스스로를 강화한다는 점이다. 이 모든 노력은 서로를 지탱하며 또 한 데 어우러져 창의적이고 재미있으며 열심히 일하고 생산성 높은 조직을 만들어낸다. 사람이 본래 선하다고 믿는다면 이런 믿음을 일 속에서 실천하라.

구글은 '일하기 좋은 직장 연구소'로부터 일하기 좋은 직장으로 서른 번이나 꼽혔으며, 여성, 흑인, 퇴역군인 등을 지원하는 여러 기관들 및 정부와 시민단체들로부터도 수백 건의 표창을 받았다. 하지만 우리는 최초나 마지막의 '일하기 좋은 직장'이 아니며 또한 지금 현재 '일하기 좋은 직장'은 구글 말고도 많다.

구글이 특히 잘하는 한 가지는 20억 명의 사용자를 대하면서도 열 명의 사용자를 대할 때와 마찬가지로 신중하고 믿음직하게 일하는 데 필요한 여러 제도를 구축하는 일이다. 구글의 인사 분야 혁신 정책들은 선견지명이 있는 두 사람의 창업자, 구글의 기업문화를 지키려는 맹렬한 수호자들, 사려 깊은 학술 논문들 그리고 창의적인 여러 회사와 정부로부터 많은 도움을 받아왔다. 수천 명의 구글 직원이 현재 우리가 일하는 방식을 만들어냈으며, 인사와 관련된 여러 문제에 대해 보다 창의적이고 실용적인 해법을 찾아내도록 밀어붙였다.

또 우리가 이 모든 것에 책임을 지도록 만들었다. 고맙게도 지금껏 내 주변에 있는 동료들과 피플오퍼레이션 부서는 말로 디할 수 없을 정도로 통찰력이 넘치고 헌신적이며 창의적이다. 이들을 따라가기가 버거울 정도다. 나는 날마다 이들에게서 영감을 얻는다.

해마다 수만 명이 세계 각지의 구글을 방문해 이렇게 묻는다.

"어째서 여기서 일하는 사람들은 행복하죠?"

"구글의 비밀은 뭔가요?"

"우리 회사를 보다 더 창의적으로 만들기 위해 내가 우리 회사에서 할 수 있는 것은 무엇일까요?"

이 질문에 대한 정답은 바로 당신이 갖고 있다.

업무 규칙 회사 내에 자유로운 환경을 조성하려면

---

1. 일에 의미를 부여하라.
2. 사람을 믿어라.
3. 자기보다 더 나은 사람을 채용하라.
4. 역량 개발과 성과 관리를 혼동하지 마라.
5. 최고의 직원과 최악의 직원에게 집중하라.
6. 인색하면서도 동시에 관대하라.
7. 차등하게 보상하라.
8. 넛지, 슬쩍 옆구리를 찔러라.
9. 점점 커지는 기대를 관리하라.
10. 즐겨라! 그런 다음 1번으로 돌아가 다시 시작하라.

WORK RULES

새로운 유형의 인적자원을 위한 청사진

이 모든 것들이 어떻게 구글에서 일어났는지 궁금해하는 독자가 있을지도 모르겠다. 구글이라는 회사가 직원을 대하는 지금과 같은 방식이 생겨날 수 있도록 만든 내재적인 힘은 두 창업자에게서 비롯됐지만 우리가 우리의 열망에 맞춰, 더 나아가 이 열망을 넘어 살아가는 것을 확실하게 보장하는 일은 피플오퍼레이션 부서의 몫이다.

2006년까지 이 팀은 인적자원Human Resources 부서로 불렸다. 담당자가 나를 접촉할 때만 해도 내가 맡게 될 직책은 '인적자원 담당 상무'였다. 그러나 짧지 않은 채용 과정을 거치고 최종 입사 제안을 받았을 때의 내 직책은 '피플오퍼레이션 담당 상무'였다. 이런 명칭은 지금도 이상하게 들리지만, 그때는 오죽했을까? 황당했다. 간부로 일하는 사람 중 약 3분의 1은 실패한다. 게다가 당시에 나는 내가 다니던 GE 사업부의 CEO가 '작고 귀여운 회사'라고 불렀던 회사 구글에 합류하기 위해 가족을 데리고 뉴욕에서 캘리포니아로 거주지를 옮기기 직전이었다. 이런 상황이었던 만큼 나는 구글로 자리를 옮기지만 만일 피플오퍼레이션이라는 별난 이름의 부서에 있다가 일이 잘못되어 다른 직장을 새로 구해야 할 때 이 특이한 부서 명칭이 걸림돌이 되지 않을까 자못 걱정스러웠다.

나는 구글의 피플오퍼레이션 담당 전무였던 쇼나 브라운Shona Brown에게 전화해 원래 직책을 그대로 쓸 수 있는지 물었다(그녀는 맥킨지 파트너이기도 했고 로즈 장학생이기도 했다). 지금에야 솔직히 말하지만, 그때 나는 이유를 밝히지 않았다. 그러자 쇼나는 구글에서는 기존의 부서 명칭을 썩 내켜하지 않는다고 말했다. '인적자원'이라는 용어가 어쩐지 행정적이고 관료적으로 들린다는 것이었다. 이에 비해 '오퍼레이션'은 기술을 전문으로 다루는 공학자가 보기에 어쩐지 일을 제대로 해내는 실질적인 능력을 연상시키는 용어고 그래서 믿음이 간다고 했다. 그리고 중요한 점이 더 있다면서, '오퍼레이션'은 또한 수학적인 접근법을 요구하는 말이기도 하다고 덧붙였다.

쇼나와 나는 우선 '피플오퍼레이션'이라는 명칭으로 시작하되, 6개월 뒤에 내가 '피플오퍼레이션'과 '인적자원' 둘 중 하나를 선택하기로 합의했다. 그리고 나서 나는 구글에 합류했다. 열두 명의 구글 고위 간부들을 일대일로 차례로 만나 인사를 나눴는데, 이 과정을 거치면서 나는 그들이 무엇을 필요로 하는지 제대로 이해했다. 앞서 4장에서도 소개한 적이 있는 우르스 횔츨레는 당시 인프라스트럭처 담당 전무였는데, 구글의 최고 10인 가운데 한 명이기도 했다. 우르스는 컴퓨터학의 뛰어난 교수였으며 이미 스몰토크(제록스가 개발한 프로그래밍 언어 ─ 옮긴이) 및 자바용 컴파일러를 개발한 회사인 애니모픽시스템스Animorphic Systems를 공동으로 창업해 매각한 경력이 있는 기업가이기도 했다. 그는 구글의 데이터센터를 설계하고 만들어달라는 부탁을 받고(인터넷을 몇 번이고 반복해서 검색하며 계속 백업 작업을 하는 구글의 검색 방식을 전제로 할 때 이 일은 여간 어려운 게 아니었다) 교수직을 박차고 나와 구글에 합류한 사람이었다.

처음 만나는 자리에서 우르스는 나와 악수를 나누고 내 이력서를 보더니 이렇게 말했다. "굉장한 직책이네요."

그 말을 듣는 순간 부서 명칭을 바꾸고 싶다는 생각은 흔적도 없이 사라졌다. 그때 이후로 우리는 피플오퍼레이션 부서를 네 가지 원칙 위에 세우고 단단히 다져왔다. 그 원칙들은 다음과 같았다.

1. 열반涅槃, nirvana을 추구하라.
2. 자료를 바탕으로 미래를 예측하고 기반을 다져라.
3. 과감하게 개선하라.
4. 전혀 새로운 방식으로 팀을 편성하라.

열반을 추구하라

이 책을 읽는 인적자원 분야 전문가들에게 구글에서 하는 많은 일들이 열반, 즉 불가능에 가까운 이상으로 비칠지 모르지만 그 모든 것의 시작은 애초에 매우 단순했다. 나는 CEO이던 에릭 슈미트와 일대일 면담을 하러 갔다. 그때 나는 고위 간부를 포함한 이사들의 경력 관리를 한층 효과적으로 보조할 수 있는 여러 가지 프로그램과 관련된 거창한 아이디어들을 풀어놓았다. 그런데 에릭은 나의 이런 전략적 계획에 별다른 관심이 없었다. 그에게는 한층 더 시급한 걱정거리가 있었던 것이다.

구글의 직원 수는 2004년에 약 3,000명이었지만 2005년에 5,700명으로 두 배 가까이 늘어났다. 그리고 다시 또 한 해가 지나면 더 늘어나 1만 700명에 육박할 것임을 에릭은 잘 알고 있었다. 한 주에 50명씩 채용하던 관행을 깨고 거의 100명씩 채용해야 할 판이었다. 그것도 신입 직원의 능력을 철저하게 검증해 유능한 인재들로만. 이것이야말로 구글이 직면한 가장 커다란 인사 관련 과제였다.

나는 아마추어나 하는 실수를 저질렀다. 거창하고 난해한 말로 에릭의 지적 관심을 자극하기보다는 구글의 핵심 쟁점에 대해 어떤 대책을 마련했어야 하는데 그런 생각도 없이 거창한 다른 계획만 들고 CEO와 첫 대면을 했던 것이다. 나는 멋지고 미래지향적인 일을 수행하는 특권을 누리려면 조직의 신뢰부터 얻어야 한다는 사실을 배웠다. 2010년에 우리는 이 발상을 우리의 접근법을 함축하는 시각적 이미지로 표현했다. 피라미드 형태의 이 이미지는 매슬로의 욕구단계설을 토대로 한 것인데, 매슬로는 인간의 가장 본질적인 욕구를 피라미드 형태로 표현했다.[254] 이 피라미드의 맨 아래에는 공기와 물과 음식과 같은 생리 욕구가 있었고, 그 위에 안전 욕구, 애정·소속 욕구, 존경 욕구 그리고 자아실현 욕구가 차례대로 놓였다. 우리 팀의 몇몇은 구글판 피라미드를 보고는 '라즐로의 피라미드'라고 불렀다.

이것은 인적자산 열반으로 나아가는 우리의 경로를 보여준다. 이

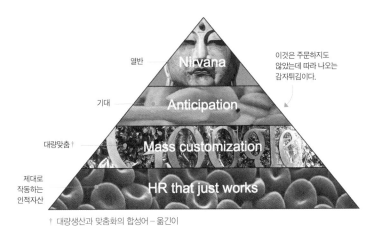

열반 Nirvana

이것은 주문하지도
않았는데 따라 나오는
감자튀김이다.

기대 Anticipation

대량맞춤† Mass customization

제대로
작동하는
인적자산 HR that just works

† 대량생산과 맞춤화의 합성어 – 옮긴이

라즐로의 피라미드 © Google, Inc. Image by Elizabeth Yepsen

경로는, 비어 있는 모든 일자리에 유능한 직원이 찾아오도록 하고, 직원이 학습할 기회를 창출하며, 각각의 직원이 보다 더 생산적이고 건강하며 행복하게 바뀌도록 돕는다는 목적 아래, 우리의 여러 프로그램이 보이지 않는 곳에서 작동함에 따라 모든 구글 직원이 겉으로 볼 때 의식적으로 따로 노력하지 않아도 저절로 성장하게 될 축복의 공간이었다.

나는 우리 피라미드의 맨 아래층인 '제대로 작동하는 인적자산'을 혈액 세포 그림으로 채웠는데, 이 이미지를 선택한 것은 우리 프로그램들은 회사 내 도처에 스며들어 있어야 하며 또 신체의 순환계만큼이나 믿을 만해야 한다는 점을 강조하기 위함이었다.

우리는 기본적인 사항을 언제나 빈틈없이 전달해야 했다. 예를 들어 어떤 문서를 작성하든 어떤 직원의 성과급을 산정하든 실수가 없어야 하고, 모든 직무는 한시도 비지 않고 비범하게 유능한 인재가 맡고 있어야 하며, 승진 과정은 매끄럽고 공정해야 하고, 직원의 근심걱정은 신속하게 해결해야 했다. 전체 운영의 여러 측면에서 이런 일관되고 높은 수준의 품질을 유지할 때만 비로소 우리는 보다 많은 것을 수행할 권리를 온전하게 가질 터였다.

사람마다 혹은 회사마다 열망하는 내용이 다르겠지만 모든 경우에 똑같이 맨 아래층을 출발점으로 삼아야 한다. 그렇지 않을 경우, 예컨대 기본적인 사항을 간혹 제대로 전달하지 못한다 해도, 당신 회사가 보다 더 많은 것을 하고자 할 때 신뢰와 권위가 충분히 뒷받침하지 못하는 일이 벌어진다.

우리의 보상 팀은 좋은 일이든 나쁜 일이든 경영진으로부터 늘 엄청난 관심을 받았다. 경영진의 기대보다 늘 앞서나가기 위해 모든 일을 확실하게 하고, 어떤 과정이든 해당 과정이 끝나면 공식적인 보고가 이어진다. 성과급 절차가 끝난 뒤 우리는 이렇게 묻는다. "뭔가 다르게 해야 하는데, 다르게 하려면 무엇을 해야 하죠? 우리는 무엇을 학습했죠? 지시받은 것 중 우리가 선택할 것은 무엇이고, 무시할 것은 무엇이죠?" 이는 경영진이 내놓은 아이디어라 해서 모두 다 좋은 건 아니기 때문이다. 800개의 직무 등급을 정하고 승진 심사 및 발표를 1년에 네 차례씩 하자는 제안을 내놓은 사람도 최고경영진 가운데 한 사람이었다!

우리가 이 과정을 다음 차례에 시행하려 할 때 보상 팀이 구글의 최고경영진과 했던 첫 번째 대화는 다음과 같은 발언으로 시작됐다. "우리가 지난번에 합의한 사항이 여기 있습니다. 그리고 우리가 예전에 사용한 방식도 여기 있습니다. 또 경영진이 우리에게 하라고 지시했지만 우리가 하지 않으려 하는 사항이 여기 있으며, 우리가 그렇게 판단한 이유도 여기 있습니다. 자, 그럼 이야기를 시작해보십시다."

보상 팀은 심지어 경영진 개개인을 대상으로 해당 인물과 함께 일할 때는 어떻게 하는 게 가장 좋다는 내용을 정리해 커닝페이퍼도 만들었는데, 팀에 새로운 직원이 충원되더라도 이 직원은 커닝페이퍼를 활용해 곧바로 최고경영진과 매끄럽게 업무를 해나갈 수 있도록 했다.

열반으로 나아가는 두 번째 단계인 대량맞춤은 예전의 접근법과 완전히 다른 것이었다. 대량맞춤이라는 이 발상은 저술가이자 강연자인 스탠 데이비스Stan Davis가 1987년에 출간한 《완벽한 미래Future Perfect》에서 주장한 개념이다. 이 책은 기업이 개인 고객의 맞춤형 주문에, 대량생산에 가까운 효율성으로써 대응하는 제품과 서비스를 생산하는 미래의 세상을 묘사했다. 이와 같이 개인 고객의 맞춤형 주문에 대량생산의 효율성으로 대응하는 것이야말로 우리가 하려는 일이었다. 이 단계의 시각적 상징은 숲이었다. 모든 나무는 크기나 형태가 저마다 다르지만, 그럼에도 불구하고 많은 것들을 공통적으로 갖고 있기 때문이었다.

우리는 인사와 관련된 여러 정책 절차를 뒷받침하는 일관된 철학을 늘 갖고 있었다. 그러나 제각기 다른 부서의 제각기 다른 요구나 욕구를 토대로 하기에 각 과정의 세부적인 사항은 조금씩 달랐다. 여러 해 전에는 승진 결정이나 심지어 평가 등급의 당사자 공개 여부 등과 같은 인사 관련 정책 절차들은 모두 동일한 요강을 따랐다.

실제로 우리 팀 분석관인 티파니 우Tiffany Wu는 자기 자리 칸막이벽에 각 부사장별로 '좋다'와 '나쁘다' 표시가 되어 있는 규정 준수 점검표를 붙여놓고 이 사람들이 등급 산정 결과를 개별 직원에게 발설하지 말아야 한다는 규정을 준수하는지 혹은 봉급 인상과 관련된 정보를 규정된 대상 범위에 한에서만 배포해야 한다는 규정을 준수하는지 살폈다.

그런데 구글의 조직이 점점 커지면서 이런 극단적인 동일성이 사라지기 시작했다. 몇몇 집단은 다른 집단과 완전히 달라져버렸기 때문이다. 예를 들어 최고의 소프트웨어 개발자는 평균적인 개발자 수백 명 몫을 하지만, 아무리 최고의 인재채용관이라 해도 평균적인 인재채용관 수백 명의 몫을 할 수는 없었다. 이처럼 서로 다른 두 집단에게 동일한 보상 분포 곡선을 적용할 수는 없었다.

또 기술 분야 직원의 승진 절차를 살펴보자. 이 경우에 승진 후보자는 위원회의 평가를 받고, 이 평가는 다시 그다음에 소집된 또 다른 위원회로부터 확인을 받는다. 만일 한 사람이라도 이 결정에 반대하면 위원회에 재심 청구를 할 수 있는데, 그 결정이 잘 받아들여지지 않을 경우에는 재심 청구에 대한 재심 청구도 가능하다. 내가 이런 사실을 벤처캐피털회사인 KPCB의 이사이자 구글 이사회 구성원이던 존 도어에게 설명하자 그는 이렇게 말했다. "비록 나도 기술자이긴 하지만, 이렇게 복잡 미묘한 과정을 설계했다니 놀라서 할 말이 없네요."

하지만 아무리 복잡하다고 해도 이런 장치들은 제대로 작동한다. 이런 점검과 균형 유지가 있기에 모든 과정이 정당하고 또 투명성이 보장되기 때문이다. 사실 기술자에게는 무엇보다 정확성 문제가 중요하기 때문이다. 그런데 몇몇 영업 팀에서는 책임자가 이렇게 말할 수도 있다. "그런데 말이에요. 우리는 그저 전화 한 통 해보고, 결정이 내려지면 그걸 최종적인 것으로 그냥 받아들일 텐데……."

이 경우에 더 이상의 재심 청구 따위는 없다. 그래도 괜찮다. 이런 경우에 피플오퍼레이션 부서는 보이지 않는 장막 뒤에서 동일한 재능 표준을 회사 전체에 강제해 누구는 이득을 보고 누구는 손해를 보는 일이 없도록 모든 절차와 과정이 공정하도록 보장할 것이기 때문이다. 다시 말해 장막 뒤에서는 동일한 기준을 적용하지만 겉으로 드러나는 결과는 다르게 보이도록 한다는 의미다. 그런 다음에 우리는 투명성의 정신에 입각해 각 승진 절차 및 결과와 관련된 자료를 과거 자료와 함께 구글 직원에게 공개한다.

대부분의 회사 인적자원 부서에는 공정성을 보장하기 위한 메커니즘인 일관성에 대한 어떤 편견이 존재한다. 그러나 일관성과 어리석은 일관성은 다르다. 예를 들어 GE에서 특정한 금액(내 기억이 맞다면 5,000달러다)을 초과하는 특별상여금을 집행할 때는 CEO 제프리 이멀트의 승인이 필요하다. 제조업 부문에서 이런 조치는 분명 일리가 있다. 제조업 부문에서는 오로지 이사급 사람들만이 그 혜택을 받을 수 있으며 이사가 아닌 직원에게 이 혜택이 돌아가는 일은 지극히 예외이기 때문이다. 그러나 금융 서비스업을 하는 GE캐피털에서는 금융업의 특성과 관행이 반영되어 상여금 지급은 한층 더 보편적으로 이뤄진다. 제조업 부문의 기준을 금융업 부문에 적용하면 관리자들은 분노와 좌절에 휩싸일 것이다. 또 이 정책을 밀고나가야 하는 과제를 떠안은 인적자원 부서 사람들은 매우 관료적으로 비칠 수밖에 없다. 그러므로 인적자원 부서의 실무자는 각각의 규칙을 지탱하는 원리가 해당 경우에 적절하게 적용됐는지 끊임없이 살펴야 하며 상황에 따라 기존의 관행과 정책을 과감하게 포기해야 한다.

'기대'라는 이름이 붙은 감자튀김 이미지는 설명이 조금 필요하다. 나는 이 이름을 TV 드라마 〈30 록30 ROCK〉의 한 회에서 따왔다. 록펠러센터에 있는 NBC 방송국 본부를 배경으로 온갖 프로그램을 만드는 배우, 작가, 방송국 간부 사이에서 생기는 다양한 일들을 코믹하게 다루는 이 드라마에는 코미디언 트레이시 조던도 등장하는데, 조던 역은 실제 코미디언 트레이시 모건Tracy Morgan이 연기했다. 한 회에서 트레이시가 불같이 화를 내는데, 그를 뒷바라지하는 매니저가 그에게 햄버거 하나를 사다 주면서 감자튀김은 주지 않았기 때문이다. 트레이시가 감자튀김을 따로 얘기하지 않았던 것이다. "내가 주문하지 않은 감자튀김은 어디 있냐고! 도대체 넌 시간이 얼마나 더 지나야 말하지 않아도 내가 바라는 걸 알아먹겠냐고!"

이 장면을 보고 처음에는 트레이시가 지나치게 자기 생각만 한다고 생각했지만 곧 그가 옳다는 생각이 들었다. 그는 미치광이가 아니었다.

간부든 이사든 직원은 누구나 자기가 요구한 것을 받으면 행복해한다. 직원은 요구할 생각을 미처 하지 않았던 것을 받으면 환하게 웃으며 기뻐한다. 이는 그 직원이 당신이 생산성을 쥐어짜내려고 하는 일꾼일 뿐 아니라 당신 앞에 온전한 모습으로 살아 있는 사람이라는 확실한 증거다. 기대는 직원이 자기가 어떤 것을 필요로 한다는 사실을 깨닫기 전에 그 필요한 것을 제공하는 것과 관련이 있다. 〈30 록〉 덕분에 우리는 완벽한 기대와 관련한 이 사례들을 '감자튀김의 순간들'이라고 부른다.

우리는 직원이 출산을 하면 음식을 배달시켜 먹는 데 쓰라고 500달러를 지급한다. 아이가 태어난 뒤 처음 몇 주 동안 부부는 지칠 대로 지친다. 이런 상황에서 정말 하기 싫은 일이 바로 음식을 만드는 일이다. 물론 구글 직원이라면 저녁 대신 피자를 주문해 먹을 경제적인 여유는 얼마든지 있지만, 그 힘든 상황에서 누군가가 음식을 배달시켜 먹으라면서 500달러를 주는 것에는 전혀 다른 셈법이 작동한다. 음식 주문을 위한 500달러 선물을 받아본 부부들은 정말 고마웠다고 우리에게 꼭 인사를 했다.

아이러니하게도 맨 처음 에릭과 일대일로 만난 자리에서 내가 제안했던 것과 같은 최초의 이사진 개발 프로그램들이 바로 고전적인 감자튀김의 순간임이 밝혀졌다. 에번 비텐버그(Evan Wittenberg, 당시 우리 학습 팀원이었고 지금은 온라인 자료 저장 회사인 피플앳박스People at Box의 인사 담당 전무다), 폴 러셀(Paul Russell, 우리 학습 팀의 초기 책임자였는데, 지금은 은퇴했다) 그리고 캐런 메이(당시에 컨설턴트였으며, 지금은 인력개발 담당 상무다)이 2007년에 구글 최초의 '고급 리더십 실습' 프로그램을 만들었을 때 엄청나게 말들이 많았다. 당시 구글은 기술, 판매, 재무, 법무 등 기능별로 조직되어 있었고, 이 기능별 집단 사이에서는 특별한 일이 없는 한 서로 교류가 없었다. 각 집단의 책임자 대부분은 각 기능별로 누가 핵심적인 인물인지 알았으며 도움이나 협의가 필요할 때면 그때그때 손을 내밀 수 있었다. 따라서 서로 다른 집단에 속해 있는 사람들을 단일한 교육 프로그램으로 불러들여 서로 어울리게 할 필요성을 느끼지 않았다. 그리고 각 집단의 책임자들이 사흘씩이나 중요한 업무 현장을 비워가면서(그 교육 프로그램은 사흘 과정이었다) 교육을 받아야 할 정도로 교육 자체를 중요하게 여기지도 않았다. 그러니 이 프로그램을 처음 제안했을 때 엄청나게 시끄러울 법도 했다.

구글 직원의 수가 2만 명 선을 돌파한 2008년 말 무렵이 되자 구글의 각 집단을 대표하는 책임자들이 누가 누구인지 서로 알아볼 수 없을 정도로 회사의 규모가 커졌고, 그 바람에 이 교육 프로그램을 통한 교류는 반드시 필요한 과정이 됐다. 에번, 폴 그리고 캐런은 회사가 이 프로그램을 필요로 하기 2년 전에 이미 이 프로그램이 필요하다는 것을 알아차렸던 것이다. 덕분에 그 2년간 프로그램을 충분히 다듬었고, 실제로 절실하게 필요한 시점에 최대한의 효과를 거두었다. 사람들은 우리에게 이 프로그램은 자기가 경험한 어떤 것보다도 결정적이고 중요한 역량 개발 프로그램이었다고 침이 마르도록 칭찬했다.

자기만의 감자튀김 순간들을 만들어내겠다고 생각할 때 명심해야 할 게 있다. 아무리 힘들게 그런 순간들을 만들어도 고맙다는 말을 듣기 어렵다는 점이다. 어떤 문제를 회피해 칭찬을 받는 경우는 거의 없다. 정치에서 "내가 제안한 정책이 없었더라면 이번 불경기는 훨씬 더 고통스러웠을 것이란 말이오!"라고 아무리 고함쳐봐야 점수를 딸 수 없는 것과 마찬가지다. 그러나 본인은 알고 또 그 일을 추진한 팀은 알 것이고 당신 회사는 더 잘 굴러갈 것이다. 그리고 직원들도 한결 더 행복해하고 만족할 것이다.

이렇게 해서 일단 '기대'라는 이름의 층을 올라서면 인적자원 열반의 단계에 도달한다. 직원에게 이것은 구글 건물의 앞마당을 발길 닿는 대로 걸을 때처럼 편안한 기분을 느낄 수 있다는 뜻이다. 매력적인 사람들과 인터뷰를 하고, 환대를 받으며, 도움이 되는 사람들을 만난 덕분에 불과 몇 주 만에 한층 더 생산적인 사람으로 바뀌고, 수많은 기회들이 자기 앞에 펼쳐지므로 하루하루가 끝없는 놀라움의 연속이 될 것이다. 이 길을 따라가다 보면 당신은 점점 더 나은 리더가 되고 또 기업가가 된다. 구글 직원에게 인적자원 열반이란 이런 것이다. 한편 보이지 않는 장막 뒤에서 피플오퍼레이션 부서는 그런 경험을 미리 꼼꼼하게 점검하면서, 당신이 길을 걸어갈 때 아무것도 발에 채이지 않도록 그 길에 굴러다니는 돌멩이를 깨끗하게 치운다.

자료를 바탕으로 미래를 예측하라

여기까지 읽은 독자라면 자료를 바탕으로 작업하는 것이 우리가 피플오퍼레이션 부서를 만들고 운영하는 방식의 핵심 요소임을 알았을 것이며, 이 사실을 알고 깜짝 놀랐을 것이다. 우리는 아주 작은 일부터 시작했다. 우리의 인간 분석 팀은 내가 서로 다른 집단에 있던 세 사람에게(각각 직원 채용 부서, 복리 후생 부서, 운영 부서에서 일했다) 힘을 합치고 의견을 나눠보라고 지시한 데서부터 시작됐다. 이들은 처음에 썩 내켜하지 않았고 다른 사람의 영역에 관심을 갖지도 않았다. 그러나 곧 운영 분석가는 다른 두 사람에게 프로그램 짜는 법을 가르치기 시작했고, 직원 채용 분석가는 다른 두 사람에게 고급 통계 기법을 가르치기 시작했다. 이렇게 세 사람은 오늘날 우리 분석 팀의 기초를 닦았다.

인사 분석과 보상 담당 상무인 프라사드 세티는 직원 감축을 구체적인 사례로 들어 분석 팀은 단순한 묘사에서 치밀한 분석으로 그리고 통찰에서 예측으로 진화한다고 설명했다.

대부분의 회사가 다 그렇지만, 겉으로 보기에는 쉬울 것 같은 질문이지만 이런 질문과 관련된 보고서를 작성하기란 매우 어렵다. 예를 들면 "그만두겠다고 해놓고선 아직도 계속 다니는 사람이 누구지?"나 "우리 회사에는 직원이 몇 명이나 있지?"와 같은 질문이 그렇다. 심지어 "우리 직원은 다 어디에 있지?"와 같은 질문도 있다. 직원 관련 자료는 복수의 컴퓨터 시스템에 축적되어 있지만, 각각의 시스템은 자료를 서로 다른 주기로 업데이트하고 있어 이 시스템들끼리 서로 소통되지 않을 수도 있다. 연봉 지급 시스템은 세금 납부와 관련해 직원들의 주소지가 어디인지 알아야 하지만, 이 주소지는 실제로 직원이 일하고 있는 곳과 다를 수 있다. 예컨대 영국인 직원이 뉴욕으로 출장을 가서 두 달 동안 머무는 경우 이런 문제가 발생한다. 심지어 '현재 직원들'과 같은 기본적인 개념의 정의조차도 부서마다 다른 경우가 종종 있다. 예컨대 재무 팀에서는 한 주에 한 시간 이상씩 일하는 사람을 현재 직원으로 계산하는데, 복리 후생 팀에서는 적어도 반일제 이상 근무하는 사람만을 현재 직원으로 계산해서 복리 후생 수혜 대상으로 삼는다. 또 직원 채용 팀은 고용 제안을 수락하긴 했지만 아직 정식 출근을 하지 않는 사람까지도 현재 직원으로 계산하는데, 이렇게 할 때 자기들이 채용 목표를 얼마나 달성했으며 앞으로 가야 할 길이 얼마나 남았는지 보다 분명히 파악할 수 있기 때문이다.

그러므로 첫걸음은(이 첫걸음은 매우 크고 중요하다) 인사 관련 모든 자료의 기본적인 용어에 대한 정의를 합의하는 것이다. 이 과정을 거치고 난 다음에야 비로소 회사가 어떤 모습으로 보일지 정확하게 묘사할 수 있다. 분석과 통찰은 자료를 한층 더 잘게 쪼개 어떤 차이점들이 있는지 파악하는 문제다. 예를 들어 분석을 통해 직원의 재직연수가 길어질수록 이 직원이 회사를 떠나지 않고 남아 있을 가능성은 줄어든다는 점을 확인할 수 있다. 이런 점은 흥미롭기는 하지만 몰랐던 사실을 새롭게 알려주지는 않는다. 시간이 흐르면 보다 많은 직원이 회사를 떠난다는 건 누구나 아는 사실이다. 그런데 비슷한 집단을 놓고 어떤 요인 때문에 어떤 사람은 회사에 오래 다니고 어떤 사람은 일찍 회사를 나가는지 비교하면 몰랐던 사실을 알아낼 수 있다. 예컨대 회사에 신입 영업직원이 있다고 치자. 성과와 급여와 직급이 다른 직원과 같다고 할 때 이 사람이 일찍 회사를 나갈지 혹은 오래 회사에 남아 있을지 결정하는 가장 큰 요인은 승진이다. 6년이 지나도록 승진 발령을 받지 못한 사람은 반드시 회사를 떠난다고 장담할 수 있다.

이런 통찰로 무장할 때 미래를 예측할 수 있다. 어떤 직원의 승진이 다른 직원에 비해 늦을 경우 이 직원이 회사를 떠날 가능성은 매우 높다. 여기서 그치지 않고 보다 정교한 분석을 하면 그 직원이 회사를 떠날 가능성이 확률적으로 얼마나 더 높은지 알 수 있고, 이런 일이 일어날 가능성이 가장 높은 시기는 그 직원이 입사 후 7분기나 8분기가 지났을 때라는 것도 알 수 있다. 이런 것들을 알고 있을 때 인사 담당자는 적절한 행동을 취할 수 있다.

구글도 몇 년 전까지 그랬는데, 대부분의 회사는 승진한 직원에게는 축하를 해주지만 승진하지 못한 직원에게는 그 어떤 조치도 취하지 않는다. 엄청나게 화가 나 있을 직원을 찾아가서 앞으로 어떻게 하면 개인적인 성장을 할 수 있을지 얘기를 나누는 데 드는 시간이라고는 기껏해야 한두 시간밖에 되지 않는데, 이런 일을 하지 않는다는 건 정말 미친 짓이다. 승진 심사에서 탈락한 직원이라면 누구나 회사로부터 위로와 격려를 받고 싶어 한다. 그들을 위로하고 격려하는 것이 절차적으로 옳은 일이다. 이렇게 할 때 승진 탈락자는 승진 절차가 공개적이고 정직하다는 점을 받아들이기가 한결 쉬워진다. 또한 회사는 새로 직원을 뽑아서 교육하고 이전에 있던 직원만큼 일할 때까지 감수해야 하는 생산성 하락의 피해를 입지 않아도 되니 얼마나 좋은가. 아울러 어떤 직원이 경력과 관련해 위기를 맞는 시기에 현재 일어나고 있는 일들을 그 직원에게 이해시키고 또 전화위복의 계기로 삼도록 도움을 줄 수 있으니 이 또한 얼마나 좋은가.

이런 역량을 갖추기까지 시간이 걸리기는 하지만, 회사의 규모와 상관없이 일단 이런 일을 시작하기는 그리 어렵지 않다. 우선 작게라도 시작하라. 이제 막 학위를 받은 조직심리학이나 심리학 혹은 사회학을 전공한 박사급 직원 한두 명을 채용하라. 아니면 재무 부서나 운영 부서에 있는 직원에게 이 업무를 맡겨 당신이 추진하는 이런 종류의 프로그램이 효과를 발휘할 수 있음을 입증할 수도 있다. 명심해야 할 것은, 이런 일을 전담할 직원은 통계학에 능해야 하며 인사 관련 문제에 호기심을 갖고 있어야 한다는 점이다.

황당하기 짝이 없어 보이는 발상도 문을 활짝 열고 받아들여라. 당신이 선뜻 '오케이'라고 말할 수 있는 어떤 길을 찾아라. 혁신의 궁극적인 원천은 회사의 전 직원이다. 구글가이스트는 수십만 건의 발상과 의견을 생성하며, 구글 직원은 자기가 일 년 내내 생각한 것을 스스럼없이 우리에게 말해준다. 동성애자 부부가 추가로 부담해야 하는 소득세를 회사가 보전해주는 정책과 아동보육센터 그리고 이런저런 명상 강좌 등과 같은 구글의 중요한 제도들은 모두 직원에게서 시작됐다.

그런 다음에 실험을 하라. 회사의 규모가 커서 유리한 점 중 하나는 수집한 정보를 갖고 이런저런 시도를 해볼 수 있는 기회가 상대적으로 더 많다는 것이다. 구글에는 약 5만 명의 직원이 있으므로, 이들 가운데 200명 혹은 2,000명을 추려 여러 가지 발상을 어렵지 않게 시험해볼 수 있다. 앞서 7장에서도 언급했지만 우리는 기존의 성과 관리 제도를 바꿀 때 우선 수백 명을 대상으로 1차 시험해본 다음 다시 범위를 5,000명으로 확대해 2차 시험을 했으며, 그런 다음에야 비로소 새로운 성과 관리 제도를 전 직원으로 확대해 적용했다. 다섯 명 혹은 열 명의 적은 인원을 대상으로 실험한다 해도 실험을 아예 하지 않는 것보다 낫다. 그렇지 않으면 다짜고짜 전 직원을 대상으로 실험을 할 수도 있는데, 이 경우에는 이런 변화 조치가 짧은 기간만(예컨대 한 달 동안만) 시험적으로 시행되는 것이며, 직원의 반응을 봐서 새로운 제도로 도입할지 아니면 없었던 것으로 할지 결정하겠다고 미리 충분히 알려야 한다. 어도비 최고인적자원책임자인 돈나 모리스는 어도비의 새로운 성과 관리 제도 실험을 진두지휘하고 있는데, 나는 성공 여부와 상관없이 이들의 시도에 박수를 보낸다.

과감하게 개선하라

지난 5년간 우리 구글은 연간 6퍼센트의 생산성 향상률을 기록하고 있다. 이것은 피플오퍼레이션 부서의 수많은 직원들이 측정한 수치인데, 이 수치가 그다지 커 보이지 않을 수도 있지만 전혀 그렇지 않다. 현재 우리는 직원 1인당 비용을 기준으로 볼 때 5년 전에 들였던 비용의 73퍼센트만 들여 그때보다 더 나은 품질로 서비스를 제공하고 있다. 우리는 지금 전체적으로 볼 때 예전보다 더 많은 돈을 들이고 있지만, 우리가 예전에 오늘날의 이만한 회사 규모에서 당연히 투자해야 한다고 생각했던 금액보다 훨씬 적은 금액을 들이고 있다. 우리는 두 번 이상 하는 행동은 사실상 모두 측정하고 있으며 또 시간이 흐르면서 이 모든 행동은 개선됐다.

우리는 아웃소싱의 종류나 규모 그리고 컨설턴트 수를 늘리지 않고서도 이런 일을 해냈다. 사실 우리는 점점 더 많은 서비스를 회사 안에서 해결했는데, 여기에는 두 가지 좋은 점이 있다. 첫째, 대개는 비용이 상대적으로 적게 든다. 특히 직원 채용이나 교육 같은 분야에서 더욱 그렇다. 둘째, 여러 절차나 과정을 회사 안에서 관리함으로써 엄청나게 유용한 정보를 수집할 수 있게 됐다. 예를 들어 직원을 채용할 때 우리는 각각의 채용 담당자가 지원자를 만나서 얻은 정보를 따로 모아두는 중앙 시스템을 운영하고 있는데, 이 경우 과거에 우리에게 등을 돌렸을 수 있는 지원자와 다시 연결하기가 한층 더 쉬웠다. 또한 우리는 예컨대 어떤 지원자가 면접장에 들어설 확률을 조금이라도 높여볼 생각으로 세 개의 이름으로 제각기 다른 이력서를 제출했을 경우 이런 사기성이 있는 지원자를 쉽게 가려낼 수 있는 특정한 패턴도 알게 됐다.

'제대로 작동하는 인적자산'과 마찬가지로 인적자원 부서 혹은 이 부서와 같은 수준으로 분명한 목적을 갖고 있으며 지속적으로 개선을 하고 회사 내의 다른 부서들까지도 덩달아 혜택을 볼 수 있는 신뢰성을 갖춘 팀을 운영할 때, 당신의 회사는 그만큼 더 믿을 만한 회사로 탈바꿈할 것이다.

전혀 새로운 방식으로 팀을 편성하라

솔직히 말해 사람들은 대개 인적자원 관리를 최고의 직무로 여기지 않는다. 2012년에 나는 스탠퍼드대학 경영대학원에서 프랭크 플린과 함께 강의한 적이 있는데, 이때 MBA 과정의 어떤 여학생을 만났다. 졸업하고 나서 인적자원 분야로 진출하고 싶다는 꿈을 가진 학생이었다. 이유는 자기가 '사람을 좋아하기 때문'이라고 했다. 그런데 알고 보니 MBA 과정의 수백 명 중 이 분야를 지향하는 사람은 그 학생이 유일했다. 나는 농담 반 진담 반으로 "아마도 학교 당국이 집단의 다양성을 확보하려고 당신을 선발했나 보다"라고 말했다. 인적자원 분야의 리더나 팀으로 강력한 존재감을 과시하는 모범적 사례들은 분명 존재하지만, 그 학생 또래의 젊은 사람들 사이에서는 이 분야가 그다지 인기가 없다. 어릴 때는 누구나 소방관이나 의사, 우주비행사가 되고 싶어 할 뿐이다. 어릴 때 인사 관리 분야에서 일하는 것을 꿈으로 삼은 사람은 아마 아무도 없을 것이다.

나는 인적자원 분야에는 재능을 가진 사람들이 적절하게 배치되어 있지 않은 게 아닐까 하고 생각한다. 그래서 정말 재능이 많은 사람 그리고 재능 많은 다른 사람과 함께 일하고 싶어 하는 사람은 이 분야를 꺼리는 악순환이 이어지는 게 아닐까? 너무도 많은 회사에서 인적자원이라는 분야는 훌륭한 재능을 가진 사람들이 자기 자리를 찾을 때까지 잠시 머물다 가는 곳으로 이용된다. 비록 대부분의 인적자원 전문가들은 생각이 깊고 열심히 일하지만, 우리는 이 분야 동료들을 경영진의 시선이 머물지 않는 곳에서 유유자적하면서 성과를 거의 내지 않는 특별한 능력을 가지고 있는 사람쯤으로 인식하는 경향이 있다.

물론 이런 사람이 있긴 하다. 2004년에(내가 이렇게 굳이 연도를 밝히는 것은 계산자나 계산기의 시대가 아니었음을 말하기 위이다) GE에 그런 동료가 있었다. 이 여성은 상사에게 보낼 스프레드시트를 준비하고 있었고, 나는 그녀에게 어떤 사람의 연봉을 10만 달러에서 10만 6,000달러로 조정하라고 조언했다. 그러지 그녀는 해당 칸에 '100'이라고 입력한 다음 그 아래 칸에 106이라고 입력했다. 그런 다음에 계산기를 꺼내들고는 106을 100으로 나누고 결과값을 보더니 '6퍼센트 인상'이라고 입력했다. 그녀는 간단한 암산을 하지 못했을 뿐 아니라 스프레드시트에 계산기 기능이 있다는 사실도 알지 못했다.

이처럼 우리는 전문 분야 내에서도 두 개의 꼬리가 있음을 명심하고 매의 눈으로 관찰하고 또 행동해야 한다. 점점 더 많은 회사에서 다른 부서에서 일하던 사람을 인적자원 부서의 책임자로 앉히는 이유를 이 여성의 얘기가 설득력 있게 설명한다. 유통업체 타깃의 최고인적자원책임자 조디 코즐락Jodee Kozlak은 최근 물류업체 UPS에서 최고인사책임자로 일하다 은퇴한 앨런 힐Allen Hill과 마찬가지로 법률을 전공했으며 변호사 자격증을 갖고 있다(두 사람 다 나의 친구이며 또 자기 분야에서 탁월한 역량을 발휘했다). 마이크로소프트의 최고인적자원책임자인 리사 브루멀Lisa Brummel은 제품 관리 분야에서 잔뼈가 굵었으며, 이베이의 베스 액설로드Beth Axelrod는 컨설턴트였고, 빅데이터 업체인 팰런티어 테크놀로지Palantir Technologies의 마이클 롭Michael Lopp은 엔지니어 출신이다. 이는 CEO들이 인적자원 분야에서 찾아보기 어려운 사업 중심적 성향과 분석적 역량을 갖춘 사람을 인적자원 분야의 책임자로 두려고 하기 때문이다.

구글에서 피플오퍼레이션 부서는 전통적인 방식에서 벗어난 이른바 '3분의 3 모델'을 적용해 직원을 충원함으로써 전혀 다른 구성의 팀을 만들었다. 피플오퍼레이션 부서의 정원 가운데 전통적인 인적자원 분야에서 잔뼈가 굵은 사람의 비율은 3분의 1을 넘지 않는다. 이 사람들이 갖고 있는 핵심적인 인적자원 관련 전문성은 다른 것으로 대체할 수 없을 정도로 우리에게 반드시 필요한 덕목이다. 아울러 이들은 새로 임명된 관리자가 성과가 낮은 직원 집단을 적절하게 지도해 성과를 높이도록 만들기 때문에 힘들어하는 팀과, 새로 임명된 관리자가 무능해서 힘들어하는 팀 사이의 차이점을 감지하는 것과 같은 특정한 패턴을 파악하는 데 탁월하고, 조직의 모든 직급에서 강력한 인간관계를 구축하며 또 탁월한 감성지능을 갖고 있다.

또 피플오퍼레이션 부서 직원의 3분의 1은 컨설팅 업무에 종사하던 사람들, 특히 인적자원 분야 컨설팅이 아니라 일류 전략 컨설팅 업무를 하던 사람들로 채운다. 나는 전략 컨설턴트를 선호하는데, 이들은 사업이라는 개념을 깊이 이해하며, 어려운 문제에 접근하는 방법과 이 문제의 해결책을 파악하는 데 탁월하기 때문이다. 우리는 실무자로 일했던 사람들에게서 인적자원 분야의 전문성을 이끌어내는데, 굳이 컨설턴트들을 대상으로 이중으로 그렇게 할 필요성을 느끼지 못한다. 컨설턴트는 소통에 강하지만, 우리는 감성지능을 특히 중요한 요소로 생각하기에 이를 기준으로 직원을 선발한다. 나도 컨설턴트였으므로 컨설팅회사는 지능지수IQ를 먼저 보고 감성지수EQ를 그다음에 본다는 사실을 자신 있게 말할 수 있다. 컨설팅회사로서는 합리적인 선택이겠지만, 우리 피플오퍼레이션 부서가 필요로 하는 사람은 문제를 해결할 수 있고 또 회사 전체의 광범위한 직원들과 깊은 감성적 관계를 구축할 수 있는 사람이다. 감성지수가 높은 사람은 인식 수준이 높아 상대적으로 덜 거만한 경향이 있다. 이런 덕목 역시 이들이 새로운 인간관계 속으로 큰 마찰 없이 녹아들어갈 수 있도록 도와준다.

마지막 3분의 1은 조직심리학에서 물리학에 이르는 분석적인 여러 학문 분야에서 적어도 석사 이상의 학위를 가진 매우 분석적인 사람들로 채워진다. 이들은 우리를 정확하고 정직하게 만들어준다. 이들은 우리가 하는 일을 높은 학술적 수준으로 유지해주며, 전체 팀 구성원에게 전통적인 인적자원 팀이라면 전혀 알 수 없는 여러 기법을 가르쳐준다. 예를 들면 프로그래밍 언어인 SQL이나 R을 사용하거나 직원 설문조사를 통해 수집된 질적 자료(양적 자료에 대응되는 용어로 원칙적으로 숫자로 표시될 수 없는 자료를 가리킨다 ─ 옮긴이)를 계량화하는 여러 방법을 구사하는 것과 관련된 기법이다.

이들 컨설턴트와 분석가는 또한 다른 많은 기업들 및 학술 기관들을 잘 알고 있어 우리 피플오퍼레이션 부서로서는 산업 관련 지식의 엄청난 원천이 되기도 하는데, 바로 이런 점이 우리가 하는 일에 날개를 달아준다. 어떤 점에서 보면 우리는 따로 컨설팅회사를 고용할 필요가 없다. 우리 안에 이미 그런 업체가 있기 때문이다.

당연한 얘기지만 그런 다음에 여러 집단 출신 직원들을 한데 뒤섞는다. 모든 직원은 전공 분야와 상관없이 모든 직무에서 일할 기회를 갖는데, 이런 과정을 거쳐 직원들은 하루하루를 보다 짜릿하게 보내고 경력이 한층 더 풍부해지며, 우리 팀은 더욱더 강력해지고, 우리가 만들어내는 프로그램이나 제도는 품질이 한층 더 좋아진다. 한때 컨설턴트로 일했던 주디 길버트Judy Gilbert는 직원 채용과 학습 분야를 맡았는데, 현재는 피플오퍼레이션 부서의 유튜브 및 구글 엑스 부분을 책임지고 있다. 우리 부서로 오기 전에 재무 부서에서 일했던 자넷 조Janet Cho는 지금 우리 부서에서 인수·합병 팀을 여러 차례 이끌었으며 현재 기술 관련 조직 쪽을 담당하고 있다. 낸시 리는 변호사였는데, 그녀가 피프오퍼레이션 부서에서 맨 처음 한 일은 수

전 워치츠키, 살라 카만가, 머리사 메이어 그리고 조너선 로젠버그와 협력해 제품관리 부서를 지원하는 팀을 이끄는 것이었는데, 지금은 회사 내의 다양성 증진과 교육 부분을 맡고 있다.

우리는 '3분의 3 모델'을 적용함으로써 최적의 역량을 충원한다. 인적자원 분야에서 잔뼈가 굵은 직원은 사람과 조직에 영향력을 행사하는 방법과 사람과 조직에서 나타나는 다양한 패턴을 포착하는 방법을 가르쳐주고, 전직 컨설턴트는 사업에 대한 이해도와 문제 해결 능력을 높여주며, 분석가는 우리가 하는 모든 것의 품질을 높여준다.

이 세 가지 재능을 적절하게 결합하지 않았더라면 이 책에서 소개한 수많은 성취들 가운데서 실제로 이뤄질 수 있었던 것은 거의 없었을 것이다. 기존의 인적자원 업무가 성공하지 못한 이유를 꼽자면 오로지 인적자원 분야를 전공한 사람들만으로 이 부서를 충원한 오류를 가장 먼저 들 수 있을 것이다.

피플오퍼레이션 부서에 소속된 모든 사람은 상당히 많은 공통점을 갖고 있다. 개개인이 모두 문제 해결 방면에 타고난 재능을 갖고 있다. 제각기 모두 지적인 겸손함을 갖고 있어서 자기가 틀렸을 가능성에 언제나 문을 열어두고 있으며 앞으로 더 배워야 할 게 많다는 것을 당연한 사실로 받아들인다. 그리고 한 사람 한 사람이 모두 엄청나게 성실하고 또 진실히며 구글의 동료 직원과 회사에 깊은 애정을 갖고 있다.

이들은 하나의 집단이면서도 이들 사이에는 엄청난 다양성이 존재한다. 피플오퍼레이션 부서에 속한 직원의 전체 모국어 수는 35개가 넘으며, 이들의 과거 직업도 프로 운동선수, 올림픽 경기 참가자, 세계기록 보유자, 퇴역 군인 등 매우 다채롭다. 민족, 종교, 성(性)적 취향, 신체 능력 등의 측면에서도 각양각색으로 전 세계와 모든 계층을 대표한다. 회사를 창업해본 사람도 있고, 티치포아메리카(Teach For America: 미국 전역의 우수한 대학 졸업생들을 선발하고 교육해 2년 동안 도시 빈민 지역의 공립학교에서 교사로 봉사하도록 파견하는 프로그램 ─ 옮긴이)와 같은 비영리단체에서 봉사 활동을 한 사람도 있고, 다른 기술 관련 회사에 다니다 합류한 사람도 있으며, 처음부터 지금까지 오로지 구글에서만 일한 사람도 있다. 피플오퍼레이션 부서에 합류하기 전에 어떤 사람은 프로그램 개발자였고, 어떤 사람은 영업직원이었으며, 어떤 사람은 재무 부서에서 일했고, 어떤 사람은 홍보 부서나 법무 부서에서 일했다. 심지어 어떤 사람은 인적자원 부서에서 일했다! 또 복수의 박사학위를 가진 사람이 있는가 하면 대학교 강의를 들어본 적이 없는 사람이 있고, 전체 가족을 통틀어 맨 처음으로 대학 교육을 받은 사람도 수십 명이나 된다. 이 집단은 매우 특별하며, 이 사람들과 함께 일할 수 있다는 것 자체가 하나의 특권이다.

하지만 처음에는 겨우 몇 사람만으로 시작했다. 그러나 높은 품질 기준을 설정하고 '3분의 3 모델'을 충실하게 적용한 결과 지난 9년여 세월에 걸쳐 특별한 것을 이룩해냈다. 당신도 이렇게 할 수 있다. 당신이 현재 갖고 있는 역량의 포트폴리오를 밝은 눈으로 평가하고 어느 부분에 당신의 강점이 있는지 그리고 어느 부분에서 당신의 특별한 점을 세울 수 있을지 파악하는 것이 출발점이다. 그다음은 당신이 누구를 채용해 함께 갈 것인가에 달렸다.

피플오퍼레이션(PO) 대 인적자원(HR)

쇼나의 작명 능력은 탁월했다. 우리가 피플오퍼레이션이라는 명칭을 사용하기 시작한 뒤로 이 명칭은 인적자원 부서의 인기 명칭이 됐다. 드롭박스, 페이스북, 링크드인, 스퀘어, 징가 그리고 무려 스무 곳이 넘는 회사가 이 명칭을 사용하고 있다.

최근에 나는 다른 기술 기업의 피플오퍼레이션 책임자를 만났는데, 이 사람에게 무엇 때문에 피플오퍼레이션이라는 명칭을 쓰느냐고 물었다. 그러자 그는 이렇게 대답했다. "그거요? 다들 인적자원 부서를 그렇게 부르잖아요. 그렇게 부르는 게 우리도 좋아요."

그 순간 내 심장의 일부가 무너지는 것 같았다. 물론 사람들은 자기가 원하는 이름을 무엇이든 붙일 수 있다. 그러나 전혀 다른 어떤 것, 더 낫고 특별한 것을 만들 기회를 놓치고 있다.

무엇보다도 피플오퍼레이션 부서에서 우리를 하나로 묶어주는 것은 회사에서 하는 일이 더는 힘들고 비참한 노동이 될 필요가 없다는 빛나는 전망이다. 사람을 고상하게 만들어주고 힘을 주며 흥분해서 열중하게 만드는 어떤 것이 될 수 있다는 믿음이다. 이것이 우리를 여기까지 오게 했다. 우리가 만병통치의 해법을 갖고 있다는 말이 아니다. 사실 우리에게는 해법보다 풀어야 할 숙제가 더 많다. 그러나 우리에게는 구글 직원에게 보다 많은 통찰과 혁신과 기대를 안겨주고 싶은 열망, 직원이 일을 경험하는 방식을 행복하게 바꿔주고 싶은 마음뿐이다. 그렇게도 많은 나라에서 구글이 일하고 싶은 직장 1위로 꼽힌다는 사실은 한편으로는 아찔하게 자랑스러우면서도 한편으로는 부끄럽다.

구글에서 함께 일하던 사람들 가운데 많은 사람이 구글을 떠나 구글에서 배운 것을 바탕으로 또 다른 매혹적인 직장을 만들어냈는데, 그 모습을 보는 것은 커다란 기쁨이었다. 조본의 최고인적자원 책임자 랜디 크나플릭, 핀터레스트Pinterest의 인사 책임자 마이클 디안젤로Michael DeAngelo, 우버의 인사 책임자 러네이 애투드Renee Atwood, 테슬라Tesla의 인적자원 책임자 암논 게슈리Amnon Geshuri 그리고 벤처 캐피털회사인 안드레센호로비츠Andreessen Horowitz의 파트너 캐롤라인 혼Caroline Horn 등이 그 주인공들이다.

한번은 어떤 직원이 내게 물었다. "만일 우리가 인사 관리의 비책을 모든 사람에게 말해버리면 그 사람들이 우리 것을 몽땅 베끼지 않을까요? 그러면 우리가 갖고 있는 우월적인 경쟁력도 사라지지 않을까요?" 나는 설령 그렇게 된다 해도 우리가 손해를 볼 건 없다고 말했다. "예를 들어 직원 채용을 더 잘한다고 해서 더 많은 사람을 뽑을 수 있는 것도 아닙니다. 어떤 사람이 회사에 들어와서 더 큰 성공을 거둘지 더 잘 파악한다는 뜻일 뿐이지요. 우리는 우리 회사에 들어와서 자기가 갖고 있는 역량을 최대한 발휘할 사람을 원하지, 다른 회사에서 일을 더 잘할 사람을 원하지 않으니까요."

우리 아닌 다른 어떤 회사에서 직원들을 힘들게 하는 일이 단지 어떤 목적을 위한 수단에 그치는 것이 아니라 자기 충족의 원천, 행복의 원천이 될 수 있다면? 우리 아닌 다른 회사에서 하루 일과를 끝낸 사람이 한층 더 활력이 넘치고 자기가 하루 동안 성취한 것을 자랑스럽게 여긴다면?

그러면 좋지 뭘.

Thanks to···

빈말이 아니라 래리 페이지와 세르게이 브린의 훌륭한 전망과 엄청난 야망 그리고 지지가 없었더라면 이 책은 세상에 나올 수 없었다. 이 사람들에게서 무언가를 배우고 또 이 사람들과 함께 일한다는 것은 특권이다. 구글이 얻은 소중한 교훈들을 세상에 알릴 수 있도록 기꺼이 허락한 두 사람에게 고마울 따름이다. 에릭 슈미트는 함께 회의를 할 때면 내게 늘 소중한 교훈을 가르쳐주었다. 복도에서 5분 동안 나누는 대화조차도 리더십 고급반 강좌를 모두 들은 것 같은 깊은 감동과 큰 깨우침을 준다.

조너선 로젠버그과 데이비드 드리먼드David Drummond 그리고 쇼나 브라운은 내가 구글에 입사한 뒤에 곧바로 진도를 따라잡게 도와주었으며, 나와 우리 팀을 당시에는 도저히 이룰 수 없을 것처럼 까마득하게 보이기만 하던 높은 기준 그러나 지금 돌이켜보면 구글에 꼭 필요한 기준으로 끌어올려준 고마운 분들이다. 앨런 유스터스, 빌 코프란, 제프 휴버, 우르스 휠츨레는 내게 늘 시간과 통찰을 넉넉하게 나눠준 분들이다. 패트릭 피체트는 출퇴근할 때는 말할 것도 없고 온갖 아이디어들을 짜낼 때 늘 내게 위대한 동반자였다. 그리고 수전 워치츠키, 살라 카만가, 스테이시 설리번, 머리사 메이어, 오미드 코데스타니는 바닥에서부터 지금의 위치에 오르도록 만들고 또 구글의 기업문화를 이뤄냈는데, 이런 점에서 나는 이분들에게 큰 빚을 지고 있다. 그리고 또 빌 캠벨Bill Campbell과 켄트 워커의 지혜로운 조언과 지도가 없었다면 지금까지 수많은 나날들을 헛되이 보내고 말았을 것이다.

다음에 말하는 구글 직원 세 명은 책을 쓰는 일은 개인적인 시간을 다 쏟아부을 만한 가치가 있다고 생각할 정도로 헌신적이었다. 애니 로빈슨Annie Robinson의 예리한 언어 능력과 연구조사, 캐스린 데카스의 탁월한 분석력, 젠 린Jen Lin의 안목과 명쾌함이 없었더라면 역시 이 책은 세상에 나올 수 없었다. 그리고 나와 피플오퍼레이션 부서를 지지하면서 보내주었던 한나 차의 그 모든 성원에 고맙다는 말을 다 하려면 또 한 권의 책을 써야 할 정도다. 그녀가 없었더라면 내 일과 생활은 재앙이 되고 말았을 것이다. 또 내게 지원과 조언을 아끼지 않았던 고마운 분들을 일일이 열거하면 다음과 같다. 아나 프레이저, 테사 폼파, 크레이그 루벤스, 프라사드 세티, 수닐 찬드라, 벡키 부치치, 캐리 파렐, 마크 엘런 보겐, 스콧 루빈, 에이미 램버트, 앤디 힌튼, 카일 키오, 레이철 웨트스턴, 로렌 투힐. 모두 고맙다.

저술가인 켄 디치월드Ken Dychtwald는 세계 최고의 에이전트인 아만다 어번 Amanda Urban 을 만나보도록 용기를 북돋아주었다. 빙키가 보내준 지지와 아이디어와 용기는 더할 나위 없이 소중했다. 고맙게 생각한다. 아울러 친절하게도 우리를 소개해준 켄 올레타에게도 고마운 마음을 전한다.

내가 여러 시간에 걸쳐 썼던 것보다 훨씬 나은 이메일을 쓰고 또 보내준 코트니 호델은 늘 격려의 말을 준비해두고 있었던 보석 같은 편집자였다. 이 책을 재미있게 읽은 독자라면 그에게 고마워해야 한다. 만일 재미가 없었다면, 그 책임은 전적으로 그녀의 말에 제대로 귀를 기울이지 않은 내게 있다. 처음으로 책을 쓰는 이 초짜 저술가와 모험을 해준 출판사 트웰브 Twelve 의 숀 데스먼드와 뎁 퍼터에게도 고맙다는 인사를 전한다. 제발 이 모험이 성공해주길! 〈뉴요커〉의 명징한 산문은 아침마다 글을 쓰기 전에 훌륭한 정신적 준비운동이 되어줬다. 모든 사람이 종이에 찍힌 활자로 읽어야 하는 최고의 잡지라고 나는 생각한다.

이 책의 초고를 가지고 나는 많은 친구를 괴롭혔는데, 이 친구들도 모두 고맙다. 크레이그 비다와 조엘 아우프레히트 그리고 애덤 그랜트는 피드백을 해주느라고 아마도 내가 쓴 원고량보다 더 많은 글을 썼을 것이다. 케이드 매시와 에이미 브제스니예프스키는 이 책에서 소중하게 활용된 훌륭한 제안들을 해줬다.

거스 매터먼은 온갖 생각들이 뒤죽박죽이던 것을 깔끔하고 일관성 있는 원고로 매끈하게 다듬어주었고 참신한 발상을 떠올리도록 도와주었다. 고맙다. 아울러 이 자리를 빌어 존 버센버그와 크레이그는 내게 누구보다 좋은 친구임을 고백한다.

두 분 부모님은 오로지 내게 자유를 주기 위해 그 모든 위험을 무릅썼다. 내가 이룩한 모든 것은 이분들이 루마니아를 탈출하겠다고 용기를 낸 순간부터 그리고 그 뒤로 오랜 세월 동안 쉬지 않고 일하고 또 나를 뒷바라지한 날들부터 시작됐다. 그리고 처음부터 내 곁을 지켜준 스티브도 고맙다. 내가 그를 필요로 할 때면 언제나 내 곁에 있어 줄 것임을 잘 안다. 모두 고맙다.

인생을 살면 두 개의 가족이 생긴다. 하나는 세상에 태어나면서 저절로 맺어지는 가족이고 또 하나는 본인이 선택한 가족이다. 게리 앤이 나를 선택해 자기 가족으로 맞아준 것을 보면 나는 세상에서 제일 운이 좋은 남자다. 아내를 만난 뒤로 내 인생은 하루하루가 최고의 나날들이었다. 아내와 딸들은 이 책을 쓰는 동안 내가 밤과 주말에 원고와 씨름하도록 나를 놓아줬다. 고맙다. 나는 다른 어떤 것보다 다른 누구보다 아내를 사랑한다. 그렇기에 아내와 온전하게 함께 보낼 수 있는 돌아오는 주말을 조바심 속에서 즐겁게 기다린다.

마지막으로 날마다 함께 일하는 구글의 훌륭한 동료들 그리고 놀랍고도 놀라운 우리 피플오퍼레이션 부서의 팀원들에게 고맙다는 말을 전한다. 예전에도 여러 번 말했지만 앞으로도 이 말을 계속할 것이다. "당신들과 함께 일하고 또 당신들에게 배우며 힘을 합해 무언가를 만들어낼 수 있다는 것을 나는 내게 주어진 놀라운 특권이라고 생각합니다. 이 세상에서 우리 피플오퍼레이션 부서만큼 좋은 팀은 없습니다. 당신들과 함께하는 즐거움은 멋진 선물입니다."

구글의 인사는
관리가 아니라 과학이다

벌써 15년 전의 일이다. 이직을 계획하던 나는 모 컨설팅회사의 임원과 면접을 보게 됐다. 그 회사는 국내 유수 그룹의 일원으로 그룹 계열사들을 대상으로 컨설팅 서비스를 제공하는, 이른바 '인하우스 컨설팅회사'였다. 임원은 내게 물었다.

"우리 그룹의 핵심역량은 뭐라고 생각합니까?"

고백하자면 나는 그 회사를 들어가도 그만 안 들어가도 그만이었다. 당시 다니던 컨설팅회사에서 나름대로 자리를 잡았고 파트너로 승진하겠다는 당찬 포부까지 가졌던 터였다. 그저 나의 '시장 가격'이 어느 정도인가를 테스트해보려는 요량으로 헤드헌팅회사의 면접 제안을 수락했다. 나는 거침없이 대답했다.

"핵심역량이라고 할 만한 게 있습니까? 이렇게 규모가 커진 건 정치적인 이유 때문이 아니었습니까? 어쩌면 정치적인 상황을 잘 활용한 걸 핵심역량이라고 볼 수 있겠군요."

임원은 당황한 표정을 감추려 애쓰면서 다음 질문으로 넘어갔다. 결과는 어땠냐고? 당연히 떨어졌다. 그래도 내심 2차 면접까지는 가길 원했던 나는 조금 섭섭했지만 "채용되어 일하게 되면 고객과의 관계에서 문제가 발생할 거라고 판단한 것 같다"는 헤드헌터의 말을 듣고 서운한 마음을 싹 비워냈다.

이 책을 감수하면서 15년 전의 일이 새삼 떠오른 까닭은 구글이라면 내 당돌한 답변을 어떻게 받아들였을까 하는 궁금증이 생겼기 때문이다. 구글이었다면 면접관으로 하여금 자신의 의견을 꼼꼼히 기록하게 한 후에 다른 면접관이 그 기록을 보며 재차 판단하게 했을 터이고 무엇보다 단 한 번의 인터뷰로 나를 불합격시키는 일은 결코 없었을 것이다. 내가 적임자가 아니었더라도 말이다.

저자가 소개하듯이 구글의 면접 과정은 매우 천천히, 오랜 시간에 걸쳐 이뤄진다. 면접관 한 사람의 판단으로 우수인재를 놓치거나 형편없는 지원자를 뽑게 되는 실수를 막기 위해 심사숙고한다. 구글이 '자기복제 재능 머신'을 창조하고 계속 진화를 거듭하는 까닭은 남들은 모르는 특별한 비법이 있어서가 아니라 달팽이처럼 느린 속도로 인재를 거르고 또 거르는, 그래서 때로는 지원자를 지치게 만드는 우직한 방법을 고수하기 때문이다. 업무가 마비되는 한이 있어도 적임자를 찾을 때까지 수십 번의 면접을 마다하지 않는다. 많은 기업이 구글의 '피플오퍼레이션 People Operations' 비법을 알아도 못 베끼는 첫 번째 이유가 여기 있다. 업무가 시급하다는 이유로 헤드헌팅 회사에 의존하고 두세 번의 면접으로 적당한 역량과 경력을 갖춘 사람을 서둘러 뽑는 게 대부분의 기업의 현실이다.

구글은 절대 추측하거나 예단하지 않는다. 새로운 인사 제도나 규정을 만들 때 반드시 실험을 하고 그 결과를 따른다. 의학계에 '근거 중심 의학'이란 말이 있듯이 구글은 '근거 중심 인사'를 실천한다. 구글의 '인사 실험법'은 알고 보면 아주 간단하다. 여러 조건이 동일한 두 개의 그룹을 선정한 다음 한쪽 그룹에는 아무런 조치를 취하지 않고 다른 한쪽 그룹에는 특정한 조치를 취해 두 그룹 간에 어떤 차이가 있는지 살피는 것이다.

이 책에서 소개하는 인사 실험의 백미는 '관리자의 자질은 팀 성과에 아무런 영향을 끼치지 않는다'라는, 직원들 사이에 널리 퍼진 미신을 깨뜨렸다는 데 있다. 최고의 관리자와 함께 일하는 직원들은 최악의 관리자를 모시는 직원들에 비해 좋은 성과를 거두고 이직률도 낮았기 때문이다. 어떤 직원이 사직서를 낸다면 그건 회사를 떠나는 게 아니라 나쁜 관리자를 떠나는 것임을 구글은 엄밀한 실험과 분석을 통해 규명했다.

구글의 인사는 관리가 아니다. 과학이다. 이 점이 구글의 피플오퍼레이션 운영 비법을 알아도 실천하지 못하는 두 번째 이유인데, 많은 기업들이 그 특성상 인사는 계량적인 관리가 어렵다고 간주하는 탓에 데이터 수집과 분석을 외면한다. 그래서 고된 과제를 끝낸 직원들을 격려하기 위해 선물을 줘야 하는지 아니면 그만큼의 돈으로 줘야 하는지 결정하기가 어렵다. 사실 의미를 기억하는 데 선물이 돈보다 효과적임을 밝힌 구글처럼 정량적 데이터를 바탕으로 한 실험 한 번이면 논란은 깨끗이 정리될 것이다. 이런 실험과 면밀한 데이터 분석이 가능한 이유는 피플오퍼레이션 부서를 전혀 새로운 방식으로 편성한 데 있다. 독특하게도 구글은 인사에 잔뼈가 굵은 사람뿐 아니라 전략 컨설턴트 출신과 수학, 물리학, 심리학 등 여러 학문 분야에서 석사 이상의 학위를 가진 사람을 팀원으로 발탁한다.

구글은 학계의 연구를 활용하는 데서도 앞서간다. 베스트셀러 《넛지》를 읽은 리더들은 많겠지만 정책 실행에 실제로 응용한 리더들은 그리 많지 않을 것이다. 구글은 직원들이 자신도 모르게 좀 더 건강에 좋은 음식을 찾도록 만들기 위해 다양한 방식의 넛지를 실험했다. 식당의 접시 크기를 작게 한다든지 사탕이나 초콜릿 같은 식품은 불투명한 용기에 담는다든지 하는 조치는 정밀한 실험 과정을 거쳐 시행됐다.

심리학자 매슬로의 욕구단계설을 토대로 '라즐로의 피라미드'라고 불리는 인사의 지향을 명확하게 설정한 부분을 읽으며 나는 저자에게 존경심마저 갖게 됐다. 구글에서는 좋은 책을 읽는 데 그치는 게 아니라 직원을 행복하게 만들고 성과를 높이는 실천적 지혜로 삼는다. 이것이 구글의 피플오퍼레이션 비법을 알아도 행동으로 옮기지 못하는 세 번째 이유가 아닐까?

이 책에서 독자의 관심이 가장 집중되고 논란을 일으킬 만한 내용은 보상 부분이 아닐까 싶다. 구글은 공정한 보상에 의문을 제기한다. 저자는 우수인재가 보통인재 몇 사람분의 일을 해낸다면 우수인재에게 몇 사람분의 연봉을 지급하는 게 공정한 보상이라고 주장한다. 우수인재가 회사를 나가는 까닭은 그가 올린 성과에 비해 보상이 턱없이 낮기 때문이라고 말한다.

'내부 공정성'을 이유로 우수인재라 할지라도 그저 보통인재보다 조금 더 많이 보상을 해주는 기업들은 소위 '중간에 치고 들어오는' 경력사원들에게는 높은 연봉을 약속하는 치명적인 오류를 범한다. 그 우수인재가 자신의 가치를 온전히 보상받을 방법은 회사를 그만두는 것뿐이다.

모 컨설팅회사와의 면접 후 프로젝트를 연달아 수행하느라 정신없던 차에 나는 새로 입사한 동료의 책상을 지나다 보지 말아야 할 것을 보고 말았다. 그것은 연봉 계약서였다. 거기엔 동료가 받기로 한 연봉 액수가 선명하게 적혀 있었다. 당시 내가 받던 연봉의 1.5배에 달하는 금액이었다. 헛웃음이 나오더니 급기야 분노가 치밀었다. 그 동료는 컨설팅 경력도 없고 현업 경험도 전무한 초보였다. 내가 적극적으로 이직을 계획한 것은 그때부터였고 6개월 후 나는 다른 회사로 옮겨갔다. 물론 그 동료보다 더 많은 연봉을 받기로 하고.

구글은 동일 업무, 동일 직급이라 해도 성과의 차이에 따라 보상에 확실하게 차등을 둔다. 아마도 내부 공정성이란 올가미에 묶인 기업들은 이러한 구글의 피플오퍼레이션 비법을 알아도 실천하지 못할 것이다.

감수를 위해 원고를 읽어가던 내 눈에 처음부터 거슬렸던 말은 '피플오퍼레이션'이란 단어였다. 그냥 '인사관리' 혹은 '인적자원 관리'라고 하면 될 것을 왜 피플오퍼레이션이라고 했을까? 이런 의문은 책을 읽어가면서 차차 해소됐다. 많은 사람들이 '피플오퍼레이션'을 '사람을 운영한다'라는 뜻으로 해석하겠지만, 나는 '사람이 운영한다'라는 뜻으로 봐야 한다고 생각한다. 직원뿐 아니라 그들 가족의 행복을 함께 염려하며, 직원의 기대를 앞서 발굴해 만족시켜주기 때문이다. 하루하루를 끝없는 놀라움의 연속으로 만들어주고, 결국 직원이 '인사의 열반'에서 자신의 역량을 말 그대로 마음껏 '운영'하도록 돕는다. 이것이 바로 구글이 추구하는 인사의 역할이다.

인사 분야의 컨설턴트이다 보니 '선진 기업의 사례'를 들려달라는 요청을 자주 받는다. 그때마다 난감하다. 내부의 비밀을 어떻게 공개할 수 있겠는가? 하지만 이제 더 이상 다른 곳에서 사례를 구하지 말고 이 책을 읽을 것을 추천하는 바다. 인사 담당자들의 숱한 고민들을 구글 역시 했고 독창적인 해법으로 이미 좋은 성과를 거뒀으니까 말이다.

이 책을 보며 가장 놀란 것은 구글이 자신들의 비결을 매우 상세히 공개했다는 사실이다. 일찍이 이런 책은 본 적이 없다! 그러니 구글의 피플오퍼레이션 비법을 알고도 못하는 실패를 더 이상은 반복하지 말기 바란다.

유정식

1 미국노동통계청, "Charts from the American Time Use Survey," last modified October 23, 2013, http://www.bls.gov/tus/charts/

2 John A. Byrne, "How Jack Welch Runs GE," *BusinessWeek*, June 8, 1998, http://www.businessweek.com/1998/23/b3581001.htm

3 이름을 밝힐 수 없는 개인의 비밀 전언, 2006-2007년.

4 인터넷잡지 〈슬레이터*Slate*〉의 기술 분야 담당 원로 작가인 윌 오레무스(Will Oremus)는 지메일이 몰고 온 혁명을 다음과 같이 썼다. "구글의 경쟁사들은 10년째 계속 지메일을 철저하게 복제하고 있어서, 지메일이 나오기 전까지는 이메일이 얼마나 끔찍한 수준이었는지 기억하기조차 어려울 정도가 됐다. 웹페이지들은 투박하고 느렸으며 검색 기능도 형편없었고 스팸 메일들은 또 왜 그렇게 많았는지…… 수신된 메시지들을 대화 형식으로 볼 수도 없었다. 저장 용량도 턱없이 부족했으며, 저장 용량이 부족할 때는 몇 시간씩 과거의 이메일을 지우거나 아니면 업체로부터 추가 저장 용량을 구매해야 했다. 예전의 HTLM 방식이 아닌 아작스(Ajax) 기술을 사용하도록 설계된 지메일은 웹 애플리케이션도 데스크톱 애플리케이션만큼이나 빠르게 작동할 수 있음을 보여줬다. 또 지메일은 클라우드 저장의 힘이 얼마나 막강한지도 가르쳐줬다." April 1, 2014, http://www.slate.com/blogs/future_tense/2014/04/01/gmail_s_10th_birthday_the_google_april_fool_s_joke_that_changed_tech_history.html

5 James Raybould, "Unveiling LinkedIn's 100 Most InDemand Employers of 2013," *LinkedIn* (official blog), October 16, 2013, http://blog.linkedin.com/2013/10/16/unveiling-linkedins-100-most-indemand-employers-of-2013/

6 구글이 실제로 채용하는 직원의 수는 해마다 다르다.

7 "Harvard Admitted Students Profile," Harvard University, accessed January 23, 2014, https://college.harvard.edu/admissions/admissions-statistics

8 "Yale Facts and Statistics," Yale University, accessed January 23, 2014, http://oir.yale.edu/sites/default/files/FACTSHEET(2012-13)_3.pdf

9 "Admission Statistics," Princeton University Undergraduate Admission, accessed January 23, 2014, http://www.princeton.edu/admission/applyingforadmission/admission_statistics/

10 Google, Inc

11 "Fortune's 100 Best Companies to Work For®," Great Place to Work Institute, accessed January 23, 2014, http://www.greatplacetowork.net/best-companies/ north-america/united-states/fortunes-100-best-companies-to-work-forr/441-2005

12 "Wegmans Announces Record Number of Employee Scholarship Recipients in 2012," Wegmans, June 7, 2012, https://www.wegmans.com/webapp/wcs/stores/ servlet/PressReleaseDetailView?productId=742304&storeId=10052&catalogId=1 0002&langId=-1

13 Sarah Butler and Saad Hammadi, "Rana Plaza factory disaster: Victims still waiting for compensation," theguardian.com, October 23, 2013, http://www.theguardian. com/world/2013/oct/23/rana-plaza-factory-disaster-compensation-bangladesh

14 〈뛰는 백수, 나는 건달Office Space〉, 마이크 저지(Mike Judge) 감독(1999년, 20세기 폭스).

15 Richard Locke, Thomas Kochan, Monica Romis, and Fei Qin, "Beyond Corporate Codes of Conduct: Work Organization and Labour Standards at Nike's Suppliers," *International Labour Review* 146, no.1–2 (2007): pp.21–40.

16 Kamal Birdi, Chris Clegg, Malcolm Patterson, Andrew Robinson, Chris B. Stride, Toby D. Wall, and Stephen J. Wood, "The Impact of Human Resource and Operational Management Practices on Company Productivity: A Longitudinal Study," *Personnel Psychology* 61 (2008): pp.467–501.

17 *Fortune*, May 31, 2006, http://money.cnn.com/2006/05/31/magazines/fortune/ sixteams_greatteams_fortune 061206/. 참조.

18 Nicole Mowbray, "Oprah's path to power," *The Observer*, March 2, 2003, http:// www.theguardian.com/media/2003/mar/02/pressandpublishing.usnews1

19 Adam Lashinsky, "Larry Page: Google should be like a family," *Fortune*, January 19, 2012, http://fortune.com/2012/01/19/larry-page-google-should-be-like-a-family/

20 미시간대학에서 래리가 했던 졸업 축하 연설 원문은 다음 웹페이지를 참조하라. http://googlepress.blogspot.com/2009/05/larry-pages-university-of-michigan.html

21 Mark Malseed, "The Story of Sergey Brin," *Moment*, February–March 2007, http:// www.momentmag.com/the-story-of-sergey-brin/

22 Steven Levy, *In the Plex: How Google Thinks, Works, and Shapes Our Lives* (New York: Simon & Schuster, 2011).

23 John Battelle, "The Birth of Google," *Wired*, August 2005, http://www.wired.com/ wired/archive/13.08/battelle.html. "Our History in Depth," Google, http://www. google.com/about/company/history/

24 이런 투자들은 나중에 10억 달러가 넘는 자산 가치를 지니게 된다. 백톨샤임과 체리 턴 두 사람이 했던 투자는 장차 구글로 성장하게 될 싹을 지원하는 최초의 투자는 아니었다. 디지털 라이브러리인 DLI(Digital Libraries Initiative)라는 우회적인 경로 를 이용했지만 그 전에 이미 미국 국가과학재단(NSF)이 구글을 지원했었다. 엑토르 가시아-몰리나(Hector Garcia-Molina) 교수와 테리 위노그라드(Terry Winograd) 교

수는 1994년 9월 1일에 스탠퍼드대학 통합 디지털 라이브러리 프로젝트 명목으로 DLI 보조금을 받았다. 이 프로젝트의 과제는 '보편적인' 통합 및 단일 도서관을 구축할 기술들을 개발해, 개인 정보에서부터 오늘날 전통적인 도서관에서 발견할 수 있는 자료 그리고 과학자들이 공유하는 대규모 자료까지 아우르는 모든 것을 포함하는…… 대규모 네트워크 정보 원천 및 자료의 수많은 대상에 균일한 접근이 가능함을 입증하는 것이었다. 바로 이 프로젝트에서 개발된 기술이 나중에 전 세계적 차원의 수집 자료를(확장 가능하며 경제적으로도 적절한 방식으로써) 통합적인 단일체로서 사용될 수 있도록 만들어주는 '접착제' 역할을 했다. 래리가 대학원에서 했던 연구 작업들도 이 보조금 지원을 받았다. 장차 구글이 될 초기 연구 작업도 역시 이 보조금 지원을 받았다. 세르게이의 연구 작업들도 국가과학재단 대학원 연구 장학금의 지원을 받았다. "On the Origins of Google," National Science Foundation, http://www.nsf.gov/discoveries/disc_summ.jsp?cntn_id=100660

25 "Code of Conduct," Google, http://investor.google.com/corporate/code-of-conduct.html#II

26 Henry Ford, *My Life and Work* (Garden City, NY: Doubleday, Page, 1922).

27 Hardy Green, *The Company Town: The Industrial Edens and Satanic Mills That Shaped the American Economy* (New York: Basic Books, 2010).

28 "About Hershey: Our Proud History," Hershey Entertainment & Resorts, http://www.hersheypa.com/about_hershey/our_proud_history/about_milton_hershey.php

29 *American Experience*: "Henry Ford," WGBH Educational Foundation, 2013년 3월 첫 방송. 사라 콜트(Sarah Colt)가 각본, 제작, 감독을 맡았다. 아울러 앨버트 리(Albert Lee), 《헨리 포드와 유대인*Henry Ford and the Jews*》(New York: Stein and Day, 1980)을 참조했다. 포드는 일상적으로 반(反)유대주의 정서를 담은 기사들을 게재한 주간지인 〈디어본 인디펜던트*Dearborn Independent*〉도 소유했는데, 이런 반유대인 정서의 기사들 가운데 몇몇은 포드의 이름으로 나가기도 했다. 이 기사들 가운데 많은 것들은 네 권짜리 책 《세계의 유대인, 세계의 골칫거리*The International Jew: the World's Problem*》(1920-1922년)로 묶여 출간됐다.

30 Michael D. Antonio, *Hershey: Milton S. Hershey's Extraordinary Life of Wealth, Empire, and Utopian Dreams* (New York: Simon & Schuster, 2007). 마을 인구가 250명 남짓에 불과할 때 창간된 허쉬타운 신문은 때로 "인종적 자살 행위(근친상간)는 오늘날 가장 심각한 악행이다"와 같은 충고도 게재했다. 이 충고는 뉴잉글랜드 최초 '우성' 아기의 어머니인 조지 헤릭 부인을 묘사하는 칼럼에서 나온 것이다. 〈허쉬스 위클리*Hershey's Weekly*〉, 1912년 12월 26일. 동일한 맥락에서 밀턴허쉬학교(Milton Hershey School)는 '가난하지만 건강한 백인 남자 고아'를 위해 설립됐다. 밀턴허쉬학교 신탁증서, 1909년 11월 15일.

31 Jon Gertner, "True Innovation," *New York Times*, February 25, 2012, http://www.nytimes.com/2012/02/26/opinion/sunday/innovation-and-the-bell-labs-miracle.html?pagewanted=all&_r=0

32 Jon Gertner, *The Idea Factory: Bell Labs and the Great Age of American Innovation*, reprint edition (New York: Penguin, 2013).

33 John R. Pierce, "Mervin Joe Kelly, 1894–1971" (Washington, DC: National Academy of Sciences, 1975), http://www.nasonline.org/publications/biographical-memoirs/memoir-pdfs/kelly-mervin.pdf

34 "Google Search Now Supports Cherokee," *Google* (official blog), March 25, 2011, http://googleblog.blogspot.com/2011/03/google-search-now-supports-cherokee.html

35 "Some Weekend Work That Will (Hopefully) Enable More Egyptians to Be Heard," *Google* (official blog), January 31, 2011, http://googleblog.blogspot.com/2011/01/some-weekend-work-that-will-hopefully.html

36 Lashinsky, "Larry Page: Google should be like a family."

37 Edgar H. Schein, *Organizational Culture and Leadership* (San Francisco: Jossey-Bass, 2010).

38 구글가이스트 2013년.

39 레스큐타임을 추정하는 블로그인 '레스큐타임(RescueTime)'은 그날 우리 웹사이트를 찾은 방문자들이 레스 폴의 기타를 연주하는 데 보낸 시간은 총 535만 시간이라고 분석했다. "Google Doodle Strikes Again! 5.35 Million Hours Strummed," *RescueTime* (blog), June 9, 2011, http://blog.rescuetime.com/2011/06/09/google-doodle-strikes-again/

40 이것을 주24의 스탠퍼드대학 통합 디지털 라이브러리의 과제와 비교해보라. 어쩐지 비슷하지 않은가?

41 "IBM Mission Statement," http://www.slideshare.net/waqarasif67/ibm-mission-statement

42 "Mission & Values," McDonald's, http://www.aboutmcdonalds.com/mcd/our_company/mission_and_values.html

43 "The Power of Purpose," Proctor & Gamble, http://www.pg.com/en_US/company/purpose_people/index.shtml

44 *Wikipedia*, "Timeline of Google Street View," last modified May 19, 2014, http://en.wikipedia.org/wiki/Timeline_of_Google_Street_View

45 South Base Camp, Mt. Everest, https://www.google.com/maps/@28.007168,86.86105,3a,75y,92.93h,87.22t/data=!3m5!1e1!3m3!1sUdU6omw_CrN8sm7NWUnpcw!2e0!3e2

46 Heron Island, https://www.google.com/maps/views/streetview/oceans?gl=us

47 Philip Salesses, Katja Schechtner, and César A. Hidalgo, "The Collaborative Image of the City: Mapping the Inequality of Urban Perception," *PLOS ONE*, July 24, 2013, http://www.plosone.org/article/info%3Adoi%2F10.1371%2Fjournal.pone.0068400

48 솔직히 말하면 구글 캐피털(Google Capital)은 지금까지도 계속 우버에 투자하고

있다. 그리고 내가 이 책을 집필하기 시작한 뒤에 구글은 웨이즈를 인수했다.

49 "Google Developers," Google, May 15, 2013, https://plus.sandbox.google
.com/+GoogleDevelopers/posts/NrPMMwZtY8m

50 Adam Grant, *Give and Take: A Revolutionary Approach to Success* (New York: Viking, 2013).

51 Adam M. Grant, Elizabeth M. Campbell, Grace Chen, Keenan Cottone, David Lapedis, and Karen Lee, "Impact and the Art of Motivation Maintenance: The Effects of Contact with Beneficiaries on Persistence Behavior," *Organizational Behavior and Human Decision Processes* 103, no.1 (2007): pp.53-67.

52 Corey Kilgannon, "The Lox Sherpa of Russ & Daughters," *New York Times*, November 2, 2012, http://www.nytimes.com/2012/11/04/nyregion/the-lox-sherpa-of-russ-daughters.html?_r=0, 11/2/12

53 A. Wrzesniewski, C. McCauley, R. Rozin, and B. Schwarz, "Jobs, Careers, and Callings: People's Relation to Their Work," *Journal of Research in Personality* 31 (1997): pp.21-33.

54 Roger More, "How General Motors Lost its Focus—and its Way," *Ivey Business Journal*, May–June 2009, http://iveybusinessjournal.com/topics/strategy/how-general-motors-lost-its-focus-and-its-way#.UobINPlwp8E

55 Marty Makary, MD, *Unaccountable: What Hospitals Won't Tell You and How Transparency Can Revolutionize Health Care* (New York: Bloomsbury Press, 2012).

56 Daniel Gross, "Bridgewater May Be the Hottest Hedge Fund for Harvard Grads, but It's Also the Weirdest," *Daily Beast*, March 7, 2013, http://www.thedailybeast.com/articles/2013/03/07/bridgewater-may-be-the-hottest-hedge-fund-for-harvard-grads-but-it-a-s-also-the-weirdest.html

57 "Radical Transparency," *LEADERS*, July–September 2010, http://www.leadersmag.com/issues/2010.3_Jul/Shaping%20The%20Future/Ray-Dalio-Bridgewater-Associates-Interview-Principles.html

58 Tara Siegel Bernard, "Google to Add Pay to Cover a Tax for Same-Sex Benefits," *New York Times*, June 30, 2010, http://www.nytimes.com/2010/07/01/your-money/01benefits.html?_r=2&

59 Ethan R. Burris, "The Risks and Rewards of Speaking Up: Managerial Responses to Employee Voice," *Academy of Management Journal* 55, no.4 (2012): pp.851-875.; Robert S. Dooley and Gerald E. Fryxell, "Attaining Decision Quality and Commitment from Dissent: The Moderating Effects of Loyalty and Competence in Strategic Decision-Making Teams," *Academy of Management Journal* 42, no.4 (1999): pp.389-402.; Charlan Jeanne Nemeth, "Managing Innovation: When Less Is More," *California Management Review* 40, no.1 (1997): pp.59-74.; Linda Argote and Paul Ingram, "Knowledge Transfer: A Basis for Competitive Advantage in Firms," *Organizational Behavior and Human Decision Processes* 82, no.1 (2000): pp.150-

169.

60 "China Blocking Google," BBC News World Edition, September 2, 2002, http://news.bbc.co.uk/2/hi/technology/2231101.stm

61 Laszlo Bock, "Passion, Not Perks," *Google*, September 2011, http://www.thinkwithgoogle.com/articles/passion-not-perks.html

62 드러커 연구소(Drucker Institute)의 기록 보관자 브리짓 라우러(Bridget Lawlor)는 이렇게 말한다. "이 말은 일반적으로 드러커가 최초로 했다고 일컬어지지만, 이런 사실을 입증할 만한 확실한 자료는 없다. 드러커가 이 말을 연설이나 강연에서 했을 가능성이 높지만, 이것을 뒷받침할 연설문이나 강연 원고는 없다."

63 아닌 게 아니라 스테이시는 대단한 능력자였다. 실제로 홍콩대학의 사이먼 램(Simon Lam)과 미시간주립대학의 존 샤우부룩(John Schaubroeck)은 변화를 수행하고 표준이 되는 기준을 도출할 목적으로 탁월한 '오피니언 리더들'을 선별해 앞세우는 것은 관리자나 직원을 무작위로 선정해 앞세우는 것보다 훨씬 큰 효과를 발휘한다는 사실을 발견했다. 오피니언 리더들을 '서비스 품질 리더'로 선정했을 때, 동일한 품질 관리 훈련을 수행했음에도 불구하고 고객과 감독자 그리고 입소문을 내는 사람들 모두 서비스 품질이 상당한 수준으로 개선됐다고 입을 모았다. Simon S. Lam and John Schaubroeck, "A Field Experiment Testing Frontline Opinion Leaders as Change Agents," *Journal of Applied Psychology* 85, no.6 (2000): pp.987-995.

64 2013년 이전 봉급 자료는 http://www.stevetheump.com/Payrolls.htm과 http://www.baseballprospectus.com/compensation/cots/, 2013년 봉급 자료는 〈USA 투데이*USA Today*〉, accessed December 15, 2013, http://www.usatoday.com/sports/fantasy/baseball/salaries/2013/all/team/all/, 겨울철 자료는 http://espn.go.com/mlb/worldseries/history/winners를 참조하라.

65 David Waldstein, "Penny-Pinching in Pinstripes? Yes, the Yanks Are Reining in Pay," *New York Times*, March 11, 2013, http://www.nytimes.com/ 2013/03/12/sports/baseball/yankees-baseballs-big-spenders-are-reining-it-in.html?pagewanted=all&_r=0

66 "Milestones in Mayer's Tenure as Yahoo's Chief," *New York Times*, January 16, 2014, http://www.nytimes.com/interactive/2014/01/16/technology/marissa-mayer-yahoo-timeline.html?_r=0#/#time303_8405

67 Brian Stelter, "He Has Millions and a New Job at Yahoo. Soon, He'll Be 18," *New York Times*, March 25, 2013, http://www.nytimes.com/2013/03/26/business/media/nick-daloisio-17-sells-summly-app-to-Yahoo.html?hp&_r=0. Kevin Roose, "Yahoo's Summly Acquisition Is About PR and Hiring, Not a 17-Year-Old's App," *New York*, March 26, 2013, http://nymag.com/daily/intelligencer/2013/03/yahoos-summly-acquisition-is-about-image.html

68 "Yahoo Acquires Xobni App," Zacks Equity Research, July 5, 2013, http://finance.yahoo.com/news/yahoo-acquires-xobni-app-154002114.html

69 Professor Freek Vermeulen, "Most Acquisitions Fail—Really," *Freeky Business* (blog),

January 3, 2008, http://freekvermeulen.blogspot.com/2007/11/random-rantings-2.
html

70 특히 날리니 엠바디(Nalini Ambady)와 로버트 로즌솔(Robert Rosenthal)의 '단편
판단' 개념을 들 수 있다. 보다 상세한 자료는 다음 장과 주80에서 설명하겠다. 한편
몇몇 연구자들은 지원자에 대한 인상은 10초라는 짧은 시간 안에 결정된다고까지
주장한다.

71 Caroline Wyatt, "Bush and Putin: Best of Friends," BBC News, June 16, 2001,
http://news.bbc.co.uk/2/hi/1392791.stm

72 '얼마나 많은 교육·훈련이 낭비되는가'라는 질문에 전문가들이 일치된 의견을 내놓
지는 않지만 실제로 효과가 있는 교육·훈련은 극히 일부일 뿐이라는 점에는 대부
분 동의한다. 존 뉴스트롬(John Newstrom)은 1985년에 미국훈련교육협회(ASTD)
의 회원들을 대상으로 설문조사를 했는데, 이들은 교육·훈련의 약40퍼센트가 즉각
적으로 활용될 수 있을 거라고 추정했지만 1년 뒤에는 겨우 15퍼센트만 활용됐다.
교육·훈련을 담당하는 사람들이 지나치게 낙관적인 추정을 한다는 사실은 분명 지
적해야 마땅하다. 뉴스트롬과 메리 브로드(Mary Broad)가 1992년에 이 주제를 놓
고 다시 한번 설문조사를 한 결과 피교육자 및 피훈련자의 약20퍼센트만 자기가 받
은 교육·훈련 내용을 활용한다는 사실을 확인했다. 하지만 브로드는 2005년에 대부
분의 교육·훈련 내용이 실제 활용되는 비율은 10퍼센트에 불과하다고 주장했다. 팀
볼드윈(Tim Baldwin)과 케빈 포드(Kevin Ford) 역시 1988년에 "미국 기업은 연간
1,000억 달러를 교육·훈련 프로그램에 투자하지만 이것이 실제로 효과를 발휘하는
정도는 비용의 10퍼센트인 100억 달러밖에 되지 않는다"고 결론을 내렸다. 스콧 탄
넨바움(Scott Tannenbaum)과 개리 유클(Gary Yukl)은 1992년에 이 수치를 5퍼센
트로 낮추면서 더욱 부정적으로 평가했다. 가장 최근인 2012년에 에드와도 살라스
(Eduardo Salas), 탄넨바움, 커트 크레이거(Kurt Kraiger) 그리고 킴벌리 스미스–엔
체(Kimberly Smith-Jentsch)가 수행한 연구는 일말의 희망을 보여준다. 그에 따르면
교육·훈련이 지금보다 훨씬 더 효과적으로 진행되려면 특정한 조건이 필요하다. 피
교육자 및 피훈련자를 지지하는 작업 환경, 교육·훈련 과정에서 습득한 기술의 공식
적·비공식적 강화, 직무 자율성, 품질 향상에 대한 기업의 전사적인 관심 그리고 구
성원이 새로 학습한 태도를 자유롭게 시도할 수 있는 유연한 분위기 등이 그에 포함
된다. 우리가 지금 만드는 방법을 얘기하고 있는 바로 그런 것들이다.

73 "Einstein at the Patent Office," Swiss Federal Institute of Intellectual Property, 2011
년 4월 21일 최종 수정, https://www.ige.ch/en/about-us/einstein/einstein-at-the-
patent-office.html

74 Corporate Executive Board, Corporate Leadership Council, HR Budget and
Efficiency Benchmarking Database, Arlington VA, 2012.

75 Pui-Wing Tam and Kevin Delaney, "Google's Growth Helps Ignite Silicon Valley
Hiring Frenzy," Wall Street Journal, November 23, 2005, http://online.wsj.com/
article/SB113271436430704916.html, and personal conversations

76 Malcolm Gladwell, "The Talent Myth: Are Smart People Overrated?," The New Yorker,

July 22, 2002, http://www.newyorker.com/archive/2002/07/22/020722 fa_
fact?currentPage=all

77 "Warning: We Brake for Number Theory," *Google* (official blog), July 12, 2004,
    http://googleblog.blogspot.com/2004/07/warning-we-brake-for-number-theory.
    html

78 "Google Hiring Experience," *Oliver Twist* (blog), last modified January 17, 2006,
    http://google-hiring-experience.blogspot.com/

79 "How Tough Is Google's Interview Process," *Jason Salas' WebLog* (blog), September 5,
    2005, http://weblogs.asp.net/jasonsalas/archive/2005/09/04/424378.aspx

80 매니토바대학의 스프링벳(B. M. Springbett)이 1958년에 이 내용을 다룬 최초
    의 연구 성과를 냈다. 설문 표본의 수가 적긴 했지만 그는 면접이 시작되고 처음
    4분 안에 최종 판단이 내려진다는 사실을 발견했다. 이 주제와 관련한 후속 연구
    들을 소개하면 다음과 같다. Nalini Ambady and Robert Rosenthal, "Thin Slices
    of Expressive Behavior as Predictors of Interpersonal Consequences: A Meta-
    Analysis," *Psychological Bulletin* 111, no.2 (1992): pp.256-274.; M. R. Barrick, B.
    W. Swider, and G. L. Stewart, "Initial Evaluations in the Interview: Relationships
    with Subsequent Interviewer Evaluations and Employment Offers," *Journal of
    Applied Psychology* 95, no.6 (2010): pp.1163-1172.; M. R. Barrick, S. L. Dustin, T.
    L. Giluk, G. L. Stewart, J. A. Shaffer, and B. W. Swider, "Candidate Characteristics
    Driving Initial Impressions During Rapport Building: Implications for Employment
    Interview Validity," *Journal of Occupational and Organizational Psychology* 85, no.2
    (2012): pp.330-352.

81 J. T. Prickett, N. Gada-Jain, and F. J. Bernieri, "The Importance of First Impressions
    in a Job Interview," paper presented at the annual meeting of the Midwestern
    Psychological Association, Chicago, IL, May 2000.

82 *Wikipedia*, "Confirmation bias," http://en.wikipedia.org/wiki/Confirmation_
    bias#CITEREFPlous1993, citing Scott, Plous, *The Psychology of Judgment and
    Decision Making* (New York: McGraw-Hill, 1993), 233.

83 Gladwell, "The New-Boy Network," *The New Yorker* May 29, 2000: pp.68-86.

84 N. Munk and S. Oliver, "Think Fast!" *Forbes*, 159, no.6 (1997): pp.146-150.; K.
    J. Gilhooly and P. Murphy, "Differentiating Insight from Non-Insight Problems,"
    Thinking & Reasoning 11, no.3 (2005): pp.279-302.

85 Frank L. Schmidt and John E. Hunter, "The Validity and Utility of Selection
    Methods in Personnel Psychology: Practical and Theoretical Implications of 85 Years
    of Research Findings," *Psychological Bulletin* 124, no.2 (1998): pp.262-274. 이 장에
    서 제시하는 r² 값들은 수정됐다고 보고된 상관계수(r)를 바탕으로 계산한 것들이다.

86 Phyllis Rosser, *The SAT Gender Gap: Identifying the Causes* (Washington, DC:
    Center for Women Policy Studies, 1989).

87 그 뒤에 이어진 연구 논문들은 SAT 점수에서 성별 차이가 존재함을 입증했으

며 인종적인 편견 역시 존재함을 입증했다. 예를 들어 다음의 자료를 참조하라. Christianne Corbett, Catherine Hill, and Andresse St. Rose, "Where the Girls Are: The Facts About Gender Equity in Education," American Association of University Women (2008); Maria Veronica Santelices and Mark Wilson, "Unfair Treatment? The Case of Freedle, the SAT, and the Standardization Approach to Differential Item Functioning," *Harvard Educational Review* 80, no.1 (2010): pp.106-134.

88 Alec Long, "Survey Affirms Pitzer Policy Not to Require Standardized Tests," *The Student Life*, February 28, 2014.

89 Michael A. McDaniel, Deborah L. Whetzel, Frank L. Schmidt, and Steven D. Maurer, "The Validity of Employment Interviews: A Comprehensive Review and Meta-Analysis," *Journal of Applied Psychology* 79, no.4 (1994): pp.599-616.; Willi H. Wiesner and Steven F. Cronshaw, "A Meta-Analytic Investigation of the Impact of Interview Format and Degree of Structure on the Validity of the Employment Interview," *Journal of Occupational Psychology* 61, no.4 (1988): pp.275-290.

90 다른 좋은 품성과 마찬가지로 성실함도 지나치면 역효과를 낸다. 지나친 성실함은 조심스러운 계획이나 목표 설정 그리고 끈기의 범위를 넘어서서 융통성이 없는 강박적인 완벽주의에 빠질 수 있다. 지금까지 우리는 이것을 문제로 삼고 파고들지는 않았지만 나중에 꼭 탐구해볼 계획이다.

91 개인적인 서신, 2014년 10월 7일.

92 Abraham H. Maslow, *The Psychology of Science: A Reconnaissance* (New York: Joanna Cotler Books, 1966), 15.

93 개별 지원자는 각 면접관으로부터 0.0점에서 4.0까지의 점수를 받았다. 이 점수는 합산 과정을 거쳐 평균 점수로 최종 계산됐다. 이때 평균점수 3.0은 우리가 마땅히 채용해야 할 사람의 점수라는 뜻이었다. 그러나 실제로 채용된 지원자는 대부분 3.2점과 3.6점 사이였다. 4.0을 받은 지원자는 지금까지 단 한 사람도 없었다.

94 David Smith, "Desmond Tutu Attacks South African Government over Dalai Lama Visit," *Guardian*, October 4, 2011, http://www.theguardian.com/world/2011/oct/04/tutu-attacks-anc-dalai-lama-visa

95 이 동영상은 다음 웹페이지에서 확인할 수 있다. http://www.youtube.com/watch?v=97bZu-XLq4

96 John Emerich Edward Dalberg, Lord Acton, Letter to Bishop Mandell Creighton, April 5, 1887, in *Historical Essays and Studie*s, eds. John Neville Figgis and Reginald Vere Laurence (London: Macmillan, 1907), 504.

97 필립 짐바르도(Philip Zimbardo)와 함께하는 "심리학 발견"(Discovering Psychology)의 최신 버전인 "상황의 힘"(Power of the Situation)이 이 내용을 언급하는 부분은 다음 동영상의 10분 59초에서 시작된다. http://www.learner.org/series/discoveringpsychology/19/e19expand.html

98 "SciTech Tuesday: Abraham Wald, Seeing the Unseen," post by Annie Tete, STEM Education Coordinator at the National World War II Museum, *See & He*ar (museum

blog), November 13, 2012, http://www.nww2m.com/2012/11/scitech-tuesday-abraham-wald-seeing-the-unseen/. A reprint of Wald's work can be found here: http://cna.org/sites/default/files/research/0204320000.pdf

99 '고양이 변호사'는 구글 법무 팀에 소속되어 있으면서 부지런하고 빈틈없이 일하는 직원을 가리키는 구글 은어다. 그렇다. 구글 직원들은 모호한 법률 영역으로 흘러갈 수 있는 내부 논의를 할 때면 종종 (정장에 빳빳한 흰색 와이셔츠를 입고 넥타이를 맨) 실제 고양이 사진을 동원하기도 한다.

100 "Our New Search Index: Caffeine," *Google* (official blog), June 8, 2010, http://googleblog.blogspot.com/2010/06/our-new-search-index-caffeine.html

101 "Time to Think," 3M, http://solutions.3m.com/innovation/en_US/stories/time-to-think

102 Ryan Tate, "Google Couldn't Kill 20 Percent Time Even If It Wanted To," *Wired*, August 21, 2013, http://www.wired.com/business/2013/08/20-percent-time-will-never-die/

103 Linda Babcock, Sara Laschever, Michele Gelfand, and Deborah Small, "Nice Girls Don't Ask," *Harvard Business Review*, October 2003, http://hbr.org/2003/10/nice-girls-dont-ask/.; Linda Babcock and Sara Laschever, *Women Don't Ask: Negotiation and the Gender Divide* (Princeton, NJ: Princeton University Press, 2003).

104 "Employee Engagement: What's Your Engagement Ratio?" Gallup Consulting, Employment Engagement Overview Brochure, downloaded 11/17/13.

105 William H. Macey and Benjamin Schneider, "The Meaning of Employee Engagement," *Industrial and Organizational Psychology* 1, no.1 (2008): pp.3-30.

106 Olivier Serrat, "The Travails of Micromanagement" (Washington, DC: Asian Development Bank, 2011), http://digitalcommons.ilr.cornell.edu/cgi/viewcontent.cgi?article=1208&context=intl

107 Richard Bach, *Illusions: The Adventures of a Reluctant Messiah* (New York: Delacorte, 1977).

108 Elaine D. Pulakos and Ryan S. O'Leary, "Why Is Performance Management Broken?" *Industrial and Organizational Psychology* 4, no.2 (2011): pp.146-164.

109 "Results of the 2010 Study on the State of Performance Management," Sibson Consulting, 2010, http://www.sibson.com/publications/surveysandstudies/2010SPM.pdf

110 Julie Cook Ramirez, "Rethinking the Review," *Human Resource Executive HREOnline*, July 24, 2013, http://www.hreonline.com/HRE/view/story.jhtml?id=534355695

111 Edwin A. Locke and Gary P. Latham, *A Theory of Goal Setting & Task Performance* (Upper Saddle River, NJ: Prentice Hall, 1990).

112 Xander M. Bezuijen, Karen van Dam, Peter T. van den Berg, and Henk Thierry, "How Leaders Stimulate Employee Learning: A Leader-MemberExchange Approach,"

Journal of Occupational and Organizational Psychology 83, no.3 (2010): pp.673-693.; Benjamin Blatt, Sharon Confessore, Gene Kallenberg, and Larrie Greenberg, "Verbal Interaction Analysis: Viewing Feedback Through a Different Lens," *Teaching and Learning in Medicine* 20, no.4 (2008): pp.329-333.

113 Elaine D. Pulakos and Ryan S. O'Leary, "Why Is Performance Management Broken?" *Industrial and Organizational Psychology* 4, no.2 (2011): 146-164.

114 이 내용을 읽고 있는 구글 직원들에게 밝힌다. 이것을 가지고 풍자하고 희화화하는 것은 게시판에서는 말할 것도 없고 폴 코완(Paul Cowan)과 콜린 맥밀렌(Colin McMillen)에게서도 이미 허락을 받았다. 밈젠(Memegen: 구글에서 고위 간부를 풍자하고 희화화할 수 있는 공간 — 옮긴이)에 올라온 것은 계속 거기에 남는다!

115 Susan J. Ashford, "Feedback-Seeking in Individual Adaptation: A Resource Perspective," *Academy of Management Journal* 29, no.3 (1986): pp.465-487.; Leanne E. Atwater, Joan F. Brett, and Atira Cherise Charles, "Multisource Feedback: Lessons Learned and Implications for Practice," *Human Resource Management* 46, no.2 (2007): pp.285-307.; Roger Azevedo and Robert M. Bernard, "A Meta-Analysis of the Effects of Feedback in Computer-Based Instruction," *Journal of Educational Computing Research* 13, no.2 (1995): pp.111-127.; Robert A. Baron, "Criticism (Informal Negative Feedback) As a Source of Perceived Unfairness in Organizations: Effects, Mechanisms, and Countermeasures," in *Justice in the Workplace: Approaching Fairness in Human Resource Management* (Applied Psychology Series), ed. Russell Cropanzano (Hillsdale, NJ: Lawrence Erlbaum Associates, Inc., 1993), pp.155-170.; Donald B. Fedor, Walter D. Davis, John M. Maslyn, and Kieran Mathieson, "Performance Improvement Efforts in Response to Negative Feedback: The Roles of Source Power and Recipient Self-Esteem," *Journal of Management* 27, no.1 (2001): pp.79-97.; Gary E. Bolton, Elena Katok, and Axel Ockenfels, "How Effective Are Electronic Reputation Mechanisms? An Experimental Investigation," *Management Science* 50, no.11 (2004): pp.1587-1602.; Chrysanthos Dellarocas, "The Digitization of Word of Mouth: Promise and Challenges of Online Feedback Mechanisms," *Management Science* 49, no.10 (2003): pp.1407-1424.

116 Edward L. Deci, "Effects of Externally Mediated Rewards on Intrinsic Motivation," *Journal of Personality and Social Psychology* 18, no.1 (1971): pp.105-115.

117 Edward L. Deci and Richard M. Ryan, *Intrinsic Motivation and Self-Determination in Human Behavior* (New York: Plenum, 1985). E. L. Deci, R. Koestner, and R. M. Ryan, "A Meta-Analytic Review of Experiments Examining the Effects of Extrinsic Rewards on Intrinsic Motivation," *Psychological Bulletin* 125, no.6 (1999): pp.627-668.; R. M. Ryan and E. L. Deci, "Self-Determination Theory and the Facilitation of Intrinsic Motivation, Social Development, and Well-Being," *American Psychologist* 55, no.1 (2000): pp.68-78.

118 Maura A. Belliveau, "Engendering Inequity? How Social Accounts Create vs. Merely

Explain Unfavorable Pay Outcomes for Women," *Organization Science* 23, no.4 (2012): pp.1154-1174, published online September 28, 2011, http://pubsonline. informs.org/doi/abs/10.1287/orsc.1110.0691

119 개인적인 대화.

120 Atwater, Brett, and Charles, "Multisource Feedback." Blatt, Confessore, Kallenberg, and Greenberg, "Verbal Interaction Analysis." Joan F. Brett and Leanne E. Atwater, "360° Feedback: Accuracy, Reactions, and Perceptions of Usefulness," *Journal of Applied Psychology* 86, no.5 (2001): pp.930-942.

121 이 제도의 전신을 개발한 기술자들이 분량을 512자로 제한하기로 했다. 당초에 이들은 256자로 하기를 원했다. 여러 이유가 있었지만 그 가운데 하나는 1바이트가 256가지 제각기 다른 값(정보)을 저장할 수 있기 때문이었다. 그러나 256자로는 아무래도 부족하다는 사실을 깨닫고 그 두 배인 512자로 했다(256은 2^8이고 512는 2^9이다).

122 Drew H. Bailey, Andrew Littlefield, and David C. Geary, "The Codevelopment of Skill at and Preference for Use of Retrieval-Based Processes for Solving Addition Problems: Individual and Sex Differences from First to Sixth Grades," *Journal of Experimental Child Psychology* 113, no.1 (2012): pp.78-92.

123 Albert F. Blakeslee, "Corn and Men," *Journal of Heredity* 5, no.11 (1914): pp.511-518.; Mark F. Schilling, Ann E. Watkins, and William Watkins, "Is Human Height Bimodal?" *The American Statistician* 56, no.3 (2002): pp.223-229, http://faculty. washington.edu/tamre/IsHumanHeightBimodal.pdf

124

125 Carl Friedrich Gauss, *Theory of the Motion of the Heavenly Bodies Moving about the Sun in Conic Sections: A Translation of Gauss's "Theoria Motus*," trans. Charles Henry Davis (1809; repr., Boston: Little, Brown & Co., 1857).

126 Margaret A. McDowell, Cheryl D. Fryar, Cynthia L. Ogden, and Katherine M. Flegal, "Anthropometric Reference Data for Children and Adults: United States, 2003-2006," *National Health Statistics Reports* 10 (Hyattsville, MD: National Center for Health Statistics, 2008), http://www.cdc.gov/nchs/data/nhsr/nhsr010.pdf

127 Aaron Clauset, Cosma Rohilla Shalizi, and M. E. J. Newman, "Power-Law Distributions in Empirical Data," *SIAM Review* 51, no.4 (2009): pp.661-703.

128 Herman Aguinis and Ernest O'Boyle Jr., "Star Performers in Twenty-First Century Organizations," *Personnel Psychology* 67, no.2 (2014): pp.313-350.

129 Boris Groysberg, Harvard Business School, http://www.hbs.edu/faculty/Pages/profile.aspx?facId=10650

130 '평균' 수준으로 개선한다고 해서 반드시 쉰 번째 성과를 거둔 사람(즉 중앙값을 거둔 사람)이 되는 것은 아님을 명심해야 한다. 하지만 단순한 예시 목적만이라면 평균과 중앙값은 충분할 정도로 근접한다.

131 Jack and Suzy Welch, "The Case for 20-70-10," *Bloomberg Businessweek*, October 1, 2006, http://www.businessweek.com/stories/2006-10-01/the-case-for-20-70-10

132 Ibid.

133 Kurt Eichenwald, "Microsoft's Lost Decade," *Vanity Fair*, August 2012, http://www.vanityfair.com/business/2012/08/microsoft-lost-mojo-steve-ballmer

134 Tom Warren, "Microsoft Axes Its Controversial Employee-Ranking System," *The Verge*, November 12, 2013, http://www.theverge.com/2013/11/12/5094864/microsoft-kills-stack-ranking-internal-structure

135 David A. Garvin, Alison Berkley Wagonfeld, and Liz Kind, "Google's Project Oxygen: Do Managers Matter?" Harvard Business School Case 313-110, April 2013 (revised July 2013).

136 2008년에 이런 일이 다시 일어났는데, 2011년까지 구글의 연구조사 및 시스템 인프라스트럭처 담당 전무로 일했던 빌 코프란은 휘하에 부하직원을 무려 180명이나 거느렸다.

137 Atul Gawande, "The Checklist," *The New Yorker*, December 10, 2007, http://www.newyorker.com/reporting/2007/12/10/071210fa_fact_gawande

138 회사 내 인터뷰.

139 ASTD Staff, "$156 Billion Spent on Training and Development," *ASTD* (blog), American Society for Training and Development (now the Association for Talent Development), December 6, 2012, http://www.astd.org/Publications /Blogs/ASTD-Blog/2012/12/156-Billion-Spent-on-Training-and-Development

140 "Fast Facts," National Center for Education Statistics, http://nces.ed.gov/fastfacts/display.asp?id=66

141 Damon Dunn, story told at the celebration of the naming of the William V. Campbell Trophy, Stanford University, Palo Alto, September 8, 2009; http://en.wikipedia.org/wiki/Damon_Dunn

142 K. Anders Ericsson, "Deliberate Practice and the Acquisition and Maintenance of Expert Performance in Medicine and Related Domains," *Academic Medicine* 79, no.10 (2004): S70-S81, http://journals.lww.com/academicmedicine/Fulltext/2004/10001/Deliberate_Practice_and_the_Acquisition_and.22.aspx/

143 Angela Lee Duckworth, Teri A. Kirby, Eli Tsukayama, Heather Berstein, and K. Anders Ericsson, "Deliberate Practice Spells Success: Why Grittier Competitors Triumph at the National Spelling Bee," *Social Psychological and Personality Science* 2, no.2 (2011): pp.174-181, http://spp.sagepub.com/content/2/2/174.short

144 Andrew S. Grove, *High Output Management* (New York: Random House, 1983), p.223.

145 Chade-Meng Tan, *Meng's Little Space* (blog), http://chademeng.com/

146 Jon Kabat-Zinn, *Wherever You Go, There You Are: Mindfulness Meditation in Everyday Life* (New York: Hyperion, 1994), 4.

147 Lucy Kellaway, "The Wise Fool of Google," *Financial Times*, June 7, 2012, http://www.ft.com/intl/cms/s/0/e5ca761c-af34-11e1-a4e0-00144feabdc0.html#axzz2dmOsqhuM

148 개인적인 대화.

149 "Teaching Awareness at Google: Breathe Easy and Come into Focus," *Google* (official blog), June 4, 2013, http://googleblog.blogspot.com/search/label/g2g

150 Michael M. Lombardo and Robert W. Eichinger, *The Career Architect Development Planner* (Minneapolis: Lominger, 1996), iv.; Allen Tough, *The Adult's Learning Projects: A Fresh Approach to Theory and Practice in Adult Learning* (Toronto: OISE, 1979).

151 "Social & Environmental Responsibility Report 2011-2012," Gap Inc., http://www.gapinc.com/content/csr/html/employees/career-development.html

152 "U.S. Corporate Responsibility Report 2013," PricewaterhouseCoopers, http://www.pwc.com/us/en/about-us/corporate-responsibility/corporate-responsibility-report-2011/people/learning-and-development.jhtml

153 "Learning at Dell," Dell Inc., http://www.dell.com/learn/au/en/aucorp1/learning-at-dell

154 D. Scott DeRue and Christopher G. Myers, "Leadership Development: A Review and Agenda for Future Research," in *The Oxford Handbook of Leadership and Organizations*, ed. David V. Day (New York: Oxford University Press, 2014), http://www-personal.umich.edu/~cgmyers/deruemyersoxfordhandbookcha.pdf

155 "Kirkpatrick Hierarchy for Assessment of Research Papers," Division of Education, American College of Surgeons, http://www.facs.org/education/technicalskills/kirkpatrick/kirkpatrick.html

156 Yevgeniy Dodis, "Some of My Favorite Sayings," Department of Computer Science, New York University, cs.nyu.edu/~dodis/quotes.html

157 David Streitfeld, "Silicon Valley's Favorite Stories," *Bits* (blog), *New York Times*, February 5, 2013, http://bits.blogs.nytimes.com/2013/02/05/silicon-valleys-favorite-stories/?_r=0

158 "William Shockley Founds Shockley Semiconductor," Fairchild Semiconductor Corporation, http://www.fairchildsemi.com/about-fairchild/history/#

159 Tom Wolfe, "The Tinkerings of Robert Noyce: How the Sun Rose on the Silicon Valley," *Esquire*, December 1983.

160 Nick Bilton, "Why San Francisco Is Not New York," *Bits* (blog), *New York Times*,

March 20, 2014, http://bits.blogs.nytimes.com/2014/03/20/why-san-francisco-isnt-the-new-new-york/

161 Google "Marge vs. the Monorail" for why our Sydney conference room is named North Haverbrook.

162 이미지들은 다음 웹사이트에서 받았다. http://archive.org/web/web.php

163 머리사 메이어가 2012년 3월 〈블룸버그 비즈니스위크Bloomberg Businessweek〉의 편집자 조시 타이렌길(Josh Tyrangiel)과 맨해튼 42번가에서 진행한 인터뷰에서 했던 발언. Bianca Bosker, "Google Design: Why Google.com Homepage Looks So Simple," *Huffington Post*, March 27, 2012, http://www.huffingtonpost.com/2012/03/27/google-design-sergey-brin_n_1384074.html

164 Bosker, "Google Design."

165 Silicon Valley Index, http://www.siliconvalleyindex.org/index.php/economy/income

166 Wayne F. Cascio, "The High Cost of Low Wages," *Harvard Business Review*, December 2006, http://hbr.org/2006/12/the-high-cost-of-low-wages/ar/1

167 Edward P. Lazear, "Why Is There Mandatory Retirement?" *Journal of Political Economy* 87, no.6 (1979): pp.1261-1284.

168 Frank L. Schmidt, John E. Hunter, Robert C. McKenzie, and Tressie W. Muldrow, "Impact of Valid Selection Procedures on Work-Force Productivity," *Journal of Applied Psychology* 64, no.6 (1979): pp.609-626.

169 Ernest O'Boyle Jr. and Herman Aguinis, "The Best and the Rest: Revisiting the Norm of Normality of Individual Performance," *Personnel Psychology* 65, no.1 (2012): pp.79-119.

170 Nassim Nicholas Taleb, *The Black Swan* (New York: Random House, 2007).

171 Storyboard, "Walt Disney's Oscars," The Walt Disney Family Museum, February 22, 2013, http://www.waltdisney.org/storyboard/walt-disneys-oscars%C2%AE

172 *Wikipedia*, "List of Best-Selling Fiction Authors," last modified April 19, 2014, http://en.wikipedia.org/wiki/List_of_best-selling_fiction_authors

173 레코딩 아카데미(Recording Academy: 전미녹음예술·기술협회(National Academy of Recording Arts and Science, NARAS)의 별칭으로 그래미상을 주관하는 곳이다—옮긴이)와 나눈 개인적인 서신.

174 Bill Russell page, *NBA Encyclopedia: Playoff Edition*, National Basketball Association, http://www.nba.com/history/players/russell_bio.html

175 http://www.golf.com/tour-and-news/tiger-woods-vs-jack-nicklaus-major-championship-records

176 "Billie Jean King," International Tennis Hall of Fame and Museum, http://www.tennisfame.com/hall-of-famers/billie-jean-king

177 "Inflation Calculator," *Davemanuel.com*, http://www.davemanuel.com/inflation-calculator.php

178 판매 부서의 책임자와 함께 일한 적이 있는데, 이 사람은 자신은 수십억 달러나 되는 회사의 전체 매출액을 기준으로 성과급을 받아야 한다고 주장했다. 물론 이 사람은 영업 분야에서 탁월한 귀재였다. 그러나 아무리 영업의 귀재라 해도 회사의 브랜드를 앞세우지 않았더라면 소비자로부터 신뢰를 받지 못했을 것이고 따라서 그만큼 많은 매출을 올리지 못했을 것이다. 또 회사의 신용등급이 AAA였던 터라 관련 비용도 경쟁자들에 비해 적게 들었다. 게다가 회사의 인프라 역시 그의 영업에 상당한 지원이 됐음은 말할 것도 없다. 그가 기록한 매출이 순전히 자기 개인 역량 덕분이라고만 말할 수는 없다. '극단적으로 높은 수준의 금전 보상'을 결정할 때는 직원이 거둔 예외적으로 높은 성과 가운데 얼마나 많은 부분이 개인의 역량에서 비롯됐고 또 얼마나 많은 부분이 그 외의 다른 요인들에서 비롯됐는지 정확하게 파악해야 한다.

179 Katie Hafner, "New Incentive for Google Employees: Awards Worth Millions," *New York Times*, February 1, 2005, http://www.nytimes.com/2005/ 02/01/ technology/01google.html?_r=0, http://investor.google.com/corporate/2004/ founders-letter.html

180 "2004 Founders' Letter," Google: Investor Relations, December 31, 2004, http:// investor.google.com/corporate/2004/founders-letter.html

181 "2005 Founders' Letter," Google: Investor Relations, December 31, 2005, http:// investor.google.com/corporate/2005/founders-letter.html

182 "The Hollywood Money Machine," Fun Industries Inc., http://www.fun industries. com/hollywood-money-blower.html

183 John W. Thibaut and Laurens Walker, *Procedural Justice: A Psychological Analysis* (Mahwah, NJ: Lawrence Erlbaum Associates, 1975), http://books.google.com/ books?id=2l5_QgAACAAJ&dq=thibaut+and+walker+1975+Procedural+justice: +A+psychological+analysis

184 Scott A. Jeffrey, "The Benefits of Tangible Non-Monetary Incentives" (unpublished manuscript, University of Chicago Graduate School of Business, 2003), http:// theirf.org/direct/user/site/0/files/the%20benefits%20of%20tangible%20 non%20monetary%20incentives.pdf.; Scott A. Jeffrey and Victoria Shaffer, "The Motivational Properties of Tangible Incentives," *Compensation & Benefits Review* 39, no.3 (2007): pp.44-50.; Erica Mina Okada, "Justification Effects on Consumer Choice of Hedonic and Utilitarian Goods," *Journal of Marketing Research* 42, no.1 (2005): pp.43-53.; Richard H. Thaler, "Mental Accounting Matters," *Journal of Behavioral Decision Making* 12, no.3 (1999): pp.183-206.

185 이 발견은 학술적 연구 결과와도 일치하는데, 학술적 연구는 선물보다는 구매에 초점을 맞춘다. 사람들은 옷이나 가전제품과 같은 물건을 살 때보다 여행이나 식사와 같은 경험을 살 때 더 행복해한다. Travis J. Carter and Thomas Gilovich, "The Relative Relativity of Material and Experiential Purchases," *Journal of Personality and Social Psychology* 98, no.1 (2010): pp.146-159.

186 Adam Bryant, "Honeywell's David Cote, on Decisiveness as a 2-Edged Sword," *New*

York Times, November 2, 2013, http://www.nytimes.com/2013/11/03/business/honeywells- david-cote-on-decisiveness-as-a-2-edged-sword.html

187 Ben Parr, "Google Wave: A Complete Guide," *Mashable*, May 28, 2009, last updated January 29, 2010, http://mashable.com/2009/05/28/google-wave-guide/

188 "Introducing Apache Wave," Google, *Google Wave Developer Blog*, December 6, 2010, http://googlewavedev.blogspot.com/2010/12/introducing-apache-wave.html

189 Chris Argyris, "Double Loop Learning in Organizations," *Harvard Business Review*, September 1977, http://hbr.org/1977/09/double-loop-learning-in-organizations/ar/1

190 Chris Argyris, "Teaching Smart People How to Learn," *Harvard Business Review*, May 1991, http://hbr.org/1991/05/teaching-smart-people-how-to-learn/

191 이 내용은 IBM 창업자 토머스 왓슨(Thomas Watson)이 했다는 다음 발언과도 일치한다. "최근에 나는 회사에 60만 달러의 손해를 끼친 직원을 해고하겠는가 하는 질문을 받았다. 나는 그럴 생각이 없다고 대답했다. 그 직원에게 60만 달러라는 비싼 교육·훈련 비용을 투자한 것뿐이기 때문이다. 이런 굉장한 경험을 한 직원을 내가 어떻게 해고할 수 있겠는가?"

192 "California Middle School Rankings," *SchoolDigger.com*, http://www.schooldigger.com/go/CA/schoolrank.aspx?level=2. 스쿨디거(SchoolDigger: 학교 소개 사이트-옮긴이)는 수학과 영어 주정부 표준화 시험에서 각 학생이 거둔 성적의 평균을 합한 값을 토대로 각 학교의 순위를 정한다.

193 Dave Eggers, *The Circle* (New York: Knopf, 2013).

194 Ronald S. Burt, "Structural Holes and Good Ideas," *American Journal of Sociology* 110, no.2 (2004): pp.349-399.

195 나는 이 두 사람 가운데 손이 비는 사람 아무에게나 머리를 맡긴다. 머리를 깎는 데는 누구든 한 사람만 있으면 되니까.

196 Nicholas Carlson, "Marissa Mayer Sent a Late Night Email Promising to Make Yahoo 'the Absolute Best Place to Work' (YHOO)," *SFGate*, August 27, 2012, http://www.sfgate.com/technology/businessinsider/article/Marissa-Mayer-Sentate-Night-Email-Promising-3817913.php

197 Jillian Berman, "Bring Your Parents to Work Day Is a Thing. We Were There," *Huffington Post*, November 11, 2013, http://www.huffingtonpost.com/2013/11/11/take-parents-to-Work_n_4235803.html

198 Meghan Casserly, "Here's What Happens to Google Employees When They Die," *Forbes*, August 8, 2012, http://www.forbes.com/sites/meghancasserly/2012/08/08/heres-what-happens-to-google-employees-when-they-die/. 이 문제를 비롯해 다른 쟁점들에 대한 메건의 이해력이 얼마나 깊고 인상적인지 몰랐다. 그래서 나는 우리 팀을 설득해 메건을 구글로 영입하기로 했고, 결국 메건은 구글 직원이 됐다.

199 개인적인 대화.

200 카너먼은 트버스키와 함께 진행했던 연구로 노벨경제학상을 받았다. 그러나 트버스

키는 이 상을 받기 전에 이미 세상을 떠났으며, 불행하게도 사후에도 상을 받지 못했다. 카너먼이 했던 수상 연설의 첫머리는 이랬다. "이 상을 받게 해준 연구는 제가 아모스 트버스키와 오랜 세월 동안 각별하게 협력하면서 공동으로 진행했던 작업입니다. 아모스가 마땅히 이 자리에 저와 함께 서야 하는데 그렇지 못해 안타깝습니다." 카너먼의 수상 연설, Stockholm University, December 8, 2002, http://www.nobelprize.org/mediaplayer/?id=531

201 미국 정부 인플레이션 소비가격지표 계산기(Inflation Calculator).

202 Amos Tversky and Daniel Kahneman, "The Framing of Decisions and the Psychology of Choice," *Science* 211, no.4481 (January 30, 1981): pp.453-458, http://psych.hanover.edu/classes/cognition/papers/tversky81.pdf

203 Stephen Macknik and Susana Martinez-Conde, *Sleights of Mind: What the Neuroscience of Magic Reveals About Our Everyday Deceptions* (New York: Henry Holt, 2010), pp.76-77.

204 Julie L. Belcove, "Steamy Wait Before a Walk in a Museum's Rain," *New York Times*, July 17, 2013, http://www.nytimes.com/2013/07/18/arts/steamy-wait- before-a-Walk-in-a-Museums-rain.html

205 Michael Barbaro, "The Bullpen Bloomberg Built: Candidates Debate Its Future," *New York Times*, March 22, 2013, http://www.nytimes.com/2013/03/23/nyregion/bloombergs- bullpen-candidates-debate-its-future.html

206 Chris Smith, "Open City," *New York*, September 26, 2010, http://nymag.com/news/features/establishments/68511/

207 Richard H. Thaler and Cass R. Sunstein, *Nudge* (New Haven, CT: Yale University Press, 2008), 15.

208 넛지와 인센티브의 명백한 차이는 넛지는 분명하게 전모가 드러나지 않는 반면 인센티브는 특정 행동을 이끌어내기 위해 명시적으로 적시되어 있다는 데 있다. 그러나 회사에게 직원의 행동 기틀을 잡아줄 권리를 합법적으로 부여한다고 할 때, 회사의 이런 행동이 '선한' 것에서 '악한' 것으로 넘어가는 경계선은 어딘가 하는 한층 더 어려운 문제가 생긴다. 나는 회사가 넛지에 대해 얼마나 투명한가에 따라 그 경계선의 위치가 달라질 거라고 생각한다.

209 그 칸막이들의 목적은 실제로 그렇다. 〈사이언티픽 아메리칸*Scientific American*〉의 편집자 조지 머서(George Musser)는 2009년 8월 17일에 1950년대 이전에는 일반적인 사무실 풍경이었던 공개된 평면 배치에 대한 반동이라고 썼다. 개인에게 보다 많은 사생활을 보장할 목적으로 칸막이가 등장했다. George Musser, "The Origin of Cubicles and the Open-Plan Office," *Scientific American*, August 17, 2009, http://www.scientificamerican.com/article. cfm?id=the-origin-of-cubicles-an/

210 Bradley Johnson, "Big U.S. Advertisers Boost 2012 Spending by Slim 2.8% with a Lift from Tech," *Advertising Age*, June 23, 2013, http://adage.com/article/news/big-u-s-advertisers-boost-2012-spending-slim-2-8/242761/

211 Special Issue: U.S. Beverage Results for 2012, *Beverage Digest*, March 25, 2013,

http://www.beverage-digest.com/pdf/top-10_2013.pdf

212 Samuel M. McClure, Jian Li, Damon Tomlin, Kim S. Cypert, Latané M. Montague, and P. Read Montague, "Neural Correlates of Behavioral Preference for Culturally Familiar Drinks," *Neuron* 44, no.2 (2004): pp.379-387.

213 Nyla R. Branscombe, Naomi Ellemers, Russell Spears, and Bertjan Doosje, "The Context and Content of Social Identity Threat," in *Social Identity: Context, Commitment, Content*, eds. Naomi Ellemers, Russell Spears, and Bertjan Doosje (Oxford, UK: Wiley-Blackwell, 1999), pp.35-58.

214 Robert B. Cialdini, "Harnessing the Science of Persuasion," *Harvard Business Review* 79, no.9 (2001): pp.72-81, http://lookstein.org/leadership/case-study/harnessing.pdf

215 Bradford D. Smart, *Topgrading: How Leading Companies Win by Hiring, Coaching, and Keeping the Best People* (Upper Saddle River, NJ: Prentice Hall, 1999).

216 Autumn D. Krauss, "Onboarding the Hourly Workforce." Poster presented at the Society for Industrial and Organizational Psychology (SIOP), Atlanta, GA, 2010.

217 "Surgical Safety Checklist (First Edition)," World Health Organization, http://www.who.int/patientsafety/safesurgery/tools_resources/SSSL_Checklist_finalJun08.pdf

218 Alex B. Haynes et al., "A Surgical Safety Checklist to Reduce Morbidity and Mortality in a Global Population," *New England Journal of Medicine* 360 (2009): pp.491-499, http://www.nejm.org/doi/full/10.1056/NEJMsa0810119

219 Michael Lewis, "Obama's Way," *Vanity Fair*, October 2012, http://www.vanityfair.com/politics/2012/10/michael-lewis-profile-barack-obama

220 Talya N. Bauer, "Onboarding New Employees: Maximizing Success," SHRM Foundation's Effective Practice Guidelines (Alexandria, VA: SHRM Foundation, 2010), https://docs.google.com/a/pdx.edu/file/d/0B-bOAWJkyKwUMzg2YjE3MjctZjk0OC00ZmFiLWFiMmMtYjFiMDdkZGE4MTY3/edit?hl=en_US&pli=1

221 Susan J. Ashford and J. Stewart Black, "Proactivity During Organizational Entry: The Role of Desire for Control," *Journal of Applied Psychology* 81, no.2 (1996): pp.199-214.

222 적극적인 태도를 가진 직원이 업종을 불문하고 보다 더 나은 성과를 낸다는 사실을 입증하는 증거는 매우 많다. B. Fuller Jr. and L. E. Marler, "Change Driven by Nature: A Meta-Analytic Review of the Proactive Personality," *Journal of Vocational Behavior* 75, no.3 (2009): pp.329-345. (A meta-analysis of 107 studies.) Jeffrey P. Thomas, Daniel S. Whitman, and Chockalingam Viswesvaran, "Employee Proactivity in Organizations: A Comparative Meta-Analysis of Emergent Proactive Constructs," *Journal of Occupational and Organizational Psychology* 83, no.2 (2010): pp.275-300. (A meta-analysis of 103 samples.)

223 *Wikipedia*, "Poka-yoke," last modified May 11, 2014, http://en.wikipedia.org/wiki/Poka-yoke

224 Steven F. Venti and David A. Wise, "Choice, Chance, and Wealth Dispersion at Retirement," in *Aging Issues in the United States and Japan*, eds. Seiritsu Ogura, Toshiaki Tachibanaki, and David A. Wise (Chicago: University of Chicago Press, 2001), pp.25-64.

225 *Wikipedia*, "Household Income in the United States," http://en.wikipedia.org/wiki/Household_income_in_the_United_States. Carmen DeNavas-Walt, Bernadette D. Proctor, and Jessica C. Smith, "Income, Poverty, and Health Insurance Coverage in the United States: 2011," US Census Bureau (Washington, DC: US Government Printing Office, 2012). "Supplemental Nutrition Assistance Program (SNAP)," United States Department of Agriculture, http://www.fns.usda.gov/pd/snapsummary.htm. J. N. Kish, "U.S. Population 1776 to Present," https://www.google.com/fusiontables/DataSource?dsrcid=225439

226 다음 논문의 도표, Venti and Wise, "Choice, Chance, and Wealth."

227 Ibid., 25.

228 B. Douglas Bernheim, Jonathan Skinner, and Steven Weinberg, "What Accounts for the Variation in Retirement Wealth among U.S. Households?" *American Economic Review* 91, no.4 (2001): pp.832-857, http://www.econ.wisc.edu/~scholz/Teaching_742/Bernheim_Skinner_Weinberg.pdf

229 James J. Choi, Emily Haisley, Jennifer Kurkoski, and Cade Massey, "Small Cues Change Savings Choices," National Bureau of Economic Research Working Paper 17843, revised June 29, 2012, http://www.nber.org/papers/w17843

230 당시 토드로서는 그로부터 멀지 않은 미래에 노화에 따르는 필연적인 결과를 누그러뜨리는 것을 목적으로 헬스케어와 웰빙을 아우르는 생명과학회사인 캘리코(Calico)를 구글의 한 사업부로 출범시키고 지넨테크(Genentech)의 CEO이던 아트 레빈슨(Art Levinson)에게 이 사업부의 지휘봉을 맡기게 될지 전혀 알지 못했다.

231 "Obesity and Overweight," National Center for Health Statistics, Centers for Disease Control and Prevention, last updated May 14, 2014, http://www.cdc.gov/nchs/fastats/overwt.html

232 "Overweight and Obesity: Adult Obesity Facts," Centers for Disease Control and Prevention, last updated March 28, 2014, http://www.cdc.gov/obesity/data/adult.html

233 M. Muraven and R. F. Baumeister, "Self-Regulation and Depletion of Limited Resources: Does Self-Control Resemble a Muscle?" *Psychological Bulletin* 126, no.2 (2000): pp.247-259.

234 D. Hammond, G. T. Fong, P. W. McDonald, K. S. Brown, and R. Cameron, "Graphic Canadian Cigarette Warning Labels and Adverse Outcomes: Evidence from Canadian Smokers," *American Journal of Public Health* 94, no.8 (2004): pp.1442-1445.

235 Julie S. Downs, Jessica Wisdom, Brian Wansink, and George Loewenstein,

"Supplementing Menu Labeling with Calorie Recommendations to Test for Facilitation Effects," *American Journal of Public Health* 103, no.9 (2013): pp.1604-1609.

236 "McDonald's USA Nutrition Facts for Popular Menu Items," McDonalds. com, effective May 27, 2014, http://nutrition.mcdonalds.com/getnu trition/ nutritionfacts.pdf

237 David Laibson, "A Cue-Theory of Consumption," *Quarterly Journal of Economics* 116, no.1 (2001): pp.81-119.

238 Colleen Giblin, "The Perils of Large Plates: Waist, Waste, and Wallet," review of "The Visual Illusions of Food: Why Plates, Bowls, and Spoons Can Bias Consumption Volume," by Brian Wansink and Koert van Ittersum (*FASEB Journal* 20, no.4 [2006]: A618), Cornell University Food and Brand Lab, 2011, http://foodpsychology. cornell.edu/outreach/large-plates.html

239 Wansink and Ittersum, "Visual Illusions of Food."

240 Leo Benedictus, "The Nudge Unit—Has It Worked So Far?" *Guardian*, May 1, 2013, http://www.theguardian.com/politics/2013/may/02/nudge-unit-has-it-worked

241 Richard H. Thaler, "Opting In vs. Opting Out," *New York Times*, September 26, 2009, http://www.nytimes.com/2009/09/27/business/economy/27view.html

242 Eric J. Johnson and Daniel Goldstein, "Do Defaults Save Lives?," *Science* 302, no.5649 (2003): pp.1338-1339.

243 Zechariah Chafee Jr., "Freedom of Speech in War Time," *Harvard Law Review* 32, no.8 (1919): pp.932-973, http://www.jstor.org/stable/1327107?seq=26&

244 "Our Work: What We Believe," McKinsey & Company, http://www.mckinsey.com. br/our_work_belive.asp

245 Andrew Hill, "Inside McKinsey," *FT Magazine*, November 25, 2011, http://www.ft.com/cms/s/2/0d506e0e-1583-11e1-b9b8-00144feabdc0. html#axzz2iCZ5ks73.251. Ralph Waldo Emerson, "Self-Reliance," *Essays* (1841), republished as *Essays: First Series* (Boston: James Munroe and Co., 1847).

246 Ralph Waldo Emerson, "Self-Reliance," *Eassy*(1841), republished as *Eassays: Frist Series*(Boston: James Munroes Munros and Co., 1847).

247 http://googleblog.blogspot.com/2011/07/more-wood-behind-fewer-arrows.html

248 이 표현은 혼합 은유다. 내가 이 표현을 쓴 것은 경영 방식에는 이것 아니면 저것이라는 흑백 논리가 전혀 적용되지 않기 때문이다. 예를 들어 "언제 어디서나 혁신을 한다" 이니면 "결고 혁신을 하시 않는나"라는 눌 숭 하나만을 강력하게 주장하는 회사는 거의 없다. 기업은 자기가 근거지로 삼은 지리적 특성을 기반으로 성장한다. 그러다 어느 정도 성장한 다음에는 자기 제품이 전국 혹은 전 세계 모든 지역에서 동일한 성능이나 품질로 작동하지 않으며 AS 지원에도 너무 많은 비용이 소요된다는 걸 깨닫고는, 제품군 중심으로 조직을 재편한다. 그러다 제품이 다시 각 지역의 소비자 욕구를 더는 충족하지 못하게 되면 조직을 재편한다. 실행 관리는 언제 다시 무게

중심을 반대 방향으로 돌려놓아야 할지 최적의 타이밍을 알아내는 기술이다.

249 *Wikipedia*, "Goji," http://en.wikipedia.org/wiki/Goji

250 Jonathan Edwards, "Sinners in the Hands of an Angry God. A Sermon Preached at Enfield, July 8th, 1741," ed. Reiner Smolinski, Electronic Texts in American Studies Paper 54, Libraries at University of Nebraska-Lincoln, http://digitalcommons.unl. edu/cgi/viewcontent.cgi?article=1053&context=etas

251 Steven Pinker, "Violence Vanquished," *Wall Street Journal*, September 24, 2011, http://online.wsj.com/news/articles/SB100014240531119041067045765832035 89408180

252 United States Congress House Special Committee to Investigate the Taylor and Other Systems of Shop Management, *The Taylor and Other Systems of Shop Management: Hearings before Special Committee of the House of Representatives to Investigate the Taylor and Other Systems of Shop Management* (Washington, DC: US Government Printing Office, 1912), 3: 1397, http://books.google.com/books ?id=e yrbAAAAMAAJ&pg=PA1397&lpg=PA1397&dq=physically+able+to+handle+p ig-iron

253 토니 셰이는 이렇게 말했다. "나는 나 자신을 회사를 이끌어나가는 리더라기보다는 직원이 각자 자기만의 아이디어를 만들어내도록 해주고 직원이 기업문화를 성장시키고 장기간에 걸쳐 이 문화가 진화해나갈 수 있도록 도와주는 그런 환경을 구축하는 건축가라고 생각한다." (Adam Bryant, "On a Scale of 1 to 10, How Weird Are You?," *New York Times*, January 9, 2010)

리드 헤이스팅스는 이렇게 말했다. "책임감 있는 사람은 자유를 디디고 서서 더욱 번성하며 자기가 누린 자유의 값어치를 한다. 우리가 설정한 모델은 회사가 성장함에 따라 직원이 누리는 자유를 억누르지 않고 오히려 더 늘려나가 혁신적인 인재를 지속적으로 끌어들이고, 이들에게 영양을 공급함으로써 회사가 지속적으로 성공을 거두어나갈 가능성을 한층 더 높이는 것이다." ("Netflix Culture: Freedom and Responsibility," August 1, 2009, http://www.slideshare.net/reed2001/ culture-1798664)

2008년에 시작된 경기불황 때 사스의 짐 굿나이트는 회사를 수렁에서 구출할 방법을 저마다 찾아보라고 직원들에게 주문했다. "나는 직원들에게 이렇게 말했습니다. 앞으로 적어도 올 한 해 동안 구조조정 차원의 일시해고는 절대로 없을 거라고 했습니다. 하지만 이 말도 함께했습니다. 직원들이 적극적으로 나서서 비용을 줄여야 하고, 신규 채용을 서서히 줄여서 가능하다면 한 명도 채용하지 않아야 한다고 했습니다. 모든 직원이 주인의식을 갖고 힘차게 노력했고, 그러다 보니 2009년에는 생산성이 향상됐습니다. …… 2000년이야말로 우리 회사가 최대의 수익을 거둔 여러 연도 가운데 한 해로 기록되고 있습니다. ("SAS Institute CEO Jim Goodnight on Building Strong Companies—and a More Competitive U.S. Workforce," *Knowledge@Wharton*, Wharton School of the University of Pennsylvania, January 5, 2011, http://bit.ly/1dyJMoJ)

254 Abraham H. Maslow, "A Theory of Human Motivation," *Psychological Review* 50, no.4 (July 1943): pp.370-396. 매슬로의 욕구단계설은 널리 알려지긴 했지만 궁극적으로 자료로는 뒷받침되지 못했다. 많은 학자들이 매슬로의 성과를 이어받아 세련되게 가다듬는 작업을 했다. 예를 들면 더글러스 켄릭(Douglas T. Kenrick), 블라다스 그리스케비시우스(Vladas Griskevicius), 스티븐 누버그(Steven L. Neuberg), 마크 샬러(Mark Schaller) 등이 있는데, 이들은 모두 같은 학자들이다. 특히 샬러는 2010년에 새롭게 업데이트한 다음 논문을 발표했다("Renovating the Pyramid of Needs," *Perspectives on Psychological Science* 5, no.3 [2010]: pp.292-314, http://pps.sagepub.com/content/5/3/292.short).

사진 출처

78쪽   Change.gov
211쪽   Photo courtesy of Brett Crosby
214쪽   Inspired by Adam Wald
261쪽   Paul Cowan
296쪽   Courtesy of Archives & Special Collections at the Thomas J. Dodd Research Center, University of Connecticut Libraries
297쪽   Courtesy of Archives & Special Collections at the Thomas J. Dodd Research Center, University of Connecticut Libraries
297쪽   Tessa Pompa
404쪽   Tessa Pompa & Diana Funk
410쪽   Craig Rubens & Tessa Pompa
461쪽   Photo Sphere image courtesy of Noam Ben-Haim
467쪽   Photo by Hiroko Masuike, The New York Times, 3/22/13
488쪽   Courtesy of Manu Cornet
491쪽   Hachette/Publisher
498쪽   Courtesy of Prof. David Hammond, PhD, University of Waterloo
503쪽   Inspired by the Delboeuf illusion
615쪽   Tessa Pompa

옮긴이 이경식

서울대 경영학과를 졸업하고 경희대 대학원에서 국문학 석사학위를 받았다. 옮긴 책으로 《부모로 산다는 것》, 《신호와 소음》, 《거짓말하는 착한 사람들》, 《소설 애니멀》, 《내 아버지로부터의 꿈》, 《스노볼》 등이 있으며, 지은 책으로 경제학 에세이 《대한민국 깡통경제학》, 역사 에세이 《미쳐서 살고 정신 들어 죽다》, 사회 에세이 《청춘아 세상을 욕해라》, 평전 《이건희 스토리》, 《안철수의 전쟁》 등이 있다. 영화 〈개 같은 날의 오후〉, 〈나에게 오라〉, 연극 〈춤추는 시간 여행〉, 〈동팔이의 꿈〉, 드라마 〈선감도〉 등의 각본을 썼다.

감수 유정식

경영 컨설턴트이자 인퓨처컨설팅 대표다. 포항공과대 산업경영공학과를 졸업하고 연세대에서 경영학 석사학위를 받았다. 기아자동차에서 사회생활을 시작했으며 LG CNS를 거쳐 글로벌 컨설팅회사인 아더앤더슨과 왓슨와이어트에서 전략과 인사 전문 컨설턴트로 경력을 쌓았다. 현재 인사 및 전략 전문 컨설팅회사인 인퓨처컨설팅과 모바일 솔루션 기업인 ㈜인퓨처넷을 설립해 대표를 맡고 있다. 지은 책으로 《착각하는 CEO》, 《경영, 과학에게 길을 묻다》, 《전략가의 시나리오》 등이 있고, 옮긴 책으로 《당신은 사업가입니까》, 《하버드 창업가 바이블》, 《디맨드》 등이 있다.

구글의 아침은
자유가 시작된다

2판 1쇄 발행 2021년 8월 16일
2판 5쇄 발행 2024년 5월 1일

지은이 라즐로 복
옮긴이 이경식
감수 유정식

발행인 양원석 **편집장** 정효진
디자인 김유진, 김미선 **영업마케팅** 윤우성, 박소정, 이현주

펴낸 곳 ㈜알에이치코리아
주소 서울시 금천구 가산디지털2로 53, 20층 (가산동, 한라시그마밸리)
편집문의 02-6443-8847 **도서문의** 02-6443-8838
홈페이지 http://rhk.co.kr
등록 2004년 1월 15일 제2-3726호

ISBN 978-89-255-7982-5 (03190)